W0292364

FUCHSROT UND FELDGRAU

AXEL
LAWACZECK

FUCHSROT UND FELDGRAU

Volk Verlag München

MIX
Papier aus verantwortungsvollen Quellen
FSC® C014889

Die Deutsche Bibliothek verzeichnet diese Publikation in der Deutschen Nationalbibliografie; detaillierte bibliografische Daten sind im Internet über http: //dnb. ddb. de abrufbar.
© 2021 by Volk Verlag München
Neumarkter Straße 23; 81673 München
Tel. 089 / 420 79 69 80; Fax: 089 / 420 79 69 86
Druck: Pustet, Regensburg
Bei der Produktion dieses Titels wurde auf umwelt-, wasser- und gesundheitsgefährdende Chemikalien bei den Druckplatten, auf mineralölhaltige bzw. schadstoffreiche Druckfarben sowie auf umwelt-, wasser- und gesundheitsgefährdende Chemikalien bei den Klebe- und Bindestoffen verzichtet.
Alle Rechte, einschließlich derjenigen des auszugsweisen Abdrucks sowie der photomechanischen Wiedergabe, vorbehalten.
ISBN 978-386222-345-9

Nach wahren Begebenheiten

I

Der Fuchs war hart und kalt. Walodja fand ihn, als er aus dem Versteck im Wald kam. Vermutlich lag das Tier schon seit zwei oder drei Tagen hier im Unterholz zwischen den Kiefern und Birken im halbhohen Gras. Walodja beugte sich hinunter und betrachtete den Kadaver. Langsam fuhr er mit dem Fingerrücken über den Winterpelz und fühlte den sehnigen Körper darunter.

Die Rute des Tieres war buschig, zwei schwarze Ringe durchzogen ihre Mitte. Walodja roch den scharfen Duft, den der Fuchs in seinem Todeskampf verströmt hatte. Eine Mischung aus Urin, Kot und Veilchen. Die Zunge des Fuchses war bereits abgefressen, ebenso die Nase. Auch die Augen fehlten, Maden wanden sich in den leeren Höhlen. Die Zähne des Fuchses zwischen den stumpfgrauen Lefzen waren abgenutzt, einige fehlten, das Zahnfleisch war brandig.

Der Fuchs war ein betagter Einzelgänger im Sonntagsanzug gewesen. Ein besonders schönes Tier, ein erfahrener Räuber. Walodja verspürte Mitleid mit der Kreatur.

Dort, wo der Draht den Hinterlauf des Fuchses bis auf den Knochen durchgescheuert hatte, erkannte er Nagespuren. Vielleicht stammten sie vom Fuchs selbst, der sich zu befreien erhofft hatte, indem er seine abgestorbene Pfote abbiss. Walodja bedauerte den Tod des Tieres. Doch er war auch stolz auf seinen Vater, der die Falle umsichtig gestellt hatte. Es ist nicht leicht, einen erfahrenen Fuchs zu fangen. Und es war wichtig, dass der Fuchs ihnen nicht noch mehr Hühner nahm, der Winter war hart gewesen, wie immer. Viel Regen und damit Schlamm hatten die kalten Monate gebracht, hier, in der Region Krasnodar unweit der Taman-Halbinsel zwischen Asowschem und Schwarzem Meer, wo die Nordhänge des Kaukasus schon längst in dicht bewaldete Hügel übergegangen waren, die sich zu den Dörfern hin in den Feldern der fruchtbaren Ebene verloren.

Es war warm. Der Frühling schenkte der Natur seit Wochen heitere Tage. Die Sonne war kräftig und ließ die Knospen aus den schwarzen

Äckern schießen. Überall blühte es in einer Pracht, die diese Region schon seit Jahrtausenden verwöhnte.

Walodjas Vater Kolja hatte die Drahtschlinge drei Tage lang hinter dem Schuppen im Morast liegen lassen und seinen Kindern eingeschärft, sie nicht zu berühren. Nichts sollte nach einem Menschen riechen.

Der alte Fuchs war vorsichtig gewesen. Vor zwei Wochen hatte er ein Huhn geholt. Fünf weitere hatte er totgebissen, wohl, um sie später nachzuholen. Die restlichen Hühner waren verschont geblieben, weil ihr Gackern Walodja geweckt hatte. Mit Gebrüll hatte er den Fuchs in das Dunkel der Nacht vertrieben. Am Morgen hatten sie das Loch auf der Rückseite des Hühnerzauns gefunden. Der Fuchs hatte sich dort hindurch gegraben, wo die Erde weich gewesen war. Walodjas Vater war der Spur der Hühnerfedern vom Stall bis zum Waldrand gefolgt und hatte sich entschieden, die Falle hier, auf der Anhöhe unter den Zweigen, zu platzieren. Als Köder diente ihm eines der totgebissenen Hühner.

Das Huhn hatte seinen Zweck erfüllt. Es befand sich im Vergleich zu seinem toten Feind bereits drei Tage weiter in seinem Verwesungsstadium. Als plötzlicher Wind den käsigen Gestank des Tieres aufwirbelte, erhob sich Walodja.

Aus dem Pelz würde sein Vater eine Mütze für Allotschka anfertigen. Sie würde wunderbar zum roten Haar seiner Schwester passen. Eine Mütze mit einem langen Fuchsschwanz, den sie wie einen Schal tragen könnte. Sie fror oft, weil sie so dünn war.

Walodja trennte den Hinterlauf des Fuchses mit seinem Messer ab und warf ihn fort. Er nahm den Fuchs an seiner Rute und schaute den Hang hinab zum Hof. Eine Kate mit Strohdach, ein Stall, ein Schuppen. Seine Mutter winkte und er reckte triumphierend den Fuchs in die Höhe. Der Hund der Familie, ein Mischling, der auf den Namen Towarisch hörte, schlug aufgeregt an und riss an der Kette, mit der er und seine Hundehütte verbunden waren.

Der Wind hatte weiter aufgefrischt. Wolken, die Regen in sich trugen, kamen rasch näher. Walodja hörte das Donnern und Grummeln im Himmel. Gehörte es zu einem Gewitter oder waren es die Geräusche der

Front, die nur noch wenige Meilen entfernt war? Irgendwo zwischen Starotitarovskaja und Temryuk sollten sich die Armeen gegenüberstehen, raunte man sich im Dorf zu. Die Deutschen würden bald fliehen müssen und seien nervös. Die Rede war von Trupps, die alles töteten. Von Dorfstraßen, durch die das Blut von einer Häuserwand bis zur nächsten floss. Die Leute wussten von Dingen zu berichten, die so schlimm waren, dass man sie nur im Flüsterton ertrug.

Walodja fand seinen Vater im Schuppen, wo dieser gerade einen Stuhl reparierte. Stolz reckte er den Fuchs empor: „Schau, Vater, wir haben ihn!“

Kolja blickte erfreut auf: „Wie schön. Es wurde Zeit.“

Er schaute sich den Fuchs an und strich über das Fell: „Was für ein elegantes Tier, nicht wahr? Jetzt wird es als elegante Mütze weiterleben. Komm, wir zeigen den Pelz Allotschka und deiner Mutter.“

Sie betraten das Wohnhaus. Hinter dem Flur schloss sich ein einziger größerer Raum an, der Küche, Esszimmer und Schlafzimmer in einem war. Das Bett der Eltern war von dem der Kinder durch eine Decke getrennt. Kolja gab seiner Frau, die am mächtigen Ofen stand und eine Kascha kochte, einen Kuss. In den Duft von Zwiebeln und Buchweizengrütze mischte sich der Rauch der Kochstelle. Walodja nahm sich vor, nach dem Essen den Abzug zu reinigen, der sich mit Ruß zugesetzt hatte.

Allotschka saß am Tisch und war sehr beschäftigt. Walodja hatte seiner Schwester vor einigen Tagen aus Holzresten Buchstaben geschnitzt, die sie nun mit Farbe einpinselte. Die Stempel presste sie auf ein Stück Papier. Die Augen in ihrem Gesichtchen loderten grün zwischen den üppigen Locken hindurch. Sie war so konzentriert, dass sie sich auf ihre Zungenspitze biss.

Plötzlich hob sie den Kopf und strahlte: „Für dich, Papa!“

Sie zeigte ihr Bild. Allotschka hatte einen Fuchs gemalt, der ein Huhn davontrug, und sorgsam ihren Namen darunter gestempelt. Walodja war wie bei jedem ihrer Bilder überrascht. Wie talentiert sie war. Für ein kaum sechsjähriges Mädchen konnte sie gut zeichnen, viel besser als jeder Erwachsene, den er kannte. Auch ihr Lehrer sagte, dass aus Allotschka einmal eine Künstlerin werden würde. Kolja nahm das Bild in die Hand und betrachtete es eingehend: „Das ist wirklich sehr hübsch geworden, Allotschka." Er legt es zurück auf den Tisch und streichelte das Haupt seiner Tochter: „Wir werden es zu deinen anderen Bildern hängen."

Walodja hob den erlegten Fuchs empor: „Schau, für dich, Allotschka! Hier ist er."

Kurz leuchteten ihre Augen auf, doch dann schaute sie betrübt den Fuchs an: „Eigentlich bin ich traurig, dass er tot ist."

„Ich auch. Aber es sind schwere Zeiten. Und wir brauchen unsere Hühner."

Natürlich, das verstand sie. Ihr Bruder versuchte, ihre Laune wieder aufzubessern: „Aus dem Pelz macht dir Vater eine Mütze, nicht wahr?"

Walodja schaute Kolja an, der Vater nickte: „Die Mütze wird dich wärmen, mein Töchterchen. Und so kann dir der alte Fuchs noch ein Gefährte sein. Ich werde die Mütze schön groß machen, denn du wächst ja noch. Dann kannst du sie ein Leben lang tragen. Wer weiß, vielleicht bist du irgendwann einmal eine große Malerin? Gefeiert in Krasnodar, in Kiew oder vielleicht sogar in Moskau! Dann schlenderst du mit dem Pelz um den Hals als Dame über den Roten Platz und an den feinen Geschäften vorbei und alle Moskowiter werden staunen."

„Ach Papa, meinst du wirklich?" Noch heller strahlten ihre Augen und gebannt betrachtete sie den Pelz.

Als sie das Tier berühren wollte, hielt ihr Vater sie davon ab: „Fass ihn lieber nicht an, mein Liebling. Er war alt, er wird immer noch einige Flöhe tragen."

Nun mischte sich Koljas Frau Jelena ein, die beständig in der Grütze rührte, damit sie nicht anbrannte: „Warum bringt ihr ihn dann in die Stube, ihr Nichtsnutze?"

„Es war meine Idee", entschuldigte sich ihr Mann, ehe der Sohn antworten konnte. „Ich wollte Allotschka einen Gefallen tun."

„Wie kann man nur so dumm sein! Männer sind doch wirklich zu nichts zu gebrauchen!"

Kolja sah, dass Allotschka schon wieder in ihr Gemälde vertieft war. Er zwinkerte Walodja zu, drehte sich zu seiner Frau und zog sie an sich. Beherzt umfasste er ihre Taille: „So, so, ich bin also zu nichts zu gebrauchen? Bist du dir da ganz sicher?"

„Hör auf damit, nicht vor den Kindern!" Kichernd entwand sie sich seinem Griff und deutete an, ihm den Kochlöffel über den struppigen Scheitel zu ziehen.

Walodja lachte. Kolja hob beide Hände und begann ebenfalls zu lachen. Allotschka prustete los. Sie mochte es, wenn ihre Eltern sich neckten.

„Also, raus mit euch! Und nehmt das Viech mit!", rief Jelena.

„Du möchtest mitkommen? Bitte sehr!" Kolja tat so, als würde er sie an der Hand aus der Stube ziehen wollen.

Jelena lachte und gab ihm einen Klaps auf die Finger: „Genug jetzt! Raus!"

Lächelnd schob sie ihren Mann und ihren Sohn samt Fuchs aus dem Haus.

Kolja und Walodja gingen über den Hof und betraten erneut den Schuppen. Aus der Schublade eines Schranks holte der Vater ein Messer und strich mit dem Daumen über die Klinge. Sie schien ihm stumpf zu sein und er begann, sie am Schleifstein zu schärfen. Funken sprühten. Über die Schulter hinweg rief er seinem Sohn zu: „Häng den Fuchs mit dem Kopf nach unten am Deckenbalken auf. Du kannst auf den Stuhl steigen. Ich habe ihn repariert."

„Nicht nötig. Ich komme auch so an den Balken." Auf den Zehenspitzen stehend band Walodja den Kadaver unter der Decke fest.

Kolja drehte sich um und betrachtete seinen Sohn: „Du bist groß geworden, mein Junge! Siehst du, Walodja, jetzt muss ich bald zu dir aufschauen. Kocht deine Mutter zu gut?"

Walodja grinste ihn an: „Ach, es ist nicht schwer, jemanden zu überragen, der kaum größer ist als ein Ziegenbock."

Kolja kniff seinen Sohn in die linke Wange, so, wie er es schon immer getan hatte, seitdem dieser auf der Welt war: „Du bist genauso frech wie deine Mutter. Komm, jetzt hilf mir mit dem Fuchs."

Mit geübten Schnitten begann er, das Fell an den beiden Hinterläufen abzutrennen. Dann legte er das Messer beiseite und griff fest zu, um die Haut mit den Händen abzuziehen, was ihn Kraft kostete.

„Warum machst du nicht mit dem Messer weiter, Vater?"

„Wenn man mit dem Messer arbeitet, ist schnell ein Loch in die Haut geschnitten. So ist es anstrengender, aber es wird schöner."

Kolja hielt inne und wischte sich den Schweiß von der Stirn: „Ein Pelz wärmt dreimal, hat dein Großvater gesagt. Schon beim Jagen. Dann beim Verarbeiten. Später beim Tragen. Er hat mir gezeigt, wie es geht. Ein Gerber auf der Durchreise hat es ihm beigebracht."

„Was machst du, wenn das Fell abgetrennt ist?", fragte Walodja, während er einen Eimer unter den Kadaver stellte. Nur wenig Blut tropfte.

„Wir trocknen es an der Luft, mit der Hautseite nach außen, im Schatten. Es darf keine Sonne darauf fallen, sonst wird die Haut zerstört."

Schwer atmend zog Kolja den Pelz des Tieres Stück für Stück hinunter. Als er verschnaufen musste, fragte er Walodja: „War etwas Ungewöhnliches im Wald?"

„Nein."

„Wer hat dich abgelöst?"

„Nadja, wie immer."

Kolja nickte und griff wieder fest zu. Weiß schimmerten seine Fingerkuppen unter dem großen Druck. Die Unterhaut des Tieres wölbte sich immer mehr nach außen, nach unten und über den Fuchskopf.

Ein Lächeln umspielte Koljas Lippen und sein Sohn bemerkte es: „Was amüsiert dich so?"

„Nichts, wie kommst du darauf?"

„Du lächelst vor dich hin."

„Tue ich das?"

„Ja."

„Es ist nichts weiter."

Walodja betrachtete mit hochgezogenen Brauen seinen Vater, der den Blick seines Sohnes auffing und beiläufig fragte: „Nadja ist hübsch, nicht wahr?"

Walodja stieß seinen kichernden Vater in die Rippen. Der gab ihm einen Klaps zurück. Glaubte sein Sohn wirklich, er habe seine Zuneigung verbergen können? Alle im Dorf wussten davon.

Kolja konnte es nicht lassen, Walodja weiter aufzuziehen: „Im letzten Jahr hat sie sich zu einer richtigen Dame entwickelt."

„Findest du?"

„Natürlich. Du nicht?"

„Kann schon sein. Nadja sieht nicht übel aus."

„Nicht übel? Ein Mittagessen mit Fleisch ist nicht übel. Ein Blitz, der das Haus verschont, ist nicht übel. Eine Wunde am Fuß, die nicht eitert, ist nicht übel. Nadja ist hübsch!"

„Von mir aus auch hübsch."

„Sogar sehr hübsch."

„Wenn du es sagst."

„Eine richtige Schönheit."

„Vater!"

Kolja ließ vom Pelz ab und schaute seinem Sohn ins Gesicht: „Mag sie dich auch?"

„Ich weiß es nicht ... Es kann sein, also ... ja."

„Das freut mich für dich."

Kolja wandte sich wieder dem Fuchs zu und Walodja musterte ihn: „Vater?"

„Ja?"

„Du kannst jetzt aufhören zu grinsen, als hätte ein Ochse gekalbt."

Kolja lachte: „Ich werde es versuchen ... Also gut, wie geht es der Kuh von Igor und Olga?"

Der Fuchs war nun schon fast gänzlich von seinem Fell getrennt und sah nicht mehr aus wie ein Fuchs. Muskeln und fahle Knochen. Blaue Knorpel. Geronnenes Blut. Wenig gelbes Fett inmitten blanker Sehnen. Der Kadaver roch kaum.

„Das Euter ist immer noch entzündet. Aber sie hat wieder gefressen."

„Das ist ein gutes Zeichen. Und wie geht es den Schweinen?"

„Sie sind ohne Probleme durch den Winter gekommen. Und eine der Sauen scheint trächtig zu sein."

„Das ist sehr gut."

Walodja nickte.

Das Dorf hielt drei Kühe, ein halbes Dutzend Schweine, einige Ziegen und Gänse tief im Wald hinter dem Sumpf in einer Schlucht versteckt, die kaum zugänglich war. Die Deutschen durften nichts davon wissen. Die Leute aus dem Dorf wechselten sich ab, um die letzten verbliebenen Hoftiere zu bewachen. Es gab Wölfe und Luchse hier. Seit kurzer Zeit verirrten sich gelegentlich sogar kaukasische Bären bis in die Tiefebene zwischen den Meeren. Der Lärm der näher rückenden Front trieb sie vor sich her.

Mit einem Ruck trennte Kolja Körper und Fell des Fuchses. Das Fell legte er auf dem Stuhl ab, während Walodja die Schnur löste, um den Kadaver vom Balken zu nehmen. Der Fleischklumpen fiel neben dem Eimer auf den Lehmboden. Kolja hob ihn auf und trennte den Kopf ab. Aus dem Balg zog er die knöcherne Rute des Fuchses. Den Korpus überreichte er seinem Sohn: „Nimm den Leib des Fuchses und zieh ihn in großem Abstand von unserem Haus einmal um unseren gesamten Hof."

„Warum?", fragte Walodja überrascht.

„Damit alle anderen Füchse riechen, dass hier nichts als der Tod auf sie wartet."

„Und wenn der Geruch Bären und Wölfe anlockt?"

„Du musst den Körper weit entfernt von unserem Hof im Wald ablegen. Dort mag er noch andere Tiere sättigen."

„Warum hast du den Kopf abgeschnitten?"

„Wir brauchen das Hirn später noch."

„Wofür?"

„Um damit den Pelz zu gerben."

Walodja verzog das Gesicht, doch dann überwog die Neugier: „Bringst du mir bei, wie es geht?"

„Natürlich."

„Wann können wir den Pelz weiter bearbeiten?"

„Wir lassen ihn zwei Tage trocknen. Dann weichen wir ihn wieder ein und entfernen die letzten Fleischreste, auch die Unterhaut."

„Ich möchte dabei sein, Vater."

„Gern. Wenn du zurückkommst, reinige deine Hände. Faulendes Fleisch kann töten. Immer wieder sterben Gerber an der schwarzen Milz."

Walodja griff nach dem Kadaver und Kolja nahm das feuchte Fell vom Haken. Er prüfte es und entfernte sorgsam letzte Fetzen Muskelgewebe und Fett, bevor sie ins Freie traten.

Während Kolja den Balg unter dem Vordach des Schuppens in den Wind hing, ging Walodja los: „Bis gleich, Vater."

„Bis gleich, mein Sohn."

Die Wolkendecke riss auf. Das Licht der Aprilsonne fiel wie eine Welle über den Hof und tauchte ihn in goldenes Licht.

Dienstag, 22. August 1944

Im Nachhinein wusste Franz nicht mehr, was ihn geweckt hatte. War es das Dröhnen und Rollen der Front gewesen, die rasch näher kam? Kaum mehr als zehn Kilometer trennten das Lazarett noch von den schweren Haubitzen der Russen, die monoton auf die Stadt feuerten. Oder doch der Lärm draußen auf dem Hof? Hatte er da gerade das Prusten einer Lokomotive gehört – spielte ihm sein Fieber Streiche? Alles war möglich in diesen Tagen und Nächten. Am wahrscheinlichsten war, dass ihn der Schmerz aus dem Schlaf gerissen hatte. Sein verfluchtes Bein. Seit mehr als einem Jahr machte es ihm zu schaffen.

Die Pferdedecke, auf der er vor sich hin dämmerte, war durchgeschwitzt. Das lag nicht nur an der Hitze des Hochsommers, die ihn drückend umfasste, sondern auch an der Infektion, die in seinem Körper brandete. Seit zwei Wochen lag Franz im Lazarett von Galatz unweit des Schwarzen Meeres direkt an der Donau. Drei verbretterte Baracken nah am Güterbahnhof, unerträglich heiß unter einfachen Blechdächern, überfüllt mit mehr als 1.000 Verwundeten und Kranken. Die Kaimauer des Docuri-Hafens mit seinem brackigen Wasser war nur einen Steinwurf entfernt. Bis vor Kurzem hatten die Hallen offensichtlich der Motoreninstandsetzung und Bootsreparaturen aller Art gedient. Auch Fischereinetze hatte man hier geflickt und eingelagert. Es stank nach Schweröl und Fischresten.

Franz spürte das Klopfen oberhalb seines linken Knies, dort, wo ein Granatsplitter im Sommer des letzten Jahres eine Wunde gerissen hatte und nun die erneute Entzündung tobte. Der Splitter hatte damals den Muskel durchtrennt und eine Kerbe in den Knochen darunter geschlagen. Nur kurz hatte Franz sich durch seine aufgerissene Hose überrascht die Wunde anschauen können, um festzustellen, dass das Ergebnis aussah wie die Schnitzerei eines Verliebten, der den Namen seiner Angebeteten in Baumrinde verewigt hatte. Dann war er umgeknickt. Erst auf dem Hauptverbandplatz war er wieder zu sich gekommen.

Der Granatsplitter hatte die Arterie knapp verfehlt. Ein Glück in jeder Hinsicht. Franz' Verletzung war von der Art, wie sie sich viele seiner Kameraden wünschten. Ein Heimatschuss, hatte es geheißen. Man hatte ihn darum beneidet, auch wenn seine Schmerzen, verursacht durch die schlecht heilende Wunde, anhaltend groß gewesen waren. Wann immer der Oberstabsarzt bei seiner Morgenvisite die Verletzung untersucht hatte, hatte er nur den Kopf geschüttelt und gesagt, es geht entweder die Sepsis oder das Bein. Franz dachte an das Kratzen der Knochensäge. An die Schreie der Operierten, wenn wieder amputiert werden musste und Schmerzmittel fehlten. Bei jeder Visite hatte er versucht, einen schmerz- und fieberfreien Eindruck vorzugaukeln.

Das Bein war drangeblieben. Entzündungen und neue Lazarettaufenthalte folgten, dazwischen immer wieder zur Front und zurück. Hinter der Kniescheibe steckte noch immer ein Teil des Splitters. Die Ärzte hatten ihn nicht entfernen können.

Franz hievte sich in eine sitzende Position. Die Verdorbenheit der Luft nahm ihm den Atem. Eiter, Urin, Kot. Schweiß. Reste von verkochtem Essen. Er reckte seinen Arm, versuchte, das Fenster am Kopfende seiner Pritsche zu öffnen, und seufzte erleichtert, als es ihm gelang. Der schwache Luftzug, der durch die vors Fenster genagelten Bretter drang, schob den von Keimen gesättigten Dunst über die Tragen. Pestschwären, angereichert vom Stöhnen der Männer, die sich auf blutstockigen Laken wälzten.

Franz schaute zu seiner Rechten, wo Günther Hörcher lag und schlief. Mit dem jungen Leutnant aus Stuttgart hatte er sich in den letzten Tagen angefreundet, er erinnerte ihn an seinen Bruder Björn. Wo der wohl gerade steckte? Zuletzt hatte er von ihm im Februar gehört, als der kleine Bruder von der Westfront, an der Marne in Frankreich, geschrieben hatte.

Günther Hörcher hatte im März Erfrierungen an den Füßen erlitten, als er mit seiner Einheit, der Aufklärungs-Abteilung 5 der 5. Infanterie-Division, bei Staraja Russa südlich des Ilmensees überwintern musste. Dort oben, im Nordwesten Russlands zwischen

Leningrad und Moskau, waren die Winter von unbarmherziger Kraft. In einer Märznacht waren sieben Männer auf Vorposten über Nacht erfroren. Hörcher hatte nur überlebt, weil ein Artilleriegeschoss ganz in seiner Nähe eingeschlagen war und ihn geweckt hatte.

Die Wunden waren langsam verheilt, doch eine hinzugekommene Gelbsucht, die dem geschwächten Körper nur langsam entweichen wollte, hatte den Stuttgarter auf erratischen Wegen bis in das Hafenlazarett von Galatz gebracht. Mittlerweile war er wieder zu Kräften gekommen. Seine Tage verbrachte er mit Streifzügen durch das Hafenareal und die nähere Umgebung. Sicherlich würde er bald wieder an die Front geschickt werden.

Neben Günther Hörcher wälzte sich Gerhard Bauerkämper, ein Fähnrich aus Lippstadt vom Panzer-Armee-Nachschub 4, unruhig von links nach rechts. Seitdem er vor zwei Wochen auf eine Kastenmine getreten war, fehlten ihm der rechte Unterschenkel und die linke Hand. Zischelnd sprach er im Schlaf von seinem Vater und trat mit seinem Stumpf in die Luft.

Einige Tragen weiter lag der Obergefreite Josef Meinsen vom Ost-Pionier-Bataillon 454, der seltsam aussah mit seinem halbseitig geschorenen Bart. Der junge Meinsen war so stolz gewesen auf seinen Bartwuchs, der ihn, den erst 23-Jährigen, der seit fünf Jahren im Krieg war, deutlich älter aussehen ließ. Vor zwei Tagen hatte ihm in den Hügeln Moldawiens ein Granatsplitter einen Teil der Hüfte und ein gutes Stück seines Darms weggerissen, gerade, als er sich morgens rasiert hatte. Zwei Sanitäter hatten die Blutung etwas stillen können und ein Stabsarzt hatte ihn notoperiert. Das verabreichte Morphium hatte nicht lange vorgehalten. Dann war das Fieber gekommen, das ihn von innen verbrannte. Einen Tag lang hatte er im Lazarett nach seinen Eltern gerufen, erst laut, dann immer leiser. Gestern hatte er im Wahn geflüstert und gebetet. Franz beobachtete, wie sich seine Brust nur noch unregelmäßig hob, und wusste, dass Meinsen den nächsten Tag wohl nicht mehr erleben würde.

Wieder zwei Tragen weiter machte Franz Hauptmann Gernot Petersen aus, ehemals Führer einer Kompanie der Heeres-Flak-

Artillerie-Abteilung 279. Ein Schrapnell hatte ihm beide Augen zerstört. Der Arzt hatte ihm geraten, nicht zu weinen, weil dadurch seine Verletzung zu stark bluten würde.

Gegenüber Fähnrich Klaus Wilhelm. Einer aus Franz' Jäger-Division, aus dem Regiment 204. Der redselige Mann aus Franken war ein großer Athlet, der oft davon geschwärmt hatte, in seiner Jugend gemeinsam mit Max Morlock Fußball bei Eintracht Nürnberg gespielt zu haben. Nach dem Krieg hatte er Berufsfußballer werden wollen. Bei Kostromka war er unter Artilleriebeschuss geraten und hatte beide Beine verloren. Er hätte sie ohnehin nicht mehr bewegen können, da er vom Hals abwärts gelähmt war.

Einige Pritschen hinter ihm lag ein Gefreiter aus Herne, der durch den Einschlag einer Granate verschüttet worden und zu lange ohne Sauerstoff geblieben war. Schlaganfall. Man hatte ihn an sein Krankenlager gefesselt, nachdem er versucht hatte aufzustehen und stattdessen über einem frisch Operierten der Brückenkolonne B 138 zusammengebrochen war. Der Mann war unter ihm verblutet.

Auf die so frei gewordene Trage hatte man einen Rottenführer der Waffen-SS gepackt, dem der linke Arm fast abgerissen war. Vermutlich hatte er, als er befürchtete, von Russen gefangengenommen zu werden, durch Selbstbeschuss versucht, seine Blutgruppen-Tätowierung auf dem Oberarm zu entfernen – Mitglieder der Waffen-SS wurden sofort exekutiert. Doch dann wurde er nicht gefangen, sondern gerettet. Nun lag er da, haderte mit seinem Schicksal und musste immer noch aufgrund der desertationsverdächtigen Verletzung um sein Leben fürchten.

Franz fasste sich an sein pochendes Knie, massierte es geistesabwesend. Draußen auf dem Hof waren Schritte zu hören.

Franz schloss die Augen. Er dachte an den jungen Major der Luftwaffe, der neben dem SS-Mann lag. Dieser hatte vor einigen Tagen die Notlandung seiner Jagdmaschine unweit von Fokschan mit Beinbrüchen überlebt. Man hatte ihn mit einem Mannschaftstransportwagen bergen können, doch dann war das Fahrzeug unter Beschuss geraten. Die Fahrer waren aus dem Wagen gesprungen. Auch der Major hatte es trotz seiner Frakturen geschafft, von der Ladefläche zu rutschen und davonzurobben. Aufgrund der Verletzungen hatte er seine Füße nicht flach auf den Boden pressen können. Ein Geschoss hatte ihm daraufhin ein Stück des rechten Knöchels abgerissen. Wenig später hatten sie ihn gemeinsam mit seinen ursprünglichen Rettern ein zweites Mal geborgen und ins Lazarett von Galatz gebracht. Der Major hatte sich noch scherzhaft als rumänischen Achilles bezeichnet und dann von der „schrägen Nachtmusik" erzählt, die ihm, dem Jäger, selbst zum Verhängnis geworden war – eine Luftkampftaktik, mit der man feindliche Bomber, ungesehen von hinten unterfliegend, vom Himmel schoss. Seine Beinbrüche waren geschlossen geblieben und wären vermutlich gut verheilt. Doch die Schussverletzung hatte sich entzündet. Seine Erzählungen verebbten, als das Fieber kam. Sulfonamide gab es längst nicht mehr. Sein Tod stand kurz bevor.

Neben ihm vegetierte seit gestern ein Rumäne, der mit Lungenschuss angeliefert worden war. Das Rasseln seines Atems verriet, dass auch für ihn jede Hilfe zu spät kam.

Der Weg zum Friedhof war oft begangen, der Tod ein routinierter Besucher.

Franz kratzte sich hinter den Ohren, wo ihn die Läuse besonders piesackten. Verfluchte Mistviecher. Er schaute auf seine Uhr. 3 Uhr 37. An Schlaf war nicht mehr zu denken. Er ließ den Blick noch einmal durch den Korridor der Baracke schweifen. Jeder Quadratmeter war belegt. Die Insassen des Lazaretts dämmerten vor sich hin und träumten im besten Fall davon, das Elend dieses Vorhofs der Hölle gegen die Heimat einzutauschen, nicht wissend, dass diese ebenfalls schon dem Ende geweiht war.

Da. Schon wieder Geräusche vom Hof des Lazaretts. Startende Motoren. Stimmen, die sich Anweisungen zuzischten. Durch die Ritzen seines vernagelten Fensters sah Franz nicht mehr als Linien schwarzen Himmels. Was hatte der Lärm zu bedeuten? Er beschloss nachzusehen, trotz seines Fiebers.

Ächzend griff er nach seiner Krücke, stemmte sich aus dem Krankenbett und quälte sich in seine Lederstiefel. Er war zu ungeduldig, bewegte sich zu hastig – die Wunde über seinem Knie platzte auf. Eiter drang unter dem Verband hervor und lief heiß am Schienbein hinunter. Als Franz aufstand, spürte er die sämige Flüssigkeit zwischen seinen Zehen.

Das diffuse Licht in der Baracke wies ihm nur undeutlich den Weg zur Tür. Grummeln und Verwünschungen drangen aus den Pritschen, gegen die Franz mit seiner Krücke stieß.

Er trat auf den Hof und traute seinen Augen nicht. Direkt gegenüber, vor der Halle der provisorischen Lazarettleitung, wurden hektisch die wenigen Fahrzeuge beladen, die dem Lager noch geblieben waren. Ein schwerer Mercedes Laster war schon bis an den Rand bepackt, Sanitäter sprangen auf die Ladefläche und schoben die Kisten umher, um jede Ritze auszufüllen. Im Licht der Mondsichel und einiger Sterne erkannte Franz das schweißglänzende Gesicht von Stabsarzt Krüger, der Aktenbündel und einen Mikroskopkoffer im Beiwagen seines Kradgespanns verstaute.

Franz humpelte auf ihn zu und packte den Mann am Ärmel: „Gustav, was ist los hier? Was machst du?"

Krüger fuhr zusammen: „Franz! Du gehörst ins Bett."

„Was um Himmels willen geschieht hier?"

„Das siehst du doch. Die Spatzen pfeifen es von den Dächern. Die Rumänen werden sich in den nächsten Tagen ergeben. Was meinst du, was dann hier los ist? Die Russen sind im Handumdrehen da. Die hängen uns alle auf."

„Wo ist der Chef?"

„Der hat sich als Erster verpisst. Ist vor einer halben Stunde mit seinem Fahrer und einer Schwester getürmt. Diese Arschlöcher. Im Opel Olympia, sie hatten sogar noch zwei Plätze frei."

„Ihr könnt uns doch nicht im Stich lassen! Ohne Ärzte, Sanis und Schwestern sind wir verloren."

„Das sind wir alle, sobald der Iwan da ist, Franz. Wenn du schlau bist, haust du auch vorher ab. Schau auf deine Schulterklappen. Du bist Oberleutnant. Offiziere werden nicht alt in russischer Gefangenschaft."

Krüger wandte sich ab, um eine weitere Tasche zu verstauen. Franz setzte ihm ungelenk nach und packte den Stabsarzt am Revers, ohne sich von seinem protestierenden Bein irritieren zu lassen. Er schüttelte Krüger durch, so gut das mit nur einer Hand ging. „Gustav, hier liegen 1.300 Verwundete! Die kannst du doch nicht einfach ihrem Schicksal überlassen. Hier sterben jeden Tag 20 Männer!"

Krüger versuchte, sich aus dem Griff zu befreien: „Mensch, lass mich los! Die krepieren sowieso alle, auch ohne mich!"

Die Männer rangen in einem ungleichen Zweikampf, denn trotz seiner kräftigen Statur war Franz mit seiner Verletzung kein ebenbürtiger Gegner. Um sie herum warf das Personal des Lazaretts letzte Habseligkeiten in die Gespanne und Kübelwagen, die mit laufendem Motor auf ihre Passagiere warteten. Offensichtlich war die Flucht in der Nacht gut vorbereitet worden.

Krüger schlug auf Franz ein: „Franz, du Arschloch, lass mich los! Ich hab drei Kinder, die will ich wiedersehen!" Er löste sich aus der Umklammerung und gab dem Verletzten einen harten Stoß. Franz fiel. Seine Krücke prallte mit Wucht auf den Verband seines Knies, als er auf dem Boden aufschlug. Ein Schmerz, als habe man die Zinken einer Gabel in die Wunde gerammt. Franz verlor das Bewusstsein.

Gegen halb fünf am Morgen setzte Getöse ein. Alle Waffen der Artillerie schienen sich zu einem Konzert am Donauufer verabredet zu haben. Tödlicher Hagel ging über Galatz nieder. Haubitzen, die als Stalinorgeln verhassten Katjuschas und Flugabwehr im Erdbeschuss ließen auch das Lazarett erbeben. Die Sparren der Baracken ächzten, wenn die Erschütterungen zu nah kamen. Mörtel rieselte von den Wänden auf die Verletzten herab, die sich fatalistisch in die Möglichkeit eines bevorstehenden Volltreffers ergaben. Eine halbe Stunde später war der Beschuss vorbei, plötzliche Ruhe fiel über das Lazarett. Eine Handvoll der Verwundeten trat vor die Baracken, um Treffer und Schäden am Gebäude festzustellen. Im Hof fanden sie Franz und trugen ihn zurück zu seiner Pritsche.

Galatz war im Jahr 1944 eine der fünf bedeutendsten Städte Großrumäniens, gelegen in der Region der westlichen Moldau, ungefähr

100 Kilometer westlich des Schwarzen Meeres. Seit dem 17. Jahrhundert überragten die Kuppeln der St.-Georgs-Kathedrale die geschäftige Stadt am nördlichen Ufer der unteren Donau, in der größten rumänischen Werft wurden seit ewigen Zeiten Kriegsschiffe auf Kiel gelegt. Eine Textilfabrik und einige Mühlen, Sägewerke, Fischereibetriebe und landwirtschaftliche Märkte ernährten die Bevölkerung. Besondere Bedeutung hatte die Stadt wegen ihres Binnenhafens, des größten des ganzen Landes. Auch aufgrund der Eisenbahnanbindung war Galatz strategisch bedeutsam. Vom Personenbahnhof aus waren vor dem Krieg regelmäßig Nahverkehrs- und Schnellzüge nach Bukarest abgefahren. Doch die herrliche Bahnhofshalle war längst zerstört worden. Nur noch rußige Wände, zertrümmerte Rundbögen und Berge von Schutt kündeten von untergegangener klassizistischer Pracht. Auch die filigranen Wagen der städtischen Straßenbahn, deren Eröffnung im Jahr 1900 mit einem Volksfest gefeiert worden war, fuhren schon lange nicht mehr zwischen ihren Stationen vom Betriebshof bis zur Traian-Straße.

Das Bombardement der letzten Monate hatte viele Häuser im Zentrum zerstört. Wer konnte, hatte die Stadt verlassen, um auf dem Land Quartier und Essbares zu finden. Die Zurückgebliebenen hausten in den Kellern. Vor Kriegsbeginn hatte Galatz knapp 100.000 Einwohner gezählt. Doch viele Tausende der Juden und Roma hatten die Pogrome der Eisernen Garde und die Deportationen der Häscher von Marschall Ion Antonescu nicht überlebt. Bereits in den ersten Kriegsjahren hatte die rumänische Armee in Zusammenarbeit mit der Gendarmerie und der Geheimpolizei die Vertreibung und Ermordung der jüdischen Bevölkerung im ganzen Land vorangetrieben. Die Juden waren gesammelt und gezwungen worden, über den Dnjestr ostwärts nach Transnistrien zu marschieren, in die Region zwischen Moldau und Ukraine. Dort waren sie von der deutschen Einsatzgruppe D in Empfang genommen, exekutiert, dann verscharrt oder verbrannt worden. Seit Beginn der Militärdiktatur und bis zum August 1944 war – ohne dass es dabei besonderen deutschen Drucks bedurft hätte – mehr als die Hälfte aller rumänischen Juden ermordet worden. 500.000 Menschen. Die rumänische Regierung war ein Verbündeter, auf den man in Berlin stolz war.

Das Feldlazarett im Hafen von Galatz war durch die herankriechende Hauptkampflinie unversehens zum Kriegslazarett geworden. Die russischen Einheiten hatten sich von Nordosten aus vorwärts gekämpft und waren den verbliebenen deutschen Kräften der Heeresgruppe Südukraine in jeder Hinsicht überlegen. Katjuschas orgelten ihre Melodien und ließen Granaten regnen.

Schon im April des Jahres hatte während der Krimschlacht östlich von Rumänien die Vernichtung der 17. Armee der Heeresgruppe Südukraine begonnen. 60.000 deutsche Soldaten waren in russische Gefangenschaft geraten, ebenso viele deutsche und rumänische Soldaten waren gestorben. Zehntausende, die über den Seeweg evakuiert werden sollten, waren nach Beschuss ihrer Schiffe im Schwarzen Meer ertrunken.

Seit dem 20. August 1944 war die Operation Jassy-Kischinew in vollem Gange, die in kurzer Zeit zur gänzlichen Zerschlagung der Heeresgruppe führen sollte. Die Körper Hunderttausender Soldaten düngten bereits die moldawischen Wiesen, die ukrainischen Wälder und die rumänischen Felder. Innerhalb der folgenden fünf Tage sollte der Großteil von 19 Infanteriedivisionen, einer Panzer- und einer Panzergrenadierdivision vernichtet werden. 150.000 Soldaten kamen um. 100.000 Männer gerieten in Gefangenschaft. Weitere 50.000 fand man nie wieder. Die 6. Armee, die in Stalingrad zermahlen und danach neu aufgestellt worden war, sollte in diesen Tagen südwestlich von Kischinew am Pruth zum zweiten Mal untergehen. Die 8. Armee wurde in weiteren Kesseln zerrieben.

Zuvor hatte die Rote Armee weiter nordwärts die Operation Bagration gestartet. Diese Junioffensive sollte zur größten Schlachtenniederlage in der Geschichte aller Kriege führen: Beim Zusammenbruch der Heeresgruppe Mitte fielen innerhalb von wenigen Wochen 28 Divisionen der Wehrmacht.

28 Divisionen. Nahezu eine halbe Million Menschen.

Und sie fielen nicht nur. Sie wurden erschossen, zerquetscht, zerfetzt. Sie verendeten, verreckten, im Moment des Todes erkennend, dass ihr Blut die Tinte für die Unterschrift unter den Pakt mit dem Teufel gewesen war.

Auf jeden toten deutschen Soldaten kamen drei tote russische Soldaten. Gibt es eine andere Zahl, die das Leid der Angegriffenen und damit ihren Zorn besser fasste? Auf jeden toten deutschen Sohn drei tote russische Söhne. Auf jeden toten deutschen Vater drei tote russische Väter. Auf jeden toten deutschen Ehemann drei tote russische Ehemänner. *Wanderer, kommst du nach Russland*: In jedem Dorf brennende Häuser, tote Kinder und Frauen in Gräbern ohne Zahl. *Mein ist die Rache*: So teilten die deutschen Söhne und Väter ihr Los mit den Millionen von Söhnen und Vätern auf der anderen Seite der Front, als Bestätigung der uralten Erkenntnis, die noch nie einen Krieg zu verhindern geholfen hat: Die Soldaten sterben im Dreck, die Generäle im Bett.

Jemand strich Franz mit einem Tuch den Schweiß aus dem Gesicht. Er öffnete die Augen und sah in das Gesicht von Günther Hörcher: „Franz, was machst du für Sachen? Hast du ein Klopfen gehört und dachtest, da draußen wartet ein hübsches Mädchen auf dich?“

Franz grinste benommen. Dann fiel es ihm wieder ein: „Wo ist die Lazarettleitung?“

„Alle weg.“

„Alle, auch das Pflegepersonal? Die Köche? Die Krankenwagen?“

„Ja. Und die Lager sind fast leer. Ein paar Medikamente haben wir noch. Wundsalben und Hustensäfte. Auch ein paar Pflaster und Mullbinden. Sonst haben sie alles mitgenommen – außer dem Schnaps. Davon ist noch reichlich da. Dutzende Kisten im Stabsgebäude. Weinbrand, Obstler, französischen Cognac, was du willst. Und Zigaretten gibt es auch noch, Hunderte von Stangen. Dafür fehlte ihnen wohl der Platz.“

„Wir können uns also immerhin tüchtig besaufen, während man uns hier zu Mus bombt.“

Hörcher nickte und schaute auf seine geballten Fäuste. „Hast du noch jemanden getroffen, als du draußen warst?"

„Krüger. Ich habe versucht, ihn festzuhalten. Wir haben uns geprügelt. Dann bin ich gestürzt."

„Warum hast du nicht Bescheid gesagt, als du raus gegangen bist? Ich hätte auch gern ein Wort mit den Herren gesprochen."

„Ich wusste nicht, was los war. Außer mir war keiner wach. Und mit Fieber denkt man langsam. Das beschissene Bein. Wie spät ist es?"

„Halb sieben."

„Schon so spät?" Franz richtete sich auf seiner Schlafstatt auf, sein Bein ließ ihn fluchen.

„Ruh dich noch ein bisschen aus."

„Nein, wir haben keine Zeit. Wir müssen uns einen Überblick verschaffen."

„Warum sofort? Warum wir?"

„Schau dich um. Wir sind die ranghöchsten einsatzbereiten Offiziere hier. Die Hauptleute Schmitz und Kopplin werden demnächst sterben und Major von Begedorf wird nie wieder laufen können."

Hörcher strich sich über die raspelkurz geschorenen Stoppeln auf seinem Kopf. „Natürlich. Du hast recht. Daran habe ich gar nicht gedacht. Das heißt, dass wir jetzt das Kommando haben."

„Hat sich schon herumgesprochen, dass man uns verlassen hat?"

„Natürlich. Es ging rum wie ein Lauffeuer. Bei allen, die ansprechbar sind. Viele haben sich eh gewundert, dass heute Morgen keine Schwestern und Ärzte gekommen sind."

„Wie ist die Reaktion?"

„Eine Mischung aus Wut, Verzweiflung und Resignation. Einige haben mich gefragt, wie es jetzt weitergeht. Ich habe beschwichtigt, so gut es ging. Hab behauptet, dass man uns rausholen wird. Wenn wir hierbleiben, sind wir verloren."

Franz nickte: „Wir müssen raus aus Galatz. Wenn die Russen weiter so feuern, sind wir in spätestens zwei Tagen erledigt. Was machen deine Füße?"

„Ich habe sie noch, das ist das Einzige, was zählt. Wozu braucht man schon Zehen?“

„Und deine Gelbsucht?“

„Du weißt doch, die Krankheit ist jedem Soldaten willkommen – kein Hungergefühl mehr.“ Hörcher grinste.

Franz stand auf.

„Brauchst du nicht deine Krücke?“, fragte Hörcher verwundert.

Franz schüttelte den Kopf und lächelte grimmig: „Wenn ich sie nicht mehr mitnehme, kann ich nicht mehr drüberfallen.“

Er quälte sich erneut in seine Stiefel. Als ihm schwindelig wurde, stützte ihn Hörcher. Dann traten die beiden Männer vor die Baracke.

II

Kolja zog den Fuchspelz unter den Augen seines Sohnes aus dem Zuber. Einen Tag hatte der Pelz im Wasser gelegen, immer wieder war er von Walodja durchgeknetet worden. Einige Male hatte Kolja das Wasser ausgetauscht, Essig dazugegeben, auch Kräuter, damit sich die Unterhautreste besser ablösen ließen.

In der Küche roch es nach Wald und Pflanzen. Kolja hatte in einem Tiegel einen Sud aus Fichtenborke, Eichenrinde und Kermekwurzeln angerichtet. Der Inhalt des Tiegels köchelte vor sich hin, immer dunkler, immer kräftiger werdend, bis er ihn vom Feuer nahm und draußen vor dem Haus erkalten ließ. Während er begann, mit der stumpfen Seite einer Klinge letzte Fleischreste von der Unterseite des Pelzes zu schaben, erklärte Kolja seinem Sohn die Bedeutung des Suds: „Die Haut eines Pelzes wird mehrmals gegerbt. Erst leicht, dann stärker. Wenn wir sie im ersten Schritt zu stark gerben, schließt sie sich, bevor die Gerbstoffe die gesamte Haut durchdrungen haben. Dann kann die oberste Schicht faulen."

„Warum muss überhaupt gegerbt werden? Der Pelz sieht doch gut aus."

Kolja spülte den Pelz noch einmal durch und streifte das Wasser ab: „Wenn wir ihn nicht gerben, wird er bald brüchig oder zerfällt. Die Haare haben keinen Halt und fallen aus. Sieh nur, wie schön er ist. Was für ein tiefes Rot!"

Er hielt den Fuchsbalg in die Sonne und einen Moment lang bewunderten Vater und Sohn das Farbspiel im Licht. Dann spannte Kolja den Pelz mit der Hautseite nach oben auf einen Holzrahmen. Aus dem Schuppen holte er den Fuchsschädel und eine Säge: „Wenn man den Schädel mit einem Hammer öffnet, spritzt das Hirn in alle Richtungen. Deshalb müssen wir sägen."

Er schnitt das Fell über der Schädelplatte auf und setzte sein Werkzeug an. Schließlich konnte er ein knöchernes Dreieck abheben, durch das ein Löffel passte, mit dem er die Hirnmasse in eine Schüssel zog. Es hörte sich an, als würde man das Innere eines Hühnereis auskratzen. Walodja hielt sich die Nase zu: „Wie hältst du das aus, Vater? Es stinkt furchtbar. So etwas Ekliges habe ich noch nie gerochen."

Kolja näherte seine Nase der grauen Masse und atmete ein: „Ist es wirklich der Geruch? Oder ist es nicht eher das Gefühl, dem Tiefsten, Persönlichsten einer Kreatur zu nahe zu sein? Wir wollen mit Respekt und Demut arbeiten. Schließlich hilft das Gerben, zumindest der Hülle des Tiers ein langes Leben zu geben. Es ist eine sehr alte Methode. Als dein Großvater sie erlernt hat, wurde ihm erklärt, dass schon die mongolischen Nomaden der Goldenen Horde mit dem Hirn erjagter Tiere ihre Felle gegerbt haben."

„Tatsächlich?"

Kolja nickte. „Die Hirnmasse wird mit den Händen in die Haut gerieben."

Er griff nach dem Holzrahmen, auf den der Pelz gespannt war, und reichte ihn seinem Sohn: „Du kannst anfangen."

„Ich soll das Hirn auf der Haut verteilen?"

„Natürlich. Trage es kräftig auf."

Skeptisch schaute Walodja auf die Schlingenmasse, die von Einsprenkelungen und Schlieren bedeckt war. Kaum mehr als die Menge eines Apfels. Mit Widerwillen griff er in die Schüssel und nahm das ganze Hirn in die Hand. Es war schwerer als er erwartet hatte und fühlte sich an wie vollgesogenes Moos. Ermunternd gab Kolja seinem Sohn einen Klaps und dieser begann, das Fuchshirn in die Pelzhaut zu reiben. Glänzend und schmierig blieb es haften. Schon bald arbeitete Walodja so konzentriert, dass ihn der Geruch seines Werkstoffs nicht mehr störte. Sein Vater beobachtete ihn dabei, er war zufrieden.

„Was machen wir jetzt, Vater?" Walodja hatte sein Werk vollendet und inspizierte es kritisch.

„Wir hängen den Pelz wieder zum Trocknen auf. Morgen werden wir die Hirnreste abkratzen und den Pelz in eine Grube legen. Zuvor bestreichen wir ihn mit unserem Sud. Er enthält viele Gerbstoffe, die die Haut des Pelzes ganz durchdringen. Wir werden ein Brett über die Grube legen und warten."

„Wie lange wird der Pelz in der Grube liegen?"

„Einige Wochen. In dieser Zeit nimmt er auch die Duftstoffe und Öle des Suds in sich auf. Er stinkt dann nicht mehr."

„Und dann ist er fertig gegerbt?"

„Dann ist er fertig gegerbt", bestätigte Kolja lächelnd. „Wir werden die Hautseite mit einem Ei und Wollwachs einfetten und den Pelz über einem Brett geschmeidig machen."

„Und dann können wir daraus eine Mütze für Allotschka nähen."

Kolja nickte: „Das wird deine Mutter tun. Ich hänge den Pelz jetzt wieder unters Dach. Und du musst dir gründlich die Hände waschen."

Walodja stand auf, um am Brunnen Wasser emporzuziehen.

Towarisch bellte und zog an seiner Kette, als er näherkam. Walodja ging zu ihm, beugte sich hinunter und streichelte ihn. Aufgeregt leckte der Hund seine Hände ab, an denen noch Fuchshirn klebte, und versuchte, an ihm hochzuspringen. Fast warf er Walodja dabei um und der Junge lachte: „Das riecht aufregend, nicht wahr? Nicht so stürmisch, mein Bester!"

Towarisch gehörte Walodja. Er hatte ihn als Welpen geschenkt bekommen, weil der alte Wachhund gestorben war und sie einen neuen brauchten. Auf einem Markt in Krymskaya hatte er ihn sich aus einem großen Wurf aussuchen dürfen. Das war vor acht Jahren gewesen. Fast die Hälfte seines Lebens hatte Walodja mit Towarisch verbracht.

Manchmal schimpfte Kolja, dass Walodja Towarisch verzogen habe. Für einen Wachhund sei das Tier zu gutmütig. Man müsse den Hund mit Schlägen scharf machen, damit er Diebe abschrecke, pflegte Kolja dann anzuraten. Worauf sich Jelena jedes Mal über ihren Mann lustig machte, der den Vorgänger von Towarisch ebenfalls zu einem wedelnden Lamm erzogen hatte. Potemkin hatte sie ihn genannt, weil er ihrer Meinung nach nur die Illusion eines Wachhundes gewesen war.

Walodja fuhr Towarisch durchs Fell, doch die Aufmerksamkeit des Tiers galt nicht mehr der schleimigen Masse an den Fingern seines Herrchens. Der Hund schlug an, weil sich ein grauer Lastwagen mit schwarzweißen Kreuzen auf den Türen ihrem abgelegenen Hof näherte. Jetzt hörte man ihn über die unbefestigte Straße rumpeln, eine Wolke aus

Dreck und Ruß hinter sich herziehend, und die Soldaten, die auf der Ladefläche hockten, wurden durchgeschüttelt.

Kolja war aufgestanden, mit dem Pelzrahmen in der Hand. Angespannt sah er zu seinem Sohn: „Geh ins Haus zu deiner Mutter und Allotschka."

Walodja lief los und schrie ins Haus: „Sie kommen, versteckt euch!"

Towarisch bellte wie irr. Er sprang hoch, die Kette riss den jaulenden Hund zurück. Der Laster fuhr auf den Hof und Kolja ging ihm entgegen. Wenige Meter vor ihm bremste der Wagen und Soldaten sprangen von der Ladefläche. Aus dem Fahrerhaus stieg ein deutscher Feldwebel. Er ging auf Kolja zu und rief: „Du da, gib uns Essen! Schweine. Kühe. Hühner. Gemüse. Weizen. Dawai, dawai!"

Kolja verstand ihn nicht. Er schüttelte den Kopf und antwortete auf Russisch, was wiederum der Feldwebel nicht verstand. Er gab Kolja eine Ohrfeige, die ihn fast zu Boden warf. Der Rahmen mit dem eingespannten Fell fiel ihm aus der Hand, die Fuchshaut löste sich, leuchtend wie ein Mohnblatt kam der Pelz zum Vorschein.

„Ich bin nicht hier, um zu diskutieren", erklärte der Feldwebel.

Walodja kam aus dem Haus gelaufen, stolpernd vor Hast, um seinem Vater aufzuhelfen.

Der vierschrötige Unteroffizier winkte und zwei seiner Soldaten zogen einen Greis aus dem Fahrzeug heraus, der eine zerfranste Mütze aus Bisamrattenfell trug und verängstigt näherkam. Walodja kannte ihn. Es war Pjotr aus dem Dorf, der einige Brocken Deutsch sprach.

Der Feldwebel redete ihn mit kurzen Sätzen an und Pjotr übersetzte leise, fast entschuldigend für Kolja, der sich das Blut von seiner aufgeplatzten Lippe wischte: „Sie wollen Essen. Alles, was ihr entbehren könnt. Alles, was ihr habt. Und du sollst deinen Hund beruhigen. Sonst erschießt er ihn."

Kolja konnte Pjotr kaum verstehen, da Towarisch noch immer wie verrückt bellte: „Was sagst du?"

Während Pjotr das Gesagte wiederholte, nahm der Feldwebel seine Pistole aus dem Halfter, ging zur Hundehütte, zielte aus kurzer Distanz und schoss. Pjotr zuckte zusammen.

Walodja schrie auf und lief zu Towarisch, der zusammengebrochen war. Die Kugel hatte den Kopf verfehlt. Sie war in die Schulter des Hundes eingedrungen und am Unterleib ausgetreten, wo sie ein Loch gerissen hatte. Blut lief über das kurze Fell an Schultern und Bauch und Towarisch leckte es ab.

Walodja fiel auf die Knie und nahm den Kopf seines Hundes in die Hände. Er schaute Towarisch in die Augen, in denen sich Verwunderung und Todeskampf spiegelten. „Töte ihn richtig!", schrie Walodja, außer sich vor Entsetzen.

„Was sagt er?", fragte der Feldwebel, der seine Pistole wieder verstaute.

Pjotr übersetzte und der Deutsche lachte: „Zwei Kugeln für einen Köter? Es ist schon schade um die eine."

Walodja griff nach einem Knüppel, der an der Wand der Hundehütte lehnte. Hektisch fingerte der Feldwebel nach seiner Pistole: „Wenn du Dummheiten machst, knall ich dich ab, Junge."

Walodja beachtete ihn nicht. Er ging zu Towarisch und hieb mit aller Kraft auf den Schädel des Hundes ein, um sein Leiden zu beenden. Noch einmal. Und noch einmal. Endlich verstummte das Winseln.

Walodja warf den Knüppel fort und sank weinend zu Boden. Kolja legte ihm eine Hand auf die Schulter.

Unterdessen waren zwei der Soldaten in den Hühnerstall eingedrungen, die anderen stürmten mit vorgehaltenen Maschinenpistolen ins Haus. Die im Stall kamen nur Augenblicke später lachend wieder heraus, in jeder Hand trugen sie an den Klauen zusammengebundene, wild zappelnde Hühner. Sie schoben den protestierenden Kolja aus dem Weg und warfen die Tiere auf die Ladefläche des Lastwagens.

„Das sind alle unsere Hühner!", schrie Kolja auf. „Lasst uns wenigstens die Hälfte!"

Pjotr übersetzte und der Feldwebel winkte ab: „Sag ihm, ich weiß genau, dass sie ihr Viehzeug versteckt halten. Das machen doch alle hier."

Die Soldaten, die das Haus gestürmt hatten, traten wieder auf den Hof. Einer von ihnen hielt einen Topf mit frischer Grütze in den Händen, ein anderer trug Eier in einem Weidenkörbchen heraus, das Jelena zusammen mit Allotschka im Winter geflochten hatte. Außerdem raubten sie Brot, Getreide, Kohl, Kartoffeln und Salz. Der letzte der Männer zog Jelena und Allotschka an den Armen hinter sich her und rief: „Hier hab ich noch zwei Hühnchen gefunden!"

Die Männer lachten.

Allotschka riss sich los, lief zu Kolja und klammerte sich an das Bein ihres Vaters. Der Soldat, der Jelenas Arm noch immer umklammert hielt, grinste: „Na, mir bleibt ja noch diese hübsche Babuschka." Er griff Jelena an die Brust und sie schlug nach seiner Hand, worauf der Mann lachte.

Kolja stand wie versteinert. Aber Walodja sprang auf und lief auf den Deutschen zu. Er ließ sich nicht von den Rufen der Soldaten aufhalten, die ihre Karabiner emporrissen. Wie von Sinnen warf sich Walodja auf den Mann. Dieser ließ Jelena los und trat einen Schritt zur Seite, griff nach dem Lauf seiner Pistole und verpasste Walodja mit dem Griff einen harten Schlag auf den Kopf.

Wie gefällt ging der Junge zu Boden. Jelena schrie auf und schlug nach dem Deutschen, verfehlte ihn aber. Dann kauerte sie sich neben Walodja, um den Kopf ihres Sohnes in ihrem Schoß zu bergen, und überschüttete dabei den Soldaten, der plötzlich verlegen wirkte, mit einem Wortschwall. Sie war außer sich.

Aus Walodjas Platzwunde sickerte Blut. Jelena wischte es fort, doch sofort füllte sich die Kerbe in der Schläfe wieder.

„In Ordnung, wir sind fertig hier! Aufsitzen", rief der Feldwebel.

Die Soldaten sprangen auf die Ladefläche des Lastwagens. Der Unteroffizier schubste Pjotr zurück in die Fahrerkabine und setzte sich neben ihn. Nach einer Fehlzündung mit beißendem Qualm setzte sich das Fahrzeug in Bewegung. Es wendete in einem Halbkreis auf dem Hof und fuhr einige Meter, um dann plötzlich zu stoppen. Die rechte Tür öffnete sich und der Feldwebel sprang erneut aus dem Laster. Ohne die Familie eines weiteren Blickes zu würdigen, griff er nach dem Fuchspelz im Staub. Er hatte in die schmierige Unterseite gefasst, verzog angewidert das Gesicht und wischte sie dann an einigen Grasbüscheln ab. Kurz sah der Feldwebel hoch, nickte Kolja mit einem Zwinkern zu, lachte und ging, den Pelz unter dem Arm zusammengerollt, zum Lastwagen zurück, der mit laufendem Motor gewartet hatte.

Als der Wagen schon fast hinter den ersten Bäumen des Wäldchens verschwunden war, warf einer der Soldaten mit einer nachlässigen Handbewegung ein Paar der zusammengebundenen Hühner von der Ladefläche. Im Federwirbel flatterten die Tiere zu Boden. Walodja wollte, gestützt von der Mutter, aufstehen, um sie zu holen. Doch Zorn stieg in ihm auf, in einem so mächtigen Schwall, dass er über ihm zusammenschlug, ihm Atem und Kraft nahm. Kaum halb aufgerichtet, sackte er wieder in sich zusammen.

Allotschka lief zu den Hühnern, um sie zurück auf den Hof zu tragen.

Dienstag, 22. August 1944

Nur wenige Kilometer donauabwärts feuerte die Artillerie der Roten Armee auf Galatz und ließ Staubpilze aus den Stadtvierteln wachsen. Zwischen den Detonationen konnte man das Singen einer unverzagten Amsel ausmachen. Die Sonne stieg blass über den Hügeln des Hinterlands empor. Über der Donau trieben Nebelschwaden und hüllten die aus dem Wasser ragenden, zerborstenen Binnenkähne in erträglicheres Weiß. Franz und Hörcher schritten langsam um die Lazarettbaracken herum. Als Franz in ein Schlagloch trat, stolperte er und fluchte. Mit schmerzverzerrter Miene griff er an sein Knie. Hörcher stützte ihn: „Wollen wir zurück? Du brauchst noch Ruhe."

Franz schüttelte den Kopf: „Bevor sie gerannt sind wie die Hasen, haben die Ärzte immer gesagt, ich soll laufen, damit mein Knie nicht steif wird. Wie wäre es mit einer kleinen Ronde?"

„Einverstanden, ein kurzer Kontrollgang kann nicht schaden. Mittlerweile kenne ich mich hier ganz gut aus. Am Kai entlang kann man bis zur Hafenverwaltung gehen. Hinter dem Gebäude beginnt die Gleisanlage, von dort gehen wir zum Lazarett zurück. Das sind 15 Minuten."

„Die schaffe ich."

Die beiden Soldaten gingen am Wasser entlang. Franz konzentrierte sich auf seine Bewegung, versuchte, den Schmerz zu ignorieren, sein Knie ordentlich zu beugen und zu strecken. Einige Möwen kreisten über ihnen und schrien. Kein Mensch war zu sehen.

Als sie die Gebäuderückseite der Hafenverwaltung erreicht hatten, griff Hörcher Franz am Arm: „Was ist denn das?"

Franz, der auf den unebenen Boden vor sich geschaut hatte, hob überrascht den Kopf.

Vor ihnen stand, in einigem Abstand zu dem weitgezogenen Rund einer großen Gleisschleife, ein Zug auf den Schienen. In der Farbe des letzten Kriegs, Feldgrau. Es waren mehr als 20 Drehgestellwagen. Auf jedem der Waggons prangte ein rotes Kreuz auf weißem Grund. Eine Lokomotive fehlte.

„Ein Lazarettzug. Der war gestern noch nicht da", rief Hörcher. „Der wäre mir aufgefallen!"

Die Beschilderung an einer der Fahrzeugtüren des ersten Wagens wies den Waggonverbund als „Lazarettzug 676" aus. Franz öffnete die Tür. Der Gestank von Exkrementen und der rostige Geruch von Blut drangen ihm entgegen. So schnell sein Knie es zuließ, stieg er die Stufen empor, Hörcher folgte ihm.

Flach atmend nahmen sie das Innere des Waggons in Augenschein. Vielleicht war seine Ausstattung ursprünglich für Leichtverletzte gedacht gewesen, doch auf den Sitzbänken lagen jetzt Schwerstverletzte und Amputierte, auch der Gang war mit Tragen zugestellt. Franz und Hörcher zwängten sich durch zwei Dutzend verwundete Soldaten, links und rechts Bandagierte in Laken, deren Weiß den Farben von Eiter und Blut gewichen war. Vereinzelt reckten sich ihnen Hände entgegen. Doch die meisten Männer waren apathisch, vermutlich dehydriert, nur gelegentlich hörte man Krächzen.

Bei der nächsten Tür sprang Hörcher aus dem Waggon. „Ich hole Wasser!", rief er. „Schau du, wie viele sonst noch im Zug sind."

Franz nickte, hievte sich in den zweiten Waggon und humpelte hindurch. Auch dieser war bis auf den letzten Platz belegt mit Halbtoten. Ebenso die weiteren vier Waggons. Eine rollende Küche schloss sich an – man hatte sie genauso mit Verwundeten angefüllt wie den folgenden Schlaf- und Speisewagen für die Mannschaft und einen Materialwagen. Der nächste Waggon, in den sich Franz hochzog, war ein fahrender Operationssaal. Vor einem der metallenen Tische stand ein Mann, der eine Schürze trug. Er drehte Franz den Rücken zu, verharrte in gebeugter Haltung, seinen Blick auf den Tisch gerichtet, auf dem ein zweiter Mann lag.

Als Franz herantrat, sah er, dass der Beschürzte bis zu seinen Handgelenken in der Bauchhöhle des Soldaten vor ihm steckte. Geronnenes Blut lag in Klumpen zwischen den Tüchern, die den Operationstisch säumten. Der Boden unter dem Stahltisch war in einer Pfütze von Blut verschwunden.

„Wie heißen Sie?", sprach Franz den Mediziner an.

Jetzt erst bemerkte ihn der Mann. Er folgte dem Blick von Franz, der entsetzt auf dem toten Soldaten und seinen Eingeweiden ruhte, und sagte entschuldigend: „Exitus in tabula."

„Wie heißen Sie?"

„Dass ein Mensch so viel Blut in sich hat, nicht wahr?"

„Nennen Sie mir bitte Ihren Namen."

„Er war eigentlich auf dem Weg der Besserung. Aber plötzlich bekam er eine Schwellung und die Naht platzte auf. Eine Entzündung, verbunden mit starken inneren Blutungen. Die Ruptur war zu stark. Ich musste ihn wieder öffnen."

„Sie haben Ihr Bestes getan", sagte Franz und berührte den Mann an der Schulter. „Wie ist Ihr Name?"

„Es ist nicht möglich, unter solchen Bedingungen einen Leberriss zu heilen", schüttelte der Arzt den Kopf, während er noch immer in der Bauchhöhle des Toten verharrte. „Dabei sah es zunächst harmlos aus. Ein Rippenbruch. Beim Sturz von einer Behelfsbrücke."

Franz versuchte es nochmals: „Bitte nennen Sie mir Ihren Namen."

Endlich drehte der Arzt den Kopf. Brütend schaute er den Oberleutnant an. Sekunden verstrichen. Dann schüttelte er sich, ein Schauer durchlief ihn und in einer abrupten Geste schrak er auf: „Ross. Theodor Ross. Stabsarzt Ross. Ärztlicher Leiter dieses Lazarettzugs."

„Wie viele Menschen sind im Zug?"

„Meinen Sie, wie viele noch leben? Vor Kurzem waren es 356. Pro Tag sterben fünf."

„Haben Sie keine Sanitäter und Schwestern hier?"

„Doch. Sie wollten Wasser holen."

„Wann?"

„Es ist eine Weile her."

„Und wo sind sie jetzt?"

„Ich weiß es nicht."

Franz nahm seine Hand von der Schulter des Mannes, sah ihm prüfend ins Gesicht. „Wann haben Sie zum letzten Mal geschlafen?"

„Gestern. Oder vorgestern? Es gibt so viel zu tun."

„Sind Sie Chirurg?"

„Ich bin Hals-Nasen-Ohren-Arzt. Aber jeder Arzt wird im Krieg zum Chirurgen."

Franz griff nach einem Handtuch, befeuchtete es mit dem Wasser aus einer in der Nähe stehenden Schüssel und wischte dem Arzt unbeholfen das Blut von den Unterarmen. Er nahm ihm die Schürze ab und führte ihn in ein Eck des Operationswaggons, das noch frei von Blutflecken war. In einem der Schränke fand er eine Decke, die er dem Stabsarzt reichte. „Legen Sie sich hin und ruhen Sie sich aus. Sie brauchen Schlaf, sonst brechen Sie zusammen. Dann nützen Sie niemandem mehr. Wir werden Sie wecken."

Der Mann ließ sich zu Boden drücken. Er rollte sich wie ein Kind in die Decke und schlief sofort ein.

Franz verließ den Operationswagen und durchquerte die letzten Waggons, versuchte dabei, die Insassen zu zählen, die hier in dreistöckigen Betten übereinander lagen. Viele der schmalen Lager waren doppelt belegt.

Insgesamt waren im Lazarettzug noch 347 Soldaten am Leben, viele Mannschaftsdienstgrade, einige Unteroffiziere, eine Handvoll Offiziere niederen Ranges. Schwer schnaufend nahm Franz die letzten Stufen ins Freie.

Hörcher war unterdessen am Zug entlang zu einem Pumpenhaus gelaufen, um dort Wasser zu holen. Als er sich dem Häuschen näherte, hörte er zu seiner Überraschung Hilferufe, die aus einem Schuppen hinter dem grauen Bau drangen. Die Tür war abgeschlossen, doch der Schlüssel steckte. Als er die Tür öffnete, kamen ein Unterarzt, ein Sanitäter und einige Schwestern zum Vorschein, die man dort eingesperrt hatte. Ohne viele Worte zu verlieren, halfen sie Hörcher, alle verfügbaren Eimer zu befüllen, und liefen zum Lazarettzug, um den Verwundeten das ersehnte Wasser zu bringen.

Franz, der wieder zum ersten Waggon gehumpelt war, sah die Gruppe mit ihren überschwappenden Kübeln und erfasste die neue Situation mitsamt der willkommenen Verstärkung. Erneut kletterte er in den ersten Wagen und sprach dort den ersten Mann an, der zwar matt und mit leerem Blick, aber offenen Augen auf seiner Trage lag: „Von welcher Einheit sind Sie?“

„Armee-Nachrichten-Regiment 570.“

„Und die anderen?“

„Aus jedem Dorf ein Köter, Herr Oberleutnant.“

„Von woher kommen Sie?“

„Aus einem Behelfslazarett ein paar Fahrtstunden nördlich von hier. Wir wurden vor zwei Tagen verladen. Seitdem haben wir kaum was getrunken. Bitte geben Sie mir Wasser. Ich verdurste.“

„Wasser ist unterwegs. – Wer hat euch hergebracht?“

„Ich weiß es nicht.“

„Warum hat man euch hier abgestellt?“

„Ich weiß es nicht.“

„Sollt ihr von hier aus weiterfahren?“

„Ich weiß es nicht.“

„Wo ist eure Lokomotive?“

„Wir haben keine Lokomotive?“

In die Donau schlug eine Granate ein. Kaum 50 Meter entfernt stieg eine Wassersäule auf. Die Druckwelle ließ die Scheiben aller Waggons klirren und die Wände erzittern. Ein zweiter Einschlag folgte, vielleicht 30 Meter entfernt. Schließlich ein dritter Einschlag, noch näher. Die Trommelfelle knallten. Einige Scheiben zerbarsten, Glassplitter regneten auf die Betten.

Franz hatte sich unwillkürlich geduckt, den Kopf geschützt, wartete ab. Alle im Waggon hielten den Atem an.

Als weitere Einschläge ausblieben, richtete sich Franz auf und wandte sich wieder dem Mann im Bett zu: „An welcher Verletzung leiden Sie?“

„Ich habe keine Verletzung. Ich habe Typhus.“

Franz wich instinktiv zurück. „Ruhen Sie sich weiter aus, Sie bekommen gleich Wasser.“

Welche Krankheiten waren wohl noch Passagiere dieses Zuges? Franz beschloss, den erschöpften Stabsarzt schlafen zu lassen und sich Auskunft bei den Männern und Frauen zu holen, die noch immer mit Wassereimern von Waggon zu Waggon rannten. Gerade sprang einer der Männer aus dem zweiten Wagen. Franz humpelte auf ihn zu, winkte ihm, stehenzubleiben.

Bei dem aus dem Keller befreiten Mann handelte es sich um einen Steiermärker namens Krafft Spanuth, Unterarzt. In knappen Sätzen schilderte er, wie die rumänische Lokbesatzung des Zuges ihn und die anderen des Pflegepersonals beim Wasserholen überrumpelt und eingesperrt hatte. Franz bat ihn, eine aktuelle Liste der Insassen des Lazarettzugs anzufertigen und dabei auch die Art ihrer Verletzungen und Erkrankungen zu erfassen.

Der Beschuss durch russische Artillerie hatte sich zunehmend in den Hafen verlagert, wurde immer heftiger. Dennoch inspizierte Franz weiter gemeinsam mit Hörcher den Zug von allen Seiten. Zwischen Donau und Gleisen schritten sie an den Waggons entlang. In Franz' Knie hatte sich ein dumpfer Schmerz eingenistet.

Inmitten des Geschützdonners hörten sie Flugzeugmotoren. Ein Aufklärer überflog sie mehrmals und gänzlich ungestört von Flakbeschuss, um dann wieder im Dunst des Vormittags zu verschwinden. Er flog nicht sehr hoch. Die Sonne blendete, aber die Sterne auf den Tragflächen der Maschine waren auch im Gegenlicht gut zu erkennen. Franz runzelte die Stirn. „Günther, wir müssen hier raus."

„Ich weiß. Aber wie?"

„Vielleicht mit einem Schiff über die Donau?"

„Wo willst du hier ein Schiff hernehmen? Alle Kähne sind versenkt. Und selbst, wenn du ein Boot mit intaktem Motor findest, ist es kaum möglich, den Fluss zu befahren. Wir bleiben an den ersten Trümmern hängen oder reißen uns den Kiel auf." Hörcher zeigte auf das unruhige Bild der Donau. „Schau, überall zerstörte Boote und gesprengte Brücken."

„Also mit einem kleinen Boot. Ein Ruderboot."

„Gegen die Strömung? Wir hätten keine Chance. Der Fluss würde uns direkt den Russen in die Arme spülen. Außerdem wären wir dann nicht besser als die Sauhunde von Ärzten, die uns hier im Stich gelassen haben."

„Du hast ja recht. Aber wir können doch nicht einfach abwarten, bis man uns zusammengeschossen hat."

Hörcher zögerte. „Wir könnten uns ergeben."

„Eher würde ich mich umbringen. Ich möchte nicht in russische Kriegsgefangenschaft geraten. Wir können kein Mitleid erwarten. Dann lieber ein schnelles Ende mit der eigenen Pistole."

Hörcher schüttelte den Kopf: „Du würdest dich erschießen? Niemals. Wir brauchen eine andere Lösung."

Beide grübelten verbissen.

„Vielleicht mit LKW?", spekulierte Franz.

„Es wird unmöglich sein, einen aufzutreiben, geschweige denn einen ganzen Fuhrpark. Letzte Nacht sind mit unseren Stäben die letzten Fahrzeuge verschwunden. Und wer weiß, wie weit sie gekommen sind. Viel Treibstoff kann nicht mehr dagewesen sein. Selbst wenn für uns Dutzende von Lastkraftwagen vom Himmel fallen, spätestens am Diesel scheitert es. Den gibt's in der ganzen Stadt nicht mehr. – Weißt du was?", meinte Hörcher verbittert. „Nehmen wir doch einfach den Zug. Lass uns gleich zum Bahnhof gehen und zwei Fahrscheine lösen. Der nächste Express bringt uns sicherlich bequem westwärts."

Franz schaute ihn entgeistert an. Dann wurde er nachdenklich. Er wollte gerade etwas erwidern, als beide ein Singen in der Luft hörten. Sie warfen sich zu Boden. Nur wenige Dutzend Meter entfernt schlug eine Granate in ein Depot ein. Glühendes, gesplittertes Eisen surrte vorbei, das letzte Glas der umliegenden Gebäude flog funkelnd aus den Rahmen. Staub breitete sich in einer Walze aus und verschluckte die Männer.

Als dem Einschlag kein zweiter folgte, erhoben sich die beiden hustend. Hörcher schlug sich den Dreck von der Jacke: „Das war knapp. Mal wieder."

„Du sagst es." Franz rieb sich sein Knie und blinzelte Hörcher an: „Günther, in allem Ernst, warum nehmen wir nicht den Zug? Das ist eine fantastische Idee. So können wir die Verwundeten evakuieren. Darauf hätten wir gleich kommen sollen."

Hörcher fixierte Franz irritiert. Vielleicht war sein Bettnachbar noch nicht ganz fieberfrei, er hatte doch nur ein müdes Witzchen machen wollen. „Franz, ich sage es dir nur ungern, aber wir haben keinen Zug. Wir haben nur einen Haufen Waggons. Davon gibt es hier viele. Aber sicherlich gibt es im Umkreis von vielen Kilometern nicht eine einzige Lokomotive mehr."

„Dann müssen wir eben versuchen, eine Lok zu beschaffen!"

„Wo um Himmels willen willst du hier eine Lok auftreiben?"

Franz warf die Hände in die Luft: „Ich weiß, du hast ja recht. Aber ein Zug ist unsere einzige Chance! Vielleicht sind die Gleise Richtung Ploieşti im Westen noch frei. Bei den Ölfeldern dürften starke deutsche Verbände stehen. Wenn sonst auch alles zusammenbricht, die Ölfelder werden bestimmt gehalten. Wir müssen eine Lokomotive finden und noch mehr Waggons auftreiben."

Hörcher schüttelte den Kopf: „Eine Lok allein wird kaum reichen, wenn wir die ganzen Verletzten aus den Baracken mitnehmen wollen. Der Lazarettzug ist ja schon voll belegt … Franz, was ist mit dir?"

Franz schaute mit zugekniffenen Augen nach vorn unter den Lazarettzug: „Da liegt jemand."

Die beiden liefen los, unter einer der ersten Radachsen waren die Beine eines Mannes im Uniformgrau der Wehrmacht auszumachen. Hörcher zog ihn hervor. Ein schmächtiger Soldat mit lichtem Haar, der aus einer Wunde über der Stirn blutete und einen benommenen Eindruck machte. Er mochte ungefähr 50 Jahre alt sein. Nur langsam kam er zu sich. Er versuchte, sich aufzurichten, und Hörcher beeilte sich, ihm unter die Arme zu greifen.

Erstmals lächelte der Mann, noch etwas verzerrt, während er sich mit dem Ärmel über das Gesicht wischte und am größtenteils geronnenen Blut nicht viel ausrichtete: „Ich bin ein Hannoveraner Dickschädel. Mich wirft eigentlich so leicht nichts um."

„Sie haben eine tiefe Platzwunde. Wie ist das passiert?"

Der Mann schwankte, starrte auf den Boden und überlegte: „Man hat mir eine Schaufel über den Kopf gezogen. Heute früh. Bin wohl ohnmächtig geworden."

„Sie waren lange weg. Mittlerweile ist es acht Uhr."

„Oha, so spät? Ich war wie tot. Wir alle im Zug sind total erschöpft. Kaum Schlaf. Viel Beschuss. Was ist mit unseren Schwestern und Ärzten passiert?"

„Sie sind wohlauf. Den Stabsarzt haben wir im OP-Waggon angetroffen. Die anderen konnten wir aus einem Schuppen befreien."

„Gott sei Dank!"

„Ihre Stirnwunde wird sich von allein nicht schließen. Das sollte genäht werden", meinte Hörcher.

Der Mann winkte ab und signalisierte, allein stehen zu können: „Geht schon, danke. Ich bin der Wagenmeister vom Lazarettzug 676, Hermann Lege mein Name." Er wankte einige Schritte vorwärts, dann wurde ihm schwindlig. Er stützte seine Hände auf die Knie und übergab sich, während ihm weiter das Blut von der Stirn lief. Traurig starrte er auf die Bröckchen im gallegrünen Erbrochenen und sagte: „Scheiße. Mein letztes Essen." Er grinste die beiden Offiziere erschöpft an: „Das war feinste Horst-Wessel-Suppe. Fleisch und andere gute Zutaten marschieren im Geiste mit." Lege hielt sich den Kopf. „Bestimmt eine Gehirnerschütterung. Halleluja, das hat gerumst!"

Er würgte und wischte die Fäden seiner Spucke mit dem blutverschmierten Ärmel fort. Sich wieder aufrichtend starrte er, wie Franz und Hörcher, in den Himmel, aus dem ein Heulen erwuchs. Als eine Granate mit gewaltigem Krachen auf der anderen Seite der Donau einschlug und dort ein Lagergebäude in sich zusammensackte, schwang eine der Türen des Waggons auf, neben dem die Männer standen. „Kommen Sie herein!", rief eine der aus dem Pumpenhaus befreiten Krankenschwestern den Männern zu und deutete dann auf den Wagenmeister: „Hermann, Ihre Wunde muss genäht werden. Hier drin können Sie sich außerdem besser unterhalten. Bei dem Höllenlärm versteht man sein eigenes Wort nicht! Und ein Volltreffer ist uns hier drin ebenso gnädig wie draußen."

Franz und Hörcher starrten sie überrascht an.

„Na, worauf warten Sie noch?", rief die Schwester. „Im Krieg lebt es sich mit etwas Fatalismus doch ganz gut, meine Herren."

„Widerstand ist zwecklos", sagte Lege und grinste. „Darf ich vorstellen? Elsa Rudolph aus Friedrichsdorf im schönen Taunus. Die gute Seele unseres Lazarettzugs." Er kletterte in den Wagen: „Schön, Sie zu sehen, Elsa! Das war eine unruhige Nacht!"

„In der Tat. Und Sie sehen böse zugerichtet aus. Nehmen Sie gleich hier Platz." Die Schwester wies ihm einen Stuhl zu.

Hörcher folgte Lege und half dann Franz die Stufen hinauf. Oben kamen sie in einem Waggon mit Apothekenbereich an.

Franz und Hörcher stellten sich der Schwester vor. Sie gefiel Franz. Eine attraktive Frau von schlanker Statur und mit einer Stimme, die ebenso dunkel war wie ihr Haar.

Wagenmeister Lege hatte sich auf den Stuhl fallen lassen. Franz nahm auf der Bank einer nahen Sitzecke Platz, Hörcher setzte sich neben ihn.

Währenddessen hatte die Krankenschwester einige Utensilien aus den Schubladen gegriffen und auf einem Tisch neben Lege abgestellt, der vor allem die chirurgische Rundnadel mit scheelem Blick musterte. „Macht das der Doktor, Schwester Elsa?"

„Nein, das nähe ich gleich selbst. Wo haben Sie sich denn nächtens herumgetrieben, Hermann?"

Lege gab einen gespielten Seufzer von sich. „Ich bin gegen eine unbeleuchtete Kohlenschaufel gelaufen. Sie wissen ja, auf mich muss man ständig aufpassen."

„Es scheint so zu sein. Wie viele Stunden ist es her, dass Sie den Schlag abbekommen haben?"

„Ungefähr vier Stunden."

„Dann können wir noch nähen. Aber ich muss die Wunde gründlich säubern. Mit Jod, was anderes habe ich gerade nicht zur Hand. Es wird wehtun."

„Tun Sie, was Sie nicht lassen können."

Schwester Elsa trat vor ein kleines Waschbecken und schrubbte ihre Hände und Unterarme gründlich mit Seife und einer Bürste ab. Dann griff sie nach sauberen Tüchern und wischte das Blut und die Verkrustungen vom Schädel des Wagenmeisters. „Jetzt wird es etwas schmerzen", sagte sie und griff zu einem braunen Fläschchen mit Jodtinktur. Sie schraubte es auf und entnahm den Pinsel. „Am Kopf heilt zwar erfahrungsgemäß fast alles, aber wir wollen es trotzdem lieber ordentlich desinfizieren."

Großzügig bestrich sie das Areal der Verletzung mit der Tinktur. Als sie die Wundränder besonders gründlich behandelte, stöhnte der Wagenmeister auf: „Verdammt, das brennt wie Ameisenpisse!"

„Es wird gleich besser", meinte Schwester Elsa ungerührt. „Und vielleicht können Sie Ihre Kraftausdrücke für sich behalten."

Sie drückte Lege eine Schere und ein kleine geöffnete Flasche in die Hand. Darin war ein in Spiritus eingelegter aufgerollter Zwirn erkennbar: „Halten Sie das, bitte." Sie zog 20 Zentimeter Faden aus der Flasche und bat Lege, den Zwirn abzuschneiden.

„Keine zehn Minuten von hier am Ufer abwärts liegt unser Lazarett", warf Franz, der sie bei ihren Verrichtungen beobachtete, ein. „Dort liegen mehr als Tausend unserer Leute. Bitte schauen Sie mit Ihren Kolleginnen so bald wie möglich auch dort nach, ob Sie helfen können. Wir haben keine Ärzte und Schwestern mehr."

„Mehr als Tausend, so viele? Unterarzt Spanuth hat das volle Lazarett schon erwähnt. Natürlich, das machen wir gerne."

Elsa Rudolph klemmte den Nahtfaden in die Rundnadel. Sie begann mithilfe einer Pinzette, die Nadel durch die Ränder von Leges sickernder Wunde zu drücken und den Faden straff zu ziehen, der wiederum die Wundränder zuzog. Den dabei entstehenden Knoten legte sie sorgfältig neben die Wunde. Lege verdrehte die Augen und atmete durch: „Nur zu, junge Frau. Stellen Sie sich einfach vor, mein Schädel sei ein Klöppelrahmen."

Die Schwester schüttelte lachend den Kopf: „Seien Sie froh, dass ich Ihren Schädel nicht auch noch rasieren musste."

„Danke. Zum ersten Mal freue ich mich darüber, dass ich eine Glatze habe."

Hörcher unterbrach die Neckereien: „Wir fragen uns immer noch, wie Sie mit Ihrem Lazarettzug hier gelandet sind. Was genau ist passiert?"

Wagenmeister Lege kratzte sich am Kopf, gegenüber der sich langsam schließenden Wunde. „Ich weiß noch, dass wir gegen vier Uhr morgens angekommen sind. Wir wollten Verpflegung, Wasser und Kohlen fassen. Wir sind überbelegt. Normalerweise hat ein großer Lazarettzug 37 Waggons. Davon 27 Mannschafts-Krankenwagen mit jeweils elf Betten für ungefähr 300 Verwundete. Wir haben nur noch 22 Waggons, dafür aber ungefähr 350 Verwundete. Heute sollte es eigentlich weiter nach Hause gehen, mit all den armen Schweinen an Bord." Aus seiner Wunde sickerte etwas Blut, das Schwester Elsa wegwischte. „Als hier im Hafen die russische Artillerie losgehämmert hat, wollte sich unsere Lokbesatzung ergeben. Es waren Rumänen, für die ist der Krieg ohnehin bald beendet. Man kann es ja fast verstehen. Wir wollten, dass sie bleiben. Darüber gab es Streit."

Schwester Elsa nickte: „Sie haben unseren Unterarzt und uns Schwestern überrumpelt und eingesperrt. Mit einer Pistole haben sie uns bedroht."

Lege fuhr fort: „Als ich ihnen hinterhergelaufen bin, um sie aufzuhalten, hat mir einer seine Kohlenschaufel über den Schädel geschlagen."

„Wie kann man 350 Verletzte ohne Wasser einfach so zurücklassen und türmen?", empörte sich Hörcher. „Sind wir nur noch von Wahnsinnigen umgeben? Erst unsere Lazarettleitung und jetzt das."

„Rette sich, wer kann. So lautet das Gebot der Stunde", sagte die Schwester, die mittlerweile den zweiten Nahtfaden platziert hatte. Niemand widersprach.

Franz grübelte: „Wo könnte eure Lokomotive abgeblieben sein? Sind die Rumänen mit der Lok abgehauen?"

„Wir hatten sogar zwei Lokomotiven. Zwei 52er."

„Zwei Loks? Die brauchen wir", rief Hörcher. „Wo sind die jetzt?"

Lege zuckte müde mit den Achseln.

Dass ihnen die Zugmittel abhandengekommen waren, war eine Katastrophe. Die leistungsstarken Kriegslokomotiven der Baureihe 52 waren aufgrund ihrer robusten, vereinfachten Bauweise bewährte Lastesel.

Franz überlegte weiter: „Wir haben also ungefähr 350 Kranke und Schwerstverwundete im Lazarettzug und weitere 1.300 zumeist Liegende in den Baracken. Wie viele Waggons bräuchten wir, um alle mitnehmen zu können?"

Hörcher winkte ab: „Dutzende bräuchten wir. 30, 40 Stück. Wo willst du die hernehmen?"

Leges Gesicht erhellte sich, bis die Schwester erneut mit der Rundnadel durch die Wunde fuhr. Um ihre Arbeit besser sehen zu können, drehte sie seinen Schädel ins Tageslicht. Mit schiefem Kopf sagte der Wagenmeister: „Ich habe bei der Fahrt durch die Gleisanlage rund um den Bahnhof von Galatz eine ganze Menge Wagen gesehen. Güterwaggons. Auf der rechten Seite in Fahrtrichtung. Die sahen gar nicht schlecht aus." Doch schnell verdüsterte sich sein Blick wieder: „Selbst, wenn wir genügend Waggons zum Füllen haben, bekommen wir den Zug doch nicht gezogen. Von unseren 22 Waggons wiegt schon jeder an die 20 Tonnen. Insgesamt also 440 Tonnen. Wenn wir jetzt auch nur 30 weitere, leichtere Waggons zu vielleicht je zehn Tonnen dranhängen, kommen wir auf 740 Tonnen Leergewicht. Noch ganz ohne einen einzigen Verletzten! Und 1.600 Verwundete, das sind bestimmt nochmal 120 Tonnen Fleischgewicht. Für einen solchen Zug mit über 50 Einheiten reichen noch nicht mal die beiden 52er. Selbst, wenn wir sie wider Erwarten auftreiben sollten." Lege schüttelte den Kopf und Schwester Elsa zischte verärgert. „Zwei Lokomotiven allein ziehen die Wurst nicht vom Teller. Immerhin müssten wir die Karpaten überqueren."

„Wie viele Lokomotiven brauchen wir also?", fragte Franz. „Drei? Vier?"

„Drei im Minimum", nickte Lege.

„Und selbst, wenn wir zehn Loks haben sollten, wie sehen die Gleise aus?", gab Schwester Elsa zu bedenken, während sie einen weiteren Faden neben der Wunde verknotete. „Wenn auch nur eine Brücke gesprengt oder eine Weiche zerstört ist, ist die Fahrt beendet, bevor sie angefangen hat, nicht wahr?"

Die drei Männer versanken in Schweigen.

Elsa setzte den letzten Knoten. „Geschafft. Sie haben Glück gehabt, dass es eine glatte Wunde ist, sonst hätte ich mit einem Skalpell die Wundränder beschneiden müssen."

„Ein Volltreffer mit einer Kohlenschaufel auf die Zwölf, da halten sich meine Glücksgefühle in Grenzen, Schwester."

„Und es tut nochmal weh." Erneut bestrich sie die Wunde mit Jodtinktur.

Lege biss die Zähne zusammen, um nicht zu fluchen. „Schwester Elsa, da erhält eine hübsche Frau wie Sie das Privileg, meinen Charakterkopf zu liebkosen, und das Einzige, was Ihnen in den Sinn kommt, ist, mich zu quälen."

Zufrieden betrachtete die Krankenschwester die sechs akkurat gesetzten Fäden ihres Handwerks inmitten der jodbepinselten Stirn: „Sie sehen fast besser aus als vorher."

Die Männer lachten. Lege grinste und stand auf, um die Naht im Spiegel zu begutachten. „Kriege ich ein Pflaster?"

„Nein. Die Wunde heilt besser an der frischen Luft."

Lege wollte sich gerade bedanken, als es an der offen stehenden Waggontür klopfte.

III

In dieser Nacht waren keine Wölfe oder Bären erschienen. Die Tiere des Dorfes hatten in ihrem Waldversteck in der Schlucht ruhig geschlafen. Nur ein Paar kämpfender Wildkatzen hatte mit Fauchen in den frühen Morgenstunden etwas Unruhe verbreitet. Walodja war müde von der Nachtwache und freute sich auf seine Ablösung.

Über den Wäldern im Osten stieg ein heller Schleier empor und gab dem Dunkel erste Konturen und Farben. Walodja fröstelte. Wo blieb Nadja? Er war nervös. Nicht, weil er sich Sorgen machte. Nadja kam gut allein zurecht. Sie war in allem sehr geschickt, bewegte sich auch im Wald mit viel Erfahrung. Walodja war nervös, weil er immer nervös war, wenn er Nadja traf. Natürlich hatte sein Vater recht. Nadja war eine Schönheit, genau genommen das schönste Mädchen der Welt. Seit dem letzten Sommer war sie das für ihn. Davor gab seine Erinnerung nur ein vorlautes Gör in Hosen preis. Doch seitdem er sie damals am See gesehen hatte, war alles anders, und er war nervös, wenn er sie traf.

Ihre blitzenden Augen, die ihn immer zu verspotten schienen. Ihr von zwei Grübchen umrahmter und zum Küssen schöner Mund mit einer Narbe an der Oberlippe, wie eine schmale Schlange, die sie trug, seit sie vor einigen Jahren beim Klettern aus einem Baum gefallen war. Ihr Haar, dunkelblond und kräftig, zu einem fröhlichen Zopf zusammengebunden. Und ihr Gang, tänzerisch und bestimmt, immer an den schönsten Blumen vorbeiführend.

Die Ziegen meckerten und Walodja ging zum Gatter, um sie zu beruhigen. Wenn die Ziegen einmal Krach machten, begannen auch die Kühe bald zu muhen. Und wenn erst die Gänse anfingen zu schnattern, würde es richtig laut werden. Er sprach auf die Tiere ein und warf ihnen Gras über den Zaun. Sie verstummten und fingen zufrieden zu futtern an.

Wo blieb nur Nadja? Sie hätte längst hier sein sollen.

Walodja dachte an die Deutschen.

Dienstag, 22. August 1944

Ein Leutnant mit Nickelbrille lugte durch die Tür des Lazarettzugwaggons und sprang die Stufen empor. Mit nachlässigem Gruß stellte er sich der überrumpelten Runde vor: „Guten Tag, meine Dame, meine Herren. Gestatten, Leutnant Ansorge, Batterieoffizier vom Artillerie-Regiment 370. Sind Sie verantwortlich für die Verwundeten hier?"

Franz nickte: „Bitte nehmen Sie Platz." Er zeigte auf einen Hocker, den sich der Leutnant an den Tisch zog. Trotz seiner Größe bewegte er sich geschmeidig. „So, wie es aussieht, bin ich der ranghöchste, noch einsatzfähige Offizier hier", fuhr Franz fort. „Das ist Leutnant Hörcher. Schwester Elsa Rudolph und Wagenmeister Lege sind vor wenigen Stunden mit dem Lazarettzug angekommen. Was können wir für Sie tun?"

„Nun, eigentlich hatte ich gedacht, ich könnte eher was für Sie tun. Ich war eben mit dem Vorauskommando meiner Einheit in den Baracken, um mir ein Bild von der Lage im Hafen zu machen. Dort sagte man mir, dass ich Sie in dieser Richtung finden würde. Selten habe ich einen größeren Haufen Verwundeter gesehen. Aber wo sind Ihre Ärzte und Sanitäter?"

„Die sind in der letzten Nacht getürmt."

„Wie bitte?"

„Sie haben richtig gehört. Hier ist niemand mehr. Die Verwundeten können nur noch von den Kräften aus dem Lazarettzug versorgt werden."

Ansorge schüttelte ungläubig den Kopf: „Das sind ja feine Mediziner. Fürs Eiserne Kreuz wird es kaum reichen."

„Wie sind Sie hier gelandet, Leutnant Ansorge?", fragte Franz.

„Wir kommen aus der Nähe von Kischinew. Dort geht es gerade der Heeresgruppe Südukraine an den Kragen. Angriff der Russen auf ganzer Front, Durchbruch bei Tiraspol. Davor ein furchtbares Trommelfeuer aus allen Rohren, Angriffe von Schlachtenfliegern, die Hölle auf Erden. Die Aufklärung im Tiefschlaf. Und noch dazu unsere oberste Führung völlig orientierungslos."

Franz erinnerte sich an eines der zahllosen Gerüchte des Buschfunks aus den letzten Wochen: „Stimmt es, dass man Ende Juli die Oberbefehlshaber der Heeresgruppen Nord und Südukraine einfach getauscht hat?"

Ansorge nickte. „Ja, das war ein Schuss in den Ofen. General Frießner macht keine gute Figur. Ein Zauderer. Die meisten von uns hatten gehofft, wir würden uns bis zum Karpatenrand zurückziehen. Dort hätten wir bestimmt eine bessere Position gehabt. Aber so – das wird eine Hinrichtung …"

„Was ist Ihr Auftrag in Galatz?", fragte Hörcher.

„Ich kommandiere eine der wenigen noch verbliebenen Artillerie-Batterien der 6. Armee. Die Russen haben uns vor zwei Tagen zerrieben wie ein nasses Stück Seife. Wir hatten keine Waffen mehr, keine Munition, Luftunterstützung sowieso nicht. Und auch kaum Essen mehr." Ansorge rieb sich mit einer Hand über die Augen. „Schlimme Dinge sind passiert. Als die Russen zwei beladene Laster unserer Bäckerei-Kompanie aufbrachten, haben sie die vier Fahrer getötet. Einen zerhackten sie und belegten mit ihm einige halbierte Brotlaibe. Kein Anblick für schwache Nerven."

Die Tischrunde starrte den Leutnant an.

„Es hat sich in Windeseile herumgesprochen. Noch in derselben Nacht hatten wir im Bataillon drei Selbsttötungen."

Schwester Elsa war blass geworden. Ansorge bemerkte es und wechselte das Thema: „Während also das 7. Armeekorps innerhalb von Stunden zusammengeschossen wurde, erhielten wir den Befehl, Frontgeschütze zur Donau nach Galatz zu verbringen. Aus heiterem Himmel, unglaublich. Das war unsere Rettung. Wir entkamen mit letzter Kraft."

„Mit wie viel Mann sind Sie hier?", hakte Franz nach.

„Unsere Geschützstaffel besteht noch zur Hälfte. Wir haben zwei schwere Feldhaubitzen, unsere Zugkraftwagen und zwei Kübelwagen. Einen Geschützzug, dazu ein kleiner Fliegerabwehrtrupp, einen Melder und einen Sanitäter. Insgesamt noch 34 Mann. Gerade kommen wir aus der Region Targul Beresti, ungefähr 50 Kilometer nördlich von Galatz. Seit den frühen Morgenstunden sind wir hier. Wir sollen unsere Geschütze auf Schiffe verladen und mit ihnen südlich an den Karpaten vorbei weiter Richtung Nordwesten."

„Es gibt hier keine Schiffe mehr. Alles, was einen Kiel hat, liegt auf dem Grund der Donau." Hörcher zuckte mit den Schultern.

„Ich habe es befürchtet. Tja, wir werden sehen, was wir hier erreichen können. Im Moment rücken meine Leute aus den westlichen Außenbezirken Richtung Bahnhof vor. Hier treiben sich übrigens auch einige rumänische Einheiten herum. Vielleicht zwei Kompanien, was man so sehen kann. Aber sie machen einen verlotterten Eindruck. Totale Selbstaufgabe. Verhalten sich neutral, als ob sie nur noch auf das Ende warten würden."

„Und die Russen?"

„Die haben einen schnellen Stellungswechsel vollzogen, was uns dazu zwingt, unsere Haubitzen so bald wie möglich in Position zu bringen. Ich nehme an, Sie haben nichts dagegen, wenn wir der Roten Armee demnächst antworten?"

„Keineswegs, Ihr Engagement ist uns herzlich willkommen", meinte Franz trocken.

„Wenn ich Ihnen sonst noch behilflich sein kann?", fragte Ansorge.

Hörcher antwortete in scherzhaftem Tonfall: „Sie haben nicht zufällig einige Lokomotiven übrig?"

Ansorge grinste. „Sie suchen Ihre beiden Schmuckstücke, nicht wahr? In gewisser Weise sind sie der Grund, weshalb ich Ihnen gerade lästig falle: Als wir heute früh mit dem Vorauskommando ankamen, sah ich im Morgengrauen einige Gestalten, die hier herumrannten, als sei der Beelzebub hinter ihnen her. Wir stoppten sie. Es waren rumänische Eisenbahner."

„Das waren die Burschen, denen ich meinen Scheitel zu verdanken habe!", warf Lege zustimmend ein und wies auf seine Platzwunde.

„Ich habe den Rumänen daraufhin zwei meiner Leute an die Seite gestellt. Mit etwas Überredungskunst – eine P38 ist immer ein fantastisches Argument – haben wir zusammen die Lokomotiven vor Tagesanbruch in Deckung gebracht. Sicherlich haben Sie den

Luftaufklärer bemerkt? Die Russen haben starke Bomberverbände östlich von Kischinew stationiert. Wenn man die beiden Loks auf dem Präsentierteller entdeckt hätte, wäre der gesamte Hafen längst zerbombt. Es ist sowieso ein Wunder, dass hier noch etwas steht – meine Herren?“

Franz und Hörcher waren aufgesprungen, Lege trommelte mit beiden Fäusten auf den Tisch. „Ansorge, Sie schickt der Himmel! Wo stehen die Loks jetzt?“, brachte Franz hervor.

„Keine drei Kilometer von hier. Warm und trocken in einem getarnten Lokschuppen, dessen Dach so blickdicht ist wie der Schlüpfer einer Nonne.“ Nach einem kurzen Blick auf Schwester Elsa fügte er mit verlegenem Grinsen hinzu: „Sehen Sie es mir bitte nach, ich bin die Gesellschaft von Damen nicht mehr gewohnt.“

Elsa Rudolph nahm die Entschuldigung mit einer hochgezogenen Augenbraue zur Kenntnis.

Schließlich fragte Ansorge: „Ich nehme an, dass Sie Ihre Lokomotiven wiederhaben möchten?“

Die Männer nickten und nahmen langsam wieder Platz.

Franz beugte sich aufgeregt nach vorn: „In diesem Lokschuppen, den Sie entdeckt haben, sind dort noch mehr Lokomotiven? Wir brauchen mindestens eine dritte, wenn wir alle Verwundeten aus dem Lazarett mitnehmen möchten. In den Baracken liegen 1.300 Mann!“

„Sie wollen evakuieren? Nur vernünftig. Aber nein, leider. Im Schuppen stehen nur Ihre beiden. Aber ich werde mich umhören und sehen, was ich tun kann.“

Lege lachte heiser. „Einfach ein weiterer Lokschuppen in der Nähe, voll bis unters Dach, die Loks am besten schon angeheizt, natürlich mit Eisenbahnern inklusive. Das wär schon was – träumen darf man ja. Wo wir zusätzliche Waggons herbekommen könnten, kann ich Ihnen sagen, aber eine Lok? Ihr Gottvertrauen in allen Ehren, Herr Leutnant!“

„Einige Kilometer nördlich von hier beginnt eine größere Rangieranlage“, grübelte Hörcher. „Bei einer meiner Runden habe ich das

Gelände etwas einsehen können. Allein wollte ich nicht zu viel herumstöbern. Aber dort könnte man sich umschauen."

„Das gehört sicherlich zu den Gleisen, die wir überquert haben, als wir vom Norden in die Stadt kamen", meinte Ansorge. Er griff zu seiner Kartentasche, öffnete sie und holte daraus einen Plan hervor, den er auf dem Tisch ausbreitete. Die Männer beugten sich über die Ansicht von Galatz. Schnell hatten sie die von Hörcher erwähnte Anlage entdeckt. Der Karte nach ein Bündel von Gleisen in West-Ost-Richtung, südlich des Brateş-Sees gelegen.

Franz massierte mit den Fingerspitzen seine Stirn und versuchte, sich die gesamte Karte einzuprägen. „Dort läuft vielleicht noch Personal herum. Mit denen müssten wir ins Gespräch kommen. Die kennen sich hier am besten aus."

„Gute Idee", sagte Ansorge. „Einer meiner Männer ist Siebenbürger Sachse, spricht fließend Rumänisch. Ich werde ihn gleich losschicken."

„Selbst, wenn Sie jemanden finden: Glauben Sie wirklich, dass die Leute einfach so verraten werden, wo es hier noch Lokomotiven gibt? Falls sie überhaupt etwas wissen sollten?" Schwester Elsa war skeptisch.

Ansorge hob mit fatalistischer Miene die Schultern: „Wir werden viel Glück brauchen. Und etwas Zeit."

„Wie viel Zeit?", fragte Franz.

„Geben Sie mir zwei Tage. Mehr Zeit haben Sie hier ohnehin nicht, dann sind die Russen da. Und unabhängig vom Erfolg meiner Suche: Die beiden 52er stehen im Schuppen sicher und sind in kurzer Zeit hier vor Ort, wenn es losgehen soll."

„Einverstanden! Zwei Tage. Wir werden in der Zwischenzeit die Waggons organisieren, mit denen wir die Verwundeten transportieren können."

Leutnant Ansorge erhob sich und faltete den Plan zusammen. „Tun Sie das. Die Karte kann ich Ihnen leider nicht dalassen. Wir brauchen sie selbst. Wie auch immer Sie demnächst loskommen können, in jedem Fall sollte der Zug nachts unterwegs sein. Tagsüber sind Sie ein leichtes Ziel, unsere Luftabwehr ist praktisch nicht mehr vorhanden. – Ich werde morgen zur gleichen Zeit noch einmal vorbeischauen, vielleicht gibt es dann schon Neues."

„Geben Sie Ihr Bestes", bat Hörcher inständig, „das Überleben vieler Menschen hängt davon ab."

Ansorge nickte, grüßte und stieg die Stufen des Waggons hinab.

Auch Franz und Hörcher erhoben sich. Franz streckte sein Bein aus und verzog das Gesicht.

„So schlimm?", fragte Hörcher.

Schwester Elsa musterte Franz, setzte zu einem Kommentar an, aber er hob beschwichtigend die Hände: „Bewegen ist besser als ausruhen."

„Dann lass uns loslegen. Es gibt viel zu tun."

„Meinen Sie, der Leutnant findet wirklich eine dritte Lokomotive?", fragte Schwester Elsa.

„Ich weiß es nicht", antwortete Franz nachdenklich. „Wo bekommt man in einer belagerten Stadt eine Lok her? Ich möchte nicht mit Ansorge tauschen." Er schlug auf den Oberschenkel seines verletzten Beins und lachte: „Er aber sicherlich auch nicht mit mir. Kommt, schauen wir uns auf den Rangiergleisen um."

Die beiden Offiziere und Wagenmeister Lege verabschiedeten sich von Schwester Elsa und verließen den Wagen. Vor dem Zug trafen sie Spanuth – immer noch einen Eimer im linken und einen Haufen Verbandszeug im rechten Arm –, den sie über ihr Vorhaben unterrichteten. „Das wäre unsere Rettung! Ich hoffe, Sie haben Erfolg."

Im Gegenzug teilte ihnen der Unterarzt mit, dass der Sanitäter und die Schwestern des Lazarettzugs begonnen hatten, sich um die verwundeten Insassen in den Hafenbaracken zu kümmern. Er selbst wollte sich so schnell wie möglich ein Bild von der dortigen Lage verschaffen. Den völlig übermüdeten Stabsarzt Ross wollte man vorerst schlafen lassen.

Der Hauptbahnhof von Galatz, in dessen Nähe Wagenmeister Lege vermeintlich Güterwaggons gesichtet hatte, war kaum zwei Kilometer entfernt. Die Männer brachen auf. Weit vor ihnen flimmerte das Gleis in der Sonne, die ihren Zenit noch nicht erreicht hatte. Es war still geworden. Offensichtlich hatte die russische Artillerie eine Pause eingelegt. Franz lief noch immer gegen den stechenden Schmerz in seinem Knie an. Er ließ es sich nicht anmerken.

Als sie das Ende des Kais vom Docuri Hafen erreichten, knickte das Gleis in einer leichten Rechtskurve ab und kreuzte die Strada Alexandru Moruzzi. Die Straße war menschenleer. Einige Katzen dösten unter vertrockneten Büschen. Träge betrachteten sie den kleinen Erkundungstrupp, der sich einem Lokschuppen näherte. Der große, halbrunde Klinkerbau stand hinter einem gewaltigen Sprengtrichter. Das Loch, gespickt von Schwellen, Schienen und Beton, war einmal eine Drehscheibe gewesen. Eine kapitale Fliegerbombe hatte ganze Arbeit geleistet.

„Was für ein Jammer! Wollen wir trotzdem einen Blick riskieren?", rief Lege und zeigte auf ein Lokschuppentor, das durch die Explosion aus den Angeln gerissen worden war.

Franz winkte ab: „Nein, hier ist nichts mehr zu machen." Die zerstörte Drehscheibe hätte selbst den größten Schatzfund wertlos gemacht. Sie gingen weiter.

Das Gleis vor ihnen gabelte sich in mehrere Schienenpaare auf, bis nach weiteren zehn Gehminuten zu ihrer Linken die Reste des Galatzer Bahnhofs vor vier überdachten Bahnsteigen auftauchten. Am ersten Gleis entlang näherten sie sich dem Bahnhof.

Die Straßen rund um den Vorplatz waren belebt. Kinder, Frauen und fliegende Händler boten dort Gemüse, Hühner und einige klapprige Ziegen an. Auch innerhalb des Bahnhofs, zwischen den letzten noch stehenden Wänden und großen Trümmerhaufen, konnten die Männer Marktstände erkennen – unter freiem Himmel, sein Dach hatte der Bahnhof als erstes eingebüßt. In Grüppchen standen einige der ausharrenden Stadtbewohner beisammen, sie zeigten auf die Waren, debattierten und feilschten. Als sie die deutschen Offiziere sahen, hielten sie inne und beobachteten sie stumm. Einige winkten herüber. Die Deutschen erwiderten die Geste und liefen weiter.

Hinter den Gleisen türmten sich Kiesberge auf, die irgendwann einmal aus der Donau herausgebaggert worden waren. Auf einem der Gleise waren Dutzende von Drehgestellen abgestellt, auf anderen standen Klappdeckelwagen, uralte Rungenwagen, einige Kesselwagen und eine große Zahl an Schotterwagen. Zwei hintere Gleise waren durch Luftangriffe zerstört worden. Vermutlich hätte man die vielen dort abgestellten Waggons gut gebrauchen können. Doch nun waren es nur noch zersplitterte und verbogene Haufen Schrott. Die Männer waren bitter enttäuscht. Verflucht. Aber was hatten sie auch erwartet?

„Waren das die Waggons, die du gesehen hast, Hermann?", fragte Franz und betastete sein Bein, dessen Rumoren er wieder verstärkt spürte. Wie selbstverständlich waren die Männer dazu übergegangen, sich zu duzen.

„Tja … gut möglich … Vielleicht haben wir Pech gehabt. Aber eigentlich dachte ich, hier wären viel mehr Waggons gewesen. Möglicherweise habe ich mich auch geirrt. Als wir hier durchfuhren, war es mitten in der Nacht. Kaum Sicht, trotz der Sterne. Saumüde war ich auch. Da spielt einem der Verstand schon mal Streiche … "

Franz grübelte und schaute sich um: „Erinnert ihr euch an Ansorges Karte? Ich bin mir fast sicher, dass nordwestlich vom Hauptbahnhof noch mehr Rangiergleise eingezeichnet waren."

Lege stieg auf einen Prellbock, um bessere Sicht zu haben. Nordwärts blickend kniff er die Augen zusammen und zeigte auf eine Überführung, die in gut 100 Metern Entfernung über die Gleise hinweg gebaut war. „Vielleicht da hinten, unter der Brücke? Da auf der linken Seite, da geht doch noch ein Gleis ab, oder?"

Hörcher kletterte ebenfalls nach oben, spähte konzentriert in die von Lege angegebene Richtung und nickte dann: „Das Gleis verschwindet hinter einem Lagerhaus, dort scheint es abschüssig zu sein. Lasst uns nachschauen, was da ist."

Kurz vor der Brücke stieg das Gelände leicht an, um dahinter in einer sanften Neigung abzufallen. Dort fächerte sich das Gleis in ein Dutzend weitere Schienenpaare auf. Die Gleisanlage unter ihnen war gesäumt von Büschen, einigen Lagergebäuden und Baracken. Auf den Schienen stand eine große Zahl loser und verbundener Wagen. „Das sind die Waggons, die ich gesehen habe“, rief Lege aufgeregt, „dann habe ich mir das doch nicht eingebildet!“ Er zeigte auf den erhöhten Bahndamm zu seiner Rechten: „Dort sind wir langgedampft.“

Hastig liefen sie hinab zum ersten Waggon.

Lege lachte und schlug auf die Wagenwand. Sein Ehering knallte dabei auf das Holz der Verkleidung und ließ den Wagen hohl scheppern. „Das gute alte Modell A2. Der meistgebaute Güterwaggon der Reichsbahn.“ Als er die Beschriftung des Waggons sah, war er verblüfft: „Unglaublich! Das sind sogar Waggons eines BVZ.“

„Was ist ein BVZ?“, fragte Hörcher.

„Ein behelfsmäßiger Verwundetentransportzug. Na, das ist ja ein schöner Zufall, wenn das nicht passt!“ Lege zeigte auf die Nummern, die mithilfe von Schablonen auf die Waggonwände gepinselt worden waren; Franz las auf den umstehenden Waggons die Zugnummern 33, 46, 53. „BVZ-Wagen sind einfache gedeckte Güterwagen. 15 Tonnen Gewicht. Für Sammeltransporte, meist kommen nur Strohsäcke, Decken und Sanitätsausrüstung rein.“

Lege entriegelte die Waggontür und schob sie zur Seite. Die Männer schauten in den nahezu leeren Wagen. Der Wagenmeister zeigte auf den Kanonenofen, der in der Mitte des Raums stand: „Die Waggons hier waren vermutlich in Russland unterwegs. Ohne Ofen wäre es da oben im Norden sonst ganz schön frisch.“ Er sah sich auf der menschenleeren Gleisanlage um: „Eigentlich gehört auch Besatzung dazu. Transportführer, Unteroffizier, Betreuungskommando. Gesichert wird so ein Zug meistens von einem Haufen Urlauber, der über die Waggons verteilt ist.“

Lege zeigte auf das zwischen den Schwellen blühende, hohe Gestrüpp und fuhr mit seinem Stiefel einige Male über die Schienen: „Das ist mehr als nur Flugrost. Hier ist schon lange nichts mehr bewegt worden. Als hätte man die ganzen Waggons hier für uns vergessen. Was für ein Dusel!“

„Hoffen wir, dass Ansorge auch nur halb so viel Glück hat wie wir." Franz spähte nach links und rechts: „Es gibt auch noch andere Bauarten. Dort hinten stehen uralte Wagen, teilweise noch mit Bremserkabinen. Lasst uns alle zählen, die wir nutzen können."

Die Männer begannen, die Gleise systematisch abzuschreiten. Lege kramte in seinen Taschen, förderte einen speckigen Notizblock samt Bleistiftstummel zutage und fertigte eine Skizze an. Jeden der Waggons begutachteten die Männer, überprüften die Radreifen und die Kupplungen. Lege notierte sich die Anzahl der Waggons.

Nach zwei Stunden akribischer Arbeit hatten sie alle nutzbaren Wagen erfasst. Lege pfiff durch die Zähne: „55 Stück! Das ist eine ganze Menge."

„Wir werden sie brauchen – bei 1.300 Verwundeten", erwiderte Hörcher. „Wo stellen wir den Zug zusammen?"

Lege grübelte: „Gut wäre eine längere Strecke ohne Neigung mit einigen Weichen. Vermutlich am besten die große Gleisschleife, direkt neben unserem Lazarettzug. Die hat die nötige Länge. Und wir haben keinen allzu weiten Weg, um die ganzen Verwundeten von den Baracken in die Waggons zu verladen." Er kratzte sich im Genick. „Das wird allerdings ein hartes Stück Arbeit. Schaut mal zurück. Wir stehen hier in der Senke eines Abrollbergs. Normalerweise kuppelt man die Waggons oben ab und lässt sie dann über die richtige Weichenstellung von selbst nach unten ins gewünschte Gleis laufen. Wir müssen alle Waggons den Berg hochschieben und dann hoffen, dass sie ab Höhe des Hauptbahnhofs ohne größeren Aufwand gut zu bewegen sind. Von da aus bis zum Gleis unseres Lazarettzugs, da sollte es einigermaßen eben zugehen. Einige Radreifen sind ziemlich runter, vermutlich Schlechtläufer. Aber wir haben keine Wahl, wir müssen nehmen, was wir kriegen können. Vorsichtshalber sollten wir oben in regelmäßigen Abständen Hemmschuhe auf die Gleise stellen. Damit können wir die Waggons bremsen, falls sie zu sehr ins Rollen geraten."

„Wie viel Steigung mag das sein?" Franz taxierte die vor ihnen liegende Höhe des Abrollbergs.

Auch Lege musterte die schiefe Ebene: „Immerhin nicht so steil wie die Abrollberge bei uns in Hannover. Da nutzen wir zum Rangieren je nach Jahreszeit sogar unterschiedlich hohe Abrollberge. Im Winter müssen sie noch steiler sein, das Öl in den Gleitachslagern ist dann zäh wie Kleister und der Rollwiderstand größer. Das da ist eher ein Abrollhügelchen, hat aber bestimmt noch 30 Promille Steigung. Das wird eine Scheißplackerei."

Franz überschlug einige Zahlen: „Wenn zehn Mann jeweils einen Waggon schieben und dafür insgesamt eine halbe Stunde brauchen, sind das bei 55 Waggons fast 30 Stunden. 20 Mann erledigen das also in 15 Stunden. 40 Mann brauchen knapp acht Stunden. Und Pausen müssen wir bei der Hitze natürlich auch einplanen."

„Haben wir überhaupt noch so viele Leute, die wir einsetzen können? Du weißt doch, wie es im Lazarett aussieht, Franz", gab Hörcher zu bedenken.

„Aus meinem Zug kommt keiner in Frage", ergänzte Lege, „die sind alle am Ende ihrer Kräfte. Die können noch nicht mal stehen."

„Einige Leute bekommen wir selbst zusammen. Wir, der Sanitäter, vielleicht der Stabsarzt oder Spanuth, die Schwestern, dann gibt es sicher eine Handvoll Gehfähige … Jeder, der auch nur ein bisschen schieben kann, soll mit anfassen. Außerdem war vorhin im Bahnhof allerhand los. Wir schauen, ob wir dort Leute anheuern können. Im Tausch gegen unseren Schnaps und Zigaretten. Wir legen unser Geld zusammen. Und Uhren, Rasiermesser, Ringe, Kämme, Zahnpasta, was weiß ich. Damit sollte es klappen."

Schnell stiegen die Männer den Abrollberg hoch und liefen zurück. Am Bahnhof gingen noch immer die Grüppchen ihren Tauschgeschäften nach. Ob jemand von ihnen Deutsch sprach? Bald waren sie von Dutzenden neugierigen Rumänen und Rumäninnen umringt. Zunächst ernteten sie nur Kopfschütteln, doch als sie einen weißhaarigen Alten mit verwachsenem Rücken ansprachen, antwortete der ihnen „*Vorbesc germana*, ich spreche Deutsch", grinste und hielt die Hand auf. „Was wollt ihr? Ich kann übersetzen. Ich heiße Florin Ciobanu."

Franz drückte ihm eine Schachtel Zigaretten in die Hand. „Wir brauchen starke Männer, die mit uns Waggons schieben. Und die uns helfen, unsere Verwundeten in die Waggons zu tragen. Heute und morgen."

„Warum wollt ihr die Verwundeten in die Waggons legen? Reicht der Platz im Lazarett nicht?"

„Wir wollen raus aus Galatz. Und wir wollen alle Verwundeten mitnehmen. Mehr als 1.000."

Der Alte pfiff durch die Zähne. „Habt ihr etwa Lokomotiven?"

„Noch nicht. Aber wir kümmern uns darum. Also, helft ihr uns? Bald kommen die Russen. Dann wollen wir nicht mehr hier sein. Je weniger Deutsche dann in eurer Stadt sind, umso besser ist es auch für euch."

„Wir haben keine starken Männer hier, die sind alle noch im Scheißkrieg", sagte der Alte und spuckte aus. „Auch meine Söhne. Wir haben hier Frauen, Alte und Kinder. Wie viele braucht ihr?"

„So viele wie möglich, mindestens 20 wären gut."

Der Alte griente. „So viele? Dann nehmt unsere Jugend. Die 16-Jährigen haben ordentlich Kraft. Und auch unsere jungen Frauen sind sehr stark. Sie leisten viel, seit unsere Männer fort sind. Was könnt ihr bieten?"

„Wir haben jede Menge Schnaps und Zigaretten. Außerdem Uhren, Rasiermesser. Und Geld. Ein paar tausend Reichsmark bekommen wir bestimmt zusammen."

„Euer Geld ist bald nicht mehr viel wert. Aber wir nehmen es trotzdem. Wann soll es losgehen?"

„So schnell wie möglich. In ein paar Stunden wollen wir anfangen, die Waggons zum Lazarett am Docuri-Hafen zu schieben. Spätestens morgen müssen wir die Wagen mit den Verwundeten beladen."

Florin wendete sich der mittlerweile großen Zuhörerschaft zu und übersetzte das Ansinnen der Deutschen. Sofort gingen viele Hände hoch. Florins Wort schien Gewicht zu haben. Der alte Mann wählte aus der Menge 20 jugendliche Männer und Frauen seines Vertrauens aus.

„Wir nehmen auch mehr!", sagte Franz, als er sah, dass es immer noch viele helfende Hände gab, und ein gutes weiteres Dutzend an Willigen gesellte sich hinzu.

Franz schaute auf seine Uhr: „Jetzt ist es halb zwei. Florin, sag ihnen, dass wir sie in zwei Stunden hier abholen. Wir gehen in den Hafen zurück, holen Zigaretten, Schnaps und Geld und kommen mit unseren Leuten wieder."

Florin übersetzte und sagte dann zu den Deutschen: „Unsere Leute sind einverstanden. Sie werden hier sein."

„Danke. – Du sprichst gut Deutsch, Florin, wo hast du es gelernt?"

„Im letzten Krieg war ich 1916 nach der Schlacht von Turtucaia in deutscher Kriegsgefangenschaft. Damals waren wir Feinde, heute sind wir Freunde. Aber immer ist Krieg, wenn ich mit euch Deutschen zu tun habe. Könnt ihr nicht einmal im Frieden kommen?"

„Ja, das wäre schön", nickte Hörcher. „Niemand von uns will noch kämpfen. Wir wollen nur noch nach Hause."

„Florin, kannst du uns auch was zu essen besorgen? Unsere Vorräte sind aufgebraucht und unsere Leute haben Hunger. Wir zahlen dafür."

Florin nickte: „Ich kann für euch Brot beschaffen. Und Obst."

„Sehr gut." Franz war erleichtert.

Aber Lege hatte noch eine weitere Bitte: „Florin, frag deine Landsleute, ob es hier in der Nähe Lokomotiven gibt, die noch fahrtüchtig sind!"

Der Alte übersetzte. Doch – nur ratlose Gesichter und Kopfschütteln. Niemand meldete sich.

Unterdessen hatte der Beschuss durch die Rote Armee wieder eingesetzt, wurde schnell heftiger. Das Feuer lag etwas abseits, konzentrierte sich auf den Westen der Stadt, dort stiegen schwarze Rauchwolken empor. Feldhaubitzen und Mörser feuerten aus dem Westen zurück.

Die Deutschen verabschiedeten sich eilig von Florin und den Umstehenden, traten aus den Resten des Bahnhofs und begaben sich an den Gleisen entlang zum Lazarettzug zurück.

Stabsarzt Ross rauchte vor dem Operationswagen eine hastige Zigarette. Seine Schürze war übersäht mit rostroten und gelben Flecken. Ross grüßte die Männer und zeigte auf den Waggon hinter sich: „Die Arbeit geht weiter."

Ein Luftzug trug den Gestank aus dem rollenden Operationssaal und Hörcher verzog das Gesicht. Ross sah es: „Viele Abszesse. Kein Wunder bei der Hitze. Sind alle wund."

„Keine schöne Arbeit", stellte Hörcher fest.

Ross nickte und sagte zu Franz: „Ich war heute in der Früh etwas indisponiert –"

Franz gab ihm einen aufmunternden Klaps auf die Schulter. „Nein. Sie waren nur hoffnungslos übermüdet. Gut, dass Sie wieder bei Kräften sind. Wir brauchen Sie. Wo ist Spanuth?"

„Der ist im Lazarett, zusammen mit seinem Sanitäter und den Schwestern. Sie machen Wundversorgung und verteilen Wasser. So, wie die Sonne auf die Barackendächer knallt, braucht jeder der dort Liegenden mindestens zwei Liter täglich. Die Männer haben außerdem Hunger. Die letzten eisernen Rationen sind aufgebraucht. Spanuth hat mir erzählt, dass Sie Waggons gesucht haben – waren Sie erfolgreich?"

Die Männer nickten und berichteten in wenigen Sätzen von ihrem Fund und den Plänen. Auch, dass sie demnächst hoffentlich etwas zu essen bekämen. Dann verließen sie Ross, um im Lazarett nach Männern zu suchen, die für das Rangieren noch Kräfte übrig hatten. Der Stabsarzt schnippte seine Zigarette fort und kletterte zurück in den OP-Waggon.

Im Lazarett trommelten Franz und Hörcher neben Spanuth, seinem Sanitäter und zwei Schwestern des Lazarettzugs zwei Handvoll weitere Helfer zusammen. Darunter ein kräftiger Gefreiter, der von allen nur Ahrens genannt wurde. Ahrens hatte einen Oberschenkeldurchschuss nahezu auskuriert und freute sich auf etwas körperliche Betätigung. Unter denen im Lazarett, die ansprechbar waren, wurden Münzen, Geldscheine, Zigaretten, Uhren und weitere Entbehrlichkeiten eingesammelt. Die Hoffnung auf Rettung ließ viele bereitwillig geben, was sie hatten. Hörcher und Franz verstauten die Gaben in einem Sack, den Hörcher schulterte. In einem Lager fanden sie eine Schubkarre, die sie zum verlassenen Stabsgebäude schoben und dort mit sechs Kisten Schnaps, zwei Dutzend Stangen Zigaretten und dem Sack beluden. Gemeinsam mit den anderen brachen sie auf.

Am Bahnhof von Galatz wurden sie am ersten Gleis von Florin und den Helfern erwartet. Der fortwährende Beschuss der Stadt hatte niemanden abgehalten zu kommen; der Selbsterhaltungstrieb sorgte für die nötige Abstumpfung gegenüber der permanenten Gefahr. Hörcher stellte die Schubkarre ab und reichte den Umstehenden die Schnapskisten. Franz gab Florin den Sack mit den gesammelten Habseligkeiten. Der alte Rumäne öffnete ihn und schüttete seinen Inhalt auf dem Boden aus. Ein Berg von Münzen prasselte in den Sand, Geldscheine flogen hervor, Orden, Brillen, Füllfederhalter, Zigarettenetuis, Zahnpastatuben, Taschenmesser, bestimmt 100 Armbanduhren und Dutzende Rasiermesser.

Florin sortierte einige Dinge aus dem Haufen heraus und drückte sie Franz in die Hand: „Die brauchen wir nicht. Gebt sie zurück an die Besitzer. Sie kriegen sonst Ärger mit ihren Frauen, wenn sie nach Hause kommen." Florin grinste. Franz schaute in seine Hand und fand darin einige goldene Eheringe.

Der alte Rumäne wies zwei der Helfer an, die zusammengewürfelte Bezahlung für ihre Dienste wieder in den Sack zu füllen. Zu Franz sagte er: „Essen bringen wir euch in das Lazarett. Heute Abend."

„Sehr gut." Franz nickte. „Wir danken dir und deinen Leuten."

Sie verabschiedeten sich von Ciobanu und der Tross der Deutschen und rumänischen Hilfewilligen machte sich auf den Weg zum Abrollberg. Es war Nachmittag geworden und noch immer sehr heiß. Ein an einem der Lagergebäude angebrachtes Thermometer zeigte 31 Grad an.

Von Wagenmeister Lege angeleitet begann die Arbeit. Zuerst sollten die BVZ-Wagen – der Großteil der Waggons – verschoben werden. Lege stellte die Helfer zu Grüppchen zusammen und verteilte sie auf mehrere Waggons auf unterschiedlichen Gleisen. Zunächst gaben die Wagen kaum nach, doch dann, millimeterweise, unter dem Stöhnen der Schiebenden, gerieten sie ganz langsam in Bewegung. Fluchend stemmten sich Rumänen und Deutsche gegen das Metall, brachten die Waggons ins Rollen.

Schweiß, in Strömen aus den Poren schießend. Zerrissene Haut, über verkrampften Gelenken blutend. Blasige Schultern, verbrannt von der Sonne. Die Schwestern schleppten ohne Unterlass Trinkwasser in Eimern herbei. Franz' Knie klopfte zum Zerspringen. Wenn die Kräfte zu sehr schwanden, legten sich die Männer und Frauen kurz in den Schatten, um dort zu verschnaufen.

Waggon um Waggon schoben sie so den Abrollberg hinauf. Oben auf der Kuppe des Hügels angelangt ging die Arbeit leichter vonstatten. Auf der ebenen Strecke ließ sich jeder Waggon von zwei Leuten relativ mühelos weiter befördern. Allerdings war es ein Weg von mehr als zwei Kilometern hin zum Lazarettzug und mit jeder zurückgelegten Strecke wuchs die Erschöpfung.

Als die Sonne unterging, erschien plötzlich Florin mit einem Handwagen. Darauf standen zwei große Töpfe. Der Alte grinste nur und hob die Deckel an. Zum Vorschein kam ein Gulasch, auf das sich die Ausgehungerten stürzten. Vor allem die Soldaten konnten sich nicht erinnern, wann sie das letzte Mal Fleisch in solcher Menge gesehen hatten.

Erst kurz vor Mitternacht, nachdem sie fast drei Viertel aller Waggons bis zur Gleisschleife in Lazarettnähe geschoben hatten, stellten sie die Arbeit ein. Die rumänischen Helfer verabschiedeten sich müde, aber mit dem Versprechen, im Morgengrauen wieder da zu sein. Die Deutschen wankten zu ihren Baracken zurück. Dort kam Franz und Hörcher ein strahlender Spanuth entgegen, der ihnen berichtete, dass einige Rumänen mit Karren erschienen waren und 50 Brote, einige Kisten Äpfel, ein Dutzend Melonen und etwas Trockenfleisch gebracht hatten. Damit war der schlimmste Hunger vorerst gestillt. Außerdem füllten sich die ersten Waggons bereits mit den leichter Verwundeten und Kranken. Wer auch nur im Entferntesten aus eigener Kraft, mit Krücken oder gestützt von den Schwestern humpeln konnte, befand sich auf dem Weg zur Gleisschleife.

Franz konnte kaum noch laufen, so sehr schmerzte sein Knie.

„Franz, du gehörst ins Bett. Wenn du dich gar nicht mehr bewegen kannst, nützt du niemandem was", stellte Hörcher fest.

„Es tut wirklich höllisch weh. Aber ich will den Männern noch ihre Eheringe zurückgeben."

„Das mach ich. Ich wollte ohnehin noch schauen, ob ich im Lazarett helfen kann."

„Gut." Franz griff in seine Hosentasche und überreichte Hörcher die Ringe. „Wenn etwas ist, weck mich."

„Natürlich."

Franz betrat die Baracke und musste schlucken. Bei aller schweren Arbeit hatte er den Gestank, das Stöhnen und Röcheln, den Schmerz der vielen Männer nicht vermisst. Er war trotzdem froh, als er endlich wieder vor seiner Liege stand. Größer als seine Schmerzen war nur seine Müdigkeit. Er fiel auf die Pritsche.

In seiner Nähe schreckte Fähnrich Bauerkämper auf. Er drehte sich zu Franz und flüsterte: „Habt ihr Lokomotiven bekommen?"

„Nein. Noch nicht." Franz schaffte es kaum, für die Antwort den Kopf zu heben. „Aber wir haben jetzt Waggons."

„Und wie geht es weiter? Bekommen wir Lokomotiven?"

„Wir haben jemanden, der uns vielleicht dabei helfen kann."

„Wen?"

„Er heißt Ansorge."

„Ansorge?"

„Ja."

„Ein Riese, mit Brille? Fähnrich, so wie ich?"

„Er ist Leutnant", antwortete Franz überrascht, „aber er wird es wohl sein. Du kennst ihn?"

Bauerkämper rollte sich wieder auf den Rücken und lächelte ins Dunkel der Nacht hinein. Um sie herum dröhnte das Schnarchen Hunderter Männer. „Was für ein Zufall", wisperte Bauerkämper ungläubig, „dann kann es klappen."

Franz verstand nicht gleich: „Was meinst du, Gerhard?"

„Ich kenne Ansorge. Wir waren im gleichen Bataillon. Es ist eine Weile her. Aber man hat sich damals schon viele Geschichten über ihn erzählt."

„Was für Geschichten?"

„Es ging nie darum, dass er besonders tapfer oder verwegen war. Im Gegenteil. Ansorge ist bekannt dafür, bedacht und vorsichtig zu sein. Aber er ist ein Meister der Beschaffung. Alle, die ihn kennen, verehren ihn dafür."

„Ich verstehe."

„Einem sterbenden Gefreiten hat er amerikanische Pin-up-Fotos besorgt, damit der nochmal lächeln konnte. Im Oktober 1941, als klar wurde, dass wir ohne Winterkleidung in Russland überwintern würden, organisierte er für unser Regiment eine Waggonladung gefütterter Stiefel. Aus Schweizer Armeebeständen! Und ein paar Wochen später zu Weihnachten 50 Spanferkel, zehn Stangen Zigaretten und 20 Tannenbäume. Mit Christbaumschmuck aus dem Erzgebirge."

Bauerkämper grinste: „Weißt du, was er dem Spieß seiner Kompanie zum Geburtstag geschenkt hat, als sie gerade den Dnjestr überquert haben?"

Franz schüttelte den Kopf, während er sein Hemd auszog.

„Ein Grammophon. Und dazu die Schallplatte seines Lieblingslieds. Eigentlich ist ja *Lili Marleen* die große Nummer, die alle hören wollen. Aber unser Hauptfeldwebel war ein gebürtiger Österreicher und für den gab es nur Lizzi Waldmüller, erst recht seit dem Film *Frau Luna*. Du weißt schon, mit der *Berliner Luft*. Weil er selbst so gerne ein Herzensbrecher gewesen wäre, hat er am liebsten *Du hast Glück bei den Frauen, Bel Ami* gehört. Platte und Grammophon hat Ansorge bei der Überquerung des Dnjestr mitgeschleppt, kann man sich das vorstellen? Persönlich signiert und mit einem Lippenstiftabdruck von Lizzi Waldmüller."

Franz ließ seinen Oberkörper mit einem Stöhnen zurück auf die Pritsche fallen. „Kaum zu glauben."

„Direkt nach der Landung gerieten wir heftig unter Beschuss. Und dann hat Ansorge in der ersten Gefechtspause das Grammophon angeworfen. *Bel Ami* über den Granattrichtern der Steppe, in voller Lautstärke. Unser Hauptfeldwebel hat geweint und jeder von uns hat für die Länge einer Schallplattenseite den Scheißkrieg gegen ein paar warme Gedanken eingetauscht. Zwei Tage später war der Spieß tot. Auf eine Mine gefahren." Bauerkämper hielt inne: „Diese Musik damals – ein irrer Moment. Du glaubst gar nicht, wie ein Lied die Welt anhalten kann."

„Doch, das glaube ich."

„Was ist dein Lieblingslied, Franz?"

„Ich bin nicht sehr musikalisch."

„Ohne Musik ist das Leben ein Irrtum. Sagt Kant. Jeder hat ein Lieblingslied."

„Ich mag *Solveigs Lied* aus der *Peer Gynt Suite*."

„Das ist doch kein Lied. Jedenfalls kein Schlager."

„Mag sein, aber es ist eine schöne Melodie."

Franz fing an, einige Takte zu summen, und Bauerkämper gluckste: „Lass gut sein, Franz. Du bist wirklich unmusikalisch. Das klingt, als hätte ein Schwein eine Mundharmonika verschluckt."

Franz verstummte und in die Stille sagte Bauerkämper mit verzagter Stimme: „Ich kann mir noch nicht mal die Ohren zuhalten, wenn du singst. Dafür braucht man zwei Hände."

Franz schwieg und Bauerkämper seufzte. „Sag, ist es nicht der größte Jammer, dass wir in diesen Zeiten unsere Talente nur benutzen, um uns gegenseitig die Hände, Füße und Köpfe wegzuschießen?"

Franz schloss die Augen. „So viel Hass auf beiden Seiten."

„Wir haben Wind gesät."

„Jetzt ernten wir."

Der Fähnrich drehte sich zur Seite und sprach leise, bevor er wieder einschlief: „Glaub mir, Franz, wenn überhaupt jemand in der Lage ist, hier noch Lokomotiven aufzutreiben, dann ist es Ansorge."

Mittwoch, 23. August 1944

Stabsarzt Theodor Ross und Unterarzt Krafft Spanuth hatten sich in den ersten Morgenstunden mit der Versorgung der Verwundeten und Kranken im Lazarett und im Zug abgewechselt, unterstützt von den Pflegekräften des Lazarettzugs 676. Um zwei Uhr hatte schwerster Beschuss eingesetzt. Das Feuer der russischen Artillerie konzentrierte sich offensichtlich immer noch auf die westlichen Stadtbezirke von Galatz, wo deutsche und rumänische Verteidigungslinien ausgeschaltet werden sollten. Doch einiges kam ganz in der Nähe einer der Lazarettbaracken runter. Um drei Uhr detonierten zwei Granaten an der hinteren Giebelseite. Die Wand stürzte ein und begrub sechs Verwundete unter sich. Jeder, der konnte, half, die Steine fortzuwühlen, bis die Hände bluteten. Für vier der Männer kam jedoch jede Hilfe zu spät. Einer hatte noch quälend lange geschrien, bevor er starb.

Danach war an Schlaf kaum mehr zu denken. Aus bleiernem Grübeln schreckte Franz schließlich in aller Frühe hoch. Er schaute auf seine Armbanduhr. Halb fünf. Er rüttelte Hörcher und Ahrens auf ihren Lagern wach und weckte auch die anderen des Waggon-Arbeitstrupps.

Bevor die Morgensonne die Anhöhen zwischen Galatz und dem Schwarzen Meer überwunden hatte, brach der Trupp vom Lazarett auf, um das letzte Dutzend der Wagen bis zur Gleisschleife im Hafen zu befördern. Unterwegs gesellten sich die Rumänen hinzu. Niemand vom Vortag schien zu fehlen, es waren wieder nahezu 40 Helfer, darunter viele junge Frauen. Franz lächelte den Menschen dankbar zu. Er fragte sich, ob wirklich allein Zigaretten, Schnaps und Geld hier die Motivation waren. Sicherlich wären die Menschen in Galatz auch froh, wenn alles Deutsche vor dem Einzug der Roten Armee verschwunden wäre. Und dennoch – eine unschätzbare Hilfe. Mit dem ersten Sonnenstrahl, der über den Abrollberg fiel und das mäandernde Gleisgeschlängel in Rosa tauchte, begannen sie ihre Arbeit. Das Grollen der Front hatte über Nacht angehalten.

Vor dem Mittag schoben sie den letzten Wagen über die Kuppe. Auf der Gleisschleife in Lazarettnähe kuppelten sie ihn mit den bereitstehenden anderen Waggons zusammen. Ein erster Schritt war vollbracht.

Müde – zugleich zufrieden und skeptisch – betrachteten sie ihr Werk: 55 Waggons. Ihr neuer Behelfsverwundetenzug. Dazu die 22 Waggons des Lazarettzugs. Fehlten noch die Lokomotiven, ohne die alle bisherige Mühe umsonst war. Und die nächste Qual stand unmittelbar bevor – der Transport der Schwerverwundeten und Kranken per Tragen in die Waggons. Unterarzt Spanuth und Schwester Elsa hatten bereits begonnen, die Evakuierung zu koordinieren. „Kranke zu den Kranken, Verwundete zu den Verwundeten! Achtet darauf, damit wir die Ansteckungen im Griff behalten! Und besonders viel Trinkwasser für die Fieberkranken!" Die rumänischen Helfer folgten den Deutschen zum Lazarett und erschraken vor den toten Soldaten, die man am Eingang der ersten Baracke nebeneinander auf Tragen abgelegt hatte. Spanuth nannte Franz und Hörcher die traurigen Zahlen. Von den 1.303 Soldaten im Lazarett waren in den letzten anderthalb Tagen 17 gestorben. Auch Obergefreiter Meinsen und der rumänische Lungenschuss waren ihren Verletzungen erlegen. Im 676 hatte der Wundbrand zwei Männer das Leben gekostet.

Vor der Flucht der Sanitätsstäbe und Versorgungseinheiten hatte man die Verstorbenen mit Lastern zum Eternitatea-Friedhof ins Zentrum von Galatz gebracht, doch diese Fahrzeuge fehlten nun. Spanuth hatte in jeder Hinsicht für Ersatz gesorgt. Jenseits der großen Gleisschleife hatte er einen Bauern angehalten, dessen dürrer Ochse einen Heuwagen gezogen hatte. Im Tausch gegen eine Flasche Korn und Zigaretten war der Bauer gerne bereit gewesen, für einige Stunden auf sein Gespann zu verzichten. Nun stand der Ochsenwagen vor dem Eingang zum Lazarett und war bereit fürs Beladen. Als improvisierter Friedhof war ein kleiner struppiger Park ausgemacht worden, der nur einen knappen Kilometer entfernt lag. Den sandigen Untergrund dort würde man leichter bewegen können, Spanuth hatte ein Dutzend Schaufeln besorgt.

Sogleich wurde eine erste Fuhre von Toten in den Heuwagen gelegt. Nach dem Abladen der Leichen im Park begannen die Schaufelarbeiten.

Während sich die zweite Fuhre anschloss, verstärkte sich das Rumoren der Front. Russische Granaten krepierten im östlich gelegenen Neuen Hafen und auf dem südlichen Ufer der Donau. Einige schlugen in unangenehmer Nähe zum Hauptgleis ein, das für ihre Flucht unverzichtbar war. Franz sah es mit wachsender Sorge. Vorhersagen zu Uhrzeiten oder genauen Zielen des sowjetischen Artilleriefeuers waren unmöglich zu treffen, das Bangen und Hoffen zehrte an den Nerven.

Gegen 14 Uhr hielt ein Feldkaplan namens Lorenz auf dem Friedhof eine kurze Andacht, an der auch Franz und Hörcher teilnahmen. Bis vor Kurzem hatte der Geistliche noch im Lazarett gelegen. Er war gebürtig aus Stadthagen, gehörte der 267. Infanterie-Division an und war vor einigen Wochen in der Nähe von Grigoriopol in einem Unterstand unter Artilleriebeschuss geraten. Dabei war der Splitter eines geborstenen Stützbalkens in sein rechtes Auge geflogen und hatte es zerstört. Auch das linke Auge war beschädigt worden, aber nicht verloren. Eine Entzündung hatte sich angeschlossen mit wohl unerträglichen Kopfschmerzen. Mittlerweile war der Mann wieder zu Kräften gekommen, eine Augenbinde verbarg die Höhle des rechten Auges.

Der Kaplan versuchte, Trost zu spenden und zu helfen. Schon vor Tagen hatte er begonnen, die Personalien von Verstorbenen systematisch zu erfassen und ihnen nach seinen Möglichkeiten einen würdigen Abschied zu bereiten.

Der anhaltende Beschuss machte alle nervös. Nach der Andacht eilten Franz, Hörcher und Lorenz gemeinsam zum Lazarett zurück. Franz, selbst nicht der Sicherste zu Fuß, bemerkte den unsicheren Gang des Feldgeistlichen und nahm ihn am Arm, worüber dieser erleichtert war: „Ich danke Ihnen. Das räumliche Sehen fällt schwerer mit einem Auge.“ Er lachte bitter. „Der Lahme stützt den Blinden!“

„Ihr Auge wurde durch einen Querschläger zerstört, nicht wahr?“

Lorenz nickte: „Wer würde da nicht sofort an Matthäus, Kapitel 7, Vers 3 denken, oder?"

„Helfen Sie mir, ich bin nicht besonders bibelfest."

„*Was siehst du aber den Splitter in deines Bruders Auge und wirst nicht gewahr des Balkens in deinem Auge?* Ich bin in den letzten Wochen oft darauf angesprochen worden."

„Natürlich, das liegt nahe. Es fiel mir nicht ein."

Franz entstammte einem atheistischen Elternhaus, gehörte keiner Konfession an und hatte als angehender Ingenieur den Vorstellungen der Kirche stets kritisch gegenübergestanden. Doch in den letzten Jahren an der Front hatte er seine Meinung geändert. Immer wieder waren ihm Kriegspfarrer begegnet, die auch ihm mit ihrer humanistischen Einstellung Hoffnung gegeben hatten, und er hatte Respekt vor ihrer seelsorgerischen Tätigkeit gewonnen, die vielen so viel mehr als der unmittelbare Trost bedeutete. Zuletzt hatte ihn Ernst Tewes beeindruckt, der katholische Kriegspfarrer der Spielhahnjäger, ein Mann aus dem Ruhrgebiet, der im November 1943 zu ihnen gestoßen war, irgendwo östlich des Schwarzen Meers bei Tuapse.

Tewes hatte Franz erzählt, dass er in Stalingrad zum ersten Mal in seinem Leben geflucht habe. Es sei ihm einfach so über die Lippen gerutscht wie all den anderen Soldaten, die dort in den Eiskellern krepierten. Er habe die Kälte verflucht, die unablässig die Pritschen des Lazaretts füllte, schneller als man die Verstorbenen hinter dem Lazarett hatte aufschichten können.

„Kennen Sie Ernst Tewes?"

„Ja", nickte Lorenz überrascht. „Ein eindrucksvoller Mann voller Herzenswärme und Güte. Ich kenne ihn noch aus meiner Jugend, das war zur Zeit des Quickborn-Arbeitskreises. Wir sind uns in den 30er-Jahren mehrmals begegnet und standen lange in losem Kontakt. Durch den Krieg ist unsere Verbindung abgerissen."

Franz erzählte Lorenz von seinen Begegnungen mit Tewes, der bei den Spielhahnjägern beliebt war, weil er sich nicht um politische Dinge scherte. Seine Weltanschauung war die Liebe Gottes und ihr Echo in der Liebe der Menschen untereinander. Andere Betrachtungen ließ er nicht gelten. Lorenz nickte: „Das ist Tewes, wie er leibt und lebt."

Eine Weile liefen die Männer schweigend weiter. Der Schweiß rann ihnen von der Stirn. Hörcher löste Franz ab und lieh Lorenz seinen Arm. „Seit wann sind Sie bei den Soldaten?"

„Ich bin mit dem 1. September 1939 eingezogen worden. Zunächst als Sanitäter. Wussten Sie, dass wir katholischen Geistlichen laut Konkordat nur als Sanitäter eingezogen werden durften? Ein Jahr später wurde ich Kriegspfarrer a. K., also *auf Kriegsdauer*. Das ist nun fünf Jahre her – ich hätte es niemals für möglich gehalten."

„Meines Wissens nach gibt es für jede Division nur einen katholischen und einen evangelischen Seelsorger", warf Franz ein. „Viel zu tun für Sie."

„Das ist richtig. Doch in vielen Sanitätseinheiten sind mehrere Priester und junge Vikare tätig, die diskret seelsorgerische Aufgaben übernehmen. Das ist überall in der Wehrmacht so, wohl auch in der Marine. Nur bei der Luftwaffe scheint es keine Kriegspfarrer zu geben. Vielleicht sind die Herren der Lüfte dem Heer der Heerscharen dort oben so nah, dass sie ohne sonstigen himmlischen Beistand auskommen." Lorenz schmunzelte.

„Wer ist eigentlich der höchste disziplinarische Vorgesetzte eines Feldgeistlichen? – Gott ausgenommen."

Lorenz lachte: „Bei den übergeordneten Stäben gibt es einen Dekan, dem ich disziplinarisch unterstehe. Der Mann ist in Ordnung. Mein oberster Dienstherr ist allerdings Militärbischof Rarkowski, er ist im Oberkommando des Heeres in Zossen. Generalsrang. Seine Hirtenbriefe, die er gelegentlich schreibt, sind unerträglich zu lesen. Ich verrate Ihnen ein Geheimnis: Ich habe sie meinen Soldaten nie vorgelesen, sondern meist verfeuert. So war wenigstens das Papier nicht ganz vergeudet." Er schüttelte den Kopf. „Diese Hirtenbriefe … das abstoßende Geschwätz eines alten Mannes. Doch sein Generalvikar ist ein fähiger Mann. Ihm sind die Seelsorge, die Priesterarbeit und der kirchliche Geist das Wesentliche."

Sie näherten sich wieder dem Hafenareal.

Franz sah die Hallen des Lazaretts, dahinter glitzerte die Donau. „Es muss schwierig sein, im Krieg die Kirche zu vertreten."

Lorenz nickte: „Es ist bereits in Friedenszeiten eine Herausforderung. Hier beginnt es damit, dass wir Uniformen und militärische Dienstgrade tragen."

„Sie sind im Rang eines Hauptmanns", stellte Franz fest, „und damit mir gegenüber sogar weisungsbefugt, theoretisch zumindest."

„Aus Ihrer Arbeit halte ich mich gerne raus. Eigentlich schließen sich unsere Tätigkeiten ohnehin aus. Aber – *c'est la guerre*. Der Krieg ändert alles." Lorenz zog ein Buch aus seiner Hemdtasche. „Wissen Sie, was das ist?"

„Ein Gesangbuch?"

„Nein, es ist die Heeres-Dienstvorschrift HDv. 372." Der Feldkaplan lachte grimmig: „Beim Militär gibt es keine Gesangbücher, nur noch Dienstvorschriften. Doch wenn man sich streng an die Vorschriften hielte, kämen wohl nur die Narren ins Paradies, nicht wahr?"

Er verstaute das Büchlein wieder in der Tasche und sie setzten ihre etwas wackelige Prozession fort. Bald hatten sie den Vorplatz des Lazaretts erreicht, wo sich ihre Wege trennten. Kaplan Lorenz strebte dem Operationswaggon zu. Franz und Hörcher betraten die Baracke, um beim Tragen der Verwundeten mitzuarbeiten.

Ahrens, der Hilfe brauchte, winkte sie herüber. Zu zweit griffen Franz und Hörcher das hintere Ende einer Trage und hoben sie an. Der darauf liegende Mann war ein junger Soldat, kaum älter als 20 Jahre. Der Waffenfarbe seines Kragenspiegels nach ein Panzergrenadier. Er schaute Franz an: „Herr Oberleutnant, gibt es schon Lokomotiven?"

„Nein, noch nicht."

„Werden wir es schaffen?"

„Beten Sie für uns, dann klappt es bestimmt."

Der junge Mann schüttelte den Kopf. „Verzeihen Sie, aber der Herrgott kann mich am Arsch lecken. Wo war er denn, als wir auf die Mine gefahren sind?" Er schloss die Augen. Der Transport, die ersten gelaufenen Meter, bereitete ihm offensichtlich Schmerzen. Dann öffnete er sie wieder. „Glauben Sie an Gott, Herr Oberleutnant?“

Franz schwieg und sagte dann: „Ich glaube daran, dass es Hoffnung gibt.“

Sie stapften weiter. Franz spürte die Last der Trage. Als er auf halber Strecke auf dem Schotterweg wegrutschte, fühlte es sich an, als hätte jemand ein Messer unter seine Kniescheibe gestoßen. Er stieß den Atem scharf aus und musste seine Kraft zusammennehmen, um nicht zu stürzen. Der Infanterist bemerkte es: „Ich würde gern helfen, aber ich bin zu nichts mehr zu gebrauchen.“ Verbittert zeigte er auf sein rechtes Bein, das nur noch ein Stumpf bis zur Hälfte des Oberschenkels war: „Immerhin bin ich etwas leichter geworden.“

Franz wechselte mit Hörcher einen Blick. „Was haben Sie vor dem Krieg gemacht?“, fragte er den Grenadier.

„Ich war Landwirt auf dem Hof meiner Eltern. Bei Kempten.“ Der junge Mann fing an zu weinen.

Franz konnte nichts mehr sagen. Er konzentrierte sich auf seine Schritte. Am Waggon angekommen reichten sie die Trage empor.

Mittlerweile war ein Dutzend der Waggons mit Lazarettinsassen beladen und es hatte sich zugezogen. Schwarze Wolken türmten sich über Galatz auf, seit Langem einmal nicht aus Rauch und Staub. Wind kam auf. Die schwüle Hitze entlud sich in einem heftigen Gewitter, das sogar den Beschuss der sowjetischen Artillerie verstummen ließ. Platzregen schlug auf die Blechdächer der Waggons und kühlte das von der Sonne aufgeheizte Metall ab. Währenddessen wurde ohne Unterlass Soldat für Soldat transportiert. Die Helfenden und die Verwundeten wurden vom Sturzregen getränkt.

Und noch immer wusste niemand, ob sich die Anstrengungen überhaupt lohnten. Keine Nachricht von Leutnant Ansorge.

Aus dem verlassenen Stabsgebäude und dem Lazarett wurden letzte Kisten mit Medikamenten und Verbandsmaterial in den Operationswagen des 676 getragen. Wagenmeister Lege kontrollierte alle Abteile und die BVZ-Wagen, um jedes Gramm unnötigen Gewichts vom Zug zu schaffen. Aus den für harte Winter ausgestatteten BVZ-

Waggons ließ er alle Öfen entfernen. Sollten sie wirklich bald anrollen, würde die Fahrt über die Karpaten den Loks alles abverlangen.

Nach dem Gewitter dampften Waggons, Gleisanlagen und Lazarettplatz in der Sonne. Lege schritt den Zug der Länge nach ab, seinen langstieligen Klanghammer in der Hand, den er gegen sämtliche Räder schlug, um die Radreifen zu überprüfen. Die hellen Töne, die über die Gleise flogen, schienen ihm zu gefallen. Franz beobachtete ihn eine Weile, mit zunehmender Entfernung Leges verebbte das Geräusch.

Immer wieder wanderten die Blicke von Franz und Hörcher suchend über den Hof des Lazaretts in der Erwartung, Ansorge würde endlich eintreffen und gute Nachrichten überbringen.

Gelegentlich kamen Bewohner der Stadt vorbei. Es hatte sich herumgesprochen, dass die Deutschen noch Zigaretten, Schnaps und Geld hatten, und so tauschte man Obst oder etwas Brot ein, manche brachten Laken, aus denen Verbandsmaterial geschnitten werden konnte. Sogar einige Musikanten waren zur Überraschung der Männer erschienen, eine Kapelle, bestehend aus einem Geiger, einem Klarinettisten und einem Kontrabassisten. Sie sagten, Florin Ciobanu habe sie geschickt, gingen von Waggon zu Waggon und ließen sich Musikwünsche zurufen. Oft verstanden sie die deutschen Titel nicht, bis die Verwundeten die Melodie summten. Dann strahlten die Musikanten und begannen, virtuos das Stück zu übernehmen. Volkslieder wechselten sich mit Arien und Schlagern ab. Wenn in den Waggons niemand der Verwundeten mehr sprechen konnte, weil sogar dafür die Kräfte nicht reichten, griffen die Musikanten auf ihr eigenes Repertoire zurück und spielten Mazurken und fröhliche Walzer, in die der Klang des Balkans eingewebt war. Oft flossen Tränen der Freude.

Gegen Abend, als sich das Lazarett bereits beträchtlich geleert hatte und die meisten Waggons bezogen waren, tauchte Ansorge auf. Hörcher, Franz und Lege, die gerade die Bremsen der BVZ-Wagen überprüften, sahen ihn schon von Weitem. Der hochgewachsene Leutnant radelte im Sattel eines französischen Sportrads auf die drei

Männer zu. Die Uniform saß tadellos. Sein Untersatz war ein Rad der Marke Peugeot, mit einem Löwen als Emblem und weißen Zierstreifen, ähnlich den Modellen, mit denen die Belgier und Franzosen die Tour de France der letzten Friedensjahre beherrscht hatten. Der Himmel wusste, wo Ansorge den Drahtesel aufgetrieben hatte.

Er sah deprimiert aus, als er bei den Baracken anhielt und sein Fahrrad an die nächste Wand lehnte.

Franz und Hörcher waren Ansorge entgegengelaufen und schauten sich nun an, jeweils in den Augen des anderen die Frustration erkennend, die sich im eigenen Herzen breitmachte. „Und? Haben Sie eine weitere Lokomotive auftreiben können?", fragte Hörcher.

Ansorge schüttelte den Kopf, klopfte sich den Staub von seiner Jacke und ging die letzten Meter zu den Männern hinüber, zu denen sich gerade auch Stabsarzt Ross gesellte.

Franz war wie vor den Kopf geschlagen. Aber was hatte er sich auch erhofft? Dass man nur wenige Kilometer hinter der Hauptkampflinie einfach einige Lokomotiven einsammeln konnte, die zufälligerweise gerade niemand benötigte? Jetzt, da die Materialnot an allen Ecken und Enden der Front erdrückend war? Da spielte es keine Rolle, dass Ansorge als begnadeter Organisator galt. Sein Bein begann wieder zu schmerzen, Franz musste sich setzen. Nun hatten sie unter größten Mühen alle 55 BVZ-Wagen über die Gleise und Weichen gezogen …

„Gar nichts zu machen?", fragte Lege mit hohler Stimme.

Erneut schüttelte Ansorge den Kopf: „Es tut mir leid." Das Gesicht des Leutnants zuckte. „Eine zusätzliche Lok war nicht zu bekommen."

„Verfluchte Scheiße!", entfuhr es Ross.

Hörcher sackte in die Knie und fuhr sich mit beiden Händen über den rasierten Schädel.

Wieder ging ein Zucken über Ansorges Miene. „Aber zwei!", platzte es triumphierend aus ihm heraus. „Ihnen stehen jetzt insgesamt vier 52er Lokomotiven zur Verfügung, meine Herren!"

Die Männer verstanden nicht sofort.

Doch je länger Ansorge lachte, umso klarer wurden auch ihre Gesichter. Alle vier umsprangen Ansorge und umarmten ihn. Lege griff nach seiner Ölspritze, mit der er eben noch hantiert hatte, klemmte sie zwischen die Beine und tanzte wie eine Brockenhexe. Hörcher schlug Ansorge auf die Schulter, dass es krachte, und Franz fragte fassungslos: „Wie haben Sie das nur angestellt?"

Ansorge rieb seine Schulter und lachte: „So, wie wir es besprochen hatten. Der Siebenbürger Sachse meiner Einheit ist in Zivil losgewandert. Er sollte die Gleise stadtauswärts entlanggehen – so lange, bis er auf einen Schrankenwärter oder ein Weichenhäuschen oder ein Betriebswerk treffen würde. Den Rucksack habe ich ihm mit einigen Flaschen Schnaps gefüllt."

„Ein universeller Türöffner, besser als ein Dietrich!", grinste Hörcher.

Ansorge nickte. „Der Mann wandert also Richtung Westen an der Strecke von Galatz nach Romesmarkt. Das ist die wichtigste Verbindung nordwärts Richtung Walachei und Moldau und nach unseren Informationen sind die Russen noch nicht dort. Nach drei Stunden erreicht er Braniştea und dort hocken in einem Weichenhaus tatsächlich ein paar Leute und spielen Karten. Der Schrankenwärter und zwei Eisenbahner. Der Zufall will es, dass einer der Eisenbahner aus Mediasch kommt, dem Heimatstädtchen meines Soldaten! Man ist also schnell vertraut und als unser Mann den Schnaps zückt und nach Lokomotiven fragt, erzählt einer der Eisenbahner, dass er gehört hat, dass es in Bacau – knapp 200 Kilometer nordwestlich von hier am Fuß der Karpaten – ein rumänisches Depot gibt. Und dort seien ursprünglich in Deutschland zugelassene 52er Lokomotiven untergebracht, die vor einigen Monaten an die rumänische Eisenbahngesellschaft CFR ausgeliehen worden wären. Noch immer unter deutscher Nummer und fahrtüchtig."

„Unglaublich!", rief Ross.

„In der Tat. Ich hatte also nichts Weiteres zu tun, als dort am Bahnhof anzurufen. Noch stehen ja unsere Fernmeldenetze."

„Es lebe Erich, der Strippenpapst!", feixte Lege.

Jeder der Männer kannte den Spitznamen von Erich Fellgiebel, dem General der Nachrichtentruppe, der das überaus leistungsfähige Nachrichtensystem der Wehrmacht aufgebaut hatte.

„Am Telefon bestätigte man mir, dass in Bacau tatsächlich zwei Loks untergestellt sind." Ansorge breitete seine Arme aus. „Ich habe ein ganz in der Nähe, in Comănești, stationiertes Kommando angewiesen, sie zu beschlagnahmen. Sofort ist ein Trupp losgefahren und hat die Loks gesichert. Ich habe außerdem angeordnet, dass sie sich nach Lokführern und Heizern erkundigen sollen."

„Und?", fragte Franz atemlos.

„Der Truppführer ist offensichtlich ein fähiger Mann. In Bacau ist gerade viel los. Wichtiger Bahnhof für uns, viele Züge, auch viele Luftangriffe. Er hat sich durch das gesamte Personal vor Ort gefragt, so lange, bis er erfahrene Eisenbahner aufgetan und gleich vergattert hat. Die saßen wohl schon länger fest, weil man ihnen die Züge unter dem Hintern weggeschossen hatte. Der Truppführer sagte mir, sie seien heilfroh über die Aussicht, aus Bacau rauszukommen. Die Information, dass sie vom Regen in die Traufe kommen könnten, hat er wohl weggelassen. Ein paar der Männer sind schon unterwegs, um die beiden Loks hier zu übernehmen. Kommen mit PKW, das geht schneller."

Hörcher war vor Freude immer noch außer Atem: „Und wann können die Lokomotiven hier sein?"

„Sie sind auch bereits unterwegs. Wenn alles glatt geht, kommen sie in der nächsten Nacht an."

Erneuter Jubel brach aus, sodass Ansorge kaum zu verstehen war, als er leise hinzufügte: „Es scheint so, als hätten wir damit für diesen Krieg all unser Glück verbraucht."

Die Männer waren euphorisch. Stabsarzt Ross konnte einige Tränen der Erleichterung nicht verbergen. Schnell verabschiedete er sich und begab sich zu seinen Patienten, um ihnen die Nachricht zu überbringen.

Wie ein Lauffeuer ging es durch den Lazarettzug: Leutnant Ansorge hat zwei Lokomotiven besorgt. Unglaublich. Morgen wird der Zug zusammengekuppelt. Der letzte Zug.

„Was meinst du, Franz, reicht die Zeit?", fragte Hörcher, als sie die fast geräumten Baracken des Lazaretts ein letztes Mal nach Vorräten an Medizin und Nahrung durchkämmten.

„Warum nicht? Wenn die Russen uns den Gefallen tun, ihre Feuerpause einzuhalten." Franz grinste.

Hörcher hielt inne und lauschte: „Tatsächlich, eine unwirkliche Stille. Wie das Atemholen vor dem nächsten Schlag in die Fresse. Was denkst du, warum ist es so ruhig?"

„Ist doch wie bei uns, kann tausend Gründe haben. Nachschubwege ordnen, neue Befehle abwarten, Munition verschossen, Munition sparen, was weiß ich. Galatz fällt ihnen sowieso in zwei bis drei Tagen in den Schoß, warum sollten sie da noch Granaten verschwenden?"

„Vielleicht hängt es mit den Kämpfen zusammen, von denen Ansorge erzählt hat", meinte Hörcher. „Kann sein, dass die Russen an uns vorbei Richtung Westen nach Ploieşti wollen, wegen der Ölfelder."

„Das wäre allerdings hässlich für uns, das ist auch unser Weg."

Hörcher nickte. „Wenn es dort überhaupt einen Weg gibt. Wer weiß schon, wie die Gleise hinter Galatz aussehen."

„Wir werden es erleben. Unsere letzte Chance, aus Galatz herauszukommen. Wir wollen sie nutzen."

Gegen 23 Uhr lehnten Franz und Hörcher unweit des zentralen Hafengebäudes an einem Geländer und überschauten das Areal der Gleisschleife mit den darauf abgestellten Waggons und den dahinter liegenden Gleisanlagen. Am nächsten Morgen würde man die letzten Verwundeten in die Waggons umbetten. Längst hatte sich eine gewisse Gelassenheit breit gemacht. Tod, Gefangennahme oder Flucht – alles lag so eng beieinander, dass man darüber nur gleichgültig oder wahnsinnig werden konnte.

Hörcher rauchte eine Zigarette und Franz ließ seinen Blick über den im Dämmerlicht versunkenen Hafenbahnhof schweifen, als er plötzlich stutzte: „Günther, was ist das?" Er wies auf ein entlegenes Gleis zwischen Holzhütten, auf dem ein Dutzend ramponierter Waggons, Kohletender und Draisinen abgestellt war. Trotz der Dunkelheit war deutlich zu sehen, dass sich einer der Waggons langsam bewegte. „Sind dort noch Leute von uns?"

Hörcher schüttelte den Kopf, drückte die Zigarette aus und griff nach seiner Pistole: „Lass uns nachschauen."

Die beiden Offiziere schlichen über die Gleise, kauerten sich hinter einen Kohlenverschlag und spähten um die Ecke: Vier rumänische Soldaten, die den Waggon mittlerweile bis zum Ende des Gleises gezogen hatten, so weit wie möglich vom Lazarett entfernt, versuchten mithilfe von Brechstangen, die Tür des Wagens zu öffnen. Aus der Nähe erkannte Franz einen Marketenderwaggon, gedacht für den Transport von Vorräten. Die Rumänen machten einigen Lärm, immer wieder hielten sie lauschend inne. Mit großer Anstrengung schafften sie es, die Tür aufzuhebeln.

Als sie aufschwang, traten Franz und Hörcher mit gezogenen Pistolen vor: „Halt!"

Die Rumänen drehten sich um. Ihre Blicke verfinsterten sich, als sie die deutschen Soldaten erkannten.

„Warum so unfreundlich? Wir sind doch Verbündete." Es machte nicht den Anschein, als würden die Männer Franz verstehen.

„Was ist in dem Waggon?", fragte Hörcher und trat an den Wagen heran. Seine Pistole steckte er wieder ins Halfter.

Mürrisch traten die Rumänen beiseite, einer von ihnen murmelte einige unverständliche Sätze. Hörcher kletterte die Stufen des Waggons empor, leuchtete mit seiner Taschenlampe hinein und rief, während die Gesichter der Rumänen immer länger wurden, begeistert: „Franz, hier ist alles voller Lebensmittel! Zwieback, Hartwürste, Konserven, Brot, Scho-Ka-Ko-La, Zucker, Kondensmilch!"

Freudestrahlend erschien er wieder an der Tür: „Unmengen von Proviant! Bestimmt fünf Tonnen. Wie konnten wir das nur übersehen? Genau das Richtige für unseren Zug!"

„Großartig, wir rollen den Waggon gleich rüber zum Lazarett."

Plötzlich hörten sie Schritte, die schnell näherkamen. Franz ließ seine Pistole herumschnellen, behielt aber die vier missmutigen Rumänen weiter im Blick.

Zwischen den Hütten tauchte ein Mann in der Uniform eines rumänischen Unteroffiziers auf und lief direkt auf sie zu, wild gestikulierend. Franz wurde nervös, doch dann merkte er, dass die Aufregung nicht Hörcher und ihm galt. Der Unteroffizier schenkte ihnen keine Beachtung und überschüttete seine Kameraden mit einem Wortschwall, von dem die Deutschen nichts verstanden. Die anderen vier Rumänen begannen, ein Freudengeheul auszustoßen. Umarmungen, Tänze, ihre finsteren Mienen waren wie weggeblasen.

Mit glänzenden Augen umringten sie Franz und riefen in holprigem Deutsch: „Krieg vorbei für Romania!" – „Frieden mit Stalin, nach Hause gehen!" – „Frieden!"

Der Unteroffizier stauchte seine Leute zusammen, um sie zu beruhigen. Dann schüttelte er den Kopf und redete hastig weiter, während sich Hörcher und Franz hilflos ansahen.

Einer der Landser, offenbar ein Rumäniendeutscher, hatte Mitleid und begann, simultan zu übersetzen: „Wir müssen russischer Armee erlauben, Land zu durchqueren."

Wieder ein kurzer Satz: „Wir müssen Ersatz leisten für alle Zerstörungen von rumänischer Armee."

Wieder: „Wir müssen 300 Millionen Dollar Entschädigung an Sowjetunion zahlen."

Seine Kameraden stöhnten.

„Und wir müssen Bessarabien und nördliche Bukowina abtreten."

Ein lauter Aufschrei.

Die eben noch so glücklichen Rumänen spuckten auf den Boden und schimpften. Mit scharfer Stimme gebot ihnen der Unteroffizier erneut zu schweigen. Mit Blick auf die deutschen Offiziere fuhr er fort und der Landser übersetzte: „Rumänien wird Deutschland wahrscheinlich Krieg erklären."

Die sieben Männer, die hier im Hafenbahnhof von Galatz eng beieinander standen, wussten, was das bedeutete. Dann würden aus Verbündeten Feinde.

Jahrelang hatten rumänische Divisionen als Angehörige der drittgrößten Achsenmacht Seite an Seite mit den deutschen Divisionen gekämpft, jahrelang waren Rumänen von ihren ebenso verkommenen Cliquen der Macht in diesen Krieg gezwungen worden. Ungezählte Söhne rumänischer Eltern waren in den Kellern Stalingrads kaputt gefroren und bei lebendigem Leibe verfault. Im Donezbecken, in den Weiten vor Charkow und in Sewastopol am Schwarzen Meer waren sie krepiert. Und nun war das alles plötzlich hinfällig, ein Fehler falsch spekulierender Diktatoren mit entfesselter Großmannssucht, kaum dass der junge König Michael I. von Rumänien per Erlass die Kraft gefunden hatte, sich gegen Antonescu zu stemmen – als die Niederlage bereits unabwendbar vor aller Augen stand. Aus einer Achsenmacht war durch die dürren Sätze einer royalen Erklärung eine alliierte Macht geworden.

Dulce et decorum est pro patria mori. Wie sinnlos ist doch die so oft beschworene Treue zum Vaterland, wenn der Vater ein Taugenichts ist.

Eine Weile sagte niemand ein Wort. Wenn es nach den Kriegstreibern und Führern in ihren fernen Gemächern ginge, sollten sie sich jetzt, hier und auf der Stelle, am Bahnhof von Galatz, die Köpfe einschlagen. Jeder von ihnen spürte die Angst und Ratlosigkeit der anderen. Keiner von ihnen wollte für diese Idiotie sterben.

Die Männer schauten sich in die Augen. Franz ließ seine Pistole sinken und steckte sie ins Holster zurück.

Der rumänische Unteroffizier sprach weiter, zum ersten Mal langsam und in gebrochenem Deutsch: „Wir nicht erklären Krieg. Wir erklären, wie Zug kommen weg von Bahnhof." Er streckte seine Hand aus.

Franz ergriff sie und schüttelte sie dankbar.

Der Unteroffizier wies auf Hörcher, der immer noch in der offenen Waggontür stand: „Du – mitkommen? Ich zeigen Stellwerk. Zeigen, welche Weiche nach Ploieşti und Berge." Er mimte mit seinen Händen das Verstellen von Weichen. Zu Franz gewandt fuhr er fort: „Du – Waggon für Soldaten?" Er zeigte auf den Marketenderwaggon. „Ich wünschen Glück. Ihr brauchen."

Der Rumäne nahm Hörcher am Arm: „Kommen!"

„Warte noch.“ Hörcher griff nach einer der Brechstangen der Rumänen, kletterte erneut in den Marketenderwagen und man hörte ihn Kisten aufhebeln und Pakete aufreißen. Als er wiederkam, trug er fünf Flaschen Cognac in den Armen. Er reichte sie den Rumänen hinunter und sprang aus dem Waggon. Die Männer grinsten, salutierten und verschwanden mit Hörcher im Dunkel der Nacht.

Franz beeilte sich, Lege im Lazarettzug 676 über den Schatz zu informieren, der ihnen so glücklich zugefallen war. Der Wagenmeister verschaffte sich sofort persönlich einen Eindruck von den Vorräten. Er war überwältigt, als er die Berge an Nahrung sah. Der Hunger der Verwundeten war damit für einige Zeit gestillt.

Es ging auf Mitternacht zu. Über 1.600 Männer lauschten im Hafen von Galatz hinaus in die Stille der Nacht.

Noch immer schwiegen die russischen Kanonen. Noch immer eilten die Krankenschwestern von Wagen zu Wagen, um Temperatur zu messen, Wasser zu reichen, Verbände zu wechseln, Trost zu spenden. Im Operationswagen, der durch Dutzende von Kerzen und Spiritusleuchten erhellt und aufgeheizt wurde, arbeitete schweißtriefend Stabsarzt Ross und brachte sein Skalpell zum Einsatz. Wieder stand das Blut zentimeterhoch. Im gerinnenden Rot waren die Fußspuren von Feldkaplan Lorenz sichtbar, der half, wo er konnte. War alle ärztliche Kunst vergebens, verabreichte er letzte Segnungen. Er hatte viel zu tun. Die Zeiten, in denen man Geistliche an der Front als Jenseitsmechaniker, Bibelhusaren oder Sünden-Abwehr-Kanonen belächelt hatte, die frühen Jahre des allgemeinen Siegestaumels, sie waren längst vorbei. Je länger der Krieg dauerte, umso wichtiger waren die Feldgeistlichen geworden, ihr Beistand, der sich allein an der Nähe zum Menschen orientierte.

Jeder spürte, dass ein mögliches Inferno in der Luft lag. Das Schicksal holte tief Luft. Und dennoch – auf dem zerschossenen Bahnhofsgelände am Docuri-Hafen von Galatz war seit langer Zeit wieder ein Gefühl greifbar, an das die meisten schon nicht mehr hatten glauben wollen: Hoffnung.

Donnerstag, 24. August 1944

Als Hörcher um halb zwei am Morgen wieder von seiner Tour zurückkehrte, traf er Franz und Lege mit je einer Hartwurst in der Hand vor dem Marketenderwagen an. Lege reichte auch dem Leutnant zu essen.

Während sie kauten, berichtete Hörcher, wie er sich mit dem rumänischen Unteroffizier durch die Stadt geschlagen hatte, bis sie bei einem deutschsprachigen Feuerleitstand in der Nähe des Personenbahnhofs vom Streik der rumänischen Eisenbahner erfahren hatten. Bereits seit 22 Uhr der letzten Nacht stand offiziell alles still. Nur mit Mühe und unter Drohungen des Unteroffiziers war es gelungen, vom hinter dem Personenbahnhof gelegenen Stellwerk aus die nötigen Auslaufweichen Richtung Westen zu stellen. Der zuständige Eisenbahner war sturzbetrunken gewesen und hatte zunächst jeden Handschlag verweigert. Hörcher hatte kaum ein Wort des Streits verstanden. Erst als der Unteroffizier seine Pistole an die Schläfe des Eisenbahners gehalten hatte, war diesem klar geworden, dass es eine schlechte Idee wäre, die Weichen erneut anzurühren, um den Lazarettzug an der Ausfahrt zu hindern.

Die Männer beschlossen, schlafen zu gehen.

Franz lag entkräftet auf seiner Pritsche. Die Baracke war nahezu leer, totenstill. Er hatte viel Platz, die geschundenen Knochen auszustrecken. Seine Wunde pochte, doch die Bewegungen der letzten Tage hatten dem Knie im Ganzen gutgetan. Franz' Fieber war auch weiter gesunken und Ross hatte einen zufriedenen Eindruck gemacht, als er das Knie in einer ruhigen Minute untersucht und den Verband gewechselt hatte. „Denk dran, täglich einen neuen Verband!", hatte der Stabsarzt Franz eingeschärft. „Wir müssen die Wunde regelmäßig reinigen – unsere Hygienebedingungen hier sind nicht optimal."

Bei aller Erschöpfung war an Schlaf kaum zu denken. Zu aufgewühlt war Franz, zu sehr hingen seine Gedanken an den Lokomotiven, die Ansorge in Aussicht gestellt hatte. Der Leutnant hatte gesagt, sie seien auf dem Weg. Was, wenn sie nicht durchkämen? Oder zu spät? Franz dachte an seine Frau Ingrid, mit der er seit dreieinhalb

Jahren verheiratet war. Am 1. Januar 1941 hatten sie sich das Jawort gegeben. Eine Kriegshochzeit, pragmatisch im Standesamt von Starnberg geschlossen, gefeiert im kleinsten Familienkreis. Das Schönste daran war die Skiwanderung am nächsten Tag gewesen.

Bereits am frühen Morgen waren sie aufgebrochen, nur zu zweit, mit dem Bus nach Garmisch, wo sie in die Außerfernbahn gestiegen waren, die Bayern mit Tirol verband. Griesen war ihr Zielbahnhof, hier hatten sie mit dem Aufstieg begonnen, die Skier auf den Rücken geschnallt. Einige Stunden hatten sie gebraucht, um über verschneite Pfade und Hänge den Friederspitz zu erreichen, der zwischen dem Graswang- und dem Loisachtal über 2.000 Meter emporragte. Unterwegs im Unterholz hatten sie Birkhühner gesehen, sogar einen flüchtenden Schneehasen und einen Fuchs, der ihm nachstellte. Der Hase war entkommen. Von oben genossen sie einen großartigen Blick über die Ammergauer Alpen, unter ihnen lag der Eibsee, der im Südwesten sogar zugefroren und von funkelndem Schnee überzogen war, als hätte ein Sähmann Millionen von Diamanten verstreut. Dahinter stieg die Nordwand der Zugspitze empor. Ein Paradies in Weiß, Blau und Grau, umrahmt von Bergspitzen, die im Westen mit dem Azur des Himmels und im Süden mit dem Gleißen der Sonne eins wurden. Dort oben hatten sie sich geküsst, und gelegentlich hatte Franz sich in den letzten Monaten gefragt, ob er sich jemals wieder leichter und erhabener fühlen würde als in diesem vom Gipfelwind umraunten Moment des Friedens.

Einem Zufall hatte er es zu verdanken gehabt, dass er sie kennengelernt hatte. Ingrids Vater war ein Militärattaché aus schwedischem Adel im Range eines Majors, der sein Land in den 1920er Jahren wegen eines Rheumaleidens verlassen hatte. Der Plan war, sich in wärmeren Gefilden niederzulassen, und seine Wahl war auf Oberpfaffenhofen gefallen, wo er für sich und seine Familie ein Schlösschen gekauft hatte. Tochter Ingrid, die so mit fünf Jahren nach Deutschland gekommen war, trat knapp ein Jahrzehnt später in die Jungmädelgruppe von Starnberg ein, die damals von Franz' Schwester Hildur geleitet wurde, und wurde Sportwartin ihrer Gruppe.

Im Hochsommer 1934, nachdem er über ein Jahr lang als Maschinist auf Frachtschiffen bis nach Japan und China gereist war, war Franz auf den elterlichen Enzianhof nach Pöcking am Starnberger See zurückgekehrt und hatte sich sofort in die süße Schwedin verguckt.

Eines Tages saß sie mit Franz' Schwester auf dem Balkon des Wagenhäusls, dem Nebengelass des elterlichen Hofs, und bereitete einen Sportnachmittag für die Mädchengruppe vor, während unter dem Balkon Franz und sein Freund Heinz Voigt das Familienauto, einen NAG Protos, wuschen. Die beiden jungen Männer neckten die Mädchen, spritzten Wasser mit dem Schlauch nach oben, bis ihre Schulungsunterlagen vollkommen durchnässt waren. Dem Gekicher folgten kesse Sprüche, den Sprüchen erste Blicke, die etwas länger dauerten, als es üblich war. Die Treffen schließlich waren den Blicken aller anderen entzogen. Franz lieh sich das Segelboot von einem Freund, dem Kufer, der in Starnberg unten an der Bahnhofsstraße die Schmiede führte. Und das Schilf am See stand hoch.

Ach, und der herrliche Wagen! Es mochte nur ungefähr zehn Jahre her sein und doch fühlte es sich an wie aus einer anderen Epoche, dass Franz mit dem Protos rund um den Starnberger See gebraust war. Am Schlossberg in Possenhofen hätte es einmal beinahe gekracht. Er war von oben aus Pöcking kommend auf die Uferstraße zugefahren und wollte nach rechts abbiegen, den Schwung am Scheitelpunkt mit in die Kurve nehmend. So, wie es Rudolf Caracciola und Gigi Fagioli machten. So, wie er es in der UFA-Tonwoche gesehen hatte. Von links war ein schwerer Mercedes aus Starnberg herangerauscht. Beide Fahrer hatten sich im Vorfahrtsrecht gesehen, bis die Reifen nur so quietschten, Vollbremsung. Wenige Zentimeter voreinander waren die Fahrzeuge zum Halt gekommen.

Der Chauffeur des anderen Wagens sprang mit wackeligen Knien und stotternd vor Wut aus dem Fahrzeug, während sich sein Fahrgast, niemand Geringerer als Hans Albers, unter Flüchen im Fußraum seiner Limousine sortierte. Der Chauffeur brüllte, dass Franz ihnen die Vorfahrt genommen hätte – er wäre schließlich aus einer Seitenstraße gekommen und hier gelte kein Rechts vor Links, Kreizkruzefix! Dann war der Chauffeur auf das linke Trittbrett des NAG Protos gesprungen, mit Schwung ausholend, um Franz durch das heruntergelassene Seitenfenster eine ordentliche Schelle zu verpassen. Doch der Schlag war zu seiner Überraschung ins Leere gegangen, weil der Protos rechtsgelenkt und sein Arm nicht lang genug war. Franz war abrupt angefahren, und so war dem verdutzten Chauffeur nichts anderes übriggeblieben, als sich an die Tür des Fahrzeugs zu klammern. Erst hinter Tutzing hatte Franz gebremst und den blassen Mann vom Trittbrett gelassen. Der Chauffeur war sicherlich eine Stunde unterwegs gewesen, um zu Hans Albers und seinem Mercedes zurückzugelangen.

Franz musste grinsen. Vermutlich hatte er ihnen damals tatsächlich die Vorfahrt genommen.

Zum letzten Mal hatte er Ingrid an den Weihnachtsfeiertagen gesehen, als er einige Tage Urlaub hatte. Weihnachten 1943. Da lebte sie schon auf dem Hof seiner Eltern. Als er nach Hause gekommen war, hatte sie ihm freudig von ihrer Schwangerschaft berichtet. Das war im Dezember gewesen. Und Ingrid bereits im vierten Monat. Am 16. Mai war sein Sohn zur Welt gekommen. Zu dieser Zeit hatte er noch draußen im Felde gestanden.

Er hatte, als er von der Geburt seines Kindes erfahren hatte, Blumen vom moldawischen Wegrand gepflückt und in seinen Taschenkalender gelegt. Etwas Löwenzahn, Waldveilchen und einige rote und blaue Knospen von Pflanzen, die er nicht kannte. Dort lagen die Blüten noch immer.

Jetzt hatte er schon lange nichts mehr von seiner Frau und seinem Kind gehört.

An Weihnachten 1943 war er mit Ingrid sofort in ihr Schlafzimmer gegangen, wo sie sich geliebt hatten. Sie hatte ihm so gefehlt.

Als sie gerade erneut übereinander herfallen wollten, hatte Björn die Tür zum Schlafzimmer aufgerissen, in jeder Hand eine Wodkaflasche und mit einer seiner geliebten Pfeifen im Mund, und gerufen: „Schluss mit vögeln, jetzt wird gefeiert!“

Björn. Sein Bruder. 1921 geboren. Zehn Jahre jünger als er, sechs Jahre jünger als die Schwester. Björn, der so gar nicht den Hochmut seines Vaters oder die düstere Versponnenheit seiner Mutter geerbt hatte. Björn war ein Sonnenkind. Ein Strolch, dem der Schalk im Nacken saß. Ein Charmeur, der den Mädchen des Dorfes mit eindeutigen Absichten zweideutige Komplimente machte. Ein Bastler, der tagelang an seinem Motorrad schraubte. Ein Kumpel für seine Freunde, die sich von seiner Lebensfreude und seinem Temperament mitreißen ließen.

Infiziert, wie so viele seines Jahrgangs, vom nationalen Fieber – die Kindheit in der Hitlerjugend verbracht, Fähnleinführer gewesen – hatte Björn Luftwaffenpilot werden wollen und sich im November 1939 als 18-Jähriger beim Fliegerausbildungsregiment 33 in Ingolstadt beworben. Dort hatte man gerade keine Verwendung für ihn und verwies ihn stattdessen an die zuständige Wehrersatzdienststelle zurück. Von dort hatte Björn der Weg zur Artillerie geführt. Franz hatte nicht gewollt, dass sein Bruder Soldat wurde. Zu große Sorgen machte er sich um ihn. Es war deswegen oft zum Streit mit dem Vater gekommen, der sich schlichtweg weigerte, trotz seiner Verbindungen, die bis ganz nach oben ins Braune Haus der NSDAP in München reichten, dafür zu sorgen, den jüngeren Sohn als „unabkömmlich" vor der Front zu bewahren. Im Gegenteil. Der Vater war stolz darauf, dass beide Söhne dem Führer im Krieg dienten. Auch seine Tochter Hildur hatte er dazu gedrängt, für die nationalsozialistische Sache aktiv zu werden. Sie war viele Jahre im Jungmädelbund gewesen.

Während der Weihnachtstage vor gut einem halben Jahr hatten Franz und Björn sich nichts von ihren Fronterlebnissen berichtet. Der Albtraum war in stillschweigender Übereinkunft ausgeklammert worden. Zu unwirklich war ihnen am Kamin des Elternhauses das Entsetzen über den Russlandfeldzug und die Massaker vorgekommen. Zu sehr hatten sie gefürchtet, mit ihren Erzählungen den Schrecken ins Haus hineinzutragen.

Stattdessen hatten sie sich anvertraut, was sie nach dem Krieg anstellen würden. Björn hatte verkündet, dass er zuerst sein Segelboot flottmachen werde, das er zu Friedenszeiten immer im Schilf des Starnberger Sees bei Possenhofen vor den Zugriffen anderer versteckt hatte und das nun bei Freunden in Starnberg in einem Garten lag. Mit seinem Boot würde er in die Mitte des Sees segeln. Und von dort aus würde er nackt und mit einer kapitalen Arschbombe ins Wasser springen. Er, Franz, hatte gelacht, und gesagt, da wäre er auf jeden Fall dabei und würde ein paar Flaschen Bier beisteuern.

Franz dachte mit zufallenden Augenlidern daran, dass sie beide sich einige Male beinahe an den Fronten des Krimkrieges getroffen, sich immer nur knapp verfehlt hatten – als er plötzlich wieder hellwach wurde. Da war ein Geräusch.

Er schaute auf seine Uhr. Halb drei.

Da war es wieder. Und wieder. Ein leises, zartes, kaum wahrnehmbares, fast schon eingebildetes *Tuff*. Und dann wieder: *Tuff. Tuff.* Immer lauter werdend, *Tuff. Tuff. Tuff*! Und dann ein *Tuuuuuut.*

Franz rannte, als hätte er nie vor einer Amputation gestanden, hinaus in die Nacht.

Vor dem dunkelgrauen Hintergrund des Himmels schob sich der Schatten einer Lokomotive von mehr als 20 Metern Länge zischend und prustend auf eines der Gleise am Donaukai, während die Kolbenstangen blitzend in die Zylinder eintauchten. Vorn auf der Rauchkammertür prangte die Zahl 52 6733, spärliches Licht fiel durch die zur Verdunklung angebrachten Vorstellblenden vor den Lampen.

Wer sich rühren konnte im Lazarettzug oder auf den Ladeflächen des BVZ, hing schon in einem der Fenster oder stand an den Türen. Die wenigen Leichtverwundeten, die noch nicht auf die BVZ-Waggons verlegt worden waren, kamen auf Krücken oder sich gegenseitig stützend aus den Baracken des Lazaretts. Sie johlten, Hurrarufe gellten über den Hof am Hafenkai, Franz sah viele Männer gleichzeitig lachen und weinen.

Freude blühte zwischen den verölten Gleisanlagen auf.

Ein Bataillon Verwundeter bestaunte den Koloss aus Stahl. Diese Lokomotive war nicht nur irgendeine Lok der Baureihe 52, wie sie zu Tausenden den Einflussbereich der Machthaber befuhren. Sie war die Hoffnung, die Mutter, den Vater, die Frau oder das Kind wiederzusehen. Die letzte Möglichkeit, der Gefangenschaft zu entrinnen oder dem Tod doch noch von der Schippe zu springen.

Nahezu geräuschlos und wie von Geisterhand bewegt fuhr die Lokomotive im Schritttempo ein. Die Luftpumpe pulste auf und ab. Dampf schoss mit hellem Zischen aus zahllosen Ventilen. Zylinder und Triebwerk blinkten im Licht der Mondsichel. Der Kessel summte metallisch vor sich hin. Der Duft von Kohle und der Geruch von Schmierstoffen erfüllten die Luft und es erschien den Männern wie Parfum. Psch, psch, psch, psch, entwich es der Luftpumpe. Samtweich legten sich die Bremsklötze an die Räder und stellten die Zugmaschine direkt vor den Männern ab. Mit einem letzten Zischen entflohen Dampfwolken, die Lokomotive kam zum Halt.

Nun traten die Männer auf die 52 6733 zu. Sie betasteten den Wannentender, die mächtigen Kuppelstangen und das Fahrwerk, um sich davon zu überzeugen, dass diese Lokomotive kein Traum war. Franz sah, wie Feldkaplan Lorenz, der ganz in der Dampfwolke und in sich versunken war, die Lok segnete.

Die Tür zum Führerstand öffnete sich und Leutnant Ansorge stieg in Begleitung zweier Männer die Stufen hinunter. Während sich die Verwundeten um sie scharten, stellte Ansorge seine Begleiter vor: „Darf ich bekannt machen? Der Obergefreite Walter Reimer, Lokomotivführer, und der Obergefreite Bernhard Andler, Heizer. Die beiden Herren möchten Sie gerne in die Heimat bringen."

Verlegen standen die stämmigen Eisenbahner inmitten der Soldaten. Dann räusperte sich Reimer, wies auf die Lokomotive hinter sich und sagte mit unverkennbar thüringischem Zungenschlag: „Alles wie neu. Kaum 5.000 Kilometer gelaufen. Sauberer Kessel, Rohre gerade ausgeblasen. Letzte Bremsuntersuchung vor zwei Wochen in Hannover."

Andachtsvolle Ruhe war eingetreten. Hunderte von Händen streichelten den metallenen Riesen. Hörcher rollten Tränen über die Wangen, während er murmelte: „Der letzte Zug. Er lässt uns nicht verkommen. Der letzte Zug …"

Franz wandte sich ab, um seine Rührung zu verbergen. Zu Wagenmeister Lege sagte er mit belegter Stimme: „Ich muss wohl Ruß in die Augen bekommen haben."

Und Lege, der genauso mit den Tränen kämpfte, grinste ihn an, umfasste Franz' Schultern und sagte leise: „Die schönste Lokomotive, die ich jemals gesehen habe."

Bald wich die Verzauberung der Betriebsamkeit. Wer konnte, trug zu den Vorbereitungen für die Flucht vor der Roten Armee bei. Die letzten Verwundeten wurden verladen, Proviant wurde gefasst, Wasser und Kohlen gebunkert, Schlacke über einer Grube entleert, Lege fand sogar letzten Ballast, den er entfernte, um das Gewicht des Zuges weiter zu minimieren.

Eine zweite Lok der Baureihe 52 traf eine halbe Stunde später ein, wie ein schwarzer Schemen und doch ebenfalls ganz real. „Das sind die beiden Schätzchen aus meinem Lokschuppen", meinte Ansorge mit bescheidenem Lächeln. „Zwei vor Ort, zwei noch auf dem Weg. Aber nicht mehr lange, möchte ich meinen."

Drei Stunden mussten sie Geduld haben, bis die beiden 52er Lokomotiven einfuhren, die ihren Weg vom knapp 180 Kilometer nordwestlich gelegenen Bacau bis in den Hafen von Galatz gefunden hatten. Unter größten Schwierigkeiten, wie die Lokführer berichteten, kaum dass sie angekommen waren. Wiederholt waren sie mit unterschiedlichsten Kalibern beschossen worden. Eine Panzerbüchse, vermutlich von Partisanen abgefeuert, hatte ihr Ziel nur knapp verfehlt. Dazu mehrmaliger Gewehrbeschuss durch Scharfschützen, die das Führerhaus erstaunlich gut ins Visier genommen hatten. Und das, obwohl sie in nahezu völliger Dunkelheit gefahren waren.

„Keine guten Aussichten für uns, was?", sagte Franz zu Hörcher, dessen Stirn sich angesichts der Schilderungen immer weiter zerfurcht hatte.

Auch Lege zog eine Grimasse: „Sicherlich ist die Nordroute nach Bacau brenzlig. Wir können nur hoffen, dass es Richtung Westen einfacher wird."

„Wir haben ohnehin keine Wahl", seufzte Hörcher.

„Richtig. Aber Ansorge hat recht, dass es tagsüber noch gefährlicher ist als in der Nacht. Und mit jeder Stunde rücken die Russen und Partisanen weiter vor. Hermann, können wir unseren Zug besser schützen?"

Lege schüttelte den Kopf: „Jede Panzerung macht uns schwerer. Lieber leicht und dafür schneller."

„Einverstanden, dann bleibt es also dabei. Wir brechen so bald wie möglich auf. Wann genau, müssen wir mit den Eisenbahnern klären."

„Gibt noch genug zu tun für uns alle. Wir verstauen jetzt die letzten Kisten vom Marketenderwaggon." Lege verabschiedete sich.

Während Franz und Hörcher die Eisenbahner Reimer und Andler suchten, strich erste Morgenröte über die Gleisanlage und tauchte das Gewimmel der umherhastenden Männer in graues Pastell.

„Es geht los", rief Franz Reimer und Andler zu, als er sie entdeckte, „wir stellen den Zug zusammen!"

„Das wird nochmal ein ordentliches Stück Arbeit", nickte Reimer. „Wir müssen die Loks an den richtigen Stellen platzieren."

„Wie machen wir es am besten?", fragte Hörcher.

„Ich denke, zwei Loks vor dem Lazarettzug und die anderen beiden dahinter vor die restlichen BVZ-Wagen. Dann haben wir ordentlich Wumms in der ganzen Zuglänge. Was meinst du, Bernhard?"

Der Heizer nickte: „Würde ich genauso machen. Die Loks jeweils zusammen, dann können wir uns besser mit den anderen Besatzungen verständigen. Insgesamt Abstände nicht zu groß, damit die Signale gehört werden können. Wenn zwei Loks vorn und zwei hinten wären, ist ein Kilometer dazwischen. Viel zu lang. Und in den Kurven wäre zu viel Druck und zu wenig Masse in der Mitte. Falls hinten zu sehr geschoben wird, könnten wir aus dem Gleis springen."

„Wird knifflig. Wir müssen jede Menge rangieren." Reimer hob ein Stöckchen vom Boden und skizzierte mit einigen Strichen die Gleisanlage in den Staub. „Vor, kuppeln, zurück. Dann auf eines der Nebengleise der Schleife. Abkuppeln, dann wieder vor, kuppeln, zurück. Wenn die Gleise zu kurz sind, müssen wir stückeln. Ein Puzzle."

„Außerdem noch alle Loks bekohlen, Wasser fassen, abschmieren", warf Andler ein.

Reimer nickte: „Loks mit Schnauze nach vorn. Auch die Mittleren. Wenn wir hier schon auf große Fahrt gehen, wollen wir zumindest ein bisschen was sehen."

Andler ergänzte: „Wir müssen uns gut mit den anderen Lokbesatzungen absprechen. Wissen nicht, wie erfahren die sind."

„Ja, und wir haben keine Streckenkenntnis. Fahrweg unklar, Langsamfahrstellen unbekannt, müssen immer auf Sicht fahren. Also gemächlich. Wir schmeißen alle unsere Karten und Pläne auf einen Haufen. Wer hat welche Streckenbücher, Buchfahrpläne, Kursbücher – was auch immer. Das müssen wir alles sichten und die beste Strecke festlegen. Braucht Hirnschmalz."

„Ruft uns dazu, wenn ihr so weit seid", sagte Hörcher und die Eisenbahner nickten.

„Irgendeine Aussicht, wie lange ihr für das alles brauchen werdet?", fragte Franz.

Reimer und Andler schauten sich an. „Eigentlich den ganzen Tag bis in den Abend. Je nachdem, wie alle mitziehen, auch schneller. Aber acht Stunden mindestens", meinte Reimer schließlich.

Franz sah auf die Uhr. „Jetzt ist es halb sieben. Rechnen wir neun Stunden drauf. Außerdem eine Ruhepause, essen und trinken. Dann könnten wir die Abfahrt auf 17 Uhr festlegen. Passt das?"

„Passt."

„Wenn es doch schneller geht, lasst es uns wissen", ergänzte Hörcher.

Franz blinzelte in die aufgehende Sonne. „Sonnenuntergang ungefähr halb acht. Dann fahren wir einige Stunden bei Tag. Ist gefährlich, aber je eher wir hier rauskommen, umso besser. Reine Nachtfahrten sind ein Luxus, den wir uns vorerst wohl nicht leisten können."

Hörcher, Reimer und Andler nickten und die Männer gingen auseinander.

Alle Rumänen hatten sich zurückgezogen, in der Verwirrung darüber, dass nun, mit dem Ende des Kampfes gegen Russland, trotz der großen Kriegsmüdigkeit, der Kampf mit Deutschland zu beginnen hatte. Keiner der Stadtbewohner ließ sich mehr in den frühen Morgenstunden am Hafen blicken. Erst als die Sonne voll über der Donau stand, erschien eine alte Frau und humpelte einmal am gesamten Zug entlang, berührte jeden Waggon und murmelte vor sich hin. Segnete sie den Zug, damit er sicher an sein Ziel gelangte? Oder verwünschte sie ihn gar? Franz und Hörcher beobachteten die Alte eine Weile. Als Franz sah, dass sie mit Unterarzt Spanuth, der seinen Kopf aus einem der Abteile herausstreckte, einige freundliche Gesten und Worte wechselte, war er beruhigt. Auch wenn er nicht an Übersinnliches glaubte, ein Fluch wäre kein gutes Omen gewesen. Auch Hörcher atmete hörbar auf.

Kurz vor 17 Uhr war die Zusammenstellung des Zuges tatsächlich beendet. Nach Reimers Plan: Die 52 6733 bildete den Anfang des Lindwurms, unmittelbar dahinter befand sich eine zweite Lokomotive gleicher Bauart. Es folgten die 22 Waggons des Lazarettzugs 676. Dann kamen die beiden 52er Lokomotiven aus Bacau, an die schließlich die 55 BVZ-Waggons angehängt wurden.

Die Lokomotiven waren bekohlt, abgeschmiert und unter Dampf, Sandkästen aufgefüllt, Bremsproben gefahren. Die Strecke war einige Stunden zuvor gemeinsam festgelegt worden. Viel Auswahl hatte nicht bestanden, die Kartenlage war dürftig. Von Galatz aus 20 Kilometer Richtung Südwesten nach Brăila, fort von der Roten Armee, die aus dem Nordosten hereindrängte. Dann über Urziceni 170 Kilometer westwärts nach Ploiești. Nordwärts über Comarnic und den Predeal-Pass durch die Karpaten. Von Kronstadt aus wieder Richtung Westen, mehr als 400 Kilometer nach Arad an der ungarischen Grenze. Durch Ungarn bis nach Österreich, tja, und dann … Soweit die Theorie.

Franz und Hörcher kletterten auf den Führerstand der ersten Lokomotive zu Reimer und Andler. 1.600 Menschen füllten die Abteile hinter ihnen und verknüpften Leben und Sterben mit einer Strecke ins Ungewisse. Alle wussten, dass schon hinter der nächsten Kurve das Ende der Fahrt durch gesprengte Schienen oder russische Kampfverbände auf sie warten könnte.

81 Einheiten. Mehr als ein Kilometer Zug. Alle vier Lokomotiven standen unter Dampf. Sie waren abfahrbereit.

Die erste Lokomotive gab Signal. Die zweite Lokomotive antwortete. Die dritte Lokomotive antwortete. Die vierte Lokomotive antwortete. Banges Warten in der Stille. Würde sich der Mammutzug bewegen? Hielten die Kupplungen? Waren die Schienen trocken und ölfrei? Reichte die Kraft der Maschinen?

Die Kolben tauchten in ihre Zylinder, die Antriebsräder begannen ihre Rotation, drehten kaum durch, ein Rucken lief wie eine Welle durch den ganzen Wagenverband. Die Kupplungen kamen nacheinander unter Spannung: Elegant wie ein fahrplanmäßiger Eilzug und nahezu geräuschlos setzte sich der Zug in Gang.

Hörcher und Franz kauerten sich in ein Eck des Führerstands und bewunderten Reimer und Andler, die mit ihren Handgriffen dazu beitrugen, den Tross so geschmeidig in Bewegung zu setzen als sei es ein Kinderfahrrad.

„Schaut mal raus, wir haben hohen Besuch, unser Fausto Coppi ist da“, rief Andler grinsend und deutete auf das Fenster zu seiner Linken. „Was der Mann geleistet hat, ist schon unglaublich.“

Franz und Hörcher folgten Andlers Fingerzeig und sahen Ansorge in einiger Entfernung an der Gleisschleife stehen, an sein Peugeot-Rennrad gelehnt. Andler griff nach einem großen Putzlumpen, mit dem er dem Leutnant aus dem Fenster heraus zuwinkte. Ansorge sah es und grüßte zurück. Franz fragte sich, ob der Mann dasselbe Glück haben würde wie sie, um noch aus dieser zum Untergang verdammten Stadt zu gelangen.

Reimer zog am Pfeifenhebel und gab als Gruß dreimal kurz Signal. Dann ließ er den Zug beschleunigen und in einer weiten Linkskurve dampften sie an den Hafenbaracken entlang.

Im Schritttempo passierte der Zug die erste Weiche. Mit harten Schlägen fand er auf das benachbarte Gleis und gelangte schließlich auf den stählernen Weg, der in einem Kreis um Galatz herumführte. Heizer Bernhard Andler nahm die Dienstmütze ab und sprach ein Gebet. Dann schüttelte er den Männern auf dem Führerstand die Hand und bekreuzigte sich, während Reimer sich aus dem Fenster lehnte und aufmerksam nach vorn schaute. Franz sah, dass auf der Seite des Heizers über einigen Manometern, in der Nähe der Steuerpumpe, eine Abbildung der Schwarzen Madonna von Altötting auf die Männer herabblickte. Und obwohl Franz längst nicht mehr an einen Gott glauben mochte, wusste er doch, dass dieser Zug Beistand wahrlich nötig hatte. Hörcher lauschte dem Zischen und Stampfen des Triebwerks. Und keine Sekunde nahm er seine Augen von Reimer und Andler, die an den Instrumenten ihrer Lokomotive ihre Arbeit verrichteten, ohne jedes Wort, virtuos wie Dirigenten, souverän wie Dompteure, eingespielt wie ein altes Ehepaar. Die 1.600 Pferdestärken der Lok gehorchten ihnen ohne Widerstand.

Die Wagen des Zuges wiegten sich in ihren Drehgestellen, die ersten Ausläufer des Gebirges blickten aus der Ferne auf den Zug herab. Und wenn der Weg auch zunächst nach Südwesten führte, so galt der Kurs doch der Heimat.

Noch umfuhren sie Galatz. Kinder liefen neben dem Zug entlang und winkten. Franz winkte zurück, während sie an Ruinen, niedrigen Häusern, Gärten und Gemüsebeeten vorbeiglitten. Zur Rechten breitete sich der Cătuşa-See aus.

Vorn auf der Plattform vor der Rauchkammer der 52 6733 saß der Gefreite Ahrens. Mit einer MP 40 und einigen Handgranaten bewaffnet spähte er voraus, ein Auge auf den Gleisen, eines auf den Fenstern der Gebäude, die sie passierten. Mittlerweile war die Dämmerung hereingebrochen. Die Wärme des Spätsommernachmittags wich langsam angenehmerer Abendkühle. Die Luft kondensierte auf den Schienen und benetzte sie mit einem feinen Wasserfilm. Die Gleise wurden rutschig. Alle hofften auf freie Schienenwege, alle beteten für den Bestand der Feuerpause. Es wurde langsam dunkel.

Hörcher blinzelte fasziniert in die Glut der Feuerbüchse, als die Feuerklappe aufschwang, damit Andler rasch Kohlen nachwerfen konnte: „Wie hältst du die Helligkeit des Feuers aus? Blendet es dich nicht?“

Andler schüttelte den Kopf, nahm grinsend seine Mütze ab und zeigte sie Hörcher: „Die trage ich nicht nur, weil sie mein griechisches Profil so schön unterstreicht. Der Mützenschirm ist aus Cellon. Durchscheinend. Gerade bei Nacht wichtig. Dadurch kann ich in die Glut der Feuerbüchse und trotzdem gleich wieder woanders hinschauen, ohne Nachbilder zu sehen.“

Anerkennend blickte Hörcher durch den Schirm: „Das ist wirklich praktisch.“

Franz wollte Andler schon bitten, ihm auch einen näheren Blick zu gönnen, da hörte er ein Summen, das den Lärm der Lokomotive übertönte. Er dachte an eine der vielen lästigen Mücken und schlug in die Luft. Doch seine Hand war noch erhoben, als er bereits wusste, dass das Geräusch aus dem Himmel kam. Innerhalb von Sekunden schwoll es zu einem ohrenbetäubenden Konzert an.

Hörcher lehnte sich aus dem Fenster und rief: „Fliegende Festungen, mindestens 50, nein, 100, 200, das hört gar nicht mehr auf …“ Seine Worte gingen im Lärm der Flugzeugmotoren unter.

Reimer hatte sofort die Scheinwerfer der Lokomotive verdunkelt, die ohnehin nur trübes Licht warfen. Ein Bomberverband zog über sie hinweg Richtung Galatz.

Schon blitzten Christbäume direkt über und hinter ihnen auf, gleißend wie Feuerwerk, in leuchtenden Dreiecken, abgeworfen vom Leitbomber. Die an Fallschirmen tanzenden Leuchtkerzen markierten die Ziele und wiesen der Flotte den Weg, die ihre Bombenschächte öffnete.

Reimer gab ein kurzes Signal, griff nach dem Regler und verringerte den Dampfdruck, mit der Steuerung reduzierte er die Füllung in den Zylindern, die Geschwindigkeit sackte ab, nun war der eiserne Konvoi nicht mehr schneller als ein Fußgänger.

„Und jetzt?“, fragte Hörcher.

Keine Antwort. Zur Anspannung gesellte sich im Führerstand die beißende Abwärme des Kessels. Die Männer fühlten sich wie in einem Dampfbad, in Sturzbächen lief ihnen der Schweiß von den Stirnen.

Bomben krepierten links und rechts der Gleise. Ihre Fahrt verlangsamte sich weiter, bis der Zug schließlich stehenblieb. Die Druckwellen schüttelten ihn durch wie Blechspielzeug, Schlammfontänen und Erdsäulen wurden emporgerissen und prasselten auf die Dächer der Waggons nieder. Franz spähte aus dem Fenster und zuckte zurück, war aber unfähig, seinen Blick abzuwenden: Der Hafen von Galatz, nur wenige Kilometer entfernt, versank im Bombenregen.

Der Horizont hatte sich rot gefärbt. Ein Flammenmeer loderte in den Nachthimmel.

Niemand sprach. Weit aufgerissene Augen.

Franz glaubte, durch den Rauch der eigenen Lok hindurch den Gestank der brennenden Stadt zu riechen. Er zog Hörcher am Ärmel, der in den Himmel zu den von Flakscheinwerfern erfassten Bombern starrte, übermannt von der Ohnmacht, dem zufälligen Flug der taumelnden Sprengkörper ausgeliefert zu sein. Hörcher erschrak, dann folgte sein Blick Franz' ausgestrecktem Arm, nach hinten, wo die Innenstadt von Galatz, in der sie vor wenigen Stunden noch BVZ-Wagen mit Verwundeten beladen hatten, gerade unterging.

Der Schwabe war blass geworden. Erstarrt murmelte er einige Worte, die Franz nicht verstand.

Die Einschläge entfernten sich. Das Dröhnen des Verbandes, der weiter Richtung Norden flog, nahm ab. Die Männer in der Lokomotive atmeten auf. „Wo kamen die her?“, flüsterte Hörcher in die Stille.

Franz zuckte mit den Achseln und musste sich räuspern, bevor er sprechen konnte: „Vielleicht aus Italien? Würde mich nicht wundern, wenn sie vorher in Ploiești waren und sich hier leergeschmissen haben.“

„Ich wurde schon oft bombardiert“, meinte Reimer nervös und wischte sich den rußigen Schweiß von der Stirn. „Meistens habe ich mich unter die Lokomotive verkrochen.“

„Und wenn der Kessel einen Treffer abbekommt?“, fragte Franz verwundert. „Dann wirst du doch darunter gekocht. Oder du liegst unter der Feuerbüchse, dann wirst du gegrillt.“

„Ich habe drei Heizer verloren, die das Gleiche gesagt haben. Sie wurden alle durch Granatsplitter getötet, während ich unter der Lok überlebt habe. Der Schutz von Gleisbett, Gleisen und Rädern ist gut."

Ahrens schaute durch das Fenster auf der Seite des Lokführers in den Führerstand hinein. „Das war knapp, nicht wahr?", grinste er. „Schwein gehabt. Die Gleise vor uns scheinen keinen Treffer abbekommen zu haben."

Franz blickte ihn düster an: „Ich fürchte, sie kommen wieder zurück. Was sollen sie bei den Russen? Die drehen eine Schleife und beschmeißen uns nochmal."

„Meinst du wirklich? Das wäre allerdings eine richtig große Scheiße. Hilft nur, schnell weiter und nichts wie weg." Ahrens verabschiedete sich, um wieder nach vorn zu seinem Posten zu laufen.

Franz schaute auf die Uhr. Kurz nach neun. Sie hatten für weniger als zehn Kilometer deutlich mehr als drei Stunden gebraucht. Ein Gesunder wäre zu Fuß schneller gewesen.

Reimer ließ den Zug anfahren. Er spähte nach vorn, auch wenn er eigentlich nichts sah. Sie mussten sich auf Ahrens verlassen. Die Beschädigung einer Weiche, nur eine zerstörte Schiene, all das konnte für den Zug und seine Insassen verhängnisvoll enden.

So fuhren sie im Kriechtempo dahin. Mittlerweile war es Mitternacht geworden.

Freitag, 25. August 1944

Zur Linken verschwanden die letzten Vororte von Galatz im Dunst der brennenden Stadt. Die vielen hundert Räder des Zuges ratterten über die Schienen, als erneut ein Summen einsetzte, das rasch lauter wurde. Diesmal kamen sie von hinten. Reimer fluchte: „Die Bomber schon wieder, verdammt!"

Er stoppte den Zug am Ende einer bewaldeten Rechtskurve direkt vor einer Gitterbrücke, die über den Fluss Sereth führte.

„Glück im Unglück“, wisperte Hörcher und Franz wusste, was er damit meinte. Auf der Brücke hätte der Zug wie auf einem Präsentierteller gestanden und trotz der Dunkelheit ein gut sichtbares Ziel abgegeben.

Dennoch: Die Büsche und Bäume links und rechts des Gleises taugten kaum als Sichtschutz – und schon rauschten erste Bomben in unmittelbarer Nähe des Zugs in die Erde und detonierten, Splitter flogen singend umher. Die Männer kauerten sich hinter die Stahlwände ihrer Lok. Doch der Großteil der Bombenlast hatte offensichtlich wieder Galatz gegolten. Was jetzt Leutnant Ansorge machte? War er noch immer im Zentrum der Stadt?

Franz schaute nach oben in den Nachthimmel und erkannte im Licht des Mondes die Silhouetten einiger Lockheed P-38 Lightning Doppelrumpfjäger, die den Angriff an den Flanken sicherten. Er begann zu beten.

Zehn Minuten dauerte der zweite Angriff. In drei Wellen flog der Bomberverband über sie hinweg. Dann wieder Stille.

Im Führerhaus herrschten jetzt Temperaturen von über 50 Grad. Die Männer sahen aus, als seien sie durchs Wasser gezogen worden.

Sie beratschlagten sich und beschlossen, mit der Weiterfahrt zu warten, bis sie die Brücke inspiziert hatten. Andler lief am Zug entlang und verständigte die Besatzungen der anderen Lokomotiven, während Ahrens und Hörcher mit der Unterstützung einer vorsichtig zum Einsatz gebrachten Taschenlampe auf und unter der Brücke umherkletterten und nach Schäden oder – noch schlimmer und nicht ausgeschlossen – Sprengfallen suchten. Franz kletterte ebenfalls vom Führerstand der Lok, um bei den Ärzten im Lazarettzug zu erfragen, wie die erste Etappe aus der Stadt heraus von den Verwundeten verkraftet worden war.

Die Tür zum Operationswagen war verschlossen, Franz musste anklopfen. Unterarzt Spanuth öffnete die Tür einen Spalt. Grelles Licht fiel aus dem Wagen. So schnell es ging und halb emporgezogen von Spanuth nahm Franz die Stufen nach oben. Die Fenster waren lichtdicht abgeklebt. Im Schein von Kerzen operierte Ross, assistiert von Spanuth, einen zerschmetterten Fuß. „Wir sind vor einer Brücke. Müssen wir inspizieren. Wir lassen uns eine halbe Stunde Zeit mit der Weiterfahrt“, erklärte Franz. „Alles in Ordnung hier?“

Ross nickte kurz, nahm aber den Blick nicht von seinen Instrumenten, mit denen er im Gewebe seines Patienten zugange war. Spanuth antwortete Franz: „Wir haben uns so was schon gedacht. Wir nutzen jeden Stillstand, um Operationen durchzuführen. Keine Schienenstöße, keine Erschütterungen. Während der Fahrt sind viele Eingriffe zu gefährlich. Eine heftige Bewegung und wir landen mit dem Skalpell in einem großen Blutgefäß. Dann verblutet uns der Patient auf dem Tisch.“

Hektisch klopfte es. Franz, der der Tür am nächsten stand, öffnete. Elsa Rudolph schaute in den Waggon hoch: „Spanuth soll schnell kommen! Und Verbandszeug mitnehmen! Hinten dreht ein Mann durch, wir müssen ihn ruhigstellen. Und können Sie auch mitkommen? Wir brauchen ein paar zusätzliche Hände.“

„Theo, du kommst zurecht?“, wandte sich Spanuth an Ross, während er eilig nach einer Tasche griff.

Ross nickte und Spanuth sprang aus dem Wagen. Elsa zog ihn hastig fort und Franz hatte Mühe, den beiden zu folgen.

Aus einem der BVZ-Wagen drangen irre Schreie. Feldkaplan Lorenz kniete auf den Unterarmen eines Mannes, der in der Mitte des Wagens lag, konvulsivisch zuckte und wild um sich trat. Alles war voller Blut. Franz sah, dass sich der Mann Stücke aus seinem Unterarm herausgebissen hatte. Er warf sich auf die Beine des Schreienden.

Schnell zog Spanuth eine Spritze auf: „Ich gebe ihm Luminal, eine Ampulle. Das ist ein Barbiturat, damit fällt er um wie ein Baum. Haltet ihn gut fest.“

Franz, Kaplan Lorenz und Schwester Elsa umklammerten schraubstockartig den unversehrten Arm. Routiniert fand Spanuth die Vene, stach die Spritze hinein und entleerte sie. Der Mann sackte zusammen.

„Wohl Schüttelneurose“, meinte Spanuth knapp, während er den Puls des Mannes fühlte. „Wie bei den Zitterern aus dem letzten

Krieg. Hirnschaden durch Dauerbeschuss. Da kann jede weitere Explosion die Leute durchdrehen lassen. Vor allem, wenn es keine Möglichkeit zur Flucht gibt."

Spanuth und Schwester Elsa begannen mit der Wundversorgung und Franz verließ den Wagen. Blass kehrte er zur ersten Lok zurück.

Auch Ahrens und Hörcher kletterten gerade in den Führerstand der 52 6733 zurück. „Sieht alles brauchbar aus", meinte Ahrens.

Hörcher nickte. „Jetzt muss uns die Brücke nur noch tragen. Franz, was ist? Du siehst furchtbar aus."

„War eben hinten bei Ross und Spanuth. Die haben alle Hände voll zu tun. Nichts für schwache Nerven. Aber geht schon wieder."

Reimer ließ den Zug anfahren. Er verließ den Schutz der Bäume und schob sich mit abgeblendetem Licht Meter für Meter auf die Brücke.

Hörcher schluckte und sah Franz an. Obgleich sie keine Sprengkörper oder offensichtliche Schäden gefunden hatten, war es dennoch vorstellbar, dass Partisanen die Brücke sabotiert hatten, um die letzten Entlastungswege der Deutschen zu kappen. Sie hatten während des jahrelangen Rückzugs oft erlebt, dass mit allem zu rechnen war.

Alle vier Männer hielten den Atem an. Ihre Lok stand nun mitten auf der Gitterbrücke. Die zweite Lokomotive dahinter folgte und schob ihre Nase über das Wasser des Sereth, als im Himmel wieder Blitze aufzuckten und das Dröhnen der Bomber ein drittes Mal zurückkam.

Reimer fluchte. Jetzt saß der Zug in der Falle.

Die Lokomotiven gaben ein prächtiges Ziel ab, dazu reichte in der wolkenlosen Nacht die Helligkeit der Sterne und der Mondsichel. Der gesamte Zug lag auf und vor der Brücke wehrlos wie eine gelähmte Schlange, die Wellen des Sereth warfen das Licht auf die Streben der Brücke. Ein Volltreffer könnte sie allesamt in den Fluss reißen.

Der Lärm wurde ohrenbetäubend, die Einschläge kamen näher als zuvor. Wasserfontänen stiegen links und rechts neben der Lokomotive in die Höhe, gewaltige Detonationen rissen Trichter in die

Flussauen. Schlamm prasselte auf die Waggons herab, die Druckwellen zerrten an den Trommelfellen.

Wieder dauerte der Angriff nicht lange, die Bomber hatten ihre letzten Bestände aus den Schächten geklinkt. Der Lärm der Flotte verebbte und die Detonationen lagen schon dem Zug weit voraus, als es einen gewaltigen Schlag direkt vor der ersten Lok gab, der die ganze Brücke in Schwingung versetzte und die Männer zu Boden gehen ließ. „Was war das?", schrie Hörcher. „Sind wir getroffen?"

Reimer, den die Erschütterung auf eines der Manometer geworfen hatte, hielt sich die Schulter. Er schüttelte den Kopf: „Wenn wir getroffen wären, würden wir uns diese Frage nicht mehr stellen. Aber die Brücke voraus wird einen Treffer abbekommen haben. Das war's dann wohl."

„Wir schauen sofort nach", sagte Franz und griff nach seiner Taschenlampe, „vielleicht können wir es reparieren. Und hoffentlich ist Ahrens nichts geschehen." Er öffnete die Tür des Führerstands, Hörcher folgte ihm.

Noch immer bewegte sich die Brücke in sanfter werdenden Schwingungen. Das Holz der Schwellen war schlüpfrig. Franz, dem Standfestigkeit fehlte, wäre beinahe ausgerutscht. Am Kessel der Lokomotive vorbei schritten sie nach vorn.

In einiger Entfernung sahen sie Bewegung auf der Brücke. Ahrens, der sie hektisch zu sich winkte. Er zeigte auf etwas und rief: „Das müsst ihr sehen! Das glaubt ihr niemals!"

Franz und Hörcher liefen von Schwelle zu Schwelle und traten zu dem Gefreiten, der auf ein Loch zu seinen Füßen wies, mitten in der Brücke. Ein Blindgänger, keine 50 Meter von der ersten Lok des Zugs entfernt. Die Bombe war in Längsrichtung exakt zwischen den Schienen aufgeschlagen, wo sie zwei der hölzernen Schwellen durchbrochen hatte. Nun hing sie verbogen und qualmend mit einem ihrer Leitwerke an einem Eisenträger direkt unterhalb der Schwellen, ungefähr zehn Meter über dem Fluss.

Ahrens, Hörcher und Franz starrten das Monstrum ungläubig an, das aus einer Fügung heraus auf eine Detonation verzichtet hatte.

Hörcher fand als Erster seine Sprache wieder: „Eine Sprengbombe ohne Sprengung. Unglaublich."

„Dass sie die Schienen nicht getroffen hat, ist ein Wunder", meinte Ahrens trocken und schüttelte den Kopf.

„Sicherlich 150 Kilogramm oder mehr", nickte Franz. „Ein Gruß aus England." Er zeigte auf den Union Jack und die Kreidebuchstaben, die die Bombe schmückten: *To Fritz, with kind regards* stand darauf.

Noch immer schüttelte Ahrens den Kopf: „Ich wäre vor Schreck fast von der Lok gefallen. Mit Sicherheit ein Aufschlagzünder. Dass sie nicht explodiert ist, ist ein Zeichen des Himmels."

„Was tun wir? Weiterfahren? Die Gleise selbst scheinen intakt zu sein und die Bombe befindet sich unterhalb unseres Zugs", überlegte Hörcher.

Der Rauch, der aus der Bombe stieg, stank nach Metall und Ozon.

„Wir müssen schleunigst weg von hier", meinte Franz. „Lasst uns darüber wegfahren. Vielleicht haben wir unser Glück noch nicht ganz aufgebraucht."

Ahrens blickte skeptisch auf den Blindgänger: „Und wenn die Bombe durch die Erschütterungen bei der Überfahrt doch noch hochgeht?"

Schweigend standen die Männer vor dem Loch und schauten auf den Metallkörper. Wenn er jetzt detonieren würde – zwei Drähte, die doch noch zueinander fanden, zwei Kontakte, die nur ein Hauch von Korrosion trennte –, dann bliebe von ihnen nur noch Staub übrig, ein roter Film auf einigen Brückenstücken, das war ihnen sehr bewusst.

Plötzlich trat Ahrens einen Schritt nach vorn. Er setzte sich auf den Rand der geborstenen Schwelle und ehe Franz und Hörcher einschreiten konnten, trat er kräftig gegen den Blindgänger – ein Mal, ein zweites, ein drittes Mal –, der schließlich von der ihn haltenden Kante abrutschte und wie ein fetter Findling in den Sereth plumpste.

Hörcher und Franz beobachteten es atemlos. Wenn die Granate unter Wasser explodierte, würde sie mit Sicherheit den Brückenpfeiler umreißen.

Aus dem Wasser stieg noch eine dünne Rauchfahne, die bald erlosch. Ahrens blieb zusammengesackt auf der Schwelle sitzen.

Die beiden Offiziere halfen ihm auf. Franz sah, dass der Gefreite aschgrau im Gesicht geworden war. Er gab Hörcher einen Wink und der griff fester zu, führte Ahrens die ersten Schritte zurück auf den Schwellen.

Franz schenkte der Stelle, an der die Bombe im Fluss versunken war, einen letzten Blick und sagte mit brüchiger Stimme: „Lasst uns weiterfahren."

Im Kriechtempo schob sich der Zug über den Sereth. Die Brücke hielt.

Dahinter tauschten sie das Elend der am Horizont brennenden Stadt gegen dichten Wald ein, der nach Kiefernnadeln, feuchtem Laub und Morcheln duftete. Der Zug fuhr mit halb verdunkelten Hauptscheinwerfern in den Schutz der Bäume hinein. Ruhe schien einzukehren.

In den Waggons paarten sich Stöhnen und Aufatmen, während sich der Wald für wenige Kilometer lichtete und der Zug bedächtig durch Weizenfelder stampfte. Aufgeschreckte Rehe setzten im Kegel der schwachen Zugbeleuchtung über die Schienen hinweg.

Auf der rechten Seite des Gleises kündeten Lichter eine nahende Ortschaft an. Reimer verlangsamte die Fahrt auf ein zügiges Schritttempo und zeigte auf den Streckenplan, den er mit Metallklemmen oberhalb der Steuerung und unterhalb der Druckmanometer fixiert hatte. „Hinter dem Sereth. Dürfte Vădeni sein. Wohl eher ein kleines Nest."

Franz reckte den Kopf, um durch das Fenster an Reimer vorbei etwas zu erkennen. Eine Ansammlung niedriger Steinhäuser mit Blechdächern. Umrahmt von Stallungen, Beeten und Schuppen. Die Grundstücke waren von Zäunen umgrenzt, die bis zum Bahndamm reichten. Hunde schlugen an, einige Türen der Häuser öffneten sich. Bewohner, überrascht durch den Zug, wurden als schwarze Silhouetten in gelben Türöffnungen sichtbar, die sich schnell wieder schlossen. Lichter erloschen.

Der Abstand zu den Häusern vergrößerte sich. Doch dann rückten die Bauten wieder vor, immer dichter ans Gleis heran. Industriehöfe schlossen sich an. Als sie den Ortsausgang erreichten und einige verfallene Gebäude passierten, fielen plötzlich Schüsse. Schnelles Feuer, auch in einzelnen Schüssen, MGs vermutlich, von links und rechts vorn.

Ahrens erwiderte das Feuer und rotzte Garben in die Fensterhöhlen der Ruinen, wo Mündungsfeuer aufblitzte. Er schien getroffen zu haben, denn Franz hörte Fetzen von schmerzgepeinigten Rufen in nächster Nähe und das rechte MG verstummte. Die Projektile des verbliebenen Schützen prasselten weiterhin vorn auf die Rauchkammer.

Zur Linken wurde weiteres Mündungsfeuer sichtbar. Von der Seite schossen Blitze in die Drehgestelle: Leuchtspurgeschosse. Andler fluchte. Die darin enthaltenen Brandsätze aus Magnesium oder Phosphor konnten an empfindlicheren Bauteilen der Lokomotive durchaus Schaden anrichten. Auch Ahrens stieß nun einen lauten Schrei aus, Querschläger pfiffen umher. Mit einem Mal gab es eine helle Explosion und der Beschuss von der linken Seite verstummte.

Alle im Führerstand hatten sich nach dem Knall sofort weggeduckt. Von Ahrens nichts mehr zu hören.

Die Eisenbahner kauerten unter den Fenstern – Franz und Hörcher lagen auf dem Kupplungsblech des Tenders, während der Zug mit geringer Dampfzufuhr seinem Weg folgte. Durch Spählöcher rechts und links des Kessels versuchten sie, draußen etwas zu erkennen. Schwarze Baumschatten zogen an ihnen vorbei. Dann wieder Felder. Sie hatten Vădeni passiert.

Zur großen Erleichterung der Männer kletterte Ahrens in den Führerstand. Er hielt sich den Oberarm, der stark blutete. „Ein Streifschuss, direkt nach dem Wurf der Handgranate, Glück gehabt", grinste er. „Das hätte böse ausgehen können."

Hörcher hatte einen Kasten mit medizinischer Notfallausstattung bei der Hand und winkte ihn zu sich, um ihm einen Verband anzulegen.

Die Gleise wurden schlechter. Schienenstöße ließen den Zug, der seine Fahrt verlangsamen musste, hüpfen. Andler mühte sich nach Leibeskräften um das Kesselfeuer, während Reimer seine ganze Kunst und Erfahrung anwandte, um mit minimaler Füllung zu fahren. Wer wusste schon, wann sie wieder Kohlen fassen könnten? Franz lag erschöpft im Eck des Führerstands und tauchte gelegentlich in fiebrige Schlafphasen ab.

Ein Traum – er führt ihn in eine seiner Vorlesungen, die er an der Fakultät für Maschineningenieurwesen der Technischen Universität München besucht hat, Grundstudium, Professor Kaufmann vermittelt elementare Erkenntnisse der technischen Mechanik, insbesondere der Kinetik, Besonderheiten von Dynamik und Statik, Kräfte, die auf Körper im Raum einwirken, der zweite Hauptsatz der Thermodynamik und Newton'sche Axiome, der Hörsaal ist voll besetzt, in steilen Sitzreihen drängen sich die Studenten hintereinander und niemand hört wirklich zu, doch dann führt Professor Kaufmann eine Frau herein, die vollkommen nackt ist, eine schöne Frau mit schlanken Beinen, schmaler Taille und vollendeten Brüsten, und nun schauen alle Studenten feixend nach vorn, einer steht gar auf, um das Mädchen zu küssen, und Franz spürt, dass es ein Fehler sein könnte, er warnt laut, sodass ihn alle auslachen, doch als sich die Lippen berühren, explodiert die Frau, einfach so, von innen, in einer lautlosen Detonation, und sie zerfällt in spritzendes Metall, das gezackt und glühend über die Hörsaalreihen fegt und Köpfe abtrennt, ein Splitter fliegt auf ihn zu, er will ihm ausweichen, doch der Splitter ahnt jede seiner Bewegungen und vollzieht sie nach, sodass ein Entrinnen unmöglich ist, und als er auf die Idee kommt, sich unter dem Katheder zu verstecken, hält der Splitter in der Luft inne, groß wie eine Faust, borstig wie ein Seeigel, so, wie er sie einmal in der Südsee beim Tauchen vor Celebes gesehen hat, und der Splitter folgt ihm und dringt in seinen Rücken ein, zerfetzt seine Lungen, sodass er schon nicht mehr schreien kann – Franz erwachte wild zuckend.

Hörcher legte ihm beruhigend die Hand auf die Schulter.

„Wie lange war ich weg?“

„Nicht lange."

„Wo sind wir?"

„Wir durchfahren gerade Brăila."

„Tatsächlich?" Franz rappelte sich auf und schaute aus dem Fenster. Schwarz zogen die Vororte der größeren Kreisstadt an ihnen vorbei. Der Zug schlich zwischen zweigeschossigen Häuserblöcken hindurch. Das Rumpeln über den Schienenstößen verwarf sich als Echo in den Gassen. Links des Gleises breitete sich symmetrisch abfallend die Stadt wie ein Amphitheater aus. Manchmal sah Franz zwischen den Häusern die Donau schimmern, auf dem Wasser des breiten Stroms blinkte das Mondlicht. Er rieb sich die brennenden Augen und schaute auf die Uhr. Halb zwei am Morgen. Die Straßenlaternen brannten trübe. Gelegentlich tuckerten Fahrzeuge mit fast vollständig abgeklebten Scheinwerfern durch die Straßen. Alle Fenster verdunkelt. Alles wie ausgestorben.

„Ausgangssperre", flüsterte Andler. „Da traut sich keiner raus. Wer weiß, was die Rumänen erwartet …"

Reimer nickte: „Wir sind bald wieder raus aus Brăila. Wir müssen schauen, dass wir Kohle bekommen, in Galatz waren die Bunker ziemlich leer. Im Streckenbuch steht, dass stadtauswärts im Süden Kohlenbunker kommen. Dort sollten wir halten."

„Einverstanden", nickte Franz, „Halt hinter Brăila. Wir können froh sein, dass wir so ungestört durchrollen."

Sie erreichten den Stadtrand. Die Bebauung lichtete sich. Franz erhaschte einen Blick auf ein Ortsschild unter einer blakenden Laterne. Lacu Dulce. Zur Linken schloss sich ein ausgedehntes Waldstück an.

Wenig später begann Reimer zu bremsen und der Zug rollte durch einen kleinen Vorstadtbahnhof, der aus einem Hauptgebäude, wenigen Häusern, Schuppen und einigen Gleisen bestand. Alles lag im Dunkeln. Ein umgekippter Wasserturm war auf das Nebengleis gestürzt. Reimer zeigte darauf: „Das gefällt mir nicht."

Eine Eule strich von einem verrosteten Signalmast ab und verschwand zwischen den Bäumen. In einer Halle, die von einem Volltreffer zerstört worden war, war eine zerborstene Lokomotive zu erkennen. Die Fenster und Türen des Bahnhofsgebäudes waren mit Brettern zugenagelt, die Gleisanlagen zugewuchert. Hier hatte schon lange kein Zug mehr gehalten.

Mit einem unguten Gefühl kamen sie vor einigen Kohlebansen zum Stehen. Als Franz und Hörcher, dicht gefolgt von Reimer und Andler, ausstiegen und sich umschauten, bestätigten sich ihre Vermutungen. Der Wasserturm war bewusst gesprengt worden, alle Leitungen waren versiegt. Dann entdeckten sie einen Brunnen. Doch man hatte ihn mit Sand zugeschüttet.

Die Besatzungen der anderen Lokomotiven waren ebenfalls ausgestiegen. Spanuth und Schwester Elsa suchten Franz und Hörcher auf. Sie waren schwer enttäuscht, als sie erfuhren, dass es hier kein Wasser geben würde, weder für die Lokomotiven noch für die Insassen des Zugs. „Unsere Verwundeten brauchen dringend etwas zu trinken! Was ist, wenn jetzt alle Zugänge sabotiert sind?" Frustriert begaben sie sich zu ihren Waggons zurück.

Die Bansen waren nahezu leer. Sie entdeckten lediglich einige Haldenreste. Andler nahm einen der dort verstreuten Brocken geringschätzig in die Hand: „Braunkohle, reinster Kosakenkies."

„Was ist damit?", fragte Hörcher.

„Braunkohle ist minderwertig, voller Wasser. Bessere Blumenerde. Man muss viel mehr schippen, um annähernd die Leistung von Steinkohle zu erreichen. Außerdem ist sie weicher. Gibt viel Abrieb. Wenn man nicht aufpasst, verstopft der Rost. Dann bleibt uns die Luft weg. Und ohne Luft kein Dampf." Reimer, der neben ihm stand, nickte: „Es gibt noch einen anderen Nachteil."

„Welchen?", fragte Hörcher.

„Braunkohle sorgt für starken Funkenflug. Vor allem nachts ist das gefährlich, weil wir aussehen, als würden wir Glühwürmchen spucken. Flugzeuge können uns viel besser ausmachen."

Andler roch an dem Brocken und hielt ihn Franz unter die Nase: „Riechst du was?"

Franz schnupperte: „Kohle, was sonst?"

Auch Hörcher näherte sich mit seiner Nase und zuckte mit den Achseln. Reimer roch ebenfalls daran, wie ein Weinkenner bei der Probe: „Hoher Schwefelanteil."

Andler nickte: „Schwefel greift Metalle und vor allem Kupfer an. Gut, dass unsere Feuerbüchsen aus Stahl sind."

„Ist das nicht alles ziemlich egal? Kohle ist Kohle, oder?"

Reimer schüttelte den Kopf: „Das ist so, als würdest du einem Künstler sagen, alle Farben seien gleich."

„Steinkohle aus dem Ruhrgebiet bildet auf dem Rost große Kuchen, die nur an den Rändern hell brennen. Man muss sie mit dem Feuerhaken durchreißen." Andler drehte den Brocken in der Hand. „Saarkohle brennt schwerer an als polnische Kohle. Mit Zwickauer Kohle kann ich ein Flachfeuer anlegen, mit westfälischer Kohle geht das gar nicht." Er warf den Brocken zurück: „Also los. In der Not frisst der Teufel Fliegen. Mit einem toten Feuerbett wird es gehen."

„Was ist das? Ein erloschenes Feuer?", fragte Franz.

„Nein, das ist eine Schicht aus Steinen direkt auf dem Rost. Sie verhindert, dass uns die zerfallende Braunkohle die Luft nimmt."

Reimer nickte versonnen: „Am besten ist dafür natürlich Basaltschotter aus Thüringen."

„Wir nehmen die Steinkohlenschlacke in der Feuerbüchse. Wenn ich sie zerschlage, kann ich sie auf dem Rost verteilen."

Hörcher war erstaunt. Dem jungen Schwaben war die Komplexität im Innern einer Dampflokomotive nicht bewusst gewesen, die Erfahrung der Eisenbahner beeindruckte ihn immer mehr.

Sie klaubten an Kohlen auf, was sie finden konnten, auch die Mannschaften der anderen Lokomotiven versorgten sich, so gut es ging, dann fuhren sie weiter. Hörcher und Franz starrten angestrengt in den vorbeihuschenden Wald. Obwohl es auf fünf Uhr zuging und jeder von ihnen bestenfalls einige Minuten vor sich hingedämmert hatte, verspürte keiner der beiden Müdigkeit.

Jedes Mal, wenn Andler die Feuertür öffnete, entstand ein roter Baldachin aus Dampf, extreme Hitze verbreitend. Der Rauchfang spie spanischen Nebel. Alle Männer wurden von Durst geplagt, doch niemand beklagte sich. Das noch verbliebene Wasser wurde für die Versorgung der Verwundeten gebraucht und natürlich auch, um die Lokomotiven unter Dampf zu halten. Rosa färbte sich der Himmel im Osten.

Um kurz vor halb sieben fiel erstes Sonnenlicht in ihr Führerhaus und ließ die Schienen vor ihnen gleißen. Das Wassermanometer des Tenders zeigte nur noch wenige Kubikmeter, der Kohlenberg im Tender schmolz stetig. Auch in den anderen Tendern leerten sich die Bestände. Kein weiterer Bahnhof kam in Sicht.

Gegen neun Uhr hielt Reimer inmitten eines Mischwäldchens über einer Brücke, unter der ein Bach floss. Die Männer bildeten Ketten, um mit Eimern so viel Wasser wie möglich zu schöpfen und in die Tender zu schütten. Reimer verteilte außerdem einige Äxte und Sägen an die kräftigsten Soldaten: „Da wir nicht mehr genug Kohlen haben, müssen wir Bäume schlagen, um sie zu verfeuern."

Die Männer zogen los, um nach geeigneten Stämmen zu suchen, Andler rief ihnen hinterher: „Nehmt Erlen und Birken, die sind trockener. Auf keinen Fall Nadelbäume, zu viel Harz!"

Zwei Dutzend Bäume wurden in Gleisnähe gefällt, zu Meterstücken gesägt und in die Tender geworfen. Die Stunden dehnten sich, die Arbeit war hart und die Männer wurden von Mückenschwärmen geplagt. Dann konnten sie endlich weiterfahren.

Andler warf einen Blick auf das Kesselmanometer und warnte Reimer: „Wir müssen aufpassen, dass das Wasser nicht überreißt."

Franz beugte sich nach vorn und schaute ebenfalls auf die Anzeige: „Was bedeutet das?"

„Im Spätsommer und im Herbst sind die Wasserstände von Seen und Flüssen niedriger. Dadurch ist der Salzanteil höher. Wenn das Wasser zu salzig ist, kann die Wasseroberfläche im Kessel durch Dampfblasen aufreißen."

„Und dann?"

„Dann gute Nacht, Marie. Das Wasser beginnt zu schäumen. Manchmal kann schon das Öffnen der Feuertür zum Überreißen führen. Die Überhitzerelemente können reißen. Es gibt einen Wasserschlag, der Kolben und Zylinder zerstören kann. Dann ist unsere Reise beendet."

„Das wäre nicht gut."

„Nein, das wäre nicht gut."

Gegen 14 Uhr näherte sich der Zug dem Bahnhof eines kleinen Ortes, der menschenverlassen und still in der Hitze des Nachmittags lag. Eine von Efeu überzogene Eisenbahnstation mit lediglich zwei Gleisen. Ein Schild über dem ersten Gleis verkündete den Namen der Station: Făurei.

Reimer brachte den Zug zum Halt. Dampf entwich den Bremsen.

Vor dem Bahnhof stand im Schatten eines Vordaches eine Holzbank, auf der ein Mann lag. Sein Kopf war seitlich nach hinten gefallen, sein linker Arm hing von der Bank herab. Er zeigte keine Reaktion, als der Zug kaum mehr als 20 Meter neben ihm stoppte.

Hörcher und Franz griffen nach ihren Pistolen und suchten aus den Fenstern heraus die Böschung des Waldrandes ab. Dort war nichts Ungewöhnliches zu erkennen. Alles ruhig. Die Offiziere verließen das Führerhaus, nach allen Seiten sichernd. Sie überquerten das andere Gleis, auf dem, direkt vor dem Bahnhof, eine altmodische Handhebeldraisine abgestellt war, traten unter das Vordach des Bahnhofs und näherten sich dem Leblosen bis auf wenige Meter. Der Mann trug die Uniform eines Fahrdienstleiters.

„Lange kann er noch nicht –", begann Franz.

„Psst!", machte Hörcher und grinste. „Hörst du das?"

Jetzt nahm auch Franz ein Geräusch wahr, das er in dieser Situation am wenigsten erwartet hätte. Er konnte nicht anders als laut loszulachen. Hörcher stimmte mit ein. Sie steckten ihre Pistolen weg.

Der Mann, der verrenkt wie ein im Schlaf Exekutierter auf der Bank lag, war nicht tot. Er schnarchte.

Dem Lokführer Reimer war es tatsächlich gelungen, seinen kilometerlangen Zug zum Stehen zu bringen, ohne dabei den Diensthabenden des Bahnhofs bei seinem Nickerchen zu stören. Auch das Gelächter holte den Mann nicht aus seinen Träumen. Schließlich rüttelte Hörcher ihn sanft an der Schulter. Dann kräftig.

Der Fahrdienstleiter fuhr hoch. Erschrocken rutschte er von der Bank, als er die deutschen Soldaten vor sich sah. Erst als er verstand, dass ihm keine Gefahr drohte, fasste er sich. Er sprach sehr gut Deutsch, offenbar ein Rumäniendeutscher. Hörcher bot dem Mann eine Zigarette an, die dieser gerne annahm. Franz gab ihm dazu Streichhölzer.

Nach einigen Zügen genussvollen Inhalierens realisierte der Eisenbahner schließlich, dass in seinem Bahnhof am Ende der Welt ein Koloss von einem Lazarettzug stand. Entgeistert fragte er Franz und Hörcher: „Einen so langen Zug habe ich hier noch nie gesehen – wie seid ihr mit diesem Riesen nur hierher gekommen?"

„Auf den Schienen. Wie sonst?"

„Ich dachte, die Gleise seien längst zerstört."

„Wir haben Glück gehabt."

„Wie viele Leute seid ihr?"

„1.600, zumeist Verwundete."

„Und woher kommt ihr?"

„Aus Galatz."

Der Fahrdienstleiter pfiff ungläubig: „Aus Galatz? Waren unterwegs keine Sprengungen? Keine Minen? Das ist doch kaum möglich. Ihr habt wirklich mehr Glück als Verstand. Die Rote Armee ist schon überall. Und die Front liegt keine 15 Kilometer voraus, soweit ich weiß."

„Die Russen sind voraus? Bist du sicher?"

„Ziemlich sicher." Der Fahrdienstleiter machte eine vage Handbewegung. „Die Lage wechselt täglich. Im einen Moment ist es ruhig. Im nächsten Moment sind 100 Russen da. Noch vor ein paar Stunden gab es heftige Gefechte Richtung Westen. Schwere Artillerie. Und auf der anderen Seite der Donau hat man Dutzende von Panzern gesichtet. Nicht weit von hier."

„Dann müssen wir uns beeilen. Wo ist eure Kohlenstation?", fragte Franz.

Der Mann hob bedauernd die Hände: „Ich habe nichts mehr hier. Hier hält seit Ewigkeiten kein Zug mehr. Ihr müsst noch etwas durchhalten. In 65 Kilometern erreicht ihr den Bahnhof Urziceni, auch Schönthal genannt. Am Ausgang des Waldes, am Ende eines Gefälles. Ihr müsst langsam fahren und vorsichtig sein. Die Strecke ist bestimmt vermint. In Urziceni bekommt ihr Kohlen und Wasser."

„In Ordnung. Wir fahren sofort weiter."

„Da ist noch etwas." Der Fahrdienstleiter schaute Franz eindringlich in die Augen: „Passt auf in Urziceni. Dort ist viel Betrieb. Viel Gesindel. Kommt mit in mein Büro. Ich zeige euch die Strecke und die Umgebung auf meinen Karten."

„Gerne, einverstanden. Ich hole unseren Lokführer dazu", nickte Franz. Er winkte Reimer herbei, der sich ihnen umgehend anschloss.

Sie folgten dem Fahrdienstleiter ins Innere des Bahnhofs, durch einen Warteraum voll verstaubter Regale und durcheinander geworfenem Mobiliar. Dahinter befand sich das Büro des Eisenbahners, der dort sogleich sein Kartenmaterial auf dem Tisch ausbreitete. Er zeigte ihnen, welcher Weg vor ihnen lag, und sie spekulierten, wo die Hauptkampflinie zurzeit verlaufen müsste. Der Fahrdienstleiter warnte sie noch einmal eindringlich vor der Situation in Urziceni: „Die Lage ist unübersichtlich und gefährlich. Rumänen und Deutsche sind jetzt Feinde. Viele haben die Stadt wegen der Roten Armee verlassen. Angst vor den Russen, alte Verbundenheit mit den Deutschen – das macht alles nur noch unberechenbarer. Jeder versucht, seine Haut zu retten."

Der Mann betonte, dass Ploieşti hart umkämpft sei. Ein Drittel der Bevölkerung dort sei bereits tot. Die Stadt, die an den größten Ölfeldern Europas lag, sei kurz davor, an die Russen zu fallen. Es sei nur noch eine Frage von wenigen Tagen. „Seit Wochen wird Ploieşti angegriffen. Aus der Luft. US Air Force. Und die Engländer."

Franz, Reimer und Hörcher war klar, warum. In Ploieşti wurde das Benzin für die deutschen Flugzeuge und Panzer produziert. Die Energiequelle war umso wichtiger geworden, seit die Treibstoffgewinnung in den Hydrierwerken des Reichsgebiets durch die fortgesetzten Bombardierungen großen Schaden genommen hatte. Im Raum von Dürnrohr und Zistersdorf, auch in Ungarn gab es noch einige letzte Erdölreservoirs, doch allein daraus konnte der Energiehunger der deutschen Armeen längst nicht mehr gestillt werden.

Reimer tippte mit dem Finger auf die Karte, die der Fahrdienstleiter mit seinem rechten Unterarm fixierte: „Unser Gleis geht genau an Ploieşti vorbei."

Franz nickte: „Wir werden noch einmal so viel Glück brauchen wie auf der Brücke über den Sereth. Und wir sollten unseren Zug noch deutlicher als Lazarettzug kennzeichnen."

Plötzlich wurden die Türen des Bahnhofs aufgerissen. Der Lärm schwerer Stiefel und die Schreie von Soldaten. Franz, Hörcher, Reimer und der Fahrdienstleiter starrten durch die Glasscheibe des Büros in die kleine Vorhalle. Doch der Schreckmoment währte nur kurz, denn die mit Zweigen, Grasbüscheln und erdbraunen Gesichtern getarnten Männer waren Deutsche. Von der Straßenseite des Bahnhofs aus quollen sie in das Gebäude, Dutzende, alle mit den Kragenspiegeln der Jäger. Sie nahmen gar keine Notiz von den Männern im Büro, sondern rannten hinaus auf den Bahnsteig und bejubelten den Zug.

Der Strom der Soldaten riss nicht ab. Franz schätzte, dass es wohl an die 150 sein mussten, während Hörcher und er nach draußen und den Jägern hinterher liefen. Ein Leutnant mit einem halben Gebüsch um die Schultern erblickte sie überrascht. Er trat auf Franz und Hörcher zu und machte Meldung: „Leutnant Schmidt, Regiment 38 der 8. Jäger-Division. Wir sind die Reste des 2. und 4. Bataillons."

„Wie kommen Sie hierher, Leutnant Schmidt?", fragte Franz.

„Wir waren dem 17. Korps der 8. Armee unterstellt. Aber von der 8. Armee ist nicht mehr viel übrig geblieben. Wir haben fünf Tage schwerster Kämpfe hinter uns, sollten eigentlich die Pässe und Gebirgsstraßen am Ostrand der Karpaten sichern. Aber die Rote Armee hat mit Macht von Norden aus Jassy reingedrückt. Auch bei Kischinew soll es furchtbar sein. Riesiger Kessel. Die Russen waren uns in jeder Hinsicht überlegen und sind mit großen Panzerverbänden vorgerückt. Wir hatten nichts, um sie aufzuhalten, unsere Leute sind krepiert wie die Fliegen." Er wies auf die Männer um sich:

„Unsere Kompanien haben nur noch Gruppenstärke. – Die Russen haben uns mit schwerer Artillerie beharkt. Unser Gefechtsstand bekam einen Volltreffer und wir wurden vom Stab abgeschnitten. Da haben wir uns Richtung Südwesten orientiert, in der Hoffnung, auf weitere Reste der 8. Armee zu treffen. Über Adjud und Focşani sind wir durchmarschiert, drei Tage und Nächte. Wir stießen auf die Gleise und bald auf den Bahnhof. Stehen Sie dem Lazarettzug vor?"

Franz nickte: „Leutnant Hörcher kommt aus einer Aufklärungsabteilung der 5. Division. Ich selbst bin aus der Stabskompanie des Regiments 207 der Spielhahnjäger-Division. Wir führen diesen Transport, sind vor Kurzem in Galatz aufgebrochen. Haben Sie Kenntnis von der Lage rund um Ploieşti?"

„Leider nein. Aber ich wette, dass dort massive russische Verbände mit schwerer Artillerie in Stellung gebracht worden sind. Wer die Ölfelder kontrolliert, kontrolliert die Panzer. Und wer die Panzer kontrolliert, kontrolliert die Front."

„Sobald wir in Urziceni Kohlen und Wasser gefasst haben, werden wir versuchen, Ploieşti zu erreichen, um von dort aus über die Karpaten zu kommen. Wollen Sie uns begleiten und Geleitschutz geben?"

„Selbstverständlich", nickte Schmidt und salutierte, „etwas Besseres kann meinen Leuten und mir gar nicht passieren!"

„Uns auch nicht", antwortete Hörcher. „Wir können Bewaffnung gebrauchen." An Franz und Reimer gewandt sagte er: „Wenn es in Urziceni schwierig werden könnte, ist es vielleicht besser, nur mit der ersten Lok dorthin vorzufahren? Am besten gut bewaffnet mit einem Haufen Jäger, dann können wir vor Ort die Lage klären."

„Gute Idee", stimmte Franz zu. „Was denkst du, Walter?"

Reimer nickte: „Eine Lok reicht. So gefährden wir nicht den ganzen Zug. Außerdem sind wir dann schneller dort. Nicht, dass die uns schon wieder vorher die Wassertürme umschmeißen."

„Hätte auch den Vorteil, dass Ross und Spanuth mal längere Zeit ungestört operieren können", meinte Hörcher. „Du hast ja gesagt, dass die beiden viel zu tun haben, Franz."

Der schaute auf die Uhr. „Jetzt haben wir es 14 Uhr 30. 65 Kilometer bis Urziceni. Abkuppeln, Jäger verteilen, abstimmen mit den anderen Besatzungen, den Ärzten und den Schwestern. Um spätestens 16 Uhr Aufbruch, damit wir noch im Hellen ankommen?"

Die Umstehenden nickten und Franz fuhr fort: „Leutnant Schmidt, wir brauchen vier ihrer ausgeruhtesten Männer, die sofort aufbrechen und unsere Strecke nach Minen absuchen. An jeder Schiene zwei Mann, am besten im Laufschritt. Einer schaut aufs Gleis, der andere sichert voraus und in den Wald. Je weiter sie kommen, umso besser. Wir sammeln sie unterwegs ein, bis dahin können wir dann bei geprüfter Strecke schneller fahren."

„Wird gemacht."

„Warum nehmt ihr dafür nicht meine Draisine?", fragte der Fahrdienstleiter und zeigte auf das Nebengleis, auf dem das wenig Vertrauen erweckende Gerät stand.

„Die Draisine?", wunderte sich Franz und spähte hinüber: eine uralt aussehende Konstruktion aus zwei rostigen Achsen, darauf eine etwas ausgefranste Holzplattform und eine Art Handwippe, die als Antrieb dienen sollte. „Ich dachte, die ist kaputt. Funktioniert sie noch?"

„Natürlich!", sagte der Fahrdienstleiter, fast schon beleidigt. „Damit mache ich meine Streckenwartung und Versorgungsfahrten. Ist alles bestens geschmiert, gleitet wie eine Katze. Und die Bremse ist stark. Ihr kommt sofort zum Halt, wenn am Gleis etwas nicht stimmt. Damit sind eure Leute doppelt so schnell unterwegs. Wenn euer Zug von hinten nachkommt, könnt ihr sie vom Gleis heben. Mit einigen Mann kein Problem. Die Draisine ist leicht."

„Wunderbar! Dann nehmen wie sie gerne", stimmte Franz mit leuchtenden Augen zu.

„Wie kriegst du sie wieder, wenn wir sie unterwegs vom Gleis nehmen?", wollte Hörcher wissen.

Der Fahrdienstleiter winkte ab: „Ich finde schon eine Lösung, lasst das meine Sorge sein."

„Walter, du besprichst dich also mit Bernhard, Lege und den anderen Lokbesatzungen, dann kuppelt ihr ab. Und Günther, wir sagen jetzt den Ärzten Bescheid."

Die Männer gingen auseinander. Leutnant Schmidt ließ sich kurz die Funktion der Draisine erklären und beeilte sich dann, seine Leute zu instruieren. Reimer begab sich zu den Lokomotiven, Franz und Hörcher suchten die Ärzte auf. Die Tür zum Operationswaggon stand offen. Sie kletterten hinein. Ross beugte sich gerade über einen älteren Soldaten, der mit Kopfverband und nacktem Bauch auf dem Tisch lag. Statt Elsa Rudolph assistierte ihm heute eine Schwester namens Marie, ein hübsches Mädchen aus Gotha, kaum älter als 25 Jahre. Spanuth saß am Schreibtisch und wühlte in Papieren. Er schien Berichte zu schreiben, vor ihm schwankte ein Stapel aus Akten und Mappen bedenklich.

Ross schaute kurz hinüber zu Franz und Hörcher und zeigte dann auf seinen Patienten: „Akutes Abdomen, seit einem halben Tag, mit Fieber. Wurde gerade hier rübergebracht, kann kaum noch laufen." Er drückte seine Finger langsam in den rechten Unterbauch des Mannes, der sein Gesicht verzog und ächzte. Ross nickte und murmelte etwas von „Abwehrspannung". Dann ließ er seine Hand abrupt zurückschnellen. Der Patient stöhnte auf.

„Was tut mehr weh, Drücken oder Loslassen?", fragte Ross.

„Loslassen", japste der Mann vor Schmerz.

Ross nickte befriedigt: „Blinddarm. Tatsächlich. Wie schön – endlich mal eine echte Friedenskrankheit." Der Stabsarzt tätschelte den Mann am Oberarm. „Das Ding muss raus. Aber keine Angst, das dauert nur 20 Minuten. Vielleicht ist Ihnen danach etwas übel. Das ist die Narkose, das geht vorbei. Schwester Marie, bereiten Sie alles vor?"

Die Krankenschwester nickte. Mit routinierten Griffen holte sie aus dem Schrank eine Mundnasenmaske, Mull, ein Skalpell, eine Tropfflasche und Äther.

„Was gibt es Neues?", fragte Ross die beiden Offiziere.

„Wir kuppeln die erste Lok ab und fahren damit nach Urziceni, das ist der nächste Ort. Es wird einige Stunden dauern, bis wir wieder zurück sind", erklärte Franz und Hörcher ergänzte: „Ihr habt also ab jetzt viel Zeit zum Operieren."

Spanuth und Ross reagierten erfreut. Der Unterarzt schob energisch den Papierstapel fort. „Wir nehmen endlich die Splitter raus, was, Theo?"

Ross nickte: „Gleich nach dem Appendix. – Wir haben hier nämlich zwei Leute, die dringend ihr Metall loswerden müssen. Aus eurem Lazarett. Einer hat einen eigroßen Splitter im Gesäß, der andere ein paar murmelgroße Klumpen in der Schulter, dicht an der Lunge."

Spanuth war aufgestanden und massierte seine Finger. „Da wollen wir schon seit unserem Aufbruch ran. Aber dafür brauchen wir ein paar Stunden. Geht nur zu zweit."

„Alle Wunden sind schwer entzündet. Dabei sind die Splitter selbst steril durch die Hitze. Aber sie reißen immer Kleidung und Dreck mit in die Wunde."

„Was macht ihr eigentlich mit kleineren Splittern?", fragte Hörcher neugierig.

„Nichts", antwortete Ross und zuckte mit den Achseln. „Keine Splitterlagebestimmung ohne Röntgengerät. Wir können nur rausholen, was wir ertasten. Und das ist schon schwierig genug."

„Manche der kleinen Splitter eitern von selbst raus", ergänzte Spanuth, während Ross auf Franz' Knie zeigte: „Manche wandern – und an manche Splitter kommt man eben einfach nicht ran. Zumindest nicht wir hier mit unseren begrenzten Möglichkeiten." Er wandte sich an die Schwester: „Marie, können wir loslegen?"

Sie hatte alles vorbereitet und nickte: „Wir brauchen für Ihre anderen Operationen neues Besteck. Das meiste ist benutzt, wir müssen es abkochen."

Spanuth zog einige der Schubladen auf, schaute hinein. „Können Sie sich gleich nach der Anästhesie darum kümmern? Ich assistiere dann dem Stabsarzt."

„Natürlich."

„Haben wir noch genügend Kochsalz- und Nährlösungen? Brauchen wir gegen den Schock bei Flüssigkeitsverlust."

Die junge Frau nickte: „Wir haben noch Normosal, Tutofusin und Dextropur, fünf Schubladen voll."

„Immerhin", meinte Spanuth befriedigt.

„Fein", sagte Ross und desinfizierte seine Hände. „Dann wollen wir mal. Viel Glück in Urziceni, kommt heil wieder."

Franz und Hörcher verließen den Waggon, während Schwester Marie begann, Äther auf den Mullstoff zu tropfen, sorgsam darauf bedacht, die Dämpfe nicht selbst einzuatmen.

Neben dem Bahndamm organisierte Feldkaplan Lorenz eine Beerdigung. Die neu hinzugekommenen Jäger, die sich ihrer Tarnung mittlerweile entledigt hatten, legten einige Tote der letzten Nacht im Schatten des Zuges ab, weitere Jäger schaufelten bereits an einem großen Grab. Franz und Hörcher nahmen ihre Mützen ab und schritten stumm an den Toten entlang. Vor einem der Leichname blieb Franz traurig stehen: „Klaus Wilhelm."

„Du kanntest ihn?"

Franz nickte. „Ein Fähnrich aus meinem Regiment, kam aus Franken. Ihn hat es bei Kostromka erwischt. Gelähmt, ohne Beine – vermutlich ist es besser so."

„Ich erinnere mich. Er lag im Lazarett ganz in unserer Nähe, nicht wahr? Ein Wunder, dass er so lange durchgehalten hat."

„Ja. Und was für ein Verlust! Ein feiner Mensch. War wohl auch ein guter Fußballer."

Hörcher zeigte nach vorn zur ersten Lok: „Schau, ich glaube, Walter und Bernhard kuppeln jetzt ab. Vielleicht kann ich ihnen helfen."

„Tu das, ich schnappe mir Leutnant Schmidt."

Franz entdeckte den Leutnant inmitten seiner Leute beim Schippen des Sammelgrabs und rief ihm zu: „Schmidt, ich brauche Sie!"

„Ich komme." Schmidt wandte sich an einen seiner Männer, der neben ihm schaufelte: „Lassen Sie hier weitermachen, Mechold! 20 Zentimeter noch, dann sollte es reichen."

Mechold, ein älterer Oberfeldwebel, nickte: „Natürlich, Herr Leutnant."

Schmidt kletterte aus dem ausgehobenen Loch. Oben angekommen wischte er sich den Schweiß von der Stirn. Franz gab ihm seine Feldflasche, Schmidt nahm einen tiefen Schluck und reichte die Flasche dankbar zurück. Dabei zeigte er auf Mechold, der ein paar Meter weiter schippte wie ein Uhrwerk: „Mein bester Mann. Ihm können Sie bedenkenlos vertrauen. Hat vier Jahre als vorgeschobener Beobachter überstanden. Unglaubliche Instinkte. Nur nachts etwas wunderlich, er kann nicht schlafen."

„Warum nicht?"

„Er will nicht darüber sprechen. Irgendeine Macke hat ja jeder von uns. Aber deswegen wollten Sie nicht zu mir, oder? Was kann ich tun?"

Franz zeigte auf die 52 6733: „Bringen Sie 30 Ihrer Leute auf die Lok, sobald sie abgekuppelt ist. Nehmen Sie auch ein paar leichte MGs mit. Postieren Sie einige Männer rechts und links des Kessels und vor der Rauchkammer, der Rest klettert auf den Tender. Wir brechen so schnell wie möglich auf. Ich muss nur noch etwas mit unserem Wagenmeister klären."

Während Schmidt Mechold zu sich rief, den Schutz der Lok mit ihm besprach und seine Männer auf Trab hielt, humpelte Franz weiter am Zug entlang, um nach Hermann Lege zu suchen. Er fand ihn im Küchen- und Küchenvorratswagen, der sich dem Operationswaggon anschloss. Gemeinsam mit Schwester Marie war der Wagenmeister damit beschäftigt, medizinisches Besteck abzukochen. Die großen Töpfe auf den Kochstellen dampften.

„Schwester Marie, Sie sind ja wirklich überall!", stellte Franz fest.

„Es gibt auch genug zu tun", lächelte die Krankenschwester.

Lege grinste: „Sie bat mich, ihr beim Kochen zu helfen. Heute gibt es Besteck à la carte. Man nehme kochendes Wasser, Skalpelle und Tupferzangen. Ein Wehrmachtsrezept – wie immer ungenießbar. Rund um die Sterilisiertrommeln liegen überall Verwundete. Aber hier in der Küche geht es, wenigstens haben wir genügend Platz."

Marie fischte mit einer Suppenkelle einige Glaskolben aus dem kochenden Wasser und legte sie auf ein metallenes Sieb.

Franz nickte anerkennend: „Man muss sich zu helfen wissen. Hermann, haben wir weiße Tücher und rote Signalfarbe im Zug?“

„Wofür?“, fragte Lege verwundert.

„Wir müssen unsere Lokomotiven deutlicher kennzeichnen. Man muss von Weitem erkennen können, dass wir ein Lazarettzug sind. Die paar Kreuze auf den Waggons reichen nicht aus. Ich würde gerne vorn an der ersten Lok noch ein großes rotes Kreuz auf weißem Grund befestigen. Sonst werden wir vielleicht nicht mehr weit kommen.“

Lege zuckte mit den Achseln: „Wir haben noch viele Laken, das sollte kein Problem sein. Aber Farbe haben wir keine. Auch nicht in den Werkzeugfächern. Das wüsste ich. Immerhin hab ich den gesamten Zug in Galatz entrümpelt. Zwei Fässer mit Bleimennige hab ich selbst hinausgeworfen.“

„Verdammt.“ Franz wandte sich enttäuscht ab. „Aber dann ist es eben so. Wir wollen sehen, dass wir in Urziceni fündig werden.“

„Warten Sie!“, rief Schwester Marie, legte die Kelle beiseite und trocknete sich die Hände ab. Sie ging zu einem Wandschrank und entnahm ihm ein Laken. Aus einem der Fächer kramte sie einige Metalldosen hervor, legte sie auf das gefaltete Tuch und drückte Franz das Paket zusammen mit einer gefüllten Wasserkaraffe in die Hände. Der starrte entgeistert auf die flachen, cremefarbenen Dosen.

„Das ist Panflavin“, erklärte die Schwester, „zur Desinfektion der Mund- und Rachenhöhle.“

„Ich kenne die Pastillen. Von Bayer. Schmecken wie ein Knüppel auf den Kopf. Was in Herrgotts Namen soll ich damit anfa–“ Doch plötzlich verstand er: „Schwester, Sie sind ein Genie!“

„Danke, danke, zu viel der Ehre“, lachte Marie.

Lege verstand überhaupt nichts. „Schwester Marie, lassen Sie einen alten Mann nicht dumm sterben, bitte erklären Sie's mir.“

Statt einer Antwort entnahm Marie einer der Panflavindosen eine kleine, geriffelte und intensiv rote Pastille, steckte sie in den Mund, lutschte kurz darauf herum und streckte Wagenmeister Lege dann ihre Zunge entgegen: knallrot eingefärbt. Lege applaudierte ihr grinsend.

Franz verabschiedete sich und lief, so schnell es sein Knie zuließ, zur 52 6733 zurück. Knapp 30 Soldaten aus den Bataillonsresten des Jäger-Regiments 38 hatten darauf ihre Plätze gefunden. Dicht an dicht kauerten sie entlang des Kessels und auf dem Tender. Franz reichte den Männern vor der Rauchkammer seine von Schwester Marie zusammengesuchten Utensilien und trug ihnen auf, die roten Panflavin-Pastillen im Wasser aufzulösen. „Damit sollte es gehen. Das Laken braucht ein schönes, großes rotes Kreuz. Bindet es vor die Rauchkammer, wenn ihr fertig seid."

Oberfeldwebel Mechold schickte sich gerade an, als Letzter auf die Lok zu klettern. Franz sprach ihn an: „Lassen Sie Ihre Männer die Waffen so gut wie möglich verbergen. Nur schnell griffbereit müssen sie trotzdem bleiben. Wir wollen nicht wehrlos sein, falls jemand auf uns schießt. Doch wir wollen auch nicht den Eindruck hinterlassen, die Neutralität des Roten Kreuzes zu missachten."

„Geht klar, Herr Oberleutnant."

Wenig später gab Reimer das Signal zur Abfahrt und die 52 6733 fuhr an. Der Rest des Zugs blieb in der trügerischen Sicherheit des Waldbahnhofs zurück. Reimer beschleunigte auf ein ordentliches Tempo, da die Strecke voraus vom Draisinentrupp überprüft worden war.

Im Führerstand beobachtete Hörcher wieder aufmerksam die Verrichtungen der Eisenbahner und meinte: „Ich habe immer gedacht, dass Heizer und Lokführer auf einer Lokomotive gleichberechtigt sind."

Reimer schüttelte den Kopf: „Einer hat das Sagen. Das ist im Führerstand so wie überall sonst auch. Das muss auch so sein, denn ein Führerstand ist kein Debattierverein. Dinge müssen verlässlich erledigt werden. Dazu braucht man eine straffe Ordnung. Jeder Lokführer hat als Heizer angefangen. Das ist eine Grundvoraussetzung, um das Wesen der Dampflokomotive zu verstehen."

Andler feixte: „In der Ausbildung wurde mir beigebracht, dass ein Heizer sogar zwei Chefs hat. Der eine ist der Lokführer, doch der andere Chef ist viel wichtiger. Das ist der Rauchfang."

„Der Rauchfang?"

„Er sagt mir alles, was ich wissen muss. Zu viele Kohleteilchen verraten mir eine schlechte Verbrennung. Starke Funkenbildung zeigt, dass die verwendete Kohle geringe Dichte oder ein kleines Korn hat. Oder dass das Kohlenbett löchrig ist und dadurch zu viel Sog entsteht. Wenn ich mit Kesselhöchstdruck und guter Überhitzung fahre, zeigt sich der Dampf erst mit etwas Abstand über dem Rauchfang. An der Überhitzung kann ich auch sehen, dass die Umkehr-Enden der Überhitzerelemente mal wieder von Schlacke befreit werden müssen. Wenn es weißen Niederschlag am Rauchfangrand gibt, hat das Wasser zu viele Salze. Die setzen sich an der Feuerbüchsrohrwand ab und verstopfen die Rohre."

„Faszinierend, nicht wahr? Und wenn der Heizer den Rauchfang gar nicht mehr sieht, kann es bedeuten, dass er vom Lokführer wegen Geschwätzigkeit bewusstlos geschlagen wurde", grinste Reimer und die Männer lachten.

Sie schafften ein gutes Stück in schnellem Tempo, bevor sie unterwegs die Jäger einsammeln mussten, die mit der Draisine vorausgefahren waren. Die Männer hatten die Lok herannahen gehört und ihr muskelbetriebenes Gefährt rechtzeitig aus dem Gleis gehoben, jetzt kletterten sie auf die Lokomotive. In anderthalb Stunden hatten sie mehr als 25 Kilometer zurückgelegt; Anspannung und Anstrengung hatten ihre Uniformen vollständig mit Schweiß durchnässt, sie waren erschöpft.

Gegen halb neun am Abend, als die Sonne sich längst verabschiedet hatte und Nebelschwaden Feuchtigkeit ans Gleis trugen, erreichten sie den in einer Senke gelegenen Bahnhof von Urziceni. Rund um den Bahnhof war eine wild gewachsene Ansiedlung entstanden, die man nur mit Wohlwollen als Städtchen bezeichnen konnte. Ärmliche Baracken stützten sich gegenseitig entlang der Gleise, zwei Kirchtürme überragten die Dächer einiger Steinhäuser in der Mitte des Ortes. Der Bahnhof selbst war überbevölkert mit Verzweifelten aller Art, die die Front mitgerissen und hierhergespült hatte. Hunderte von Flüchtlingen. Weinende Mütter, die ihre Kinder suchten. Weinende

Kinder, die nach ihren Müttern riefen. Zerlumpte Greise, die um Essen bettelten. Windige Händler, die Geschäfte witterten. Marodeure. Finstere Gestalten. Versprengte. Feindselig, neugierig, hoffnungsvoll, aber meist mit abgestumpfter Teilnahmslosigkeit blickten die Menschen auf die Lokomotive, die auf dem ersten Gleis einfuhr. Nichts zu holen bei dieser einzelnen Lok.

Die weitaus größere Aufmerksamkeit der meisten galt einem eleganten Dieseltriebwagen, der in unmittelbarer Nähe auf einem der Nebengleise abgestellt war. An den Türen des zweigeteilten Zugs hingen Männer in Trauben, die sich Zugang zu verschaffen versuchten. Aus dem Triebwagen drangen gellende Schreie. Frauenstimmen.

Als die Jäger die Stimmen hörten, sprangen einige von ihnen schon von der Lokomotive ab, noch ehe sie gehalten hatte. Auch Franz und Hörcher wurden unruhig. Franz stieg hastig aus und wechselte einige Worte mit Leutnant Schmidt, der seine Männer daraufhin mit knappen Befehlen in zwei Gruppen aufteilte – die eine sollte von der Lok absteigen, die andere darauf verbleiben, um Bekohlen und Wassernahme im Bahnhof zu bewachen.

Um die 20 Jäger, Franz und Hörcher mittendrin, bahnten sich einen Weg durch die Menge, während Reimer und Andler die 52 6733 zum Kohlenbunker und zum Wasserturm weiterfahren ließen. Je näher sie dem Dieseltriebwagen kamen, umso deutlicher hörten sie die panischen Rufe, die herausdrangen. Die Türen des Wagens wurden von wenigstens 50 Männern umlagert, die in einem solch abgerissenen Zustand waren, dass es nicht möglich war, zu erkennen, ob es sich um Soldaten, Zivilisten oder Landstreicher handelte. Alle standen an, als gäbe es Freibier, versuchten sich vorzudrängeln, sich einen Weg ins Innere zu bahnen, schrien in unverständlichstem Sprachengewirr durcheinander und dachten nicht daran, eine Gasse für die Jäger freizugeben. Von den Deutschen und ihren vorgehaltenen Waffen ließen sie sich nicht einschüchtern.

Franz nahm seine Pistole aus dem Holster und feuerte einige Male in die Luft.

Erschrocken drehten sich ein paar Köpfe, erste Hände ließen vom Schnelltriebwagen ab. Unter lauten Rufen begannen die Jäger, die murrenden Männer wegzuzerren, gingen wenig zimperlich vor, machten von den Kolben ihrer Gewehre Gebrauch. Endlich reagierten die Belagerer des Wagens und machten widerwillig und unter Flüchen Platz. Franz und Leutnant Schmidt hatten die offene Schiebetür bereits erreicht. Sie stiegen über die Stufen nach oben. Mechold als dritter Mann direkt hinter ihnen. Hörcher blieb zurück und sicherte die Tür.

Im Innern des Zugs war es so voll, dass an ein Durchkommen nicht zu denken war. Männer, Schulter an Schulter, es stank unerträglich. Über das fast ohrenbetäubende Gröhlen drangen neue Hilferufe. Franz und Schmidt nickten sich knapp zu. Mit vorgehaltenen Pistolen zwangen sie jeden, an dem sie sich vorbeischoben, den Zug zu verlassen, wo er von Hörcher und Schmidts Jägern in Empfang genommen und schnell vertrieben wurde. Etwa in der Mitte des Großraumwaggons riss ein Mann kaum drei Meter vor Franz eine Flinte hoch und zielte auf ihn. Schmidt schoss sofort und traf den Mann ins Gesicht. Der Wangenknochen unterhalb des linken Auges wurde zerschmettert. Das Gewehr fiel ihm aus der Hand, die Wucht des Schusses warf ihn tot nach hinten auf den Boden. Der Knall der Explosion in unmittelbarer Nähe dröhnte in Franz' Ohren und riss an seinem Trommelfell. Er schmeckte das Pulver.

In der Enge des Waggons brach Panik aus, wild um sich stoßend drängten die meisten Männer zu den Türen, Franz, Schmidt und Mechold mussten sich gegen den Strom stemmen. Dann erkannten sie, was hier geschehen war.

Auf einem der Tische hinten im Waggon lag eine Frau, die an den Handgelenken mit Lederriemen gefesselt worden war. Die Riemen hatten sich tief in ihre Haut gezogen. Ihre Bluse war aufgerissen, ihr Rock hochgeschoben. Der Unterrock lag zerrissen auf dem Boden. Zwischen ihren Beinen, die noch von drei Männern festgehalten wurden, wälzte sich ein bärtiger Vierter mit heruntergelassener Hose, der noch nicht einmal, als der Schuss in unmittelbarer Nähe gefallen war, von ihr abgelassen hatte. Franz brüllte und schoss in die Decke des Wagens.

Endlich richtete der Mann sich auf, seine Leisten waren rot verschmiert. Franz' Blick fiel zurück auf die leblos daliegende Frau. Sie blutete aus dem Unterleib, auch die Innenseiten ihrer Oberschenkel waren blutig.

Der Bärtige hob sein Messer, das er der Frau an den Hals gedrückt hatte, in Richtung der deutschen Soldaten. Mit irr verzerrtem Gesicht stürzte er sich auf Oberfeldwebel Mechold, der ihm am nächsten stand. Dabei strauchelte er, da seine Hose noch über seinen Knöcheln hing.

Mechold zögerte keine Sekunde. Sein Schuss traf den Brustkorb des Mannes. Ein Herzschuss. Der Bärtige sackte wie gefällt in sich zusammen und rollte auf die Seite. Schmidt und Franz schauten angewidert auf die halbnackte Leiche zu ihren Füßen, die vom Bauchnabel bis zu den Knien das Blut der Frau an sich hatte. Etwas Urin trat aus dem halb aufgerichteten Glied des Toten. Ein dünnes Rinnsal lief über den Boden des Triebwagens. „Raus mit ihm, bevor er auch noch zu scheißen anfängt", rief Leutnant Schmidt und ein paar seiner Leute kletterten in den Wagen und griffen nach den beiden Leichen.

Dann richtete Schmidt seine Pistole auf die drei Männer, die noch immer die Beine und Fußgelenke der Frau umklammert hielten. „Wer nicht sofort loslässt, ist der nächste Tote." Die kalt und ruhig gesprochenen Worte lösten die Schockstarre der Männer. Sie ließen von der Frau ab und drängten nach draußen.

Franz begann sofort, die Lederriemen zu lösen, mit denen die Frau gefesselt war. Auf einer der Sitzbänke fand er eine Decke. Er wollte sie der Entblößten reichen, ihr beim Aufrichten helfen. Die Frau reagierte nicht. Eines ihrer Augen war zugeschwollen. Ihre Lippen waren aufgeplatzt. Als sie den Mund zu einem schweren, stockenden Atemzug öffnete, sah Franz, dass ihr zwei Vorderzähne ausgeschlagen worden waren. Etwas hilflos legte er seine Decke neben der Frau ab und folgte den Jägern zur hinteren Wagenhälfte, aus der noch immer Schreie drangen. Einer von ihnen öffnete die verriegelte Tür mit einem Tritt.

Knapp drei Dutzend Krankenschwestern drangen aus dem Abteilbereich, in den sie eingesperrt worden waren, die Hände wild entschlossen zur Abwehr erhoben. Als sie die deutschen Soldaten erkannten, fielen sie sich in die Arme und weinten erleichtert. Einige umarmten ihre Befreier stürmisch. Auch der Führer des Triebwagens wurde schnell gefunden. Man hatte ihn niedergeschlagen und an seinen Fahrersitz gefesselt. Er war noch immer ohne Bewusstsein und wurde sofort von zwei der Schwestern versorgt.

Dass auch die so furchtbar misshandelte Frau auf dem Tisch eine Krankenschwester war, war nicht mehr zu erkennen, ihre Schwesterntracht war vollständig zerstört. Franz ging zu ihr zurück und legte ihr mit sanfter Bestimmtheit die Decke um die Schultern. Sie griff mechanisch danach, um sich darin einzuwickeln. Dann flüsterte sie etwas, das Franz nicht verstand. Er bat sie, es zu wiederholen. Aber sie sprach weiter zu leise, der Tumult im Schnelltriebwagen war zu groß.

Jetzt traten auch die anderen Krankenschwestern auf sie zu und umarmten sie weinend. Auf den zweiten Blick sah Franz, wie vielen von ihnen man bereits die Blusen vom Leib gerissen hatte. Oberfeldwebel Mechold verteilte weitere Decken. Die vergewaltigte Krankenschwester befreite sich aus der Umarmung ihrer Freundinnen. Unvermittelt stand sie auf und ging mit schleppenden, mühsamen Schritten auf Franz zu. Sie berührte ihn am Arm und sagte noch einmal ihren Satz. Diesmal verstand er: „Es waren 16."

Die Jäger halfen den Frauen aus dem Wagen und schirmten sie auf dem Bahnsteig ab. In der Zwischenzeit waren Reimer und Andler zurückgekommen. Die 52 6733 war bekohlt und betankt worden, nun rollte sie dem Triebwagen langsam entgegen. Das Wasser gluckste im randvollen Tender. Andler sprang aus dem Führerstand und rief den Soldaten fröhlich zu: „Diese Halunken! Wir sind gerade noch rechtzeitig gekommen. Sie wollten uns den Strom für die Wasserpumpe abklemmen."

Dann erst bemerkte der Heizer die Ansammlung von Krankenschwestern, die inmitten der Jäger standen. Sein Blick fiel auf die beiden Toten unter den Stufen der Triebwagentür. Schließlich sah er die Schwester, die sich an Leutnant Schmidt klammerte. Das viele Blut an ihren Beinen. Andler wurde blass: „Um Gottes willen! Was ist hier passiert?"

„Wir sind leider nicht rechtzeitig gekommen", antwortete Schmidt düster. Anschließend gab er seinen Leuten einige Kommandos. Die Jäger würden in Urziceni bleiben und die Krankenschwestern, den Kohlenbunker, den Wasserturm und den Schnelltriebwagen bewachen, während die 52 6733 zurück zum Waldbahnhof Făurei fuhr, um den Lazarettzug abzuholen.

„Wir kommen zurück, so schnell wir können", versprach Franz. Reimer gab Signal zur Abfahrt. Einige Krankenschwestern und Jäger winkten.

Andler schippte Kohlen wie ein Berserker und Reimer fuhr mit Höchstgeschwindigkeit in den Eichenwald hinein. Die Pleuelstangen im Triebwerk wirbelten und die 52 6733 trieb ihre 140 Tonnen Gewicht mit großer Kraft voran. Jenseits ihrer eigentlichen Höchstgeschwindigkeit flog sie mit nahezu 100 Stundenkilometern den Berg hinauf. Funken schossen aus dem Rauchfang und zogen feurige Bahnen – und es wären Momente besonderen eisenbahnerischen Erlebens gewesen, fast wie eine Fahrt in Friedenszeiten, wenn sie nicht alle kurz zuvor Zeugen eines Verbrechens geworden wären, wie es der Krieg täglich tausendfach auf beiden Seiten der Front gebar.

IV

Walodja hatte Nadja nackt gesehen, an jenem Sommerabend damals im August. Still hatte er auf einem Baumstamm gesessen, den einer der Stürme des letzten Jahres aufs Wasser geworfen hatte. An einen der Äste gelehnt hatte er geangelt, als sie zwischen den Fichten aufgetaucht war, kaum mehr als 100 Fuß entfernt. Sie hatte ihn nicht gesehen und einen Moment zu lang hatte er gezögert, sie zu grüßen. Und gerade, als er ihr ein paar neckische Worte hinüberrufen wollte, hatte sie ihr Kleid abgelegt.

Sie war ins Wasser gegangen und mit einem Sprung eingetaucht, und kurz bevor sie ganz im See verschwunden war, hatte sie ihren Po aus dem Wasser gestreckt. Walodja waren alle Worte abhandengekommen. Bis zur Mitte des Sees war sie geschwommen, umgeben von konzentrischen Ringen, auf denen sich das Abendlicht gebrochen hatte. Ganz ohne Geräusch war ihm alles erschienen. Nur das Schwirren der Mücken, ihr Atem und sein Atem.

Nach wenigen Minuten war sie wieder aus dem Wasser gestiegen. Sie hatte sich angezogen. Und, kurz bevor sie zwischen den Bäumen verschwunden war, hatte sie sich umgedreht und ihm grinsend zugewunken.

Walodja malte mit dem großen Zeh seines rechten Fußes ein Herz in den Boden. Wo sie nur blieb?

Ein Kichern wenige Schritte hinter ihm ließ ihn herumfliegen. Dort stand sie, fröhlich und etwas aufgeregt, er sah es an ihren geröteten Wangen, als sei sie gerannt. Doch wäre sie hergerannt, hätte er sie hören müssen, oder?

Sie trat auf ihn zu und er stellte sich auf das in den Boden gekratzte Herz, um es zu verdecken.

„Was hast du geschrieben?“, fragte sie ihn, trat noch einen Schritt näher und versuchte, zwischen seinen Füßen hindurchzuspähen.

Er nahm ihren Duft wahr, kaum merklich, wie ein Hauch von Feldblumen. „Nichts.“

„Zeig mal."

Sie versuchte, ihn beiseitezuschieben, doch Walodja schien festgewachsen zu sein und brummelte: „Sei nicht so neugierig."

„Pah, ich bin überhaupt nicht neugierig." Sie wandte sich ab und machte einen Schritt zurück.

War sie etwa beleidigt? Wie konnte man nur so empfindlich sein. Doch es tat ihm leid, er hatte sie nicht kränken wollen.

Plötzlich machte sie einen Sprung auf Walodja zu und schubste den überrumpelten Jungen zur Seite. Im Fallen griff er nach ihrem Arm und zog sie mit sich zu Boden. Sie sah das Herz und quiekte vergnügt auf, während sie auf Walodja plumpste. Sie kitzelte ihn. Lachend griff er nach ihr und sie begannen zu raufen, zuerst wie Kinder, doch dann – seine Hände glitten über ihren Rücken. Er ertastete ihre Taille unter dem groben Stoff ihres Hemds, weiter fuhren die Finger über ihre Schultern und konnten überhaupt nicht mehr aufhören, sie zu berühren.

Schließlich griff er nach ihrem Kopf und umfasste ihn. Sie hatte aufgehört, ihn zu kitzeln. Erwartungsvoll schauten sie sich an, ihre Augen kaum mehr als eine Handbreite voneinander entfernt. Sie küssten sich, rollten verschlungen über den Boden. Schließlich kullerten sie gegen den Weidezaun und Walodjas Hinterkopf prallte an einen Pfosten. Es gab einen dumpfen Schlag, er stöhnte auf und Nadja kicherte.

Walodja fluchte und lachte gleichzeitig. Er rieb sich den Schädel. Nadjas Zeigefinger fuhr behutsam über den Schorf, der sich über seine Schläfe zog, dort, wo ihn vor einer Woche der Gewehrkolben des Deutschen getroffen hatte. Walodja zuckte zusammen.

Erschrocken fragte Nadja: „Tut es noch weh?"

Er nickte und zeigte auf sein Herz: „Aber nicht am Kopf. Hier drin. Es war so demütigend. Und ich habe mich so dumm angestellt. Ich bin gestolpert."

„Ich bin froh, dass du gestolpert bist. Sonst hätten sie dich bestimmt erschossen."

„Vielleicht, ja."

„Siehst du? Nichts ist den Tod wert. – Ob sie wiederkommen?"

„Ich weiß es nicht."

„Uns haben sie alle Vorräte geklaut."

„Uns auch. Bis auf zwei Hühner. Die armen Viecher, der Hahn wird kaum etwas von ihnen übriglassen."

Walodja schaute in den Himmel, an dem die letzten Sterne verblassten. Es wurde rasch heller und er fühlte Unruhe in sich aufsteigen. Er küsste Nadja noch einmal und erhob sich: „Pass auf dich auf. Ich muss nach Hause. Ich war schon die ganze Nacht fort. Seit dem Überfall vor einer Woche habe ich immer Angst, die Soldaten könnten wiederkommen und ich bin nicht da."

Nadja stand ebenfalls auf: „Gib auch auf dich acht, Walodja. Dir darf nichts passieren."

„Dir auch nicht. Mach dir keine Sorgen, Nadja."

Schüchtern standen sie voreinander und er griff nach ihren Händen. Sie zog ihn an sich, vergrub ihre Nase an seinem Hals und atmete tief ein: „Deine Familie wartet."

Er gab ihr einen Kuss auf die Wange, drehte sich um und rannte los, schnell war er zwischen den Bäumen verschwunden.

Er lief und konnte sein Glück nicht fassen. Er hatte sie geküsst und sie hatte ihn geküsst. Wie aufregend alles war! Seine Füße federten über den Boden des Waldes, wie beflügelt folgte er dem Pfad, der sich zwischen Felsen und Sträuchern hindurchschlängelte.

Als er sich dem Hof seiner Eltern näherte, hörte er Motorengeräusche und lautes Rufen. Deutsche. Angst schlug so plötzlich auf ihn ein, dass ihm der Atem wegblieb und die Knie zu versagen drohten. Doch dann kam Zorn, unbändige Wut, die ihm Kraft gab. Walodja schrie auf und rannte noch schneller.

Samstag, 26. August 1944

Kurz nach Mitternacht erreichten sie wieder den Bahnhof von Făurei, wo sie sehnsüchtig erwartet wurden. Sie kuppelten die 52 6733 wieder vor den Zug. Alle Jäger, die nicht die Fahrt nach Urziceni mitgemacht und mit ihrem Leutnant dortgeblieben waren, wurden auf die gesamte Zuglänge verteilt und postierten sich auf den Loks und in den Waggons. Franz, Hörcher, Reimer und Andler beobachteten es zufrieden. Spanuth gesellte sich für eine Zigarettenlänge zu ihnen.

„Und? Habt ihr gut operieren können?“, fragte ihn Hörcher.

„Ja, wir sind gut durchgekommen. Und Ross hat ein tolles Ding rausgehauen!“, meinte der junge Unterarzt lachend.

„Wieso? Was hat er gemacht?“

„Also, wir hatten den Blinddarm und die Splitter schon auf dem Tisch gehabt – alles gut rausgeholt, schön sauber gemacht und wieder zusammengeflickt. Danach meinte Ross, jetzt machen wir noch die Amputation von dem Rottenführer, der bei euch im Lazarett lag. Ihr wisst schon, der mit dem Selbstbeschuss, Oberarm, damit man seine eintätowierte Blutgruppe nicht mehr sieht.“

„Na klar“, riefen Franz und Hörcher wie aus einem Mund.

„Der wäre sonst nicht mehr alt geworden. Ausgeprägte Entzündung, hohes Fieber.“ Spanuth zog an seiner Zigarette. „Der Rottenführer liegt also auf unserem Tisch, unendlich dankbar, dass es endlich auch für ihn Hilfe gibt. Dabei denkt er wohl sowieso schon, er muss im Himmel sein, weil die hübsche Marie wie ein Engel mit dem Äther für ihn bereitsteht.“

Alle Männer grinsten. „Und dann?“

„Ross tritt auf ihn zu, greift nach seinem Skalpell – und dann sagt er zum Rottenführer: Ich habe den hippokratischen Eid geschworen und der gilt auch für dich. Aber bevor ich anfange, möchte ich, dass du sagst: Danke, Israel, dass du mein Leben rettest.“

„Wie bitte?“

„Wenn ich’s euch sage! Wortwörtlich! Der Rottenführer guckt ihn an, als hätte Ross den Verstand verloren – und, ehrlich gesagt, das dachte ich auch. Und der Rottenführer sagt: Niemals! Daraufhin seufzt Ross und fängt an, in seinen Unterlagen zu blättern, und sagt: Wir haben wenig Zeit und die OP-Liste ist wirklich ganz schön lang. Und dann begreift der Rottenführer, dass es Ross todernst ist, und er flüstert: Danke, Israel, dass du mein Leben rettest. Ross brummt, na also, geht doch, nickt Schwester Marie zu und die schickt den Mann sofort in den Schlaf. Eine Stunde später ist sein Arm ab. Wunde gereinigt, sein Leben fürs Erste gerettet."

„Das gibt's doch nicht!"

„Doch!", nickte Spanuth belustigt. „Und jetzt kommt's: Ross fragt mich so beiläufig, während wir die Gefäße durchtrennen und die Arterie abklemmen, ob ich wüsste, wer der Erfinder der modernen Lazarettzüge war? Keine Ahnung, sage ich. Und er sagt: Das war ein Jude, der hat Anfang des letzten großen Kriegs das erste rollende Krankenhaus auf Schienen erdacht. Weg vom reinen Verwundetentransport, hin zum Operieren auf Schienen. Und dieser Mann hieß – James Israel!"

Die Männer waren sprachlos und Spanuth fuhr fort: „War wohl auch ein berühmter Urologe und ein Pionier der klinischen Asepsis. Hat auch einige Operationsverfahren entwickelt, die wir heute noch nutzen. Ihr dürft mal raten, wie sein zweiter Vorname lautete."

Die Männer schauten sich fragend an und schüttelten die Köpfe.

„Adolf!", platzte es aus Spanuth heraus, während er gerade inhalierte und er fing gleichzeitig zu lachen und zu husten an. „Ich weiß, eigentlich nicht komisch, aber ihr hättet wirklich das Gesicht von dem Rottenführer sehen sollen. Sachen gibt's!"

Reimer, Andler, Hörcher und Franz stimmten in das Lachen ein, es war befreiend. Spanuth wischte sich die Tränen aus den Augen und beruhigte sich wieder. Noch einmal kam ein breites Grinsen in sein Gesicht: „Als er den Stumpf vom Rottenführer zugenäht hat, meinte Ross, das wäre er seiner jüdischen Großmutter einfach schuldig gewesen." Er nahm einen letzten Zug, blies den grauen Rauch in Richtung Himmel und trat seine Zigarette aus. „Alsdann, weiter geht's."

„Grüße Ross von uns!“, grinste Hörcher.

Wenig später fuhr der Zug an. Um halb fünf am Morgen erreichte er den Bahnhof von Urziceni.

In den schmalen Lichtkegeln der Lokomotiven wurden im Dunkel Hunderte von Männern sichtbar, die auf den Bahnsteigen standen. Ohrenbetäubendes Geschrei flog ihnen entgegen. *Tod allen Deutschen! Tod allen Deutschen*! Von den zurückgelassenen Krankenschwestern und Jägern keine Spur. „Wahrscheinlich im Bahnhof verbarrikadiert“, murmelte Franz, mehr zu sich selbst.

Plötzlich hagelte es Steine. Eine Welle aus großen Brocken, aus dem Gleisbett geklaubt. Schreie und Wut. Eine der Zugleuchten wurde getroffen und erlosch. Reimer fluchte.

Franz sah, dass die Werfenden immer wieder auf die Scheiben des Lazarettzugs zielten, das Schotterbett lieferte ihnen schier unendliche Munition. Er griff nach seiner Pistole und feuerte Warnschüsse in die Luft, doch davon ließen sich die Männer nicht abhalten.

Ahrens sprang von einem der Waggons, griff nach seinem Sturmgewehr, zielte einem der Angreifer auf die Beine und schoss. Laut stöhnend ging der Mann zu Boden. Das zeigte Wirkung. Der Großteil der Meute zog sich zurück ins Dunkel. Sehen konnte man sie bald nicht mehr, doch ihr zorniges Rufen dröhnte den Männern vom Lazarettzug weiter bedrohlich in den Ohren. Als sich ein vortretender Hartnäckiger nach einem Stein bückte, schoss Ahrens erneut und traf den bereits erhobenen Wurfarm. Ein gellender Schrei ertönte, der Getroffene wurde vom Schuss zu Boden gerissen. Einige von Schmidts Jägern waren ebenfalls vom Zug gesprungen, gingen in Stellung und zielten auf die aufgebrachte Menge.

„Schnell“, rief Ahrens, „seht zu, dass ihr die Frauen in den Zug bekommt!“

Franz und Hörcher hatten gar nicht erst darauf gewartet. Sie liefen mit gezückten Pistolen zum Bahnhofsgebäude, das kaum noch intakte Fenster aufwies. Drei Tote lagen direkt davor. Hörcher rief und bollerte an die Tür zum Wartesaal, die verbarrikadiert war. Man hörte, wie schweres Mobiliar unsanft über den Boden geschoben wurde, dann schwangen die Türflügel auf. Leutnant Schmidt öffnete ihnen, umringt von erschöpften Soldaten und bleichen jungen Frauen. Franz erkannte auch den Triebwagenführer wieder, sein Kopf war dick verbunden. Ihnen allen waren die Schrecken der zurückliegenden Stunden anzusehen.

„Habt ihr die Männer da draußen erschossen?“, fragte Hörcher.

„Nein, das haben sie tatsächlich selbst erledigt“, schüttelte Schmidt den Kopf. „Irgendwann in der Nacht haben sie angefangen, auf unser Versteck zu schießen. Dabei gab es dann die Toten, vielleicht Querschläger oder einfach zu niedrig gezielt. Das hat sie nur noch wütender gemacht. Völlig verrückt! Vor Stunden dann der letzte Schuss, vermute, sie haben sich leer geschossen.“

Franz überschlug die Anzahl der Jäger im Raum: „Wo sind Ihre restlichen Soldaten, Schmidt?“

„Jeweils fünf am Wasserturm, am Kohlenbunker und am Schnelltriebwagen. Mechold ist mit da draußen. Wie gesagt, der schläft sowieso nie, das kommt uns zupass. Wir haben Maschinengewehre postiert. Denke, das hat Eindruck gemacht, ich habe jedenfalls von dort keine Schüsse gehört.“

Franz musterte die Gesichter der Krankenschwestern. Er runzelte die Stirn: „Wo ist Ihre Kollegin, die … wir befreit haben?“, fragte er eine neben ihm stehende Schwester. Diese zeigte auf ein bündelartiges Etwas auf dem Steinboden der Wartehalle und begann zu weinen.

Irgendwann in der Nacht war die schwer misshandelte Krankenschwester zur Toilette gewankt. Eine ihrer Kolleginnen hatte sie stützen wollen, doch sie hatte jede Hilfe abgelehnt. Als die Schüsse draußen längst verstummt waren und sie immer noch nicht zurückgekehrt war, war die Kollegin mit dunkler Vorahnung zu den sanitären Einrichtungen gestürzt. Die Krankenschwester hatte sich in der Bahnhofstoilette erhängt. Sie hatte dazu ein Kabel von der Wand gerissen und über eines der Rohre an der Decke geworfen. Es musste sie viel Kraft gekostet haben, das Kabel zu lösen, ihre Hände waren aufgerissen und blutig, als man sie fand. Zwei Soldaten hatten sie heruntergeschnitten. Sie musste vom Fenstersims gesprungen sein, ihr Genick war gebrochen. Ein schneller Tod. Wenigstens das.

Man hatte beschlossen, den Leichnam der Frau mit in den Zug zu nehmen, um sie in Würde bestatten zu können. Die Soldaten hatten, da sie keine Decke fanden, die letzten Vorhänge in der Wartehalle des Bahnhofs abgenommen und die Tote darin eingewickelt. Das Entsetzen unter den Schwestern wie Jägern war immer noch groß. Aber es blieb keine Zeit für Trauer. Draußen brandete das Geschrei von Neuem auf und verhieß nichts Gutes. Franz wies das Grüppchen an: „Wir bringen jetzt zuerst die Frauen hinaus. Wir verteilen sie gleich in den ersten Waggons. Überall, wo Platz ist. Dann kümmern wir uns um Wasser und Kohlen."

Hörcher nickte: „Je schneller wir weg sind, umso besser. Sonst fliegt uns hier noch alles um die Ohren."

„Ein Spalier", rief Schmidt seinen Leuten zu, „Frauen in die Mitte, zwei Mann tragen die tote Schwester und dann rüber zum Zug! Steigt über mehrere Türen ein, damit sich keine Trauben bilden. Marsch, marsch!"

Im Laufschritt hasteten sie unter dem zornigen Gebrüll der wieder in großer Zahl herandrängenden Rumänen dem Zug entgegen. Doch keiner von ihnen traute sich, die Deutschen direkt zu attackieren. Noch.

Türen sprangen auf und helfende Hände zogen die Frauen und Männer empor. In wenigen Minuten war es vollbracht.

Der Triebwagenführer war zu Reimer und Andler in die erste Lok geklettert. Der Mann kam aus Tilsit und hieß Kallweit. In melodiösem Ostpreußisch schilderte er, woran er sich noch erinnern konnte. Viel war es nicht. In Urziceni angekommen war er ausgestiegen und hatte sich im Bahnhof nach dem Fahrdienstleiter erkundigt, um nach Diesel zu fragen. Plötzlich hatte er einen Schlag auf den Kopf bekommen.

Die Männer überlegten hastig, ob sie den Schnelltriebwagen mitnehmen oder zurücklassen sollten. Dem Lazarettzug würde er keinen Schub verleihen, da er nicht entsprechend gekuppelt werden konnte.

Trotzdem waren sich Reimer, Andler und Kallweit einig, ihn abzuschleppen. Franz, Hörcher und Leutnant Schmidt stimmten zu. In jedem Fall bot der Triebwagen zusätzlichen Platz und der wurde für die Verwundeten und die neu hinzugekommenen Schwestern benötigt. Außerdem – und keinem von ihnen kam das übertrieben vor – wollten sie niemanden zurücklassen: auch, wenn es nur ein Zug war.

Während die anderen Lokomotiven eilig und unter schwerer Bewachung bekohlt wurden, ihre Schlacken über einer Grube abließen und Wasser fassten, hängte Kallweit den Schnelltriebwagen an das Ende des Lazarettzugs. Reimer, Franz und Hörcher halfen ihm dabei. Anschließend begutachteten sie unter dem Schutz einiger Jäger noch einmal zügig den Triebwagen und leuchteten ihn ab, um sicherzugehen, dass er die unruhige Nacht in Urziceni gut überstanden hatte. Dabei strich Reimer mit seiner Hand über das in Tarngrün lackierte Metall: „Natürlich sind diese Dieselloks keine richtigen Lokomotiven. Es fehlt das Feuer. Das Zischen. Der Duft der Kohlen. Das Spiel der Kolben! Aber – das hier ist ein wirklich feiner Wagen, das sieht man."

Kallweit grinste: „Wer braucht schon den Gestank von Kohlen, wenn man mit Strom fahren kann? Das ist die Baureihe 137 der Deutschen Reichsbahn, Hamburg-Klasse. Ferndurchgangsschnelltriebzug, der schnellste Zug der Welt, meine Herren. Dieselelektrisch. Zentrales Jakobs-Drehgestell mit angetriebenen Achsen. Gebaut von der WUMAG in Görlitz. Durchschnittsgeschwindigkeit von über 130 Stundenkilometern, Höchstgeschwindigkeit 210 Stundenkilometer. Zwei Maybach Turbodiesel-Motoren aus Ludwigshafen mit je 410 Pferdestärken."

„Und was hat ein solcher Zug hier verloren?", wunderte sich Hörcher, während sie weiter um den Schnelltriebwagen herumschritten. „Wie ein Rennpferd im Eselstall."

„Das stimmt", bekräftigte Kallweit. „Die meisten Schnelltriebwagen sind ausschließlich im Reich unterwegs. Ich weiß von zwei Zügen der Baureihe Köln, die das Oberkommando der Wehrmacht als Quartierszüge einsetzt. Andere werden als Notstromaggregat genutzt.

Ich selbst habe bis vor Kurzem noch Generäle der Luftwaffe durch den südlichen Balkan kutschiert, bis es den Herren wohl zu brenzlig auf den Gleisen wurde. Dann hat man mich mit dem Zug nach Bukarest geschickt."

„Ich habe mich mit ein paar der Krankenschwestern kurz unterhalten", nickte Hörcher. „Sie meinten, dass sie in Bukarest an einer Schulung teilgenommen hätten. Verrückt, zum Lehrgang auf den Balkan … Hier in Urziceni sollten sie auf Lastwagen verladen und zu den Lazaretten an der Front gebracht werden."

„Totaler Wahnsinn", bekräftigte Kallweit. „Mich hat man sogar ohne zweiten Triebwagenführer und Bordmonteur losgeschickt. Die beiden sind in Bukarest krank geworden. Die 60 Kilometer schaffst du auch alleine, hieß es."

„Alles sehr ungewöhnlich", grübelte Reimer. „Seit Kriegsbeginn wurde der Betrieb dieser Züge meines Wissens nach stark eingeschränkt. Heutzutage ist Diesel ja kostbar wie Kölnisch Wasser. Und man füllt ihn lieber in U-Boote als in Lokomotiven. Nun, freuen wir uns einfach über das Schmuckstück."

Franz nickte: „Ein paar eingeworfene Scheiben tun seiner Eleganz keinen Abbruch. Sonst alles in Ordnung. Also schnell zurück zu unserer Lok, wird Zeit, dass wir hier wegkommen."

Der Zug brach auf. Die Erleichterung, Urziceni zu verlassen, stand allen ins Gesicht geschrieben. Einige Rädelsführer der randalierenden Meute am Bahnhof hatten ihre ohnmächtige Wut angesichts der schwer bewaffneten deutschen Soldaten in Schnaps ertränkt. Minutenlang flogen dem Zug die geleerten Pullen hinterher.

Hinter der düsteren Kleinstadt gelangten sie bald in ein Tal, das sie ohne Unterbrechung entlang eines Flusses durchfuhren.

Dahinter schlossen sich erste ernstzunehmende Steigungen an, die eine Vorahnung auf das vorausliegende Sinaia-Gebirge gaben. Der Lindwurm von mehr als einem Kilometer Länge erklomm in weiten Bögen Höhenmeter um Höhenmeter der Hänge. Franz und Hörcher nutzten die ruhigen Momente, um in stumpfen Erschöpfungsschlaf zu sinken.

Nach einigen Stunden hatten sie von einer Anhöhe aus einen hervorragenden Blick hinunter ins Tal, in dem sich der Fluss durch Wälder schlängelte, in deren Laub bereits Farbtöne des frühen Herbstes Einzug gehalten hatten. Und dort, auf den Saumwegen unterhalb des Horizonts, quälten sich Panzer als winzige Punkte über eine Hügelkette. Die von den Jahren des Krieges ebenso ermüdeten wie geschulten Augen der Soldaten identifizierten sie als russische T-34 Panzer. Fernab jeder Reichweite. Was gut war, denn sicherlich war auch der Zug längst entdeckt worden.

In einer Nullsteigung, gut von ausladenden Bäumen vor fliegenden Aufklärern geschützt, stoppte der Zug gegen elf Uhr am Morgen. Sie hatten erneut Beerdigungen durchzuführen, Leutnant Schmidt übernahm die Bürde mit seinen Jägern. Während Reimer mit Andler, Hörcher und Wagenmeister Lege eine technische Ronde machte, um sich ein Bild vom Zustand aller Lokomotiven und Waggons zu verschaffen, suchte Franz einmal wieder den Operationswagen auf. Dort schloss gerade Stabsarzt Ross in Gegenwart seines Unterarztes einem Verstorbenen die Augen. Feldkaplan Lorenz hielt die Hand des Toten. Schwester Marie betete und weinte.

Franz nahm seine Mütze ab und fragte: „Wie viele Gräber brauchen wir?"

Ross, der seine Instrumente wütend in eine Schüssel warf, registrierte die Frage nicht, sondern wand sich Schwester Elsa zu, die in der Tür erschienen war und mit ihm den nächsten Patienten besprechen wollte. Spanuth antwortete für Ross: „Bis vor einer Minute waren es 34. Jetzt sind es 35." Der Unterarzt war wütend: „Es ist eine gottverdammte Scheiße, zum Verrücktwerden! Wenn wir fahren, können wir nicht operieren. Und wenn wir endlich operieren können, krepieren uns die Leute trotzdem unter den Händen. Sepsis, Blutverlust, Fieber. Cholera, Malaria, Typhus, es fehlt nur noch die Pest an Bord. Und wir haben fast keine Medikamente mehr." Der Steiermärker sank auf einen Hocker und schloss für einen Moment die Augen. Dann stand er abrupt auf und verließ das Abteil. Franz folgte ihm.

Draußen wartete Ahrens mit vielen der Jäger. Spaten und Schaufeln lehnten an der Wand des Lazarettzugs. „35", sagte Spanuth zu Ahrens, der ebenfalls wissen wollte, wie viele Gräber sie auszuheben hätten, „36 mit der Krankenschwester aus Urziceni."

Der Unterarzt griff selbst nach einem der Spaten, doch Franz hielt ihn davon ab: „Ruh dich aus. Du musst deine Hände schonen, die brauchen wir noch. Wir können es uns nicht leisten, dass du sie dir beim Graben verletzt."

Er reichte Spanuth eine Zigarette, die dieser dankend annahm. Der Unterarzt setzte sich auf den Schotter des Gleisbettes. Eidechsen stoben davon, in ihrem Sonnenbad unterbrochen. Franz nahm neben ihm Platz.

Spanuth inhalierte tief, während die Männer mit den Spaten abzogen, um unweit der Gleise auf einer Wiese die Gräber auszuheben. Dann stieß der Österreicher den Rauch so heftig aus, dass er husten musste: „Soll ich dir verraten, was das Schlimmste für einen Arzt im Krieg ist?"

„Ich kann es mir denken", antwortete Franz. „Die Triage, nicht wahr?"

Spanuth nickte überrascht: „Woher kennst du die Triage?"

„Mein Onkel Heinz, der jüngste Bruder meines Vaters, war vier Jahre lang Feldarzt im letzten Krieg. Erst in Verdun, später an der Somme. Im September 1916 war er dabei, als die ersten Panzer der Geschichte bei Flers aufkreuzten und viele Soldaten beim Anblick den Verstand verloren. Lauter Verrückte und Zerschossene – und der Arzt als Herrscher über Tod und Leben mittendrin."

„Die Triage ist ein Wahnsinn! Da schwören wir einerseits den Eid des Hippokrates und müssen andererseits die Verletzten nicht nach der Schwere ihrer Verletzungen oder nach ihrer Ankunft auf dem Hauptverbandplatz behandeln, sondern ausschließlich nach der Aussicht auf Wiederherstellung der Kampffähigkeit. Kann der Verwundete so schnell wie möglich wieder Soldat sein? Wie viele Pflegekräfte wird er bis zu seiner Genesung binden? – Wusstest du, dass sich Prostituierte in von uns besetzten Ländern freiwillig mit

Tripper und Syphilis infizieren, um unsere Heere zu schwächen? Ein irrer Mut dieser Frauen: Erst die Krankheitsfolgen und dann riskieren sie auch noch, wegen vorsätzlicher Hygienemissachtung erschossen zu werden. Es ist doch ein Unterschied, Franz, ob Patriotismus der Liebe zur eigenen Nation oder der Verachtung für andere Völker entspringt."

Franz nickte nachdenklich, während Spanuth fortfuhr: „Das Leben jedes Soldaten ist weniger wichtig als seine Kampfkraft. Jeder weiß, was es bedeutet, in die Lazarettecke zu den Bauchschüssen, zu den beginnenden Wundstarrkrämpfen und zu den schweren Kopftreffern gelegt zu werden, während man in die andere Ecke die leichten Durchschüsse und mittleren Sprengschäden trägt. Die eine Seite heißt Sterben, die andere Leben. Wer noch Kraft hat zu schreien, kann warten, weil er bessere Chancen hat, aber all die Stillen um dich herum … Dabei könnte man selbst einen Bauchschuss operieren. Auch wenn sieben von zehn dran sterben, die Chance ist da! Aber in der Zeit, die ich für den Bauchschuss brauche, sterben drei geringer Verletzte. Was für eine beschissene Wahl! Und für jede dieser Entscheidungen habe ich eine halbe Minute Zeit. Kannst du dir vorstellen, wie mich diese Menschen anschauen und wie mich ihre Blicke verfolgen?"

Franz sagte nichts.

Spanuth zog an seiner Zigarette: „Und dann gibt es etwas, das fast noch schlimmer ist. Während eines Vormarschs liegen die Lazarette immer in sicherem Abstand zur Front. Manchmal hörst du die Granaten, wenn der Wind die Detonationen herüberträgt – kaum mehr als ein Säuseln, ein Rauschen –, und du weißt, dass du sicher bist und dich auf deine Arbeit konzentrieren kannst. Ein rotes Kreuz ist auf dem Dach, so groß, dass es jeder Pilot sieht und in seine Karten einträgt. Du kannst operieren, kannst dein Können einsetzen, kannst die Ursache der Verletzungen verdrängen, kannst sogar lernen und besser werden in deinem Beruf. Es sind Patienten. Und nackte Patienten sehen im Krieg nicht anders aus als im Frieden. Irgendwann marschiert die Front weiter Richtung Osten und das Feldlazarett rückt nach, damit der Abstand zum Hauptverbandplatz nicht zu groß wird." Spanuth starrte auf den staubigen Boden vor sich. „Doch seit zwei Jahren gibt es kein Ostwärts mehr. Rückzugschirurgie. Alles ist anders. Die Front ist auf dem Weg zu dir, während du im Zelt stehst und operierst. Und plötzlich ist sie da. Granaten schlagen ein, mitten im Operationssaal, keine Zeltbahn hält auch nur eine Kugel ab. Und du bist getränkt vom Blut der Menschen und du arbeitest wie ein Besessener in namenlosen Leibern. Es ist eine unvorstellbare Schweinerei."

Wieder ein Zug an der Zigarette: „Dann kommt der Räumungsbefehl für das Lazarett, weil die ersten Panzer schon hinter den Hecken am Dorfrand auffahren und russische Infanterie von Haus zu Haus näherspringt. Und du weißt, dass vor dem Lazarett nur noch ein Lastwagen steht. Ein einziger. Auf der Ladefläche haben bestenfalls 20 Liegende Platz. Dann schaust du in das Lazarett und zählst 100 und mehr. Also nimmst du ein Stück Kreide und läufst von Trage zu Trage. Du schaust dem Mann eine Sekunde lang in die Augen und malst ein großes Kreuz auf seine Felddecke, wenn er mitgenommen werden soll. Kein Kreuz bedeutet, dass der Mann stirbt. Kopftreffer, kein Kreuz. Bauchschuss, kein Kreuz. Lebertreffer, kein Kreuz. Oberschenkeldurchschuss – das könnte ein Kreuz wert sein. Doch wie wählst du weiter aus? Rettest du den an der Roten Ruhr Erkrankten, dem der Mastdarm 20 Zentimeter aus dem Anus hängt? Oder lieber den Gesichtsverletzten, dem alles unterhalb der Nase fehlt? Den mit dem Faulbrand an den Füßen? Nimmst du den Kranken, dessen Rückenabszess in die Nieren eingebrochen ist? Oder den blinden Sprengverletzten, den selbst seine eigene Mutter nicht mehr erkennen würde? Da drüben liegt einer, dem der Knochenfraß die Unterschenkel zerstört hat. Oder doch besser der Koch mit dystonem Tremor, der aus einem Brunnen getrunken und dabei irgendein Gift zu sich genommen hat? Den verrückt Gewordenen, der hundertmal am Tag onaniert? – Jeder der Soldaten weiß, was es bedeutet, wenn du mit deinem Stück Kreide kommst. Sie flehen dich mit letzter Kraft um Gnade an und halten Fotografien ihrer Kinder und Frauen hoch.

Und dann liegen da die ganz Jungen, halbe Kinder, die vielleicht noch nie ein Mädchen hatten und jetzt erkennen, dass sie nie eines haben werden. Und in ihren Fingern zittert ein Bild der Mutter, irgendwann aufgenommen, als die Welt noch nicht aus den Angeln gehoben war."

Spanuth sprach immer schneller: „Ein paar versuchen, mit Erde und Sand selbst ein Kreuz auf ihre Felddecken zu streuen. Ein paar sterben, sobald sie sehen, dass du vorübergehst und sie dem Tod geweiht hast. Aber die meisten schauen dich nur an, als unabänderlich letzte Enttäuschung in ihrem Leben, das im Dreck endet. Und von denen, die später auf dem Lastwagen liegen, stirbt innerhalb von wenigen Stunden die Hälfte. Manchmal reicht ein Schlagloch. Und du fragst dich, ob deine Entscheidungen die richtigen waren. Hättest du nicht doch den Schulterdurchschuss anstelle der Unterschenkelquetschung mitnehmen sollen? Oder den Wundbrand, der heute schon besser als gestern aussah? Das ist die Triage in der Triage. Und du bist längst kein Arzt mehr. Du bist ein beschissener Totengräber."

Spanuth barg den Kopf in den Armen und weinte.

Franz legte seine Hand auf die Schulter des Österreichers und schaute zurück. Über der Wiese jenseits der Gleise sah er die Schaufeln fliegen, ein stetig niederprasselnder Erdregen für die Toten. Ein eigentlich überflüssiges Ritual, jeder wusste, dass viele Friedhöfe von den nachrückenden Truppen der Sowjetunion geschliffen wurden, und doch das Wichtigste im Moment, um sich gegenseitig zu beweisen, dass man überhaupt noch etwas spürte. Sanft rüttelte Franz den aufgelösten Unterarzt: „*Der Krieg macht aus den Ärzten Gehilfen des Teufels.* – Das ist nicht von mir, sondern von deinem Vorgesetzten. Ross hat es gestern gesagt. Er hat Recht. Und du hast Recht. – Und auch das ist vielleicht noch nicht einmal das Schlimmste im Krieg."

Spanuth schaute auf. Er strich sich die Haarsträhnen, die ihm ins Gesicht gefallen waren, zurück. „Was denn dann?", fragte er tonlos.

„Ich glaube, das Schlimmste ist für jeden etwas anderes."

„Was ist das Schlimmste für dich?"

Franz fuhr mit der Hand über die Blüten der Gräser, die im Gleisbettschotter wucherten. „Das Schlimmste für mich – das war eine Fuchsjagd."

„Eine Fuchsjagd? Was meinst du damit?", fragte Spanuth.

„Genau genommen war es nicht die Fuchsjagd. Aber mit ihr fing es an."

„Ich verstehe kein Wort."

Franz schüttelte erst abwehrend den Kopf. Und begann dann doch zu erzählen, langsam, aber bestimmt: „Es ist ein gutes Jahr her. Im April und Mai 1943 waren wir die letzte Division der Wehrmacht auf dem Kuban. Wir hatten den Rückzug auf die Krim zu sichern. Uns steckten bereits fünf Abwehrschlachten rund um Krymskaya in den Knochen. Über 500 Männer tot, allein im April, und nur, um den Kubanbrückenkopf zu halten."

„Ich habe davon in der Wochenschau gehört."

„Es zu erleben war schlimm. Ein Gemetzel. – Am letzten Apriltag war ich Zeuge eines Gesprächs zwischen einem unserer Gefechtsgruppen-Kommandeure, Major Fritz Höhne, und einem Feldwebel des Regiments 204, er hieß Begner. Wir hatten im Lagerkeller einer Scheune einen Stabsunterstand eingerichtet, da trafen sie aufeinander. Begner trug einen Fuchspelz bei sich und Höhne fragte ihn, woher er den Pelz habe. Begner sagte, von jüdischen kriminellen Partisanen. Und Höhne fragte: Von wem denn nun, von Juden, von Kriminellen oder von Partisanen? Darauf Begner wieder, ob das denn überhaupt einen Unterschied mache." Um Franz' Mundwinkel zuckte es. „Höhne hatte den Mann wohl schon länger auf dem Kieker. Er sagte zum Feldwebel, wenn er Gelüste habe, sein Jäger-Grau gegen ein SS-Schwarz einzutauschen, könne er gerne einen Versetzungsantrag stellen. Und bis dahin solle er sich seine Weltanschauung dorthin stecken, wo die Sonne niemals scheint."

Erstmals erschien auf Spanuths Gesicht wieder ein Lächeln: „Ein Major nach meinem Geschmack."

Franz nickte: „Höhne ist in Ordnung. Ist immer auf die verrücktesten Ideen gekommen. Und dennoch sehr besonnen, wenn es drauf ankam. Er ist vorsichtig mit den Leben seiner Untergebenen umgegangen, deshalb war er bei seinen Leuten beliebter als jeder andere Offizier, ist es sicher immer noch. Gab ja auch die Hasardeure, die rücksichtslos nach vorne peitschten, um ihre Blechkrawatte zu bekommen."

„Tja, das Ritterkreuz – solche Verrückten hatten wir auch. Zwei von denen haben eine Kugel von hinten gefangen, damit endlich mal Ruhe war. Habe ich selbst erlebt."

Franz nickte nachdenklich: „Ich frage mich, wo Höhne jetzt wohl steckt. Gesehen habe ich ihn seit meiner Verwundung nicht mehr."

„Was geschah danach? Ich meine, mit dem Fuchspelz?"

„Höhne machte Begner zur Schnecke: Es sei verboten, zum Privatvergnügen zu requirieren, wir würden es uns nicht leisten können, uns noch unbeliebter zu machen, als wir ohnehin schon wären, und was er überhaupt mit einem Fuchspelz wolle, beim nächsten Kompanieabend als Operettenstar auftreten? Er nahm Begner den Pelz ab: In den nächsten Tagen müsse er ihn zurückbringen, aber vorher habe er noch etwas damit vor."

„Die Fuchsjagd?"

Franz nickte langsam.

Höhne hatte sich damals an Franz gewandt und ihn gefragt, was er von einer Fuchsjagd an der Front halte. Da er doch für die Pferde des Regiments 207 verantwortlich sei.

„Erst dachte ich, das sei wieder einer seiner Witze – was für eine verrückte Idee. Doch dann merkte ich, dass es ihm ernst war."

Franz hatte entgegnet, dass ihre 250 Pferde zumeist Haflinger und Panjepferde waren, für Reitsport denkbar ungeeignet. Da hatte Höhne gelacht und gemeint, es ginge ja auch nicht um Olympische Reiterspiele, sondern nur um etwas Zerstreuung. Ein sportliches Ereignis würde sie alle, die sie seit Monaten um ihre Haut kämpften, mal auf andere Gedanken bringen. Hier konnte man sowieso stündlich sterben. Ein bisschen Abwechslung vom Tod.

Die meisten Offiziere des Divisionsstabes hatten die Jagd rundheraus abgewiesen und als Idiotie bezeichnet.

Doch dann hatte der Divisionskommandeur, Generalleutnant Ernst Rupp, von Höhnes Idee erfahren und seinen Segen zur Veranstaltung gegeben.

„Unser Chef wollte wohl auch mal wieder etwas Spaß haben. Kein Wunder nach den grausamen Wochen. Ohne seine Umsicht hätten wir noch mehr Leute verloren. Hat uns und die ihm unterstellten Rumänen gut geführt. Isjum, über den Donez, West-Kaukasus, Pschisch-Tal – hat dafür das Ritterkreuz bekommen und den höchsten rumänischen Orden. Und dann – vier Wochen später – tot. Volltreffer auf den Gefechtsstand."

„Und wie kam es dann zur Fuchsjagd?", fragte Spanuth.

„Es waren die ersten Tage seit Monaten ohne Gefechte, ohne Tote und ohne Verletzte, weil die Truppen der Roten Armee ihren Nachschub ordneten. Und da bekam jeder von uns Lust auf ein fast ziviles Abenteuer, wir hatten alle das Gefühl, das uns vielleicht endlich wieder ein wenig Freude zustehen würde."

„Natürlich, mehr als verständlich", meinte Spanuth und zündete sich mit der letzten Glut der ersten eine zweite Zigarette an.

Alle Reiter des Offizierskorps der Jäger-Regimenter 204 und 207 hatten sich in eine Teilnehmerliste eingetragen, die beim Divisionsstab aushing. Der beste Reiter aus Franz' Einheit, Hauptmann von Krötzmannsdorf, war vor dem Krieg fränkischer Meister im Querfeldein-Galopp gewesen, deshalb sollte er mit dem Köder vorausreiten. Ein gutes Dutzend Kilometer im kaum bewohnten Hinterland der Front. Ein Springparcours war zu bestehen und ein See sollte mit dem Pferd durchquert werden. Wem es von den Verfolgern als Erstem gelänge, dem Hauptmann das Fuchsfell zu entreißen, der würde das Rennen gewinnen.

„Ich habe mich auch angemeldet, gemeinsam mit Anton Seidlinger, einem Leutnant aus meiner Stabskompanie."

„Wie unwirklich: eine Fuchsjagd hinter der Front."

Franz nickte: „Aber genauso ist es gewesen. Start war am 2. Mai um neun Uhr morgens. Zwei Dutzend Offiziere auf Pferden, auch rumänische Reiter wie der Kommandeur vom königlich-rumänischen

I. Infanterie-Regiment 94, Major Palaghita hieß er. Vier Tage später starb er bei einem Angriff der Roten Armee."

„Die Rumänen sind genauso verarscht worden wie wir. So viele Tote und nun wechseln sie die Seiten schneller als ein Eintänzer die Frauen." Spanuth schlug die Asche ab. „Und weiter?"

„Wie gesagt, der 2. Mai fing friedlich an."

Ruhe hatte über der gesamten Kuban-Halbinsel gelegen. Eine himmlische Stille, nicht eine Granate, die zu hören gewesen war. Das sorgte für glückliche Verwirrung, fast schon für Euphorie, die sich auch auf die Pferde übertrug. Franz' Tier war stämmig und brav, sicherlich war es vor einem Erntewagen besser aufgehoben als in einem Rennen. Auch Anton Seidlinger hatte eine rachitische Mähre erwischt. Eine Schimmelstute, die dem Abdecker wesentlich näher war als dem Ziel eines Querfeldeinrittes.

Major Höhne feuerte in die Luft und das Rennen begann mit einem Vorsprung für von Krötzmannsdorf. Anton und Franz waren schnell zurückgefallen und bald die Letzten.

„Unsere Pferde waren so hungrig, dass sie dauernd versuchten, stehenzubleiben und das Grün am Wegesrand zu fressen. Vor einem Gebüsch warf mich mein Zosse dann ab. Anton wäre vor Lachen fast vom Pferd gefallen. Und dann hörten wir einen Pistolenschuss."

„Partisanen? Oder die anderen Reiter?", fragte Spanuth irritiert.

„Die anderen Reiter kamen nicht in Frage, die waren alle schon zu weit weg. Und der Schuss kam aus einer anderen Richtung. Partisanen – das dachten wir zuerst auch. Wir griffen nach unseren Pistolen und schauten uns um. Erst war alles ruhig. Ich weiß noch, dass ein Specht gehämmert hat, als wolle er den Schall der Waffe imitieren. Dann fiel ein zweiter Schuss. Und noch einer."

„Was geschah dann?"

„Wir bahnten uns einen Weg durchs Unterholz und zogen die Pferde hinter uns her."

„Auf die Schüsse zu?"

„Wir wollten die Lage klären. Immer wieder fielen Schüsse und wir kamen ihnen näher. Dann hörten wir jemanden lachen und es wurde gesungen. Besoffene Männerstimmen. Das Lied kennst du sicher auch: *Haben Sie schon mal im Dunkeln geküsst* von Evelyn Künneke. Wir banden die Pferde an und gingen vorsichtig weiter. Dann kamen wir zu einer Senke."

„Und dann?"

Franz setzte zu sprechen an, doch er brach ab.

„Was für eine Senke? Erzähl schon, Franz!"

V

Als Walodja aus dem Wald stürmte, sah er unter sich den elterlichen Hof. Dort standen zwei Kübelwagen, ein offener Lastwagen und zwei Kradgespanne. Auf den Türen der Fahrzeuge konnte er Totenköpfe erkennen. Auf der Ladefläche des Lasters standen viele Menschen.

Soldaten trieben Walodjas Familie aus dem Haus. Die Haare seiner Schwester sah er von Weitem leuchten. Walodja lief weiter.

Einer der Soldaten sah ihn heranstürmen, riss seinen Karabiner hoch, zielte und brüllte: „Stehenbleiben!"

„Um Himmels willen, Walodja, halt an!", schrie seine Mutter von der Türschwelle, bevor ihr ein Uniformierter den Gewehrkolben in die Seite rammte.

Walodja stoppte, geriet ins Straucheln und fiel. Als er sich aufrichten wollte, war schon ein Soldat über ihm, der ihn wieder zu Boden stieß und in den Rücken trat. Walodja blieb die Luft weg.

Langsam wandte er den Kopf, folgte dem auf ihn zeigenden Gewehrlauf, dann stand er zitternd auf und hob die Arme. Sein Blick suchte die Eltern. Zwei Soldaten prügelten Kolja und Jelena vor sich her, zwangen sie, auf die Ladefläche des Lasters zu klettern. Sein Vater blutete am Kopf.

Allotschka sah ihren Bruder und schrie gellend: „Walodja, lauf weg!"

Einer der Männer gab dem Mädchen eine Ohrfeige, dass ihr Kopf nach hinten flog. Blut spritzte aus ihrer Nase.

Walodja wurde an seinem Hemdkragen durchs Gras geschleift. Er zappelte und sein Häscher lachte. Er trug eine graue Uniform mit schwarzen Kragenspiegeln, die auf einer Seite silberne Quadrate zeigten.

Walodja spürte Angst, die ihm eisig in den Bauch fuhr. Viel Schlimmes hatte er über diese Kommandos gehört. Die Leute hatten gesagt, es seien Polizisten unter den Mördern, aber auch Soldaten der SS. Sie tauchten plötzlich auf und töteten alles. Walodjas Angst wurde zu Panik, die wuchs, so schnell und hitzig, dass er kurz vor einer Ohnmacht stand. Er versuchte, sich zu wehren, doch der Uniformierte lockerte seinen Griff nicht.

Vor dem Lastwagen legte er Walodja ab und rief: „Los, rauf zu den anderen!“ Zu einem Kollegen sagte er: „Wenn du mich fragst, ich versteh nicht, was das soll. Warum erschießen wir sie nicht gleich hier?“

Der andere Soldat zuckte mit den Achseln und wies auf einen der Kübelwagen, in dem ein Offizier der SS im Dienstgrad eines Obersturmbannführers saß und Listen studierte: „Weißt ja, muss alles seine Ordnung haben.“

„Ist doch Quatsch.“

„Ja. Aber der Alte hat gesagt, wir sollen diskreter sein, damit die Bolschewiken nicht gleich alle Gräber finden.“

Walodja kletterte auf den Laster und drängte zu seiner Familie. Sie umarmten sich. Allotschka klammerte sich an seine Beine, sodass er fast das Gleichgewicht verlor.

Walodja schaute sich um. Alle Bewohner des Dorfes waren auf der Ladefläche versammelt. Er erkannte Pjotr, den Übersetzer, natürlich mit seiner Mütze. Die Familie vom Hof hinter dem Birkenwäldchen mit den Eltern Olga und Igor, deren wieder genesener Kuh er noch vor einer Stunde die Blesse gestreichelt hatte. Die sechs Kinder klammerten sich an ihre Eltern. Vier Mädchen, zwei Jungen. Die Jungen, die sonst keine Gelegenheit ausließen, ihre Schwestern zu ärgern, hielten sie nun eng im Arm. Der Lehrer Jewgeni Sapoznikov, ein Mann mit dürren Schultern, gebogen von einer Tuberkulose in der Kindheit. Sapoznikov hatte Walodja Schreiben und Rechnen beigebracht, mit Geduld und Nachsicht, mehr schlecht als recht, denn Walodja war nicht für die Schule geboren. Neben ihm hockte Jefim Schirjajew, der Arzt und gleichzeitig Apotheker und Friseur des Dorfes war. Sonst von ausgeprägter Fröhlichkeit und mit einem dröhnenden Organ gesegnet, wirkte er wie versteinert. Neben ihm kauerte eine Frau, die versuchte, einige Worte an Schirjajew zu richten. Es war die Mutter von Nadja, die Walodja jetzt mit großen Augen flehend ansah. Er rückte näher zu ihr.

Natürlich wollte sie wissen, wo ihre Tochter war. „Draußen bei den Tieren“, flüsterte er. „Wo ist dein Mann? Wo sind deine Söhne?“

Statt einer Antwort fing sie zu schluchzen an.

Jefim Schirjajew schüttelte sich, nahm Walodja am Arm und flüsterte ihm zu: „Sie wurden erschossen, weil sie sich der Verhaftung widersetzt haben."

„Was geschieht mit uns?"

„Ich weiß es nicht. Aber wenn wir uns wehren, werden wir getötet."

Verstört zwängte sich Walodja zwischen den anderen hindurch und zurück zu seiner Familie.

Es waren zehn Soldaten. Sie sprangen in ihre Fahrzeuge und starteten. Der Konvoi setzte sich in Bewegung. Ruckartig fuhr der Laster an, die Menschen auf der Ladefläche fielen durcheinander. Vorneweg fuhr der Kübelwagen des Offiziers. Es folgten der Lastwagen und der zweite Kübelwagen, die Nachhut bildeten die Kradgespanne. Der Tross rumpelte über die Straße zwischen den Lehmhütten hindurch und verließ das Dorf.

„Wo bringen sie uns hin?", fragte eine junge Frau ängstlich.

„In den Wald", sagte Pjotr.

„Und dann?"

„Dann erschießen sie uns."

Panik brach auf dem Laster aus. Die Frauen begannen zu schreien.

Plötzlich schob der Lehrer Sapoznikov die ihn Umstehenden beiseite und drängte sich an den Rand des Lasters, mit einer Entschlossenheit, die Walodja ihm nicht zugetraut hätte. Er schwang sein linkes Bein über die Wand der Ladefläche und schien nur einen Wimpernschlag lang auf den geeigneten Moment für den Absprung zu warten, als schon Schüsse fielen; die Männer im Kübelwagen hinter dem Laster feuerten mit ihren Sturmgewehren auf den Lehrer.

Das erste Geschoss traf auf Metall, das Projektil surrte als Querschläger über die Lasterfläche und drang einem der Mädchen von Olga und Igor in die Schläfe. Stöhnend sackte das Kind nach hinten und starb.

Der zweite Schuss zerfetzte den linken Knöchel von Sapoznikov, der aufschrie und über die Reling kippte. Dabei blieb seine Hose an einem Haken hängen, der sonst für das Vertäuen von Gütern genutzt wurde. Sapoznikov hing kopfüber und brüllte vor Schmerzen. Der dritte Schuss durchschlug seinen Hals. Sein Schrei ging in einem fürchterlichen Gurgeln unter, das Blut des Lehrers spritzte über die Seitenwand des Lasters und auf die Menschen darauf.

Es dauerte kaum länger als eine Minute, bis Sapoznikov als leblose Hülle am Laster hing, der seine Fahrt unverändert fortsetzte. Jede Bodenwelle ließ den Körper in einem fürchterlichen Totentanz zappeln. Endlich riss das Hosenbein des Lehrers. Der Leichnam fiel herab und der Hinterreifen des Lasters fuhr darüber. Auch der Kübelwagen wich nicht aus. Lachend hob es die Männer darin aus ihren Sitzen. Das Kradgespann dahinter, gesteuert von einem dicken Blonden, musste eine scharfe Kurve einlegen, um nicht umzukippen.

Erneut setzte Franz an und erneut brach er ab. Kopfschüttelnd sagte er zu Spanuth: „Du hast mich gefragt, was das Schlimmste für mich ist, Krafft. Und ich will dir ja schildern, was ich damals gesehen habe, doch ich kann es nicht. Ich sehe die Worte vor mir, aber ich kann sie nicht aussprechen. Lass mir die Illusion, das alles nur ein böser Traum war. Sobald ich es laut sage, hole ich es in meine Welt."

Spanuth starrte auf den glimmenden Stummel seiner Zigarette. „Es ist gut, Franz. Erzähl es mir nicht. Oder erzähl's mir, wenn du irgendwann möchtest."

Franz stand auf, massierte sein Knie und klopfte sich den Staub von der Hose. „Weißt du, Krafft, mit welchem Recht beschweren wir uns über unser Schicksal? Wir haben alle unseren Teil dazu beigetragen, hier zu sein. Wir können uns einreden, dass das Schicksal die Stücke des Lebens schreibt. Und Gott ist der Intendant. Aber unsere Rollen suchen wir uns selbst aus. – Ich frage mich, was ist mit denen, die niemals Verantwortung getragen haben und in diesem Krieg dennoch Opfer bringen müssen, die jedes Maß übersteigen? Was andere erleiden, ist so grauenvoll und ich bin sogar zu feige, nur darüber zu sprechen. Das ist wahrscheinlich das Schlimmste."

Einen Moment lang sah es aus, als wolle Spanuth darauf etwas erwidern. Dann schüttelte er den Kopf und stand ebenfalls auf: „Meinst du, wir schaffen es, Franz?"

Franz begriff erst nicht. Als Spanuth erklärend auf den Zug wies, legte er eine Hand an die Wand des Operationswagens hinter ihnen: „Wir müssen direkt an Ploiești vorbei. Vielleicht sind die Erdölfelder schon an die Russen gefallen. Hart umkämpft werden sie auf jeden Fall sein. Wahrscheinlich müssen wir mit unserem Lindwurm mitten durch die Hauptkampflinie." Franz zwinkerte müde: „Ein Kinderspiel."

Spanuth nickte: „Wartet eigentlich jemand auf dich zuhause, Franz?"

„Ja. Meine Frau und mein Sohn."

Der Unterarzt zog ein Lederetui hervor und entnahm daraus ein Foto, das er Franz zeigte: „Meine Frau Antonia. Wir haben erst vor ein paar Monaten geheiratet. Am 4. Mai, bei meinem letzten Heimaturlaub."

Franz betrachtete das Hochzeitsbild, das einen glücklichen Krafft Spanuth zeigte, der eine junge Frau im Arm hielt: „Sie ist sehr hübsch."

„Nicht wahr?" Spanuth lächelte stolz und verstaute die Fotografie wieder in seiner Brusttasche. „Hast du Geschwister?"

„Ja. Eine jüngere Schwester. Hildur. Und ich habe einen kleinen Bruder, Björn. Er ist auch im Krieg."

„Ich habe drei Brüder. Habe ... zwei sind gefallen. Volker starb im September 1941 im Eismeer. Roloff im Januar '42 am Ilmensee. Und von Jürgen habe ich zum letzten Mal vor Monaten gehört. Angeblich ist er irgendwo bei Leningrad schwer verwundet worden, hat unsere Mutter geschrieben. Ich habe ihr versprechen müssen, dass ich den Krieg überlebe."

„Dann schaffst du es auch." Franz gab ihm einen aufmunternden Klaps auf den Oberarm und Spanuth lächelte ihn an: „Lass dein Knie bald neu verbinden, Franz."

„Das mache ich."

„Sicher?"

„Sicher."

Während Spanuth seine Zigarette austrat, um wieder im Lazarettzug zu verschwinden, machte Franz sich auf den Weg. Er organisierte sich einen Eimer und brachte den immer noch schaufelnden Männern Wasser. Eine seltsame Andacht begleitete die Arbeit, denn allen war klar, dass allein ein launenhaftes Schicksal darüber entschied, wer in einer solchen Situation grub und wer begraben wurde. Als die Gräber tief genug waren, dass die Leichname nicht von Tieren sofort wieder freigescharrt werden konnten, wurden die Toten, die eingeschlagen in ihre Zeltbahnen neben dem ersten Erdloch lagen, hineingebettet. Zuvor hatte Ahrens die Erkennungsmarken abgebrochen. Auch die Krankenschwester war in eines der Erdlöcher gelegt worden. Vor ihrem Grab stand Elsa Rudolph mit gesenktem Kopf. Franz dachte an den Beginn seines Gesprächs mit Spanuth und trat an sie heran: „Wie ist die Lage bei unseren Verwundeten? Wie verkraften sie die Fahrt?"

Die Schwester schaute ihm ernst in die Augen: „Auf gut Deutsch: beschissen. Jedes Bremsen, jeder Schienenstoß ist die Hölle für alle, die frisch vernähte Wunden haben. Aber dafür halten sie sich tapfer. Und die Schwestern aus Urziceni sind ein wahrer Segen. Immerhin hat Marie noch einige Ampullen Pantopon und Dilaudid entdeckt – aber das sind stärkste Schmerzschmittel, Morphinderivate, die brauchen wir für unsere Amputationen."

„Was machen die Cholera- und Typhusfälle?"

„Das wenige, was wir tun können, tun wir. Hygiene ist wichtig. Regelmäßig Latrineneimer ausleeren und viel Frischwasser heranschaffen. Das Fieber senken wir mit Wadenwickeln und Aspirin, Pyramidon haben wir zum Glück auch noch reichlich. Die Zahl der Cholerakranken haben wir ziemlich stabil halten können, aber seit gestern sind wahrscheinlich um die zehn neue Typhusfälle hinzugekommen. Sehr wahrscheinlich sogar, leider."

„Woher wissen Sie das? Konnten Sie testen?"

Die Schwester schüttelte den Kopf: „Nein, dafür fehlt uns das Labor. Aber die Männer haben hohes Fieber, einige mit weißer Zunge oder Hautausschlag, manche sind wirr – Typhus heißt nicht umsonst *umnebelte Sinne*."

„Wenn wir Sie nicht hätten. Sie sind hier wirklich unser dritter Arzt. Passen Sie auf, dass Sie sich nicht anstecken!"

Elsa Rudolph lächelte müde: „Gleichfalls. Wir teilen hier nicht nur unsere Hoffnungen, sondern auch unsere Keime."

Feldkaplan Lorenz war an die Gräberreihe herangetreten. Er las aus dem Brief des Paulus an die Galater, Kapitel 6 Vers 2. *Einer trage des andern Last, so werdet ihr das Gesetz Christi erfüllen*. Anschließend segnete er die Toten. Die Männer sangen ein Lied von Martin Luther: *Ein' feste Burg ist unser Gott*. Ihr Choral wehte über die Wälder und vereinte sich mit der grummelnden Artillerie der nahen Front. Das Zuschütten der Gräber nahm weniger Zeit in Anspruch.

Jetzt, im Spätsommer, stand der Waldrain in prächtiger Blüte. Viele der neu hinzugekommenen Krankenschwestern des Triebwagens hatten schnelle Feldsträuße aus Königskerzen, Schafgarbe, Sandglöckchen und Flockenblumen gebunden, die sie nun auf die frische Erde legten. Einige Männer hatten einfache Birkenkreuze gefertigt und darauf die Namen der Toten geschrieben. Die Kreuze wurden an den Kopfenden der Gräber in den Boden geschlagen, die Stahlhelme der Männer darüber gehängt. Der Anblick, so alltäglich geworden, tat immer mehr weh, je näher sie der Heimat kamen.

Ein letztes Lied wurde gesungen. *Des Reiters Morgenlied* von Wilhelm Hauff. Franz nickte sich selbst zu, es passte zur Stimmung der Trauernden, hier, inmitten der friedlichen Kulisse des Waldes, in die nun auch der Tod eingekehrt war.

Morgenrot, Morgenrot
leuchtest mir zum frühen Tod
Bald wird die Trompete blasen
dann muss ich mein Leben lassen
ich und mancher Kamerad

Kaum gedacht, kaum gedacht
wird der Lust ein End gemacht!
Gestern noch auf stolzen Rossen
heute durch die Brust geschossen
morgen in das kühle Grab!

Ach wie bald, ach wie bald
schwindet Schönheit und Gestalt!
Strahlst du gleich mit deinen Wangen
die wie Milch und Purpur prangen
ach, die Rosen welken all!

Die Namen der Toten wurden in eine Liste aufgenommen, die der Feldkaplan, der auch die Erkennungsmarken an sich nahm, verwaltete. Geografische Position, Dienstgrad, Verwundung und persönliche Daten wurden ebenfalls vermerkt. Die Liste war lang.

Nach der Bestattung ging die Fahrt weiter. Franz und Hörcher hatten beschlossen, dass Ahrens nicht mehr vorn auf der Lokomotive vor der Rauchkammer sitzen sollte, wo er die improvisierte Fahne mit dem roten Kreuz vielleicht verdecken könnte. Auch wenn das Kreuz auf dem Laken genau wie die Kennzeichnungen der Waggons im Bahnhof von Urziceni offensichtlich keinen größeren Eindruck gemacht hatte, erhofften sie sich doch eine gewisse Schutzwirkung, die weiteren Beschuss vermindern könnte. Kleine Kaliber konnte der Zug aushalten. Aber ein Treffer durch einen Panzer oder Artillerie wäre das Ende der Fahrt. Für Ahrens konnte außerdem bereits das Gewehr nur eines Scharfschützen das Ende bedeuten, vorn auf der Lok war er ein zu attraktives Ziel.

Also begab sich der Gefreite, obgleich ihm sein Freiluftplatz gefallen hatte, in den Führerstand der ersten Lok. Franz und Hörcher rückten zusammen, um für Ahrens Platz zu schaffen. Die Jäger verteilten sich an den Türen und Fenstern des Zuges, einige kletterten in die Behelfsverwundetenwagen, ein größerer Teil nahm im geräumigen Schnelltriebwagen Platz.

Franz, Hörcher, Leutnant Schmidt und Oberfeldwebel Mechold hatten die Lokbesatzungen und die Soldaten der 8. Jäger-Division zuvor noch einmal auf die bevorstehenden Gefahren eingeschworen: Ploiești. Die Erdölfelder. Die Hauptkampflinie. Irgendwo voraus. Kämpfen? Ja. Verteidigen bis zur letzten Patrone? Wenn es sein musste. Bis zum Untergang? Nein. Sie waren immer noch ein Lazarettzug, den Verwundeten und den Frauen an Bord des Zuges verpflichtet. Also Aufgabe und Gefangenschaft? – Wenn dem der Tod nicht ohnehin zuvorkam durch eine Mine, eine Granate oder einen Luftangriff.

Alle waren schweigsam und hingen ihren Gedanken nach.

Erst gegen Mittag wurden sie aus ihrer Lethargie gerissen, als ein rumänischer Nahaufklärer über dem Zug erschien. Er schwenkte bald wieder ab.

Sie waren nur noch gut zwei Stunden von den Bahnhöfen von Ploieşti entfernt und langsam kehrte das Adrenalin in die Adern der Männer zurück. Erst recht, als sie durch das Stampfen der Dampflokomotiven das Grollen schwerer Artillerie vernahmen. Es wurde ernst. In Ploieşti war die Front.

Ahrens lauschte konzentriert dem dumpfen Feuer vor ihnen. Er spuckte aus dem Fenster, massierte seinen Nacken, rieb nachdenklich seine Nase und stellte mit Galgenhumor fest: „Klingt nach hoher Lufthärte voraus."

Schweigen.

Hörcher versuchte es mit einer Aufmunterung: „Hört mal her!" Er hielt einen zerfledderten deutschen Reiseführer – *Zauberhafte Walachei* – in der Hand, ein dünnes Bändchen, das er im Stapel der Eisenbahnerpläne und Streckenkarten entdeckt hatte. Daraus las der junge Schwabe vor: „*Ploieşti ist eine lebendige Stadt mit fast 100.000 Einwohnern, die vor allem für ihre Erdölvorkommen bekannt ist.*"

„Hoffentlich nicht zu lebendig", grummelte Reimer.

Hörcher las weiter: „*Die erste Raffinerie wurde im Jahr 1855 errichtet, damit begann der wirtschaftliche Aufschwung der gesamten Region. Mit dem Petroleum aus Ploieşti konnte Bukarest als erste Stadt der Welt eine damit befeuerte Straßenbeleuchtung einrichten.*"

„Ganz schön modern", stellte Franz fest.

„Hier steht, dass es in der Stadt sogar eine Freiheitsstatue gibt. Ein Geschenk der Franzosen aus dem Jahr 1876." Hörcher blätterte im Prospekt und grinste: „Na, das hört man gern: Wichtigster Verkehrsknotenpunkt nach Bukarest, mit Bahnlinien auch nach Siebenbürgen im Norden! *Die Stadt in der Walachischen Tiefebene liegt am südlichen Karpatenknie 60 Kilometer nördlich von Bukarest. Zwischen den Flusstälern der Prahova und des Teleajen.*"

Franz schaute aus dem Fenster zur Rechten: „Die Karpaten kann ich sehen. Die Russen noch nicht, Gott sei Dank."

Plötzlich ertönte über der Lokomotive ein Geräusch, ähnlich dem Rattern einer Nähmaschine. Reimer lehnte sich neben Franz aus dem Fenster und warf einen kurzen Blick nach oben: „Auch das noch.

Eine Rollbahnkrähe." Kaum 100 Meter über ihnen flog mit aufreizend langsamer Geschwindigkeit ein offener Doppeldecker, der mit zwei Piloten besetzt war.

„Am hellichten Tag?", fragte Andler ungläubig. „Scheiß Rübenbomber! Ich dachte, die fliegen nur nachts."

Ahrens griff nach seinem Gewehr und begann wortlos, aus dem Fenster heraus auf die Polikarpow U-2 zu schießen. Sicherlich wusste er ebenso wie Franz, dass es kaum etwas brachte, denn der Bereich um die Pilotenkanzel war mit Blechen gepanzert. Zumindest verliehen die Schüsse ihnen die Illusion, dass man sich wehren könnte.

Die Maschine über ihnen drosselte ihren Flug. Die Männer in der Lokomotive wussten, was das bedeutete. Und richtig, der im Flugzeug hinten sitzende Mann erhob sich und warf in seitlicher Vorhaltung etwas ab. Es sah aus wie ein Kanister. Wenige Sekunden später gab es einen gewaltigen Einschlag nur wenige Meter rechts neben dem Gleis. Reimer fluchte: „Diese Flitzpiepen! Bewerfen uns hier mit selbstgebauten Böllern!"

Ein zweiter Kanister rauschte vor ihnen neben das Gleisbett, diesmal auf der linken Seite. Hochgerissene Erde prasselte auf das Dach der ersten Lok.

Andler, der von der Explosion kaum mehr als zehn Meter entfernt gewesen war, atmete durch: „Das war knapp."

„Achtung, er wirft weiter!", rief Ahrens.

Hörcher sah einige armlange Metallzylinder herabregnen und murmelte: „Gute Nacht. Wenn unsere Lokomotiven davon getroffen werden, wird es hässlich."

„Wir können nicht stehenbleiben – was seht ihr?", rief Reimer nervös. Er konzentrierte sich ganz auf seine Lok.

„Phosphorbomben! Die Dinger platzen beim Aufprall auf und setzen weißen Phosphor frei. Das Zeug fängt sofort an zu brennen."

„Meistens ist der Phosphor noch mit Kautschuk versetzt", ergänzte Franz. „Man hat uns damit schon bei Maikop beworfen, da sollten wir die Ölförderanlagen erobern. Wer das auf die Haut bekommt, wird es nicht mehr los. Das Feuer frisst sich durch alles hindurch, bis auf die Knochen.“ Eine weitere Explosion und alle zogen die Köpfe ein. „Ein Jäger unserer Division hatte große Spritzer davon auf seinem Unterarm. Er hat versucht, das Feuer mit der anderen Hand auszuschlagen, wir konnten ihn nicht rechtzeitig davon abhalten. Das Zeug brannte sofort auch auf seiner Handfläche. Er versuchte, es an seiner Kleidung abzuwischen. Kurze Zeit später stand der ganze Mann in Flammen. Er hatte keine Chance.“

„Phosphor ist ein Dreckszeug“, murmelte Hörcher und starrte weiter in den Himmel. „Wir benutzen es auch für unsere Brandbomben … Achtung!“

Die nächsten Zylinder platzten knapp neben dem Gleis auf und entfesselten sofort ein Flammenmeer.

„Langsam müsste der sich da oben doch mal leergeworfen haben“, rief Andler, während ihm der Schweiß übers Gesicht lief. „So viel Gewicht kann diese Kaffeemühle doch gar nicht laden!“

Da schlug etwas hart auf dem Kessel auf. Mehrere Schläge auf das Dach des Führerstands folgten. Dann gab es einen Einschlag im Kohlentender. Eine schwarze Wolke stieg empor und wurde vom Fahrtwind mitgerissen.

„Keine Explosion!“, schrie Andler und krabbelte durch den Faltenbalg, der den halbleeren Tender mit dem Führerstand verband. Er buddelte sich durch den Kohlenberg, bis nur noch seine Füße zu sehen waren. Kurze Zeit später kam er wieder hervor, geschwärzt vom Scheitel bis zur Sohle. Ungläubig zeigte er, was er gefunden hatte: „Das gibt’s doch nicht! Die bewerfen uns mit Feldsteinen!“

Die Männer im Führerstand lachten heiser auf.

Endlich drehte die Polikarpow ab und entschwand mit hustendem Motor ihrer Sicht.

Währenddessen hatten sie sich Ploiești so weit genähert, dass sie einen Gestank wie von brennendem Öl wahrnahmen. Die Anspannung furchte die Gesichter der Männer.

Es war früher Nachmittag, Regen setzte ein. Der Himmel vor ihnen über den Gleisen war graubraun. Das Donnern der Front wurde lauter. Die über den gesamten Zug verteilten Jäger spähten voraus.

Bäume wurden spärlicher und von Brachen abgelöst. Schon bevor sie die Prahova überquerten, sahen sie die brennenden Raffinerien voraus. Hinter dem öligen Fluss, in dem menschliche und tierische Kadaver trieben, wurden die ersten Vororte von Ploiești sichtbar. Zerstörte Gebäude und schwarze Baumskelette, voraus ein wogendes Meer aus schwarzem Qualm.

Der Regen nahm weiter zu, Böen bliesen den Gestank der langsam näherkommenden brennenden Stadt durch das Führerhaus, Blitze zuckten durch die Wolken.

Reimers Gesicht war erstarrt, die Augen hatte er fast geschlossen, als würde er in seine Lokomotive hineinlauschen und nur noch nach Gehör fahren. Franz beobachtete gebannt die Finger des Lokführers, mit denen er den Reglerhebel zart umfasste, wie ein Geiger den Hals seiner Violine. Niemand brauchte auch nur ein Wort zu sagen, in stiller Übereinkunft ließ Reimer den Zug langsamer werden. Ein Seitenblick zu Andler. Der machte einen ruhigen und zuversichtlichen Eindruck, immerhin hatten sie in Urziceni genug Kohlen und Wasser gefasst, um Ploiești – so sie die Durchfahrt überstehen würden – weit hinter sich zu lassen. Der Heizer konzentrierte sich ganz aufs Schaufeln und bekam von der Verheerung, durch die der Zug nun schwankte, nicht viel mit, es schien, als wolle er auch nicht zu viel sehen.

Hörcher griff Franz am Arm und dieser folgte seinem Fingerzeig. Draußen zog ein knappes Dutzend Einheimische mit klapprigen Leiterwagen stadtauswärts durch Berge von Schutt, beladen mit letzten Habseligkeiten. Zwischen qualmenden Ruinen huschten vereinzelt Menschen umher, die dem Zug feindselig oder apathisch nachschauten.

In einem abwegigen Gedanken kam Franz sein Lehrer für Kunstgeschichte in den Sinn, der ihm die *Göttliche Komödie* von Alighieri vorgestellt hatte. Glich die Ostfront der Hölle, so schienen sie sich jetzt dem Purgatorio, dem Fegefeuer, zu nähern. Waren ihre Sünden zu vergeben, ihre Verbrechen zu sühnen? Würden sie in einem Fluss aus Blut von Zentauren gequält werden wie dreckige Mörder? Gäbe es hier einen Nessos, der sie über den sanguinischen Strom tragen würde? *Es war in unsres Lebensweges Mitte, als ich mich fand in einem dunklen Walde, denn abgeirrt war ich vom rechten Wege.* Das Empyreum wartete auf andere, war Franz sich gewiss.

Zu ihrer Rechten begannen am Horizont ausgedehnte Erdölfelder. Es flackerte aus tausend Rohren. Brennende Schlote, umgestürzte Fördertürme, geborstene Tanks. Auf den Feldern vor ihnen abgeschossene US-Bomber und ausgebrannte Tanklaster. Die zerrissene Erde führte bis an das Gleisbett.

Ein rettender, erhobener Steg, der sie durch das misshandelte, tote Land trug.

In Kratern voraus, zwischen aufgeworfenen Erdhügeln, schwappten schwarze Seen, steckte verbogenes Metall, über allem ein brennender Himmel. Obwohl hellichter Tag, war alles vom Ruß verdunkelt. Schmutziges Orange.

Hörcher begann zu husten und band sich ein Taschentuch vor Mund und Nase. Franz betete, dass die zunehmend schlechtere Sicht sie schützen würde.

Immer lauter wurden die Explosionen der Front. Haubitzen im Dauerfeuer. Ein Kirchturm im Osten der Stadt sank in sich zusammen, nur wenige Kilometer voraus. Staubmengen stiegen auf und hüllten die Kulisse ein wie ein Wüstensturm.

VI

Lange noch kauerte Walodja in der Senke im Wald. Er betrachtete seine Hände, die voll waren vom Blut der Schwester und zitterten. Er fühlte nichts, als wäre er bereits tot, als hätte ein Dämon sein Leben wie die letzte Neige im Glas ausgekippt.

Die Vögel waren verstummt. Wind raschelte in den Bäumen wie in vergilbtem Papier. Irgendwann wurde die Stille so laut, dass Walodja sie nicht mehr ertrug und begann, eine Melodie zu summen. Ein Kinderlied, mit dem die Mutter seine Schwester in den Schlaf zu singen pflegte. Seine Mutter, die oben am Rand der Grube lag. Walodja beschloss, seine Schwester auch nach oben zu tragen. So, wie er sie in den Armen hielt, hatte er sie oft getragen, wenn sie müde gewesen war und nicht mehr hatte laufen wollen.

Es war fast unmöglich, einen Weg aus der Grube zu finden, ohne auf eine der Leichen zu treten. Eine Hand unter seinem Fuß zwang ihn auszuweichen, wobei er das Gleichgewicht verlor und nach hinten fiel, sich an seine Schwester klammernd. Nie wieder würde er sie loslassen. Er rollte nach unten über die anderen Körper hinweg und landete im Boden der Senke. Regenwasser hatte sich hier gesammelt, es war schwarz vom Blut der Toten, drang in seinen offenen Mund, er verschluckte sich, hustete es aus, schmeckte das Eisen, den Tod, die Panik.

Walodja würgte und spuckte, wischte sich die Schmiere aus dem Gesicht. Der Gestank versagender Schließmuskeln umgab ihn, hatte sich an der tiefsten Stelle gesammelt. Er spürte die Flüssigkeiten in den Stoff seiner Kleidung eindringen, seine Haare durchnässen.

Er griff nach seiner Schwester und kam mühsam zurück auf die Beine. Er kletterte.

Oben legte er sie ab. Er zwang sich, sie anzusehen. Ihre schmalen Schultern. Er wollte jedes Detail in sich aufnehmen, um das Geschehene besser zu verstehen. Die Kugel war in ihren linken Nasenflügel eingedrungen, wo sie einen Krater hinterlassen hatte. Hinter dem rechten Ohr war das Projektil wieder ausgetreten. Dort fehlte ein Stück ihres

Schädels, etwa so groß wie ein Fichtenzapfen. Durch den Druck war einer der Augäpfel geplatzt. Ihr Mund war unversehrt. Walodja küsste ihn. Er war schon kalt. Mit ihren langen Locken verdeckte er das zerstörte Gesicht seiner Schwester.

Dort oben, am Rand der Grube, wo man seine Eltern erschossen hatte, zog Walodja den Vater von der Mutter herunter und legte ihn neben seine Schwester. Sein Vater Kolja. Ein Leben, begonnen 1901 in einem Dorf bei Novorossiysk als dritter Sohn eines Uhrmachers. Gelebt in Sanftheit und Demut. Beendet durch die Kugel eines Schweins. Er küsste ihn. Seine Mutter Jelena. Die Wunde an ihrem Hinterkopf sah aus wie ein Knopf. Als er sie auf den Rücken drehte, war er überrascht, wie leicht und zierlich sie war, kaum schwerer als Allotschka. Sie war immer stark gewesen. Nun nur noch etwas Fleisch, Knochen, bald Verwesung, dann nichts mehr.

Schwester, Vater und Mutter lagen nebeneinander und Walodja überlegte, ob er seine Familie hier beerdigen oder lieber nach Hause bringen sollte. Sie waren nur einige Minuten mit dem Laster gefahren. Er schätzte, dass es ungefähr eine Meile bis zu ihrem Hof war. Er könnte sie auf einer Behelfsbahre ziehen. Doch was würde mit den übrigen Toten geschehen? Er wollte sie nicht den Wölfen überlassen. Sein gesamtes Dorf lag hier. Drei aus der Gemeinschaft herauszunehmen, wäre nur eine weitere, nicht hinnehmbare Ungerechtigkeit. Er würde sie nicht trennen.

Also ging er nach Hause, um eine Schaufel zu holen.

Samstag, 26. August 1944

Sie näherten sich dem südöstlichen Stadtrand von Ploieşti. Vor ihnen, im Südwesten der Stadt, vermutlich nur noch wenige Kilometer voraus, lag der Hauptbahnhof, den Karten nach hinter einer weiten Linkskurve. Auf der linken Seite des Zugs wechselten sich noch Wiesen mit einigen kleinen Wäldchen ab, hier und da windschiefe, sicher längst verlassene Katen.

Es war kurz vor 14 Uhr, ein Schienenpaar führte zur Linken ab in eine weitläufige Rangieranlage, die durch Bombenangriffe völlig zerstört war. Erde, gespickt von Schienen. Es gab ein mächtiges Rumpeln, als die erste Lok über die holprige Weiche rollte. Reimer verringerte die Geschwindigkeit des Zugs weiter und gab ein entsprechendes Signal an die anderen Lokomotiven, sodass sie ebenfalls umgehend auf Schrittgeschwindigkeit verlangsamten.

Sie überfuhren geradeaus eine weitere Weiche, die auf ein Gleis in nordöstlicher Richtung führte, als es einen gewaltigen Schlag auf der rechten Seite gab. Die Lokomotive erbebte und stieg hoch, der Kohlenberg des Tenders krachte ins Führerhaus. Reimer wurde umgefegt, Andler, Ahrens und Hörcher auf die Oberseite der Feuerbüchse geworfen, Franz auf den Kupplungsgang des Tenders geschleudert.

Die Lok begann, sich auf die Seite zu legen. Die Kupplung zwischen erster und zweiter Lokomotive wurde mit einer Leichtigkeit abgedreht, als wäre es eine gekochte Nudel. Die 52 6733 stürzte kopfüber nach links über die Gleise hinweg und warf die Insassen im Führerhaus umher wie Spielzeug. Auf dem Gleisbett rutschte sie ab und verschwand in einer Wolke aus Qualm und Dreck.

Es dauerte, bis Franz seine Sinne wiederfand. Um ihn herum im Halbdunkel helles Zischen aus gerissenen Ventilen und das dunkle Brummen des Kessels. Dann ein lautes Pfeifen. In seinen Ohren oder in den Eingeweiden der Lokomotive? Es stank nach Kohlen wie in einem heißen Schlot und er musste husten. Er lag auf Metall, das schmerzhaft in seinen Rücken drückte. Franz tastete danach, ein

Fenster des Führerstands. Mühsam richtete er seinen Oberkörper auf und versuchte, sich zu orientieren. Über ihm eine Tür der havarierten 52 6733, die Instrumente quer vor ihm. Überall verteilt die Karten. Das Führerhaus lag auf der Seite.

Neben ihm ein neues leises Zischen: Andlers Blut, das von seiner Stirnwunde auf die heiße Kesselklappe tropfte. Der Heizer stöhnte. Es hatte ihn nach oben auf das Steuerrad geworfen, wo er hing wie ein nasser Feudel. Reimer darunter, der sich seinen blutenden Unterarm hielt. Hörcher, in eine andere Ecke geworfen, fluchend, sein Schienbein war aufgeschlagen. Wo war Ahrens? Franz sah sich hektisch um – ah, er lag halb auf ihm. Der Gefreite war reglos, hatte eine mächtige Platzwunde am Kopf. Franz rüttelte an ihm, bis er stöhnte. Immerhin, alle noch am Leben.

Franz blinzelte gegen den Schwindel an und kletterte langsam durch die rechte Tür des Führerstands, die über ihm zum Dachfenster geworden war. Er rutschte über das Lokdach und fiel in das tiefe Gras einer Wiese, das seinen Aufprall etwas milderte; dennoch gab es einen harten Schlag gegen sein Knie, der ihm die Luft nahm. Der Regen durchnässte ihn schlagartig und kühlte ihn ab. Als er versuchte aufzustehen, geriet er ins Taumeln, sein Kreislauf sackte weg. Er übergab sich.

Als er sich den Magen leer gekotzt hatte, richtete er sich langsam wieder auf. Jetzt erst bemerkte er den jungen Rumänen, der in einiger Entfernung im Feld stand und jede Bewegung von Franz genau beobachtete. Der halbwüchsige Junge hielt einen Stock in der Hand, ein Hütehund kauerte zu seinen Füßen und knurrte. Hinter ihm auf der Weide standen einige Ziegen. Ein Hirte, keine Gefahr, sagte sich Franz und hielt sich weiter den schmerzenden Kopf. Er wunderte sich über die Klebrigkeit seines Hemdkragens, die nicht nur dem Nass des Regens geschuldet sein konnte. Als er seine Hand langsam über den Hinterkopf zum Nacken wandern ließ, kam sie voller Blut zurück. Er wischte sie an der Hose ab und schaute sich um.

Die Lok lag ungefähr zwei Meter unterhalb des Bahndamms auf ihrer linken Seite. Aus unzähligen Ritzen, Löchern und Ecken stiegen

Dampf und Rauch auf, weiß vom Wasser und schwarz von den Kohlen. Wo war der Rest des Zugs? Ebenfalls entgleist? Franz schaute hoch zum Bahndamm. Der Zug war fort.

Panisch drehte Franz den Kopf. Dann die große Erleichterung: Der Zug war in den Schienen geblieben. Er hatte ein gutes Stück – mehr als 100 Meter – zurückgesetzt, um im Schutz einiger Bäume zur Linken Deckung zu suchen.

Zwei Männer sprangen aus einem der vorderen Waggons und hasteten auf die Unfallstelle zu. Franz erkannte Mechold und Spanuth, der einen Arztkoffer trug. Er winkte ihnen zu.

Auch Hörcher, Reimer, Andler und Ahrens hatten sich aus den Trümmern der 52 6733 gequält und sanken nun in einigen Metern Abstand von der Lok ins Gras.

Der rumänische Hirte musterte unschlüssig die Situation. Er schien kurz mit sich zu ringen und trat dann doch auf die am Boden Liegenden zu. Seinen Stock legte er ins Gras, nahm seine Tasche von der Schulter, kramte daraus einige Tücher und ein Messer hervor und ging vor Reimer in die Knie. Mit wenigen Gesten und einem Lächeln bedeutete er dem Lokführer, dass er seinen immer noch stark blutenden Unterarm verbinden wollte. Der überraschte Reimer nahm es dankbar an.

Spanuth und Mechold hatten mittlerweile das schwer lädierte Grüppchen erreicht. Als der Unterarzt sah, wie der Hirte sich erstaunlich geschickt um den Lokführer kümmerte, nickte er zufrieden und konzentrierte sich sofort auf Andler, dem das Blut in die Augen lief. Er säuberte und untersuchte den Schädel des Heizers, schaute in seine Augen und stellte ihm Fragen, um seine Orientiertheit zu überprüfen.

„Was um Himmels willen war das?", ächzte Hörcher und schüttelte sich wie ein aus dem Wasser gezogener Hund. „Der Verrückte mit seinen selbstgebauten Bomben?" Er zeigte nach oben in den schwarz verhangenen Himmel, als würde dort noch immer der von allen Soldaten der Ostfront herzlich verfluchte offene Doppeldecker seine wackligen Bahnen ziehen.

Reimer schüttelte den Kopf und stöhnte, während der Hirte den letzten Knoten an seinem improvisierten Verband setzte. Mit seiner unverletzten Hand fingerte Reimer eine Zigarette aus der Brusttasche, die er dem jungen Rumänen geben wollte. Dieser lehnte zunächst mit knappem Kopfschütteln ab, doch als Reimer ihn erneut bat, den kleinen Dank anzunehmen, griff er zu und steckte sich die Zigarette grinsend hinters Ohr.

Spanuth wandte sich Franz' Wunde am Hinterkopf zu und Reimer versuchte, das Geschehene zu ergründen: „Jede Wette, dass das Gleis sabotiert war. Wahrscheinlich eine gelöste Schiene … bestimmt noch mit einer ordentlichen Treibladung darunter, so, wie es uns hochgehoben hat. Ich tippe auf Partisanen. Verdammte Riesenscheiße!"

„Wir hätten das Gleis überprüfen müssen", nuschelte Andler, noch immer halb weggetreten. „Wie vor Urziceni."

Franz schüttelte langsam den Kopf: „Wir waren doch seit Ewigkeiten kaum schneller als mit Schritttempo unterwegs."

„Gut, dass wir so langsam gefahren sind!", fiel Reimer ihm ins Wort. „Wenn wir schneller gewesen wären, hätten wir vermutlich den ganzen Zug mit aus dem Gleis gezogen."

Mechold schaute die Männer prüfend an: „Soweit alle wohlauf? Wir dachten, um euch wär's geschehen, als es die Lok erwischt hat."

„Wie sieht es im Zug aus?", fragte Franz.

„Es hat mächtig gerumst in allen Waggons. Das Bremsen hat fantastisch funktioniert. Aber alles ist durcheinandergeflogen. Am schlimmsten war es für die frisch Operierten, ich habe gesehen, wie Ross und die Schwestern gerannt sind. Alle Hände voll zu tun!"

Spanuth nickte: „Muss auch sofort wieder zurück –"

Plötzlich fegte eine dunkle Schallwelle über sie hinweg. Alle schauten nach Ploiești. Der Hirte schrie entsetzt auf.

In der Innenstadt hatte es eine gewaltige Explosion gegeben. Ein Pilz aus Feuer und Asche stieg empor, alles wurde im fortwährenden Regen noch düsterer.

„Wir müssen so schnell wie möglich weiter!", rief Hörcher, der im Gras kauerte und sein blutendes Schienbein selbst versorgte.

Reimer nickte düster: „Ich weiß zwar nicht, ob wir mit drei Lokomotiven über die Karpaten kommen, aber uns bleibt nichts anderes übrig. Das wird ein Höllenritt."

„Aber wo geht's lang?" Franz schaute sich weiter um. „Das Gleis Richtung Hauptbahnhof hat sich erledigt. Was ist das da hinten? Walter, kannst du's erkennen?" Er zeigte auf einen mannshohen Verschlag mit Blechdach, ungefähr 100 Meter in Fahrtrichtung voraus, einige Meter neben dem Gleis.

Reimer streckte seinen Hals und kniff die Augen zusammen: „Könnte ein Streckenfernsprecher sein. Damit können wir vielleicht die nächste Betriebsstelle erreichen."

„Nichts wie hin. Mechold, können Sie mich stützen?"

Der Oberfeldwebel griff Franz unter den Arm und im humpelnden Laufschritt erreichten sie das Kabuff. Franz öffnete eine Klappe in der Front des Kastens und tatsächlich: Dahinter hing, überzogen von dichten Spinnweben, ein uraltes Telefon mit Sprechmuschel und separatem Hörer. Über dem Apparat prangte in großen Lettern eine Telefonnummer. Die Nummer zu einem Fahrdienstleitstand?

Franz nahm den Hörer ab. Ein Freizeichen! – Er hatte nicht damit gerechnet. Er wählte die Nummer. Es klingelte. Mehrfach. Auch Mechold, der Franz gebannt anstarrte, konnte es hören.

Eine alkoholgeschwängerte Stimme meldete sich hustend und Franz, der kein Rumänisch sprach, radebrechte auf Französisch, da er um die Verwandtschaft der beiden romanischen Sprachen wusste: „*Ici train sanitaire Allemagne. Aller à Sinaia*?"

Schweigen am Ende der Leitung. Franz hörte, wie jemand trank.

Er versuchte es auf Deutsch: „Lazarettzug. Deutsch. Gleis kaputt. Weg nach Sinaia?"

Immer noch keine Antwort.

Franz war kurz davor aufzulegen, als die Stimme in die Muschel rülpste und dann bellte: „Fahren Umgehung nach Ploieşti Ost. Von da nach Ploieşti Nord. Alte Gleise. Alle anderen kaputt. Von dort zurück nach Hauptbahnhof. Vor Hauptbahnhof nach Richtung Buda!" Die versoffene Stimme aus dem Nichts hängte ein, bevor Franz etwas erwidern konnte. Hatte der Mann gerade mehr als 1.000 Verwundete vor der Gefangenschaft gerettet oder an die Rote Armee ausgeliefert? Mechold hakte Franz ein, mit unsicheren, haltenden Schritten gingen sie zurück.

Nahe der Lok kontrollierte Spanuth ein letztes Mal Andlers frischen Kopfverband. „Mit Sicherheit eine Gehirnerschütterung. Bei plötzlicher Übelkeit, Schwindel oder Sehstörungen kommst du sofort zu mir, Bernhard."

„Geht klar, Herr Doktor, kann ich sonst noch was tun?"

„Absolute Bettruhe", sagte Spanuth und verzog spöttisch das Gesicht. „Ha – man wird ja noch träumen dürfen." Er wandte sich an die anderen Männer: „Ihr habt alle ein Auge auf den Andler! Wenn plötzlich etwas seltsam ist bei ihm, er zum Beispiel seinen Humor verliert, dann sagt mir sofort Bescheid."

Der Heizer konnte trotz seiner Schmerzen schon wieder witzeln: „Wenigstens hat meine Frau jetzt mal Recht, wenn sie behauptet, dass ich einen Sprung in der Schüssel habe."

Spanuth ging zu Ahrens und musterte kritisch die blutige Stirn des Gefreiten. Er zog eine Rolle Blankoplast hervor, schnitt ein Pflaster ab und klebte es über die Wunde. „Sonst alles in Ordnung?"

Der Gefreite nickte: „Ja, Glück gehabt."

„Gut." Mit seinem Arztkoffer unter dem Arm hastete Spanuth zurück zum Zug.

Reimer hatte ein paar Schritte auf die qualmende Lokomotive zu gemacht und begutachtete das Elend. Der Kessel war gerissen. Dicker Stahl, wie von Riesenhänden verbogen. Überall zischte in Fontänen Wasserdampf empor und es stank nach glühenden Kohlen und heißem Öl, nur aufgrund des starken Regens war wohl noch kein Feuer ausgebrochen. Reimer schritt einmal um die 52 6733 herum. Dann setzte er sich wieder zu Andler: „Was für ein trauriger Anblick. Sie hat uns gute Dienste geleistet. Ich weiß schon nicht mehr, wie viele zerstörte Loks ich in den letzten Jahren sehen musste. Hunderte, wenn nicht Tausende. Überall liegen sie mittlerweile rum. Diese hier ist vielleicht sogar noch zu retten. Zumindest in Teilen. Natürlich nicht von uns, dafür fehlt die Zeit. Aber irgendwann, wenn dieser ganze Scheiß hier vorbei ist. Das Fahrwerk sieht noch ganz brauchbar aus. Nun ja, keine Zeit für Sentimentalitäten, nicht wahr?“

Hörcher, der neben ihnen stand, nickte traurig. Sein Gesicht hellte sich auf, als Franz mit Mecholds Hilfe zurückkam: „Was habt ihr herausbekommen?“

Franz wiederholte die knappen Anweisungen aus dem Fernsprecher. Skepsis und leise Zuversicht.

Der rumänische Hirte, der Erste Hilfe geleistet hatte, kam näher. Als er von Ploiești Ost, Ploiești Nord, Buda und Sinaia hörte, nickte er heftig und bedeutete den deutschen Soldaten, mitzukommen.

Andler stand mit den anderen auf, stöhnte und ließ sich langsam wieder zu Boden sinken: „Ich halte erst mal die Stellung.“

„Tu das“, sagte Hörcher. „Ich krieche nochmal in unsere Trümmerlok, um unsere Karten zu holen.“

„Ich helfe dir“, sagte Mechold, „und dann laufe ich rüber zum Zug und informiere die anderen. Werden alle gottfroh sein, dass ihr noch lebt.“

„Vergesst meine Madonna nicht“, krächzte Andler.

Franz, diesmal gestützt von Lokführer Reimer, folgte dem jungen Hirten, der sich seinen geschnitzten Stock gegriffen hatte und die beiden Männer Richtung Norden führte, zu einem Gleis, das in der Weiche begann, hinter der sie havariert waren.

Das Gleis machte einen wenig vertrauenerweckenden Eindruck. Die Schienen waren orange vom Rost, die hölzernen Schwellen zu großen Teilen modrig. Reimer zeigte auf das marode Gleis: „Ploiești Ost?“

„Ploiești Ost!“, nickte der Hirte befriedigt. Er hob die Hand als würde er schwören und lächelte dabei. Dann drückte er mit seinem Stock Punkte, Striche und Pfeile in die aufgeweichte Erde vor ihnen. Die Punkte benannte er mit Ploiești Ost, Ploiești Nord, Ploiești Station, Ploiești Süd, Ploiești West, Buda und Sinaia. Ploiești Station, der Hauptbahnhof, lag südlich der Stadt und der vier weiteren Bahnhöfe, die mit ihren Gleisen die Stadt umfassten.

Franz und Reimer folgten den Bewegungen des Stocks im Matsch, der erst einen halben Kreis gegen den Uhrzeigersinn und dann einen ganzen im Uhrzeigersinn um die Stadt zog: Der Junge riet ihnen, von Ploieşti Ost in den Nordbahnhof der Stadt einzufahren, um dann über ein anderes Gleis die Stadt südlich zu umfahren. Buda schien ein Vorort im Nordwesten von Ploieşti zu sein, den sie anschließend durchfahren mussten, um auf die Gebirgsstrecke über Câmpina und Sinaia nach Kronstadt und hinter die Karpaten zu gelangen.

„Fantastisch!" Franz war begeistert. „Das deckt sich doch mit der Auskunft des Betriebsleitstands."

Reimer nickte, blieb aber skeptisch: „Ist eine gewaltige Aufgabe. Das sind bestimmt 20 Kilometer entlang der Stadt. Bei den Kämpfen! Eine beschissene Stadtrundfahrt, einmal um den ganzen Pudding rum. Zuerst in den Osten, da brennen die ganzen Ölfelder. Vom Ostbahnhof bis in den Nordbahnhof müssen wir dann ohne Gleisdreieck auch noch rückwärts fahren! Die Tender voraus, und die können schlingern und hüpfen, wenn sie zu leer sind. Dann nach Westen, auf die Hauptbahn Bukarest-Kronstadt – da ist bestimmt die Hölle los, wer weiß, was uns da erwartet! Die Russen sind doch schon überall."

Wie zur Bestätigung hämmerte schwere Artillerie los, der Lautstärke nach vielleicht in zehn Kilometern Entfernung. Sie streute den Nordosten der Stadt ab.

„Walter, wir müssen weiter!" Franz nahm die Hände des Hirten in seine beiden und schüttelte sie: „Vielen Dank!"

Dann beeilten er und Reimer sich, zurück zu den anderen zu gelangen. Mechold war zum Zug gelaufen, der im Schutz der Bäume und unter Dampf wartete, Andler, Ahrens und Hörcher waren einigermaßen wiederhergestellt. Gemeinsam stapften sie durch das hohe Gras zum Bahndamm. Auf halbem Weg rief ihnen der Hirte etwas hinterher.

Der Junge verschwand hinter der umgekippten 52 6733 und machte sich an ihrem vorderen Ende zu schaffen. Eine Minute später kam er wieder hervor. Er trug etwas im Arm, hielt es hoch und winkte damit. Franz erkannte die Rauchkammerfahne mit dem roten Kreuz.

Hörcher humpelte dem Hirten, so schnell es sein Schienbein erlaubte, entgegen und rief: „*Mulţumesc! Mulţumesc!*" Er nahm ihm die Fahne ab und verabschiedete sich herzlich von ihm.

Als er die anderen wieder erreicht hatte, knuffte Franz ihn in die Seite: „Ich wusste gar nicht, dass du Rumänisch sprichst. Was hast du gesagt?"

„Ich habe mich bedankt. *Mulţumesc*. Es kann nie schaden, wenn man sich in der Landessprache bedanken kann."

Dort, wo die 52 6733 fehlte, rückte die ehemals zweite Lokomotive, die 52 6761, nach vorn. Ihre Besatzung verteilte sich auf die hinteren Waggons und machte Platz für Reimer, Andler, Hörcher und Ahrens.

Nur auf Franz wurde noch gewartet: Zusammen mit Leutnant Schmidt stand er neben der neuen ersten Lok. „Wir dürfen so etwas nicht noch einmal riskieren. Nicht, solange wir die Karpaten vor uns haben. Immer sichern, wenn möglich."

Die Männer waren sich einig. Schmidt schickte sofort zwei Dutzend seiner Leute los, die das Gleis und das umliegende Gelände vorab überprüfen und sichern sollten. Gegen schwere Artillerie wäre ohnehin nichts auszurichten, aber auf andere Angriffe oder Sabotageakte wollte man vorbereitet sein.

Während sich Reimer und Andler kurz im Führerstand der neuen Lok orientierten und einrichteten, befestigte Ahrens auf der Rauchkammer das Bettlaken mit dem roten Kreuz. Der Regen hatte die Farbe etwas verwässert, aber die Form war noch gut erkennbar und ähnlich der weißen Fahne eines Parlamentärs konnte das Laken in jedem Fall gute Dienste tun.

Endlich fuhr der Zug wieder an – bis zur Weiche, in der sie havariert waren. Dort, wo sie eigentlich westwärts hätten fahren wollen, bogen sie nun auf das Gleis ab, das sie nach Ploieşti Ost führte. Aus vier Dampflokomotiven waren drei geworden. Ob die Kraft reichte?

Am Ende des Lindwurms hing weiter brav der mondäne Triebwagen, leise vor sich hindieselnd. Vor der Kulisse der brennenden Stadt erschien sein Anblick surreal, wie eine Operndiva in einer Kloake. Die Gleise waren in ausgesprochen schlechtem Zustand und schwangen unter der großen Last des Lazarettzugs. Die unregelmäßigen Stöße veranlassten Andler zu wiederholten Flüchen. Nach etwa einem Kilometer winkten vor ihnen die Jäger zum Halt. Sie hatten zwei Minen englischer Fabrikation am Gleis ausgemacht. Es dauerte nicht allzu lange, bis sie entschärft waren.

Als sich vor ihnen einige Gleise des östlichen Vorstadtbahnhofs auffächerten, trieb der Anblick die Anspannung der Männer noch einmal in die Höhe. Qualm stieg aus den wenigen umstehenden Häusern und einem brennenden Güterzug mit Dutzenden von Waggons. Keine Menschenseele zu sehen. Schwarze Wolken, die betäubend nach Chemikalien stanken, verschluckten ihren Zug, der sich Meter um vorsichtigen Meter durch den Bahnhof schob. Als er in ganzer Länge auf dem Gleis stand, stoppte ein Signal von Reimer auch die anderen verbliebenen Loks.

Von hier aus also rückwärts nach Ploieşti Nord. Andler kletterte eilig mit Hörcher aus dem Führerhaus. Sie sprangen an das Ende ihres Lindwurms, um hinter dem Schnelltriebwagen die nötige Weiche mit Muskelkraft zu verstellen. Kallweit, der im Führerstand des SVT 137 saß und die Anstrengungen aufmerksam verfolgte, gab Signal, als Andler per Handzeichen freie Fahrt signalisierte. Der durchdringende Ton des Schnelltriebwagens erreichte die anderen Lokomotiven, umgehend setzte sich der Zug in Bewegung. Mit kaum mehr als Schrittgeschwindigkeit ging es auf das Umgehungsgleis.

Andler und Hörcher warteten am Gleis und kletterten wieder in die erste Lok, als sie vorbeikam. Sie waren völlig außer Atem, Franz und Ahrens halfen ihnen empor. Reimer schaute aus dem Fenster nach hinten, trat nervös vor sein Kartenmaterial, dann wieder zurück ans Fenster. „Gefällt mir nicht“, murmelte er, „gefällt mir ganz und gar nicht, rückwärts fahren ist ja schon im Frieden kein Vergnügen. Aber mit so einem langen Zug und dann auch noch hier –“

Im Tempo eines müden Wanderers schlich der Lazarettzug in umgedrehter Reihung dahin, als nach zehn Minuten zu seiner Linken – nachdem er schon in seiner gesamten Länge vorbeigerollt war – zwischen einer zerstörten Raffinerieanlage und einem von Kratern gesprenkelten Fußballfeld ein Schatten auftauchte. „Verdammt, was ist das schon wieder?“ Reimer runzelte die Stirn und griff nach dem Bremshebel – bis Hörcher lachte: „Das ist ein deutsches Flakgeschütz!“

Ein ebenfalls rückwärts fahrender deutscher Geschützzug, bestehend aus vier Einheiten: Hinter der Lokomotive mit der Nummer 52 2302 folgten zwei Geschützwagen mit 2 cm Vierlingsflak und einem 12,8 cm Flak-Einzelgeschütz; links und rechts von den Geschützen waren Kisten und Aufbauten für die Lagerung von Munition zu erkennen. Hinter den Geschützwagen befand sich ein Mannschaftswagen für die Besatzung. Gut 30 Männer, bärtig, hohläugig und verwahrlost, größtenteils nur noch in Unterhemden, waren auf der Lokomotive und den Geschützwagen versammelt. Sie winkten, um den Lazarettzug zu stoppen. Reimer bremste.

Hörcher und Franz kletterten nach draußen und liefen geduckt im Gleis auf den Geschützzug zu. Noch immer regnete es, die Schwellen waren schlüpfrig und Franz musste aufpassen, nicht auszurutschen.

Ein sehr junger Leutnant kam ihnen entgegen und machte atemlos Meldung: „Sie schickt der Himmel! Leutnant Blankenburg, Kommandant des Geschützzugs. Wir gehören zur gemischten Flak-Abteilung 412 der 5. Flak-Division. Unterstellt dem Stab des Flak-Regiments 180, aber den gibt’s nicht mehr.“

„Wie ist die Lage in Ploiești?“, wollte Hörcher wissen.

Der Leutnant sah sich nervös um und winkte ab: „Ein Albtraum. Eigentlich gehört schon alles den Russen. Wir sind hier noch auf den Gleisen im Osten der Stadt unterwegs, um die Raffinerien zu schützen, aber ist eh schon alles kaputt. Seit letztem Jahr ist angeblich irgendwo eins unserer Jagdfliegergeschwader eingesetzt, um uns zu helfen, aber von dem haben wir noch nichts gesehen. Soll auch eine weitere Einheit schwerer Flugabwehrkanonen geben, aber insgesamt sind wir hier auf verlorenem Posten. Der letzte Luftangriff ist eine Woche her. Dabei hat es unseren Lokführer erwischt. Und unser Heizer ist krank. Einer meiner Leute kann die Lok ein bisschen bewegen, aber mehr auch nicht. Kein Nachschub mehr, dazu alle Funknetze gekappt. Wenn wir hierbleiben, sind wir bald erledigt – dass sie uns noch nicht haben, ist eh ein Wunder. Können wir uns anschließen?“ Der junge Mann flehte fast.

Franz und Hörcher schauten sich nur kurz an und nickten dann sofort. Eine neue vierte Lok zur Verstärkung, was für ein großartiger Umschwung des Glücks, der ihnen so schnell nach ihrem harten Verlust weiterhalf. Reimer wäre sicher außer sich vor Freude.

„Sehr gern!“, lud Franz den Leutnant ein. „Wir nehmen eure Lok und setzen sie vor unseren Zug. Den Rest lassen wir hier. Wir sind als Lazarettzug unterwegs, da sind Geschütze reichlich unpassend, wir hoffen auf eine gewisse Immunität. Ist außerdem auch viel zu schwer, wenn wir ins Gebirge kommen.“

Blankenburg war mit allem einverstanden.

„Dann los, wir sollten hier so wenig Zeit verbringen wie möglich!“ Hörcher drehte sich zu ihrer Lok, die ungefähr 50 Meter hinter ihnen leise dampfte, und hob die Hand.

Reimer und Andler hingen am Fenster und beobachteten konzentriert die Szene.

Hörcher zeigte auf die Lok des Geschützzugs und dann auf ihren Lazarettzug. Die beiden Eisenbahner verstanden und nickten begeistert. Reimer machte sich sofort daran, aus dem Führerstand zu klettern, Leutnant Blankenburg winkte seinen Männern.

Der Angriff kam plötzlich: Aus einer Holzbaracke des nahen Sportplatzes heraus fielen Schüsse. Maschinengewehre. Auch aus der zerstörten Raffinerie auf der anderen Seite der Gleise schien der Beschuss zu kommen, Entfernung vielleicht 150 Meter. Die Projektile schlugen schon ein, als ihr Schall noch in der Luft hing. Zweimal knallte es auf dem Helm von Blankenburg und der junge Leutnant sank Hörcher tot in die Arme. Blut spritzte aus seinem Mund.

„Deckung!“

Franz und Hörcher warfen sich zu Boden, pressten sich zwischen die Schienen. Vom Lazarettzug aus erwiderten die Jäger sofort das Feuer. Auch die Soldaten des Geschützzugs feuerten auf die ausgemachten Ziele.

„Wer ist das?“, schrie Hörcher. „Russen? Rumänen?“

„Keine Ahnung!“, brüllte Franz zurück, der den eigenen Zug im Blick hatte. Ungläubig sah er, wie Reimer und Andler – mit seinem blendend weißen Kopfverband – aus dem Führerhaus sprangen und in tiefster Gangart auf ihn und Hörcher zurobbten.

Als sie in Rufweite waren, schrie Franz: „Haut ab! Seid ihr wahnsinnig geworden? Was wollt ihr hier?“

„Wir müssen doch kuppeln! Das ist unsere Chance – eine neue vierte Lok!“, schrie Reimer zurück.

„Oder wollt ihr das Kuppeln allein erledigen?“, keuchte Andler.

Franz spähte wieder zum Zug. Leutnant Schmidt hatte sich an einem der Fenster des ersten Waggons postiert und den Verschlag am Sportplatz im Visier. Per Handzeichen gab Franz ihm taktische Anweisungen und der Offizier reagierte prompt, indem er ein Sperrfeuer auf die Raffinerie anwies: Von dort wurden die zwischen den Gleisen Liegenden am härtesten beschossen. Einige Soldaten des Geschützzugs sprangen nach vorn bis an die Ruinen heran und warfen Handgranaten durch die Fenster und Lücken im Mauerwerk. Dumpfe Explosionen trieben Qualm und Staub aus den Resten des Gebäudes.

„Jetzt oder nie!“ Auf ein Zeichen von Franz sprangen die vier Männer auf und stürmten zur 52 2302 und in die schützende Deckung der unter Dampf stehenden Lok. Reimer kletterte hinein, der Mann im Führerstand machte ihm bereitwilligst Platz. Andler begann, die Kupplung zwischen Tender und Geschützwagen zu lösen, Franz und Hörcher sicherten seine Arbeiten ab. Querschläger zerschellten singend am Eisen des Zugs.

Kaum hatte Andler es geschafft, fuhr Reimer an. Der Heizer rannte gebückt zurück über die Gleise, Hörcher und Franz hart auf seinen Fersen. Ein stechender Schmerz in seinem Knie ließ Franz straucheln und zu Boden gehen. Über seinen Kopf pfiff eine Maschinengewehrsalve hinweg. Stumm zählte er bis drei, rappelte sich wieder auf und nahm die letzten Meter bis zum Lazarettzug. Hörcher packte ihn am Arm und riss ihn ins Führerhaus der ersten Lok hinein.

Andler hatte den Platz von Reimer eingenommen und ließ den Zug langsam weiter rückwärts fahren. „Bis zur nächsten Weiche!“, rief er. „Dort können wir die neue Lok vorkuppeln. Spätestens in Ploieşti Nord – kann nicht mehr weit sein!“

Auch die Artilleristen des Geschützzugs liefen nun auf den Lazarettzug zu, um in die rettenden Waggons zu klettern. Mechold lehnte in einer der offenen Türen, half ihnen hinein. Als einer der Männer ihm zurief, dass die Munitionskisten des Geschützzugs noch gut gefüllt seien, sprang der Oberfeldwebel ab und rannte geduckt im Zickzack zurück. Noch im Laufen zog er eine Handgranate aus seinem Gürtel. Als er den Aufbau mit der Munitionskammer erreicht hatte, öffnete er eine der Türen, zog die Abreißschnur der Granate, warf sie in die Kammer, sprang vom Wagen und hastete davon.

Die Munitionskammer explodierte mit ohrenbetäubendem Knall. Der Waggon wurde emporgerissen, die Druckwelle fegte mit einem Splitterregen über die hölzerne Baracke am Sportplatz hinweg. Dann warf sie den vor der Detonation flüchtenden Mechold um, um am schwankenden Lazarettzug zu rütteln. Ein schwarzorangener Pilz aus Staub, Rauch und Feuer stieg empor. Der feindliche Beschuss stoppte.

Im Führerstand der ersten Lok atmeten die Männer auf.

Die Lokomotive des Geschützzugs und der Lazarettzug fuhren nun auf Nachbargleisen nebeneinander, bis beide den Bahnhof von Ploieşti Nord erreichten.

Ein vor Öl und Schmutz starrender Ort – und besetzt von zwei rumänischen Regimentern. Die Jäger auf dem Zug und die Soldaten am Bahnsteig musterten sich. Eine fast unwirkliche Starre. Doch niemand unter den Rumänen machte Anstalten, seine Waffe gegen einen Lazarettzug zu erheben.

Einige der Soldaten, die sich aufgrund der Enge des Bahnhofs bis auf die Schienen verteilt hatten, deuteten auf das Laken mit dem ausgewaschenen Kreuz. Franz sah Verwunderung, aber vor allem Kriegsmüdigkeit in den Gesichtern der jungen Rumänen. Er winkte. Einige Männer winkten zurück, wenigen huschte ein scheues Lächeln über das Gesicht, einer hob beide Hände und drückte mit deutlicher Geste seine Daumen.

Offenbar sah keiner noch den geringsten Sinn darin, verletzte Soldaten bei der Reise in die Heimat aufzuhalten. Und jeder dachte bei sich, dass er vielleicht bald schon die gleiche Hilfe benötigen würde – und dass er dann mit dem bisschen Frieden vielleicht das Schicksal bestechen könnte.

Hinter der ersten Weiche wurde die 52 2302 in Windeseile vor den Zug gekuppelt, sie hatten keine Sekunde zu verlieren. Nun waren wieder vier Dampflokomotiven vereint. Ihre Kräfte wurden für die bevorstehenden Rampen des Sinaiagebirges dringend gebraucht.

Reimer gab Signal. Es ging wieder vorwärts, wieder südwärts.

Es dauerte nicht lange, bis sie zum zweiten Mal an der Stelle des Gefechts vorbeikamen, keine halbe Stunde war es her. Die Baracke am Fußballplatz brannte.

Als nächstes passierten sie in Sichtweite ihre verunglückte Lok. Mittlerweile schlugen aus dem Innern der Feuerbüchse hohe Flammen. Der Hirte war mit seinen Ziegen verschwunden.

Sie durchfuhren den Bahnhof Ploieşti Süd, der nur noch schwelendes Gemäuer war. Zumindest schien es im Süden ruhiger zu sein, das Artilleriefeuer wurde leiser.

Dahinter fächerten sich die Gleise weiter auf, ein Strang führte weiter nach Süden, ein Strang nach Norden. Franz, der aus dem linken Fenster lehnte, rief: „Schaut, der Hauptbahnhof, brennt auch alles!"

Qualm aus lichterloh in Flammen stehenden Güterwaggons und aus den Überresten der Bahnhofshalle, das Atmen fiel schwer. Sie mussten an einem Weichenhäuschen stoppen, um den Rettung versprechenden Gleisstrang Richtung Nordwesten zu finden. Andler und Hörcher kletterten aus der Lokomotive und verstellten die Weiche wieder manuell. Stinkende Schwaden verschluckten sie für lange Momente, hustend kehrten sie auf die Lok zurück.

Ploieşti nun zu ihrer Rechten: Es ging nordwestwärts, Richtung Buda, Richtung Karpaten, Richtung Siebenbürgen.

Hörcher lauschte und stellte beklommen fest: „Mit jedem Meter wird es wieder lauter."

„Da hilft nur beten", stellte Ahrens fatalistisch fest.

Mehrere 100 Meter halbrechts voraus färbten Detonationen den Himmel orange. Preludium zur Apokalypse. Rußgetränkt klatschte der Regen auf die Frontscheiben der Lok.

Sie tauchten in die eigentliche Stadt ein, plötzliche Enge, näherrückende Trümmer. Auf beiden Seiten der Schienen brannten die Ruinen einstiger Industrieanlagen, dann Wohnhäuser. Zerborstene Rohrleitungen liefen entlang der Gleise wie geplatzte Schlangen. Das Stampfen der Kolben, das Zischen der Ventile, jedes Geräusch ihrer Fahrt wurde vom Lärm der Kämpfe geschluckt.

Franz spähte mit bangem Blick aus dem rechten Fenster. In sein Blickfeld kamen deutsche Grenadiere mit Granatwerfern auf den Rücken, die durch verwüstete Straßen hasteten. Sie schleppten Munitionskästen und waren in so großer Eile, dass sie vom vorbeigleitenden Zug, der den geisterhaften Kriegsschauplatz durchquerte wie ein verirrter Statist eine Theaterkulisse, keine Notiz nahmen.

In der nächsten Querstraße wurden zwischen zerbombten Patrizierhäusern drei russische Panzer sichtbar, umgeben von einer Kompanie Infanteristen, die sofort das Feuer eröffneten. Franz duckte sich. Es dauerte, bis die Panzer ihre Geschütztürme drehten, zu sehr waren sie vom plötzlich auftauchenden Zug überrascht worden; die ganze Stadt brannte – die Dampffahnen der Lokomotiven fielen darin nicht auf. Bevor sie ihre Kanonen ausrichten konnten, war der Zug schon mit dem letzten Waggon aus ihrem Sichtfeld verschwunden.

Durch die nächste Straße rasten deutsche Schützenpanzerwagen und Kradgespanne mit auf den Beiwagen montierten Maschinengewehren. Die Fahrzeuge verschwanden im Hof einer Industrieanlage, deren einst gewaltige Hallen nur noch aus Skeletten verbogenen Stahls bestanden. Explosionen und Gefechtslärm brandeten laut im Hof auf.

Wie spät war es? Es kam den Männern des Lazarettzugs vor, als würden sie seit einer Ewigkeit durch Ploiești irren. Dabei waren seit der Havarie kaum vier Stunden vergangen.

Das Gleis in Richtung Buda wurde steiler, die letzten stehenden Häuser flacher, die Gegend lichter – im Schritttempo erreichten sie die Stadtgrenze. Der Qualm des Flammenmeers war überall, immer angestrengteres Husten erfüllte den Führerstand. Dennoch war der Rauch allen willkommen, der ihren Zug in seiner düsteren Umarmung versteckte.

Die Schienen waren rutschig unter einem Film aus Regen und Ruß. Reimer öffnete den Sandkasten. Ein feiner Strahl besandete das Gleis, um den Antriebsrädern besseren Halt zu verschaffen. Auch die Besatzungen der anderen Lokomotiven hatten die Situation erfasst und brachten Sand aus. Das Artilleriefeuer nahm weiter zu.

Ein bewaldeter Hohlweg lag nun voraus, der in einer Steigung geradeaus führte. Der Gefechtslärm brandete noch heftiger auf, eine Kakophonie des Schreckens, beständiges Dröhnen in den Ohren. Artillerie in unmittelbarer Nähe mit schwersten Kalibern, sodass ein Zittern den gesamten Zug erfasste. Franz und Hörcher tauschten einen letzten angespannten Blick.

Als sie in den Hohlweg einfuhren, brach das Inferno los. Ihr Zug war auf die Hauptkampflinie gestoßen.

Ein Lazarettzug in vorderster Front. Ohrenbetäubende Explosionen zu allen Seiten, heftige Erschütterungen liefen in Wellen durch den Zug. Links schossen deutsche Panzerabwehrkanonen, rechts feuerten russische Artillerie-Regimenter. Und mittendrin das Gleis, noch von Böschungen geschützt, die aber immer niedriger wurden.

Die russische Artillerie hatte den Zug entdeckt. Nun versuchte sie, ihre Waffen auf das bewegliche Ziel einzustellen. Waren darunter die neuen 12 cm-Granatwerfer? Von deren verheerender Feuerkraft hatten Hörcher und Franz noch vor wenigen Tagen im Radio gehört, als sie im Lazarett gelegen und den herüber gewehten Fetzen deutscher Lautsprecherdurchsagen der Russen gelauscht hatten. Die einschmeichelnde Stimme hatte sie, unterlegt von Marschmusik, zur Kapitulation aufgefordert und von Hunderten frischen russischen Divisionen und Tausenden von modernsten Panzern gesprochen, die jenseits des Urals bereitstehen würden.

Keine 30 Meter voraus wurde die Erde aufgewühlt. Fontänen aus Dreck stiegen auf. Es grenzte an ein Wunder, dass das Gleis noch nicht getroffen worden war. Artillerie im Flachbeschuss. Das *Ratschbumm* russischer SiS-3-Feldkanonen. Reimer bekreuzigte sich.

Obwohl er mit maximaler Kraft fuhr, verlangsamte sich der Zug drastisch aufgrund der Steigung. Ächzend dampfte er an einer deutschen Batterie vorbei, die kaum 50 Meter links der Gleise positioniert war. Direkt daneben lagen zwei weitere Batterien, die Granate um Granate in den Himmel schickten.

Einer der Soldaten betrachtete mit nahezu kindlichem Erstaunen den Mammutzug, der, wie aus dem Nichts gekommen, direkt vor ihren Geschützen entlangstampfte. Plötzlich sprang neben dem Führerhaus ein Leutnant aus der dichten Böschung hervor, riss beide Hände empor und signalisierte Halt.

Reimer schrie ihm aus dem Fenster zu: „Wenn wir hier stoppen, können wir nicht mehr anfahren. Wir sind zu schwer, unsere Räder schleudern schon!"

„Ist mir scheißegal, ihr müsst es versuchen!", schrie der Leutnant zurück und begann zu laufen, um mit der Lok Schritt zu halten. „Ihr müsst meine Verwundeten mitnehmen!"

„Wie viel Sand haben wir noch?", rief Reimer Andler zu.

„Genügend, wir sind aufgefüllt seit Urziceni!", schrie der Heizer zurück.

Franz sah auf das Schlachtfeld, das sich vor ihnen auftat. Unzählige Mörser und Leichtgeschütze unter Tarnnetzen, ein Gewusel von Kanonieren, die luden, ausrichteten, Granaten heranschleppten, Zünder einstellten und feuerten. Geschütz an Geschütz, ganze Batterien diverser Selbstfahrlafetten, schwere Feldhaubitzen, dazwischen Granatwerfer, grotesk verbogenes Metall, zerrissene Pferde und Mulis, zerfetzte menschliche Körper, immer wieder schwere Detonationen voraus und hinter ihnen, wo es Bäume weghackte und Metall regnete.

Im Schutz einer Mulde, hinter gewaltigen Škodageschützen, machte Franz Dutzende Tragen mit Schwerverwundeten aus. „Wir versuchen es", beschloss er und gab den anderen Zeichen: „Wir versuchen es, wir halten!"

Reimer reagierte sofort. Er gab Signal, die Bremsen griffen zu, neuerlicher Sand rieselte in Stößen auf die Gleise.

Der Lazarettzug stoppte in der Hauptkampflinie.

Noch bevor Franz nach ihm rufen konnte, stand Leutnant Schmidt unter der Tür des Führerhauses, nickte zu Franz' Entscheidung und gab mit knappen Worten und Gesten Befehle aus. Alle verfügbaren Männer, darunter auch Unterarzt Spanuth und ein paar Schwestern, die sich nicht abhalten ließen, sprangen vom Zug, um die Verwundeten so schnell wie möglich zu bergen. Es waren ungefähr 50 zerschossene Menschen, die seit Stunden, teils Tagen im Trommelfeuer gelegen hatten. Zumeist Sprengschäden, abgerissene Gliedmaßen und schwere Splitterverletzungen.

Einer nach dem anderen wurde hastig in die Waggons verladen, dorthin, wo gerade Platz war. Einige der Verwundeten wurden auf die Tender der Loks gehoben, wo sie im Schutz der Kohlentenderwand vor Splittern sicher waren und für den Moment abgelegt werden konnten. Schwestern kletterten nach oben, um mit Verbandsmaterial Erste Hilfe zu leisten. Das Stöhnen der Geschundenen blieb im Hagel der explodierenden Granaten lautlos.

Es grenzte an ein Wunder, dass die russische Artillerie ihre Elevation noch immer nicht richtig eingestellt hatte, obwohl der Zug nun nahezu deckungslos im offenen Gelände stand.

Der Leutnant der Artillerie nahm Franz am Arm und schrie ihm ins Ohr: „Von wo seid ihr gekommen? Aus Südosten? Ihr könnt es doch unmöglich direkt an den Erdölfeldern vorbei geschafft haben! Die gehören seit zwei Tagen den Russen! Nur die Innenstadt ist noch umkämpft!“

Franz nickte nur und brüllte zurück: „Wie ist die Lage weiter Richtung Kronstadt?“

Der Leutnant machte eine wegwerfende Handbewegung: „Genaues weiß keiner! Oberkommando ist weit weg in Moldenmarkt, viele Gerüchte, bricht alles zusammen – das wird ein zweites Stalingrad! Angeblich wollte unser Oberkommandierender den Rückzug anordnen, doch der Führer hat abgelehnt! Über die Ostkarpaten führt kein Weg mehr rüber! Seit heute ist nur noch der Buzau-Pass offen, da staut es sich, völliges Chaos, überall Rabatz! Versprengte, Luftwaffenleute, Schwestern, Wirtschaftskommandos, Quartiermeister, Sesselfurzer von den Rückwärtigen Diensten, Tausende Fahrzeuge! Und nur eine Spur, kein Sprit und kein Durchkommen! Schwere Fahrzeuge hat man in die Schluchten gestürzt, um so Pontons und Brücken zu bauen! Und jetzt soll der Führer auch noch die Bombardierung von Bukarest befohlen haben! Wegen des Waffenstillstands! Ein Wahnsinn, dann geht's hier richtig rund! Bisher haben uns die Rumänen ja einigermaßen in Ruhe gelassen! Eigentlich habt ihr keine Chance", schüttelte der Leutnant den Kopf, „andererseits, bei eurem Schwein ... Gute Fahrt!"

Franz schlug dem Mann zum Dank auf die Schulter und wandte sich um. Unter den Helfern fand er Wagenmeister Lege: „Hermann!"

Franz wies ihn an, einige Kisten mit Lebensmitteln für die zurückbleibenden Artilleristen auszuladen. Lege nickte und rannte los.

Hinter ihm tauchte Feldkaplan Lorenz auf. Er schleppte einen Artilleristen ohne Beine herbei, den er geschultert hatte. Dem Kaplan lief das Blut aus den Beinstümpfen übers Gesicht und in sein eines, noch unversehrtes Auge. Zwei Schwestern und Stabsarzt Ross halfen ihm, den Bewusstlosen auf den Tender zu hieven.

Am letzten der Geschütze der linken Batterie versuchte Leutnant Schmidt, einen eingeklemmten Unteroffizier unter der umgeworfenen Lafette seines Geschützes hervorzuziehen. Er winkte Franz heran: „Komm, hilf mir! Gemeinsam bekommen wir ihn raus!"

Franz hastete zu ihm, so schnell sein Knie es zuließ. Dabei stolperte er über einen toten Soldaten, stürzte zu Boden und fiel in eine Senke. Er hörte ein Singen in der Luft. Jemand schrie: „Volle Deckung!"

Ein Einschlag in unmittelbarer Nähe. Ein hoher Ton schoss wie ein Blitz durch Franz' Körper, er schmeckte Metall.

Langsam hob er den Kopf und schaute sich um. Alles still um ihn herum, sein Gehör versiegt. Das Knalltrauma hatte den Höllenlärm der Front verstummen lassen.

Dort, wo eben noch das Geschütz gestanden hatte, an dem Leutnant Schmidt den Soldaten hatte bergen wollen, befand sich ein qualmender Krater, gespickt mit Eisen.

Franz stand auf und tastete sich ungläubig ab. War er tatsächlich nicht getroffen? Er lief auf den Krater zu. Wo war Schmidt? Erde rieselte aus dem Himmel herab. Franz streckte die Hand danach aus. Alles stank nach Kordit, nach glühendem Eisen, nach blutverrotzter Erde. Vor sich sah er einen Schaftstiefel auf dem Boden liegen und hob ihn auf. Er fiel ihm aus den Händen, das Gewicht hatte er nicht erwartet. Als er den Stiefel umdrehte, sah er, dass ein abgerissener Unterschenkel darin steckte.

Hörcher stand plötzlich hinter ihm und zog ihn mit sich. Er schrie immer wieder: „Wir müssen weg! Sofort! Schmidt ist tot!"

Franz hörte und verstand nichts. Willenlos ließ er sich von Hörcher zur ersten Lokomotive bugsieren und auf den Führerstand schieben. Andler zog Franz hinein, Hörcher folgte. Nur wenige Minuten waren seit dem Halt vergangen.

Während die letzten Verwundeten im Zug verstaut wurden, versuchte Reimer anzufahren. Bevor er seine Hände an die Steuerung legte, wies er auf Andlers Schwarze Madonna von Altötting und murmelte: „Ich bin nicht sehr religiös, aber ..."

Andler bekreuzigte sich.

Es knirschte, als die Antriebsräder auf dem Metall der Schienen in den Sand griffen. Langsam, ganz langsam fanden sie Halt. Ein erster Ruck ließ den Zug erzittern. Dann setzte er sich in Fahrt, noch immer kaum mehr als Schritttempo.

Die Männer hatten den Atem angehalten. Franz sackte an der Wand zusammen, Hörcher neben ihm. Erschöpft und gottergeben kauerten sie in ihrem Eck.

Die Granaten rauschten am kriechenden Zug vorbei, die Front schien endlos, die Hauptkampflinie, an der sich die Regimenter gegenseitig aufrieben.

War das hier Buda? Sie durchfuhren ein von Explosionen geschliffenes Nest ohne Leben. Keine Atempause, das Dauerfeuer zerrte an den Nerven. Noch immer war die Lage aufgrund der Reichweiten der russischen Artillerie äußerst bedrohlich.

Eine heftige Erschütterung am Zug: Die Splitter einer Granate richteten in einem der BVZ-Waggons ein Blutbad an, durchschlugen den Holzaufbau des Waggons und zerfetzten dabei drei Männer und zwei Krankenschwestern. Franz und die anderen in der ersten Lok konnten den Verlust nur erahnen.

Die Dämmerung setzte ein und sie waren dankbar für das schwindende Licht, in dem sie abzutauchen hofften. Das Gelände stieg weiter an. In der Ferne gingen die von Hügeln durchzogenen Ebenen der Großen Walachei in die Ausläufer der Karpaten über. Das Bucegi-Gebirge stand vor ihnen am Himmel. Hinter dem Gebirgszug erwartete sie der Südosten Siebenbürgens mit seiner Kreishauptstadt Kronstadt. Wenn sie es schaffen würden. Der Abendstern leuchtete bereits.

Die Front lag unmittelbar hinter ihnen, doch noch immer fuhren sie in Reichweite der russischen Haubitzen. Und noch immer krepierten Granaten viel zu nah am Gleis.

Mit der beginnenden Nacht kam Franz' Gehör, überlagert von schrillem Pfeifen, langsam zurück. Eine trügerische Ruhe war im Zug eingekehrt, es war ein unwirkliches Gefühl, das sie alle überkommen hatte.

Sie waren an Ploieşti vorbeigekommen. Am Abgrund entlanggeschrammt. Mit einer astronomisch geringen Chance waren sie durch das einzige Nadelöhr geschlüpft, das von der Roten Armee offen gelassen worden war. Das Adrenalin in ihren Adern war nun verbrannt, zu Tode erschöpft brüteten die Männer der ersten Lok vor sich hin. Andler schippte, sein Kopfverband war längst dunkelgrau. Reimer steuerte. Hörcher rieb sich die Augen und wollte gar nicht mehr damit aufhören. Ahrens summte immer wieder eine monotone Melodie, ohne es zu merken.

Franz starrte aus dem Fenster und sagte plötzlich laut in die Runde: „Wir kannten noch nicht einmal seinen Vornamen."

Die anderen schauten sich ratlos an.

„Was meinst du?", fragte Hörcher.

„Schmidt. Wir kannten seinen Vornamen nicht. Da bleibt nichts von einem übrig … und wir wissen noch nicht einmal seinen Vornamen."

Die Männer schwiegen.

Franz lauschte konzentriert, die Granaten waren nur noch ein fernes Grummeln, wie das Rauschen einer Steinlawine im Gebirge. „Lasst uns einen kurzen Halt machen. Wir haben immer noch Verwundete auf den Tendern, die müssen schleunigst runter in die Waggons. Dann neu sortieren, Wagen überprüfen, mit den anderen Loks und den Ärzten abstimmen. Einverstanden?"

Hörcher schaute aus dem Fenster zur Linken. „Können wir hier halten, Walter? Flach genug?"

Reimer nickte und gab Signal zum Halt. In einem Wäldchen kamen sie zum Stehen. Sie verluden die Schwerverletzten von den Tendern in den Lazarettzug, wo es wieder galt, Betten dichter zu stellen. Einige der Patienten wurden in die hinteren Waggons des BVZ gebracht.

Stabsarzt Ross warf während einer hastigen Zigarette mit seinem Otoskop einen Blick in Franz' Ohren. Ein Trommelfell war gerissen. „Das wächst von selbst wieder zusammen", meinte Ross und grinste schief. „Kannst mir vertrauen, ist mein Spezialgebiet." Er zeigte auf den schmutzigen Knieverband: „Der ist fällig, oder? Denk dran, täglich wechseln."

Franz nickte: „Lass ich bei nächster Gelegenheit machen. Im Moment haben unsere Schwestern Besseres zu tun."

Sein Ohr wurde verbunden, um das Eindringen von Keimen zu verhindern. Immerhin konnte Franz auf dem anderen Ohr wieder etwas besser hören. Er saß auf einem Hocker neben Feldkaplan Lorenz, dessen Gesicht Schwester Elsa zuvor vom Blut gereinigt hatte. Dazu war dem Kriegspfarrer die Augenbinde abgenommen worden, das fehlende Auge war eine zugenähte Höhle.

Lorenz rauchte ebenfalls und Franz bat ihn um eine Zigarette. Überrascht reichte ihm der Feldkaplan eine seiner Selbstgedrehten und entzündete ein Streichholz für ihn: „Ich dachte, Sie rauchen nicht."

„Das stimmt", meinte Franz, während er die ersten Züge paffte und sich konzentrieren musste, nicht zu husten, „aber gerade jetzt habe ich das Bedürfnis."

„Fangen Sie nicht damit an, es ist nicht gesund."

„Der war gut." Franz musste lachen, fast hysterisch. Ross stimmte mit ein, ebenso der Kaplan. Der Stabsarzt drückte kichernd seine Zigarette aus. Er verabschiedete sich zu seinen Patienten.

„Wie geht es Ihnen?", fragte Franz den Kaplan.

„Danke, gut."

„Was macht Ihr Auge?"

„Welches meinen Sie?"

„Das, was Sie noch haben. Es war doch auch verletzt, nicht wahr?"

„Das, was ich noch habe, tut weniger weh als das, was mir fehlt." Der Kaplan verzog sein Gesicht zu einem ironischen Lächeln: „Jetzt wäre wohl der rechte Moment, festzustellen, dass ich mit einem Auge auskomme, solange Gott alles sieht."

„Tut er das denn?", fragte Franz.

„Sagen Sie es mir."

Franz schaute auf in den ehrlich fragenden Gesichtsausdruck des Geistlichen: „Woher soll ich das wissen? Ich bin kein Theologe."

„Sagen Sie es mir als Mensch."

Franz blieb lange still. „Nein. Ich glaube nicht, dass Gott wahrnimmt, was hier im Osten geschieht. Ich kann es mir nicht vorstellen. Und wenn er es sieht, warum tut er dann nichts? Warum bleibt von Leutnant Schmidt nichts weiter über als ein Stiefel?"

„Ich habe so vieles gesehen, dass ich mich frage … Gott sollte längst gesehen haben, dass wir seiner Prüfung nicht standhalten. Warum also dieses grausame Testen seiner eigenen Schöpfung?"

„Hat er das nicht schon einmal getan, damals, während der Sintflut?" Franz kam sich albern vor, einen Geistlichen zu belehren. Die Zweifel des Kaplans überraschten ihn nicht, sie schienen ihm bestechend logisch zu sein. Wenn es einen Gott gäbe, dann hätte er nichts Göttliches mehr an sich. Wie wollte man Erlebtes und Gepredigtes in diesen Zeiten in Einklang bringen?

„Sie haben Recht, Herr Oberleutnant. Es ist wieder eine Sintflut", nickte der Feldkaplan düster, „eine Sintflut aus Blut."

„Das klingt etwas pathetisch."

„Pathetisch, sagen Sie? Vor einigen Wochen lag neben mir im Lazarett ein junger Mann, der an Blutvergiftung litt. In einer seiner Phasen, in denen er ansprechbar war, stöhnte er, dass er bluten wolle, er wolle sein ganzes Blut verlieren, ausbluten. Man musste ihn auf seiner Pritsche festschnallen, damit er sich nicht selbst verletzte. Ich konnte damals noch nichts sehen, beide Augen waren verbunden. Ich hatte Schmerzen, haderte mit meinem Schicksal, aber irgendwann schämte ich mich: Ich war ansonsten unversehrt am Körper, würde weiterhin laufen und tragen und sitzen, irgendwann wieder sehen und auch sonst alles tun können, wonach mir war." Lorenz hob, wie zum Beweis, beide Hände, unversehrt. „Irgendwann fragte ich den jungen Mann, warum er sein Blut verlieren wollte. Ich dachte, er sei im Fieber und wollte mit dem Blut auch die Vergiftung loswerden. Ich redete ihm zu, dass er den Ärzten vertrauen sollte, und offenbarte mich als Geistlicher. Als er das erfuhr, wollte er unbedingt sein Gewissen erleichtern. Ich sagte ihm, dass ich für die Beichte nicht in Frage käme, da ich mich nicht bei Kräften fühlte. Außerdem waren wir nicht allein, rings um uns herum lagen Dutzende von Kranken, alle bei Bewusstsein hörten unser Gespräch, das ließ sich gar nicht vermeiden. Dem Mann war das völlig egal."

„Haben Sie ihm die Beichte abgenommen?"

Lorenz nickte: „Ja, ich habe ihm zugehört und die Absolution erteilt. Als könnte ein kleiner Feldkaplan vergeben, was hier im Osten geschieht. – Wie soll man nicht mit seinem Schöpfer hadern bei all dem Leid? Ich möchte doch stark bleiben im Glauben, aber es ist schwer. Deshalb hatte ich Angst vor der Geschichte dieses Mannes. Deshalb wollte ich sie erst nicht hören, weil all das, jeder Kummer, jedes Leid, so sehr an meinem Glauben zehrt. Und dafür habe ich mich gleich doppelt geschämt, verstehen Sie das? Mein eigenes Seelenheil lag mir egoistisch am Herzen … Der Mann war ein Feldwebel aus Xanten, er gehörte zu einem Grenadier-Regiment einer Infanterie-

Division. Ende Juni hatte er in Bobruisk in Weißrussland gekämpft. Die gesamte 4. Armee ist dort untergegangen, davon hat mir der Feldwebel im Lazarett als Erstes erzählt, er entkam als einer der Wenigen. Wahrscheinlich nur, weil er verwundet war. Er erzählte mir, dass die Ärzte seiner Einheit in der Nähe einer Ortschaft – ich glaube, sie hieß Paritschnik oder Parikschi – Kinder auf offener Straße einfingen, um sie ausbluten zu lassen. Ausbluten! Damit man die Verwundeten mit den Blutkonserven versorgen konnte. Sie köderten die Kinder mit Essen."

Der Kaplan hatte leise gesprochen, dennoch hatte Franz jedes Wort verstanden und schwieg schockiert, während Lorenz fortfuhr: „Der Mann erzählte mir, dass er selbst Blut erhalten hätte, in diesem Lazarett. Später sah er, wie man die Kinder – Jungen und Mädchen, die meisten zwischen fünf und zwölf Jahre alt – in eine Grube hinter dem Lazarett warf. Er sagte, sie wären weiß gewesen wie Neuschnee."

Franz öffnete den Mund, wollte etwas entgegnen, doch nichts fiel ihm ein.

Der Feldkaplan nickte: „Seine eigene Blutvergiftung empfand der Mann als gerechte Strafe. Ihn ließ die Vorstellung nicht los, dass in ihm das Blut der Kinder herumwanderte wie verirrte Seelen. Diese Seelen wollte er befreien … Es ist ihm gelungen. Man hatte ihn nicht sorgfältig genug fixiert. Er hat sich in der Nacht an einer eingerissenen Schweißnaht seiner Trage das Handgelenk zerfetzt und ist verblutet."

Beide Männer saßen schweigend nebeneinander.

„So viele nehmen sich selbst das Leben. Und Sie als Geistlicher, was Sie dabei sehen und erdulden …" Franz stockte im Satz, den Lorenz vollendete: „… ist wenig im Vergleich zum Schicksal anderer. Vor einem knappen Jahr endete mein letzter Heimaturlaub. Am Bahnhof Hannover traf ich auf einen Unterfeldwebel, ebenfalls auf dem Weg zurück an die Front. Sein Grenadier-Regiment war irgendwo am Wolchow, Ladogasee. Mit Papier und Stift hockt er da auf einer Bank und ich setze mich zu ihm. Als er mich als Geistlichen erkennt, spricht er mich an – dass er Ludwig Ahlborn heiße, alle würden Lui zu ihm sagen, aus einem Dorf bei Göttingen. Bereits dreimal schwer verwundet und diesmal, das spüre er, komme er nicht zurück."

Franz sah auf.

„Er plante einen Brief an seinen Bruder, darin enthalten zwei weitere Briefe, die dieser im Fall seines Todes aushändigen sollte – ob man das so schreiben könne? An seine Frau und an seine zwölfjährige Tochter. Während unserer Zugfahrt unterhielten wir uns über die passenden Worte. Ich weiß es noch wie gestern, wie fein der Mann seine letzten Briefe formuliert hatte, und es zerreißt mich fast: *Wenn du, mein liebes Kind, diese Zeilen zu lesen bekommst, wird fern auf russischer Au ein Birkenkreuz meinen Namen tragen … Alle Wünsche und Träume, deinem Leben Richtung und Inhalt zu verleihen, sind mir nun genommen … Bleibe offen und wahrhaft und lass ein altes Sprichwort über deinem Leben stehen: Tue recht – und scheue niemand … So nehme ich nun Abschied von dir, mein innigst geliebtes Kind, und überliefere dir diese Zeilen für dein weiteres Leben. Möge Gottes Segen mit dir sein und mögest du dich ewig erinnern an deinen lieben guten Papa.* Er war völlig gefasst."

Erneutes Schweigen. Dann Franz, mit brüchiger Stimme: „Ich habe meinen Sohn noch nicht kennengelernt." Er sah den Feldkaplan an. „Es muss schwer sein, darüber nicht den Glauben zu verlieren."

Lorenz nickte wieder: „Ich habe vor einigen Monaten mit einem anderen Seelsorger gesprochen. Ich brauchte selbst Trost und ich fragte ihn, was das sicher bevorstehende Ende mit dem Menschen macht. Facht es den Glauben an oder lässt es einen davon abfallen? Mein Kollege war in Stalingrad gewesen, mit der 389. Infanterie-Division. Eine Versetzung in letzter Sekunde hatte ihn gerettet, Mitte Januar 1943 wurde er vom Flughafen Pitomnik ausgeflogen. Er hat mir von einem Gedicht erzählt, das sich die eingeschlossenen Soldaten in der Stadt weiterreichten. Ein Gedicht von Reinhold Schneider. Vielleicht haben Sie von ihm gehört?"

Franz schüttelte den Kopf.

„Allein den Betern kann es noch gelingen,
das Schwert ob unseren Häuptern aufzuhalten

und diese Welt den richtenden Gewalten
durch ein geheiligt Leben abzuringen. /
Denn Täter werden nie den Himmel zwingen:
Was sie vereinen, wird sich wieder spalten,
was sie erneuern, über Nacht veralten,
und was sie stiften, Not und Unheil bringen. /
Jetzt ist die Zeit, da sich das Heil verbirgt
und Menschenhochmut auf dem Markte feiert,
indes im Dom die Beter sich verhüllen. /
Bis Gott aus unsern Opfern Segen wirkt
und in den Tiefen, die kein Aug entschleiert,
die trocknen Brunnen sich mit Leben füllen."

Franz ließ das Gesagte nachhallen und meinte: „Das gefällt mir."

Lorenz legte seine Augenklappe an. Aus einer Tasche zog er einen Bleistiftstummel und etwas eng zusammengefaltetes Papier. Beides stopfte er zu Franz' Überraschung unter die Klappe. Als Lorenz den Blick des Oberleutnants bemerkte, sagte er grinsend: „Ein gutes Versteck, nicht wahr? Die Feder ist mächtiger als das Schwert, selbst, wenn sie nur zwei Zentimeter lang ist."

Hörcher stand in der Tür des Waggons: „Franz?" Sie wollten gleich weiterfahren, er wurde in der ersten Lok vermisst.

„Ich komme." Franz erhob sich, drückte seine Zigarette aus und warf sie aus dem Fenster. Er bedankte sich bei der Schwester für den Verband und verabschiedete sich von Lorenz: „Wir sehen uns."

„Natürlich. Auch mit einem Auge."

Ahrens hatte sich einen Platz in einem der Waggons gesucht, das Führerhaus besetzten sie fürs Erste zu viert.

Sie waren einige Kilometer gefahren, als Reimer nach vorn auf den Horizont des schnurgeraden und leicht aufsteigenden Gleises wies: „Da vorn ist ein Zug auf unserem Gleis."

„Auf unserem Gleis? Nicht auf dem Nebengleis?"

„Nein. Auf unserem Gleis."

„Was macht er da?", fragte Hörcher verblüfft.

„Er fährt oder rollt rückwärts und kommt uns entgegen", antwortete Reimer und verkündete es mit einer Ruhe als verlese er den Wetterbericht. Doch er hatte schon reagiert, Signal an die anderen Loks gegeben und blitzschnell umgesteuert, um den bevorstehenden Aufprall zu dämpfen.

Unter Dampfwolken stemmten sich die Antriebsräder der ersten Vorspannlokomotive gegen den Vortrieb. Metall schrie auf. Der Zug verlor an Geschwindigkeit, doch noch immer wurde er von seinem eigenen Gewicht vorwärts geschoben.

„Das ist doch wohl nicht möglich!", rief Hörcher entgeistert. „Dann stoßen wir zusammen!"

Reimer nickte, während Andler erst konzentriert nach draußen starrte und aus dem Fenster nach hinten schrie: „Achtung, festhalten, gleich kracht's!" Dann riss er die Tür auf und sprang aus der fahrenden Lokomotive. Er rollte sich ab und rannte voraus zum ihnen entgegenkommenden Zug. Schnell verschluckte ihn die Dämmerung.

„Verflucht, was macht er denn da?", schrie Reimer.

Endlich kam ihr Zug zum Stehen und begann langsam, die Energie seiner Maschinen in rückwärtige Bewegung zu verwandeln.

Doch es war zu spät. Gebannt starrten sie auf die Lokomotive, die, mit ihrem Tender voraus, weiter auf sie zurollte – sie war nur noch 50 Meter entfernt. Nur noch 25 Meter. Noch fünf Meter.

Franz sah einen Schatten, der aus der auffahrenden Lok sprang. Dann ein gewaltiger Zusammenprall, als ihr Tender auf die 52 2302 des Lazarettzugs knallte. Die Männer wurden mit großer Wucht durch das Führerhaus geworfen, obwohl sie sich in Erwartung des Aufpralls an die Instrumente, Regler und Manometer des Führerstands gepresst hatten. Der Zug ächzte auf. Die Waggons wurden durcheinandergeschüttelt, ihre Insassen von den Tragen gefegt. Wie ein Kinderspielzeug schob es sie nach hinten zum Halt.

Reimer war der Erste, der wieder zu sich fand: „Diese Arschlöcher", murmelte er und suchte mit blutigen Fingern im Dunkel des Führerstands nach seiner Eisenbahnermütze. „Die wollen uns hier stoppen, damit ihre Artillerie uns in aller Ruhe zusammenschießen kann."

Hörcher blutete stark an der Stirn. Franz war mit seinem Knie gegen den Rahmen der Feuertür gestoßen und vom Schmerz noch halb ohnmächtig. Wieder war die Wunde aufgerissen, er spürte es. Sein verletztes Ohr, mit dem er auf den Regler geknallt war, fühlte sich an, als steckte ein Messer darin.

„Sind wir entgleist?“, rief Hörcher und wischte sich das Blut aus den Augen.

„Ich glaube nicht“, antwortete Reimer, stand wankend auf und überprüfte die Anzeigen der 52 2302. „Ich denke, wir haben großes Glück gehabt. Wir müssen aber sofort nachschauen.“

Franz sah sich suchend um: „Ist Andler zurück?“

Vom Heizer fehlte jede Spur.

Franz, Hörcher und Reimer kletterten von der Lokomotive. Zu ihrer großen Erleichterung stellten sie fest, dass keine Radachse ihrer Lok aus den Schienen gesprungen war. Auch die Drehgestelle der ersten Waggons, die Reimer ablief, waren nicht von den Gleisen geschoben worden. Die Besatzungen der anderen drei Lokomotiven waren ebenfalls ausgestiegen. Sie verständigten sich, auf den ersten Blick sah alles gut aus. Nur Andler blieb verschwunden.

Franz, Hörcher und Reimer riefen nach ihm. Und endlich hörten sie einen lauten Pfiff. Als sie den Abhang hinunterschauten, sahen sie ihn: Er stapfte vom Fuß der hohen Böschung empor, mit schmerzverzerrtem Gesicht. Reimer lief, den anderen voran, auf Andler zu, umarmte und stützte ihn: „Bernhard, du Idiot! Was hast du dir dabei gedacht? Warum bist du aus dem Zug gesprungen?“

Der Heizer lächelte und rieb sich die Schulter: „Ich hab doch gesehen, dass die andere Lok unter Dampf stand. Da hab ich mir gedacht, wenn ich ihr entgegenlaufe und auf den Führerstand klettere, kann ich vielleicht noch rechtzeitig den Umsteuerhebel auf vorwärts kurbeln und den Regler auf ‚Voll voraus‘ stellen, um den Aufprall abzumindern. Und das hab ich dann eben gemacht.“

Franz fragte: „Dann warst du derjenige, der kurz vor dem Aufprall aus der Lokomotive gesprungen ist? Ich dachte, es sei der Lokführer gewesen.“

„Die Lok war unbemannt. Ich bin abgesprungen und weit über den Abhang hinuntergerollt, weil ich dachte, dass mir die Lok, falls sie doch entgleisen sollte, hinterherkommen könnte. Dabei hab ich mir wohl die Schulter verdreht."

Reimer war tief beeindruckt: „Bernhard, du Wahnsinnsknabe, das nenne ich geistesgegenwärtig! Und das mit deiner Gehirnerschütterung! Vermutlich hast du uns vor dem Entgleisen bewahrt! Wenn man uns hier gestoppt hätte, wär's böse für uns ausgegangen."

„Lass gut sein, Walter", winkte der Heizer verlegen ab. „Das hätte jeder von euch tun können." Schelmisch fügte er hinzu: „Allerdings habt ihr's nicht getan."

Die Männer lachten auf. Gemeinsam stapften sie den Hügel empor, zurück zum Gleis. Dort wurde Andler schwarz vor Augen, vorsichtig half Reimer ihm ins Sitzen. „Danke, geht sicher gleich wieder."

Sie betrachteten die aufgefahrene Lokomotive. „Ein solcher Anblick tut doch immer wieder weh", seufzte Andler, schloss die Augen und rieb sich den verbundenen Schädel.

„Das ist eine 142er der rumänischen Eisenbahngesellschaft, gebaut in der Lokfabrik Reschitz im Banat. Ein Lizenznachbau der BBÖ 214 aus der Lokomotivfabrik Floridsdorf. Sie hat die längsten Treibstangen der Welt – eine der stärksten Schnellzuglokomotiven überhaupt. Noch dazu ist sie eine echte Schönheit. Es ist wirklich ein Jammer", meinte Reimer traurig.

Oberfeldwebel Mechold kam zu ihnen nach vorn, völlig außer Atem. Er war gemeinsam mit Wagenmeister Lege den gesamten Zug abgelaufen, um die Fahrgestelle zu überprüfen. Jetzt meldete er, dass alle Räder noch auf den Schienen säßen. Der Zug war weiterhin fahrtüchtig. Auch die aufgefahrene Lok selbst war dank der schnellen Reaktion Reimers und vor allem Andlers Einsatz im Gleis geblieben. Allerdings waren die Fahrgestelle ihres Tenders stark verbogen. Von den Schienen hieven konnten sie den metallenen Koloss nicht, es würde den Zug viel Energie kosten, die aufgefahrene Lok auf dem weiteren Weg vor sich herzuschieben.

VII

Walodja ging zurück zum elterlichen Hof. Mechanisch, ohne zu denken. Auf halber Strecke kam er an Jewgeni Sapoznikov, seinem toten Lehrer, vorbei. Der Laster hatte ihm Brustkorb und Becken zerquetscht, Darmschlingen lappten durch Haut und Hemd. Einige Tiere hatten bereits an ihm gefressen, die Zunge im aufgerissenen Mund fehlte. Walodja dachte daran, wie er den toten Fuchs gefunden hatte.

Er ging weiter. Wie lange es dauerte, bis er den Hof erreichte, konnte er nicht sagen. Aus dem Schuppen holte er eine Schaufel und aus der Küche einen Tonkrug, den er am Brunnen mit Wasser füllte. Das Schaufeln würde ihn Kraft kosten und durstig machen. Auf halber Strecke zurück beerdigte er seinen Lehrer. Er war leicht, Walodja spürte kaum sein Gewicht, als er ihn in die Grube zog.

An der Senke angekommen begann er zu schaufeln wie ein Besessener. Er hatte beschlossen, einen Teil des Kamms der Senke abzutragen, indem er die Erde direkt auf die fast 30 Toten warf. Es war gut, einen Plan zu haben, der kein Nachdenken erforderte. Nach kurzer Zeit lief ihm der Schweiß in Strömen vom Körper.

Es war Nacht, als er seine Arbeit beendet hatte. Seine Hände waren voller Blasen und blutig, seine Arme brannten. Erschöpft schlief er auf der zugeschütteten Senke über den Toten ein.

Erst in den Morgenstunden kam Walodja frierend wieder zu sich. Er wankte zum Hof, langsam, wie tot, und fiel auf sein Schlaflager.

Am späten Nachmittag weckte ihn das Knattern eines Motorrads. Sofort war er hellwach, sprang auf und kroch hinter einen Schrank. Adrenalin wogte durch seine Adern.

Walodja biss sich auf die Knöchel, um sein Zittern zu unterdrücken, so fest, bis Blut über seine Finger rann.

Es fiel auf seine Füße, in kleinen, platschenden Tropfen – und während er im Staub der Schrankwand kauerte, panisch den Husten unterdrückend, und die Tropfen seines Bluts zählte, wurde ihm bewusst, dass er noch lebte. Dass er nicht dahingeschlachtet war wie alle anderen.

Und dass er nicht hinnehmen würde, was seiner Familie widerfahren war. Sein Kopf wurde kühler, aber gleichzeitig begann unbändiger Zorn in ihm zu brennen, bis es schmerzte.

Es gab ihm Kraft. Genug Kraft, die ihn Zentimeter für Zentimeter hinter dem Schrank hervorgleiten und konzentriert lauschen ließ. Er spähte aus dem Fenster.

Auf dem Hof stand ein Soldat der Wehrmacht, der soeben den Motor seines Krads abstellte und sich umschaute, eine Maschinenpistole im Anschlag. Er sah zum Haus. Walodja duckte sich weg. Er kannte den Mann, er war vor mehr als einer Woche hier gewesen. Damals hatte er seinen Hund erschossen. Ein Aufbranden der Wut, dann verlangsamte sich sein Herzschlag wieder, sein Atem beruhigte sich.

Nach einem Moment des Wartens schaute Walodja wieder hinaus. Und hätte überraschter nicht sein können: Der Mann zog aus einer Ledertasche seines Motorrads den Fuchspelz, den er gestohlen hatte. Unter der Traufe des Schuppens hängte er ihn über einen Balken. Dann lief der Soldat zurück zu seinem Krad, roch angewidert an seinen Handschuhen, trat krachend in den Starterhebel und verschwand in einer Wolke aus Staub.

Wieder eine Welle von Hitze in Walodjas Magen, seine Speiseröhre brannte und der Würgreflex setzte ein. Schnell rannte er nach draußen, wo er sich mehrmals übergeben musste. Grüne Galle, sonst nichts. Er spie seinen Ekel und seinen Zorn aus, auf seiner Stirn standen Schweißperlen, kraftlos brach er zusammen.

Nach einer Weile stand er auf und ging zurück ins Haus, um sich das Gesicht zu waschen. In der Küche goss er aus einem Krug Wasser in eine Schüssel und tauchte seinen Kopf hinein, so lange, bis ihm die Luft knapp wurde. Prustend riss er den Kopf empor und atmete tief durch. Sein Blick fiel auf die Wand hinter ihm. Dort hing hinter Glas eine Fotografie: Eine Familie saß vor einer bemalten Wand, die ein Gebirge zeigte. Der Vater verschmitzt, die Mutter ernst, der halbwüchsige Junge ungelenk, das Mädchen fröhlich auf dem Schoß des Vaters.

Das Bild war kaum zwei Jahre alt. Nach dem Besuch im Foto-Atelier hatten sie bei einem Bruder der Mutter übernachtet, einem recht ver-

mögenden Viehhändler, der mit seiner Familie eine Villa im Zentrum von Krasnodar bewohnte. Onkel Gennadi hatte ihn am Arm genommen: „Komm mit, Walodja, ich zeig dir was!" Stolz hatte er seinen Neffen in den Hof des Hauses geführt. Dort hatte ein gewaltiges Motorrad gestanden. „Was sagst du dazu? Eine PMZ-A750, 15 Pferdestärken, Dreiganggetriebe – ein Prachtstück! Gebaut in Podolsk, ganz in der Nähe von Moskau. Für meine Fahrten raus zu den Weiden und Höfen. Komm, wir drehen eine Runde, ich zeig dir, wie es geht!" Dann war er auf dem Rücksitz des knatternden Motorrades mit seinem Onkel durch Krasnodar gerauscht, an den vornehmen Geschäften der Krasnaja uliza vorbei, über die endlose Gerade hinweg, staunende Blicke flogen ihnen nach; vorbei an der gewaltigen Katharinenkathedrale und ihrem im Sonnenlicht funkelnden Dachgold, von dort westwärts durch die engen Straßen der südrussischen Metropole, dann an den geschwungenen Ufern des mächtigen Kuban entlang, und sein Onkel Gennadi hatte dabei vor Freude gejauchzt wie ein Kind. Wie es ihm und seiner Familie wohl jetzt ging? Sie hatten lange nichts gehört. Die Post funktionierte nicht mehr.

Walodja nahm das Familienporträt aus dem Rahmen und steckte es in seine Hemdtasche.

Ihm war schwindelig. Er musste dringend etwas essen. Also durchwühlte er die Küche, die Speisekammer und die Kühlgrube hinter dem Haus. Dort fand er einige Winteräpfel, eine Saatzwiebel und eine Kartoffel, unter dem Schrank entdeckte er einen herabgefallenen Kanten Brot. Alles schlang er gierig hinunter und überlegte dabei, was nun zu tun war. Vater und Mutter vor seinen Augen erschossen. Und Allotschka.

Wo war Nadja?

Sein erster klarer Gedanke seit vielen Stunden. Sie war nicht auf dem Laster gewesen. Sie hatte nicht in der Grube gelegen. Natürlich, sie hatte ihn ja abgelöst. Vielleicht war sie noch im Wald. Vielleicht wusste sie noch immer nicht, dass alle tot waren, sondern wartete auf ihre Ablösung. Doch dafür war es schon viel zu spät, die hätte schon vor einem Tag kommen sollen. Ohne Ablösung wäre sie doch sicherlich ins Dorf zurückgekehrt, weil sie sich Sorgen gemacht hätte. Dort hätte sie ihren toten Vater und ihre toten Brüder gefunden. Oder hatte man das Versteck der Tiere des Dorfes entdeckt und Nadja gleich dort erschossen?

Walodja rannte aus dem Haus.

Fast sofort drehte er noch einmal um, eilte zum Schuppen und griff nach dem Fuchsfell. Immer noch hingen Fleischreste daran, es roch übel. Er wischte den Pelz im Gras ab und schob ihn unter sein Hemd.

Die Dämmerung hatte eingesetzt und tauchte die Wälder der Taman-Halbinsel in Grautöne. Walodja lief, ohne Pause. Zweige, die nach ihm griffen, schob er beiseite, immer wieder rutschte er auf dem feuchten Boden aus. Er sprang über Wurzeln, fluchend, wenn sie ihn aus dem Tritt bringen wollten. Er keuchte und die Lungen brannten, doch schließlich hatte er die Gatter des Waldverstecks erreicht: „Nadja!"

Er schrie es so wild heraus, dass die Tiere erschreckt Laut gaben, ein Blöken, Muhen, Schnattern, Grunzen setzte ein. Sonst nichts, keine Antwort.

„Nadja!"

Wieder antwortete niemand.

Er stürmte zum Verschlag, den er gemeinsam mit Nadjas Vater gebaut hatte, schon im letzten Jahr, als die Deutschen noch auf dem Vormarsch gewesen waren. Der Unterstand bot den Bewachern der Tiere bei schlechtem Wetter Schutz vor Regen, Schnee und Wind.

Er war leer, lediglich einige Felle lagen darin. Walodja hielt inne, atmete durch und überlegte.

Sicherlich war Nadja zu Hause. So musste es sein.

Er sprang auf und rannte los, durch den Wald, der anderen Seite des Dorfes entgegen. Er spürte Stiche in der Milz und japste weiter, konnte nicht aufhören zu laufen, den Weg erahnte er mehr, als dass er ihn sah, es war dunkel geworden. Er musste vorwärtskommen.

Nach 20 Minuten hatte er den Hof von Nadjas Eltern erreicht, der still im Dunkel vor ihm lag. Er rief und niemand antwortete.

Als Walodja ein paar Schritte auf das Haus zu machte, stolperte er über ein Hindernis am Boden. Entkräftet wie er war, konnte er sich nicht halten und schlug hart auf. Worüber war er gefallen? Er fühlte mit beiden Händen, untersuchte den Gegenstand: Beine. Er folgte den

Beinen bis zum Oberkörper, wo er einen langen, schmalen Bart ertastete. Es war Nadjas Vater, der hier lag, Bart und Wangen waren klebrig. Als Walodja weitertastete, merkte er, dass die Stirn des Mannes fehlte. Die Nase war noch da, auch die Nasenwurzel. Doch dahinter war nichts mehr. Er zuckte zurück.

Auf Händen und Knien arbeitete Walodja sich danach zum Wohnhaus vor, immer in der Angst, erneut auf einen Toten zu stoßen. Wieder rief er. Wieder antwortete niemand.

Das Haus kannte er gut. Nadjas Familie war gesellig gewesen und Nadjas Mutter hatte immer gut gekocht, zusammen mit seinen Eltern und Allotschka war Walodja häufig zu Gast gewesen.

Gleich hinter dem Flur ging es in die Küche, wo der Ofen stand, auf dem im Winter die gesamte Familie schlief. Walodja tastete sich bis zur vorderen Ofenbank vor. Er wusste, wo Nadjas Mutter die Kerzen verwahrte: Über dem Holzfach war ein Schubkasten, darin fanden seine Finger einen Kerzenstummel und Streichhölzer. Er entzündete ein Licht und schaute sich in der Küche um.

Am Tisch saß der zehnjährige Lew, der beim Frühstück erschossen worden war. Sein Gesicht lag in einer Schüssel mit Grütze, dicke Spritzer waren über den halben Tisch verteilt, viele klebten am noch halbvollen Topf in der Tischmitte. Walodja hatte Hunger. Also aß er erst den Topf leer, dann kratzte er die Reste vom Tisch. Schließlich fuhr er vorsichtig mit dem Löffel in die Schüssel und um den Kopf des toten Jungen herum. Lew hätte nichts dagegen gehabt, das wusste Walodja, sie hatten oft miteinander gespielt. Sein Löffel streifte ein paar von Lews Haaren und sein Blick fiel auf das schwarze Loch mitten im blonden Schopf.

Ob er Lews älteren Bruder Pavel auch finden würde? Im Wohnhaus war er nicht, weder in einer der Schlafkammern noch in der Speisekammer noch auf dem Heuboden darüber. Auch in der Scheune und im Stall war keine Spur von dem Jungen zu finden, der drei Jahre jünger war als Walodja. Vielleicht hatte Pavel es geschafft, sich vor den Deutschen zu verstecken?

Schließlich entdeckte Walodja ihn doch noch, eher zufällig, als er sich dort, wo Nadjas Vater Holz hackte, eine Axt holen wollte. Eine schlechte Waffe gegen Pistolen und Gewehre, aber besser als nichts, kein Deutscher sollte jemals wieder Gewalt über ihn ausüben.

Sein Weg führte ihn draußen am Klosett vorbei und das von seiner Hand beschirmte Licht des Kerzenstummels fiel für einen Moment auf einen Fuß, der unter dem Türspalt der kleinen Hütte hervorschaute. Auf Brusthöhe der Tür eine Garbe von Einschusslöchern, wahrscheinlich von einer Maschinenpistole. Walodja rüttelte an der Tür, die von innen verschlossen war. Die Deutschen hatten sich nicht einmal die Mühe gemacht, Pavel aus dem Klohaus herauszuholen, sie hatten ihn durch die Tür erschossen.

Walodja ging zum Hackstock und zog die Axt aus dem Klotz. Es war eine gute, schwere Axt. Er stellte sich vor, wie die Klinge durch den Schädel eines Deutschen fuhr.

Er wog das Werkzeug, die Waffe, in der Hand und wurde nachdenklich. Bevor er schlafen ging, hatte er noch etwas zu tun: Im Schuppen suchte er nach fester Schnur, in der Küche fand er mehrere Messer. Zufrieden legte er sich danach auf eines der Schlaflager, rollte sich in Felle und Decken und schlief sofort ein.

Walodja erwachte früh am nächsten Tag.

Zunächst suchte er nach einer Schaufel und einem Spaten. Eine schöne Stelle für das Grab hatte er schnell ausgemacht. Hinter dem Haus lag ein Garten mit prächtigen Apfelbäumen, die immer schwer trugen. Er zog Lew und seinen Vater zu den Bäumen. Mit dem Spaten brach er die Tür zum Klosett auf, um Pavel zu bergen. Die Geschossgarbe hatte den Jungen in den Bauch getroffen. Im Sterben hatte er seine Finger ineinander verhakt und vergebens auf die Löcher oberhalb seines Bauchnabels gepresst.

Gegen Mittag hatte Walodja die Arbeit beendet. Nadjas Vater und ihre Geschwister waren beigesetzt.

Die Innenseiten seiner Hände waren mittlerweile großflächig offen und brannten wie Feuer. Er wusch und kühlte sie mit dem Wasser aus dem Brunnen, riss sich zwei Streifen Stoff von einem Lappen, den er in der Küche fand, und verband sie notdürftig. Mit der Axt schlug er eine junge Eibe und sägte einen kräftigen, gut anderthalb Meter langen Ast ab, den er entrindete, taillierte und an den Enden einkerbte, um dazwischen eine Schnur zu spannen. Aus den Zweigen eines Schneeballstrauchs schnitt er Pfeile, die er unter einem Feuer in der Küche geradebog. Die Klingen der Messer spannte er in der Schraubzwinge im Schuppen von Nadjas Vater ein und brach sie in der Mitte durch. Er schliff sie scharf, schob sie in die geschlitzten Stockenden und band sie fest. An die anderen Enden der Pfeile klebte er mithilfe eines Birkensuds Hühnerfedern, die er im Stall fand. Die Federn umwickelte er mit einer Hanfschnur. Drei Pfeile fertigte er auf diese Weise. Aus einem Tuch schnitt und knotete er einen Köcher.

Im Hof übte er einige Male das Schießen und war überrascht, wie gut der Bogen funktionierte. Er schoss problemlos und sehr gerade 250 Fuß weit. Auch kleinere Ziele traf er, nach einigen Versuchen, verblüffend genau. Sein Vater war von seinen Schießfertigkeiten schon beeindruckt gewesen, als Walodja zum ersten Mal überhaupt einen Bogen in der Hand gehalten hatte. Damals hatte sein Vater gemeint, dass Walodja einmal ein richtig guter Schütze und Jäger werden würde.

Ein gutes Auge und eine ruhige Hand, mehr braucht man nicht, hatte er gesagt.

Auf 100 Fuß Entfernung tauchten die Metallspitzen mit hartem Schlag tief in das Holz des Schuppens ein. Walodja dankte still seinem Vater, der ihm beigebracht hatte, Pfeil und Bogen zu bauen. Dieser Bogen hier war mit Abstand sein bester, eine ernsthafte Waffe.

Mit einem Messer nahm er noch einmal den Weg zu den Tieren im Wald. Er tötete eine Ziege, brach sie auf und briet das gesamte Fleisch gut durch, um es haltbar zu machen. Er aß sich satt, den großen Rest packte er in ein Tuch, das er in seinem Rucksack verstaute. Die anderen Tiere ließ er frei. Wenn sie vermutlich auch bald die Beute von Raubtieren werden würden, so sollten sie doch in Freiheit sterben, anstatt im Gehege zu verhungern.

Walodja brach auf.

Er wusste längst, in welche Richtung er gehen würde. Die Deutschen flohen Richtung Westen, dessen war er sich sicher. Also schlug er den Weg nach Osten ein. Der Roten Armee entgegen.

Samstag, 26. August 1944

Unter Volldampf fuhr der Zug weiter auf dem schnurgeraden Schienenstrang Richtung Nordwesten. Reimer schraubte das Sicherheitsventil des Kessels bis zum Anschlag in den Grund des Gewindes. Das verbogene Metall des Tenders der aufgefahrenen Lokomotive quietschte am Gleis entlang. Es kostete den Zug viel Kraft, den Havaristen zu bewegen. Ein gemächlicher Wanderer hätte ihnen problemlos folgen können. Viele Kilometer hinter ihnen leuchtete der Feuerschein über Ploieşti. Die Rauchschwaden brennender Tanklager und die Detonationen der sterbenden Stadt flogen ihnen nach.

Zu beiden Seiten des Zugs jetzt nichts als Felder – nach den Schrecken in der Stadt kam es allen wie das Paradies vor. Und der nächste Bahnhof näherte sich bereits.

„Jetzt müsste Floreşti kommen", meinte Reimer, nachdem er in seinen Unterlagen geblättert hatte. „Hier sollte es ein Nebengleis geben, auf dem wir unseren Ballast abwerfen können. Da wird sich doch ein Plätzchen finden lassen."

„Kannst ja nochmal in deinen Fremdenführer schauen, Günther, vielleicht gibt es für uns hier ein Grand Hotel, ich nehme dann die Suite", grinste Andler und kratzte an seinem mittlerweile völlig verdreckten Kopfverband.

Hörcher, der aus dem Fenster geschaut hatte, griff nach dem Stapel der Karten, die sich in einer Ecke des Führerstands türmten, und suchte vergeblich nach dem Prospekt. „Verdient hättest du es, Bernhard, aber hier gibt's nur Bauernhöfe. Deutlich unter deinem Niveau als Magier der Schwarzen Kunst."

Die Männer entdeckten recht schnell das von Reimer erhoffte Nebengleis, das der Beschilderung nach in eine Kiesgrube führte. Dort hinein schoben sie die aufgefahrene Unglückslokomotive. Der Zug setzte wieder zurück und fuhr in den Bahnhof von Floreşti ein.

Unmittelbar vor der Station gabelten sich Rangiergleise. Einige schienen beschädigt zu sein, auf anderen waren schrottreife Tankwagen abgestellt. Besetzte Einfahrt – das Hauptgleis war von einem mächtigen rumänischen Panzerzug belegt, der den Lazarettzug bereits erwartete. Eine halbe Kompanie rumänischer Soldaten hatte sich auf dem Bahnhof in Stellung gebracht, mit Karabinern und Sturmgewehren im Anschlag.

Reimer fuhr an den Panzerzug heran und stoppte wenige Meter davor. Mit einem unguten Gefühl betrachtete Franz die mächtigen Geschütze des Zugs. Von hier aus musste die führerlose Lokomotive losgeschickt worden sein, mit der man den Lazarettzug hatte entgleisen lassen wollen.

Der Kommandant des Panzerzugs wartete vor seiner Lok auf dem Bahnsteig, rauchte und lächelte boshaft.

Franz, Hörcher und Reimer verließen das Führerhaus. Während die Offiziere auf den rumänischen Hauptmann zugingen, wollte sich der Eisenbahner einen schnellen Überblick über die umliegenden Gleise verschaffen. Ahrens stieg weiter hinten ebenfalls aus, seinem Beispiel taten es einige Dutzend Jäger und die in Ploiești aufgenommenen Artilleristen gleich. Ein schmutziger und schweigsamer Haufen, friedlich und ohne Waffen, aber wachsam und angespannt. Die meisten der Männer steckten sich Zigaretten an und musterten aufmerksam das Geschehen auf dem schmalen Bahnsteig.

Die beiden deutschen Offiziere grüßten und baten formell und mit Verweis auf internationales Kriegsrecht um die Durchfahrt des Lazarettzugs. Dazu müsse der Panzerzug zehn Kilometer rückwärts bis nach Câmpina, dem nächsten Bahnhof, fahren, wo nach ihren Plänen ein längeres und ausreichendes Parallelgleis die Vorbeifahrt ermöglichen würde.

Der Kommandant lächelte unentwegt und ließ sich Zeit mit der Antwort. „Ich sehe, dass mein Gruß Sie erreicht hat“, sagte er schließlich in einwandfreiem Deutsch und wies in Richtung der Kiesgrube. Hinter den von Förderbändern aufgetürmten Erd- und Steinbergen stieg noch immer der Dampf der dort entsorgten Lok auf.

„In der Tat, zu freundlich“, antwortete Franz kühl.

Der Kommandant inhalierte den Rauch seiner Carpaţi und wies auf die Jäger und Artilleristen: „Erklären Sie mir, warum ein Verwundetentransport so viele Soldaten hat. Gesunde, kampffähige Soldaten, wie mir scheint."

„Es sind Einheiten, die wir unterwegs aufgenommen haben."

„Wissen Sie, dass mich nur das rote Kreuz auf Ihrer Lokomotive davon abhält, Ihren Zug unter Feuer zu nehmen?"

„Es wäre mit dem Genfer Abkommen, das auch von Rumänien unterzeichnet wurde, nicht vereinbar", antwortete Hörcher wütend. „Haben Sie also bitte Verständnis dafür, dass sich unsere Bewunderung für Ihre Haltung in überschaubaren Grenzen hält."

„Es mag nicht statthaft sein, einen Lazarettzug anzugreifen. Aber steht irgendwo geschrieben, dass wir Ihnen Durchfahrt zu gewähren haben? Ich bin mir sicher, dass Sie ein ebenso großes Vertrauen in die Rote Armee setzen wie ich. Warum warten wir nicht gemeinsam auf die Ankunft unserer neuen Verbündeten? Ich denke, sie sind in weniger als einem Tag da."

Franz bat den Rumänen erneut: „Wir müssen weiterkommen. Wir brauchen dringend Wasser und Nahrungsmittel für fast 1.600 Verwundete. Irgendwann ist der Krieg vorbei und dann kann es für alle Beteiligten hilfreich sein, Gutes getan zu haben. Denken Sie darüber nach!" Er trat einen Schritt nach vorn. „Machen Sie sich nicht schuldig am Tod vieler Menschen. Der nächste größere Bahnhof ist Câmpina. Fahren Sie zurück und lassen Sie uns dort vorbei. Ich bitte Sie darum. Von Offizier zu Offizier."

Der Kommandant schnippte die Zigarette fort: „Ausgeschlossen. Ich habe meinen Befehl, diese Stellung zu halten."

Franz und Hörcher starrten den Rumänen fassungslos an, der noch immer maliziös lächelte.

Reimer war an die Männer herangetreten, die letzten Sätze hatte er aufmerksam mitverfolgt. Jetzt räusperte er sich und meinte: „Wir könnten unseren Zug über das Nebengleis umsetzen, wenn der Tankwagen runter ist. Das sieht ganz passabel aus. Es ist ungefähr 200 Meter lang. Wenn Ihr Panzerzug die vordere Weiche freimacht, indem er einige Meter zurücksetzt, können wir jeweils fünf bis sechs Einheiten auf das Nebengleis schieben. Sobald Ihr Panzerzug wieder vorsetzt, schieben wir die Einheiten hinter Ihrem Zug über die zweite Weiche auf das Hauptgleis zurück. Wenn wir das ein gutes Dutzend Mal machen, kommen wir an Ihrem Zug vorbei, ohne dass Sie Ihre Stellung aufgeben müssen."

Der Kommandant schnaubte verächtlich und schaute Franz und Hörcher geringschätzig an: „Es muss schlecht um die deutsche Wehrmacht bestellt sein, wenn die Mannschaften den Offizieren Vorschläge machen."

„Dann würden wir die halbe Nacht rangieren, nicht wahr?", fragte Hörcher, der den Kommandanten nicht beachtete, und Reimer nickte.

„Helfen Sie uns. Lassen Sie uns den Zug umsetzen", bat Franz.

Entnervt brach der Kommandant in einen langen rumänischen Fluch aus, um dann auf Deutsch hinzuzufügen: „Meinetwegen! Tun Sie, was Sie nicht lassen können. Setzen Sie um. Bis Sie Ihre Arbeit beendet haben, sind die Russen ohnehin da." Er wandte sich ab und stapfte davon, ohne die Deutschen eines weiteren Blickes zu würdigen.

Reimer fuhr sich über die müden Augen. „Na, da habe ich uns ja was Schönes eingebrockt."

„Ach was", widersprach Franz, „du hast uns damit gerettet. Wir gehen sofort an die Vorbereitungen. Ich vermute mal, dass keiner von uns Lust darauf hat, auf die Ankunft russischer Panzer zu warten?"

„Ein wenig körperliche Tätigkeit wird uns allen zur Abwechslung guttun", grinste Hörcher, „und Schlaf wird ohnehin überschätzt."

Reimer und Franz besprachen sich mit dem Lokführer des Panzerzugs – das genaue Gegenteil seines Kommandanten –, der sich darauf freute, etwas zu tun zu bekommen. Er sprach leidlich Deutsch: „Ich mache mein dickes Lok dünn. Für euch. Krieg bald aus."

Währenddessen vermaßen Andler und Hörcher gemeinsam mit Wagenmeister Lege und dem Gefreiten Ahrens das Nebengleis und planten, an welchen Stellen sie die 82 Einheiten des Lazarettzugs trennen müssten, um die Rangierarbeiten und das Kuppeln so gering wie möglich zu halten. Sie versammelten alle Männer, die sich die bevorstehende Arbeit zumuteten. Es waren viele. Einige konnten kaum stehen und wollten doch helfen.

Kurz vor Mitternacht begannen sie mit Entkuppeln, Rangieren, Anfahren, Zurücksetzen. Kommandos und Kuppeln, direkt unter den Blicken, Geschützen und Karabinern der rumänischen Soldaten.

Sonntag, 27. August 1944

Die Männer schufteten Stunde um Stunde, ohne Pause, die Nacht hindurch. Längst lehnten die Rumänen, die die Vorgänge auf dem Bahnhof zu überwachen hatten, nicht mehr feixend an ihren Waggons, sondern betrachteten mitleidig die Schinderei. Franz sah ihnen an, dass viele bereitwillig geholfen hätten. Doch ihr Kommandant hatte es verboten. Also beschränkten sie sich darauf, die Arbeitenden und auch die Männer in den Lazarettwaggons mit Trinkwasser zu versorgen. Das war eine große Hilfe und es wurde immer belohnt, mit einem Lächeln, einem Nicken oder einem geflüsterten Dank.

Die Ärzte und Krankenschwestern hatten den Stillstand für weitere Operationen genutzt. Franz traf Ross zwischen zwei Eingriffen. Der Stabsarzt hockte draußen auf einem Schemel, bewegte seine Schultern auf und ab und lehnte den schmerzenden Rücken gegen die Waggonwand. Seine Hände steckten in Gummihandschuhen, die er in die Luft hielt, damit sie steril blieben. Neben ihm stand Schwester Marie, die ihm im Wechsel eine Zigarette und einen Kaffeepott an den Mund hielt.

„Wir haben kaum noch Handschuhe." Ross zuckte mit den Achseln. „Und viele Amputationen. Die haben alle schon viel zu lange am Bahndamm gelegen. Wir haben jetzt einen jungen Mann, dem wir wohl die Füße und ein bisschen mehr abnehmen müssen. Gefäße beschädigt, Fleisch fehlt oder zerfasert und gespickt mit Splittern. Oder doch versuchen zu erhalten? Aber dann stirbt er vielleicht in ein paar Tagen am Gasbrand … Wie würdest du entscheiden, Franz?"

„Frag mich nicht", wich Franz entsetzt zurück, „eine furchtbare Entscheidung!"

„Das haben wir seit Jahren jede Woche ein paar Mal."

„Und wofür entscheidest du dich?"

Schwester Marie ließ Ross an der Zigarette ziehen, langsam blies der Arzt den Rauch aus und schaute Franz an: „Für sein Leben. Gegen seine Unterschenkel. Primäramputation – wir machen jeweils einen Zirkelschnitt, versuchen, einen möglichst langen Stumpf unterhalb des Knies zu lassen."

„Primäramputation? Heißt das etwa, dass er nochmal amputiert wird?", fragte Franz ungläubig.

Ross nickte müde: „Natürlich. Fast alle Feldamputationen müssen nachamputiert werden. Deshalb sind wir so sparsam wie möglich. Damit noch Material da ist, wenn der Mann seine Prothesen bekommt."

Franz nickte niedergeschlagen und verabschiedete sich vom Stabsarzt, den er, wie auch Spanuth und die Krankenschwestern, für all die stillen Leistungen bewunderte, mit denen man hinten zusammenflickte, was vorne zerschossen worden war.

Er humpelte zurück zum Waggongewimmel. Dankbar rieb er dabei sein schmerzendes Knie. Er erinnerte sich genau an den Feldpostbrief, den er damals an seine Eltern geschrieben hatte: „Liebe Mutter und lieber Vater, bin am 14. April '43 um 7:45 durch Granatsplitter über dem linken Kniegelenk verwundet. Ärztliche Versorgung gesichert. Bein bleibt nach Möglichkeit erhalten. Franz." Dass sein Bein immer noch dran war …

Als am Morgen gegen halb sechs ein warmer Schimmer über den Osthimmel schlich, erreichten die Männer langsam ihr Ziel. Immerhin war es deutlich weniger Arbeit als in Galatz gewesen, da sie die Lokomotiven als Zugmittel nutzen konnten. Aber das pausenlose Rangieren und Kuppeln hatte Kraft und Nerven gekostet. Nun lichtete sich das Chaos der umsortierten Waggons. Unter regem Interesse und Rufen der Insassen des gesamten Zugs wurden schließlich die letzten Waggons miteinander verbunden, die nun alle wieder in feinster Reihung jenseits des rumänischen Panzerzugs standen.

Die erschöpften Arbeiter fielen sich in die Arme. Kaum jemand hatte während der Nacht ein Auge geschlossen.

„Nie wieder will ich so ein dämliches Puzzle spielen!“, rief Ahrens und trommelte begeistert auf eine der Waggontüren des Lazarettzugs. „Darf ich's wagen?“ Er griff sich Schwester Marie, die zufällig neben ihm stand, und drückte der lachenden jungen Frau einen Schmatzer auf die Wange.

Wenig später tauchte der rumänische Kommandant auf, gerade, als die schon unter Dampf stehenden Lokomotiven ihre Bremsproben machten. Der Mann war sichtlich enttäuscht, stampfte fluchend über den Bahnsteig und herrschte einige seiner Subalternen an, doch Reimer gab Signal und ließ das Lamento des Panzerzugführers zur Freude der umherstehenden rumänischen Soldaten im Pfeifen seiner 52 2302 untergehen. Um sechs Uhr ließ der Lazarettzug Florești hinter sich.

Bobolia. Câmpina. Breaza. Comarnic.

So lauteten auf den nächsten 20 Kilometern die Namen der vor ihnen liegenden Orte des Bucegi-Gebirges.

In der zurückliegenden Nacht hatten sich Reimer, Franz und Hörcher mit dem Lokführer des Panzerzugs ausgetauscht. Er hatte ihnen seine Streckenkarte gezeigt und ihnen mit vielen Gesten versichert, dass die Route bis Comarnic sicher war. Außerdem hatte er ihnen geraten, den Bahnhof von Câmpina ohne Halt zu durchfahren. „Nix Kohlen, nix Wasser. Alles kaputt. Breaza besser, guter Bahnhof.“

Auf die Kontrolle der Gleise voraus konnte für den Moment also verzichtet werden. Mehr als Schritttempo war aufgrund der Steigungen dennoch kaum möglich.

Das Licht der Sonne fiel warm in die Lokomotiven und Waggons, bis der Zug in einen dunklen Buchenwald hineinschnaufte. Das Grollen der Front verstummte hier vollends, zum ersten Mal überhaupt, seitdem sie in Galatz aufgebrochen waren. Wer konnte, fiel sofort in Schlaf und verpasste das prächtige Morgenkonzert ringsherum in den Baumkronen, Hunderte von Finken und Laubsängern,

Staren und Drosseln sangen für die übermüdeten Besatzungen der Lokomotiven.

Gelegentliche Weichenposten standen vor ihren verschanzten Hütten, das Gewehr im Anschlag. Ungläubig bestaunten sie den mächtigen Zug, der gemächlich an ihnen vorbeidampfte. Taktfest schob er sich von Reimer gesteuert die Windungen der Hügel empor und passierte einige Waldstationen, an denen jetzt, im Krieg, nur noch gelegentlich ein Zug hielt. Unscheinbar versteckten sich die Bauten untergegangener Friedenszeiten in den dichten Wäldern. Überwachsene Idyllen, kaum 25 Kilometer vom Hades des verölten Ploiești entfernt. Mit Wäscheleinen im Vorgarten, mit Hühnerställen und Kartoffeläckern, Taubenschlägen und sorgfältig aufgeschichtetem Brennholz, mit aufgefädelten Paprikaschoten, die leuchtend vor gekalkten Wänden in der Sonne trockneten. Nahe von Bergbächen, deren kühles Nass längst nicht mehr in den Wassertürmen gebunkert wurde. Halbnackte Kinder spielten an den Gleisen, schrien, lachten und winkten.

Ratternd fuhren sie über eine Gitterbrücke der Prahova, die während der letzten Kilometer linkerhand mit ihrem Bett immer näher an das Gleis herangerückt war und nun rechts von ihnen weiterplätscherte. Der Fluss, der hoch oben in den Bergmassiven rund um Predeal entsprang, hatte jetzt im Spätsommer viel seiner Kraft verloren, doch die riesigen Steine im Wasser kündeten von Urgewalten in Frühjahr und Herbst.

Auch der erste nennenswerte Bahnhof, den sie erreichten, Bobolia, sah geradezu romantisch aus. Einsam lag er in der Sonne, neben einem hübschen Teich, von Rosen überrankt, mit blinkenden Dachschindeln und neben den Gleisen grasenden Ziegen. An den Wänden baumelten allerdings keine getrockneten Paprika. Unter der Traufe des Dachs hingen 14 Tote. Ihre dunklen Körper hoben sich vom sonnenverblichenen Holz des Hauses ab. Sie hingen schon länger dort, ihre Bäuche waren von Fäulnisgasen aufgetrieben. Es waren Männer und Frauen. Auch zwei Kinder und einige Soldaten konnte Franz erkennen. Krähen saßen auf ihren Köpfen und fraßen an den Weichteilen.

Im Abstand von wenigen Metern fuhr der Zug in langsamer Fahrt an der Station vorbei. Keiner konnte seinen Blick von den Toten abwenden, die ihnen mit leeren Augenhöhlen hinterherstarrten. Feldkaplan Lorenz im ersten Waggon bekreuzigte sich und fing an zu beten.

Aufkommender Wind schob die Körper sanft hin und her und trug den Geruch sich zersetzenden Fleischs in den Zug. Die Männer in der ersten Lokomotive erschauerten. Kaum einer von ihnen, der den Geruch nicht kannte. Franz erinnerte sich an die Abwehrschlachten von Krymskaya. Und daran, wie er vor vielen Jahren bei einer Jagd mit Freunden in Schweden im dichten Wald in den fauligen Brustkorb eines toten Elchkitzes getreten war.

Er schaute aus dem Fenster des Führerstands, dem Bahnhof hinterher, und sah, wie Ahrens plötzlich von der zweiten Lok sprang und geradewegs auf eine der Ziegen loslief. Der Gefreite griff nach seiner Pistole, erschoss das Tier, schulterte es kurzerhand und rannte damit unter dem Jubel der Männer zum Zug zurück. Franz konnte erkennen, dass man Ahrens mitsamt seiner Beute in einen der hinteren BVZ-Waggons empor half.

Zur Rechten teilte sich die Prahova und zwischen den Flussläufen wurde ein größerer Ort sichtbar. Umrahmt von Bergen schmiegte sich Câmpina in das bewaldete Tal, Kirchen und Bohrtürme prägten die Silhouette des Städtchens.

Hörcher hatte seinen Walachei-Prospekt wiedergefunden und blätterte eifrig darin: „Câmpina – 10.000 Einwohner, erstmalig um 1500 erwähnt – früher bedeutende Handelsstation zwischen der Walachei und Transsylvanien – Graf Dracula lässt grüßen … Hier steht, dass 1890 Erdöl gefunden wurde. Ausbau petrochemischer Industrie – und Kaiser Wilhelm Zwo war auch schon hier, 1917. Um die Ölfelder huldvoll abzuschreiten, so so. Der Trottel. Na, wenigstens wird er eine hübsche Uniform getragen haben."

„Bestimmt was Buntes", feixte Andler, „die Gardes du Corps-Ehrenuniform der walachischen Erdöl-Kürassiere mit braunen Litzen, Protektorenkreuz und großem Ölklumpen am Bande."

Hörcher grinste: „Eure Hoheit, im Badezimmer ist ein Rohr geplatzt. – So? Man bringe mir die Admiralsuniform!"

Während die Männer über den Uniformtick des letzten deutschen Kaisers lachten, passierten sie den Bahnhof von Câmpina. Gesprengte Wassertürme, leere Kohlenbunker und eine Vielzahl zerstörter Lokomotiven auf den Nebengleisen ließen sie schnell wieder verstummen.

Hinter Câmpina wurde es steiler. Die Farbe des aus den Fängen schießenden Rauchs wurde immer schwärzer. Kohlestückchen und Asche rieselten durch die Fenster. Die Heizer aller Loks verrichteten schwere Arbeit. Auch der Schnelltriebwagen am Ende des Zugs spie schwarzen Rauch, bemüht, Diesel in Elektrizität und Vortrieb umzuwandeln. Immer weiter fiel die Geschwindigkeit ab.

Reimer ließ vermehrt Sand streuen, um den Halt des Kolosses auf den Schienen zu verbessern. Während die meisten Männer in den Waggons noch immer den Schlaf der Nacht nachholten, blieben die Besatzungen der Lokomotiven wachsam. Es galt, feindliche Stellungen oder Sabotage sofort zu entdecken.

Als das Tal schmaler und die Hänge steiler wurden, erreichte der Zug gegen Mittag ein bewaldetes Hochplateau. Andler warf einen besorgten Blick auf den Tender: „Der Kohlenvorrat geht zur Neige."

Reimer hatte es ebenfalls bemerkt und zeigte auf das Klemmbrett mit seinen Notizen unterhalb der Druckmanometer: „Bald müssten wir den nächsten Ort erreichen. Nach den Unterlagen Breaza. Der Tipp unseres Freundes aus dem Panzerzug."

Franz überprüfte die Karte: „Dann lasst uns hier anhalten. Flaches Gelände und Sichtschutz durch die Bäume. Wir können unsere Lok wieder abkuppeln und vorausfahren, um die Lage zu erkunden."

Hörcher nickte: „Dann schauen wir auch gleich, ob es dort etwas zu beißen für uns gibt. Die Vorräte gehen dem Ende zu. Sollen wir unsere Lok sichern?"

„Bisher hat alles so gepasst, wie es der Lokführer des rumänischen Panzerzugs erklärt hat. Aber wir nehmen Ahrens und einige Jäger zum Schutz mit."

Reimer signalisierte Halt und brachte den Zug zum Stehen, kurz bevor der Buchenwald wacholderartigen Büschen wich, die einen guten Blick in das Tal ermöglichten. Sie hatten viele Höhenmeter seit Buda erklommen. Die Luft war frischer als in der stickigen Ebene rund um Ploieşti, alle atmeten freudig auf.

Sobald der Zug stand, kletterte Schwester Marie in das Führerhaus. Sie begrüßte die Männer mit einem traurigen Lächeln und übergab einen Rapportzettel von Stabsarzt Ross. Auf dem Zettel stand:

1. *11 + 4 + 5 gestorben*
2. *1550 Mann im Zug*
3. *Brot ausreichend bis morgen Abend*
4. *im BVZ 500 Malariakranke, 25 Typhuskranke*

Hörcher verließ schweigend mit Schwester Marie das Führerhaus. Draußen warteten Ahrens und einige Jäger, gemeinsam suchten sie nach einer geeigneten Stelle für einen Begräbnisplatz, auch einige der Artilleristen gesellten sich zu ihnen und griffen nach den Schaufeln, die Lege aushändigte.

Ross und Spanuth hatten wie üblich keine Zeit verloren. Sobald der Zug zum Halt gekommen war, hatten sie mit ihrer Arbeit begonnen, flickten Gefäße zusammen, schnitten vom Gasbrand knisterndes und in blauen Ödemen zersetztes Gewebe fort. Vor allem die Verletzten, die der Zug direkt in der Hauptkampflinie aufgenommen hatte, mussten intensiv versorgt werden.

Schwester Elsa trat an die Tür des Operationswaggons und rief dem vorbeilaufenden Hörcher zu: „Warten Sie, bitte? Wir haben hier noch etwas für Sie." Überrascht blieben Hörcher und Schwester Marie stehen. Elsa Rudolph verschwand kurz. Als sie wiederkam, trug sie etwas Längliches, eingeschlagen in ein Tuch. Ein Bein. Es war kurz unter der Hüfte amputiert worden. Vorsichtig reichte sie es Hörcher: „Es stammt von einem der Artilleristen bei Ploieşti. Kurz vor der Operation in Floreşti war er noch bei Bewusstsein. Er hat uns gebeten, dass man sein Bein mitbeerdigt."

Hörcher schluckte. „Natürlich, das machen wir. Wird er es schaffen?“

„Wir wissen es nicht. Foudroyanter Verlauf, er wurde so schnell graugelb, dass man zuschauen konnte. Ross hat, soweit es ging, im Gesunden geschnitten. Er hat viel Blut verloren. Ohne unsere Jäger hätte er keine Chance gehabt. Sie sind schon ganz anämisch, so viel Blut haben sie gespendet.“

Hörcher legte das Bein zu den Verstorbenen der letzten Etappe. Darunter war auch ein Mann, der von der Rollbahnkrähe mit einem Feldstein erschlagen worden war. Der Stein hatte das Dach eines der Waggons durchbrochen und den Mann am Kopf getroffen.

Reimer, Andler und Franz kuppelten währenddessen die 52 2302 ab. Als sie fertig waren, trat Oberfeldwebel Mechold an sie heran, der als Ranghöchster und mit der natürlichen Autorität des erfahrenen Unteroffiziers das Kommando über den Trupp der Jäger übernommen hatte.

„Mechold, bringen Sie fünf Ihrer Leute auf die erste Lok, wir fahren gleich nach Breaza rein. Und lassen Sie überall entlang des Zugs Wachposten aufstellen.“

„Wollte ich Ihnen gerade vorschlagen, Herr Oberleutnant. Ist zwar alles ganz hübsch hier, aber irgendwie traue ich dem Frieden nicht …“ Der Oberfeldwebel schaute sich blinzelnd um, die anderen Männer taten es ihm nach. Rechterhand die beschaulich plätschernde Prahova, links des Gleises dichte Büsche, Felder, Wiesen, Baumgruppen und vereinzelt stille Gehöfte.

„In Ordnung, veranlassen Sie alles Notwendige, Mechold.“

Mit Franz, Hörcher und Ahrens an Bord fuhren Reimer und Andler los, um in Breaza nach Kohlen zu suchen. Hier, auf der freien Ebene, war die kurze Illusion des Friedens vergangen: Geschützdonner war deutlich zu vernehmen, unmöglich zu sagen, ob er aus dem Tal oder dem vor ihnen stehenden Gebirge kam. In jedem Fall weniger weit entfernt als es ihnen lieb gewesen wäre.

Der Tender der 52 2302 war so gut wie leer. Franz bemerkte den sorgenvollen Blick Reimers: „Wie weit kommen wir noch?“

„Bis Breaza sollte es reichen. Aber es wäre schon gut, wenn dort jede Menge Nachschub liegt."

„Was machen wir, wenn wir keine Kohlen bekommen?"

„Dann müssen wir wieder Brennholz schlagen."

„Könnte man auch Büsche oder Zweige verfeuern?"

„Natürlich, in der Not kann man alles verheizen. Aber die meiste Energie steckt natürlich in Kohlen. So viele Büsche können wir gar nicht schlagen, wie wir verfeuern müssten."

Andler nickte nachdenklich: „Wir sollten schon versuchen, hochwertige Treibstoffe zu finden. Gute Kohlen und klares Wasser. Wasser ist sowieso das Allerwichtigste – Kohle kann, Wasser muss! Ein mir bekannter Heizer hat einmal erzählt, wie er im Frühjahr '42 aus Charkow gefahren ist. Sie hatten kaum noch Wasser im Tender und konnten nicht stehenbleiben, weil sie aus der Luft angegriffen wurden. Sie hatten ungefähr 3.000 Menschen an Bord. So sind sie also weitergefahren und haben gehofft, dass das Wasser reicht."

„Bombenhagel oder Kesselzerknall, eine Wahl zwischen Pest und Cholera", brummte Reimer.

„Sie kamen tatsächlich hinter die deutschen Linien. Aber sie hatten schweren Wassermangel, wahrscheinlich schon trockengeheizt, und die Feuerbüchse glühte wohl schon. Eigentlich kann man da nur noch sofort das Feuer unten rausschmeißen, Dampf ablassen und beten. Als sie bremsten, lief plötzlich eine größere Menge Flüssigkeit aus der verstopften Speisepumpe nach. Gleichzeitig schwappte das niedrige Wasser im Kessel vor und dann zurück über die glühende Büchse. Schlagartige Dampfbildung. Die Lokomotive war alt, die Sicherheitsventile hatten sich zugesetzt, Schmelzpfropfen zu. Es gab einen Kesselzerknall." Andler bekreuzigte sich. „Dagegen ist eine schwere Granate ein leichtes Husten."

Reimer nickte düster. „Die Physik ist da unerbittlich. Aus einem Kubikmeter Wasser werden innerhalb von Sekunden 1.700 Kubikmeter Dampf. In Texas gab es mal vor Jahrzehnten einen Zerknall, dabei ist ein Kesselteil von einer halben Tonne fast zwei Kilometer weit geflogen. Das sind schon gewaltige Kräfte."

„Wie durch ein Wunder überlebte mein Freund. Er wurde durch die Druckwelle des Heißdampfs aus der Lok geschleudert. Man fand ihn einige Gleise weiter. Er hatte schwerste Verbrennungen und war erblindet. Über 20 Menschen sind gestorben."

Reimer hob den Zeigefinger: „Nicht ohne Grund gehört die Sicherung des ausreichenden Wasserstandes zu den vornehmsten Pflichten des Heizers."

Andler zeigte Franz und Hörcher das Wasserstandsglas: „Hier kann ich sehen, wie viel Wasser im Kessel steht. Über die Speisepumpe regle ich die Wasserzufuhr. Und gleichzeitig wärmt sie das Wasser mit dem Pumpen- und Zylinderabdampf vor. Sie sollte immer so viel Wasser in den Kessel speisen, wie durch Verdampfung entnommen wird."

Während der Erläuterungen der Eisenbahner war ihre Lok weiter durch die wildromantische Landschaft geklettert. Nach zehn Minuten breitete sich vor ihnen eine weitere Ebene aus, die den Ausblick auf den mächtigen Bucegi-Bergriegel freigab. Andler spähte hinüber zu den im Blau stehenden Gipfeln: „Dahinter liegt Deutschland", sagte er, „uns trennen nur noch ein bisschen mehr als 1.000 Kilometer."

„1.000 Kilometer", sinnierte Ahrens. „Das ist eine Entfernung wie zum Mond."

Die Lokomotive fuhr fast geräuschlos, unter den Seufzern der Kolbenstangen und nahezu ohne Dampf in den kleinen Bahnhof von Breaza ein. Menschen waren auf den ersten Blick keine zu sehen. Aber sie hatten die 52 2302 kaum zum Halt gebracht, als schon ein Bahnhofsvorsteher mit tadelloser Uniform und roter Mütze aus der Station trat und freundlich winkte. Er begrüßte die Deutschen herzlich mit dem typischen moselfränkischen Singsang eines Siebenbürger Sachsen, was im begeisterten Andler, der aus Alsweiler im Trierer Raum stammte, Heimatgefühle weckte.

Der Mann hatte gute Nachrichten für die Offiziere und die Eisenbahner der 52 2302. Alles sicher in Breaza.

Und es gab Wasser, Kohlen und sogar Treiböl. Dazu dickflüssiges Masut-Zylinderöl für die Kolben- und Schieberräume. OM-Salz zum Entrußen von Feuerbüchse und Rohren. Alles war in ausreichender Menge vorhanden.

Andler und Reimer fuhren sogleich zur Kohlenhalde. Auf einem schmalen Gleis brachten sie mit den wertvollen schwarzen Brocken befüllte Hunte – längliche, offene Wägelchen – zu einem drehbaren Kran, der jeweils einen Hunt nach oben beförderte und seinen Inhalt in den Tender kippte. Von der Halde hinüber zur Schlackegrube, dann zum Wasserkran, abschmieren, ölen, schließlich kletterte Andler mithilfe einer Leiter hoch zum Sanddom, um trockenen Quarzsand aus Eimern nachzuschütten. Die Pflege und Wartung der Lok hatte in den letzten Tagen gelitten – wann immer es ging, einmal drumherum laufen, Beschaffenheiten und Temperaturen erfühlen und beschauen, hier und da den Finger auflegen, wie ein erfahrener Landarzt beim Abtasten eines beanspruchten Ochsen; dann mit einem Hämmerchen immer genau gegen die richtigen Stellen, wie ein Orgelbauer der Reinheit des Klangs nachlauschen – mehr war kaum drin gewesen. Nun überprüften sie gewissenhaft die Achslagergleitplatten, Bremsgestänge, Federungsausgleichshebel und Zugvorrichtungen, außerdem die Unterbuchsschmierung der Achslager, Schwingenlager, Drehzapfen, Kesselauflagen, Kolbenstangen, Schieberkreuzköpfe und Stoßpufferplatten.

Franz und Hörcher tauschten sich mit dem Bahnhofsvorsteher aus, der vieles wissen wollte. Woher sie kamen: Aus Galatz? Mit einem Lazarettzug? Unglaublich. Wo ihr Zug jetzt stünde? Wie viele Verwundete an Bord des Zugs waren? Wie viele von ihnen noch selbst gehen konnten? Franz antwortete schnell und knapp.

Seinerseits fragte er den Mann nach Informationen über mögliche Positionen der Roten Armee. Die Auskünfte des Stationsvorstehers waren niederschmetternd. Die Russen waren nur noch knapp zehn Kilometer vom Bahnhof entfernt, die ersten Regimenter standen bereits im östlichen Nachbartal. Spähpanzer waren in den Morgenstunden vor der Siedlung Brebu gesichtet worden. Die Strecke hinter dem nächsten Bahnhof Comarnic war von rumänischen Einheiten gesperrt und durch eine absichtlich quer gestellte Lokomotive unbrauchbar gemacht worden. Franz und Hörcher fluchten. Die neue Allianz zwischen Rumänen und Russen wirkte sich immer fataler auf den fliehenden Zug aus. Die beiden beeilten sich trotzdem, sich beim Stationsvorsteher zu bedanken, und hasteten zur 52 2302, die wieder vor der Kohlenhalde stand.

Sie stiegen zu Andler empor, der in einem Schuppen Bretter, Leisten, Bleche und Werkzeug aufgetrieben und gemeinsam mit Ahrens und einigen anderen der Soldaten auf den Tender geschleppt hatte. „Wenn wir die Tenderwand einen halben Meter höher bekommen, schlafe ich deutlich ruhiger", meinte der Heizer. „Mehr Kohlen!"

„Wann hast du überhaupt das letzte Mal geschlafen", spottete Franz und massierte sein Knie, bevor er zum Hammer griff.

Während sie zugunsten der größeren Kohlelagerung fieberhaft zimmerten, berichteten Franz und Hörcher, was der Stationsvorsteher ihnen erzählt hatte. Niedergeschlagen vollendeten sie ihre Arbeit.

Gemeinsam mit Reimer beschlossen sie, den Insassen ihres vor Breaza abgestellten Zugs nur das Nötigste zu berichten – außer den Ärzten, Schwester Elsa und Mechold, der es wissen musste, um im Ernstfall mit seinen Leuten und den Artilleristen aus Ploiești vorbereitet zu sein. „Das Wissen ändert nichts an der Route, die wir nehmen müssen", erklärte Franz. „Wir bleiben wachsam, aber Angst wird uns kein guter Helfer sein."

Dennoch wurden die eigenen Zweifel immer größer. Die bevorstehenden Kilometer würden den Menschen im Zug weiterhin viel abverlangen. In jedem Fall konnte es nicht schaden, so viel Wasser und Kohlen wie möglich zu fassen.

Nach einer halben Stunde fuhren die Männer zurück. Mit Höchstgeschwindigkeit donnerte die Lokomotive über das Gleis, während jeder schweigsam seinen eigenen Gedanken nachhing.

VIII

Am Morgen des zweiten Tages näherte sich Walodja der Ortschaft Gostagaevskaya. Die Kreisstadt Krymskaya konnte nicht mehr allzu weit entfernt sein, aber die friedlich wirkende Landschaft, durch die er lief, war menschenleer. Gelegentlich pulte er einen Kiesel aus dem Pfad und versuchte, damit einen Baum zu treffen, den er in einiger Entfernung beliebig aussuchte. Er sagte sich, ein Treffer bedeute, dass Nadja noch lebte. Meistens traf er. Doch wenn er den Stamm verfehlte, wurde seine Verzweiflung darüber so groß, dass er geradezu zwanghaft weiterwerfen musste, bis er wieder traf. Gelang es dagegen sofort, sagte er sich, der Wurf wäre zu leicht gewesen und der Baum müsse weiter entfernt stehen. Worauf er ihn prompt verfehlte und erneut stehenblieb. In Momenten der Klarheit fragte er sich, ob das der Beginn des Wahnsinns oder eine seltsame Strategie seines Hirns war, den Wahnsinn zu vermeiden.

Er hatte gut gegessen während seines Marsches. Das Ziegenfleisch war nahrhaft, einige Waldbeeren und Bucheckern hatte er dazu gefunden, gelegentlich pflückte er Blüten vom Rotklee und kaute darauf herum. Einmal ritzte er eine Birke an, um den austretenden, nährstoffreichen Saft zu trinken, der Zucker und Öle enthielt.

Manchmal griff er nach seinem Bogen und legte einen der drei Pfeile ein. Einmal zog er den Bogen durch und tat so, als müsse er einen schnellen Schuss aus der Drehung abgeben. Unmittelbar danach kam er sich lächerlich vor. Er schaute sich verstohlen um, als könne ihn jemand dabei beobachtet haben und sich, zwischen den Bäumen kauernd, über diesen seltsamen Jungen amüsieren, der sich wie ein Indianer den Maschinengewehren der deutschen Soldaten entgegenstellen wollte. Aber es war niemand da. Überhaupt hatte er bis zu diesem Morgen keine Menschenseele getroffen.

Als Walodja weit hinter sich ein Geräusch hörte, glaubte er zunächst, sich zu irren, wie so oft, seitdem er hier entlang ging. Mehrere Male war er gestern in die Büsche am Wegesrand gesprungen, weil er das Gefühl hatte, ihm käme jemand entgegen oder würde sich von hinten nähern. Natürlich war nie etwas passiert. Seine überreizten Sinne und seine Erschöpfung hatten ihm Streiche gespielt.

Diesmal jedoch kamen Fahrzeuge. Kein Zweifel. Hinter ihm, schnell lauter werdend. Fast versagten ihm die Beine den Dienst. Mit letzter Kraft sprang er ins Unterholz.

Atemlos kauerte er sich hinter einen Baum und spähte nach hinten auf die Straße. Da kamen sie, grau, ein deutscher Konvoi. Er kannte die Fahrzeuge, eine Verwechslung war nicht möglich. Vorneweg fuhr ein Kübelwagen, in dem jeder Platz besetzt war. Neben dem Fahrer erkannte Walodja den Offizier von der Senke. Hinter den beiden saßen zwei weitere Männer, die beim Auslöschen des Dorfes ebenfalls beteiligt gewesen waren. Schaukelnd folgte der Wagen der Straße. Sie fuhren langsam, aber nicht sonderlich aufmerksam, fast gelangweilt schauten die Deutschen in die Büsche. Offenbar fühlten sie sich sicher. Hatten sie keine Angst vor Partisanen oder den Einheiten der Roten Armee? Oder waren diese noch viele Kilometer entfernt? Dem Kübelwagen folgte der Laster, zwei Krads mit Seitenwagen und aufgepflanzten Maschinengewehren schlossen sich an.

Immer näher kamen sie. Walodja konnte die Gesichter der Männer genau sehen, ihre aufgeputschten Augen. Staub lag auf ihren Uniformen. Er senkte den Kopf.

Jetzt erst bemerkte er das Wimmeln zu seinen Füßen, auf seinen Beinen und Unterarmen. Er hatte sich direkt in einen Ameisenhaufen gekauert, doch die Bisse der Insekten nahm er nicht wahr. Die Fahrzeuge tuckerten an ihm vorbei, kaum mehr als zwei Meter entfernt. Walodja spürte seinen Bogen, er war noch quer über seinen Rücken geschnallt, und verfluchte sich. Wenn einer der Männer das leuchtende Holz des entrindeten Bogens sehen würde, wäre es um ihn geschehen. Hätte er ihn doch nur in die Hand genommen! Vielleicht hätte er sogar einen der Männer erschießen können. Auch wenn es sein Ende gewesen wäre.

Ohne zu halten fuhr der Tross des Einsatzkommandos an Walodja vorbei. Als sich die Motorengeräusche entfernten, hob er den Kopf und schaute dem Verband hinterher. Was hatten sie hier noch verloren? Plötzlich leuchteten die Bremslichter der Fahrzeuge rot auf. Der Konvoi machte Halt, in kaum 100 Fuß Entfernung. Hatten sie ihn doch entdeckt? Walodja begann zu zittern und presste sich an den Baumstamm. Jetzt war es aus, sie würden kommen mit ihren Maschinengewehren.

Doch dann hörte er Gelächter. Die Männer riefen sich etwas zu, was Walodja nicht verstand: „Kurzer Halt! Hans muss kacken."

Wieder gab es Gejohle, jemand rief: „Schon wieder? Du mit deinem Dünnschiss! Friss endlich deine Kohletabletten wie jeder andere auch!"

Ein Mann stieg aus dem Kübelwagen. Das war der, den sie Hans nannten. Der, der Allotschka an der Senke an ihrem Haar emporgehoben hatte. Hans hatte Zeitungspapier in der Hand, das er sich unter einen Arm klemmte. Grinsend winkte er seinen Kameraden zu und verschwand mit ausgreifenden Schritten im Wald.

Die Deutschen taten so, als sei es ihr Wald. Sie schienen vor nichts Angst zu haben.

Walodja wurde ruhig.

Behutsam zog er seinen Bogen über den Kopf und hängte einen Pfeil in die Sehne. Er erhob sich, ging auf die Zehenspitzen. Langsam setzte er einen Fuß vor den anderen, achtete darauf, nirgendwo mit den Enden des Bogens hängenzubleiben, schlich tiefer in den Wald, immer dichter auf den Mann zu, der ungefähr 30 Fuß außerhalb der Sichtweite des Konvois seine Hose öffnete und zusammen mit der Unterhose nach unten zog, seinen Hintern entblößend. Mit dem Rücken zu Walodja ging er in die Hocke und furzte. Der Gestank wehte herüber.

„He!", rief einer der Kradfahrer zur Belustigung der anderen. „Nenn ihn Werner, wenn's ein Junge wird!"

Amüsiert schrie Hans aus dem Wald zurück: „Und wenn es ein Mädchen wird, nenn ich sie nach deiner Mutter!"

Pfiffe, Gejohle und weiteres Geschrei.

„Wahrscheinlich wird es so aussehen wie du!"

„Hoffen wir bloß, dass es nicht deine Intelligenz abbekommt!"

„Wenn's noch länger dauert, wird's sowieso behindert!"

„Ach, haltet die Schnauze, ihr Arschlöcher!"

Der Lärm kam Walodja zustatten. Einen weiteren Schritt trat er auf den Mann zu, der nun kaum mehr als drei Armlängen von ihm entfernt hinter einem Gebüsch hockte.

Walodja sah den ausrasierten Stiernacken, übersäht mit Kratzspuren, die von der Jagd nach Läusen stammen mussten. Die kleinen Ohren, rosa und innen behaart. Den speckigen Kragen, die silberne Litze der linken Schulterklappe, die sich gelöst hatte. Zufriedenes Atmen eines Mannes, der ganz bei sich war, beim Geschäft im Wald. Es plätscherte, dann fiel Braunes auf den Waldboden und der Mann griff nach dem Zeitungspapier, das er neben sich abgelegt hatte. Auch beim Scheißen zog der Mann der Ordnungspolizei seine Handschuhe nicht aus.

Mit einem Mal hob er ruckartig den Kopf. Irgendetwas war anders. Er hielt inne in seiner Bewegung. Erhob sich halb, die Hose zwischen den Knien. Er drehte sich um, das Papier noch in der Hand. Über seine Schulter blickend sah er einen Jungen, der einen gespannten Bogen auf ihn richtete. Die Pfeilspitze zitterte.

Walodja sah den Schreck in den Augen des Deutschen und es fühlte sich gut an.

Dann flog eine Art Lächeln über das Gesicht des Mannes, eine Art von Erleichterung, vielleicht, weil Walodja kein Mann, kein Partisan, sondern nur ein Junge war. Der Mann hatte ihn, Walodja, noch nicht einmal erkannt. Dabei hatte er seine Schwester getötet.

Walodja studierte das Gesicht des Mannes, die seltsame Mischung aus Arroganz und wieder aufflackernder Angst, die es grau und noch hässlicher erscheinen ließ, eine Fratze des Nichtsterbenwollens, Nichtsterbenkönnens.

Walodja sah jedes Detail. Kleine wässrige Augen mit hellen Wimpern über Tränensäcken. Äderchen umlagerten eine schmale Nase, die nicht zur Teigigkeit des Gesichts passte. Ein leerer Ausdruck, der Walodja an eine Begegnung während des letzten Erntefests erinnerte; er war mit dem Dorfidioten, dem Sohn des Säufers, zusammengestoßen.

Was waren das nur für Menschen, die aus Deutschland kamen? Waren sie so stumpf, weil sie Menschen töteten, oder töteten sie Menschen, weil sie so stumpf waren?

Der Mann starrte auf den in der Sehne bebenden Pfeil und leckte seine Lippen, offenbarte gelb verrauchte Zähne. Abwehrend hob er die Hand und setzte zu einem Laut an, Walodja sah es an den Adern, die entlang seines Halses anschwollen. Warum nur wollte seine Hand den Pfeil nicht freigeben? Er konnte nicht schießen. Noch nicht. Er wollte wissen, ob der Mann noch etwas zu sagen hätte. Er wollte die Angst des Mannes nicht nur sehen, er wollte sie auch hören.

Ein Krächzen: „Gib mir deinen Bogen, Bengel."

Enttäuschend.

Als hätte Walodja verstanden, was der Mann gesagt hatte, flüsterte er: „Du kannst meinen Pfeil haben."

Ganz leicht war es plötzlich, Zeige- und Mittelfinger der linken Hand zu lösen, die die Sehne so unter Spannung gehalten hatten, dass seine Fingerkuppen bereits taub waren. Mit leisem Zischen flog der Pfeil los, zu schnell für sein Auge. Die Federn hielten ihn gerade. Aus der Entfernung von wenigen Schritten durchschlug er die gehobene Hand des Mannes und drang in seinen Kehlkopf ein. Die Wucht trieb die Pfeilspitze auf der anderen Seite des Halses wieder hinaus.

Der Mann wollte schreien, aber er konnte nur noch röcheln. Ein seltsam durchdringender Laut.

Seine Kameraden hörten es und lachten. Einer rief: „Bei der Arbeit frieren und beim Scheißen schwitzen, das haben wir gern!"

Walodja sprang einen Schritt auf den Deutschen zu, der nach hinten gekippt war und mit beiden Händen verzweifelt am Pfeilende riss. Er starrte auf den Mann im Todeskampf, erschrocken und gefesselt zugleich von der Wirkung seines Schusses. So viel Blut in kurzer Zeit. Es spritzte über den Waldboden. Ein roter Strahl ergoss sich aus der durchtrennten Schlagader stoßweise in den Mund des Deutschen, der aufgrund des Pfeils im Kehlkopf nicht mehr schlucken konnte. Er hustete. Rote Blasen, dann ein ganzer Schwall von Blut. Er strampelte mit seinen Beinen in der Luft, aber seine Bewegungen wurden schwächer.

Walodja stand über dem Kopf des Mannes und griff nach der Axt von Nadjas Vater, die er im Gürtel bei sich trug. Mit aller Kraft schlug er zu und der Mann lag augenblicklich still.

Das laute Knacken hatten auch die Männer vom Konvoi gehört: „He, Hans, langsam fertig?", rief einer der Wartenden ungehalten.

Walodja erkannte die Stimme. Er hatte sie an der Senke gehört. Das war der Offizier, der vorn im Kübelwagen gesessen hatte. Der Mann klang angespannt, fast nervös: „Verdammt. Werner, sofort nachsehen, ob alles in Ordnung ist!"

Walodja griff nach der Axt, wollte sie herausziehen, doch sie steckte zu fest in der Stirn des Mannes, der jetzt tot war. Verzweifelt zerrte er an dem Werkzeug. Er brauchte die Axt.

Gedämpftes Klacken, als Gewehre und Pistolen entsichert wurden, Schritte im Wald. Walodja ließ die Axt stecken und begann zu laufen, gehetzt, tiefer in den Wald hinein, im Zickzack den Schutz von Bäumen suchend. Zweige und Äste peitschten seine Unterarme blutig, er stolperte in einen Tümpel, Wasser gurgelte bis zu seinen Knien.

Hinter sich hörte er einen Aufschrei: „Scheiße, Hans ist tot!"

Die Stille des Waldes explodierte. Waffen begannen zu hämmern. Blätter stoben zerfetzt in alle Richtungen, armdicke Bäume knickten wie Strohhalme, Rinde spritzte und schlug ihm ins Gesicht. Er lief wie niemals in seinem Leben zuvor und fast schien es ihm, als sei er schneller als die in den Wald gefeuerten Projektile. Niemals würden sie ihn einholen können.

Meilen später brach er im Unterholz zusammen.

Mecholds Instinkt hatte ihn nicht getäuscht. Als die Männer der ersten Lokomotive gegen drei Uhr am Nachmittag zurück auf die Hochebene fuhren, fanden sie ihre Zugbesatzung in heller Aufregung vor. Die Jäger waren in Stellung gegangen und hatten ihre Waffen im Anschlag. Mechold, der sich vorn an der zweiten Lok gerade den Arm verbinden ließ, berichtete, was geschehen war.

Als sie am Kopf des Zugs die Gräber ausgehoben hatten, war am anderen Ende ein russischer Spähtrupp auf den Schnelltriebwagen gestoßen. Die Angreifer waren über die Prahova gekommen, dort, wo Steine im Flussbett einen schnellen Übergang ermöglicht hatten. Kallweit hatte schnell Signal gegeben, doch die Rotarmisten hatten mit lautem *Urräh!* sofort das Feuer eröffnet. Dabei wurden drei der Jäger, die am Ende des Zugs als Wachen postiert gewesen waren, erschossen. Einige der Russen hatten ihre Sturmgewehre über ihre Köpfe gehalten und so Garben durch die Scheiben des Schnelltriebwagens gejagt. Schwester Marie und zwei Verwundete waren tot. Fähnrich Weber, einem der Jäger, war der Unterschenkel zerschmettert worden. Kallweit hatte durch einen Querschläger eine Fingerkuppe verloren.

Jetzt hockte er unweit von Mechold, Franz und den anderen im Schneidersitz auf dem Boden, hielt seine verletzte Hand mit der anderen fest und weinte hemmungslos. Franz wunderte sich darüber. Es war keine schlimme Verletzung und die Art, wie der Mann sich aufführte, war ihm peinlich.

Mechold bestätigte, dass der Angriff nur wenige Sekunden gedauert hatte. Blitzartig waren die russischen Soldaten wieder im Unterholz verschwunden. Die Jäger hatten das Feuer erwidert und dabei einen der Angreifer getötet. Nun lag seine Leiche zwischen denen, die beerdigt werden sollten – direkt neben der von Schwester Marie.

Die Männer waren wie betäubt. Ausgerechnet Marie. Dass einer der Soldaten starb, war düstere Routine, das bittere Los militärischer

Lotterie, die ihnen vertraut war. Heute du und morgen ich. Doch eine junge Frau, warmherzig und hübsch, einzig dem Helfen verpflichtet; es war eine schiere Unglaublichkeit, schlimmer, als hätte es sie selbst getroffen.

Der tote russische Soldat war sehr jung. Er hatte ein verträumtes, offenes Gesicht. Eine Garbe hatte seinen Unterleib von der Leiste bis zum Bauchnabel zerrissen, er musste innerhalb von wenigen Sekunden verblutet sein, seine Uniform war rot getränkt. Sein Kopf war zur Seite gefallen, Marie zugewandt. Der blutige Fleck auf ihrer Schwesterntracht, von dem aus rote Linien den Falten des Stoffes nachkrochen, erinnerte Franz in einem bizarren Gedanken an die Kriegsflagge des japanischen Kaiserreichs. Ein Bauchschuss, auch Schwester Marie war verblutet. Ihre Schmerzen mussten groß gewesen sein, doch im Tod hatten sich ihre Züge wieder entspannt. Es schien, als umspiele ein Lächeln ihren Mund. Nun lagen diese beiden jungen Menschen nebeneinander an einem gottverlassenen Schienendamm, irgendwo auf einer Ebene des Bucegi-Gebirges. Mit gebrochenem Blick starrten sie einander an. Ihre Hände berührten sich, ihr Blut.

Keiner der Männer konnte seinen Blick von ihnen nehmen. Lag es an der Haltung der beiden, die der Zufall wie Liebende drapiert hatte? Was, wenn das Schicksal sie in Friedenszeiten und unter anderen Sternen zusammengeführt hätte?

Hörcher nahm seine Mütze ab und begann, in sich gekehrt, ein altes Volkslied zu summen. Schon bei den ersten Takten nahmen alle ihre Kopfbedeckungen ab, fast überrumpelt von diesem Moment tiefgehender Eindringlichkeit, der sie alle das Gleiche hatte fühlen lassen. Hörcher fasste sich ein Herz und sang laut die letzte Strophe der Melodie:

„Da hörte man Glockengeläute,
Da hörte man Jammer und Not,
Da lagen zwei Königskinder,
Die waren beide tot.“

Müdigkeit und Trauer waren groß. Doch Ahrens und Mechold riefen zum Aufbruch. Es war keine Zeit zum Innehalten. Der Überfall des Spähtrupps hatte vor knapp 20 Minuten stattgefunden. Es war klar, dass die Rote Armee bald in weitaus größerer Stärke zurückkehren würde.

Die Leichen wurden in die Gräber gelegt und diese zugeschoben. Für eine Segnung durch Feldkaplan Lorenz senkten die Männer kurz die Köpfe. Sie verstauten die Kennmarken der Toten und legten die Helme – auch den des russischen Soldaten – in einer Reihe auf das jeweilige Grab. Hinter jedem Helm steckten sie ein kleines Holzkreuz in die weiche Erde, davor legten sie eilig im Gleisbett gepflückte Blumen ab. Franz sah, dass der Kaplan sich Notizen zur Lage der Gräber machte, und er war froh, dass Lorenz sich dieser Aufgabe annahm, ihm selbst fehlte die Kraft dafür; eigentlich gehörte das Pflegen der Liste der Gefallenen zu den offiziellen Pflichten eines Zugführers oder Kompaniechefs.

Als Reimer das Signal zur Abfahrt gab, schaute Franz sich um. Kallweit, der Lokführer des Schnelltriebwagens, kauerte noch immer auf dem Boden und schluchzte. Er war völlig aufgelöst.

Vorn an der Spitze des Zugs schaute Andler aus dem Fenster. Franz winkte ihm zu, dass er in einen der hinteren Waggons steigen würde. Andler nickte. Wenig später fuhr der Zug mit Schritttempo an. Franz richtete Kallweit auf und zog ihn zu einem der Waggons des BVZ. Hände griffen nach ihm und zogen ihn hoch, auch Franz wurde emporgehievt. Sie blieben in der offenen Tür auf den hölzernen Planken sitzen, der Rauch der Lokomotiven fuhr in ihre Nasen.

„Was ist mit Ihnen?“, fragte Franz und legte seine Hand auf die Schulter des apathischen Kallweit. „Die Verletzung ist nicht schwer.“

„Welche Verletzung?“, fragte Kallweit verständnislos.

„Ihr Finger“, sagte Franz überrascht.

„Ach so, das.“ Der Mann betrachtete die fehlende Fingerkuppe an seiner linken Hand und schüttelte den Kopf: „Das ist nichts. Ich lasse es nachher verbinden.“

„Warum haben Sie dann so die Fassung verloren?“

Unter ihnen zog das Gleisbett vorbei. Kallweit starrte blicklos hinab. „Wegen der Bauchschüsse. Ich kann das nicht gut sehen."

„Das verstehe ich."

Eine Weile sagte Kallweit nichts mehr.

Franz sah ein Flackern in den Augen des Triebwagenführers und fragte sich besorgt, ob der Mann aus dem Waggon springen würde. Doch er blieb einfach sitzen, zusammengesackt wie eine Puppe. Erst nachdem sie das Hochplateau verlassen hatten und ihre Blicke sich in den nahenden Bäumen verfingen, hub er plötzlich wieder an: „Nein, das können Sie nicht verstehen."

„Warum sollte ich nicht? Ich habe schon einige Bauchschüsse mitansehen müssen."

Der Zug hatte seine Fahrt etwas beschleunigt, kam jedoch kaum über ein ordentliches Schritttempo hinaus. Über eine erneute Brücke ging es hinweg, sodass die Prahova nun wieder links von ihnen floss, sich für kurze Zeit in einer sumpfigen Aue verlor, aus der aufgeschreckte Vögel emporstiegen. Weiter stampfte der Zug in geschlungenen Pfaden am Berg entlang.

Kallweit holte Luft, zog die Schultern hoch und stieß den Atem aus: „Im Frühjahr 1941 brachte ich meinen Zug nach Zagreb. Ich musste auf Passagiere aus Berlin warten und man steckte mich in eine Kaserne unweit vom Bahnhof und der Altstadt. Ich freundete mich mit einem Sanitäter an, der im Lazarettbereich Verwundete pflegte. Manchmal gingen wir in die Altstadt, um etwas zu essen und zu trinken. An einem Abend kommen wir gerade zurück, es regnet in Strömen, und wir hören Schüsse in einer Nebenstraße und Schreie. Wir laufen hin und finden zwei schwerverletzte Soldaten, beides junge Kerle, kaum 20 Jahre alt, von den Angreifern keine Spur."

Kallweit starrte auf seine über dem dahinhuschenden Gleisbett pendelnden Füße. „Einer hat einen Kopftreffer und liegt rücklings auf der Straße, der andere lehnt an einer Laterne und schreit furchtbar. Und er reißt sich das Hemd auf, weil aus einem Loch in seinem Bauch Blut sickert, man sieht es kaum, so klein ist es. Aber Blut kommt viel, er versucht, es mit den Händen festzuhalten. Der Sanitäter, mein

Freund, beginnt sofort, den Kopfschuss zu versorgen, und ruft mir zu, dass ich mich um den Bauchschuss kümmern soll. Aus seiner Tasche wirft er mir eine Mullbinde zu. Also knie ich mich hin und will die Mullbinde um den Bauch von dem Jungen wickeln. Es ist schwierig, alles nass und glitschig durch den Regen, der Bauch, der Rücken, die Mullbinde, alles. Und wie er schreit! Dann rutscht mir die Binde auch noch aus der Hand, hinter seinem Rücken. Ich ertaste sie und will weiter verbinden. Aber sie hängt fest, irgendwo ist sie verhakt, vielleicht am Gürtel. Und es muss doch schnell gehen, verdammt, ich will doch die Blutung stoppen! Also ziehe ich mit aller Kraft. Und der Junge, der so geschrien hat, zuckt und krallt sich an mir fest. Dann schaut er mir in die Augen und stirbt."

Kallweit hob seine linke Hand und spreizte die Finger, hielt sie gegen das Grün der vorbeigleitenden Hänge. Begutachtete sekundenlang den Finger mit der abgerissenen Kuppe, das getrocknete Blut. „Als ich meine linke Hand hinter dem Rücken fortziehe, merke ich, dass ich nicht an der Mullbinde gezogen habe. Ich habe eine Niere abgerissen und halte sie in der Hand."

Franz war bleich geworden.

„Der Kopfschuss war auch schon tot, ein Stück seines Hinterkopfs war einfach weg. Mein Freund meinte, dass es wohl angefeilte Projektile waren. Auch beim Bauchschuss. Ein kleines Loch beim Eintritt, aber der gesamte Rücken offen. Ich habe es nicht bemerkt, weil doch eh alles nass war. Der Regen."

Franz legte erneut seine Hand auf Kallweits Schulter. Mehr zu sich selbst als zu dem verzweifelten Ostpreußen sagte er: „Sie haben recht, das konnte ich nicht verstehen. Aber der Mann wäre auch so gestorben."

„Sicher?"

„Wenn doch sein ganzer Rücken aufgerissen war. Er hatte keine Chance. Sie trifft keine Schuld. Sprechen Sie mit unseren Ärzten darüber, ich denke, dass sie es genauso sehen."

Die Männer verfielen in stumpfes Brüten. Erst als sie den Bahnhof von Breaza erreichten, sah Franz bewusst auf.

Seine Augen wurden groß, denn dort erwartete sie ein kleines Wunder. Am Bahnsteig stand ein aus Brettern und Böcken improvisierter Tisch. Er war fast so lang wie der Bahnsteig selbst und bog sich unter seiner Last: Kisten und Körbe, nebeneinander, teils sogar gestapelt. Und voller Köstlichkeiten! Melonen, Trauben, Kartoffeln. Weißbrot, zwei Meter lange Stangen. Wein und Most. Eier. Speck. Nüsse. Dann noch mehr Obst und Gemüse, faustgroße Pfirsiche, unterarmlange Gurken. Die Männer konnten ihren Augen kaum glauben – da standen wirklich Stapel von Eierkuchen auf dem Tisch und dahinter ein gewaltiger, lang entbehrter Schinken, mitten in einem Haufen Würste! Hinter dem Tisch hatten sich viele Menschen versammelt, Familien, die der Bahnhofsvorsteher nach der Abfahrt der ersten Lok zusammengetrommelt haben musste. Alle hatten an Lebensmitteln mitgebracht, was sie entbehren konnten.

Schon bevor der Zug zum Halt kam, wurden die Türen aufgerissen. Hunderte helfende Hände begannen, die Waggons mit den Lebensmitteln zu beladen. Jedes Bett wurde versorgt. Strohlager wurden ausgetauscht und aufgefrischt, während die Verwundeten staunten und sich im Schlaraffenland wähnten. Stabsarzt Ross und Unterarzt Spanuth erhielten Kisten mit Laken und sauberen Decken, die sie dankbar in den Regalen des Operationswagens verstauten. Auch die Lokomotiven wurden mit Nahrungsmitteln beladen. Kaum noch ein Fußbreit war frei für die Männer zwischen Brot, Kartoffeln und Saft.

Unvermittelt tauchte der Bahnhofsvorsteher im Führerhaus auf. Lachend hielt er einen riesigen Krug hoch, der gefüllt war mit Bier: „Prost! Sie fahren schweren Zeiten entgegen. Dies hier ist der Trost einer Brauerei aus Temeschburg. Wir haben noch mehr davon!“

Die Männer bekamen große Augen. Jeder von ihnen nahm einen tiefen Schluck. Das Bier rann durch ihre Kehlen und kam ihnen vor wie Nektar, jeder Schluck ein Stück Frieden. Sie mussten sich beherrschen, den Krug nicht sofort zu leeren.

Franz wischte sich den Mund ab und reichte das Gefäß zurück: „Wir danken Ihnen von Herzen für alles, was Sie für uns getan haben. Ihre Hilfe ist unbezahlbar!“

„Wir tun es gerne! Alles zusammengetragen von den Volksdeutschen hier – was wir euch geben, können uns die Russen nicht mehr abnehmen! Die sind bald da …“

Franz schüttelte die Hand des Vorstehers. „Danke, im Namen des gesamten Zugs! Und bringen Sie den Krug doch bitte auch gefüllt in den Operationswagen. Unsere Ärzte sind dort, sie sollen entscheiden, welche Patienten davon trinken können. Und sie sollen selbst auch ordentlich zugreifen.“

Der Stationsvorsteher nickte, trat zur Tür und rief einen Helfer heran, dem er den Krug mit begleitenden Worten reichte. Dann beschwor er die Männer in der Lok: „Ihr müsst schnell sein. Mein Kollege in Comarnic hat gemeldet, dass viele Durchfahrten bereits gesperrt sind. Der Rotenturmpass südlich von Hermannstadt ist geschlossen. Und hinter Comarnic wird es schwierig für euch, dort blockiert eine Lok das Gleis. Erkundigt euch im Bahnhof, ob es überhaupt weitergeht. Die Partisanen sind überall. Aber eure Lokomotiven schaffen das schon. Volle Fahrt und durch! Falls ihr trotzdem stehenbleiben müsst, habt ihr bis Comarnic mindestens zehn Nullsteigungen vor euch, die ihr dafür nutzen solltet. Dort könnt ihr euch im Zweifel wieder ordnen und anfahren. Achtet auf die Kupplungen, dann sollte es klappen. Viel Glück!“

Die Männer bedankten sich überschwänglich bei dem Bahnhofsvorsteher, der von der ersten Lok wieder herabkletterte und die Leute seines Städtchens ein letztes Mal zur Eile trieb, damit aller Proviant bald verstaut war.

Wenig später, nach hastiger Aufnahme von reichlich Kohlen und Wasser, gab Reimer das Signal zur Abfahrt. Unter den Abschiedsrufen der Bevölkerung von Breaza setzte sich der Zug ruckelnd in Gang. Als Franz sich noch einmal umdrehte, sah er den Stationsvorsteher am Bahnsteig stehen, mit tränenüberströmtem Gesicht und der Hand zum Gruß an der roten Mütze.

Wieder kamen Steigungen und Kurven lagen voraus. Andler schippte wie ein Uhrwerk Kohle in die Glut der Feuerbüchse. Breaza – Comarnic, kaum mehr als zehn Kilometer und doch aufgrund der

Steigungen eine Herausforderung für die Lokomotiven. Meter für Meter keuchte der Zug den Berg empor.

Gegen 18 Uhr führte sie das Gleis in den Bahnhof der Ortschaft Comarnic. Baracken und einfache Hütten schmiegten sich an den Hang und wichen nur langsam ersten Häusern, die bis dicht an das Schienenbett standen. Der Bahnsteig, von rumänischen Soldaten bevölkert, war kurz. Die Spitze des Zugs passierte das Bahnhofsgebäude zur Rechten und die 52 2302 kam direkt unter dem Wasserturm neben dem Kohlenbunker zum Stehen.

Es war, trotz der hinzugewonnenen Höhe, sehr schwül. Reimer fuhr sich mit seinem Taschentuch über den Nacken. Sie waren froh, ihr nächstes Etappenziel erreicht zu haben. Jeden Tag, den sie zwischen sich und die Rote Armee brachten, empfanden sie als Geschenk.

Franz und Hörcher spähten hinaus, die Szene wirkte trotz der versammelten Truppen ruhig. Sie nickten sich zu und verließen den Führerstand. Andler schloss sich ihnen an, bewaffnet mit einer Handölkanne. Während er um seine Lok herumging und die Achs- und Stangenlager abtastete, um warm gelaufene Lager zu ölen, kam ihm Wagenmeister Lege mit seinem obligatorischen Hammer entgegen. „Immer fleißig, Hermann?“

„Selbstredend!“ Lege wollte die Räder kontrollieren, da er Sorge hatte, dass die Waggons überbremst seien, was zu Metallverklumpungen auf den Radreifen führen konnte.

Franz sah wenige Waggons hinter ihnen Mechold, der gemeinsam mit anderen Jägern den Zug verließ, um sich die Beine zu vertreten. „Begleiten Sie uns?“, rief Franz dem Oberfeldwebel zu. „Wir wollen uns umschauen, brauchen Informationen, wie es hinter Comarnic weitergeht.“

Mechold nickte und gesellte sich zu ihnen. Zu dritt schritten sie am Zug entlang und überquerten dabei einige Schotterhalden, bis sie den Bahnsteig erreichten. Hörcher hatte Franz untergehakt, dessen Knie sich nicht gut mit dem Gelände vertrug.

Einige rumänische Soldaten standen ihnen mit Karabinern im Anschlag gegenüber und beäugten sie argwöhnisch. Ein Oberleutnant schob sich durch seine Leute, kam ihnen entgegen und grüßte militärisch. Die Deutschen erwiderten den Gruß und der junge Rumäne, der sich als Adjutant des örtlichen Kommandanten vorstellte, erklärte in tadellosem Deutsch: „Sie sind die Transportführer? Dann folgen Sie mir bitte. Der Standortkommandant möchte mit Ihnen sprechen. Nicht weit von hier. Er wartet in einem Café gleich gegenüber dem Bahnhof. Ich bringe Sie hin."

„Ein Café? Einverstanden, wir kommen gerne mit", stimmte Franz zu.

Als die Männer am Operationswagen vorbeigingen, öffnete sich die Tür eines der Lazarettzugwaggons und Schwester Elsa schickte sich an, die Treppe hinunterzusteigen. Franz winkte ihr zu: „Elsa, begleiten Sie uns doch, wir haben eine Verabredung in einem Café!"

„Leider keine Zeit", winkte die Schwester müde ab, doch Hörcher ließ das nicht gelten: „Tun Sie uns den Gefallen! Es geht sicher schnell und eine Pause wird auch Ihnen guttun. Außerdem – wenn ich immer nur Franz und Mechold zu sehen bekomme, kriege ich bald richtig schlechte Laune!"

Elsa Rudolph musste lachen: „Na, das will ich nicht verantworten! Und ein Besuch im Café ist verlockend, es ist schon so lange her …" Sie verschwand kurz im Zug, um sich mit den Ärzten zu besprechen, dann gesellte sie sich zu den auf sie wartenden Männern.

Zu viert betraten sie, geführt vom Adjutanten, den Bahnhof, ein zweigeschossiges Gebäude klassizistischen Stils. Sie durchquerten die Wartehalle, in der es nach Urin roch. Auf Holzbänken schliefen erbarmungswürdige Gestalten. Ein Kiosk verkaufte Zeitungen, Süßigkeiten, Tabak und Tee. Auf der anderen Seite der Halle traten sie aus dem Bahnhof, dem sich ein Vorplatz anschloss. Der Adjutant wies ihnen den Weg über eine mit tiefen Schlaglöchern gesprenkelte Straße, auf der viele Flüchtlinge unterwegs waren. Sie schleppten sich in nördlicher Richtung vorwärts, trugen Rucksäcke und Koffer, zogen Handkarren, schoben Fahrräder, auf denen sich Habseligkeiten türmten. Vor allem die Kinder wirkten apathisch. Einige von ihnen begannen, beim Anblick mehrerer aufgeblähter Pferdekadaver, die am Straßenrand nahe des Bahnhofs lagen, zu weinen. Oder lag es am Gestank? Der Aasgeruch war unerträglich. Nach dem geradezu unbeschwerten Aufenthalt in Breaza einige Kilometer zuvor war es ein grausamer Kontrast, einmal mehr wunderte Franz sich über die bizarren und unwirklichen Gegensätze – eine brutale Nähe von Freude und Leid, die so wohl nur der Krieg erschaffen konnte.

Sie waren froh, als sie das Café erreicht hatten: ein hübsches Haus aus Feldstein und Fachwerk, umlaufen von einem reich verzierten Holzbalkon. Der Adjutant hielt ihnen die Tür auf: „Bitte, meine Herren, meine Dame."

Franz betrat das fast leere Café als Erster. Der düstere Raum wollte nicht so recht zur einladenden Fassade passen. Wenige Holztische, auf denen Trockenblumengestecke platziert waren, zwei Männer. Der eine stand hinter dem Eichentresen und putzte Gläser. Er begutachtete die Eintretenden nervös. Der andere saß mit dem Rücken zur Tür an der Theke, drehte sich nun gemächlich um und musterte Franz, Hörcher, Elsa Rudolph und Oberfeldwebel Mechold gleichgültig von oben bis unten. Er trug die Uniform eines rumänischen General de brigadă, an seiner Brust baumelte ein bronzener St.-Georgs-Orden neben einigen anderen adlerförmigen Abzeichen, die Franz nicht kannte. In seiner Hand hielt der untersetzte Mann mit dem struppigen Vollbart ein Bierglas. Dröhnend fragte er: „Deutsch?"

Die vier nickten.

Der Mann setzte sein Glas an und trank es in einem Zug aus, reichte es dem Wirt hinter dem Tresen, der es aus einer Karaffe sofort wieder auffüllte. „Ihr meine Gefangenen!" Er verkündete es in einem Tonfall, der keinen Widerspruch duldete. Seine Stimme hatte das Timbre eines starken Trinkers.

Einen Moment lang waren die Deutschen wie erstarrt. Dann entgegnete Franz: „Wir sind keine Gefangenen. Wir sind ein Lazarettzug des Deutschen Reichs und Sie haben uns Durchfahrt und Unterstützung zu gewähren."

Der General musterte ihn, ungläubig, mit Widerworten konfrontiert zu werden. Er schüttelte den Kopf und stürzte das nächste

Glas Bier, Schluck für kräftigen Schluck, und es schien, als hätte er die Deutschen für einen Moment völlig vergessen. Als er sein Glas wieder absetzte und sich den Schaum aus dem Bart wischte, fragte er Franz: „Ihr wisst, wo ihr seid?“

„Natürlich, Herr General, in Comarnic.“

Der General lachte: „Oh nein, hier nicht einfach nur Comarnic. Ihr seid in Valea Prahovei. Das ist Tal der Könige! Wir alle sind verwandt mit Vlad Țepeș! Niemand uns sagt, was wir tun müssen. Niemand!“ Er donnerte das geleerte Bierglas auf den Tresen und kümmerte sich weder um die Scherben noch um den erschrockenen Wirt. „Als die *Emissaires* von Sultan Mehmed vor 500 Jahren kamen und forderten 10.000 Dukaten und 500 Knaben, da pfählte Fürst Vlad sie alle an Eichenstämmen. Er sie schob den *Emissaires* in …“ Der General machte eine beredte Geste und lachte wieder: „Stumpf und geölt! Mehmed auch dachte, er könnte Bedingungen stellen.“

„Wir stellen keine Bedingungen“, blieb Franz ruhig. „Wir appellieren an Ihre Menschlichkeit.“

Der General rieb nachdenklich sein Kinn.

Nachdem er ein weiteres Bier vom Wirt in Empfang genommen hatte – in einem frischen Glas –, zeigte er in die Richtung des Bahnhofs und fragte: „Wie viele?“

Franz antwortete: „Im Zug befinden sich 1.550 verwundete Soldaten.“

Der General hob eine Augenbraue: „1.550? So viel?“

Franz nickte: „Aber täglich sterben 20 unserer Leute. Wir sind als Lazarettzug mit einem roten Kreuz gekennzeichnet. Nach der Haager Landkriegsordnung haben wir freien Abzug.“

„Haager Landkriegsordnung? Oh nein. Nein, nein. Außerdem wir sind seit zwei Tage keine Verbündeten mehr. Ihr wisst.“ Der General hob den Zeigefinger, als würde er ein unartiges Kind zurechtweisen. Heftig schüttelte er seinen Kopf und fuhr fort: „Ihr meine Gefangenen. Seit Mittwoch wir sind Verbündete mit Russland und kämpfen gemeinsam mit Rote Armee. Ihr also hierbleiben!“ Der General griff nach seinen Zigaretten, die auf dem Tresen lagen, und herrschte den Mann dahinter um Feuer an. Seine Bewegungen wurden immer fahriger.

Ratlos standen die Deutschen im Café. Plötzlich trat Hörcher einige Schritte vor. Er griff in die Innentasche seiner Jacke und zückte sein Soldbuch, das er dem General mit den Worten entgegenhielt: „Einverstanden. Wir begeben uns in Ihre Gefangenschaft. Bitte teilen Sie uns mit, wo in Ihrer Stadt wir unsere 500 Malariakranken, die 25 Typhuspatienten und die vielen Choleratoten abladen sollen."

Der Brigadegeneral, der schon im Begriff war, nach den Unterlagen zu greifen, erstarrte. Er blickte Hörcher ins Gesicht. Der verzog keine Miene. So musterten sie sich, unverwandt und lange. Schließlich herrschte der rumänische Offizier seine versammelten Gefangenen an: „Ihr hier warten! Ich telefoniere mit Division!"

Er knallte sein Glas auf den Tresen, das diesmal wenigstens nicht zu Bruch ging, und rutschte vom Barhocker, griff nach seiner Mütze und stürmte an den Deutschen vorbei aus dem Café. Kaum war er verschwunden, erschien sein Adjutant in der Tür, wo er Stellung bezog und die Hand auf dem Holster seiner Pistole ruhen ließ.

Hörcher, Franz, Mechold und Schwester Elsa nahmen an einem der Tische Platz. Der Wirt brachte ihnen Tee. Sie bedankten sich.

Mechold grinste Hörcher an: „Das war ein Geniestreich."

„Und die bittere Wahrheit", ergänzte Schwester Elsa. „Unsere Seuchenkranken würde wohl keine Stadt der Welt freiwillig aufnehmen."

„Wir werden sehen, ob es hilft", antwortete Hörcher und fragte Franz: „Was denkst du? Ob er uns weiterfahren lässt?"

„Ich hoffe es. Wir können hier nicht bleiben. Wenn der General uns nicht passieren lässt, werden wir vielleicht kämpfen müssen."

Die anderen nickten. Sie würden sich nicht mehr aufhalten lassen. Nicht, nachdem sie so weit gekommen waren.

Sie schwiegen, nahmen vorsichtige Schlucke ihres heißen Tees. Immer wieder wanderten ihre Blicke zur Standuhr des Cafés, deren Sekunden und Minuten nicht verrinnen wollten. Franz schaute aus dem Fenster. Erste Lichter gingen in den gegenüberliegenden Häusern an und hellten die dunkelnde Blaue Stunde auf. Er sprach Elsa Rudolph an: „Meine Schwester ist ebenfalls Krankenschwester. Genau genommen Kinderkrankenschwester. Jedenfalls lernt sie es gerade."

„Ein zukunftssicherer Beruf", nickte Elsa. Wieder einmal stellte Franz fest, wie bestimmt in Ton und Auftreten die so zierliche Krankenschwester war.

Er nickte auch: „Sie wollte endlich etwas Sinnvolles tun."

„Was hat sie denn vorher gemacht?"

„Sie war beim BDM."

„Ach, beim Bund Deutscher Matratzen?", meinte Hörcher trocken und Oberfeldwebel Mechold gluckste. Dass viele der BDM-Mädchen auf Gesellschaftsabenden, ausgerichtet für Soldaten auf Urlaub, oder im Rahmen der Truppenbetreuung die von der Partei geforderten Grenzen des Anstands übertraten und bereit waren, den Männern und sich selbst mit schönen Momenten die Schrecken des Krieges zu erleichtern, war bekannt.

Schwester Elsa bedachte den jungen Schwaben mit einem nachsichtigen Blick: „Der Witz hat einen solchen Bart. Herr Leutnant, Sie waren schon lustiger."

Hörcher hob beschwichtigend die Hände und grinste verlegen.

„Außerdem", fuhr sie fort, „ist es doch etwas Schönes, wenn die jungen Leute aneinander Freude finden, erst recht, wenn mit dem folgenden Tag schon alles vorbei sein kann. Worauf warten, warum moralisieren? Das wusste schon Wilhelm Busch: *Drum preise nicht als Sittsamkeit, was Mangel an Gelegenheit.*" Nun war die Oberschwester selbst belustigt.

Franz lachte ebenfalls: „Genau genommen war meine Schwester nicht beim BDM, sondern beim Jungmädchenbund. Verantwortlich für die Mädchen von 10 bis 14 Jahren. Sie war sogar ein recht hohes Tier. Hauptmädelführerin in Berlin in der Reichsjugendführung, das entspricht wohl dem Rang eines Obersts. Sie hat dort in der Redaktion für die Schulungsunterlagen des Reichs gearbeitet. Bastelkurse, Sportturniere, Kochen, Haushaltskunde, politische Bildung. Im Sommer '42 hatte sie aber genug. Sie schmiss alles hin. Seitdem lässt sie sich in München zur Kinder- und Säuglingskrankenschwester ausbilden."

„Sie hat in Berlin einfach so gekündigt?"

„Ja. Einfach so."

„Aber damals ging es doch noch vorwärts."

„Nun ja, vorwärts ... in Russland? Sie hat mir damals gesagt, sie wolle keine Schulungsunterlagen mehr ausarbeiten, um Kindern Ideen einzutrichtern, an die sie selbst nicht mehr glaubt."

Die Offenheit seiner Worte überraschte niemanden hier. Der Krieg war verloren, das war allen bewusst.

Die bis in den Tod verschworene Schicksalsgemeinschaft des Volkes: eine entfesselte Narretei, der sie alle aufgesessen waren. Eine Chimäre, die sie mit ihrer Naivität gefüttert hatten. Eine tödliche Flause für Millionen von Menschen auf der ganzen Welt, weil der erste große Krieg und seine revolutionären Nachwehen den Bodensatz der Gesellschaft nach oben gespült hatten, mit Ideen, die in den Hirnen verkrusteten wie Urinstein an den Rändern eines Pissoirs. Wenn eine Kompassnadel zwischen zu vielen Magneten tanzte, war der richtige Weg nicht mehr zu finden. Hier, im Café nahe dem Bahnhof von Comarnic, gab es für sie, die sie an diesem verschrammten Tisch zusammensaßen, nur eine Schicksalsgemeinschaft, und das waren die Männer und Frauen des Lazarettzugs, der vor drei Tagen in Galatz aufgebrochen war.

Schwester Elsa führte ihr zur Hälfte geleertes Glas an den Mund: „Oh, der Tee ist kalt geworden." Sie trank aus und stand auf: „Mir wäre es lieber, wenn ich zurück zum Zug komme. Die Mädchen haben viel zu tun und die Zeit zum Operieren wollen wir nutzen."

„Einverstanden. Wir warten hier eh schon zu lange", meinte Franz entschlossen und stand auf.

Er ging zum Adjutanten an der Tür des Cafés. Der machte die Schultern breit. „Ich bitte Sie, die Frau zurück zum Zug zu lassen. Dort wird man sich sonst Sorgen machen."

„Sie sollen alle warten, bitte nehmen Sie wieder Platz." Der Adjutant schüttelte den Kopf.

„Was ist, wenn unsere Soldaten unruhig werden, nach uns suchen? Bitte, wir wollen jede Gewalt vermeiden. Unsere Krankenschwester wird ausrichten, dass es länger dauert, dass man sich keine Sorgen machen soll. Außerdem wird sie als medizinische Kraft im Zug gebraucht."

Der junge Rumäne zögerte, nickte dann aber und gab den Weg frei. Franz winkte Elsa Rudolph zu sich und schickte sie los. Die drei Männer blieben allein zurück.

„Das Warten ist schlimm", seufzte Hörcher, „nichts tun können, einfach nur rumsitzen müssen. Und Tee trinken! Während die Russen immer näher kommen. Das macht mich verrückt."

Franz nickte: „Wie beim Angriff von Bolschaja-Lepeticha."

„Sie waren dabei?", fragte Mechold.

„Ja. Im November 1943, da waren wir schon seit weit über einem Jahr fleißig auf dem Rückzug. Auch wenn es das Oberkommando als ‚taktische Frontbegradigung' bezeichnet hat. Unsere Aufklärer vermuteten den nächsten Angriff direkt vor unseren Einheiten, doch die höheren Stäbe wussten es wieder einmal besser. Sie haben damals große Mengen unserer Artillerie abgezogen, um sie weiter im Norden bei Nikopol in Stellung zu bringen."

„Und dann?"

„Unsere Aufklärung hatte es vorhergesagt und sollte Recht behalten: Am 24. November kam der Angriff direkt auf unserer Höhe. Wir standen auf einer Ebene, bis zum Horizont so gerade wie ein Frühstücksbrett. Kein Graben. Kein Wald, kein Baum, kein Bachlauf, keine Senke. Nur Felder, so weit das Auge blicken konnte, und Steppenhexen, die darüberwehten. Und keine einzige Möglichkeit der Deckung. Du schaust Richtung Osten und denkst – während du ein Summen hörst –, warum bewegt sich denn der ganze Horizont? Als wären die Felder zum Meer geworden, über dem Wind aufkommt. Und warum wird der Himmel so schmutzig? Und gleichzeitig kennst du natürlich die Antwort. Es waren Panzer. Nicht zehn. Nicht 20, nicht 50. Es waren 100 und mehr, nebeneinander und hintereinander, und jeder spuckte eine ordentliche Dieselwolke aus.

Dahinter Infanteristen ohne Zahl. Und sie kamen direkt auf uns zu, immer näher, und dann sahen wir die Panzer feuern und konnten nichts, einfach nichts dagegen tun. Noch nicht mal ein Loch graben, um uns darin zu verstecken wie Wühlmäuse, in der Hoffnung, dass die Panzer uns übersehen und einfach vorbeifahren würden. Denn der Boden war so hart gefroren, dass jeder Spatenstiel gebrochen wäre."

„Hattet ihr keine Granaten?", fragte Hörcher.

„Was nützt dir ein mit Handgranaten gesprengtes Loch? Das ist Munition, die dir im Kampf fehlt."

„Und Panzerabwehr?"

„Nur die alte 3,7-cm-PaK. Unsere Geschützbedienungen haben sie als ‚Panzeranklopfgerät' verspottet. Vielleicht hätte es noch für die Seitenwand eines M3 Lee gereicht, aber damit die Panzerung eines T-34 durchschlagen? Nie und nimmer. Und wer trifft schon einen Sehschlitz?"

„Was habt ihr dann gemacht?"

Franz nippte an seinem kalten Tee: „Mir kam ein Witz in den Sinn, den mir einmal mein Onkel erzählt hat, nachdem Hitler der Sowjetunion den Krieg erklärt hatte."

Die Männer schauten ihn an, leicht verwundert, aber hauptsächlich neugierig: „Ja und? Wie ging der?"

„Göring steht in der Reichskanzlei vor einem Globus und betrachtet ihn stolz. Der Chef des Generalstabs Keitel kommt vorbei und fragt ihn, worüber er sich so freue. Da zeigt Göring auf ein großes Land und sagt bewundernd, wie groß doch das einzigartige Deutsche Reich sei. Keitel antwortet, das ist leider China. Daraufhin zeigt Göring auf ein anderes Land und sagt, dann muss dies wohl das wunderbare Großdeutschland sein. Wieder schüttelt Keitel bedauernd den Kopf. Das sind leider die USA. Schließlich zeigt Göring auf das größte Land der Erde und sagt, dies ist ganz zweifellos das herrliche Deutschland. Und Keitel antwortet: Nein, das ist leider die Sowjetunion. Und wo ist nun Deutschland, will Göring wissen. Keitel zeigt ihm den winzigen grauen Fleck westlich vom russischen

Reich. Daraufhin Göring empört: So klein? Warum verschweigt der Generalstab dem Führer solche wichtigen Details?"

Mechold verzog sein Gesicht: „Zu Göring fällt mir auch ein Witz ein: In diesem Jahr will Reichsmarschall Göring am Heiligabend nackt durch Berlin laufen. Damit die Bevölkerung endlich mal wieder Speck sieht." Er zuckte mit den Achseln: „Vor zwei Jahren hätte ich noch darüber lachen können. Aber mittlerweile ... Wie sind Sie aus dem Panzerangriff herausgekommen, Herr Oberleutnant?"

„Mit Artillerie und Minen konnten wir sie eine Zeit lang aufhalten. Und wir hatten ein paar Panzerfäuste bekommen, zum ersten Mal überhaupt. Auf 30 Meter konnten wir tatsächlich einige Panzer stoppen. Gerettet hat uns aber die Luftwaffe."

Der Wirt trat an ihren Tisch heran und füllte die leeren Gläser wieder mit Tee auf. Die Männer griffen dankbar zu und prosteten dem vorsichtig lächelnden Mann zu. Hörcher nippte mit Genuss am heißen Getränk: „Weißt du, was ich dich schon lange fragen wollte, Franz: Warum hast du nie um eine Versetzung in einen ruhigeren Abschnitt gebeten? Du hast doch erstklassige Verbindungen. Dein Onkel ist Mediziner, ein hohes Tier. Kann er dich nicht k.v.H. schreiben?"

„Wohl kaum." Franz schüttelte den Kopf. *Kriegsverwendungsfähig Heimat* – das war so weit weg …

„Ist er nicht sogar in der Wolfsschanze?", hakte Hörcher nach.

„Ja", nickte Franz. „Doch so groß ist sein Einfluss auch wieder nicht. Und außerdem wollte ich immer bei meinen Leuten bleiben. Ich hätte sie nicht im Stich gelassen. Bevor –" Er zeigte auf sein Knie und verzog amüsiert das Gesicht: „Allerdings passt jetzt die Abkürzung! Wir haben k.v.H. immer mit *kann vorzüglich humpeln* übersetzt."

„Was macht Ihr Onkel in der Wolfsschanze?", fragte Mechold überrascht nach.

„Er ist Oberstarzt im Generalstab, mit Hygienefragen befasst."

„Donnerwetter. Wie kam er denn an den Posten?"

„Eine Menge Zufälle. Vor dem Krieg war er mal ärztlicher Direktor eines Sanatoriums. 1932, Hochstein im schlesischen Oberschreiberhau. Großes Haus, 160 Betten."

„Vom Sanatorium direkt in die Wolfsschanze, interessant", grinste Hörcher.

„Ganz so direkt war sein Weg nicht. Im Sanatorium war er nämlich nicht lange. Ab 1933 gab es in dem Haus Übergriffe von Edmund Heines und seinen Spießgesellen."

„Heines? Der Freikorpskämpfer und Fememörder? Der hat doch damals in Stettin jemanden umgebracht. Ging durch alle Zeitungen", erinnerte sich Hörcher.

„Genau der. Ein richtiger Landsknecht. Brutal und skrupellos. 1934 wurde er ja auch erschossen, in der Nacht der langen Messer, zusammen mit Ernst Röhm."

„Um den ist's nicht schade", nickte Mechold, „der Heines war verrückt wie eine Scheißhausratte."

„Damals war er gerade Polizeipräsident von Breslau geworden. Zusammen mit seinen Schlägern ist er dann im Sanatorium aufgetaucht. War ja ein jüdisch geführtes Haus. Heines muss besoffen in die Eingangshalle geritten sein und in die Decke geschossen haben. Mein Onkel stellte sich ihm in den Weg und sagte, er verbitte sich das. Daraufhin haben sie ihn in sein Büro gesperrt."

„Da hat er noch Glück gehabt!"

„Allerdings. Dann haben die SA-Männer die Kurgäste mit Billardqueues durch die Treppenhäuser geprügelt. Sie haben alle Koffer aus den Fenstern geworfen und die ganze Nacht lang randaliert. Meine Tante Hanne war damals hochschwanger und als sie am nächsten Morgen in den Speisesaal des Hauses gekommen ist, auf der Suche nach ihrem Mann, hockten da alle Schläger beisammen an einem Tisch und soffen immer noch. Mittendrin der Heines. Und der schaut meine Tante an und sagt lachend: Na, wie haben gnädige Frau geschlafen? Und meine Tante sagt: Ihrem Lärm entsprechend. Und dann schaut der Heines sie eiskalt an und sagt leise: Gnädige Frau, ich befehle Ihnen, gut geschlafen zu haben."

„Gruselig", schüttelte sich Hörcher.

Franz nickte: „Mein Onkel hat sich an höherer Stelle beschwert, ist sogar aus der Partei ausgetreten. Hat alles nichts genutzt, kurz darauf war er arbeitslos. Ist ja verständlich: Nach den Randalenächten sind die jüdischen Gäste ausgeblieben und das Sanatorium musste schließen. An Krankenhäusern hatte er danach keine guten Karten – war ja nicht mehr in der Partei. Schließlich sprach ihn jemand an, der ihn aus seiner Zeit am Universitätsklinikum Gießen kannte, und meinte: Komm zur Wehrmacht, wir können gute Ärzte brauchen und bei uns spielt die Partei keine Rolle. Das war Handloser. Mein Onkel hatte sich nach vier Jahren Weltkrieg eigentlich geschworen, nie wieder zum Militär zu gehen, doch dann, mit zwei kleinen Kindern …"

„Siegfried Handloser? Der Chef des Wehrmachtssanitätswesens?"

„Eben jener. Bis 1939 leitete mein Onkel dann die innere Abteilung des Standortlazaretts in Hannover, bis Mitte '40 war er Chefarzt eines Feldlazaretts. Von dort aus zum OKH."

Hörcher stieß einen Pfiff aus: „Nicht schlecht, ein Kumpel von Handloser. Und da denkst du nicht, dass dein Onkel dir eine entspannte Tätigkeit in der Etappe hätte verschaffen können?"

Franz schüttelte den Kopf: „Mein Bruder Björn hat ihn vor Jahren einmal um eine Versetzung gebeten. Es ging ihm nicht schnell genug an die Front. Aber Heinz konnte nicht helfen. Wobei – wahrscheinlich wollte er es auch nicht, er fühlte sich der Medizin immer mehr verpflichtet als dem Militär. Ein verdammtes Dilemma: Für Soldaten ist er ein Arzt. Für Ärzte ist er ein Soldat."

Wieder senkte sich Schweigen über den Tisch. Franz dachte an die letzte Begegnung mit seinem Onkel Heinz. Es war anlässlich eines Fronturlaubs im Hochsommer 1942 gewesen. Er war schweißtriefend mit Gepäck vom Starnberger Bahnhof aus an der Landstraße entlang nach Pöcking gelaufen. Ein Mercedes mit dem Stander des Oberkommandos des Heeres hatte ihn in rasanter Fahrt überholt. Typisch, die Bonzen fahren und die niederen Ränge müssen laufen, hatte er gedacht. Plötzlich bremste der Wagen. Die hintere Tür schwang auf und ein Mann mit den roten Lampassen des Generalstabs stieg aus. Grinsend fragte er, ob hinter dem wie durch Wasser gezogenen Leutnant vielleicht sein Neffe stecken könne. Falls ja, dann solle er mal einsteigen.

Die letzten Kilometer waren sie gemeinsam gefahren. Heinz hatte Franz mit einer Anekdote über die Idiotie des Kommiss unterhalten: Zuständig für Hygienefragen unterschiedlichster Art hatte seine Dienststelle einen Runderlass an nachgeordnete Stäbe gesendet, demzufolge Klogruben in bestimmten Größen auszuheben seien, je nach Truppenteilstärke, außerdem seien sie regelmäßig mit Kalk zu bedecken und ihr Inhalt mit Stangen umzurühren. Auf der Schreibstube hatte ein Gefreiter den Erlass so beherzt mit der Maschine aufs Papier gehämmert, dass er den Buchstaben „e“ im Wort „Stangen“ glatt aus dem Papier gelocht hatte. So wurde aus dem „e“ ein „o“, aus „Stangen“ wurde „Stangon“. Heinz erzählte von den kuriosen Rückmeldungen diverser Einheiten, die nicht zugeben wollten, dass sie mit dem Begriff nichts anfangen konnten – etwas sei mit „Stangon“ umzurühren? So kam zum Beispiel die Meldung auf seinen Tisch, dass man bei der Konstruktion der Scheißegrube wie angeordnet verfahren werde, dass aber kein „Stangon“ mitgeliefert worden sei und ob es sich dabei um einen Spezialkalk handele? Oder dass man „Stangon“ bei der Nachbareinheit anfragen werde, da die eigenen Vorräte aufgebraucht seien. Oder aber, äußerst interessant, dass „Stangon“ noch in ausreichendem Maße vorhanden sei, mit vorzüglichem Dank für den hilfreichen Erlass.

Heinz hatte den bürokratischen Irrsinn mit feinem Sarkasmus geschildert und Franz hatte aus vollem Halse gelacht. Dann hatte sich der Onkel nach Björn erkundigt. Er wollte wissen, wie es Schwester Hildur bei ihrer Ausbildung zur Kinderkrankenschwester in München erging. Und was Franz selbst für die Zeit nach dem Kriege vorhabe.

Als Franz von seinen Anstrengungen und Plänen rund um den Maschinenbau erzählt hatte, hatte Heinz erheitert festgestellt, es sei zu bedenken, dass es für einen Mann grundsätzlich nur drei Arten gebe, Karriere zu machen. Welche denn? Nun, es gebe die Karriere *per diligentiam* – also mit Sorgfalt und Gründlichkeit, sicherlich der schwerste Weg. Dann wäre da die Karriere *per rectum*: Dazu müsse man dem Chef in den Allerwertesten kriechen, eigentlich der kürzeste Weg, doch Obacht, man müsse sich dessen gewahr sein, dass dort erfahrungsgemäß bereits drei oder vier Kollegen vor einem steckten. Drittens die Karriere *per vaginam* – indem man die hübsche Tochter des Chefs heiratete, zweifellos der erfreulichste Weg, allerdings gäbe es rein statistisch betrachtet nur wenige solcher Gelegenheiten.

War dieses Treffen wirklich erst zwei Jahre her? Es schien viel mehr Zeit vergangen zu sein. Franz stand auf, machte ein paar Schritte zur Theke des Cafés und versuchte, mit dem Wirt ins Gespräch zu kommen, um mehr über die Lage in Comarnic zu erfahren. Doch der Mann beherrschte nur wenige Brocken Deutsch, Franz gab es nach einigen Anläufen auf.

Endlich, nach fast drei Stunden zermürbenden Wartens, öffnete der junge Adjutant seinem General die Tür. Der wirkte ernüchtert und baute sich vor den drei deutschen Soldaten auf: „Sie brauchen Kohle und Wasser? Wie viel?"

„Für vier Lokomotiven, Herr General", antwortete Hörcher, „außerdem brauchen wir Diesel für unseren Triebwagen."

„Gut! Nehmt ihr! Ihr bekommt morgen früh. Ich werde alles veranlassen. Ihr könnt fahren! Ihr morgen verlasst Bahnhof Comarnic, so früh wie möglich. Hinter Comarnic ist Unfallstelle. Dort Schienen gesperrt durch entgleisten Zug, einige Kilometer von hier. Ich schicke Männer, die das Gleis räumen. Sie warten dort, bis Gleis frei. Dort ihr könnt beerdigen eure Leute."

Franz, Hörcher und Mechold nickten.

Der General ließ sich mit einem Seufzer auf seinen Hocker fallen: „Es ist euch verboten, abzuladen eure Kranken oder zu beerdigen eure Toten in Comarnic. Wenn ihr das tut, wir schießen! Klar?"

Wieder nickten die Deutschen.

Der Rumäne winkte erschöpft dem Wirt zu, ein Bier einzuschenken. Mit schmalen Augen musterte er die Deutschen und ein Grinsen huschte über sein Gesicht. Es verstärkte sich, bis es plötzlich lachend aus ihm herausbrach: „Ihr gefallt mir. Ihr seid wie Vlad Țepeș. Schickt uns Krankheiten. Damals Lepra und Pest in Feldlager von Osmanen, heute Typhus und Cholera in Zug." Er lachte, bis ihm die Tränen kamen: „Was soll ich tun? Soll ich Stadt töten mit euren Seuchen? Oder später Roter Armee erklären, warum ich euch fahren gelassen?"

Der General stürzte das Bier herunter und warf das Glas mit Wucht an die Wand, wo es in einem Scherbenregen explodierte: „Das ist alles! Ihr jetzt verschwindet!" Er drehte sich zum Wirt um und herrschte ihn auf Rumänisch an, während die Deutschen sich beeilten, das Café zu verlassen.

Im Zug sanken sie auf ihre Pritschen. Es war fast Mitternacht.

Montag, 28. August 1944

Franz wurde am nächsten Morgen von Hörcher geweckt, der ihm einen dampfenden Tee unter die Nase hielt: „Hier, mit Grüßen vom General", grinste er. „Es scheint, dass der Mann doch ein Gewissen hat. Selbst hält er Abstand zu unserem pestilenten Zug, hat aber jede Menge Obst bringen lassen. Vielleicht möchte er damit unsere Keime in Schach halten. Außerdem hat er gleich heute früh zwei Kompanien seiner Leute losgeschickt, die das blockierte Gleis freiräumen sollen."

Franz richtete sich auf seinem Nachtlager auf. Skeptisch betrachtete er sein Knie. Vorsichtig streckte er es. Wieder war der Eiter durch den Verband geschlagen. Hörcher rümpfte die Nase: „Franz, dein Bein riecht wie eine Kuh von hinten."

„Ich weiß. Ich gehe gleich rüber zu Schwester Elsa."

„Du bleibst gefälligst liegen. Ich schicke sie dir vorbei."

Franz nickte dankbar: „Wo sind Reimer und Andler?"

„Sie gehen mit Lege, Spanuth und ein paar anderen durch die Waggons und schauen, ob sie sich nützlich machen können. Gleich wollen sie Wasser, Kohlen und Öl bunkern."

„Was wären wir ohne die beiden. Haben sie auch eine Mütze Schlaf bekommen?"

„Na ja, Schlaf … Haben wohl ein paar Stunden im Führerstand gedöst. Leider sind über Nacht im Zug auch wieder einige Pritschen frei geworden. 16 Männer. Zur Hälfte waren es die Artilleristen, die wir im Hohlweg zwischen den Geschützen aufgesammelt haben."

Franz schaute nach draußen, wo die Sonne sich anschickte, den wolkenlosen Himmel zu übersteigen. „Ploiești … Wir müssen sie bald beerdigen. Heute wird es heiß."

„Wir machen es, sobald wir den Bahnhof verlassen haben. Wir setzen die Gastfreundschaft des Generals besser nicht aufs Spiel."

Hörcher verabschiedete sich und wenig später schaute Elsa Rudolph herein, eine Tasche unter dem Arm. Sie erschrak, als sie den schmutzstarrenden und fleckigen Knieverband sah und bedachte Franz mit einem tadelnden Blick: „Um Himmels willen, wann ist Ihr Verband denn zuletzt gewechselt worden?"

„Ich glaube, vor vier Tagen. Ross hat es gemacht."

„Und seitdem nicht mehr?"

„Nein. Ross hat es mir aufgetragen, aber …"

„Na, dann schnell runter mit dem Dreck!"

Sie desinfizierte ihre Hände und begann, den Verband abzuwickeln. „Die Mullbinde kochen wir aus, dann können wir sie wieder benutzen."

Je mehr Stofflagen sie abwickelte, umso deutlicher wurde der schlechte Zustand der Wunde. „Warum haben Sie nicht längst Bescheid gesagt?", fragte die erfahrene Schwester ungehalten.

„Alle hatten so viel zu tun …"

Elsa schüttelte den Kopf und schaute Franz strafend an: „Also wirklich, Herr Oberleutnant, so was Dummes, ich muss mich schon sehr wundern!"

Als sie den Stoff gänzlich entfernt hatte, nickte sie bestätigend: „Sehen Sie? Das haben Sie jetzt davon! Wie kann man nur so nachlässig sein!"

Franz beugte sich neugierig über sein Knie und zuckte zurück: „Igitt! Was ist denn das?"

„Myiasis. Auch als Fliegenmadenkrankheit bezeichnet."

In der Wunde räkelten sich einige weißliche Maden. Franz sank zurück, er war blass geworden. Schwester Elsa beruhigte ihn: „Sieht schlimmer aus als es ist. Wir haben Maden sogar schon für die Wundreinigung genutzt. Wenn es sonst nichts gab … Etwas lockere Gaze auf die offene Wunde und dann ab mit dem Patienten für ein paar Stunden in die Sonne, das reicht schon, damit Fliegen ihre Eier in die Wunde legen."

„Da kommt einem ja das Essen hoch …"

„Ach was", winkte Schwester Elsa ab, „die Maden machen einen guten Dienst, fressen die bakteriellen Infekte ab. Aber natürlich muss man sie rausholen, bevor sie sich unter der Haut in Fliegen verwandeln."

„Na, schönen Dank auch – Drecksviecher!"

Mit einer Pinzette begann Elsa Rudolph, die Larven von der Wunde abzusammeln. Aus ihrer Tasche holte sie ein Fläschchen Ballistol und eines mit Wasserstoffperoxidlösung. Franz wagte einen erneuten Blick auf die Verrichtungen der Schwester. Er zeigte auf das Ballistol: „Was wollen Sie denn mit dem Waffenöl?"

„Tja, das ist nicht nur ein echtes Wunderöl für alles Technische, sondern auch ein ausgezeichnetes Wundöl."

„Ich weiß, wir haben es schon bei Sonnenbrand, Frostbeulen und für die Füße nach langen Märschen benutzt. Aber bei Maden im Knie?"

„Ich bestreiche Ihre Wunde mit dem Öl. Dann bekommen die Maden unter der Haut keine Luft mehr und krabbeln freiwillig raus."

„Das wird ja immer ekelhafter", murmelte Franz und sank wieder auf sein Lager zurück.

Als die Schwester begann, die Wunde forsch einzupinseln, zuckte er vor Schmerz zusammen. „Selbst schuld", stellte Elsa Rudolph ungerührt fest, wurde aber behutsamer in ihren Verrichtungen. „So, jetzt warten wir einige Minuten …"

Sie verstaute das Ballistolfläschchen und schaute Franz plötzlich scharf an: „Fünf Tage sind wir jetzt unterwegs. Bis nach Deutschland – werden wir das schaffen, Herr Oberleutnant?"

„Ich weiß es nicht."

„Ich möchte meine Mädchen nach Hause bringen."

„Das verstehe ich. Wir wollen unsere Verwundeten nach Hause bringen."

„Natürlich. Aber ich fürchte, dass die Schwestern den Russen in die Hände fallen könnten. Man hört viel Schlimmes."

„Schlimme Gerüchte sind Teil des Kriegs."

„Und was ist mit Urziceni? Ich habe Angst um meine Mädchen."

„Ich verstehe Ihre Sorgen. Und ich will nicht lügen: Sie sind berechtigt. Wir haben den Russen allen Grund gegeben, keine Gnade zu zeigen. Auf unserem Rückzug haben wir Berge von toten russischen Soldaten gesehen. Und nochmal so viele Zivilisten. Wir sind an Gräbern entlanggefahren, über die zu sprechen kaum möglich ist. Wir haben in ihrem Land gewütet wie Attila."

„Jeder Krieg ist ein Verbrechen."

„Ich stelle mir eher die Frage, ob jeder Krieger ein Verbrecher ist."

„Das will ich nicht beurteilen. Ich weiß nur, dass Rache nie der richtige Weg sein kann. Und dass wir alle viel Glück brauchen werden … Das Wasser steht uns bis zum Hals, nicht wahr?"

„Ich fürchte, es werden noch einige ertrinken", entgegnete Franz langsam.

Schwester Elsa nickte. Ihre Miene erhellte sich, als sie einen Blick auf Franz' Knie warf: „Schau an – hier ist ja noch jede Menge Betrieb." Sie griff wieder nach ihrer Pinzette und sammelte ein weiteres halbes Dutzend der wohlgenährten Fliegenlarven ein. Eine Weile begutachtete sie akribisch die Wunde: „Jetzt haben wir's wohl fürs Erste."

Die Wasserstoffperoxydlösung kam zum Einsatz. Noch einmal musste Franz die Zähne zusammenbeißen. Mit schnellen, sicheren Handgriffen legte Elsa Rudolph einen neuen Verband an. Sie verabschiedete sich und drohte scherzhaft mit der erhobenen Faust: „Ab jetzt täglich Verbandswechsel! Und wehe, Sie vergessen es, bei mir vorstellig zu werden."

Um 14 Uhr war es so weit, endlich setzte sich der Zug wieder in Bewegung. Im Bahnhof von Comarnic war er fast einen ganzen Tag lang zum Stillstand gezwungen gewesen. Langsam dampfte der Tross am Gleis entlang und ließ auch die Gassen der Stadt hinter sich, mit der lebhaften Prahova als treuer Begleitung.

Nach einer Dreiviertelstunde erreichten sie die durch eine Sprengung absichtlich entgleiste Lokomotive. Das so zerstörte Gleis war darüber hinaus durch fünf mitentgleiste Waggons unpassierbar gemacht worden. Es würde sicher noch Stunden dauern, die blockierte Strecke zu befreien – sie hielten.

Eine Kompanie rumänischer Pioniere arbeitete mit schwerem Gerät daran, die Waggons zu bergen, erst danach würden sie an die Reparatur des Gleises gehen können; mit dampfbetriebenen Kränen, Flaschenzügen und Winden versuchten sie gerade, die Trümmer des ersten zu heben. Wer aus dem Lazarettzug noch über letzte Kräfte verfügte, begab sich zur Baustelle, um die Rumänen zu unterstützen. Andere begannen mit der Beerdigung der Verstorbenen.

Reimer hatte den Führerstand seiner 52 2302 verlassen und war gemeinsam mit Andler und Franz auf den Kessel der entgleisten Lokomotive geklettert, um mit eisenbahnerischer Neugier den Havaristen zu inspizieren. Er las laut die Loknummer vor, die vorn auf der Rauchkammer des Kessels stand: „230 768."

„Was für eine Lokomotive ist das?", fragte Franz.

„Das ist eigentlich eine P8. Gebaut in Berlin. Vermutlich wurde sie nach dem Krieg an Rumänien abgetreten. Eine feine Lok."

Zwei der fünf Waggons waren jetzt vom Gleis gehoben. Die Männer schufteten ohne Pause, die Sonne setzte ihnen zu. Es wurde erträglicher, als endlich die Schatten der Bergkuppen über die Baustelle fielen. Die Krankenschwestern verteilten Suppe und Brot. Unentwegt schleppten sie Wasser an, das sie mit Eimern aus der Prahova zogen.

Gegen Mitternacht polterte endlich auch die havarierte Lokomotive vom Bahndamm. Das Gleis war wieder frei.

Dienstag, 29. August 1944

Nach einer kurzen Nachtruhe gingen die Arbeiten in aller Frühe weiter. Die rumänischen Soldaten hatten unter schnell aufgeschlagenen Zeltbahnen neben dem Gleis übernachtet. Mit dem ersten Sonnenstrahl begannen sie, die Gleisanlage instand zu setzen. Zehn Schienen waren von einem Abstellgleis in Comarnic abgebaut und mit einer Rangierlokomotive zur Baustelle gebracht worden.

Der Tag verstrich. Feldkaplan Lorenz beaufsichtigte die Beerdigungsarbeiten, die ihm zur traurigen Routine geworden waren. Und er sprach letzte Worte mit Sterbenden, was ihm niemals zur Routine wurde. Ross und Spanuth fochten ihren Kampf um die Leben der Patienten auf ihrem Operationstisch aus. Schwester Elsa kontrollierte die Kniewunde von Franz, fand keine weiteren Maden und wechselte den Verband. Stündlich kamen, von den rumänischen Pionieren kolportiert, mehr Gerüchte auf. Das russische Einzugsgebiet schien wie ein Pilz im Spätsommerregen zu wachsen. Eines war gewiss: Die russischen Armeen standen nur wenige Kilometer vor Comarnic.

Am Nachmittag schritt Franz den Zug ab. Hinter dem Schnelltriebwagen am Ende überquerte er das Gleis, um auf der anderen Seite zurückzugehen. Eine gute Übung, um sein Knie in Bewegung zu halten. Elsa Rudolph hatte ihm noch einmal geraten, auf Schonhaltungen aller Art zu verzichten, damit es nicht steif würde. Auf dem Rückweg traf Franz auf eine der Krankenschwestern, die ihre Pause nutzte, um abseits des Elends der Versehrten zu Kräften zu kommen. Sie hockte etwas vom Gleisbett entfernt im Schneidersitz im Gras und las in einem Büchlein. Sie war so vertieft darin, dass sie zusammenzuckte, als Franz sie ansprach: „Darf ich fragen, was Sie gerade lesen?“

Sie blinzelte gegen die Sonne und Franz trat aus dem Licht heraus zur Seite, damit sie ihn besser erkennen konnte. Die Krankenschwester war sehr jung, sicher kaum älter als 20 Jahre. „Gedichte, Herr Oberleutnant.“

„Von wem?“

„Von Rainer Maria Rilke. Kennen Sie ihn?"

„Ein wenig. Sein Herbstgedicht habe ich einmal gehört, es hat mir gefallen. *Wer jetzt kein Haus hat, baut sich keines mehr*. Daran kann ich mich erinnern. Es passt zu uns."

Die Frau nickte.

„Würden Sie mir eines der Gedichte vorlesen?", bat Franz.

„Gerne. Welches?"

„Irgendeines."

„Dann habe ich etwas, das ebenfalls in unsere Zeit passt." Sie blätterte in ihrem Buch einige Seiten vor und zurück. Als sie das Gedicht gefunden hatte, strich sie die Seite glatt und trug vor:

„Wunderliches Wort: die Zeit vertreiben!
Sie zu halten, wäre das Problem.
Denn, wen ängstigts nicht: wo ist ein Bleiben,
wo ein endlich Sein in alledem? –

Sieh, der Tag verlangsamt sich, entgegen
jenem Raum, der ihn nach Abend nimmt:

Aufstehn wurde Stehn, und Stehn wird Legen,
und das willig Liegende verschwimmt –

Berge ruhn, von Sternen überprächtigt; –
aber auch in ihnen flimmert Zeit.
Ach, in meinem wilden Herzen nächtigt
obdachlos die Unvergänglichkeit."

Sie verstummte und schien den Worten nachzusinnen. Plötzlich wurde sie wütend: „Wir alle verlieren unser Leben! Selbst, wenn wir das Glück haben, nicht hier zu verrecken. Sekunden, Minuten, Tage, Wochen, Jahre, in denen wir lieben sollten, lachen, singen, fröhlich sein. Die Zeit gibt uns niemand wieder. Das ist unser Leben, das hier verrinnt! Und dennoch müssen wir dankbar sein im Vergleich zu den armen Teufeln hinter uns in den Waggons. Und die müssen noch dankbar sein im Vergleich zu ihren Kameraden, die in den Gräben verrotten. Wir sind alle noch so jung! *Unvergänglichkeit*, was für ein beschissenes Wort! Wo bleibt sie denn, die Unvergänglichkeit?" Tränen fielen auf ihren Rock, schluchzend barg die Krankenschwester ihr Gesicht in ihren Händen.

Franz strich tröstend über ihre Schulter: „Die Zeit verrinnt auch ohne Kriege. Sie sagen selbst, dass wir dankbar sein sollten. Halten wir uns daran, sonst müssten wir alle den Verstand verlieren."

Die Schwester nickte müde. Langsam stand sie auf, strich ihren Rock glatt und trat zu einem der Waggons: „Es tut mir leid. Ich muss weiterarbeiten. Die Männer brauchen mich."

Franz betrachtete das Mädchen, ihre tiefen Augenringe und ihre blasse Haut: „Passen Sie auf, dass Sie selbst bei Kräften bleiben. Das Gedicht hat mir gut gefallen. Vielen Dank."

„Nicht wahr? Rilke ist großartig. Möchten Sie das Buch ausleihen?"

„Nicht nötig, vielen Dank, ich komme ohnehin nicht zum Lesen. Lesen Sie lieber den Männern daraus vor. Vielleicht besorge ich mir einmal selbst einen Gedichtband von ihm. Wenn wir hier rauskommen."

„Wenn? Oder falls?"

„Wenn. Ein bisschen Optimismus sollten wir uns bewahren."

Nun lächelte auch die Schwester wieder. Sie stieg empor und verschwand im Waggon. Durch die Fenster hörte Franz, dass sogleich Stimmen nach ihr riefen. Er setzte seine Wanderung fort.

Als gegen 22 Uhr ein Ende der Gleisarbeiten absehbar war, machten sich Franz und Hörcher auf die Suche nach Kallweit und baten ihn, den Schnelltriebwagen abzukuppeln. Mit Höchstgeschwindigkeit fuhr sie der Mann aus Tilsit zurück nach Comarnic. Der rumänische General hatte ausrichten lassen, er wolle sie mit letzten Informationen über die Strecke versorgen.

Je näher sie dem Ort kamen, umso lauter wurde der Gefechtslärm: Maschinengewehre, deren Salven durch die Straßen flogen. Auch Artillerie war zu hören. Trotz – oder wegen? – der so frischen

Waffenbrüderschaft zwischen Rumänien und der Sowjetunion flogen der Roten Armee in Comarnic die Herzen nicht zu.

Kallweit drosselte das Tempo und schaltete das Licht aus. Die Männer spähten aus dem Führerstand heraus ins Dunkel entlang des Gleises und hielten den Atem an. Ein MG-Nest am Streckenrand könnte das Ende bedeuten.

Die Schießereien konnten, der Lautstärke nach zu urteilen, kaum mehr als einen Kilometer entfernt sein. Auf den Straßen, an denen der Zug bisher vorbeigeglitten war, war kein Mensch zu sehen gewesen. Vielleicht blieb den Männern noch eine halbe Stunde. Dann der Bahnhof, schwach erleuchtet.

Der General erwartete sie. An der Bahnsteigkante öffnete er Franz und Hörcher die Tür, nachdem der Schnelltriebwagen zum Halt gekommen war. Er kaute an einer erloschenen Zigarette. „Die Russen." Er wies mit dem Daumen auf die hinter ihm liegende Stadt. „Klopfen an bei uns." Fast schien es, als freue er sich, die Deutschen noch einmal zu sehen. Er wirkte nüchtern, gelassen und trug seine Garde-Uniform. Im Mondlicht funkelten die Orden.

Sein Adjutant stand in wenigen Metern Entfernung unter dem Dach der Wartehalle, oranges Glimmen verriet sein hastiges Rauchen. Sonst war der Bahnhof still. Sie waren allein.

Franz und Hörcher berichteten vom Fortgang der Arbeiten und der General nickte: „Ich habe mit Leitstand gesprochen. In zwei Stunden kommt Kontroll-Lok aus Sinaia. Wenn alles in Ordnung, Sie können fahren. In Feldioara sind noch unsere Leute stationiert. Ich habe sie angewiesen, Durchfahrt zu gewähren. Aber sie verweigern vielleicht. Sie haben Angst vor Roter Armee."

„Wir danken Ihnen für Ihren Einsatz", erklärte Franz, „ohne die Unterstützung Ihrer Pioniere wären wir niemals über das blockierte Gleis gekommen."

„Schon gut", brummte der General, „außerdem: Ich habe Gleis ja erst versperrt. Schwierige Zeiten. Für uns alle."

Er reichte Franz die Hand: „Ich wünsche Ihnen freien Abzug für alle Verwundeten bis ungarische Grenze. Und denken Sie daran: Jeder scheitert an Romania. Gestern die Türken. Heute die Deutschen. Morgen die Russen. Romania wird immer leben." Er zwinkerte: „Habt ihr Angst, dass euch Soldaten der Roten Armee die Nasen abschneiden, so wie Vlad bei osmanischen Soldaten? Angst, dass ihr bald in Wald von Gepfählten hängt? Nein. Habt Vertrauen."

Er gab auch Hörcher die Hand und sagte: „Es war Ehre für mich. Ich danke dafür, dass ich letztes Mal helfen konnte. Aber euer Leben ist mein Tod. Ich werde nicht auf Rote Armee warten."

Er warf seine Zigarette ins Gleisbett, griff zur Pistole in ihrem Halfter, entsicherte die Waffe und hob sie an seine Schläfe: „Sie mich nicht vergessen, meine Herren."

Bevor die Deutschen eingreifen konnten, drückte der General ab. Die Wucht der Explosion warf seinen Körper nach hinten und er fiel auf die Gleise. Dumpf schlug er auf die Schwellen.

Franz und Hörcher sprangen bestürzt an die Bahnsteigkante. Dort unten lag er, mit offener Schläfe in der Pracht seiner Uniform und fast schien es, als grinste er. Der Adjutant trat auf sie zu und Franz sah, dass er Tränen in den Augen hatte: „Er wollte es so. Er hat mir befohlen, Sie unter allen Umständen so schnell wie möglich zurück in Ihren Zug zu verfrachten."

„Was ist mit Ihnen? Wir nehmen Sie mit!"

„Nein, das geht nicht. Ich bleibe hier, wie er. Fahren Sie jetzt los, meine Herren, und beeilen Sie sich!"

Franz und Hörcher gaben dem entsetzten Kallweit, der die Szene aus dem Fenster des Führerstands beobachtet hatte, ein Zeichen und sprangen in den Schnelltriebwagen. Die Tür hatte sich noch nicht hinter ihnen geschlossen, als sie den Schuss des Adjutanten hörten.

Der Schnelltriebwagen fuhr an. Keine Sekunde zu früh.

Franz schaute zurück zu den zwei Toten im Gleis. Ihr Zug entfernte sich rasch, doch sie hatten den Bahnhof noch keine 100 Meter hinter sich gelassen, als ein russischer Geländewagen um die Ecke des Stationsgebäudes bog. Rotarmisten sprangen ab. Den entschwindenden Schnelltriebwagen konnten sie wohl nicht mehr sehen, er tauchte in den Schutz des Waldes ein.

Gegen Mitternacht erreichte der SVT 137 den Lazarettzug. Kallweit kümmerte sich darum, dass der dieselelektrische Sprinter schnell wieder seinen Platz am Ende des Lindwurms einnahm. Er hatte gerade das Kuppeln beendet, als das Zischen einer Lokomotive zu hören war, die ihnen aus Sinaia entgegenschnaufte.

Mittwoch, 30. August 1944

Die Scheinwerfer der Kontroll-Lokomotive aus Sinaia erhellten die Nacht, der Lokführer verkündete ein freies Gleis. Jubel brandete auf in den Waggons, als ihr Zug endlich die geräumte Stelle passieren konnte, um seinem nächsten großen Ziel, der ungarischen Grenze, entgegenzurollen.

In völliger Dunkelheit huschten sie am Bahnhof von Sinaia vorbei, ohne zu halten, sie hatten genug Wasser und Kohlen. Unablässiger Gefechtslärm trieb sie voran, hallte durch die Schluchten des Gebirges.

Gelegentlich wurden sie überflogen, hörten das Brummen schwerer Bomber und das Summen der sie begleitenden Jäger. Jetzt durfte die Feuertür nur so lange wie unbedingt nötig offen stehen, um den Energieverlust durch frisch eindringende kalte Luft zu minimieren. Reimer, der an der Steuerung stand, half Andler, indem er die Feuertür mit seiner linken Hand im Rhythmus der Schippbewegungen des Heizers öffnete und schloss. Synchron verrichteten sie ihre Arbeit wie ein rußschwarzes Ballett. Andler sorgte mit wechselnden Griffhaltungen an seiner Schaufel dafür, dass er mit seinen Kohlen jede Stelle des Rostes bis in die Feuerbüchsecken erreichte, und achtete darauf, das Feuer nicht schwarz zu werfen. Frische Kohlen immer auf die helle Glut. Ein durchgängig leuchtendes Feuerbett.

Es wurde hell. Morgenröte hauchte ihre Farben in den Himmel. In einer fast kreisförmigen Kurve ächzte der Zug eine Bergflanke empor und erreichte einen Viadukt, der über eine Schlucht führte.

Als die 52 2302 den Viadukt überquerte, schaute Reimer aus dem Fenster und zeigte grinsend nach unten. Franz lehnte sich ebenfalls aus dem Fenster und erkannte staunend, dass sie gerade viele Meter über dem darunter liegenden Gleis über die Waggons ihres eigenen Lindwurms hinwegfuhren. Die mächtige Dampfwolke des zweiten Lokomotivenpaars unter ihnen hüllte sie ein und brannte in ihren Augen.

„Fast so schön wie die Hochbrücke in Rendsburg", schrie Reimer hustend gegen den Lärm der Lok an und rief begeistert: „Das ist das Stevenson'sche Prinzip! Je schneller die Lokomotive fährt, umso mehr Luft saugt sie durch Aschkasten, Brennstoffbett und Feuerbüchse bis zur Rauchkammer. Wenn wir perfekt fahren, nutzen wir fast 70 Prozent der Energie, die in der Kohle steckt, für die Dampferzeugung! Ist das nicht fantastisch? Was für ein Wirkungsgrad!"

Auch Andler war euphorisch: „Ratet mal, wie viel Luft unsere Lady gerade durch die Backen zieht!" Er wartete eine Antwort gar nicht erst ab: „Unter Volllast sind es stündlich bis zu 20.000 Kubikmeter!" Der Heizer grinste und tätschelte gerührt den Kasten der zentralen Schmierpumpe: „Unser Zug klettert wie eine Gämse. Wir haben jetzt bald die höchste Stelle des Predeal-Passes erreicht. Fast 1.100 Meter über dem Meeresspiegel! Danach geht es bis zum Plattensee bergab."

Tannenwald ließ seine Wipfel am Führerhaus entlangstreichen, nachdem der Zug den Viadukt hinter sich gelassen hatte. Die Gedanken der Männer schweiften wieder ab und voraus. Weit waren sie gekommen. Wie weit würde es noch gehen? Würden sie wieder in die Reichweite russischer Artillerie geraten? Hier oben waren sie meilenweit sichtbar. Dort hinten, im Osten, kündigten schwarze Wolken Regen an. Würden sie mit nassen Schienen rechnen müssen? Blieb die Steigung konstant? Immerhin hatten sie ihren Sandvorrat erneuern können. Reimer zog am Presslufthebel und wies fröhlich auf den Sandstrahl, der zwischen den Treibrädern auf die Schienen gefeuert wurde. Keuchend arbeiteten sich die Lokomotiven durch eine Kurve nach der anderen. Die Tender wogen schwer in den Federungen. Alle hofften inständig, dass das Wetter konstant bliebe und sie das Tempo für den letzten Aufstieg würden beibehalten können.

Am frühen Vormittag stoppten sie kurz im Schutz eines Wäldchens unter einer prächtigen Bergmassivkulisse, um neuerlich Verstorbene zu bestatten. „Wir sind jetzt zwischen Buşteni und Azuga. Nicht mehr weit bis zum höchsten Punkt, weniger als zehn Kilometer", stellte Reimer zufrieden fest.

Die Männer verließen die erste Lok. Mechold war schon dabei, die Arbeiten anzuleiten, verteilte Schaufeln an eine Handvoll Jäger: „Auf, auf! Arbeit ist die wärmste Jacke!"

„Donnerwetter!" Hörcher zeigte auf die gewaltigen Berghänge zu ihrer Linken. Abstürzende Wände aus Kalk, Kreide und Schiefer. Umfasst vom spätsommerlichen Farbenrausch leuchtender Eichen und Rotbuchen, die in der Höhe Tannen, Latschenkiefern und Wiesen wichen. Schneereste, in Bergspalten blitzend, darüber von grünen Steinkappen gekrönte Gipfel.

Unwillkürlich hatte Hörcher in seine Hosentasche gefasst, um daraus seinen immer weiter auseinanderfallenden Prospekt hervorzuwühlen. Ehrfurchtsvoll schaute er jetzt vom zerlesenen Heftchen auf und zeigte auf den höchsten Punkt des Gebirges: „Die Omu-Spitze, über 2.500 Meter hoch!" Er las weiter und meinte dann kopfschüttelnd: „Dort oben soll es eine geheimnisvolle Steinformation geben, die aussieht wie die Sphinx von Gizeh – die Sfinx von Bucegi. Das Bergmassiv gilt als heiliger Berg der Daker. Und eine alte Frau soll dort oben zusammen mit ihrer Schafherde zu Stein erstarrt sein."

„Wahrscheinlich, als sie einem Waldschrat wie dir begegnet ist", grinste Andler. „Du könntest dich mal wieder rasieren."

Die Männer lachten.

Was für ein atemberaubender Gedanke, der sie alle beflügelte: Sie würden nun bald den höchsten Schienenpunkt der Karpaten überwinden.

Frisch war es auf der Hochebene, kaum zehn Grad. Sie gesellten sich zu Mechold und seinen Männern, das Schaufeln brachte die Wärme in ihre Glieder zurück.

Und wieder begann Feldkaplan Lorenz eine neue Seite in seinem Buch.

Kurze Zeit später rollte ihr Zug weiter. Die Lokomotiven keuchten durch die dünne Luft des Gebirges wie eine erschöpfte Seilschaft. Meter für Meter, bis sie ein Schild erreichten, das die höchste Stelle des Passes kennzeichnete. 1.033 Meter über Null. Die Männer der ersten Lok jubelten und Andler feixte: „Ab jetzt geht's bergab mit uns!“

Nun breitete sich bis zur Ebene am Horizont ein weites, sanft abfallendes Tal vor ihnen aus, mit lieblichen Auen und schroffen Klippen, mit Tupfern von Dächern inmitten dichter Wälder. Im Dunst der Ferne war eine Stadt zu erkennen. „Kronstadt!“, stellte Hörcher begeistert fest.

„Diese Landschaft – sie sieht aus, als hätte jemand den Schwarzwald mit Südtirol und der Sächsischen Schweiz vermengt und eine Prise Balkan hinzugegeben“, meinte Franz fasziniert.

„Fast könnte man vergessen, dass wir hier um unser Leben fahren“, entgegnete Reimer trocken. Doch auch beim Lokführer löste sich die enorme Anspannung: „Die größte Steigung haben wir bewältigt. Bis nach Deutschland wird es jetzt zunehmend flacher.“

„Bis nach Deutschland. Das klingt so einfach, fast wie eine Fahrplanauskunft“, seufzte Andler und wischte sich den Schweiß von der Stirn. Auch er konnte jetzt wieder etwas verschnaufen.

In engen Serpentinen glitten sie am steilen Hang talabwärts.

Franz fiel auf, wie konzentriert Reimer in seine Lok hineinhorchte. „Was ist?“ fragte er, „Gibt's Probleme?“

„Nein“, meinte der Lokführer nach weiteren Sekunden andächtigen Lauschens, „aber man muss immer gut zuhören. Jede Lok hat ihren eigenen Kopf.“

Andler nickte: „Die eine ist ganz Diva, zickt immer rum, ist nie zufrieden, meckert beim kleinsten Fehler – ist aber voll da, große Bühne, wenn's drauf ankommt.“

„Die andere ist wie eine alte Dame. So eine muss man respektvoll behandeln, Grobheiten mag sie gar nicht“, ergänzte Reimer.

Hörcher, der aus dem Fenster geschaut hatte, drehte sich zu den beiden Eisenbahnern um: „Und unsere Lok?“

„Murrt nicht und packt an, ich würde sagen, fast wie eine ältere Schwester“, sagte Andler, „als ob sie spürt, dass wir Brüder in Schwierigkeiten stecken.“

Hörcher betrachtete Heizer und Lokführer, schüttelte den Kopf und langsam wanderte ein Grinsen über sein Gesicht: „Nichts für ungut, aber ihr Eisenbahner habt schon alle einen Dachschaden.“

„Natürlich“, brummte Reimer, „ist Einstellungsvoraussetzung.“

Andler grinste ebenfalls breit und stützte sich auf seine Schaufel: „Es stinkt, ölt, dröhnt, man friert oder schwitzt, Knochenarbeit, kein Schlaf – wie könnte man das nicht lieben?“

Tunnelabschnitte nahmen den Lazarettzug auf, gaben ihn wieder frei. Ein Wechsel aus tiefster Schwärze und gleißendem Morgenlicht.

Gegen elf Uhr fuhren sie auf Kronstadt zu, die halb von den Karpaten umschlossene Stadt im Südosten Siebenbürgens, die von Ritterbrüdern des Deutschen Ordens im frühen 13. Jahrhundert gegründet worden war. Aus der Ferne sahen sie im Westen den markanten Turm der Schwarzen Kirche.

Sie hatten viel Zeit verloren in Comarnic und trotz allem Optimismus wuchs mit jedem Kilometer die Sorge der Männer, dass die Rote Armee ihnen vielleicht schon voraus war und den Weg abgeschnitten hatte. Mit gedrosseltem Tempo näherten sie sich der Ortsgrenze.

Sie wurden erwartet, doch es gab keinen freundlichen Empfang. Aus Fenstern heraus wurden sie mit Gewehren beschossen und mit Steinen beschmissen. Unkoordinierte Angriffe, die nur wenig Schaden anrichten konnten. Reimer erhöhte das Tempo, ein Halt im Bahnhof von Kronstadt kam so nicht in Frage. Als der Zug an der Bahnsteigkante entlangdampfte, gab der Lokführer plötzlich Signal. Vorn, am Ende des Bahnsteigs, stand ein Pärchen mit weißen Haaren, gekrümmt vom Alter und einander an den Händen haltend. Sie überschritten die Kante und ließen sich vor dem Zug auf die Gleise fallen. Die Lok ruckte.

Hörcher hatte aufgrund des Signals vorausgespäht. Leichenblass rüttelte er an Reimer und rief: „Walter, wir haben zwei Menschen überrollt!“

Der schrie zurück: „Das weiß ich! Was hätte ich denn tun sollen?“

„Ich weiß es nicht! Du bist doch der Lokführer!“

„Man kann nichts tun“, meinte Andler, der sich bekreuzigte, „nie kann man etwas dagegen tun.“

„Ich habe die beiden schon gesehen, als wir in den Bahnhof eingefahren sind!“, rief Reimer erregt. „Da wusste ich, dass sie springen werden.“

„Woran merkt man so etwas?“, fragte Franz, dem der Schrecken im Gesicht stand. Er hatte in seinem Taschenkalender geschrieben und erst aufgesehen, als die Lok erzittert war.

„Zum Beispiel hat niemand, der sich vor eine Lokomotive wirft, einen Koffer dabei!“, sagte Reimer, noch immer sehr aufgebracht. „Zumindest habe ich das noch nie erlebt. Deshalb werde ich immer nervös, wenn da Leute ohne Gepäck stehen, als hätten sie am Bahnhof ihr Ziel schon erreicht. Aber es gibt viele Anzeichen! Bei dem Pärchen hatte ich gleich ein mulmiges Gefühl … Das ist wie eine Vorahnung, fast schon Gewissheit, dass diese eine Person, die deine einfahrende Lok so genau mustert, eine Dummheit machen wird. Als wären es die letzten Blicke im Leben. Man merkt das eben!“

„Es stimmt schon, man entwickelt einen Blick dafür“, meinte Andler traurig. „Damals, während der Wirtschaftskrise vor fast 15 Jahren, als die Banken alle in die Pleite geschliddert sind, da hatten die Lehrlinge täglich einen Arbeitslosen aus dem Räderwerk zu kratzen. Das ist so entsetzlich, dass man es gar nicht beschreiben kann. Dass es ein Mensch und kein Reh oder Wildschwein war, erkennst du nur noch, wenn Kleidungsreste gefunden werden.“

Die Männer blieben danach lange Zeit stumm. Reimer und Andler verrichteten ihre Arbeit, Hörcher und Franz achteten darauf, ihnen nicht im Weg zu stehen.

Ihr Gleis führte sie aus Kronstadt und nach Norden, durch schier unendliche, unbewirtschaftete Felder.

Gegen Mittag knickte der Schienenstrang in einer Kurve nach Westen ab. Vor ihnen erhob sich ein Plateau, auf dem eine wüste Festung erahnen ließ, dass dort einmal eine Burg gestanden haben musste.

Als sie sich dem Bahnhof von Feldioara näherten, sahen sie schon von Weitem, dass sie von einem schwer bewaffneten rumänischen Bataillon erwartet wurden. Einige Artilleriegeschütze waren auf sie gerichtet. Der Zug bremste ab und kam zum Halt. Die feindseligen Mienen der Rumänen machten den Männern den Ernst der Lage klar, Franz erinnerte sich an die Worte des Generals in Comarnic.

Gemeinsam mit Hörcher und Reimer stieg er von der Lokomotive. Ahrens, Mechold und Wagenmeister Lege schlossen sich ihnen aus einem der ersten Waggons an. Der Bahnhof bestand aus kaum mehr als einem Haltegleis auf freier Fläche, hinter dem sich einige Lagergebäude, Maschinenhallen, Großtanks und eine kleinere Zahl unansehnlicher Gebäude duckten. Keiner der Soldaten sprach sie an. Ihre erhobenen Gewehre ließen dennoch keine Fragen aufkommen.

Sie wurden zum Befehlshaber des rumänischen Verbands gebracht, der vor der größten der Lagerhallen auf sie wartete. Der Major erklärte ihnen in gestochenem Deutsch, dass die erste Lokomotive konfisziert sei. Er befahl, die 52 2302 sofort abzukuppeln.

Franz protestierte: „Das ist unmöglich. Wir brauchen vier Lokomotiven, sonst ist der Zug zu schwer!“

„Haben Sie mich nicht verstanden? Abkuppeln! Seien Sie froh, dass Ihnen der Rest des Zugs bleibt, Mann! Ich lasse Ihnen die anderen drei Loks nur, weil Sie ein Lazarettzug sind!“

Nun versuchte es Hörcher: „Können Sie es mit Ihrem Gewissen vereinbaren, wenn unser Zug mit über 1.500 Verwundeten stehenbleibt? Wozu brauchen Sie überhaupt die Lokomotive?“

„Sehe ich so aus, als müsste ich Ihnen gegenüber Rechenschaft ablegen, Leutnant?“

Der Protest war zwecklos. Die Rumänen wurden immer wütender, je länger Franz, Hörcher und die anderen versuchten, sie von ihrer uneingeschränkten Weiterfahrt zu überzeugen.

Schließlich hatte der Major genug. Er zog seine Pistole und richtete sie auf Hörcher: „Abkuppeln! Sofort!"

Die Deutschen schauten sich an. Sie blickten zurück zu ihren Waggons. Die Männer aus dem Regiment der 8. Jäger-Division waren an jedem Fenster postiert und gefechtsbereit. Doch wollten sie hier wirklich einen Kampf riskieren?

Franz' Blick fiel auf die rumänischen Geschütze. Eine 75 mm Pak 97/38. Eine 105 mm Krupp-Haubitze aus dem letzten Krieg. Eine Škoda Haubitze.

Mechold schüttelte leicht den Kopf: „Wenn Sie mich fragen, Herr Oberleutnant, Widerstand wäre Wahnsinn."

Ahrens nickte bestätigend.

„Man würde unseren Zug in kürzester Zeit zusammenschießen", stimmte auch Lege zu. „Zig Tote. Das sichere Ende unserer Reise."

„Sehe ich genauso", sagte Franz. An ihren Lokführer gewandt fragte er: „Schaffen wir es auch mit drei Lokomotiven, Walter?"

Reimer rieb seine Schläfen. „Ich denke schon", meinte er, „die Karpaten liegen hinter uns. Jetzt wird's erstmal flach, das Siebenbürgische Becken. Danach kommen die Westkarpaten, die sind zwar nicht so hoch, aber wir werden dort vermutlich noch langsamer sein. Hängt alles von vielen Faktoren ab. Wir müssen es nehmen, wie es kommt."

„Wir könnten schauen, ob wir weiteren Ballast abwerfen", warf Lege ein. „Obwohl wir eigentlich schon alles Entbehrliche entso–"

Ein Schuss. Die Männer zuckten zusammen.

„Schluss jetzt!", brüllte der Major. Er hatte in die Luft gefeuert. „Die nächste Kugel geht tiefer!"

„Wir haben verstanden, Herr Major!" Franz hob beschwichtigend die Hände. „Wir kuppeln ab."

Rumänische Soldaten waren unterdessen an die erste Lokomotive herangetreten. Sie zwangen Andler mit vorgehaltener Waffe heraus. Er bat darum, seinen Glücksbringer, die Madonna von Altötting, aus dem Winkel mitnehmen zu dürfen. Es wurde ihm gewährt. Langsam kam er die Stufen herunter.

Die Männer blickten traurig auf die erste Lokomotive, ihre 52 2302. Hörcher lief nach vorn und schnitt das Tuch mit dem roten Kreuz ab, um es vor die Rauchkammer der zweiten Lok binden zu können, die nach vorn rückte; dieses unscheinbare Laken, einmal zur Schonung einer Matratze gewoben, war nun schon seit Tagen eine Lebensversicherung für über 1.500 Menschen. Reimer tätschelte noch einmal wehmütig die 52 2302.

Zwei rumänische Eisenbahner waren unterdessen in den Führerstand geklettert. Wenig später steuerten sie die Lok auf ein Nachbargleis.

„Wollen wir wieder Leute vorausschicken, Franz?", fragte Hörcher und riss sich vom Anblick ihrer vertrauten Lok los.

„Nein, ich denke, wir können darauf verzichten. Die Front liegt hinter uns und die Männer sind alle zu Tode erschöpft. Wenn wir auch nur ein bisschen Geschwindigkeit aufnehmen können, sammeln wir jeden Spähtrupp sowieso bald wieder ein."

Zusammen mit Reimer und Andler übernahmen Hörcher und Franz den Führerstand der zweiten Lokomotive, die nun den fliehenden Zug führen sollte, die Besatzung der 52 6761 verteilte sich auf die hinteren Waggons und Lokomotiven. Der Zug fuhr an, unendlich langsam und mit durchdrehenden Treibrädern. Sie passierten den rumänischen Major, der ihnen höhnisch zuwinkte und unter dem Gelächter seiner Leute rief: „Warum fahrt ihr überhaupt weiter? Ihr habt ohnehin keine Chance. Die Russen stehen schon hinter dem nächsten Wald!"

„Russische Verbände direkt voraus? Na, das kann ja heiter werden", murmelte Hörcher. „Vielleicht hätten wir doch einen Spähtrupp schicken sollen …"

„Der Major kann uns viel erzählen", antwortete Franz und zuckte fatalistisch mit den Achseln. „Wir müssen darauf vertrauen, dass man uns als Lazarettzug erkennt!"

Der Zug fuhr weiter Richtung Nordwesten, entlang eines mäandernden Flusses mit Namen Alt, der sich viele hundert Kilometer weiter, im Süden der Walachei mit der Donau zu vereinen trachtete und mit jedem Kilometer in die Breite wuchs. Die Männer auf dem Führerstand musterten angespannt die Landschaft, die sie hinter Feldioara aufnahm. Die Rote Armee hinter dem nächsten Wald – war das eine hohle Drohung gewesen oder eine ernst gemeinte Feststellung? Hinter dem ersten Wäldchen, das friedlich blieb, atmeten alle durch. Keine Russen in Sicht. Dennoch blieb die Anspannung groß. Der Feind konnte überall sein. Gegnerische Spähtrupps hinter jedem Baum, hinter jedem Hügel, hinter jeder Kurve. Vermutlich war ihr Zug ohnehin schon bekannt und angekündigt worden. Neben der gelegentlich rauschenden Artillerie hatten sie immer wieder den Lärm von Aufklärern gehört. Es blieb ihnen nichts anderes übrig, als dem gegenüber gleichgültiger zu werden – oder stehenzubleiben und aufzugeben.

Bei Augustin knickte der Alt ab in Richtung Westen, die Schienen folgten dem Lauf des Gewässers. Als Franz in der Kurve zurückschaute, sah er, dass aus den offenen Türen einiger BVZ-Waggons Bettgestelle und Strohsäcke flogen. Lege hatte tatsächlich noch Möglichkeiten gefunden, etwas Gewicht einzusparen: die Schlafstätten der jüngst Verstorbenen. Einige der Säcke platzten auf, als sie auf den Bahndamm fielen, staubige Wolken und fliegendes Stroh wurden vom Fahrtwind mitgerissen. Franz zählte 17 Pritschen.

Verlassen wirkende Ortschaften tauchten links und rechts des Gleises auf. Racos. Homorod. Cata. Palos. Weizenfelder streckten sich vor ihnen aus, längst überreif, teils vertrocknet. Niemand hatte Garben gebunden, weit und breit waren keine Bauern zu sehen.

Franz bemerkte das erstaunliche Tempo, auf das sich ihr Zug fast unmerklich gesteigert hatte und mit dem er nun durch die Landschaft glitt. Telegrafenstangen zogen geschwind vorbei. Die Räder ratterten im behänden Allegretto über die Schienenstöße. „Walter, wir sind ja richtig flott unterwegs! So schnell waren wir noch nie, oder? Ich dachte, wir können mit drei Loks nur noch kriechen!"

„Bin selbst überrascht", nickte der Lokführer. „Aber recht ebene Strecke, ordentliche Gleise, gute Sicht. Auch die anderen Loks machen gut mit. Und wenn unsere Masse erst mal in Schwung kommt …"

„Ist wie eine dicke Tänzerin auf dem Dorffest", grinste Andler. „Wenn sie dich einmal packt, schiebt sie dich überall hin. Es sind allerdings auch feine Kohlen. Merkt man schon beim Schippen und in der Büchse. Beste Steinkohle. Man hat uns gut versorgt in Breaza."

„Wie schnell sind wir denn?", fragte Hörcher.

Reimer warf einen Blick auf die Geschwindigkeitsanzeige rechts hinter der Steuerung: „Fast 30 Kilometer in der Stunde."

„Donnerwetter, das ist ordentlich", staunte Franz. „Na, soll uns recht sein!"

Auch Andler warf einen kurzen Blick nach draußen auf die vorbeihuschende Landschaft. Grüne Wiesen und bewaldete Kuppen unter wolkenzerzaustem Himmel, Wärme des Spätsommers, Hitzeflirren über den Feldern. „Ich hatte mir das Land viel rauer und wilder vorgestellt, irgendwie schaurig, ist doch immerhin die Heimat von Drakula. Was bedeutet denn Transsilvanien? Klingt so düster."

„Das heißt eigentlich nur so viel wie Jenseits des Waldes, wenn ich mich recht an meinen Lateinunterricht erinnere", grübelte Hörcher.

„Verstehe – na, jede Woche ein frisches Hemd und das kleine Latinum, das macht dann wohl die Bildung aus!", feixte Andler und die Männer lachten.

Hinter Beia verschwand der Zug in einem Tunnel, der fast einen halben Kilometer lang war. Kühles Schwarz umhüllte sie. Ruß umflog sie. Rauch umspielte sie. Ohrenbetäubend hallte der Lärm der Dampfmaschinen von den Tunnelwänden wider. Hörcher schrie Franz ins Ohr: „Ist es nicht verrückt, dass einem ausgerechnet dieses pechschwarze, stinkende, laute Loch so friedlich vorkommt?"

Franz nickte. Er hatte dasselbe gedacht.

Als der Zug den Tunnel verließ, an Brachen und Weideflächen entlang weiter seinem Gleisbett folgte, näherte er sich einer Landstraße, die sich zwischen den Feldern hindurch auf sie zuschlängelte. Auf dieser Straße waren Menschen ohne Zahl unterwegs, so viele, dass sie wie eine einzige graue Masse erschienen. Hörcher griff nach seinem Feldstecher und schaute voraus. Erschrocken nahm er das Fernglas wieder herunter: „Um Gottes willen!"

Franz kniff die Augen zusammen: „Was siehst du?“

„Schau selbst! Sie kommen auf uns zu.“ Hörcher reichte Franz das Fernglas.

Es war ein langer Flüchtlingstreck, bestehend aus Frauen, Greisen, Kindern, mit auf Handwagen getürmten Habseligkeiten, schwer beladenen Packeseln, Ochsenkarren, Kinderwagen. Franz sah, dass viele der Fliehenden bereits von der Straße abgebogen waren. Einige hundert Meter entfernt liefen sie über die Felder, humpelten und strauchelten, immer dem Zug entgegen, winkend und schreiend. Franz gab das Fernglas an Hörcher zurück.

„Und, was tun wir? Wir können doch nicht alle mitnehmen!“, rief der Schwabe entgeistert.

„Nicht alle. Aber viele. Walter, Bernhard, was denkt ihr? Schaffen wir es? Kurzer Halt?“

Reimer strich sich über das Kinn und sagte dann: „Was mich betrifft: Wir hatten so viel Glück bisher – wir sollten es teilen.“

Andler schaute auf seine Schwarze Madonna von Altötting und nickte: „Ich lege gern noch ein paar Kohlen auf. Dann sollte es schon gehen!“

„Einverstanden! Wir halten!“

Reimer gab Signal und betätigte Lokbremse und Wagenzugbremse, die weiteren Lokomotiven im Zug reagierten. Schrilles Quietschen entlang der Räder setzte ein, der Zug ruckte und verlangsamte sich.

Franz und Hörcher hasteten die Stufen des Führerhauses hinunter, kaum dass der Zug zum Halt gekommen war. Draußen trafen sie auf Wagenmeister Lege, der die Situation sofort erfasst hatte und in seinen Armen einen Berg aufgeschossener Seile trug: „Wer kann, steigt auf die Tender. Und wir haben noch Seile und Taue – gut, dass ich sie nicht weggeworfen habe! Wir verspannen sie oben auf den Dächern, dann können die Jungen und Kräftigen auf die Waggondächer klettern!“

„In Ordnung, Hermann!“

Hinter dem Wagenmeister hatten Mechold und viele seiner Männer wie selbstverständlich begonnen, die Verstorbenen der letzten

Etappe abzuladen, andere griffen nach den Schaufeln. Unterarzt Spanuth und Schwester Elsa schoben sich durch die Männer und traten mit fragendem Blick zu den Offizieren der ersten Lok. „Wir nehmen so viele wie möglich mit!", rief Hörcher ihnen zu.

„Gut", freute sich Schwester Elsa, „wir wollen sehen, wo wir die Menschen unterbringen können. Wir schieben alle Pritschen noch einmal zusammen. Nur in die Waggons mit den Infektionskranken lassen wir keinen."

Spanuth nickte nur und eilte dann im Laufschritt zurück. Über die Schulter rief er den Männern zu: „Ladet ein, wen ihr könnt. Aber der OP-Wagen muss frei bleiben, wir brauchen den Platz!"

Mittlerweile hatten die ersten Flüchtlinge die lange Front des Zugs erreicht. Sie weinten und lachten gleichzeitig, kämpften um ihren Atem. Einige mussten sich gegenseitig stützen, eine junge Frau übergab sich aufgrund ihrer Erschöpfung, Aufregung und der Anstrengung des Laufens. Die Schwestern und Soldaten des Zugs halfen den Verzweifelten auf.

Der Strom der Menschen wollte von da an nicht abreißen. Sie alle versprachen sich von diesem letzten Zug ihre Rettung. Weinende Greise und keuchende Großmütter mit zahnlosen Mündern humpelten an Stöcken herbei. Viele Kinder waren unter den Flüchtenden, viele allein. Sie kamen schreiend über die Wiesen gelaufen, stolperten, rappelten sich wieder auf.

Franz und Hörcher fassten mit an, wo sie konnten, und versuchten dabei, mehr zur Situation vor Ort zu erfahren. Sie hoben ein altes Mütterchen empor und brachten es zu den Stufen eines Waggons. Oben stand Ahrens und nahm die Frau in Empfang.

Franz reichte ihr einen kleinen Koffer nach: „Von wo kommt ihr?"

Die Frau weinte und wischte sich mit einem Taschentuch den Schweiß vom Gesicht: „Danke, danke! Gott segne euch! – Wir kommen von überall. Aus Därsch, Denndorf, aus Oderhellen und Szeklerburg."

„Seit wann seid ihr unterwegs?"

„Stunden und Tage, seit Ewigkeiten!"

„Seid ihr beschossen worden?“

Sie schüttelte den Kopf: „Nein. Bisher noch nicht. Aber im Nordosten soll es schwere Kämpfe gegeben haben. Wir Siebenbürgen haben von den Russen nichts zu erwarten. Von den Rumänen auch nicht. Auch viele Ungarn sind auf der Flucht. Viele, die von weiter nordwärts gekommen sind, haben erzählt, dass ihre Dörfer brennen.“

„Wo ist die Front?“

„Überall“, schluchzte die Frau, „Nachbarn schießen auf Nachbarn.“

„Bitte“, fragte Franz eindringlich, „wo steht die Rote Armee jetzt?“

Die Frau hob hilflos ihre Hände empor: „Angeblich schon in Neumarkt. Alles ist so furchtbar!“

Mensch um Mensch kletterte auf den Zug. All die flüchtenden Mütter und Großeltern, die mit Kindern, mit Hunden, Hasen, Schafen, Hühnern und Ziegen, mit Saatgut, Werkzeug und allem transportablen Hausrat der Roten Armee entkommen wollten. Die meisten verstanden, dass der knappe Platz im Zug für die Menschen gebraucht wurde, dass sie nur das Nötigste mit in die Waggons nehmen konnten. Wenigen mussten die Soldaten den so verzweifelt geretteten Besitz mit sanfter Gewalt abnehmen. Alles größere Getier und sämtliche Fuhrwerke oder Karren blieben am Bahndamm stehen.

Zu den bisherigen Insassen des Lazarettzugs gesellten sich nun also ungezählte weitere Passagiere. Hunderte, wenn nicht Tausende, die entkräftet auf den Dächern, Puffern, Tendern, Trittbrettern und im Innern des Zugs kauerten. Die Jäger hatten sofort begonnen, die Außenbereiche der Waggons und die Dächer mit Seilen, Gurten und Tauen zu verspannen. Jedes so gesicherte Fleckchen füllte sich schneller mit Passagieren als die Jäger arbeiten konnten.

Nach einer Stunde, als absehbar war, dass der Lazarettzug keine Menschen mehr aufnehmen konnte, gab Reimer Signal und der Tross setzte sich quälend langsam wieder in Bewegung.

Hörcher half Franz in den Führerstand, wo er sich zu Boden sinken ließ und sein Knie massierte. Keiner sprach ein Wort. Von draußen drangen Rufe und lautes Schluchzen zu ihnen. Menschen zurücklassen zu müssen – eine harte Entscheidung, die keinem der Männer der ersten Lok passte, und doch galt es, keine weitere Zeit zu verlieren.

Hörcher zog ihre Karten hervor und kauerte sich neben Franz. Die Russen vielleicht schon in Neumarkt an der Marosch, ungefähr 50 Kilometer nordwestlich von ihnen. Also schon an ihnen vorbeigezogen – wenn die Informationen stimmten, die sie von den befragten Flüchtlingen bekommen hatten.

Der Zug stampfte an Handkarren, abgeworfenen Koffern und verstörten Menschen entlang, so viele Menschen, von denen immer noch ein paar verzweifelt versuchten, auf die Lokomotiven und Waggons zu klettern. Und noch immer fanden sich helfende Hände, die sich ihnen entgegenstreckten und sie emporziehen wollten. Meist vergeblich.

Andler und die Heizer der anderen Lokomotiven verrichteten nun wieder Schwerstarbeit. Unermüdlich flogen die Schaufeln zwischen Feuerbüchse und Tender hin und her, schwarz stiegen die Fahnen aus den Rauchfängen. Der Takt des Schaufelns im Gesang der Ventile und Kolben, metallische Perkussion, Energie aus Steinen, Futter für das Stahlross. Der Kohlenvorrat schmolz immer stärker, doch bis nach Schäßburg war es nicht mehr weit.

So fuhr der Tross dahin. Ohne Klarheit. Ohne Schutz. Ohne Mut.

Das Einzige, was den Tausenden von zerlumpten Menschen, den Zerschossenen, Kranken und Versprengten blieb, war die Hoffnung auf die ungarische Grenze, die noch immer einige 100 Kilometer entfernt war.

Am späten Nachmittag erreichte der Zug die an der Großen Kokel gelegene und seit Jahrhunderten von vielen Siebenbürger Sachsen bewohnte Kleinstadt Schäßburg. Oben die Burgstadt mit einer der sieben Burgen, die dem von den Karpaten umringten Land seinen Namen gegeben hatte.

Franz versuchte, sich an die anderen sechs Burgen und Städte zu erinnern, deren Namen sie in der Schule gelernt hatten. Kronstadt, Hermannstadt und Klausenburg natürlich. Bistritz. Mühlbach.

Und Broos – oder war es Mediasch? Franz war sich nicht sicher. Die umwaldete Oberstadt Schäßburgs zu ihrer Linken, geprägt von bunten Häusern, Türmen und Basteien, erinnerte ihn an Marburg an der Lahn.

Im Bahnhof angekommen schoben sich Mechold, Ahrens und etliche der Jäger durch die übervollen Waggons zu den Ausgängen. Vor dem Wasserturm und einem gut gefüllten Kohlenbunker sprangen sie ab, um den Zug zu sichern. Doch es blieb still. Niemand ließ sich blicken, alles wirkte verlassen. Die Stadt lag wie ausgestorben in der Nachmittagssonne, demütig die Rote Armee erwartend. Eine beklemmende Ruhe. Weiße Fahnen und Bettlaken hingen in den Fenstern.

Im Eiltempo wurden Wasser und Kohlen gefasst. Lege, Ahrens und Mechold trieben in einem Lagerschuppen des Bahnhofs mehrere Dutzend Eimer auf, die sie mit Trinkwasser befüllten und auf die Dächer der Waggons reichten. Franz ging mit Hörcher an den Wagen entlang, um sich einen Überblick über die Situation auf und im Zug zu verschaffen – Franz verzog sein Gesicht bei jedem zweiten Schritt, sein Knie schmerzte. Von den Dächern schauten Hunderte bange Augen zu ihnen herunter, zumeist klammerten sich Jüngere an die provisorischen Halteseile, aber auch einige rüstige alte Männer waren darunter, die sich dort oben um die Halbwüchsigen kümmerten. Franz sah, dass die kleinsten Kinder sorgfältig angebunden waren, mit Stricken, Hosenträgern und Gürteln hatte man sie gesichert. Mehrere Frauen kletterten gerade herab, um den Halt für ein dringendes Bedürfnis zu nutzen. Einige der Jäger halfen ihnen hinunter.

Feldkaplan Lorenz kam Franz und Hörcher entgegen. Er hatte unter den letzten Proviantresten tatsächlich noch ein halbes Paket mit Schokoladentafeln gefunden, die er nun mit Schwung nach oben auf die Dächer warf, wo sie von begeisterten Kindern gefangen wurden.

„Immer im Dienst!“ Franz nickte anerkennend und der Kaplan grinste: „Aus den Sprüchen des Alten Testaments, drittes Kapitel, Vers 27: *Weigere dich nicht, dem Bedürftigen Gutes zu tun, wenn deine Hand es vermag.*“

„Ist das Ross?“, fragte Franz, als ihnen ein turmhoher Stapel von Decken entgegenwankte; jemand schleppte schwer daran, Franz hatte einen weißen Kittel erkannt.

„Theo, wo wollen denn die Decken mit dir hin?“, lachte Hörcher und nahm dem Stabsarzt die Hälfte des Stoßes ab, sodass der Mediziner wieder sehen konnte: „Ich habe kurz Pause, Beine vertreten. Spanuth operiert und Elsa hilft ihm. Dachte mir, Mensch, wir haben doch noch ein paar Decken übrig. Die müssen aufs Dach zu den Frauen und Kindern. Wer da keine Jacke anhat … Wir fahren jetzt gleich in die Nacht rein und dann wird's da oben bitterkalt!“

„Wir helfen dir. Hätten wir auch selbst draufkommen können“, sagte Hörcher und begann, die Decken am Waggon empor zu werfen, wo man sie gerne auffing. „Eine feine Idee, Theo!“

„Ach, das ist doch nichts“, brummte der Arzt und räusperte sich. „Außerdem, hab doch selbst zwei kleine Mädels zuhause …“

IX

Die Kälte hatte Walodja geweckt, als es dunkel geworden war. Die Deutschen waren längst verschwunden. Zwei Pfeile blieben ihm noch.

Kurz hatte er überlegt, in welche Richtung er weiterlaufen sollte. Er wollte nicht wieder zur Straße zurück. Doch er hatte keine andere Wahl, wollte er seine Orientierung wiedererlangen. Lautlos war er also seine Fluchtroute durch den Wald zurückgeschlichen. Gelegentlich hatte er Tiere aufgestöbert, die ihn mehr erschreckten als er sie. Ein Fauchen, ein Grunzen, ein Zischen – und Lebendiges von unterschiedlicher Größe war im Unterholz verschwunden. Der Boden war tückisch. Abgründiger Morast tarnte sich durch auftreibende Grasbüschel. Irgendwann hatte er sich verlaufen.

Weinend warf er Bogen und Pfeile von sich und sank im Reisig toter Bäume zu Boden. Seine Schläfe drückte sich gegen die Nadeln der Lärchen, der Schmerz tat seltsam gut. Seine Tränen liefen über seine Nasenwurzel und in sein Ohr. Rote Waldameisen vor seinem Gesicht, wie in der Vergrößerung eines Brennglases. Ein Kosmos des Friedens, der von dem seinen des Krieges völlig unbeeindruckt war. Die Insekten schleppten weiße Holzstückchen über seine ausgestreckte Hand, die wie tot dalag, völlig unfähig zur kleinsten Bewegung.

Walodja war bereit, einzuschlafen und nicht mehr aufzuwachen. Der Fuchspelz warm auf seiner Haut. Doch da war dieser hartnäckige Gedanke, der in sein Bewusstsein vordringen wollte. Als er endlich realisierte, dass das weiße Holz auf den Rücken der Ameisen Rindenstücke waren – von Geschossen, die ihm gegolten hatten, aus den Bäumen gerissen –, erwachten seine Kräfte wieder.

Er nahm seinen Bogen und die Pfeile auf, stolperte an den versehrten Bäumen entlang, die ihm den Weg wiesen. Wenige Minuten später hatte er den Deutschen gefunden, den er erschossen hatte. Seine Leute hatten ihn nicht einmal beerdigt, er lag weiterhin in seiner Scheiße. Unzählige blaue Fliegen umsummten ihn und legten ihre Eier in seinen Augen ab.

Walodja empfand Genugtuung. Es war ein guter Schuss gewesen und er würde wieder schießen.

Er setzte seine Wanderung fort, vorsichtig, aber die Straße immer im Blick. Hunger plagte ihn. Wieder zapfte er einige Birken an, um den Saft, der sich hinter der Rinde verbarg, zu trinken. Auch ein paar Pilze fand er, die er als essbar erkannte und hinunterschlang.

Nachdem er einige Stunden gelaufen war, führte zu seiner Linken ein Weg ab. Ein Schild kündigte ein einsam gelegenes Kinderheim an, nur eine Viertelmeile entfernt. Es war nach Anton Makarenko benannt. Walodja hatte schon von ihm gehört; er war der berühmteste Lehrer der Sowjetunion gewesen, hatte sich für Erziehung ohne Gewalt ausgesprochen, aber mit Disziplin, Förderung von Ernsthaftigkeit und Fleiß, voller Achtung für jedes einzelne Kind. Jewgeni Sapoznikov hatte von ihm geschwärmt. Der Dorflehrer hatte versucht, in der Art von Makarenko zu unterrichten, was leidlich gut funktioniert hatte. Nur selten war ihm die Hand ausgerutscht.

Walodja wog seine Optionen ab. Ob das Kinderheim noch betrieben wurde? Vielleicht hatte man dort etwas zu essen für ihn. Es lag abseits, der nächste Ort musste Kilometer entfernt sein. Eine sichere Distanz zu den Deutschen? Er nickte und folgte dem Pfad durch den Wald, der gerade breit genug für ein Ochsengespann war.

Alles still. Nur das leise Schmatzen seiner Sohlen auf dem feuchten Weg. Als er an einer großen Pfütze vorbeiging, stellten sich seine Nackenhaare auf. Die Spuren unterschiedlicher Reifen hatten sich tief in den Morast gedrückt und führten in Richtung des Kinderheims. Der deutsche Konvoi.

Walodja schaute sich panisch um. Er streifte den Bogen über seinen Kopf, aus dem Köcher fingerte er einen Pfeil, den er in die Sehne legte. Dann folgte er den Spuren. Eigentlich hätte er fliehen sollen, wie ein Reh auf der Lichtung, das die Witterung des Jägers aufnimmt, weil der Wind dreht. Doch er war nicht länger Beute, sondern selbst Jäger.

Bald wichen die Bäume zurück, Walodja näherte sich geduckt einem großen Holzbau mit zwei Stockwerken und diversen Anbauten. Das Kinderheim. Irgendwo schien es einen Stall zu geben, denn er hörte das Quieken von Ferkeln. Das hübsche Haupthaus war weiß gestrichen mit hellblauen Fenstern und grünen Fensterläden. Knöterich rankte an der Fassade empor, im Vorgarten standen eine Schaukel und ein Klettergerüst. Lautlos schlich Walodja im Schutz der Hecken voran, die auf das Haus zuführten.

Vor dem Gebäude parkten zwei Kradgespanne, zwei Kübelwagen und ein Laster. Keiner der Männer war zu sehen. Dafür kam aus dem rückwärtigen Garten wieder dieses Geräusch von aufgeregten Tieren. Laut.

Walodja hörte genauer hin, erkannte es und es fühlte sich an wie eine Faust im Genick. Es waren keine Ferkel, sondern Kinder, die so schrien wie Walodja es noch nie gehört hatte.

Er schwang sich über den Staketenzaun und schlich auf der linken Seite um das Haus herum, zwängte sich durch Brombeerhecken, die seine Haut blutig kratzten. Sein Bogen verhedderte sich in den Ranken, hektisch zog er ihn aus dem Dickicht.

Angespannt spähte Walodja um das Hauseck. Hinter dem Heim schloss sich ein weitläufiger Garten an, verwildert und opulent, mit Obstbäumen, Koniferen, Eichen und Oleanderbüschen. Ein ordentlich geharktes Beet bot Kartoffeln, Karotten und Rote Beete zur Ernte. Die Deutschen standen an einer der Eichen im hohen Gras der Wiese, gut 50 Meter entfernt. Walodja hörte sie lachen. Einer der Männer kniete mit seinem ganzen Gewicht auf etwas Unförmigem, Walodja konnte nicht genau erkennen, was es war. Er sah es erst, als der Deutsche aufstand und das Bündel mit einer Hand hochhob.

Der Junge war höchstens drei Jahre alt. Er trug ein Leibchen und war sonst nackt. Nun, da er kopfüber an nur einem Fuß gehalten wurde, zappelte er wild. Er fing an zu urinieren, in weitem Strahl über die Beine des Deutschen. Dieser fluchte und die anderen Männer schütteten sich aus vor Lachen. Der Junge wimmerte. Angeekelt reichte der Angepinkelte ihn an einen seiner rauchenden Nebenmänner weiter, der dafür seine Zigarette im Tausch herübergab. Er griff nach den Beinen des Jungen und holte in einer Drehung Schwung, als wollte er einen Sack Mehl auf eine Ladefläche hieven. Mit Wucht schlug er den Kopf des

Jungen an die Eiche, sodass der Schädel brach. Rindenteile splitterten, der Unterkiefer riss ab, Hirn spritzte auf den Stamm.

Den noch zuckenden Körper des Kindes warf der Mann ins Gras und ließ sich seine Zigarette wiedergeben. Ein anderer reichte ihm eine Flasche Schnaps. Er nahm einen Schluck.

Walodja zählte die Männer. Es waren acht. Vor dem Haus seiner Eltern waren es zehn gewesen. Wie an der Senke und später im Wald, als er einen von ihnen getötet hatte. Noch neun also – einer der Deutschen musste woanders sein.

Über sich, im Haus, hörte er Geräusche, ein Hämmern. Es klang, als sei dort oben ein Zimmermann zugange. Walodja zog sich von der Hausecke zurück. Auf der Giebelseite des Kinderheims stand im Erdgeschoss ein Fenster offen. Er stützte sich auf die Fensterbank und zog sich empor. Dann schwang er sich über die Brüstung in den Raum, eine Küche. Über sich hörte er noch immer gleichmäßiges Hämmern. Mit gespanntem Bogen trat er aus der Küche. Im anschließenden Flur führte eine steile Holztreppe nach oben. Die Finger seiner linken Hand, die die Sehne mit Gewalt nach hinten zogen, kribbelten. Sein Atem floss langsam und lautlos. Walodja wunderte sich, dass er so ruhig war. Als stünde er neben sich, ein nahezu gleichgültiger Beobachter der Szene, als sei es nicht sein eigenes Leben.

Der nächste Schritt belehrte ihn eines Besseren. Nur mühsam hielt er das Gleichgewicht, um auf der Stiege nicht zu fallen. Das Holz der Stufen knarrte und ein Schwindel kam mit seinem plötzlich aufpochenden Herzen über ihn. Doch war das Hämmern oben jetzt so laut, dass er nicht gehört werden konnte.

Am Treppenkopf angelangt, atmete er durch. Sein Herz schlug ihm bis in den Hals. Walodja trat vor das erste der Zimmer und schaute durch die geöffnete Tür.

Donnerstag, 31. August 1944

Tiefschwarze Nacht. Vor fünf Stunden hatten sie Schäßburg verlassen. Erst kaum merklich, aber stetig war der Zug schneller geworden. Sie waren an Mediasch vorbeigestampft, an Blaj. An namenlosen Dörfern, in denen sie von Kläffern verbellt wurden, während in den Häusern das Licht erlosch, kaum dass die Bewohner des Lokomotivenlärms gewahr wurden.

Franz hatte vor sich hin gedöst. Durch einen harten Schienenstoß schreckte er hoch. Hörcher kauerte neben ihm auf dem Boden und schlief. Andler schippte mechanisch mit müden Augen, Reimer wie immer hochkonzentriert an der Steuerung. Franz stellte sich neben ihn: „Walter, wo nimmst du nur die Kraft her? Bist ja wie der Mechold, der schläft auch nie."

Der Lokführer grinste und zeigte auf den unermüdlichen Andler: „Ich werd doch vor meinem Heizer keine Schwäche zeigen. Sonst nutzt der's nur aus und schiebt mich von der Lok, um selbst zu steuern."

Andler lachte, sein schweißnasses Gesicht glänzte im roten Schein der kurz offenstehenden Feuertür: „Der olle Naumburger – hat mich durchschaut."

„Wo sind wir jetzt?"

„Kurz vor Coşlariu und zehn Kilometer vor Karlsburg. Bald geht es auf eine Quertrasse und dann fahren wir Richtung Süden weiter. Nächster Halt Broos, für Wasser und Kohlen."

„Wie viele Kilometer haben wir seit Schäßburg zurückgelegt?"

„Ungefähr 80."

Franz pfiff leise durch die Zähne: „Wie schnell sind wir denn?"

„Geht hübsch voran, immerhin noch fast 20 Kilometer in der Stunde."

„Donnerwetter, nicht schlecht!"

„Ja, vor allem, wo wir so schwer sind und nur noch drei Lokomotiven haben. Diese Loks sind schon wirklich bärenstark."

Sie durchfuhren Karlsburg ohne Zwischenfall und erreichten 30 Kilometer später die Stadt Broos. Dort fassten sie während der frühen

Morgenstunden in der verlassenen Bahnhofsanlage Wasser und Kohlen. Schnelles Abschlacken und Ölen.

Während des Halts kam Elsa Rudolph nach vorn zur ersten Lokomotive: „Wir haben in einem der hinteren Waggons einen alten Mann mit seinem Enkel. Passt er noch zu euch nach vorn? Dort, wo er jetzt ist, kann er nicht bleiben, weil er den Durchgang für die Schwestern blockiert. Alles ist schon so voll, wir bekommen ihn auch beim besten Willen nicht mehr aufs Dach, und da dachte ich …"

Die Männer sahen sich an. „Natürlich, das wird schon irgendwie gehen."

Wenig später luden sie den Mann mitsamt seinem kaum fünfjährigen Enkel und ihren wenigen Habseligkeiten ein. Beide kauerten sich in eine der Ecken an die Stahlwand, einen Käfig mit drei Hühnern unter sich. Unter seinen Armen hielt der Großvater zwei Hasen, die ein Ledergeschirr trugen. Er weinte und verfluchte sich, dass er als alter Mann einem anderen Menschen, vielleicht sogar einem Kind den Platz im Zug genommen hatte, und bat gleichzeitig immerfort um Vergebung, da der Enkel das Einzige sei, was ihm von seiner Familie geblieben war, und einer müsse sich doch um ihn kümmern.

Nun, da sich sechs Menschen und allerhand Kleingetier den Führerstand teilten, konnten Andler und Reimer gerade noch ihre Arbeit verrichten. Die anderen pressten sich an die Wände und machten sich so klein wie möglich. Gegen sieben Uhr in der Früh erreichten sie im Nebel des erwachenden Tages Simeria, eine Kleinstadt südlich des Siebenbürgischen Erzgebirges an der Einmündung des Flusses Strei in die Marosch. Im letzten Jahrhundert war sie zu einem Verkehrsknotenpunkt zwischen Arad und Karlsburg ausgebaut worden, an dem sich weitere Bahnlinien kreuzten.

Am Bahnhof von Simeria saßen und standen Hunderte von Menschen entlang des Gleises, stumm und ergeben. Sicherlich hatte sie die letzte Hoffnung, irgendeinen Zug Richtung Westen zu ergattern, hierher getrieben. Verzweifelt hoben sie ihre Hände, als der Lazarettzug langsam und vorsichtig an ihnen vorbeistampfte. Mit leeren Augen starrten sie auf die überquellenden Waggons. Sie verstanden die Lage, sahen resignierend, dass nicht der kleinste Platz mehr frei war.

Für Franz war es gespenstisch zu beobachten, wie die Leute zurücktraten, um einigen Müttern einen besseren Zugang zu verschaffen, damit diese wenigstens ihre Kinder emporreichen konnten. Er schob sich vorsichtig an Andler vorbei, lehnte sich weit aus dem Fenster des Heizers hinaus und schaute zurück. Manche der Kleinen konnten aufgenommen werden. Hände griffen nach den Jungen und Mädchen, die wild strampelten und herzzerreißend schrien, als ihre Mütter sie fortgaben. Reimer schaute starr geradeaus, unfähig, das Leid zu betrachten, und Franz sah, dass der Lokomotivführer weinte.

Sie hatten den Großteil des Bahngleises passiert. Eine junge Frau wühlte sich durch die Menge nach vorn. Sie küsste und umarmte ein Bündel, das sie in ihren Armen trug. Dann warf sie es empor zur ersten Lokomotive. Das Bündel schlug gegen die Wand des Tenders und prallte ab. Im Fallen löste sich die Decke. Ein nackter Knabe, zart und kaum älter als drei Jahre, wurde sichtbar. Die Mutter schrie auf und verlor das Bewusstsein; es war so eng im Gedränge, dass sie nicht zu Boden sank. Ein Mann in erster Reihe fing das Kind geistesgegenwärtig auf, bevor es unter den Zug rutschen konnte. Franz lehnte sich noch weiter aus dem Fenster. Er sah, wie der Mann das laut weinende Kind erneut werfen wollte. Dann erkannte Franz Spanuth, der, wohl gehalten von anderen, aus dem Fenster eines Waggons hing, seine langen Arme streckte und das Kind an einer Wade packen konnte. Der Unterarzt zog den Jungen in den Wagen.

So durchfuhr der Lindwurm schier unerträglich langsam ein elendes Spalier. Noch weit hinter Simeria standen Grüppchen von Menschen am Bahndamm. Hoffnungsvoll blickten sie dem Zug entgegen und gebrochen sahen sie ihm nach, als er im Westen verschwand.

Die Strecke wurde wieder kurviger. Das Gleis führte zwischen Hügeln und Anhöhen hindurch. Die Landschaft machte einen friedlichen Eindruck und den Männern fiel auf, dass sie schon längere

Zeit kein Artilleriefeuer mehr gehört hatten. Die Sonne in ihrem Rücken warf den Schatten ihrer Lok auf das vorausliegende Gleis und ließ das Wasser der Marosch zu ihrer Linken glitzern. Der alte Mann und sein Enkel schliefen, weder der Lärm der Lokomotive noch das gelegentliche Gackern der Hühner weckte sie. Franz fragte sich, wie es den Reisenden auf den Dächern der Waggons in der Nacht ergangen war, und er dachte dankbar an die gute Idee des Stabsarztes, für die nötige Wärme dort oben zu sorgen.

Andler schippte gut gelaunt, die Enge machte ihm kaum etwas aus. Mit großer Eleganz und Sicherheit führte er seine Schaufel durch den Führerstand. Er war ganz in seinem Element. „Hör doch mal", rief er dem neben ihm stehenden Hörcher zu, „wie sie mit mir spricht!"

„Wer?", fragte Hörcher verständnislos.

„Na, die Lok!"

„Wieso, was sagt sie denn?"

„Sie flüstert: *Füttre mich, füttre mich, füttre mich …*"

Hörcher lauschte andächtig dem rhythmischen Zischen und Prusten der Lokomotive und stellte überrascht fest: „Jetzt hör ich's auch!"

„Und wenn sie genug hat, singt sie: *Jetzt fliege ich, jetzt fliege ich, jetzt fliege ich …*"

„Na, dann bring sie mal zum Fliegen!", nickte Hörcher bewundernd.

„Wie viele Kilometer noch bis nach Arad?", fragte Franz.

Reimer gab Signal, da sie sich gerade wieder einer Ortschaft näherten, und tippte auf seinen Streckenplan. „Das ist Soborschin. Knapp 90 Kilometer bis nach Arad."

Ein Halt war jetzt nicht mehr nötig. Die Tender hatten genug Wasser und Kohlen, um Arad zu erreichen, die Stadt im Westen des Landes hinter dem Apuseni-Gebirge, einem Teil der Westrumänischen Karpaten, nur gute zehn Kilometer von Ungarn entfernt. Genug, um dann den Zug bis über die Marosch zu führen, den Grenzfluss, der auf großer Länge Rumänien mit dem Land der Magyaren verband.

Stunde um Stunde fuhren sie und mit jedem Meter wurden die Herzen der Männer leichter, ließ man die Gefahren, die Angst vor der Roten Armee hinter sich. Auch der Großvater, der aus seiner Erschöpfung erwachte, lachte zum ersten Mal zaghaft, weckte seinen Enkel und die beiden begannen, mit einigen welken Salatblättern, die der Alte aus seinen Taschen kramte, die beiden Hasen zu füttern.

Gegen Mittag konnte man am Horizont bereits Ungarn vermuten. Dahinter Österreich. Dann Deutschland.

Vor einer Woche waren sie dem Ende in Galatz nur knapp entronnen. Und nun hatten sie es tatsächlich fast geschafft. Schon waren die Kirchtürme von Arad zu erkennen. Auf ihren Dächern spiegelte sich das Licht der Sonne.

Langsam lief der Zug in eine Kurve. Dahinter musste bald der Bahnhof der Stadt kommen. Franz, eingequetscht zwischen Hörcher und dem alten Mann, schrieb Reisenotizen in sein Tagebuch. Nun kam er endlich dazu, die Namen der Menschen zu notieren, die diese Flucht erst möglich gemacht hatten. Und wenn ihm auch militärische Auszeichnungen, vor allem die an den Uniformröcken und Hälsen hoher Etappenhengste, suspekt waren, so verdienten die Leistungen der Männer und Frauen des Lazarettzugs, des letzten Zugs in Richtung Heimat und Rettung, jede Würdigung:

Vorschlag für nächsthöhere Auszeichnung: Der Leutnant ANSORGE hat am 23. und 24. August trotz größter Schwierigkeiten infolge rumän. Sabotage (Kapitulation Rumäniens) in der Nacht vom 23. auf 24. Aug in Bhf und Hafen GALATZ den Abmarsch der BVZ 33, 46, 53 und des LaZ No. 676 durch Beschaffung und Betriebsbereitmachung leistungsfähiger Lokomotiven ermöglicht. Durch seinen tatkräftigen Einsatz wurde eine – Totalvernichtung – der beiden beladenen Lazzüge (1.600 Schwerverwundete) durch drei kurz nach Abmarsch durchgeführte anglo-amerikanische Luftangriffe verhindert.

Vorschlag für EK II. Klasse: Der OGefr. REIMER (Lokfhr.) und der OGfr. ANDLER (Lokheizer) haben am 26.8.44 15:00 auf der Strecke

Ploiești – Nord – BUDA bei Kanton 48 in der deutsch-rumänischen HKL die Kriegslok No. G 52 23 02 mit 400 to Zug unter schwerem Inf. und Artilleriebeschuss von den Rumänen erbeutet, in rücksichtslosem persönlichen Einsatz sofort betriebsbereit gemacht, vor die zusammengekuppelte Garnitur der BVZ 33, 46, 53 und LaZ No. 676 gesetzt, den sofortigen Weitermarsch ermöglicht und dadurch die drohende Gefangennahme von 1.500 Schwerverwundeten durch rumän.-sowjetische Einheiten verhindert.

Franz verstaute seinen Bleistift und schlug das Büchlein für den Moment zu. Es war bereits recht dick, da er Briefe seiner Eltern und seines Bruders zwischen den Seiten verwahrte. Er hatte sich angewöhnt, es mit einem Bindfaden zusammenzuschnüren.

Durch das Fenster des Führerstands sah er, wie die ersten Dächer der Vorstadt von Arad an ihnen vorbeizogen. Er wunderte sich, dass Reimer abrupt Fahrt wegnahm, bremste und Signal gab. Als er den Kopf hinausstreckte, erkannte er den Grund.

Direkt vor ihnen, dort, wo am Scheitelpunkt der Kurve die ersten Weichen des Bahnhofs auftauchten, stand ein Panzer der Roten Armee auf dem Gleis.

Der T-34 hatte sein Rohr auf den Lazarettzug gerichtet und war umringt von russischen Soldaten, deren Gewehrläufe in dieselbe Richtung zielten. Vor dem Panzer stand ein Rotarmist mit gekreuzten Armen und signalisierte Halt.

Franz schaute auf seine Armbanduhr. Es war halb eins am Mittag. Ihre Flucht hatte nach einer mehr als 700 Kilometer langen Odyssee über die Karpaten und durch nahezu ganz Rumänien wenige Kilometer vor der ungarischen Grenze ihr Ende gefunden.

Neben dem T-34 tauchten weitere russische Panzer und leichte Geschütze motorisierter Verbände auf, gefolgt von einem Hauptmann und einer weiteren Gruppe Soldaten. Ihre Gewehre trugen aufgepflanzte Bajonette. Argwöhnisch musterten sie den Zug, beobachteten, wie Reimer weich bremste und ungefähr zehn Meter vor dem Panzer stoppte. Mit weißem Schnauben stieg Dampf aus den Bremsen.

Für einen Moment schien alles wie eingefroren. Keiner der Männer im Führerstand der ersten Lokomotive sprach ein Wort.

Dann setzten sich Franz, Hörcher, Reimer und Andler in Bewegung und kletterten die Stufen der Lok nach unten. Sie gingen auf den Hauptmann zu und grüßten militärisch. Der Hauptmann erwiderte den Gruß.

Die vielen siebenbürgischen Flüchtlinge, die auf den Lokomotiven und Dächern kauerten, wagten nicht, sich zu bewegen. Viele Kinder weinten. Die Erwachsenen waren auf ihren Plätzen zusammengesackt, niedergeschlagen und voller Resignation. Was für ein böses Schicksal, das dem Albtraum das nächste ungewisse Kapitel anfügen wollte, so wenige Kilometer vor der sicher geglaubten Rettung.

Alle deutschen Soldaten wurden entwaffnet und gefilzt. Sämtliche militärischen Auszeichnungen und die Soldbücher wurden ihnen abgenommen, ebenso letzte mühsam bewahrte Habseligkeiten. „Urr! Urr!", schrien die russischen Soldaten und zeigten auf die Handgelenke der Deutschen. Dazu fuchtelten sie wild mit ihren Maschinenpistolen herum. Viele der Rotarmisten trugen bereits eine Sammlung von Uhren an beiden Unterarmen; ihre Uniformen waren teils abenteuerlich, einige hatten deutsche Auszeichnungen und Schulterklappen vom Fahnenjunker bis zum General wie Skalps an ihre Jacken geheftet. Eheringe wurden mit Gewalt abgestreift, verschwanden in den Taschen der russischen Filzjacken und führten zu Tränen der Wut, doch niemand leistete Widerstand.

Ein unwirkliches Gefühl – zu wissen, dass sie dem Tod auf dem Schlachtfeld entkommen waren, mit dem sie seit Jahren täglich gerechnet hatten, nur um hier dem Gegner in die Hände zu fallen. Würde man sie sofort erschießen? Oder bei schwerster Arbeit zu Tode schinden, um wiederaufzubauen, was der Krieg zerstört hatte? Das Überleben in russischer Gefangenschaft – kaum wahrscheinlich.

Stabsarzt Ross und Unterarzt Spanuth verließen ihren Operationswagen und näherten sich den Soldaten der Roten Armee. Sie grüßten und fragten, ob es möglich sei, die Patienten im Lazarettzug weiter zu versorgen und mit ihren Operationen fortzufahren. Ein russischer

Dolmetscher übersetzte. Der Hauptmann nickte, die Bitte wurde gewährt.

Reimer stand regungslos da, die Arme verschränkt, Andler steckte sich eine Zigarette an. Außerhalb ihrer Lokomotive wirkten sie wie Fische auf dem Trockenen.

Es war ein heißer letzter Tag im August. Die Männer standen in der Sonne, schwitzten und schwiegen. Nach einer Weile setzten sich die meisten auf die nackte Erde, stumm, umringt von russischen Soldaten.

Nach zweieinhalb Stunden erschien ein Oberst. Höflich und in bester Laune stellte er in fast akzentfreiem Deutsch einige Fragen und schloss mit einem zufriedenen Lächeln: „Endlich haben wir Sie. Es hat lange genug gedauert! Wissen Sie, warum wir Ihren Zug hier nicht einfach zusammengeschossen haben?"

„Nein, Herr Oberst."

„Weil Sie einen meiner Männer im Bucegi-Gebirge beerdigt haben. Wie einen der Ihren, ehrenvoll, mit einem Kreuz … Verstehen Sie es als Sentimentalität meinerseits!"

Mit einem Bleistift notierte er sich die Anzahl der Verwundeten und Kranken. Er zog eine Karte hervor und erkundigte sich nach der genauen Route des Zugs. Ungläubig fragte er mehrere Male nach. Es schien ihm nicht vorstellbar, dass dieser Lazarettzug von Galatz aus an Ploiești vorbei und über die Karpaten bis hierher gekommen war.

Gegen 20 Uhr am Abend war es so weit. Dutzende von einheimischen Zivilisten, zumeist Frauen, waren von der Roten Armee zusammengetrieben worden, um dabei zu helfen, zunächst die Verletzten unter russischer Bewachung aus den Waggons zu hieven. In kurzer Zeit hatte man Handwagen und Fuhrwerke besorgt, um die verwundeten deutschen Soldaten in die Gefangenschaft zu bringen. Nur jeder Vierte konnte aus eigener Kraft laufen oder humpeln. Eine elende und stinkende Kolonne schleppte sich nach Arad hinein, in die Stadt. Für die Flüchtlinge hatte die Rote Armee keine Verwendung. Sie wurden aus dem Zug getrieben, der nun für andere Aufgaben gebraucht wurde. Verzweifelt standen sie mit ihrer wenigen Habe vor dem Bahnhofsgelände und einer ungewissen Zukunft. Die Bürger nahmen sich ihrer an, teils aus Nächstenliebe, teils auf russischen Befehl. Sie brachten die Obdachlosen in ihre Häuser und sammelten vor allem die Kinder ein, deren Hungerschreie und Weinen jeden Erwachsenen, ob Russe, Rumäne, Ungar oder Deutscher, beschämten.

Aufgrund der nach militärischen Gesichtspunkten strategisch wichtigen Lage von Arad war in der Stadt im Lauf ihrer wechselvollen Geschichte hunderttausendfach für politische Visionen und die Träume der Mächtigen gestorben worden. Schon im Mittelalter, unter ungarischer Herrschaft, war der Ort am nördlichen Ufer einer großen Schleife der Marosch stets umkämpft gewesen. Im Jahr 1552 eroberten türkische Heere die Stadt. Erst gut 130 Jahre später endete ihre Herrschaft, als die Habsburger begannen, ihren Einfluss nach Osten auszuweiten. Arad wurde aus Siebenbürgen ausgegliedert und Ungarn zugeschlagen. Die Marosch trennte nach dem Frieden von Kattowitz 1699 als Grenzfluss das Habsburgische vom Osmanischen Reich. Während der ungarischen Revolution Mitte des 19. Jahrhunderts wurde Arad zum Zentrum der ungarischen Aufständischen, die Revolutionsregierung Ungarns wählte die Stadt zum Regierungssitz der ungarischen Republik. Nach dem Ende des Ersten Weltkriegs wurde sie von französischen Truppen besetzt. 1919 hielt die rumänische Armee ihren triumphalen Einzug, bevor Arad schließlich im gleichen Jahr durch die Pariser Vorortverträge Rumänien zugesprochen wurde.

Zerrissen zwischen Donaumonarchie und Balkan blickte die Stadt nun auf ihre neuen Kriegsgefangenen herab, die sich zu den Legionen der Soldaten gesellten, die hier die letzten Momente ihres Lebens erleiden mussten.

Am gegenüberliegenden Ufer des Flusses lag die Siedlung Neu-Arad, die im frühen 18. Jahrhundert vorwiegend von Deutschen aus Franken und dem Elsass neu gegründet worden war und von der gewaltigen Festungsanlage Arads beherrscht wurde. Ab dem Jahr 1763 auf Geheiß von Kaiserin Maria Theresia in 20-jähriger Bauzeit als Bollwerk gegen die Türken errichtet gehörte die Festung, obwohl auf der südlichen Seite der Marosch gelegen, schon immer den Habsburgern.

Trotz ihrer Erschöpfung kamen Franz und Hörcher nicht umhin, das massive Bauwerk zu bestaunen, das sich vor ihnen in der Dämmerung aufbaute, als sie gegen neun am Abend den Fluss überquerten. Sie traten durch das Haupttor und versuchten, sich zu orientieren. Immer wieder mussten sie auf ihrem Marsch durch die weitläufige Anlage warten, während russische Unteroffiziere einander Befehle zuriefen, und Franz glaubte, ein Krankenhaus, eine Kirche und Wachquartiere zu erkennen, alle im barocken Stil erbaut. Doch für ausführlichere Betrachtungen blieb keine Zeit.

Die Erschöpften wurden unter Einsatz von Gewehrkolben unsanft entlang der Festungsmauer zur Aufstellung in einer Reihe getrieben. Als Transportführer des aufgebrachten Lazarettzugs stand Franz an der Spitze.

Auf einem Tisch vor ihm lagen die zuvor einkassierten Soldbücher der Jäger und ein Stoß Registrierungsbögen, dahinter saß ein russischer Leutnant und funkelte ihn böse an: „Bist du Soldat der SS?" Wie schon der Oberst bei ihrer Gefangennahme sprach der junge Offizier ein sehr gutes Deutsch.

Franz schüttelte den Kopf: „Wehrmacht, Herr Leutnant."

„Eine Uniform ist schnell gewechselt!" Der Mann gab zwei seiner Leute ein Zeichen, die sich auf Franz stürzten. Sie rissen ihm die Kleidungsstücke vom Oberkörper herunter und den linken Arm empor. Nach kurzem Blick auf die Innenseite des Oberarms schüttelten sie den Kopf.

Aus der Innentasche von Franz' Feldjacke war sein Taschenkalender gefallen, in dem auch die Briefe von Björn lagen. Mit großem Glück war das schmale Büchlein beim Filzen zuvor nicht entdeckt worden. Der Leutnant sah auf den Boden und herrschte Franz an: „Gib mir das!"

Franz bückte sich und reichte dem Offizier das Buch, der oberflächlich darin blätterte. Bei der Tagebuchseite, in der die gepflückten Blumen lagen, stoppte er: „Was sollen die Blumen?"

„Zur Geburt meines Sohnes, Herr Leutnant."

Der russische Offizier legte den Taschenkalender zur Seite und griff zu Franz' Soldbuch. Eine Seite erregte seine Aufmerksamkeit. Unvermittelt schaute er auf, drehte die Seiten zu Franz und fragte: „Das sind eure Zehn Gebote?"

„Jawohl, Herr Leutnant."

Das Buch klappte zu. „Dann sag mir das siebte Gebot!"

„Die Zivilbevölkerung ist unverletzlich. Der Soldat darf nicht plündern oder mutwillig zerstören: Geschichtliche Denkmäler und Gebäude, die dem Gottesdienst, der Kunst, Wissenschaft oder der Wohltätigkeit dienen, sind besonders zu achten. Natural- und Dienstleistungen von der Bevölkerung dürfen nur auf Befehl von Vorgesetzten gegen Entschädigung beansprucht werden." Franz beglückwünschte sich im Stillen: Während vieler stumpfer Routinetage der letzten Jahre hatte er die Zehn Gebote für die Kriegsführung des deutschen Soldaten oft gelesen und verinnerlicht. Sie standen auf der letzten Seite eines jeden Soldbuchs.

„*Die Zivilbevölkerung ist unverletzlich* – hast du dich im großen Russland daran gehalten?"

„Jawohl, Herr Leutnant."

Der junge Offizier lachte verbittert: „Natürlich. Wie alle Deutschen! Warum soll ich dir glauben?" Er wartete die Antwort nicht ab: „Lern den Rest auswendig, solange du noch kannst."

Dann griff er wieder nach dem kleinen schwarzen Kalender samt Briefen und warf ihn Franz vor die Füße, auf die noch im Staub liegenden Stücke seiner Uniform: „Beim Transport nach Sibirien wird man dir die Sachen ohnehin abnehmen. Aber ich bin kein Mann, der einem anderen seine persönlichen Briefe stiehlt. Du wirst dich noch nach der Freundlichkeit unserer kämpfenden Truppe zurücksehnen."

„Danke", stammelte Franz überrascht.

„Der Nächste! *Dawai!*"

Während Franz sich beeilte, seine Habseligkeiten zusammenzuklauben und wegzutreten, wurde Hörcher nach vorn geschubst und ließ ebenfalls die Prozedur und Nachfragen über sich ergehen. Die Jäger schlossen sich an, dann das Personal des Zugs und die Krankenschwestern.

Ein Hauptmann der Roten Armee gab mithilfe eines Dolmetschers bekannt, dass man nun Mannschaften und Offiziere, Ärzte und Soldaten, Männer und Frauen voneinander trennen werde. Jeder Fluchtversuch würde mit dem Tode bestraft, ebenso jeder Waffenbesitz.

Franz und Hörcher hatten keine Gelegenheit mehr, sich von den anderen zu verabschieden, als Offiziere wurden sie als Erste in ihre Zellen abgeführt. Noch einmal gingen sie an den Männern und Frauen vorbei, die alle dazu beigetragen hatten, dass sie so weit gekommen waren. Elsa Rudolph, die ihre Gefährtinnen an den Händen hielt und mit den Tränen kämpfte. Unterarzt Krafft Spanuth, der bis zum Schluss der Reise operiert hatte, seinem Hadern zum Trotz oder gerade deswegen – weil das Lindern von Leid als einzig Sinnvolles Bestand über jeden Krieg hinaus hatte. Stabsarzt Theodor Ross, der Haltung annahm, Hörcher und Franz mit angelegter Hand grüßte und ihnen dabei bewegt in die Augen sah. Der schweigsame Gefreite Ahrens, der mit seiner zupackenden Art nicht nur auf der Brücke hinter Galatz, als er den Blindgänger in den Sereth getreten hatte, eine unverzichtbare Stütze gewesen war. Feldkaplan Lorenz, in dessen Büchlein, geborgen in der linken Brusttasche, die Gewissheit für unzählige Mütter und Väter aufgeschrieben stand, was mit ihrem Kind geschehen war und an welchem Ort der Welt es auf sie wartete, um betrauert zu werden. Oberweldwebel Mechold nickte gefasst und Franz dachte daran, dass er ihn nach seiner Schlafunfähigkeit hatte fragen wollen. Dann Wagenmeister Hermann Lege, dessen Humor und unermüdliche Arbeit so wertvoll gewesen waren. Kallweit, der Führer des Schnelltriebwagens, der nie vergessen würde, wie sich eine menschliche Niere anfühlte. Und natürlich Walter Reimer und Bernhard Andler.

Franz und Hörcher nickten den Obergefreiten, mit denen sie so viele Stunden auf engstem Raum verbracht hatten, dankbar zu. Die

Erfahrung und das Geschick dieser Eisenbahner hatten sie von Galatz bis hierher geführt. Ohne sie wäre die Rettung von über 1.500 Verwundeten aus der dem Tod geweihten Stadt nicht gelungen. Eine Rettung, die ihr Ende in den Armen der Roten Armee gefunden hatte.

Die beiden deutschen Offiziere wurden von einer Wache zu einem der entfernteren Gebäuderiegel gebracht und in eine Kammer im zweiten Stock geführt. In dem Raum mit gekalkten Wänden lagen zwei Strohsäcke. Hinter ihnen schloss sich die Tür. Der Schlüssel drehte sich. Für einen Moment tauchte das grimmige Gesicht des Wachmanns noch einmal in einer kleinen vergitterten Öffnung in der Tür auf, dann wurde ein Brett davorgeschoben.

Franz, dem jetzt, nachdem das Adrenalin der Flucht immer mehr einer bleiernen Lethargie wich, das Bein schmerzte, humpelte mühsam die wenigen Meter an eines der vergitterten Fenster und schaute hinaus gen Südosten. Unter ihm streckte sich in Stufen das spärlich bewaldete Zitadellengelände aus. Dahinter schloss sich eine Flussaue an, hinter der ein Streifen der Marosch zu erkennen war. Weiter im Süden stand in der Mitte des Flusses ein zerschossener Brückenbogen wie ein verrotteter Zahn.

Hörcher hatte keinen Blick für die Topografie. Denn auf einem Tisch mitten in der Kammer stand ein Krug Wasser, daneben etwas Brot und ein Apfel. Hörcher griff mit Appetit zu: „Es fällt schwer zu glauben, dass wir in russischer Gefangenschaft sind, nicht wahr?"

„Allerdings."

„Und dass man dir dein Tagebuch und die Briefe gelassen hat …"

„Unglaublich, ja."

Hörcher schüttelte den Kopf: „Ich durfte sogar meine Zigaretten behalten."

Jemand trat draußen vor die Zellentür und der Schlüssel wurde erneut umgedreht.

„Das war klar", murmelte Hörcher und stopfte gierig einen weiteren Bissen des Brots in sich hinein, „jetzt wird uns das Essen gleich wieder fortgenommen."

Doch es kam anders. Eine ältere Frau trat ein. Die Rumänin trug eine Schüssel mit Wasser und Verbandsmaterial. Stumm zeigte sie auf Franz und wies ihn mit Gesten an, die Hose auszuziehen, damit sie sein Knie waschen könne. Das ließ sich Franz nicht zweimal sagen. Ächzend sank er auf einen der Strohsäcke und tat, wie ihm befohlen. Die Frau entfernte den Verband. Wundgeruch erfüllte die Zelle. Hörcher, der mit dem halben Apfel im Mund interessiert zugeschaut hatte, verzog sein Gesicht und trat ans Fenster.

Franz betrachtete seine Wunde, die zumindest besser aussah als noch vor wenigen Tagen. Wildes Fleisch war an den Rändern gewachsen. Die Rumänin begann, sein Knie mit warmem Wasser und einer nach Pflanzen duftenden Tinktur zu reinigen. Es war schmerzhaft und herrlich zugleich. Franz stöhnte auf und lehnte sich zurück. Mit geübten Griffen wurde ein neuer Verband angelegt, der nach Kamille roch. Aus einer Tasche holte die pflegekundige Rumänin weitere Utensilien. Sie verpasste dem widerstandslosen Franz eine Kampferspritze und er schlief sofort ein.

Freitag, 01. September 1944

Der erste Tag der Gefangenschaft. Franz wachte erst gegen Mittag auf. Seit Wochen, vielleicht sogar Monaten hatte er nicht mehr so fest und lange geschlafen. Er streckte sich. Am Fenster stand Hörcher, der nachdenklich nach draußen schaute. Über die Schulter meinte er: „Franz, du Siebenschläfer, wie geht's dir?"

„Ich glaube, besser kann es einem Gefangenen kaum gehen."

„Wir müssen hier so schnell wie möglich raus."

„Warte, ich bin noch nicht einmal richtig wach … Glaubst du, dass sie uns sofort in Züge nach Wladiwostok verlegen? Warum so eilig?"

„Während du geschlafen hast, als gäbe es kein Morgen, kam eine Krankenschwester und hat uns Wasser gebracht. Ich habe mich ein bisschen mit ihr unterhalten, sie war deutlich gesprächiger als ihre Kollegin gestern. Pass auf: Sie hat davon gehört, dass die Deutschen und die Ungarn eine Gegenoffensive vorbereiten, die Front könnte in ein paar Tagen wieder hier sein. Ich möchte nicht noch einmal mitten in der Hauptkampflinie feststecken. Vor allem nicht, wenn deutsche Stukas die Festung zusammenschießen."

„Mehr als verständlich."

„Außerdem hat sie mir erzählt, dass hier im Weltkrieg zigtausende Soldaten und Zivilisten aus Serbien und der Herzegowina inhaftiert waren. Es soll hier gewaltige unterirdische Bunkeranlagen geben, darin wären damals über 4.000 Menschen an Typhus krepiert. Ich habe keinen Ehrgeiz, es ihnen gleichzutun. Dazu hänge ich zu sehr am Leben."

„Tja, wenn hier eine Seuche ausbricht, erwischt es uns wohl alle." Franz hievte sich in eine sitzende Position.

„Weißt du übrigens, wer auch hier eingesessen hat?"

Franz schüttelte den Kopf.

„Gavrilo Princip, der 1914 den Thronfolger Franz-Ferdinand ermordet hat."

„Schau an, Princip, der Feuerstein des Weltenbrandes. Also befinden wir uns auf geschichtsträchtigem Terrain."

Hörcher schaute in die Weite, über das sonnenbeschienene Arad hinweg. „Wenn der Krieg unserer Väter der Weltenbrand war, was erleben wir dann heute?" Er lächelte müde: „Wenn ich mich recht an die Edda erinnere, folgt nach dem Weltenbrand die Midgardschlange, die die Welt der Menschen umringt und schließlich überflutet. Und danach wird es auch nicht besser, wenn die Dämmerung für die Götter anbricht. Alles in allem trübe Aussichten."

„Besinnen wir uns auf die Aussichten, die wir jetzt noch selbst beeinflussen können." Franz nickte: „Ich stimme dir zu, dass wir hier nicht alt werden sollten. Ein Ausbruch … dafür brauchen wir als Erstes mehr Informationen. Wir müssen uns umhören." Er stand auf und ging zum Fenster; die Pause hatte seinem Knie gutgetan, es war vom Liegen nur etwas steif. Wie gestern blickte er auf die Ufer der

Marosch. Der Fluss war von Holzprahmen – kleinen, flachen Schiffen – gesäumt, mit denen der Fährverkehr geregelt wurde. Wie stark war die Festung besetzt und gesichert? Welche Waffen lagen hier in Stellung? Wo exakt verlief gerade die Front? Sie wussten gar nichts.

„Was wohl Reimer und Andler machen?", fragte Hörcher unvermittelt.

„Ich fürchte, sie haben es weniger komfortabel getroffen als wir."

Hörcher nickte trübsinnig: „Weißt du, was heute für ein Tag ist, Franz?"

„Der 1. September 1944. Vor genau fünf Jahren fing der Krieg an."

Hörcher lachte verbittert: „Ein schönes Jubiläum, um den ersten Tag in Gefangenschaft zu begehen, nicht wahr? Es fühlt sich an, als wäre es vor 50 Jahren gewesen. Aber wir haben das Überleben gelernt. Weißt du noch, wie es war, wenn die Frischlinge zu uns kamen?"

„Natürlich. Wird bei euch nicht anders gewesen sein als bei uns."

Hörcher schlug mit der Hand gegen die Zellenwand, doch sein Tonfall blieb ruhig, überspielte die Erregung, war leicht, so als plauderten sie beim Frühstückskaffee: „Ich kann sie vor mir sehen. Aufgereiht stehen sie da, mit weichen Händen, nervösen Blicken und fehlendem Instinkt. Wir ermuntern sie und versorgen sie mit Ratschlägen und fragen uns insgeheim nur, welches dieser Kinder wir zuerst beerdigen. Die Abgestumpften haben sogar drauf gewettet – wen werden die Scharfschützen als Ersten erwischen? Dieses *Tock*, wenn der Helm durchschlagen wird … Den Knall des Schusses hörst du erst Sekunden später. Dann sackt der Körper weg. Der ungläubige Blick. Und dann dieser letzte, kaum hörbare Seufzer."

„Jemand bei uns hat es mal das leiseste und doch entsetzlichste Geräusch der Front genannt."

„Ich träume oft davon."

Franz humpelte zu seinem Lager zurück. Er warf sich auf den Strohsack und starrte an die Holzdecke. Erst nach einigen Minuten hob er wieder zu sprechen an: „Ich kann mich gut an den 1. September 1939 erinnern. Es war ein Freitag. Ich stand auf und wollte zur Universität fahren, dann traf ich meinen Vater im Flur. Und er sagte zu mir, dass es jetzt losginge. Dass die Polen gestern den Sender Gleiwitz überfallen hätten und dass wir das nun vergelten würden. Und ich weiß noch, dass ich gedacht habe, wie kann mein eigener Vater, ein Professor und Wissenschaftler, ernsthaft glauben, dass das kleine Polen das waffenstarrende Deutschland angegriffen hat?"

Außerhalb der Festung schlug in totaler Stille ein Hund an und sein Bellen führte Franz an die Front, so plötzlich, dass es ihm den Atem nahm.

Im März 1943, zwei Monate vor der Fuchsjagd, hatten sie, unterstützt von Jagdpanzern und Sturmgeschützen der 13. Panzerdivision, Bunkerstellungen in der Nähe von Krymskaya geräumt und einige Ortschaften zurückerobert. Als sie die vorgelagerten ärmlichen Katen eines dieser Orte erreicht hatten, waren sie an einer Straßenkreuzung auf einen russischen Panzerverband gestoßen, der von zwei Kompanien begleitet wurde. Sofort waren schwerste Gefechte ausgebrochen.

Franz hatte mit zwei seiner Leute hinter einer Mauer Deckung gefunden, doch ein Maschinengewehr hatte ihren schmalen Schild sofort mit Sperrfeuer bestrichen. Die Männer pressten sich an den Stein und hofften auf Entsatz, als ein Hund zu ihnen hinter die Mauer sprang. Er wedelte zaghaft und knurrte gleichzeitig hungrig. Dann näherte er sich Franz und begann, seine Hand zu lecken. Franz war vor Schreck wie gelähmt. Einer seiner Begleiter, ein fronterfahrener Unteroffizier, war ebenso bleich geworden und flüsterte: „Ach du Scheiße, ein Minenhund …"

Die Männer versuchten, den Hund, der etwas kleiner als ein Schäferhund war, zu verscheuchen. Doch das zitternde Tier ließ sich nicht vertreiben und vergrub seine Nase in einer von Franz' Manteltaschen. Der nahm die Schnauze des Hundes in die Hand und schob den Kopf der Kreatur behutsam fort: „Geh schon. Du bringst uns den Tod. Weißt du das denn nicht, kleiner Kerl?"

Auf seinem Rücken trug der Hund ein Bündel. Es schien schwer zu sein, da es ihn in seiner natürlichen Bewegung beeinträchtigte und zu Boden drückte. Die Sprengladung mochte gut zehn Kilogramm wiegen. Sie war in zwei Taschen untergebracht, die auf den Flanken des Hundes lasteten. Oben, zwischen den Schultern, war eine Zündvorrichtung befestigt. Der hölzerne Kipphebel, der zu einem Schlagbolzen und einer vorgeschalteten Treibladung führte, wippte bei jeder Bewegung des Tiers fröhlich umher.

Minenhunde waren unter Futterentzug darauf abgerichtet worden, unter Kettenfahrzeugen nach Nahrung zu suchen. Wenn die Tiere unter die Fahrzeuge krochen, wurde der Kipphebel zwangsläufig an niedrige Baugruppen wie das Fahrgestell oder den Boden der Fahrzeugwanne gedrückt und nach hinten geschoben, was die Explosion verursachte.

Der dritte Soldat, der erst seit wenigen Wochen an der Front war, hatte nach seiner Pistole gegriffen, um den Hund zu erschießen. Franz konnte ihm noch den Arm herunterreißen: „Sind Sie wahnsinnig? Wenn das Tier auf den Hebel stürzt, sind wir nur noch Späne!"

Die Männer starrten gebannt auf das Tier, verfolgten jede seiner Bewegungen, rührten sich aber keinen Millimeter. Und so plötzlich, wie er aufgetaucht war, lief der Hund davon, als er begriff, dass die Männer nichts für ihn zu fressen hatten. „Verdammt!", rief der Unteroffizier. „Er läuft zu unseren Panzern!"

Als der Hund genügend Abstand von ihrer Mauer hatte, begannen die Männer, mit ihren Karabinern auf ihn zu feuern, um die Detonation herbeizuführen. Doch sie verfehlten ihn und mussten schließlich aufhören, um ihre eigenen Einheiten nicht zu gefährden. Einige von denen hatten die Gefahr ebenfalls erkannt und feuerten nun auf den Minenhund. Ein Geschoss riss ihm den Schweif ab. Der Hund jaulte auf. Er änderte seine Richtung, sprang auf die russischen Panzer zu, die aufgrund der deutschen Übermacht den Rückzug angetreten hatten, und begann, ihnen zu folgen. Vielleicht rochen die Öle und Schmierstoffe der russischen Panzer vertrauter, vielleicht versprachen sie dem Tier eine falsche Geborgenheit.

Franz spähte durch einen Spalt zwischen den Mauersteinen und sah, wie der Hund zwischen panisch fliehenden Rotarmisten unter den letzten Panzer krabbelte, kurz bevor dieser hinter der Kirche des

Dorfs verschwand. Es gab eine Explosion, die das Fahrzeug zerriss. Die Ketten wurden abgesprengt und der Geschützturm von einem Feuerball aus dem Panzer gedrückt, als wöge er kaum mehr als eine Papiertüte. Er schlug in der Kirche ein, die in sich zusammensackte.

Franz und seine beiden Gefährten erhoben sich schweigend, während die nachrückenden Soldaten des Jägerregiments die Zerstörung des Panzers bejubelten. Aber auch sie schwiegen, als sie wenig später seine brennenden Überreste und die eingestürzte Kirche passierten. Unter dem Holz des Dachstuhls wurden zahllose zerschlagene Körper von Kindern und Frauen sichtbar, die dort Schutz gesucht hatten. Blutige Gliedmaßen, leere Augen.

Franz versuchte, die Bilder, die in ihm aufgestiegen waren, abzuschütteln. Rastlos erhob er sich wieder von der Pritsche und humpelte in der Kammer von Wand zu Wand. Sein Atem ging schnell.

Hörcher sah ihm eine Weile dabei zu, dann nahm er ihn am Arm. „Franz …“

„Günther, vielleicht hat es doch keinen Sinn, zu fliehen. Hier sind wir am Leben. Kriegsgefangene, aber immerhin am Leben.“

„Wie lange noch, Franz? Der Zorn der Russen ist größer als ihr Mitleid. Wer will es ihnen verdenken?“

„Der russische Oberst hat uns Dankbarkeit gezeigt. Für seinen beerdigten Soldaten. Auch der Leutnant im Hof hat uns anständig behandelt.“

Hörcher zuckte mit den Achseln: „Und die anderen? Du weißt so gut wie ich, dass sie siegen werden. Wir kämpfen um hohle Raumgewinne. Sie kämpfen um ihr Vaterland. Muss ich dich daran erinnern, was dir Björn von der Krim geschrieben hat? Du hast mir doch im Lazarett davon erzählt, in Galatz.“

Björn hatte als Artillerieoffizier im Januar 1942 auf der Krim gekämpft. In seinem letzten Rapport hatte er berichtet, dass betrunkene russische Matrosen nach einem Gegenstoß in Feodossija ein deutsches Lazarett geräumt hatten, indem sie die Verwundeten durch die geschlossenen Fenster warfen. Anschließend hatten sie die Halbtoten zum Strand geschleppt und mit Wasser übergossen, um sie zu Eis gefrieren zu lassen. Mehr als 100 Männer, hieß es, waren so zu Tode gekommen.

Was der Krieg aus den Menschen machte, Jahrhundert um Jahrhundert. Die Landsknechte des Mittelalters, die Soldateska Napoleons, die Schlächter des amerikanischen Bürgerkriegs, die Einsatzgruppen unter dem Totenkopf. Die Haager Landkriegsordnung mochte Statuten formuliert haben, doch die Kreativität der Menschen, einander Leid zuzufügen, konnte das nicht schmälern. Franz erinnerte sich daran, was sein Onkel Heinz von den Schlachtfeldern in Flandern während des letzten großen Kriegs erzählt hatte. Von Soldaten, die ihre Bajonette mithilfe einer Feile gezackt hatten, um mit einer solchen Messerkante beim Zurückreißen nach dem Stoß riesige Wunden zu verursachen. Als wäre eine glatte Stichwunde im Leib nicht entsetzlich genug. Einige solcher Soldaten, die mit ihrer manipulierten Waffe in Gefangenschaft geraten waren, hatte man deshalb getötet, indem man ihnen bei lebendigem Leib die Unterkiefer abschlug und Stroh in die Wunde stopfte, woran sie elendiglich krepierten.

Das war sie, die Krönung der Schöpfung. Menschen, die sich die Augen ausstachen, die sich die Schädel einschlugen, die sich Gliedmaßen abtrennten, die sich an den Geschlechtsteilen der Besiegten vergingen, die im Blutrausch die Menschheit verrieten. Franz schüttelte sich und zwang die Gedanken aus seinem Kopf.

Wie es wohl Björn ging? Der fröhliche kleine Bruder, dem die Herzen zuflogen, wo immer er war. Björns Freunde kamen Franz in den Sinn, die nun ebenfalls im Osten an der Front kämpften. Gekämpft hatten. Die Jungen, mit denen Björn Kristalldetektoren gebastelt, Mädchen bezirzt und an Motorrädern geschraubt hatte, mit denen er im Sommer gesegelt und im Winter Ski gefahren war. Clemens Poelt, der Sohn des Gastwirts von Pöcking, auch Pengas genannt – hatte er nicht nach dem Krieg Maschinenbau oder Architektur studieren wollen? Björn hatte mal so etwas erzählt. Als guter Turner und Skifahrer war Pengas bei den Gebirgsjägern gelandet, im Mittenwalder Gebirgsjäger-Regiment 98: Notabitur, wie Björn, an der Luitpold-Oberrealschule, militärische Ausbildung und ab an die Front. Dort gefallen.

Dann Jakob Sedlmeier – er war von allen Jacky gerufen worden und ebenfalls, wie sein jüngerer Bruder Josef, Gebirgsjäger. Beide tot. Ihre Eltern führten in Pöcking eine kleine Landwirtschaft.

Johann Popp, Seppi genannt.

Cousin Winfried Lutz, immer ein wenig verträumt.

Toni Kistler, ein fescher Junge mit Schlag bei den Mädchen und Max Ruge, der auch die größten Jungen niedergerauft hatte – beide aus einem der Dörfer der Umgebung.

Jacob Beutler, ein stiller und zuverlässiger Gefährte.

Sie alle tot. Oder vermisst. Oder in Gefangenschaft.

Und Klaus von Fritz? Er war der adoptierte Sohn des Philologen Kurt von Fritz – der als einer von nur zwei Hochschullehrern im Deutschen Reich 1935 den Diensteid auf Adolf Hitler verweigert hatte und umgehend mit Berufsverbot belegt worden war; zwei Semester hatte der renommierte Gelehrte daraufhin in Oxford verbracht, bis er 1936 mit Frau und Ziehsohn in die USA emigriert war. Ob Klaus heute auf der anderen Seite der Front im Westen kämpfen musste? Gegen seine Freunde aus der Jugendzeit?

„Du hast ja Recht, Günther. Wir müssen hier raus."

Lange Zeit standen Franz und Hörcher am Fenster und starrten nach draußen. Irgendwann legten sie sich auf die Pritschen und schliefen mitten am Tag ein, müde von den Anstrengungen der letzten Tage, Wochen, Monate und Jahre.

Am späten Abend erschien ein russischer Feldwebel, riss sie aus dem Schlaf und verkündete, dass Fähnrich Weber, der beim Angriff auf den am Zugende hängenden Schnelltriebwagen eine Verletzung am Bein erlitten hatte, gestorben sei. Nach dem Unter- hätte man auch den Oberschenkel amputieren müssen, doch es wäre zu spät gewesen. Das Fieber hätte ihn schließlich getötet. Das Begräbnis war für den nächsten Vormittag angesetzt und die Anwesenheit von einem der beiden inhaftierten Offiziere war genehmigt worden, da der Friedhof innerhalb der Festungsmauern lag.

Kaum war der Unteroffizier verschwunden, begann Hörcher, die Knöpfe, Schulterstücke und Kragenspiegel seiner Uniform abzutrennen. „Was hast du vor?“, fragte Franz.

„Stücke einer deutschen Offiziersuniform haben vielleicht noch einen gewissen Tauschwert. Und meine Zigaretten habe ich ja auch noch. Ich will schauen, ob ich sie in Informationen verwandeln kann.“ Er zeigte auf Franz’ Bein. „Ich bin mobiler. Ich kann mich umsehen, wenn sie einen von uns morgen zur Beerdigung rauslassen.“

„Gut. Wir brauchen einen besseren Überblick über die Zitadelle.“

„Du musst dich weiter schonen. Wir hätten den Feldwebel bitten sollen, die Krankenschwester noch einmal vorbeizuschicken, damit dein Knie gewaschen wird. Der Verband ist schon wieder gelb. Du darfst hier keine Blutvergiftung riskieren. Wer weiß, wie viele arme Teufel schon auf unseren Säcken übernachten mussten.“

Franz nickte und grub seine Hände in die Hosentaschen. Er ertastete einen kleinen Klumpen Papier, zog ihn hervor und faltete ihn glatt.

„Was hast du da?“, fragte Hörcher neugierig.

„Ein Flugblatt. Ich habe es aufgesammelt, letztes Jahr schon. Hätte ich eigentlich wegschmeißen müssen … Es hat eine ganz schöne Reise hinter sich. Und die Russen hier wollten es auch nicht wiederhaben.“ Franz lächelte schwach und ließ das Stück Papier durch seine Finger gleiten. „Ich nehme an, euch hat man mit ähnlichen Zetteln beworfen. Besser Papier als Bomben. Und die Schlachten von Krymskaya waren schlimm. Wir haben viele Leute verloren. Zu dieser Zeit habe ich tatsächlich mit dem Gedanken gespielt, das Angebot anzunehmen. Nicht, dass ich es wirklich getan hätte. Aber ich habe mir vorgestellt, wie es wäre.“

Er knüllte das Flugblatt wieder zusammen und warf es Hörcher zu, der wenig später vorlas: *„Lesen und weitergeben! Krymskaya von Russen genommen: Am 5. Mai haben Einheiten der Roten Armee Krymskaya – diesen stärksten Knotenpunkt der deutschen Abwehr im Kubangebiet – genommen. Die deutsch-rumänischen Truppen, die in erbitterten Kämpfen um Krymskaya gewaltige Verluste erlitten, sahen* *sich gezwungen, sich eiligst auf neue Verteidigungslinien zurückzuziehen, ohne ihre Verwundeten mitnehmen zu können.*

Soldaten! Euer Kommando suchte um jeden Preis Krymskaya zu halten. Dazu wurden aus der Krim und von anderen Frontabschnitten gewaltige Kräfte und viel Kriegstechnik herangeholt. Doch nichts konnte dem Ansturm der Roten Armee, ihrem konzentrierten Arifeuer, dem Grossangriff ihrer Flieger und ihrer neuen Waffe standhalten.

Deutsche Soldaten! Schon mehrmals haben wir Euch vorgehalten, dass Euer Kampf um das Kubangebiet und die Taman-Halbinsel widersinnig ist und nur zu neuen zwecklosen Opfern der deutschen Soldaten führen muss. Wir warnen Euch aufs neue: weder die neue Verteidigungslinie noch die Taman-Halbinsel werdet Ihr halten können."

Hörcher drehte das Papier um und las auf der Rückseite weiter: *„Die Einheiten der Roten Armee setzen ihren Vormarsch fort und haben außer Krymskaya weitere 8 Ortschaften befreit. Die Russen bedrohen Euren einzigen Rückzugsweg, den nach der Krim. Ihr befindet Euch auf einem schmalen Landstreifen, von drei Seiten vom Meer umgeben. Euren Truppen im Raume Noworossijsk droht vollständige Einkreisung und Vernichtung.*

Nach Eurem Winterrückzug aus dem Kaukasus hat man Euch mit der angeblichen neuen Frühjahrsoffensive getröstet. Ihr seht jetzt, dass es nur ein Frühlingsmärchen war. Eine Lügenmär.

Was hat Euch der Frühling gebracht? Eure Lage in der Kubanniederung wurde im Frühling aus einer kritischen zu einer hoffnungslosen. Es ist an der Zeit, die Tatsachen richtig einzuschätzen. Sinnlos kommt Ihr auf verlorenem Posten um. Denkt daran, wie Ihr Euch retten könnt! Denkt an Eure Lieben, die auf Euch daheim warten. Wer braucht Euren sinnlosen Tod? Was wird dadurch erreicht? Wisst: Nur die Gefangenschaft sichert Euch das Leben und die Heimkehr nach Kriegsende.

Dieses Flugblatt gilt als Passierschein bei der Gefangengabe für eine unbegrenzte Zahl deutscher Soldaten."

Hörcher ließ den Zettel sinken: „Nun, zumindest mit der Einschätzung der militärischen Lage haben sie Recht behalten, oder?"

Samstag, 02. September 1944

Der zweite Tag der Gefangenschaft. Als Franz am Morgen erwachte, war Hörcher schon aufbruchsbereit: „Ich lasse dir ein paar Zigaretten da – falls sich jemand in der Zwischenzeit um dein Bein kümmert."

Gegen halb zehn wurde Hörcher von einem Kommando abgeholt, das ihn zur Beisetzung von Fähnrich Weber eskortierte. Franz streckte sein Bein aus und stand mühsam auf. Kaum mehr als ein bewegungsarmer Tag in der Kammer und schon war sein Knie stocksteif geworden, er konnte kaum gehen. Eisern setzte er einen Fuß vor den anderen, maß den Raum mit jedem Schritt ab, von der Tür zum Fenster, wieder und wieder. Oft stolperte er vornüber.

Zu Mittag erschien ein verwachsener alter Mann, der in einem Kauderwelsch aus Rumänisch, Ungarisch und Deutsch auf ihn einsprach. In einem Körbchen trug er Kräuter, Wurzeln und Blüten, in der Hand hielt er einen Esbit-Kocher. Franz verstand ihn zunächst nicht. Doch gestenreich gelang es dem Alten, sich mitzuteilen. Franz solle ihm sein Kochgeschirr aushändigen, er wolle darin Wasser abkochen und einen Sud zubereiten. Franz legte sich wieder auf seine Pritsche und ließ seine Wunde spülen. Anschließend knetete der Mann die Muskeln durch und fing an, mit geschickten Bewegungen das Knie anzuwinkeln und wieder zu entspannen; gerade so, dass der Schmerz noch auszuhalten war. Aus den Kräutern hatte er einen Schleim eingekocht, der in der Zwischenzeit abgekühlt war. Der Alte wischte mit dem Zipfel eines Tuchs das frisch ausgetretene Blut und den Eiter aus der Wunde und strich dafür das aromatische Gelee hinein. Franz stellte verblüfft fest, dass der Schmerz sofort abnahm. Schließlich legte der Mann einen neuen Verband an und ließ Franz einige Schritte gehen. Er nickte zufrieden und sprach etwas Unverständliches. Geübt griff er nach den Zigaretten, die Franz ihm dankbar entgegenhielt. Lächelnd verschwand er.

Am Nachmittag erschien Hörcher wieder. Er hatte eine Platzwunde an der Stirn und hinkte. „Um Himmels willen, Günther, was ist passiert?"

Hörcher winkte ab: „Sieht schlimmer aus als es ist. Wird schon wieder. Man hat mich ordentlich durchgeprügelt, weil ich mich mit einem Rumäniendeutschen unterhalten habe."

Franz führte Hörcher an sein Lager, auf das sich der Schwabe ächzend setzte. Noch immer sickerte Blut aus seiner Kopfwunde. Er zog sein Hemd aus, auch der Rücken war blutig geschlagen. „Auf dem Marsch vom Friedhof zurück mussten wir warten. Weiß auch nicht, warum. Die Russen haben eine Zigarette geraucht, ich stand etwas abseits. Ein Mann kam vorbei, paar Jahre älter als du, und hat so neugierig geschaut, da habe ich ihn angesprochen. Wir konnten einige Worte wechseln, er war freundlich. Ich habe ihn gleich nach der genauen Befestigung gefragt und er meinte, dass die Zitadelle komplett von Mauern umgeben ist, drei Meter hoch und mehr. Außerdem fließt ringsum die Marosch. Landverbindung allein nach Süden. Ich bat ihn um eine Skizze, er sagte, er versucht es. Dann kamen auch schon die Wachen und haben mich so zugerichtet. Wenn ich nochmal rauskomme, kann ich ihn vielleicht wieder treffen."

„Wenn! Mauern von drei Metern ringsum und der Fluss … Flucht ist also schwierig bis unmöglich."

Hörcher nickte: „Allerdings haben wir einen großen Vorteil: Die einheimische Bevölkerung scheint auf unserer Seite zu sein, zumindest der deutschsprachige Teil. Meine Uniformstücke und Zigaretten wollte der Mann nicht, er hat mir auch so geholfen. War riskant für ihn, er hat sich auch eine gefangen. In der Zitadelle laufen einige Einheimische herum, alle zur Arbeit zwangsverdonnert, werden beschissen behandelt, so viel konnte ich sehen. Sicherlich zum Großteil Banater Schwaben. Wer weiß, was aus denen wird, wenn … Die haben genauso viel Lust auf die Russen wie wir."

„Konntest du nach unseren Verwundeten und Kranken fragen? Wie es ihnen geht?"

„Dafür blieb keine Zeit. Ich würde aber meinen, dass sie immer noch hier in der Festung liegen, in den unterirdischen Anlagen."

Plötzlich wurde die Zellentür geöffnet. Ein russischer Hauptmann und die Wache traten ein: „Aufstehen!"

Mühsam erhoben sich Franz und Hörcher. Der Hauptmann würdigte seine Kopfverletzung kaum eines Blickes: „Du bist schwer gestürzt. Du musst besser aufpassen."

„Jawohl, Herr Hauptmann."

„Morgen früh werden wir dich abholen. *Rabota.*" Dann zeigte er auf Franz: „Der Lahme kann bleiben."

„Ich bin Offizier, Herr Hauptmann", widersprach Hörcher, „ich habe das Recht, nicht zu Arbeiten herangezogen zu werden."

Der Hauptmann schaute Hörcher verächtlich an: „Glaubst du, ich kenne die Gesetze nicht? Wir müssen einen Zug entladen. Mehl, Mais, Buchweizen, Konserven. Ihr habt 1.000 Liegende in die Zitadelle gebracht. Wenn die Ladung nicht in die Festung kommt, hungern eure Leute. Nicht meine. Deine Entscheidung."

„Das ist etwas anderes. Selbstverständlich bin ich bereit."

Der Russe hob eine Augenbraue, drehte sich wortlos um und verließ mit der Wache die Zelle. Krachend fiel die Tür ins Schloss.

Hörcher nickte zufrieden: „Dann komme ich morgen schon wieder raus …"

X

Walodja erkannte, dass der Raum eine Kinderschlafkammer war. An jeder Wand stand eine doppelstöckige Schlafkoje. Am anderen Ende des Zimmers, auf dem Holzfußboden, kniete mit dem Rücken zu ihm der noch fehlende Deutsche – vor einer nackten Frau, die an Händen und Füßen gefesselt war. Sie hatte einen Knebel im Mund und gab fürchterliche Laute von sich, kaum hörbar, fast völlig erstickt, mit Pausen, in denen sie um Luft rang. Ihre Augen waren weit hervorgetreten, wie die einer in einer Schnappfalle gefangenen Maus. Bei jedem Atemzug flog Schleim aus ihrer Nase und landete auf ihren Brüsten. Die Frau schien jung zu sein, nicht viel älter als Walodja.

Die Sicht auf ihren Unterleib war durch den Mann versperrt, der noch immer hämmerte. Es war der Deutsche, den sie Werner genannt hatten, der sich an der Senke über seinen Vater und seine Mutter gebeugt hatte.

Walodja trat lautlos durch die Tür und spähte an der Schulter des keuchenden SS-lers vorbei. Jetzt konnte er sehen, was der Mann mit dem Werkzeug machte. In der einen Hand hielt er einen unterarmlangen Zimmermannsnagel, mit dem Hammer in der anderen trieb er den Nagel durch die Scheide der Frau in den Holzboden. Werner stank nach Alkohol. Er schlug einige Male am Nagelkopf vorbei. Das Becken der Frau war blutig. Drei Nägel hatte er schon durch ihr Geschlechtsteil getrieben. Schwer atmend und schwitzend richtete er sich nun auf, den Hammer warf er beiseite. Er öffnete sein Koppel und streifte die Hose herunter. Die Unterhose folgte. Die Augen auf die angenagelte Scheide gerichtet begann er stöhnend, sich zu befriedigen.

Walodja trat einen Schritt näher, das Wimmern der Frau plötzlich unerträglich laut in seinen Ohren. Der Deutsche stand vor ihm, konzentriert, grunzend. Doch die halbtote Frau sah nun Walodja, erkannte seinen gespannten Bogen und den Pfeil, der nur mehr eine Armlänge vom Nacken des Deutschen entfernt war. Und sie fing zu lachen an, so unvermittelt und laut, trotz ihres Knebels, dass ihr gesamter Oberkörper bebte. Das störte Werner beim Onanieren. Wuchtig trat er ihr in den Unterleib, die Frau verstummte.

Walodja wusste jetzt, wohin sein zweiter Pfeil fliegen sollte.

Er ließ die Sehne los. Die Federn strichen über seinen rechten Daumen wie ein feiner Hauch. Die Spitze drang in Werners Genick ein und zerschlug einen Halswirbel. Tot fiel der SS-Mann nach vorn über die Frau.

Der Aufschlag war laut. Walodja legte seinen Bogen neben sich, zog hastig den Deutschen von der Frau und lief ans Fenster.

Im Garten unten standen noch immer die anderen Männer, rauchten und tranken. Niemand von ihnen hatte auch nur den Kopf gewandt. Walodja atmete tief ein – und stockte. Zwischen den Männern lagen größere und kleinere Bündel, Rucksäcken nicht unähnlich. Das hochstehende Gras hatte sie zuvor verdeckt. Er sah genauer hin und verstand. Sein Magen revoltierte mit einem Mal und Walodja übergab sich, bis er glaubte, er erbreche den Magen selbst.

Es waren keine Säcke, da unten.

Erst hatte er nur ein totes Kind erkannt, dann drei, fünf, acht, immer mehr, unterschiedlichsten Alters, Kleinkinder und größere Jugendliche, die man sicherlich zu zweit hatte erschlagen müssen. Sie alle lagen mit zerschmetterten Schädeln um die Deutschen herum.

Als Walodja es schaffte, wieder aus dem Fenster zu spähen, hörte er bei 20 auf zu zählen. Er wandte sich ab, kniete sich neben die Frau und zog ihr den Knebel aus dem Mund. Ihr Atem war nur noch schwach. Walodja löste behutsam ihre Fesseln, während sie ihn dankbar ansah. Doch was sollte er mit den Nägeln machen? Die Frau blutete stark aus dem Unterleib. Sie bemerkte seinen Blick und schüttelte den Kopf. Stumm zeigte sie auf eine Decke, die auf einem der Betten lag. Als Walodja sie ausbreitete und über den Körper der Frau legte, umklammerte sie mühsam seine Hände und flüsterte: „Was haben sie mit den Kindern gemacht?"

Er verstand sie nicht, schüttelte nur den Kopf und griff nach seinem Bogen. Die Frau nahm ihre Kräfte zusammen, sprach lauter: „Die Kinder, sind sie tot? Alle?"

„Ich weiß nicht, wie viele Kinder es hier gibt."

„27."

Walodja war sich sicher, dass alle unten auf der Wiese lagen, doch die Wahrheit konnte er nicht aussprechen: „Es sind vier oder fünf, im Garten, tot. Wahrscheinlich konnten die meisten fliehen."

Die Frau schaute Walodja prüfend an und ihr Atem stockte mehrmals, als sie sprach: „Du bist selbst noch ein Kind. Ich habe die Schreie gehört. Aber es ist gut. Ich danke dir."

Walodja nickte.

Die Frau zeigte auf den toten Deutschen: „Gib mir seine Pistole und dann geh."

„Was willst du machen?"

„Ich werde sterben, aber ich werde nicht allein gehen. Du musst los. Sie werden gleich kommen."

„Wohin soll ich gehen?"

Die Frau versuchte vergeblich, sich aufzurichten, Walodjas helfende Hand wies sie aber zurück: „Nein, bitte, lass mich." Flüsternd erklärte sie ihm: „Die Schuppen, vorne neben dem Haus. Im Letzten bewahren wir Werkzeug auf. Dahinter ist ein Erdschrank, wir haben ihn neu gegraben. Sie werden ihn nicht finden, er ist von einer Tanne verdeckt. Sei vorsichtig, wenn du dich näherst. Gib dich zu erkennen, leise. Dort ist jemand versteckt. Und nun gib mir die Pistole. Du musst sie für mich entsichern. Weißt du, wie das geht?" Walodja nickte.

„Gut. Ich habe nicht mehr viel Zeit."

Er entsicherte die Waffe und gab sie der Frau in die Hand.

„Geh", sagte sie und schloss die Augen.

Walodja sprang auf und rutschte die Stiege herunter. Er rannte in die Küche und stürmte durch das offene Fenster nach draußen. In diesem Moment knallte über ihm im Haus ein Schuss. Und noch einer.

Aus dem Garten dröhnte eine Stimme: „Mann, Werner, Scheiße! Was treibt der schon wieder? Los, los, nachschauen!"

Während Walodja sich an die Wand des Hauses presste und Meter für Meter daran entlang schob, polterten mehrere Männer durch die Gartentür: „Ist der immer noch nicht fertig mit der Russenschlampe?"

„Ich glaube eher, der hat uns nichts übriggelassen." Die Deutschen lachten dumpf.

Walodja konnte sie noch hören, als er durch den Vorgarten hastete. Dort, das musste der Werkzeugschuppen sein. Die Tür stand offen und gab den Blick auf allerlei Sägen, Zwingen, Zangen, Böcke und Dreschflegel frei. Hinter dem Schuppen stand eine gewaltige Tanne, ihre Äste bedeckten den Boden um den Stamm komplett, von einem Erdschrank war nichts zu sehen. Panisch suchte Walodja unter den stacheligen Zweigen, bis seine Hände glattes Holz ertasteten. Ein gutes Versteck.

Bevor er die Holzplatte anhob, beugte er sich nah an sie heran und zischte: „Du darfst nicht schreien, sonst sind wir beide verloren!"

Dann riss er die Luke auf, sprang ins Dunkle und verschloss die Öffnung über sich. Neben sich spürte er einen Menschen, der zuckte und schwer atmete, als Walodja ihn berührte.

Oben im Haus fielen Schüsse. Ein Dutzend, schnell hintereinander, dann das Rattern einer Maschinenpistole. Stille.

Walodja spannte seine Arme an, hob das Brett des Erdschranks um zwei Zentimeter empor und hörte das Rumpeln von Stiefeln, die durch das Haus trampelten.

Von unten schrie einer: „Was ist da los? Meldung!"

„Verdammte Scheiße!", gellte es zurück. „Wilhelm ist tot! Paul und Wolfgang verletzt!"

Eine andere Stimme von oben rief: „Verfluchte Schlampe! Liegt da mit der Scheißluger und schießt wie ein Flintenweib!"

„Was ist mit Werner?"

„Tot! Mit einem Pfeil erschossen, wie Hans!"

„Was? Das ist doch nicht mögl… Bringt Paul und Wolfgang runter, wir hauen ab!"

„Waren das Partisanen?"

„Ist mir scheißegal! Wir hauen ab!"

„Was machen wir mit Werners Krad?"

„Hierlassen. Abmarsch, hopp hopp!"

Walodja hörte die sich überschlagende Stimme des Kommandoführers, desjenigen, der an der Senke die Brechstange benutzt hatte.

Und wenn er den Sinn der Worte auch nicht verstand, glaubte er doch, Angst zu hören.

Wenig später wurden Motoren gestartet. Walodja zählte vier. Wo blieb der fünfte? Er schloss die Luke wieder, ließ sich zu Boden sinken und blieb erschöpft in der Dunkelheit liegen. Neben ihm atmete jemand schwer und ängstlich. Gemeinsam lauschten sie den sich entfernenden Geräuschen der Fahrzeuge.

„Wie heißt du?", flüsterte Walodja nach langen Minuten in die Stille hinein.

„Nadja", antwortete die Stimme, „ich bin Nadja, Walodja."

Walodjas Herz setzte aus.

Er stand auf, hob die Luke erneut vorsichtig einige Zentimeter an und ließ Licht in das Loch fallen. Im erdigen Dämmerlicht erkannte er sie: „Nadja!"

Er stürzte sich auf sie. Sie umarmten sich, streichelten sich, befühlten sich, ja, sie waren heil, unverletzt, küssten sich und weinten. „Wie kommst du hierher, Nadja?"

„Als du nicht wiedergekommen bist, bin ich nach Hause gelaufen. Dort fand ich meinen Vater, meine Brüder … Das ganze Dorf war fort. Ich bin zu eurem Hof gelaufen, auch da war niemand. Ich dachte, ihr wärt alle tot, alle. Also bin ich losgegangen, Richtung Osten, ich dachte, ich würde auf die Rote Armee treffen. Ich hatte nichts zu essen mitgenommen. Als ich das Kinderheim gefunden habe, dachte ich, hier etwas zu bekommen."

„Deshalb bin ich auch hier."

„Die Erzieherin war sehr freundlich zu mir. Sie heißt Anna. Als ich von meiner Familie erzählt habe … Sie will mich hier aufnehmen, Walodja. Ich habe ja gesagt – aber nur, wenn ich helfen kann, mitarbeiten. Wir waren im Werkzeugschuppen, als wir hörten, wie die Deutschen vorfuhren. Anna hat mir den Erdschrank gezeigt und gesagt, ich soll mich hier verstecken und auf keinen Fall rauskommen."

„Das war gut. Wie lange warst du hier drin?"

„Ich weiß nicht, lange. Was ist mit Anna?"

„Sie ist tot."

Nadja schluchzte auf: „Was ist mit den Kindern?“

„Sie sind auch tot.“

„Alle? Das kann nicht sein. Nicht alle.“ Nadja fing wieder zu weinen an und barg ihr Gesicht an Walodjas Schulter. Er konnte sie nicht trösten. Seine Trauer hatte er in sich eingesperrt, er kam nicht mehr an sie heran.

„Wir müssen hier raus“, meinte er schließlich, „sonst ersticken wir früher oder später.“

Nadja nickte, er fühlte es an seiner Brust.

„Ich gehe zuerst und werde schauen, ob alle Deutschen verschwunden sind. Wenn alles in Ordnung ist, hole ich dich.“

„Gib acht!“

Noch einmal drängte sie sich an ihn und gab ihm einen Kuss auf den Mund, der ihm klar machte, dass sie nun zusammen waren wie ein richtiges Paar, Mann und Frau. Es machte ihn befangen und ihr schien es ebenso zu gehen, er spürte ihre Verlegenheit. Hastig griff er nach seinem Bogen und dem letzten Pfeil. Er kletterte aus dem Erdschrank und schloss die Luke hinter sich.

Kurz verharrte Walodja unter den Zweigen der Tanne. Alles ruhig. Er schlich einmal um das Haus herum und erschrak gewaltig, als er um die letzte Ecke bog und ihm das zurückgelassene Kradgespann den Weg versperrte.

Eine halbe Stunde verharrte er wie angewurzelt hinter einem der Büsche auf dem Hof, bis er sich traute, das Haus zu betreten. Mit dem Bogen in Vorhaltung schlich er durch die Küche und stieg die Treppe empor. Überall war Blut. Beinahe wäre er von einer der glitschigen Stufen abgerutscht. Oben, in der Tür zur ersten Schlafkammer, lag ein toter Deutscher. Walodja drehte ihn auf die Seite. Er meinte sich zu erinnern, dass der blonde Mann mit den dicken Lippen im Beiwagen des Krads gesessen hatte. Zwei Kugeln hatten ihn getroffen. Ein Schuss in den Ellenbogen. Und ein Schuss ins Auge, der tödlich gewesen war. Er stieg über den Deutschen hinweg und schaute in die Schlafkammer. Anna war von der Garbe einer Maschinenpistole aus nächster Nähe regelrecht zerfetzt worden. Nun war sie erlöst.

Walodja warf einen letzten Blick auf den Mann, in dessen Genick sein zweiter Pfeil steckte. Die anderen hatten ihn liegen gelassen, wie er gefallen war, mit der Hose zwischen den Knien.

Das war genug der Vergewisserung. Walodja ging zurück zum Erdschrank und holte Nadja heraus.

Im Werkzeugschuppen fanden sie zwei Schaufeln. Die Erde im Garten war weich und dennoch waren sie viele Stunden beschäftigt. Als es dämmerte, war das Loch groß genug, um 27 Kinder und Anna aufzunehmen. Sie trugen jeden Körper gemeinsam und empfanden keinen Ekel vor den zerschlagenen Köpfen, nur grenzenlosen Kummer. Walodja hatte die Decken von den Stockbetten im Haus geholt, jedes der Kinder wickelten sie in eine davon ein. Walodja legte sie neben- und übereinander in die Grube.

„Jetzt Anna." Nadja stand auf und wandte sich zum Haus.

Walodja hielt sie davon ab: „Das mache ich allein. Behalte sie in Erinnerung, wie du sie vor ihrem Tod gesehen hast."

„Ist sie nicht zu schwer für dich allein?"

„Das schaffe ich schon."

Nadja stand unschlüssig da, dann nickte sie. Trotz und Wut flackerten in ihren Augen: „Und was machen wir mit den toten Deutschen?"

„Was sollen wir schon machen? Wir lassen sie da oben liegen, wo sie sind. Oder wir werfen sie in den Hof, damit sie draußen in der Hitze verfaulen."

Nadja wurde nachdenklich: „Ich möchte sie nicht anfassen."

„Ich auch nicht."

„Aber wir wollen sie trotzdem beerdigen. Wir wollen sie beschämen, indem wir ihnen zeigen, dass wir die besseren Menschen sind. Wir wollen sie eng zu den Kindern legen, damit die Mörder im Tod niemals Ruhe finden." Sie sah Walodja fest an.

„Wenn du …"

„Ja."

„In Ordnung. So machen wir es. Ich kümmere mich darum – allein. Ich will nicht, dass du ihnen nahekommst. Aber erst hole ich Anna." Walodja ging in den Werkzeugschuppen, wo er eine Zange fand.

Er nahm sie mit in die Schlafkammer und begann, die Nägel herauszuarbeiten. Als er die Arbeit beendet hatte, wickelte er die junge Frau in eine Decke und zog sie die Stiege hinunter, vorsichtig, dann durch den Flur, schließlich in den Garten. Gemeinsam ließen sie Anna in das Grab zu den Kindern hinunter.

Nadja ging. Die Deutschen hatten die Vorräte des Kinderheims geplündert, sie wollte sehen, ob sie außerhalb des Hauses noch etwas zu essen finden oder besorgen konnte. Walodja stieg ein letztes Mal die Treppe in den ersten Stock hinauf. Die beiden toten Männer warf er von oben aus dem Fenster. Er sah keine Veranlassung, sorgfältig mit den Leichen umzugehen. Bevor er sie in das Grab schob, häufte er eine dicke Schicht Erde auf die Kinder. Es schien ihm unzumutbar, dass sie ihre Mörder im Tod berühren sollten. Eine gute Stunde war er beschäftigt, bis er beginnen konnte, das Grab zuzuschaufeln.

Nadja kam wieder. In einem der Schuppen hatte sie etwas Brot, Käse und Zwiebeln gefunden. Hinter den Schuppen war sie auf einen Pfad gestoßen, der sie an einen Waldsee geführt hatte. An einem Steg hatten Netze gelegen. Nadja hatte sie ausgeworfen und tatsächlich drei Brassen gefangen, klein und grätenreich. Sie zeigte Walodja ihre Beute: „Schau, wir haben ein Abendessen."

Sie ging in die Küche und schürte die Kochstelle ein. Die Fische briet sie mit den Zwiebeln in einer Pfanne, belegte Brotscheiben mit Käse. Hungrig schlangen sie das Essen hinunter.

Mittlerweile war es Nacht geworden, doch völlig dunkel wurde es nicht. Im Licht einer Kerze gingen sie zurück in den Garten, denn Walodja hatte es noch nicht geschafft, das Grab vollends zu verschließen. Gemeinsam schoben sie die Erde zurück, bis sie es gefüllt hatten.

Erschöpft warf Walodja die Schaufel fort und sank zu Boden. Nadja setzte sich zu ihm und strich ihm die schweißnassen Haare aus der Stirn: „Was machen wir jetzt?"

Walodja starrte in den Himmel über sich und dachte nach: „Wir versuchen, das Motorrad zu starten. Jemand hat mir mal gezeigt, wie es geht. Wenn es uns gelingt, fahren wir nach Krymskaya. Irgendwann werden wir auf die Rote Armee treffen."

„Ist es nicht gefährlich, mit einem deutschen Motorrad durch die Gegend zu fahren?"

„Wir werden eine weiße Fahne anbringen. Wir reißen einfach ein Bettlaken entzwei. Die Fahne binden wir an einen Stock. Niemand schießt auf eine weiße Fahne. Außerdem wird man sehen, dass wir keine Deutschen sind."

„Dann machen wir es so."

Mit letzter Kraft stand Walodja wieder auf: „Aber nicht heute. Lass uns ins Haus gehen, ich bin furchtbar müde."

Sie legten sich in die Betten in einem der Schlafräume und schliefen sofort ein.

Am nächsten Morgen erwachte Walodja früh. Er schaute aus dem Fenster, an dem sich die Kühle der Nacht abgeschlagen hatte. Die Sonne ging gerade auf. Über den Wiesen dampfte Nebel.

Es tat ihm leid, Nadja zu wecken. Aber was, wenn die Deutschen zurückkämen, um Rache zu nehmen? Schnell zogen sie sich an. Aus dem Brunnen hinter dem Haus schöpften sie Wasser und tranken. Dazu aßen sie die Reste ihres Abendbrots. Walodja fand im Schuppen einen kräftigen Stock, Nadja präparierte ein Bettlaken als Fahne. Wenig später standen sie damit im Hof des Kinderheims vor dem deutschen Motorradgespann. ZÜNDAPP stand auf dem Tank. Walodja verkeilte den Stock mitsamt der Fahne aufrecht in den Speichen des Reserverads, das auf dem hinteren Teil des Seitenwagens lag. Dann untersuchte er das Fahrzeug, ohne zu wissen, wonach er genau Ausschau hielt. „Das könnte die Zündung sein." Rechts neben dem Tank hatte er einen schwarzen Bakelitschalter entdeckt, an dem er planlos drehte.

Nadja war die Maschine nicht geheuer, sie zog an seinem Arm: „Wir wollen lieber zu Fuß gehen, Walodja."

„Ich will es wenigstens versuchen. Mein Onkel Gennadi in Krasnodar hatte ein Motorrad. Ohne Seitenwagen natürlich. Aber ein Motorrad ist ein Motorrad. Er ist mit mir ein Stück gefahren. Schien mir nicht schwer zu sein. Er hat mir sogar gezeigt, wie man kuppelt und schaltet." Grübelnd betrachtete er das Kradgespann. Dann fuhr er die linke Seite der Maschine mit der Hand ab. Unter dem mächtigen Versteifungs-

holm fand er einen Kippschalter, den er auf Start schob. Seinen rechten Fuß stützte er auf dem Starthebel ab, der etwas nachgab und nach unten sackte. Es gab ein klackerndes Geräusch und der Hebel schnellte wieder nach oben. Jetzt trat Walodja den Starthebel mit Wucht durch. Der Motor röchelte und verebbte wieder. Trotzig sprang Walodja noch einmal auf den Starter und die Maschine erwachte zum Leben, gurgelnd und durstig. Vor Freude schrie Walodja auf. Triumphierend schaute er Nadja an, die ihm lachend einen Klaps gab und dann ihr Bein über den Reservekanister schwang, der vor dem Einstieg des Seitenwagens angebracht war. Walodja stieg auf den Sattel und griff nach dem Lenker. So weit waren die Griffe auseinander, dass er sich vorkam, als reite er einen Hirsch. Er sah noch einmal zu Nadja hinüber, gab Gas und fuhr mit dumpf blubberndem Motor an.

In einer langsamen Schleife, behutsam die Geschwindigkeit dosierend, lenkte Walodja das Gespann auf den Pfad, der zur Straße führte. Nadja klammerte sich aufgeregt am Griff fest, der sich vor ihr befand. Es war nicht leicht, das Gefährt auf Kurs zu halten. Nach kaum mehr als 500 Metern wären sie beinahe umgekippt, der Seitenwagen stieg hoch in die Luft und Nadja schrie. Doch intuitiv verlagerte Walodja das Gewicht der Maschine, bis das Gespann wieder in die Waagerechte zurückfiel und in seinen Blattfedern ächzte.

Als sie die Straße erreichten, hatte sich ihrer beider Herzschlag wieder etwas beruhigt. Sie rollten an einem Schild vorbei, dass deutsche Truppen hier irgendwann einmal aufgestellt haben mussten: Krymskaya, 35 Kilometer.

Sonntag, 03. September 1944

Der dritte Tag der Gefangenschaft. Früh polterte es an der Tür. Draußen noch alles dunkel. Eine Wache kam herein und zog Hörcher von seiner Schlafstatt, kaum dass er sein Hemd übergestreift hatte: „*Dawai, dawai!*" Mit Schubsern beförderte der Russe den jungen Schwaben zur Tür. Als Hörcher sich zur Seite drehte, um nach seinen Stiefeln zu greifen, gab ihm der Soldat eine wuchtige Ohrfeige. Das Blut schoss Hörcher aus der Nase, aber er schaffte es, hastig in seine Stiefel zu steigen. Dann war er verschwunden.

Alles war so schnell gegangen, dass Franz nicht einmal Zeit gefunden hatte, aufzustehen. Wütend hieb er mit der Faust auf seine Pritsche. Dann zwang er sich auf die Beine und begann wieder, zwischen den Zellenwänden hin und her zu wandern. Erst nach einer Stunde hielt er inne und verfiel in stumpfes Brüten.

Irgendwann kam ein neuer Wachmann in die Zelle und brachte etwas kalte Kascha, eine unappetitliche Pampe, die Franz dennoch begierig aß. Die Wache sah ihm gelassen zu, sang ein russisches Lied und wirkte betrunken.

Nachmittags klopfte wieder ein anderer Wachsoldat an die Tür, öffnete sie aber nicht, sondern schob nur das Brett vor der vergitterten Öffnung zurück. Als Franz davor auftauchte, sagte die Wache mehrmals „*Skoro domoi!*" und lächelte dabei aufmunternd. Auch wenn Franz wenig Russisch verstand, erkannte er das Wort für „Zuhause". War es zynisch gemeint? Oder ein versuchter Trost? Richtiger war doch wohl, dass es bald nach Sibirien und nicht nach Hause gehen würde. Und noch waren sie nicht einmal unterwegs, Arad war sicherlich nur ihr Verladebahnhof für die anstehende Fahrt gen Osten. Der Soldat reichte eine Papirossa in die Zelle und gab seinem Gefangenen Feuer. Gemeinsam mit der Wache rauchte Franz, es kostete ihn Mühe, den Hustenreiz zu unterdrücken. Beim vierten Zug verschluckte er den Rauch und musste sich vor Husten fast übergeben. Der russische Soldat lachte, öffnete die Tür zur Zelle und schlug ihm auf den Rücken, bis Franz sich wieder beruhigt hatte.

Das war auch Russland, wieder ganz anders als alles, was man ihnen beigebracht hatte.

Gegen Abend kam erneut der alte Mann in die Zelle. Wieder kümmerte er sich um Franz' Knie und besprach es in unverständlichem Singsang. Das Ritual des Vortags wiederholte sich.

Als die Tür wenig später für Hörcher geöffnet wurde, konnte der kaum noch laufen, stöhnte und atmete heftig. Die Wache, wieder ein neues, diesmal brutales Gesicht, schubste ihn verächtlich in die Zelle, die Tür schloss sich krachend. Gekrümmt und mit schmerzverzerrtem Gesicht fiel Hörcher auf sein Lager. „Was ist passiert?", fragte Franz und rappelte sich hoch, um sich um seinen Freund zu kümmern.

„Eine Höllenplackerei!", rief Hörcher laut.

Dann, nachdem er von Franz dankbar einen Becher mit Wasser genommen und zu ruhigerem Atem gefunden hatte, fuhr er leise fort: „Man hat uns zum Bahnhof von Arad gebracht. Dort stand ein Güterzug. Wir mussten Hunderte von Säcken ausladen, alles Doppelzentner, die hat man uns auf den Rücken gepackt. Damit zu einem Laster und die Säcke hoch auf die Ladefläche wuchten. Zurück in die Zitadelle und alles ausladen beim Küchenlager. So ging es Dutzende Male hin und her. Und jetzt haben sie uns im Schweinsgalopp hierher zurückgetrieben. Wer nicht mehr konnte und langsamer wurde, hat sofort eins in die Fresse bekommen, die fackeln nicht lange." Hörcher stemmte sich auf einen Ellenbogen. „Franz! Ich habe zusammen mit unseren Leuten malocht – Reimer, Ahrens, Mechold, Lege, auch die Jäger und viele andere waren dabei! Wir konnten ein paar Worte wechseln. Geht allen soweit ganz gut, bis auf Andler, den hat man verlegt wegen irgendeiner Krankheit."

„Andler ist krank?"

„Keiner wusste, was er hat. Als die Waggons geleert waren, hat man die meisten gleich in den Zug getrieben – und Abfahrt!"

„Mein Gott! Hast du gehört, wohin man sie bringt?"

Hörcher schüttelte den Kopf: „Dazu war keine Gelegenheit. Wahrscheinlich wussten sie es selbst nicht. Ich konnte gerade noch winken. Mechold hat zurückgewunken, dafür gab's gleich einen Gewehrkolben ins Kreuz, er schlug der Länge nach hin."

„Und die Ärzte? Die Schwestern? Lorenz?"

„Einer hat wohl Schwester Elsa im Lazarett gesehen. Sonst wusste keiner was."

„Mehr als seltsam, dass wir noch immer hier sind. Wieso hat man uns nicht auch in den Zug verfrachtet?"

Hörcher zuckte resignierend mit den Achseln: „Die Wege des Russen sind unergründlich. Sicherlich kommen wir auch noch dran."

„Wir müssen hier wirklich raus. Hast du sonst noch was in Erfahrung bringen können?"

Nun lächelte Hörcher zum ersten Mal: „Sogar eine ganze Menge. Beim Ausladen der Säcke vor dem Küchenlager habe ich den Rumäniendeutschen wieder getroffen, mit dem ich gestern kurz sprechen konnte. Er heißt Ludwig, ist Banater Schwabe. Bringt immer das Essen aus der Küche in die russischen Unterkünfte und ins Offiziersheim. Kennt sich aus. Er hat mir tatsächlich einen Zettel zugesteckt, unter Lebensgefahr. Er sagte, wir Schwaben müssen zusammenhalten!" Hörcher zog ein Papierkügelchen hervor, das er entfaltete und Franz reichte.

Eine detailliert ausgearbeitete Bleistiftskizze: Sie zeigte die Festung von oben, größtenteils umflossen von der Marosch, angelegt wie ein Stern, an jeder ihrer sechs Spitzen mit einer von Schießscharten gespickten Bastei versehen. Inmitten der Zitadelle zwei große quadratische Gebäuderiegel mit Innenhöfen, die einen Exerzierplatz fassten, nördlich mit einem eingezeichneten Kreuz eine Kirche. Dahinter zwei gegenüberliegende weitere Gebäude, wohl Versorgung, eine skizzierte Kochstelle wies auf die große Küche hin. Hinzu kam eine Vielzahl weiterer kleiner Gebäude, die sich über das Gelände verteilten. Drei zur Marosch abfallende gezackte Mauerringe umgrenzten die Zitadelle.

„Was ist das hier? Schanzarbeiten?" Franz zeigte auf einige auffällige Bereiche, in denen so etwas wie ausgehobene Gräben dargestellt waren.

Hörcher nickte: „Ja, ich habe bei der Fahrt mit dem LKW einige Baukommandos gesehen, sahen auch wie Kriegsgefangene aus."

„Dann ist wirklich etwas dran an den Gerüchten vom bevorstehenden Angriff der Deutschen und Ungarn."

„Morgen früh geht's für mich gleich weiter. Ich soll in der Küche arbeiten. Eine gute Gelegenheit, mehr zu erfahren. – Und du? Was macht dein Knie?"

„Es wird besser. Ich will auch raus hier."

„Morgen frage ich, ob du auch in der Küche eingesetzt werden kannst. Sag, hast du eigentlich Hunger?"

„Natürlich, wer nicht?"

„Dann hast du Glück. Die Wachen filzen nicht mehr so genau und einige der Säcke hatten wohl ein Loch", grinste Hörcher und holte aus seinen Manteltaschen eine Dose Pökelfleisch, Trockenfrüchte und eine Handvoll Maiskörner. Mit Genuss stürzten sie sich auf das Essen.

Als sie danach im Dunkeln auf ihren Pritschen lagen, erzählte Franz von dem lächelnden Wachmann und seinem *„Skoro domoi"*. Beide konnten sich keinen Reim auf ihre ständig wechselnden Wachsoldaten machen. Sie schienen aus allen, selbst den entlegensten Regionen des russischen Vielvölkerstaats zu kommen. Sibirer. Mandschuken. Turkmenen. Kirgisen. Kalmücken. Jakuten. Karelier. Osseten. Tataren. Tschuktschen. Aserbaidschaner. Burjaten. Und dann die Rumänen, die man in den Wachdienst gepresst hatte. Manche der Wachen waren gewalttätig und stumpf, einige wirkten eher verwirrt, fast verstört, als wüssten sie selbst nicht, welche weltpolitische Welle sie aus ihrer Heimat fortgerissen und in die Festung Arad gespült hatte. Andere waren nur schweigsam, und nicht alle waren unfreundlich.

„Habe ich dir eigentlich mal vom Patenkind meines Vaters erzählt?", fragte Hörcher. „Von Richard?"

Den Cottbusser kannte Hörcher fast nur aus Kindertagen, stand mit ihm aber, soweit es der Krieg noch zuließ, in Briefkontakt. Einmal hatten Richard und er sich sogar getroffen, ein Zufall, auf dem

Bahnhof von Brest-Litowsk. Richard war in der 8. Panzer-Division und hatte während des Jahreswechsels von 1942 auf '43 an den Kämpfen um Welikije Luki teilgenommen. Dort hatte er etwas Seltsames erlebt. Inmitten schwerster Panzergefechte war damals ein Schneesturm aufgezogen und der Verband hatte sich in der Dämmerung aufgrund drückender sowjetischer Überlegenheit fluchtartig zurückziehen müssen.

Alles Weiß der Felder war plötzlich dunkel geworden, unscharfes Schwarzgrau der Büsche und Bäume, der Himmel darüber durchzuckt von Detonationsfeuer und auf der Netzhaut gleißenden Nachbildern. Auf dem Rückzug kam Richards Panzer IV an einem zweiten deutschen Panzer vorbei, der stehengeblieben und halb eingeschneit war. Richards Kommandant beschloss abzuschleppen. Es musste schnell gehen. Richard, als Funker gleich vorn rechts sitzend, erhielt den Befehl, den zweiten Panzer mit einem Abschleppseil anzuschäkeln. Also kletterte er über seine Luke ins Freie und begann, mit bloßen Händen das Seil am dafür vorgesehenen Haken zu fixieren. Der Wind war schneidend, weißes Gestöber in rollenden Walzen, innerhalb von Sekunden froren ihm die Finger ein.

Als Richard einige Gestalten wahrnahm, die sich näherten, dachte er, es sei die Besatzung des liegengebliebenen Panzers. Er schrie sie an, ihm doch endlich zu helfen. Und tatsächlich, die vier Männer kamen und halfen ihm, das schwere Seil unter Spannung zu bringen. Erst dann bemerkte Richard, dass es Russen waren. Er war wie vor den Kopf geschlagen. Inmitten schwerster Gefechte halfen ihm russische Landser, einen deutschen Panzer anzuketten und abzuschleppen. Die Besatzung des liegengebliebenen Panzers hatte ihr Fahrzeug offensichtlich längst aufgegeben. Was hielt die Russen davon ab, ihn zu erschießen oder den noch fahrtüchtigen Panzer mit einer Handgranate in den Turm außer Gefecht zu setzen?

Einer der Russen klopfte Richard auf die Schulter und schrie ihm etwas zu, als wolle er ihn zur Eile antreiben. Und so unvermittelt, wie die vier Soldaten aufgetaucht waren, verschwanden sie wieder im Schneesturm.

Als Richard zurück in seinen Sitz geklettert war und der restlichen Besatzung von der Begegnung berichtet hatte, konnte man es kaum glauben. Doch der Tod hatte sich eine Auszeit genommen, und das auf unberechenbare Weise.

XI

Zunehmend orientierungslos waren sie durch den Tag gefahren. Zwar wies ihnen der Stand der Sonne die Richtung nach Osten, doch von dort drangen immer wieder Detonationen herüber, die sie aufschreckten und zu Umwegen zwangen. Waren hier immer noch deutsche Soldaten? Einige Stunden war es still geblieben, doch dann wieder schien abrupt aufbrausender Gefechtslärm von allen Seiten zu kommen, der ebenso schnell wieder verebbte. Einige Male hatten sie sich in Feldwegen verfahren, die im Nichts endeten, und mussten umkehren.

Als es dunkel wurde, begannen sie, sich nach einer Schlafstätte umzuschauen. Sie befanden sich unweit des Kubans, der hier seine trägen Wasser in imposanter Breite durch sein Bett schob. Am Ufer des Flusses entdeckten sie eine verlassene Fischerkate mit einer Kochstelle, einer Pritsche und einigen Decken. Nachdem sie das Gespann im hohen Schilf versteckt hatten, wuschen sie sich im Fluss. Mit einer Schnur, die neben der Kochstelle verstaut war, begannen sie zu angeln.

Später, beim Braten einiger junger Störe, fand Nadja in einem an die Kate gebauten Verschlag Kerzen und ein halbvolles Fläschchen mit Wodka. Walodja verhängte das Fenster der Kate und entzündete eine Kerze. Dann aßen sie.

Walodja betrachtete die Schlafstelle, die kaum für einen reichte. „Du kannst auf der Pritsche schlafen", sagte er scheu.

„Und du?"

„Ich schlafe auf dem Fußboden."

„Das Bett ist nicht zu schmal, wenn wir zusammenrücken."

Sie blickten sich in die Augen und waren plötzlich befangen. Nadja griff nach dem Wodka und nahm einen tiefen Schluck. Sie reichte die Flasche Walodja, der ebenfalls daraus trank. Dann stand Nadja auf und streifte ihr Kleid von den Schultern. Auch ihren Unterrock zog sie aus. Schnell schlüpfte sie unter eine der Decken.

Als Walodja sein Hemd ablegte, kam darunter der Fuchspelz zum Vorschein. Er leuchtete selbst im schwachen Schein der einzelnen

Kerzenflamme. Erst erschrak Nadja, zu überraschend war das Fell des toten Tieres. Walodja erklärte ihr, warum der Pelz wichtig war, und legte ihn sanft beiseite. Dann kroch er zu ihr unter die Decke. Lange schauten sie sich in die Augen, dann küssten sie sich. In Walodjas Ohren rauschte es.

Wann war man wirklich erwachsen? Wenn, wie es das Sprichwort wollte, beide Eltern gestorben waren? In diesem Fall war er der Kindheit schneller entschwunden als ein Falke fliegen konnte.

Seine Hände streichelten unbeholfen ihre Schultern, ihren Nacken, ihren Oberkörper, um die Brüste herum, bis er sich traute, sie zu umfassen. Sie seufzte leise. Ihre Hände streichelten seine Arme, seine Flanke, auch ihre Finger zitterten. Plötzlich zog sie ihn auf sich, fasste sein Glied.

Als er in sie eindrang, zuckte sie zusammen. Erschreckt hielt er inne: „Tut es weh?"

„Ein bisschen."

„Dann höre ich auf."

„Nein!"

Sie drückte ihn fest an sich und Walodja rutschte tief in sie hinein. Nadja schrie auf. Eine Welle lief durch Walodja, so herrlich, dass er ebenfalls aufschrie. Er sank auf sie nieder. Lange lagen sie so, bis er befürchtete, dass er ihr zu schwer würde.

Walodja zog sich zurück. Eine Hand wanderte nach unten, sein Glied fühlte sich nass an, ölig-feucht. Er hielt seine Finger ins Licht der Kerze. Sie waren blutig. Als er Nadja betrachtete, sah er Blut auf den Innenseiten ihrer Schenkel und dass ihr Tränen über das Gesicht liefen. Erschrocken flüsterte er: „Du blutest!"

„Ja." Sie lächelte und wischte die Tränen mit dem Daumenballen fort.

„Ist es schlimm?"

„Nein. Ich weine, weil wir nur noch uns haben."

Er griff hinter sich, wo ihre Kleidung lag. Seine Hand fand den Fuchspelz, er deckte ihre Hüfte mit dem Fell zu. Dann rückte er dicht an sie heran und sie wickelten sich in die Decken, Haut an Haut aneinandergepresst.

Plötzlich fragte sie ihn: „Was ist mit meiner Mutter, Walodja? Und was ist mit deiner Familie?“

Als er nicht antwortete, legte sie ihre Stirn an seine: „Weißt du es?“

Er nickte vorsichtig, begann zu weinen und umarmte sie noch fester. Für den Moment war es ihr Antwort genug.

Montag, 04. September 1944

Der vierte Tag der Gefangenschaft. Wieder wurde Hörcher früh abgeholt, es war noch dunkel. Franz erhob sich und begann mit seinen Knieübungen, später stand er am Fenster der Zelle, blickte über die Marosch hinweg auf das Licht der Aurora im Osten. Ein Spätsommertag erwachte.

Franz genoss die warmen Strahlen. Er hatte drei russische Winter erlebt, die ihn die Demut vor der weißen Jahreszeit gelehrt hatten. So erbarmungslos war die Kälte zuweilen gewesen, dass sie gesunde Männer innerhalb weniger Tage niedergezwungen und veranlasst hatte, um ihr Sterben zu betteln. Das erst weiße, dann schwarze Fleisch der Erfrierungswunden. Abgefallene Zehen und vom Knochen gelöste Muskeln in dünnen Sommerstiefeln, die mit stinkenden Lappen umwickelt waren. Und dann, bei völliger Entkräftung, das Buddeln von Gräben durch betongefrorene Erde. Franz erinnerte sich an den Februar 1942: Temperaturen von minus 40 Grad. Um nicht zu erfrieren, hatten sie sich in einigen winzigen Katen zusammengekauert, die Türöffnungen hatten sie zuvor mit Äxten und Hämmern vergrößert. So konnten sie ihre Pferde und Mulis mit hinein nehmen, damit auch sie nicht draußen erfroren. Vor allem aber, um sich in das Fell der Tiere zu wühlen. Diese kostbare Wärme …

Ein derber Witz kam Franz in den Sinn, der in seinem Regiment für Lacher gesorgt und doch bei vielen ein ungutes Gefühl hinterlassen hatte: Was ist ein sibirisches Wanderklo? Es besteht aus zwei Stöcken, einer Säge und einem Hammer. Den ersten Stock bohrt man in den Schnee, um die Jacke darüber zu hängen. Den zweiten Stock braucht man, um beim Scheißen die Wölfe auf Distanz zu halten. Die Säge braucht man, um die gefrorene Scheiße abzusägen. Und den Hammer, den braucht man, um den Rest wieder in den Arsch zu schlagen.

Sibirien. Davor hatten sie alle Angst.

Was hatte Günther ihm noch darüber erzählt, wie er seine Zehen verloren hatte, dort oben am Ilmensee? Nach dem Einschlag einer

Granate hatte man ihn halberfroren auf seinem Wachposten gefunden und zu einem Bunker getragen, eher ein überdachtes Loch im Boden. Improvisierter Hauptverbandplatz. Ausdünstungen von gut 100 Liegenden, die am lebendigen Leib verwesten, hier und da ein blakendes Hindenburglicht, das trüben Schimmer auf Erdwände warf, in denen Ratten wühlten. „Überall das Rasseln und Pfeifen kranker Lungen, Franz, und Schreien und Sterbende, die sich an die Erde klammern, Haut und Knochen, denen rutschten die Lumpen nur so vom Körper!"

„Und eure Versorgung?", hatte Franz gefragt, vor wenigen Wochen im Lazarett von Galatz.

„Kaum noch vorhanden. Ein rußender Bunkerofen, ein verzweifelter Stabsarzt, sein Sanitätsgefreiter, der wankte auch schon wie eine wandelnde Leiche. Auf dem Lehmboden graue Ströme von Läusen, die haben sich von den Toten fallen lassen, um nach lebenden Wirten zu suchen – wenn ich es nicht selbst gesehen hätte … Dann die Durchfallerkrankten, mit Gedärm von Geschwüren zerrissen, denen lief die blutige Suppe ohne jede Gegenwehr aus dem Körper. Ein Albtraum – und meine Füße habe ich da schon gar nicht mehr gespürt."

Dann war das tote Fleisch wieder aufgetaut und jemand war im Halbdunkel gegen Hörchers rechten Fuß getreten. „Da habe ich geschrien und konnte gar nicht mehr aufhören, Franz, und dann haben mich der Stabsarzt und sein Gehilfe auf den Tisch gepackt. Seitdem fehlen sechs Zehen."

Mit großem Glück waren beide Großzehen drangeblieben, ansonsten würde Hörcher jetzt kaum mehr sein Gleichgewicht halten können. In festem Schuhwerk merkte man ihm die Amputationen nicht einmal an.

Franz schüttelte sich und setzte seine Bewegungsübungen in der Zelle fort. Er fühlte sich gestärkt. Seinem Knie ging es besser. Die Pflege des buckligen Alten hatte Wunder bewirkt.

Am Abend kehrte Hörcher zurück. Wieder brach er erschöpft auf seinem Lager zusammen, seine blasig-blutigen Hände hielt er in die Luft: „Und da dachte ich, mit der Arbeit in der Küche würde es leichter werden."

Franz ließ ihn zu Kräften kommen, bevor Hörcher berichtete: „Heute mussten wir schaufeln. Die Ungarn sind offenbar erst vor einigen Tagen aus der Festung abgezogen. Als Abschiedsgeschenk für die Russen haben sie Handgranaten in die Brunnen geworfen. Da ist viel kaputtgegangen, das Leitungsrohr rüber zur Küche ist hin. Wir müssen die Brunnen freiräumen, neu ausmauern und die Leitung neu legen. Sind auch noch andere Gefangene dabei, alles Ungarn, keiner mehr von unserem Zug. Es gibt eine Art Vorarbeiter, Mihai. Habe ihm gesagt, dass du morgen mitmachen könntest."

„Ist er einverstanden?"

„Ja, jede Hand wird gebraucht. Er klärt es mit den Wachen." Hörcher grinste müde: „Hab dich als Spezialisten angekündigt, mach uns keine Schande."

„Ich werde mir Mühe geben. Mihai – ein Rumäne?"

„Ja. Die Russen trauen hier niemandem, aber wenn, dann am ehesten einem Rumänen. Sind ja zumindest offiziell Verbündete. Alles, was deutsch oder ungarisch ist, kriegt sofort einen Tritt. Vor Mihai musst du dich in Acht nehmen, ein harter Hund, teilt ordentlich aus. Ich weiß nicht, ob man ihm trauen kann."

„Ich passe auf."

„Wir haben heute viel Wasser von einem heil gebliebenen Brunnen hinter der Kirche rüber in die Küche schleppen müssen. Zwei Frauen haben uns die vollen Eimer abgenommen, sie waren nett und hilfsbereit, auch Banater Schwaben. Wir konnten ein paar Sätze wechseln. Sie sagten, in der Küche wären sie am sichersten vor Vergewaltigungen, sie schlafen sogar dort. Ihre Aufgabe schützt sie, innerhalb der Zitadelle haben die russischen Offiziere anscheinend ein Auge auf ihre Mannschaften. Aber draußen … In den Kellern der Häuser liegt wohl noch viel Wein, Treber und Schnaps, die Russen suchen danach, fangen an zu saufen und dann geht's los." Hörcher holte tief Luft: „Eine der beiden Frauen aus der Küche heißt Käthe. Sie hat erzählt, dass bei ihr zuhause eine Mutter durchs Fenster ihres Hauses erschossen wurde, weil sie sich weigerte, ihre Tochter herauszugeben. Eine von Käthes Nachbarinnen wurde vergewaltigt und starb an den Verletzungen, die war schon 83 Jahre alt! Eine andere Frau wurde am hellichten Tag von drei Russen im Park vor der evangelischen Kirche überfallen, niemand traute sich zu helfen, wie auch? Und eine Lehrerin wurde von der Besatzung eines Mannschaftswagens einfach vom Fahrrad geschubst und ins nächste Maisfeld gezogen. Am nächsten Tag hat man sie gelähmt im Acker gefunden. Furchtbare Geschichten – hörst du hier offenbar aus jeder Familie. Gerade will niemand jung und schön sein."

Düster schaute Hörcher an die Decke über ihm. Sie schwiegen. Dann erhellte sich die Miene des Schwaben wieder etwas und er rollte sich auf die Seite, um mit seiner lädierten Rechten behutsam in seine Tasche zu langen: „In jedem Fall soll ich unbekannterweise grüßen. Die Frauen haben mir ein kleines Geschenk mitgegeben."

Hörcher zog ein Fläschchen mit goldfarbener Flüssigkeit hervor, öffnete den Verschluss und nahm einen Schluck. Dann reichte er das Fläschchen an Franz weiter: „Zum Wohl! Das ist *Țuică bătrână* – alte Țuică. Feinster Pflaumenschnaps! Vieles in Arad und Neu-Arad ist nur damit zu ertragen, sagt Käthe, zur inneren Erbauung bei all dem schlimmen *Pallawatsch*."

Franz nahm ebenfalls einen kräftigen Schluck und nickte anerkennend: „Donnerwetter, der ist gut! *Pallawatsch*, was heißt das?"

„Na, das ist das große Durcheinander …"

Dienstag, 05. September 1944

Der fünfte Tag der Gefangenschaft. Wieder polternde Schritte im Dunkeln, wieder wurden Hörcher und diesmal auch Franz in aller Frühe aus dem Schlaf gerissen und zur Arbeit getrieben, hastiges Anziehen und Raustreten. Der riesige Hof der Zitadelle lag halb erleuchtet vor ihnen. Im Laufschritt ging es über die Anlage hin zur

Küche, gemeinsam mit einem Dutzend ungarischer Gefangener der Armee Horthys. Überall brennende Lagerfeuer und gebrüllte russische Kommandos. Dann im Laufschritt ein Zug mit Hunderten Gefangenen, die Richtung Tor eskortiert wurden. Lastkraftwagen luden im Licht erster fahler Sonnenstrahlen Berge von Brettern, ehemaligen Zäunen, Pfosten, Holztoren und Tomatenpflöcken zum Verfeuern ab. Auf einer großen Wiese stand ein Fuhrpark sowjetischer Kampffahrzeuge, Franz erkannte einige übernommene Gefährte der Wehrmacht. In einem hell erleuchteten Unterstand wurden kleinere Panzer gewartet.

Bald hatten sie die Küche erreicht. Vor dem Gebäude stand ein baumlanger Rumäne und musterte sie finster. Mihai, kein Zweifel. Mit barschen Kommandos trug er den Gefangenen auf, die Brunnen weiter freizuräumen und den Abraum wegzukarren. Vier Mann wurden eingeteilt, um Zement, Kalk und Kies aus einem der Lagergebäude zu holen, weitere sollten aus einer losen inneren Basteimauer Steine brechen.

Gegen Mittag gab es eine kurze Pause. Hörcher und Franz richteten es so ein, dass sie zur Stelle waren, als Mihai nach zwei Leuten suchte, die aus der Küche das Essen holen sollten. Mit einer schroffen Handbewegung schickte er sie los.

Als die beiden Deutschen die Küche betraten, mussten sich ihre Augen erst an das Halbdunkel gewöhnen. Ein paar Treppenstufen führten hinunter in einen großen Raum mit einer Vielzahl von Feuerstellen, überall dampfte es, es roch durchdringend nach Zwiebeln, Rauch stand unter der Decke, trotz der offenen Fenster weit oben an einer der Wände war es bullig heiß. Ein Kriegsgefangener stand an einem großen Tisch in der Mitte des Raums und schälte Kartoffeln in riesigen Mengen, ein anderer rührte in einem Topf mit Kascha. Hörcher winkte, als er Käthe und ihre Freundin erkannte. Sie gingen zu ihnen.

„Franz, darf ich vorstellen –" Hörcher machte alle mit wenigen Worten bekannt. Barbara, eine hübsche Frau mit kurzen dunklen Haaren und rußigem Gesicht, kaum älter als 25 Jahre, hatte gerade mit von roter Beete gefärbten Händen in großen Kesseln Borschtsch zusammengerührt. Käthe, nur etwas älter als Barbara, schob gewürfeltes Fleisch in die blubbernden Töpfe. Sie zuckte entschuldigend mit den Schultern und sagte: „Pferdefleisch, nur für die russischen Offiziere. Euer Essen ist das da!“ Sie zeigte auf einen Kessel, der auf einer anderen Feuerstelle stand. „Wir kochen sonst besser, das könnt ihr uns glauben.“

Franz schaute in den Topf, griff nach der Kelle und rührte. Nur wenig Nahrhaftes erkannte er in der wässrigen Mehlpampe.

„Na gut. Komm, stell dich schnell vor mich.“ Als die beiden anderen Küchenarbeiter kurz nicht schauten, schob Käthe zwei Handvoll Fleisch in die Suppe der Gefangenen.

Die schlanke Käthe mit den hellen Haaren erinnerte Franz an seine Ingrid. Es war lange her, dass er so unbefangen auf eine Frau getroffen war. Sie drehte sich um, bemerkte seinen Blick und lächelte. Ja, sie gefiel ihm und er gefiel ihr, das spürten beide.

Laute Stimmen an der Tür: Mihai kam brüllend in die Küche und Franz und Hörcher beeilten sich, ihren Topf nach oben zu tragen.

Während sie am Brunnenrand die Suppe zusammen mit einem Kanten schimmligen Brots runterschlangen, kam Ludwig, der Mann, der Hörcher die Skizze der Festung zugesteckt hatte, mit einem Handwagen vorgefahren, um die Kessel mit dem heißen Mittagessen abzuholen und zum Offiziersheim zu bringen. Er war zu früh angekommen, das Essen war noch nicht fertig. Also lehnte er an seinem Karren, wartete und summte scheinbar völlig selbstvergessen eine Melodie.

Einer der russischen Wachsoldaten hörte es. *„Stoi gimn!“*, schrie er wütend, lief zu dem Banater Schwaben und verpasste ihm einen Schlag mit dem Gewehr an den Kopf. Sofort ging der Mann zu Boden. Ein zweiter Russe sprang herbei, zu zweit prügelten sie mit ihren Gewehren auf Ludwig ein und traten zu. Franz ertrug den Anblick kaum, wollte aufstehen, nickte aber bitter, als Hörcher ihn am Arm festhielt. Im Zweifel würden sie nur zu dritt halbtot geschlagen werden, vielleicht würden sofort Schüsse fallen.

Ihr Opfer war längst bewusstlos, doch die Wachen hörten nicht auf, bis die Kessel mit dem Offiziersessen aus der Küche kamen. Mihai rief ihnen etwas Unverständliches zu, worauf sie von Ludwig abließen. Dann herrschte der Vorarbeiter zwei der ungarischen Kriegsgefangenen an, die Kessel auf den Handwagen zu wuchten und loszufahren. Ludwig blieb im Dreck liegen.

Franz und Hörcher wurden von Mihai zurück zum Brunnen geschubst. Sie wurden in den Schacht abgeseilt. Zu zweit begannen sie auf dem engen, nassen Brunnengrund, Eimer mit zerborstenem Rohr und bröckelndem Mauerwerk zu füllen.

Franz schüttelte den Kopf: „Das sah übel aus!"

„Ludwig? Ja, schlimm."

„*Gimn*, heißt das nicht Hymne?"

Hörcher nickte, während er Schippe um Schippe in die Eimer kippte: „Als er anfing zu summen, dachte ich gleich, das geht nicht gut aus. Die Banater haben eine eigene Hymne. Ist dieselbe Melodie wie die Kaiserhymne und *God save the Queen*. Vielleicht dachte der Russe, dass Ludwig ihn verarschen wollte. Den Text kenne ich natürlich, da sind wir Schwaben uns nah. Er ist ganz kurz, viel kürzer als zum Beispiel das Lied der Württemberger."

Hörcher schaute wütend nach oben zum Brunnenrand. Dort war niemand zu sehen. „Was für Schweine, ihn deswegen so zuzurichten. Weißt du was? Ich singe jetzt die Hymne, für dich und für Ludwig. Jetzt soll das Lied erst recht erklingen!" Trotzig fing er an zu singen, aber mit leisester Stimme. Immer wieder schaute er dabei nach oben, während ihre Werkzeuge weiter an den feuchtschwarzen Wänden kratzten:

„Heil dir, mein Heimatland
Heil dir, Banaterland
Heil, Ort um Ort!

Ewig zu Gottes Ehr'
Zeuge, was groß und hehr

Rage von Fels zu Meer
der Freiheit Hort ...“

„Ein schöner Text“, nickte Franz, „aber – es ist keine gute Zeit für solche Hymnen, selbst, wenn sie so friedlich sind. Dafür hat der Gröfaz gesorgt.“

„Wir wollen hoffen, dass Ludwig es übersteht!“

Still arbeiteten sie weiter. Je mehr sie schippten, umso höher stieg das Wasser an ihren Beinen empor. Franz sorgte sich um seinen Verband, der nicht nass werden sollte. Später, als sie wieder nach oben gezogen wurden, erfuhren sie, dass Mihai und einige andere Männer den zusammengetretenen Rumäniendeutschen Ludwig auf seinen leer zurückgekehrten Handkarren hatten laden können. Sie hatten ihn in den Lazarettbereich gebracht, doch die Verletzungen waren schwer, viel Hoffnung gab es wohl nicht.

Am Abend kehrten Franz und Hörcher in ihre Zelle zurück, vorangetrieben von einer schweigsamen Wache. Bevor es dunkel wurde, gelang es Franz noch, seinen Verband abzunehmen und die Wunde zu begutachten. Sie hatte sich fast völlig geschlossen und sah viel besser aus als noch einige Tage zuvor. Dann übermannte ihn, wie Hörcher, die Müdigkeit. Erschöpft schlief er ein.

Später drang das Bellen eines Hundes in die Zelle und weckte beide Männer. Es klang heiser und kam aus der Außenanlage der Zitadelle, die ihren Blicken entzogen war. Andere Hunde setzten ein, bis wüste Rufe offensichtlich besoffener Wachen und das Knallen von Peitschenschlägen für Jaulen und Ruhe sorgten. Franz stand auf und schaute aus dem Fenster.

Eine mondhelle Nacht, sternenklar, ringsherum und in weitem Abstand jenseits der Marosch das flackernde Licht der Siedlungen von Arad und Neu-Arad. Franz dachte an seinen eigenen Hund Armin, einen Mischling, der aus den Rassen aller Hunde von Pöcking bestanden hatte. Während seines letzten Heimatbesuchs kurz vor Weihnachten ‘43 war Armin auf einem Waldspaziergang verschwunden. Franz hatte gerufen, gesucht und war bald auf jämmerliches

Winseln aufmerksam geworden. Der alte Hund, seit Jahren auf einem Auge blind, war in ein Fangeisen getreten, das ihm das Rückgrat zerschmettert hatte. Franz hatte seinen Hund erschießen müssen.

Er legte sich wieder auf sein Lager und starrte ins Halbdunkel, dann hinüber zu Hörcher. Die offenen Augen des Schwaben glänzten: „Franz, in Comarnic hast du doch gesagt, dein Onkel ist im Oberkommando des Heeres, Hygienethemen."

„Ja?"

„Was genau macht er da eigentlich?"

„Von der Ausbildung her ist er Internist. Als ganz junger Arzt war er an der Universität Frankfurt Assistent von Gustav Embden. Forschte am Stoffwechsel mit. War eine große Sache damals."

„Gustav Embden – nie gehört."

„Mein Onkel hat mir erzählt, dass Embden mehr als zehnmal für den Nobelpreis nominiert war."

„Donnerwetter! Hat er ihn bekommen?"

„Leider nicht. Es hat ein schlimmes Ende mit ihm genommen."

„Warum?"

„Embden war Jude. Irgendwann im Jahr 1933 haben ihn Studenten aus seinem Institut geschleppt und durch die Stadt getrieben. Das hat ihn zerbrochen. Ein paar Monate später war er tot."

Hörcher richtete sich auf seinem Lager auf: „Eine Schande!"

„Allerdings."

Eine Weile schwiegen die beiden.

„Und was genau macht er jetzt im OKH, dein Onkel?"

„Er ist mit Seuchen- und Hygienefragen der Truppe befasst. Reinhaltung, Infektionsschutz, Immunsystem, Prophylaxe, all das. War schon immer eines seiner Lieblingsthemen. Einmal, als wir ihn in Gießen besuchten – da war ich noch ein Schüler –, hat er mir 50 Pfennig geboten, wenn ich mit meiner Zunge die Sohle meines Schuhs berühre."

„Warum das denn?"

„Er sagte, das wäre gut für meine Gesundheit. Die Keime würden mein Abwehrsystem stärken."

„Dein Onkel scheint unkonventionell zu sein."

„Allerdings. Dass er wirklich Arzt werden würde, hat ihn vermutlich selbst überrascht. Er hat mir mal sein altes Zeugnis gezeigt, das hat mich damals sehr beeindruckt: *Der Schüler wurde wegen Beteiligung an einer Schülervereinigung mit Trinkgelagen mit vier Stunden Karzer und dem Consilium abeundi bestraft.*"

Hörcher grinste: „Scheint ein fröhlicher Mensch zu sein, dein Onkel."

„Gefeiert hat er immer gern. Im OKH waren einmal Marika Rökk und Olga Tschechowa seine Tischdamen. Hat er mir zumindest erzählt."

„Dann hat dein Onkel einen guten Geschmack."

„Es waren wohl auch einige andere prominente Damen zu Besuch bei den Abenden im Hauptquartier. Alkohol, nach Gusto auch Drogen, die eigenen Frauen weit weg – da muss es hoch hergegangen sein. Einige der UFA-Stars sind schwere Morphinistinnen, meinte mein Onkel. So abhängig, dass sie sich das Zeug direkt durch die Röcke spritzen."

„Hat er Namen genannt?"

„Klar. – Verrate ich aber nicht."

„Wirklich nicht?"

„Wirklich nicht."

Hörcher schmunzelte: „Wohl besser so."

„Onkel Heinz ist in Ordnung. Der hat uns auch alle aufgeklärt, mich, meine Cousins und Cousinen. Er nahm da nie ein Blatt vor den Mund. Er sagte, die Hormone sind eine Himmelsmacht. *Wenn der Schwanz steht, steht der Verstand still.*"

„Ein weiser Mann obendrein", stellte Hörcher belustigt fest.

Franz nickte: „Er meinte, deshalb hätte jeder seiner Söhne einmal Alimente frei."

Jetzt lachten beide Männer.

Franz grinste: „Im Moment forscht er vielleicht immer noch am Gerät 42."

„Gerät 42? Was soll das sein?"

„Als Hygieniker befasst er sich auch mit Geschlechtskrankheiten. Denk nur an die Wehrmachtsbordelle, da kommen die Kranken massenhaft heraus, meistens Tripper und Syphilis. Also viele Ausfälle. Nicht umsonst ist Tripper strafbewehrt, weil Wehrkraftzersetzung."

Hörcher feixte: „Schlange stehen, Puffmutter bezahlen, beim Sani anmelden, Soldbuch und Waffe abgeben, Überzieher drüber, bumsen, rückmelden beim Sani, waschen, Betonspritze in die Harnröhre, Salbe gegen Syphilis, Soldbuch und Waffe retour, Sanierungsschein zum Abheften – habe ich was vergessen? Alles für die schönste Nebensache der Welt."

„Genau. Und trotzdem immer Ansteckungsgefahr. Deshalb hat man wohl im OKH darüber nachgedacht, eine Fickmaschine zu konstruieren – das lief unter dem Arbeitsnamen Gerät 42."

Hörcher richtete sich ungläubig auf: „Nicht dein Ernst! So was Verrücktes habe ich noch nie gehört. Eine Schnapsidee, oder?"

„Ja, wahrscheinlich. Aber vielleicht auch ein bisschen mehr. Handloser will die Prostitution schon länger überall an der Front regeln und dazu gehören nach seinem Plan auch maschinelle Vorrichtungen als wirksames Mittel zur Bekämpfung von Geschlechtskrankheiten. Und mein Onkel wurde beauftragt, sich mit den technischen Möglichkeiten zu einem Prototypen zu befassen."

„Nicht möglich!" Hörcher lachte schallend.

„Wenn ich es dir sage! Meinem Großvater gehört in Camberg die alte Amtsapotheke. Wird von meiner Cousine Hertha geführt. Also telegrafiert Heinz, nachdem er den Auftrag bekommen hat, an Hertha so was wie: *Zum Wohl der Heeresgesundheit erbitte Kautschuk, Silikone, Gleitmittel für Konstruktion einer Maschine zur männlichen Triebabfuhr.*"

Hörcher prustete wieder los: „Was hat Hertha geantwortet?"

„*Bedaure, Apotheke steht für Schweinereien solcher Art nicht zur Verfügung.*"

Hörcher gluckste und schüttelte den Kopf: „Wie ging es weiter?"

„Ich weiß es nicht. Ist eine Weile her, dass ich von ihm gehört habe."

Die Männer schwiegen wieder.

Nach einer Weile räusperte sich Hörcher: „Weißt du, welche Bilder ich sehe, wenn ich meine Augen schließe?“

„In diesem Moment? Nein, woher sollte ich?“

„Dann verrate ich es dir. Du bist der Erste. Ich erzähle es, weil mich dieses Gerät 42 daran erinnert hat. – Ich kenne auch einen neu entwickelten Apparat, zumindest eine Art Apparat. Ist allerdings nicht lustig.“

Hörcher kramte eine seiner wertvollen letzten Zigaretten hervor, die er anzündete: „Es war im Oktober ‘41. Wir waren 200 Kilometer westlich von Moskau bei Wjasma. 5. Radfahr-Abteilung der 5. Infanterie-Division, unterstellt der 3. Panzerarmee. Jeden Tag von morgens bis abends Regen, die Regenphase vor dem ersten Frost, jeder nass bis auf die Haut und dann Kälte in der Nacht. Und natürlich die elende *Rasputiza*.“

Franz nickte und sagte feierlich, als zitiere er aus einem offiziellen Reiseführer: „Wer kennt sie nicht? Die große Wegelosigkeit der russischen Schlammperiode.“

„Wir hatten Befehl erhalten, die Rollbahn Wjasma-Moskau zu sichern und auszubessern, um den Nachschub und die Verlegung von schwerem Gerät und Panzern zu gewährleisten. Die russische Hauptstadt wollte erobert sein! Und sämtliche Wege waren schwer oder gar nicht zu passieren. Unterwegs kam ich mit meinem Vorauskommando durch eine Ortschaft, wo wir am Straßenrand auf eine andere Gruppe von deutschen Soldaten stießen. Gehörten zu einer motorisierten Brigade, Wehrmacht wie wir. Eines ihrer Fahrzeuge war auf eine Mine gefahren, es hatte Verletzte gegeben. Sie saßen aber nicht nur deshalb fest: Die Männer standen an einem Feld, das auf einer Anhöhe lag und deshalb weniger versumpft war. Doch der Weg durchs nächste Dorf sah aus wie ein Schlammfluss, für schwerere Fahrzeuge unpassierbar, kein Durchkommen.“

„Konntet ihr helfen?“

„Die haben unsere Hilfe nicht gebraucht.“ Hörcher schüttelte verbittert den Kopf: „Die Männer haben uns kaum beachtet, sahen alle in dieselbe Richtung, beobachteten irgendetwas in einiger Entfernung. Wir sind also näher herangegangen, um zu sehen, was los war. Am anderen Ende des Felds haben wir ungefähr 50 Menschen ausgemacht. Zivilisten, wahrscheinlich die Dorfbewohner. Im Abstand von einem Meter liefen sie über das Feld, ganz langsam, und sie hielten sich an den Händen. Es wirkte skurril. Mehr konnten wir aber nicht erkennen, es dämmerte schon, war einfach zu duster. Also fragten wir einen der Soldaten, was hier vor sich ginge. Und der grinst uns an und sagt, man teste hier ein neues Waffensystem, das MSG 41. Ich frage, was das ist, ein MSG 41, noch nie gehört. Er sagt, das ist ein Minensuchgerät, und dass sie es gerade erfunden haben. Denn nach der Mine, die eins ihrer Fahrzeuge erwischt hat, hätten sie sich den Dorfältesten geschnappt. Der hätte davor gewarnt, weiterzufahren, vor allem nicht querfeldein über das feste Feld. Alles vermint. Dann grinst der Soldat noch breiter und meint, wer die Verminung zugelassen hat, ist jetzt eben auch für die Räumung verantwortlich. – Sag, Franz, haben wir noch was vom Pflaumenschnaps?"

„Die Flasche müsste unter deiner Pritsche versteckt sein. Wenn noch ein Schluck drin ist, gehört er dir."

Eine Weile suchte Hörcher im Dunkeln herum, dann hörte Franz das Knarzen des Korkens. „Man hat also die Erwachsenen aus dem Dorf gezwungen", setzte Hörcher wieder an, „und jetzt laufen sie nebeneinander über das Feld, schön brav im Abstand von einer Armlänge, auf dass ja keine Mine verpasst wird. Und wir, stumm vor Entsetzen, starren auf die Reihe der Menschen. Schritt für Schritt kommen sie übers Feld näher – und dann wundere ich mich, weil fast alle von ihnen eine Art unförmigen Sack auf dem Rücken haben. Ich bin nicht der Einzige: Was tragen die Menschen, fragt einer unserer Zugführer, wieder denselben Soldaten von gerade eben. Ihre Kinder, antwortet der, dadurch kommt mehr Gewicht auf die Erde, an denen ist ja sonst nix dran. In diesem Moment detoniert eine Mine. Gerade, als ich wieder hinschaue. Einer der Soldaten flucht, unserer lacht. Sie hatten Wetten abgeschlossen, auf welcher Seite der Menschenreihe die erste Mine hochgehen würde. – Bevor wir weitergefahren sind, hat mein Kompaniechef noch zu den Männern gesagt, sie sollen in der Hölle verrotten. Die haben nur mit Achselzucken reagiert. Wir haben also unsere Fahrräder genommen und uns weiter durch den Schlamm gekämpft, mitten durchs Dorf, eng an den Häusern entlang. Es war sehr still. Und wir hörten noch eine Detonation." Hörcher blies laut seinen Atem aus und schwieg.

„Das war es, Franz", meinte er schließlich unvermittelt, „diese erste Detonation, als ich wieder hinschaute. Das habe ich gerade gesehen. Ich sehe es immer wieder mal, meist vor dem Einschlafen. Vielleicht hätten wir eingreifen können. Sollen. Müssen."

Franz nickte im Halbdunkel: „Ich habe mal ein Foto gesehen, das mir ein damaliger Fähnrich meines Stabs gezeigt hat. Er hatte es in ein Album geklebt und meinte, der Fotograf einer Propaganda-Kompanie hätte es auf unserem Vormarsch '42 geschossen. Eine junge Frau watet durch Wasser, irgendwo am Ufer des Don. Eigentlich ganz idyllisch. Aber die Bildunterschrift: *Die Minenprobe*. Furchtbar."

„Diese Gespenster werden wir nicht mehr los, oder?"

„Die haben wir alle. Anders und doch ähnlich."

Die Männer schwiegen wieder. Der Schlaf wollte bei beiden aber nicht kommen. Nach einer Weile sagte Hörcher: „Ich habe überlegt, Rechtswissenschaften zu studieren. Wenn dieser Krieg vorbei ist – falls wir nach Hause kommen. Wir dürfen das Recht nicht denen überlassen, die damit nichts anfangen können. All diesen Feiglingen und Scheinheiligen, die nur auf ihren Vorteil bedacht sind. Die von Gerechtigkeit schwafeln und eigentlich das Gegenteil wollen."

„Rechtswissenschaften. Eine gute Idee."

„Weißt du, wovor ich Angst habe?"

„Wovor?"

„Dass ich nach Hause komme und feststelle, dass ich außer dem Krieg nichts kann."

„Ich glaube, das geht vielen von uns so."

„Nun." Hörcher schlug den leichten Tonfall an, den Franz so von ihm gewohnt war: „Wir werden es schon erleben, nicht wahr, Franz?"

„Ja, wir werden es erleben."

Mittwoch, 06. September 1944

Der sechste Tag der Gefangenschaft. Bereits am Abend zuvor war den beiden deutschen Offizieren aufgefallen, dass gerade ihre rumänischen Bewacher immer nachlässiger geworden waren. Jetzt, am nächsten Morgen, zeigte sich, wie lax: Tatsächlich hatte die Wache, die sie am Vorabend in die Zelle zurückgebracht hatte, vergessen, die Tür abzuschließen. Franz und Hörcher fluchten innerlich mindestens so laut wie der Soldat, der jetzt das Missgeschick bemerkte, sofort sein Gewehr nach oben riss und auf die beiden Gefangenen richtete. Vermutete er einen Ausbruchsversuch? Franz und Hörcher hoben die Hände. Selbst wenn sie von der offenen Tür gewusst hätten – ohne Plan, Helfer, Ausrüstung hätten sie es wohl kaum über die drei Mauerringe der Festung geschafft. Die Leichtfertigkeit des Rumänen am gestrigen Abend war sicherlich auch dem Umstand geschuldet, dass die Zitadelle als absolut ausbruchssicheres Gefängnis betrachtet wurde, zumal sich hier diverse russische Stäbe und Kompanien aufhielten.

Der heutige Wachsoldat – diesmal wieder ein Russe – behielt sein Gewehr oben, bis er die Zellentür mit dem Fuß wieder zugeschoben hatte. Energisch wurde abgeschlossen, ohne dass man Franz und Hörcher zu ihrem Arbeitseinsatz geführt hätte. Etwas ratlos blieben sie zurück.

Kurz nach Sonnenaufgang wurde das Brett vor der vergitterten Öffnung der Tür zurückgeschoben. Jemand spähte in die Zelle, dann drehte sich der Schlüssel im Schloss. Ein anderer Soldat, offensichtlich Rumäne, kam herein, ließ seinen Blick gelangweilt über die beiden Gefangenen schweifen und ging wortlos wieder. Die Tür ließ er sperrangelweit offen stehen. Nur Hörcher, der dem Mann kurz den Rücken zugekehrt hatte, hatte noch einen Tritt kassiert.

Franz und Hörcher beschlossen, es zu riskieren. Was war die demonstrativ offen gelassene Zellentür anderes als ein Freischein, sich eigenständig zu bewegen? Auf dem Weg zur Küche beachtete niemand die beiden deutschen Gefangenen. Mihai nahm sie in

Empfang und instruierte sie schlecht gelaunt: Weitermachen, Schutt wegbringen, Aufmauern der alten Brunnenschächte. Und warum, verdammt, kämen sie so spät? Dann verschwand er. Russische Wachen waren nicht zugegen, lediglich Rumänen, von Mihai abgestellt, bewachten das Areal. Sie kontrollierten nicht mit derselben Strenge wie die Russen, verzichteten darauf, Gefangene zu schlagen oder zu drangsalieren. Vielleicht lag es auch daran, dass niemand von ihnen wusste, was die Zukunft noch für ihr geschundenes Land bereithalten würde. Vielfältige Nationalitäten, Sprachen und Kulturen hatten hier über Jahrzehnte und Jahrhunderte trotz gewaltiger Umbrüche meist friedlich zusammengelebt, waren miteinander ausgekommen – der Nachbar von gestern sollte nicht der Feind von morgen sein.

Hörcher und Franz tauschten sich mit den ungarischen Gefangenen aus, die Deutsch verstanden. Auch ihnen war die Änderung ihrer Bewachung nicht entgangen. Die Ungarn vermuteten, dass die Russen sich auf eine anstehende militärische Operation vorbereiteten und deshalb ihre Leute für wichtigere Aufgaben abzogen, um sie durch Rumänen zu ersetzen. Dazu deuteten sie vielsagend in den Himmel: Manchmal war das weit entfernte Donnern schwerer Artillerie zu vernehmen. Nun, auch den Ungarn war die entschärfte Bewachung sehr willkommen.

Als Mihai nicht wiederkam und die rumänischen Wachen sich gegen 11 Uhr in der Küche Kaffee holten und sich damit etwas abseits niederließen, gaben Franz und Hörcher vor, austreten zu müssen. Man winkte sie locker weiter. „Ein günstiger Moment für eine kurze Erkundung“, grinste Hörcher.

Wie zufällig ließen sie sich vom Weg zum etwas höher gelegenen Friedhof innerhalb der Festung führen. Von dort aus waren die Schanzarbeiten der russisch bewachten Kriegsgefangenenkommandos gut zu beobachten. In einiger Entfernung war ein halbes Dutzend Gefangener außerdem damit beschäftigt, eine Grube auszuheben, in die ohne Zeremoniell acht Tote von einem Handwagen gekippt wurden. Franz und Hörcher zählten mit. Dann wurde die Grube wieder zugeschippt.

„Ob das unsere Leute waren?“, meinte Hörcher und kniff die Augen zusammen. Aus der großen Entfernung sahen die Schaufelnden winzig aus.

Franz hob die Schultern: „Leider nicht auszuschließen. Wenn unsere Kranken und Verwundeten immer noch in den Katakomben der Zitadelle liegen – wer weiß, unter welchen Zuständen sie dort untergebracht sind. Und ob sie das überstehen können.“

Hinter dem Friedhof, über Baumwipfeln, war der Ortsrand der Siedlung Neu-Arad zu erkennen. „An der Marosch entlang Richtung Saderlach im Südwesten, Arad nördlich liegen lassen“, flüsterte Hörcher, „nach drei Kilometern wären wir wohl raus aus Neu-Arad, dann immer weiter am Ufer entlang Richtung Westen.“ Gespielt gelangweilt warf er einen Stein in die avisierte Richtung, als wollte er Krähen verscheuchen.

Franz nickte. Die Richtung stimmte. „Lass uns heute, wenn es dunkel wird und bevor wir in die Zelle zurückmüssen, schauen, ob wir irgendwo an der Mauer südwestlich rüberkommen könnten. Mir scheint, dass es dort etwas niedriger ist, wegen der Böschung.“

Hörcher rieb sich das Kinn: „Wenn wir es schaffen, sind da aber noch die äußeren Mauerringe. Wenigstens müssen wir dann kaum noch an Wachen vorbei, dazu viele Bäume, gute Deckung bis runter zur Marosch.“

„Wir brauchen einen Ortskundigen“, stellte Franz fest. „Wir werden Hilfe brauchen, wenn wir uns Richtung Westen durchschlagen wollen. Da sind viele Dörfer und nicht überall wird man uns wohlgesonnen sein.“

„Wir fragen Barbara und Käthe. Vielleicht kennen sie jemanden, der uns führen kann.“

Sie kehrten von ihrem Erkundungsgang zur Baustelle zurück. Keine Minute zu früh, denn kaum hatten sie ihre Schaufeln wieder in den Händen, bereit, die in den Brunnenschächten schuftenden Ungarn abzulösen, tauchte auch Mihai wieder auf.

Er fuhr mit einem Laster, auf dem geklaftertes Holz gestapelt war, bis zur Küche vor. Dort sprang der Rumäne aus dem Führerhaus und rief Franz und Hörcher zu: „Das muss in Küche! Und bringt Ruß aus Öfen!"

Sie beeilten sich, den Anweisungen zu folgen. Als sie zum dritten Mal mit vollen Armen in die Küche hinabstiegen, kamen ihnen aus dem Dampf ihrer Kessel Käthe und Barbara entgegen und nahmen sie zur Seite. Gestern sei angeblich ein Deutscher aus dem Lazarettzug unter den Toten gewesen, erzählte Käthe hastig, er hätte eine Augenklappe getragen. Heute habe man ihn auf dem Friedhof der Zitadelle beigesetzt.

Die beiden Männer erstarrten. Lorenz tot. Sie wollten wissen, woran ihr Feldkaplan gestorben war, doch Käthe und Barbara konnten es nicht sagen.

Erst am späten Abend, als es zu dunkel wurde, um noch gut zu sehen, ließ Mihai die Arbeiten einstellen. Die Gefangenen legten ihre Werkzeuge beiseite und räumten die Baustelle. Gemeinsam mit den Ungarn liefen Hörcher und Franz ohne Bewacher zu ihrem Zellentrakt zurück. „Noch ein günstiger Moment, was meinst du, Franz", murmelte Hörcher und ließ sich zurückfallen. Franz folgte ihm.

Sie brauchten nur einige Minuten, um zur inneren Mauer der Zitadelle zu gelangen, huschten an einer Abortgrube und verwaisten Ställen vorbei. Hier war es dunkel, viele Büsche und kleinere Bäume boten guten Sichtschutz.

Sie inspizierten die Mauer. „Hier kommen wir hoch!", flüsterte Hörcher.

„Das sind knapp drei Meter, aber viele Steine sind ausgewaschen oder rausgebrochen … Ja, das könnte klappen!"

„Schaffst du das mit deinem Knie?"

„Wenn du zuerst kletterst und mir hilfst."

Sie hasteten zurück, erst kurz vor ihrem Zellentrakt verfielen sie in einen unauffälligen Schlendergang. Ein gelangweilter Rumäne nahm sie in Empfang und schloss hinter ihnen die Tür ab.

Jetzt, in der Stille der Nacht, war wieder ein fernes Grummeln zu vernehmen – die Front, sie war noch da, brachte sich dunkel flüsternd in Erinnerung. Lange kreisten die Gedanken der beiden um Lorenz, den Geistlichen, der sie auf der Flucht immer wieder mit Zuspruch und Trost gestärkt hatte.

„Franz – was machst du, wenn der Krieg aus ist? Ich meine, was wirst du wirklich machen? Keine Träume, keine Pläne, einfach machen."

„Dann fahre ich nach Hause."

„Und dann?"

„Dann sehe ich meinen Sohn. Und meine Frau."

„Und dann?"

„Dann gehe ich mit meinem Bruder auf dem Starnberger See segeln. Aber das ist schon wieder ein Plan. Oder ein Traum."

„Hoffentlich überlebt er den Krieg."

„Ja. Hoffentlich."

„Und beruflich, was wirst du da machen?"

„Keine Ahnung. Wahrscheinlich werde ich weiter studieren und mein Maschinenbau-Diplom ablegen. Ich stand kurz vor meinen letzten Prüfungen, als ich einberufen wurde."

„Und dann?"

„Ingenieure werden immer gebraucht. Vielleicht mache ich was mit Wasserkraft."

„Warum gerade Wasserkraft?"

„Mein Vater glaubt fest daran, dass die Energie im Wasser der Schlüssel zur Zukunft ist. Kennst du *Die geheimnisvolle Insel* von Jules Verne?"

„Natürlich, das Buch habe ich verschlungen. Da geht's um die Menschen, die während des Amerikanischen Bürgerkriegs mit einem Ballon aus Richmond fliehen und auf einer gefährlichen Insel landen. Sehr spannend!"

„Mein Vater hat mir oft daraus vorgelesen, als ich noch ein Kind war. Sicher, weil es ihn selbst schon als jungen Mann begeistert hat. Mein Großonkel hat ihm das Buch zum Abitur geschenkt. Da gibt es diese eine Stelle, die sich mir eingeprägt hat. Der Ingenieur Smith antwortet auf die Frage, womit die Menschheit heizen soll, wenn alle natürlichen Brennstoffe erschöpft sind: *Wasser! Jawohl, meine Freunde, ich glaube fest daran, dass Wasser eines Tages als Brennstoff verwendet wird, denn Wasserstoff und Sauerstoff, aus welchem es zusammengesetzt ist, werden eine unerschöpfliche Quelle für Wärme und Licht abgeben.* Das hat Jules Verne schon vor 70 Jahren geschrieben! Faszinierend, oder? Das ist auch die Überzeugung meines Vaters."

„Dein Vater ist ein richtiger Erfinder, nicht wahr?"

„Kann man so sagen. Er ist auch weit rumgekommen. Von 1906 bis 1908 war er in den USA für General Electric, hat auch Henry Ford getroffen. Dann ging er zurück nach Deutschland, hat eine weltweit eingesetzte Auswuchtmaschine konstruiert, dann Turbokompressoren, Kreiselpumpen und Lenzpumpen für Kriegsschiffe. Danach baute er die größte Turbine der Welt. In Lilla Edet läuft sie, das ist in Schweden. Mehr als 10.000 Pferdestärken."

„Nicht schlecht", meinte Hörcher.

„Ja, das ist schon was. 1927 hat ihn Fuad, der König von Ägypten und des Sudan, eingeladen, er wollte, dass er für den Assuan-Staudamm die gesamte Turbinenausrüstung zeichnet. Damals hat mein Vater schon Hunderte von Patenten im In- und Ausland gehalten. Um Strom aus Wasserkraft zu speichern, hat er außerdem den Druckzersetzer erdacht. Der verwandelt elektrischen Strom in Gleichstrom und zersetzt Wasser unter höchstem Druck in Wasserstoff und Sauerstoff. Ist vielleicht sogar seine größte Idee."

„Das kann ich nicht beurteilen, Naturwissenschaften waren noch nie mein Metier. – Kommt ihr gut miteinander aus?"

„Bei den letzten Treffen haben wir uns viel gestritten. Es ist nicht leicht, sein Sohn zu sein. Ich sagte ihm Weihnachten '43, dass ich nach dem Krieg weiter studieren will. Und er hat geantwortet: Vergiss die Hochschule, alles Wichtige kannst du von mir lernen."

„Ist nach dem, was du mir gerade erzählt hast, nicht von der Hand zu weisen."

Franz lachte trocken: „Dann habe ich ihm gesagt, dass der Angriff auf Russland ein Fehler war. All die Toten, für nichts. Und dass wir den Krieg verlieren werden. Er wollte nichts davon hören. Meinte, ich bin zu dumm, um es beurteilen zu können, ich müsse größer, politischer denken, über den Horizont eines Soldaten hinaus."

Hörcher nickte verbittert: „Das kenne ich auch … Die Gespräche während meines letzten Urlaubs, Franz! Was der Krieg bedeutet, scheint man zuhause in Deutschland viel besser zu wissen als an der Front."

Über ihren Gedanken schliefen sie schließlich ein.

Donnerstag, 07. September 1944

Der siebte Tag der Gefangenschaft. Den kurzen Weg hinüber zur Küche legten sie in aller Frühe gemeinsam mit den ungarischen Gefangenen zum zweiten Mal unbegleitet zurück, er war schon fast zum vertrauten Ritual geworden. Die Brunnen waren nun vom Schutt befreit und teilweise wieder aufgemauert. Zwischen ihnen und der Küche mussten sie als nächstes die Erde ausschachten, um die zerstörten Rohrreste hervorzuholen. Eine mühsame Arbeit, gut 15 Meter Strecke waren einen Meter tief auszuheben.

Während einer Pause schlüpfte Hörcher in die Küche. Bis auf ein paar uninteressierte rumänische Helfer, die vor Bergen von zu putzendem Gemüse saßen, war er mit Käthe und Barbara allein. Er zog sie ins Vertrauen. „An der Marosch entlang nach Westen", wiederholte Käthe nachdenklich.

Hörcher nickte. Ob sie einen ortskundigen Führer wüssten, der bereit wäre, sie auf der anderen Seite der Zitadelle in Empfang zu nehmen. Er bekam keine direkte Antwort, aber die Frauen versprachen, sich umzuhören. Käthe wollte ohnehin nach ihrer Familie schauen. Ihre Eltern und ihre Schwester samt Nichten lebten in der Nähe, doch sie hatte die Festung lange nicht mehr verlassen und sorgte sich um sie.

Der weitere Tag verging mit stumpfsinniger, harter Arbeit, nur unterbrochen von einem kargen Mahl.

Als sich die Männer abends wieder auf ihren Pritschen ausstreckten, grinste Hörcher: „Rate, was mir Käthe heute zugesteckt hat."

„Keine Ahnung, was denn?", fragte Franz, der bereits schläfrig war. „Einen seidenen Schlafanzug? Etwas Panzerschokolade für unsere baldige Flucht? Ich glaube ehrlich, dass du mich nicht mehr überraschen kannst."

„Sicher? Dann schnupper mal hier dran!" Hörcher zog ein aufgerolltes Packpapier aus seiner Jackentasche, öffnete es und hielt es Franz unter die Nase. Sofort erfüllte ein köstlicher Duft die Zelle.

„Oh, riecht das gut! Was ist das?" Franz griff danach.

„Na, na, nicht so gierig!" Mit Andacht wickelte Hörcher für jeden von ihnen zwei Gebäckteilchen aus dem Papier – eine Art kleines Croissant und ein Hefegebäck mit Schweinegrieben. „Bitte sehr, Salzkipferl und Grammelpogatschen! Hat Käthe heute extra für uns gebacken!"

Die Männer aßen mit Genuss. „Das Beste, was ich seit Jahren gegessen habe", schwelgte Franz. Hörcher kaute glückselig, leckte sich jeden Finger dreimal ab und ließ sich dann mit einem Seufzen auf sein Lager fallen: „Panzerschokolade – du kommst auf Ideen. Die habe ich schon so lange nicht mehr gesehen. 1941 haben wir das Zeug noch in rauen Mengen geschluckt. Die Tabletten hießen bei uns Hermann-Göring-Pillen. Wir haben sie eingeworfen wie Drops. Damit sind wir 80 Kilometer am Tag gelaufen."

„Bei uns wurde Pervitin auch ausgegeben, fast alle haben es genommen", meinte Franz. „Ich habe es immer verweigert. Manchmal ist es doch hilfreich, einen Oberstarzt in der Familie zu haben: Mein Onkel hat mir früh erzählt, dass Methylamphetamine leicht zu Psychosen führen können."

„Bis unsere Ärzte gemerkt haben, wie fatal die Nebenwirkungen waren, hatte es sich eh unter den Männern herumgesprochen. Da war es aber zu spät. Ein paar in unserer Einheit hatten längst übelste Halluzinationen und verfielen körperlich. Erschreckend … Der Erste hat schon im Sommer 1940 den Verstand verloren. Das war in einem Nest südlich der Loire, ich glaube, es hieß Milly, wo wir damals stationiert waren." Hörcher feixte: „Dort lagen wir neun herrliche Monate lang ohne Kampfhandlungen inmitten schöner Landschaft, guter Weine und hübscher Französinnen. Wir hatten viel Zeit, und einige haben viel gesoffen. Aber da war dieser Rittmeister aus unserer Abteilung, der längst schon abhängig war von Pervitin – und dann entwickelte er einen Verfolgungswahn. Eines Tages hat er alle Pferde erschossen, weil er sie für Kollaborateure hielt. Man wollte ihn verhaften, er widersetzte sich, riss sich los und rannte ins Stabsgebäude. In der Schreibstube fand er eine Pistole mit Platzpatronen. Er steckte sie sich in den Mund und schoss sich damit den halben Kopf weg."

„Furchtbares Zeug, Panzerschokolade. Aber viele haben Wege gefunden, sich an der Front zu betäuben. Ich weiß gar nicht, wer mehr säuft, die Russen oder wir."

„Wir haben viel getrunken. Bei uns gab es eine Zeitlang vor jedem Angriff Branntwein. Alkohol macht jeden mutig. Vor allem, wenn vor der Schlacht nichts gegessen wird. Wer einen Bauchschuss in den leeren Magen bekommt, hat außerdem deutlich bessere Aussichten zu überleben."

„Ich habe Soldaten gesehen, die sich bewusst totgesoffen haben. Die sind mit einer Flasche Branntwein raus auf Posten gegangen, um dort im Delir und schmerzlos zu erfrieren. Oder, wenn's zum Erfrieren nicht mehr kalt genug war, um sich wenigstens berauscht zu erschießen. Und es gab dafür immer bestimmte Tage – die offiziellen Sauftage. Weihnachten, Silvester und Führers Geburtstag. Und dann die privaten Anlässe: der eigene Geburtstag, die Geburtstage der Kinder und Frauen, der Hochzeitstag. Manche haben sich Gesichtswasser, Benzin oder Bremsflüssigkeiten reingeschüttet."

„Wir Offiziere waren ja auch nicht besser. Und unter den Ärzten so viele Morphinisten! Opium heilt alles – außer sich selbst. Wer innerlich tot ist, lebt besser im Krieg."

„Nüchtern betrachtet ist Krieg eine unerträgliche Angelegenheit."

Noch eine Weile lauschten sie dem gedämpften Rumpeln der Front, die immer noch so weit entfernt zu sein schien, dass sie für die Männer eine geradezu einschläfernde Wirkung hatte.

Franz schreckte mitten in der Nacht auf. Er war schweißgebadet. Die Senke. Der 4. Mai 1943.

Wochen hatte er hinter sich gebracht, ohne davon zu träumen. Lag es an den vielen Gesprächen, die er mit Günther abends vor dem Einschlafen führte, an den bitteren Erinnerungen, die sie auch durch das Erzählen, durchs Hinausschleudern der Worte nicht loswurden?

Hörcher lag im Tiefschlaf auf seiner Pritsche. Franz stand auf, trat ans Fenster und atmete durch.

Wieder eine klare Nacht. Die Sterne, die über ihm leuchteten, waren dieselben, die man auch in der Heimat sah.

Mit gemischten Gefühlen dachte er an seine Eltern. Kennengelernt hatten sie sich, als seine Mutter Signe – deren Mutter wiederum eine gebürtige Braunschweigerin war – mit einem Gesangsterzett in der Stadt Heinrichs des Löwen an der Oker aufgetreten war: *Die Norwegischen Nachtigallen*. So um 1906 musste das gewesen sein. Sein Vater hatte damals bereits an der Technischen Hochschule doziert und dessen Bruder Paul – nun auch schon fast zwei Jahre tot – hatte dort Pharmazie studiert. Paul sang gern, nahm sogar Unterricht, und als Franz' Vater seinen Bruder einmal von der Gesangsschule abholen wollte, war er zu früh dran und musste einige Zeit im Vorzimmer verbringen. Plötzlich betrat eine junge Norwegerin das Zimmer und im selben Moment war es um ihn geschehen. „Diese Frau will ich heiraten", hatte der Vater immer gern erzählt. „Wie ein Stromschlag hat's mich getroffen, werde ich nie vergessen, in der Goslarschen Straße 20, im Wartezimmer einer Gesangsschule!"

Die anfängliche Liebe war groß gewesen. Um 1920 zog das Paar – das zweite Kind Hildur war bereits geboren – von Halle an der Saale nach Pöcking bei Starnberg, wo der Vater den Enzianhof erworben hatte. Sie restaurierten den Hof umfänglich und erweiterten ihn um einen eindrucksvollen Rundturm. Ein prachtvoller Garten umgab das Haus. Inspiriert von der Nacktkultur der Reformbewegung tanzte Signe gelegentlich nackt durch den Garten, lediglich mit einem Strohhut bekleidet. Als ihr Mann davon erfuhr, pachtete er auch die umliegenden Wiesen des Enzianhofs, um seine Frau vor den Blicken neugieriger Bauernburschen zu schützen. Und doch, Franz' Eltern führten keine leichte Ehe. Die sensible und melancholische Künstlerin mit musischer Passion. Der impulsive Ingenieur mit Leidenschaft für alles Technische und wissenschaftlicher Brillanz. Sie waren wie Feuer und Wasser. Als im Jahr 1921 der jüngste Sohn Björn geboren wurde, sagte die Mutter zum Vater in Gegenwart von Franz: „Jetzt habe ich meine drei Kinder, die ich wollte. Alles andere, was du jetzt noch brauchst, kannst du dir bei einer Bauerntrine holen."

Die Ehe war zunehmend erkaltet. Dann, in den späten 20er Jahren, hatte der Vater begonnen, sich für die politischen Ideale des Nationalsozialismus zu begeistern, die er auch seinen Kindern zu vermitteln suchte. Früh hatte er in der neuen Bewegung eine Möglichkeit entdeckt, seine technologischen Träume zu verwirklichen. Er hatte sich mit Gottfried Feder angefreundet, dem Vorsitzenden des Wirtschaftsrats der NSDAP und späteren Reichskommissar für das Siedlungswesen. Feder gehörte zum ersten Dutzend der Gründungsmitglieder der NSDAP, erklärte der Vater einmal stolz. Wie Feder war auch Franz' Vater dem linken Flügel der Partei zugehörig; antikapitalistisch eingestellt waren sie Feinde der Großbanken und der, wie sie es nannten, Zinsknechtschaft, beides lehnten sie als nicht wertschöpfend ab und forderten Verstaatlichungen. Die Aktie an sich schaffe keine Werte, das Geld werde an der Werkbank verdient – so das Credo. Auch der Antisemitismus, den sie verquer mit ihrer Bankenkritik verknüpften, einte Feder und den Vater, dazu unterschieden sie beide zwischen raffendem und schaffendem Kapital und witterten jüdische Weltverschwörungen allüberall.

Franz' Vater pflegte auch am heimischen Esstisch wiederholt auszuführen, dass allein volle Unabhängigkeit vom Kapital den Ingenieur seinen hohen Beruf erfüllen lasse. Es zähle Gemeinnutz vor Eigennutz. Die kapitalistische Wirtschaft missbrauche Kapital und Arbeit grundsätzlich nur zu dem Zweck, mehr und mehr Geld zu verdienen. Die Fortschritte der Technik würden deshalb nur insoweit benutzt, wie sie Geld erbrächten – nicht aber zum Wohle des Volkes eingesetzt.

Im Jahr 1929 hatte der Vater seinen ersten von mehreren Vorträgen vor Adolf Hitler gehalten und ihm die Dimensionen der modernen Energiewirtschaft aufgezeigt. Daraufhin hatte man ihn später beauftragt, die Ingenieurtechnische Abteilung im Braunen Haus aufzubauen und die Ingenieure politisch zu sammeln. Zur gleichen Zeit hatte er im Auftrag von Alfred Rosenberg, dem führenden Ideologen der Partei, den Kampfbund für Deutsche Architekten und Ingenieure mitbegründet. Er traf sich zu Gesprächen mit Staatsminister Adolf Wagner, dem späteren Gauleiter von München. Reichsstatthalter Jakob Sprenger und der Reichsminister des Innern, Wilhelm Frick, hatten sich für ihn eingesetzt, um die Finanzierung der im hessischen Camberg getesteten Saugheberwehre zur Energiegewinnung zu ermöglichen. Das dort konzipierte Kleinwasserkraftwerk sollte aus der Sicht von Franz' Vater den Strommarkt gegen die jüdische Großindustrie zugunsten deutschblütiger Handwerker und Bauern reformieren und so die germanischen Völker wirtschaftlich befähigen, einen dauernden Wall gegen das Niederrassentum aufzurichten und gen Osten vorzuschieben. Immer wieder dieselben tumben völkischen Phrasen.

Franz schüttelte sich.

1932 war das Buch des Vaters erschienen: *Technik und Wirtschaft im Dritten Reich. Ein Arbeitsbeschaffungsprogramm*. Darin forderte er, da der Strombedarf weiter steige, den Bau von Großkraft-Windwerken, denn die Kohle solle man so bald wie möglich ausschalten.

Im Jahr 1934 löste Franz' Vater sein Unternehmen, die Kraftnutzungs GmbH, in Zusammenarbeit mit Hans Frank auf; genau jener Frank, der heute als Generalgouverneur der mächtigste Mann Polens war. Frank war es auch gewesen, der Franz' Vater ursprünglich in die Partei geholt und an Frick und andere Nationalsozialisten empfohlen hatte. Auch mit den Ludendorffs, die im benachbarten Tutzing am Starnberger See ihren Familiensitz hatten, war Franz' Vater befreundet. Ludendorff, der im Ersten Weltkrieg als Erster Generalquartiermeister und Stellvertreter Hindenburgs der heimliche Lenker der Obersten Heeresleitung gewesen war, hatte 1920 am Kapp-Putsch teilgenommen und war drei Jahre später an der Seite von Adolf Hitler zur Münchner Feldherrnhalle marschiert. Ludendorff hasste alles Klerikale, insbesondere das Judentum und die Freimaurer. Im Jahr 1925 hatte er den Tannenbergbund gegründet, ein völkisches Sammelbecken, in dem sich Frontkämpfer, Demokratiefeinde und Judenhasser tummelten. Franz' Vater wurde ebenfalls Mitglied. Ludendorff und er waren sich einig darin, die Länder des Ostens zugunsten der deutschen Landwirtschaft kolonisieren zu müssen, um ein zunehmend technisiertes Volk, wie es ihnen vorschwebte, ernähren zu können und einen aus der Scholle geborenen Ständestaat zu schaffen.

Es war Franz wie eine geistige Rückkehr in ein mittelalterliches, nur vermeintliches Idyll vorgekommen, ein realitätsferner Eskapismus, doch hatte er sich damals nicht getraut, seinem Vater zu widersprechen, als der von seinen und Ludendorffs Plänen geschwärmt hatte.

1935 hatte Ludendorff – in Abgrenzung zu Carl von Clausewitz, der den Begriff des „absoluten Krieges" wählte und darin vom Krieg als Fortsetzung der Politik mit anderen Mitteln sprach – den Primat des Kriegs vor der Politik erklärt. Dafür schuf er den Terminus, der im Februar 1943 von Goebbels während seiner Rede im Berliner Sportpalast genutzt werden sollte, um den Kampf endgültig zu entfesseln und auf das ultimative Podest des Volkes zu setzen: der „totale Krieg".

Gegen Mitte der 30er Jahre war Franz' Vater mit einem Mal in Ungnade bei den höheren Parteibonzen geraten. Es ging um Betrugsvorwürfe rund um angeblich mehrfach verkaufte Patentrechte. Audienzen bei Hitler, um die er bat, wurden ihm nun verweigert. Er überwarf sich mit dem Leiter der Parteikanzlei Martin Bormann. Und es kam zu einem Verfahren vor dem Obersten Parteigericht der NSDAP, das zivilgerichtlich endete – Grund war wohl der unselige Streit des Vaters mit der Firma Voith aus Heidenheim an der Brenz, deren Erfolg der effizienteren Kaplan-Turbine dem Vater nicht passte. Dennoch bekam er weiterhin großzügige Geldsummen für seine Forschung zum Druckzersetzer bewilligt – angeblich ging es um mehrere Millionen Reichsmark.

Franz dachte daran, wie er versucht hatte, seinem einflussreichen Vater zu gefallen, der seine wissenschaftliche Überlegenheit gegenüber dem Sohn so gerne unterstrich. Franz hatte sich mit technischen Überlegungen, maschinellen Skizzen und euphorischen Visionen auseinandergesetzt. Wie ließe sich Griechenland bewässern? Könnte man die Wüstenwinde für die Energieerzeugung nutzen? Warum waren die Weideflächen der Ukraine zu groß? Weshalb brauchte Deutschland eine zweispurige Schnellzugtrasse von Berlin nach Athen?

Seine Briefe, die er damals an den Vater sandte, hatte er bis zum Russlandfeldzug mit „Heil Hitler“ unterzeichnet. Und wirklich hatte er in Hitler zu dieser Zeit – wie wohl die Mehrheit der Deutschen – eine nationale Kraft gesehen, die Großes schaffen würde. Oder war es doch nur das Vorbild des Vaters gewesen, dem er gefolgt war? Wann hatte sein Sinneswandel eingesetzt? Doch wohl schon weit vor dieser einen Woche in Haft, Anfang 1942 in Athen. Damals war er überraschend für einige Monate in die Kraftfahrparkkompanie 591 abkommandiert worden. Urlaub war ausgeschlossen, aber dann die kühne Idee seiner Ingrid, ihn in Athen zu besuchen. Weil doch die Liebe so groß war. Der schwedische Pass ermöglichte ihr das Reisen, auch die strapaziöse Zugfahrt durch halb Europa, alles war so sorgfältig geplant gewesen. Vormittags hatte er noch gezeichnet, Impressionen der Athener Stadtbahn. Und dann am Abend vor Ingrids Ankunft der Ärger mit diesem Riesenarschloch von SS-Hauptsturmführer in der Plaka, der Altstadt – ein unterlassener Gruß, ein unbedachtes Wort, Feldgendarmerie, ab in den Bau, glimpflich an härteren Strafen vorbeigeschrammt dank des Chefs. Dann Tränen der Wut: Ingrid hatte, ohne dass sie sich gesehen hatten, die Heimfahrt antreten müssen.

Im Januar 1941, knapp ein Jahr zuvor, war Franz zu den Spielhahnjägern einberufen worden, genau an seinem 30. Geburtstag. Damals hießen sie noch die 97. leichte Infanterie-Division. Ende Mai waren sie in Bad Tölz aufgebrochen. Im Zug immer Richtung Osten, über Karlsbad, Tepplitz, Pardubitz und Olmütz bis in das slowakische

Presov. Harte Märsche hatten sie im Juni bis über den San gebracht, einen Nebenfluss der Weichsel im weitesten Osten Polens. Sie hatten nichts von ihrem eigentlichen Ziel geahnt. Doch als die Stäbe Mitte Juni damit beauftragt wurden, deutsch-russische Wörterbücher an die Soldaten zu verteilen, keimte zum ersten Mal bei den meisten die Angst, über die keiner sprach.

In den Morgenstunden des 22. Juni hatte er schließlich begonnen. Der größte Feldzug der Geschichte. Russland. Als Armeereserve hatten sie am Nachmittag des gleichen Tages auf den Funkgeräten der Division noch die Übertragung des Endspiels um die deutsche Fußballmeisterschaft verfolgt. SK Rapid Wien schlug den FC Schalke vor 100.000 Zuschauern in Berlin 4:3. Und das, obwohl sie schon 0:3 zurückgelegen hatten. Wenig später überschritten die Spielhahnjäger die Grenze ins Neuland des eigenen Todes.

Franz erinnerte sich an ein bohrendes Gefühl in der Magengegend, an tiefste Beklommenheit. Sie waren bald an einem frischen Grab auf einem flachen Hügel vorbeigekommen; im Hintergrund lagen, in einiger Entfernung, Bauernhöfe und Felder. Drei Holzkreuze mit Helmen darauf, umgeben von einem kleinen Birkengeviert und Ziegeln. Die Kreuze mussten zu den ersten Deutschen gehören, die hier auf sowjetischem Boden umgekommen waren, schon wenige 100 Meter hinter der Grenze, irgendwo hinter der Molotow-Linie unweit Premissel. Und dann meinte einer aus seiner Einheit, der an das Grab getreten war, um die Namen auf den Kreuzen zu entziffern, bestürzt, das wäre ja der Rudi Cranz, der hier liegt! „Der Rudi Cranz, das gibt's doch nicht!"

Die Nachricht verbreitete sich wie ein Lauffeuer, es flossen bereits erste Tränen, denn jeder hatte da noch die Kraft zu trauern. Rudi Cranz, einer der großen Skifahrer Deutschlands, mehrfacher deutscher Meister. Franz, der selbst begeisterter Skifahrer war, hatte ihn sogar einmal in Garmisch-Partenkirchen auf der Piste beim Training getroffen. Das musste 1937 gewesen sein, ein Jahr nachdem Rudis Schwester Christl Cranz in Garmisch-Partenkirchen die olympische Goldmedaille in der Kombination gewonnen hatte. Vor der Kandahar-

Abfahrt waren sie ins Gespräch gekommen, da oben am Kreuzjoch hatten sie gestanden, schnaufend nach dem Aufstieg, und sie hatten sich gegenseitig zum Sonnenschein gratuliert. Dann war Cranz vor ihm den Hang hinuntergefegt, so elegant und kraftvoll, so viele Jahre jünger als er, und die Mädchen hatten sich alle nach ihm umgedreht – und nun lag er tot am Ende der Welt in sowjetischer Erde.

Einer nach dem anderen waren sie an das mittlere der drei Holzkreuze herangetreten und hatten Rudi Cranz wie auch den neben ihm Beerdigten einen letzten Tribut gezollt.

Franz fuhr sich über die Augen. Eigentlich war er einer aus den weißen Jahrgängen der zwischen 1901 und 1913 Geborenen gewesen, ohne jede Wehrpflicht. Doch das galt nach der Wahl Hitlers nichts mehr, fast sofort war er zu seiner ersten Ausbildung einberufen worden, der sich Lehrgänge und sogenannte Friedensübungen angeschlossen hatten. Sein Vater, selbst immer u.k. – unabkömmlich – gestellt, hatte ihn gedrängt, sich als Offizier der Reserve zu bewerben.

Hatte es eine Möglichkeit für ihn gegeben, Nein zum aufziehenden Schrecken zu sagen? Natürlich, damals, am 5. März 1933, als Hitler fast 44 Prozent der Stimmen bekommen hatte. Eine davon war die Seine gewesen, ganz oben auf dem vermaledeiten Wahlzettel hatte er sein Kreuz gemacht.

Als die Nationalsozialisten 1941 die Frakturschriften als „Schwabacher Judenlettern" diffamierten und im Herbst des Jahres auch die Sütterlinschrift verboten, hatte Franz sich darüber hinweggesetzt. Stille Freude hatte er stets bei dieser von den Feldpoststellen geduldeten, im Kleinen ausgelebten Subversivität empfunden. Doch, andererseits, wirklich gewehrt hatte er sich nie.

Die Briefe – der Gedanke holte Franz aus seinen Erinnerungen. Er warf einen letzten Blick in den freien Nachthimmel und schlich zu seinem Lager, um dort aus seinem Kriegstagebuch die Briefe des Bruders zu holen. Alle, die ihm geblieben waren. Zurück am Fenster hielt er sie ins Mondlicht und las. Langsam, jedes Wort festhaltend, und zum ungezählten Male.

Björns Briefe waren so anders als seine.

In jeder der Zeilen aus den ersten Kriegsjahren spürte man den um zehn Jahre Jüngeren, den Draufgänger, auch den Fehlgeleiteten. Franz las vom Abenteuerdrang eines jungen Menschen, der von der Langeweile und vom Stumpfsinn der Ausbildungskompanien berichtete; spätere Briefe aus Russland würden diese Ruhe insgeheim herbeisehnen. Björn schrieb kürzer und emotionaler als Franz, voller Ungeduld und sehnsüchtig auf seine Einsätze an der Front wartend. Während am 2. Dezember 1941 in der Schlacht um Moskau eine Aufklärungseinheit des Panzerpionierbataillons 62 die verschneite Trambahnendstation des Moskauer Vororts Chimki und den Kreml auf Fernrohrsichtweite erreichte, plagte sich Björn mit der stupiden Ausbildungsroutine im Artillerieregiment 337 herum.

Zu Beginn des Jahres 1942 erzählte er von seiner Freude über die Fahrten mit einem Krad während seiner Stationierung in Rennes, wo Björn auch nach Herzenslust an Motoren und Karosserien herumschrauben konnte. Wenige Monate später berichtete er von seinem Frust anlässlich des Angriffs auf Kertsch auf der Krim. Sein Fahrzeug war auf eine Mine gefahren. Das bedeutete Reparatur statt Vormarsch, während alle anderen weiterstürmten. Ob ihm bewusst gewesen war, welches Glück er gehabt hatte, nur sein Gefährt zu verlieren?

Am 1. Juni 1942 badete er mit seinen Kameraden unweit von Feodossija im Schwarzen Meer. Wenig später, im August, gab er in Woronesch Fahrschulunterricht für Lastkraftwagen und Halbkettenfahrzeuge.

Mit der Zeit wurden auch Björns Briefe nachdenklicher, noch knapper, düsterer. Und als er 1943 in Donezk stationiert war, war jede Euphorie verschwunden. Am 24. Mai des Jahres erlitt er, kurz nachdem er sich von der Gelbsucht im Feldlazarett 1/592 in Simferopol erholt hatte, bei Privolnoje im Donezbogen durch ein Explosivgeschoss schwere Verwundungen an beiden Beinen. In Lazaretten in Gorlowka, Dnjepropetrowsk, Lublin und Lochau kurierte er sich aus. Am 13. September 1943 meldete er sich, wieder genesen, bei einem Ausbildungslehrgang des Artillerie-Ersatzregiments 33 in Mannheim, wo er gemeinsam mit vielen anderen Soldaten für Aufräumkommandos der bombardierten Stadt abgestellt wurde. Gegen Ende des Jahres wurde er nach Paris und Versailles abkommandiert.

Der letzte Brief von Björn war eindringlich.

Er hatte ihn am 12. Februar 1944 geschrieben, kurz vor seiner Abkommandierung an die Ostfront. In der Champagne hatte er einen Friedhof mit Gefallenen des letzten Kriegs besucht, ungefähr 30 Kilometer im Nordosten von Chalon an der Marne bei einem Dorf mit Namen Souain. Björn schrieb, dass er schon beim Betreten des Friedhofs eine Vorahnung gehabt hätte, eine Hellsichtigkeit – die sich erfüllte. Ein Kamerad habe ihn auf ein Grab aufmerksam gemacht, zufällig, inmitten von 3.500 anderen. Auf dem Kreuz stand, mit der Nummer 1378 versehen, der Name von Björns Familie.

Es war das Grab von Karl, einem Onkel von Franz und Björn, gestorben am 19. September 1918 kurz vor der Novemberrevolution.

In einem seiner früheren Briefe hatte Björn geschrieben: *Wenn so ein leichter Wind geht, muss ich immer an unseren See denken und an die Segelfahrten. Ob wohl mein altes Schiff noch lebt? Wenn Du mal in Starnberg beim Kufer vorbeikommst, kannst Du ja mal danach fragen. Der hatte es zuletzt in seinem Garten liegen.*

Franz musste lächeln und faltete das nächste Blatt auseinander: Björn trauerte um seinen Freund aus Grundschulzeiten, Clemens Poelt, der am 25. Mai 1942 im Kessel von Charkow gestorben war.

Nicht Björn, sondern Hildur hatte Franz davon geschrieben.

Pengas, ausgerechnet der lebenslustige Pengas, hätte den Tod gefunden, stand da in der Handschrift der Schwester, nachdem der Koch seiner Kompanie auf der Suche nach einer Kuh in einer Scheune auf einen russischen Trupp gestoßen war. Die Russen, nun gewarnt, hatten sich abgesetzt und Pengas' Zug aus einem Wäldchen heraus beschossen, als dieser die Scheune aufbringen sollte. Dabei musste ihn die feindliche Kugel getroffen haben.

Und dann landete das vom gefallenen Pengas nicht mehr benötigte Kochgeschirr durch einen furchtbaren Zufall ausgerechnet beim Jacky Sedlmeier aus Pöcking, weil der gerade erst vom Kaukasus weg in eine Nachbar-Einheit von Clemens Poelt gekommen war und deshalb eine neue Ausrüstung erhalten hatte. Jacky sah die im Geschirr eingeritzten Initialen C. P. und erfuhr so vom Tod des Freundes. Noch ein anderer aus Pengas' Einheit stammte aus Pöcking, der schrieb davon mit großem Entsetzen nach Hause, und so kam es, wie es kommen musste: Im ganzen Ort wusste man Bescheid und trauerte schon still, bevor die Eltern selbst die offizielle Nachricht vom Tod ihres Sohnes erhielten. Niemand in Pöcking hatte es übers Herz gebracht, sie früher zu informieren, wer konnte das schon, ein Herz aus Stein hätte man haben müssen.

Dann Heldengottesdienst am 23. Juni in der noch von Fronleichnam festlich geschmückten Ulrichskirche, anschließend staatliche Trauerfeier am Kriegerdenkmal, da war sein Gedenkkreuz mittlerweile nur eines unter vielen, einfach nur zum Heulen, zum Schreien.

Björn trauerte um seinen Cousin Winfried Lutz, der, kurze Zeit nachdem beide anlässlich eines Urlaubs noch lustig in Berlin beisammen gewesen waren, im Sommer 1942 an der Front starb.

Er trauerte um seinen Freund Toni Kistler, der im darauffolgenden Herbst im Lazarett bei Stalino lag und wenig später im Osten erschossen wurde.

Er sorgte sich um seinen Freund Max Ruge, der im März 1943 an der Ostfront als vermisst gemeldet wurde.

Er trauerte um Jacky Sedlmeier, der am 28. September 1943 an der Ostfront umkam, zwei Monate vor seinem Bruder Josef, der da gerade einmal 18 Jahre alt war.

Oft fragte sich Björn, wie es wohl Klaus von Fritz in den USA ergangen war. Der hübsche Klaus, wie sie ihn genannt hatten, der sich trotz seiner Abstammung – sein Vater war ein Italiener auf der Durchreise gewesen, dessem guten Aussehen seine Mutter in einer ebenso schwachen wie hoffentlich schönen Stunde nicht hatte widerstehen können – so sehr als Deutscher fühlte, dass er verzweifelt war, als er mit seinem Adoptivvater und seiner Mutter das Land hatte verlassen müssen. Ein herzensguter und freundlicher Kamerad der Schulzeit, schrieb Björn. Hatte man Klaus zum Militär eingezogen und stand er nun an irgendeiner Front auf der anderen Seite? Was aber war das für eine beschissene Vorhersehung, die enge Freunde gegeneinander ins Feld führte? Damals, im Sommer 1936, als sich Clemens und Björn von Klaus verabschiedet hatten, vor dem Gasthaus zur Post, da hatten sie alle, selbst noch mehr Kind als erwachsen, es gespürt, dass das Barometer des Friedens fiel.

„Seitdem Vater nicht mehr an der Universität unterrichten darf, verdient er kein Geld mehr“, hatte Klaus gesagt, „wir müssen weg.“

„Aber vielleicht kann er doch etwas anderes machen?“, hatten die Freunde ihn traurig bedrängt.

„Meine Mutter sagt, dass Vater nicht mal mehr als Privatgelehrter arbeiten kann. Man hat ihm verboten, die Staatsbibliothek zu benutzen.“

„Das ist schäbig!“

„Er hat sich an anderen Hochschulen beworben. In Österreich, sogar in Estland, aber es hat nicht geklappt.“

„Und wohin zieht ihr dann?“

„Nach England, vielleicht Oxford. Von dort möchte Vater in die USA.“

„Das ist so weit weg …“

Natürlich, sie würden sich schreiben, regelmäßig, so wurde es vereinbart, und Klaus solle unbedingt berichten, ob die amerikanischen Mädchen wirklich so hübsch waren, wie sie alle dachten.

Bei ihrem letzten Treffen hatte Franz seinen Bruder sogar nach Klaus gefragt. Die Familie von Fritz sei tatsächlich in die USA gekommen, wusste Björn, erst nach Oregon, wie es hieß, dann nach New York, wo Klaus' Vater an der Columbia University lehre, einer der besten Hochschulen der Staaten. Aber die Briefe waren mit dem Beginn des Kriegs ausgeblieben. Und, ja, Klaus habe zuletzt geschrieben, dass die Mädchen in den USA sogar noch hübscher seien als erhofft. Doch die Mädels vom Starnberger See könnten da locker mithalten und das Heimweh, das sei schon arg. Klaus hatte auch gefragt, ob es nicht schön wäre, wenn man sich sommers einfach mal wieder an der Badestelle unterhalb des Schlosses in Possenhofen treffen könne? Gleich nach dem Krieg, der doch irgendwann enden müsse? Alles hinter sich lassen. Auf den Decken liegen, flachsen und rumblödeln, den Mädchen nachschauen, so wie immer, und dann, wenn die Sonne gar zu sehr brennt, ins Wasser laufen und mit kräftigen Zügen rausschwimmen, immer weiter, den Booten entgegen, im Süden zur Rechten die Roseninsel, dahinter die silbernen Kuppen der Alpen, darüber ein Himmel, selbstverständlich blau und weiß getupft, wie es sich gehört, ach, das wäre doch was …

Franz fuhr sich mit der Hand über die Augen und legte das offene Briefbündel seines Bruders beiseite.

Björn. Der Vater. Der Onkel.

Krieg war eine Familienangelegenheit. Es wurde zusammen gelebt und gestorben. Franz ballte seine Hand zur Faust, seine Lippen formten einen Fluch.

Gelegentlich hatte er Onkel Heinz mit leuchtenden Augen über dessen Erlebnisse aus dem großen Weltkrieg ausgefragt, damals, als er noch jung war und im Krieg eine Romantik wähnte, der Schriftsteller wie Ernst Jünger ein düster-heroisches Gewand gestrickt hatten. Doch der Mediziner im Generalstab hatte immer ernst abgelehnt. Vier Jahre lang Tod und Verzweiflung, Sprengschäden und Steckschüsse, Giftgas und Siechtum. Über die als Arzt an der Front erlebten Schrecken verlor er gegenüber seinem Neffen kaum ein Wort, außer dem einen Satz, mit dem er auf den Punkt brachte, was ihm weiterzugeben wichtig war: „Abends, Franz, wenn die Waffen schwiegen und sich Ruhe über die Gräben senkte, hörte man sterbende junge Männer in allen Sprachen Europas nach ihren Müttern rufen.“

Franz steckte die Briefe vorsichtig in seinen Taschenkalender zurück, strich über den lädierten Einband des kleinen Büchleins und, obwohl es ihm absurd vorkam – flüsterte er den Namen seiner Mutter.

XII

Am nächsten Morgen schoben sie das Kradgespann aus dem Schilf heraus. Kein Gefechtslärm mehr. Alles war still bis auf die Vögel am Ufer des Kuban, die ihnen ein Konzert gaben. Walodja startete den Motor. Noch war genug Benzin im Tank. Mit etwas Glück sollten sie heute auf jemanden treffen, der ihnen weiterhelfen konnte. Sie legten bei ordentlichem Tempo einige Kilometer zurück, entfernten sich immer weiter vom Fluss. Dann steuerten sie ein Wäldchen an.

Nadja rüttelte Walodja am Arm: „Wir haben die weiße Fahne verloren!"

Walodja drehte sich erschrocken um. Tatsächlich, die Fahne fehlte. Vielleicht war der Stock aufgrund der ständigen Erschütterungen des Gefährts herausgesprungen. Oder der Stoff war beim Herausmanövrieren des Krads im Unterholz des Flussufers hängengeblieben.

Walodja verlangsamte die Fahrt und hielt dann an: „Verdammt, ich habe nicht mehr darauf geachtet."

„Wollen wir umkehren? Vielleicht finden wir sie noch."

„Nein, jetzt sind wir so weit gekommen. Ich fahre langsam. Und hier sind keine Kämpfe mehr. Man wird uns rechtzeitig erkennen."

Walodja drehte wieder am Gasgriff und der Motor rasselte los.

Warmer Fahrtwind strich durch Nadjas lange Haare und ließ sie flattern. Das Wäldchen kam näher.

Walodja drehte sich zu Nadja und strahlte sie an. Sie lächelte und wollte nach seiner rechten Hand greifen, als unmittelbar vor ihnen ein Maschinengewehr das Feuer eröffnete. Unsichtbar aus dem Gebüsch heraus und ohrenbetäubend. Etwas traf Walodja am linken Arm und er riss das Lenkrad herum. Die Geschosse pfiffen an ihm vorbei. Tacktacktacktacktack, *sie durchschlugen den Seitenwagen, in dem Nadja saß, und zerfetzten das Reserverad hinter ihrem Kopf.*

Walodja schrie auf. Ungebremst steuerte er auf die Bäume zu. Der Aufprall katapultierte ihn aus dem Sitz.

Freitag, 08. September 1944

Der achte Tag der Gefangenschaft. Die frühen Morgenstunden waren unruhig gewesen. Das Dröhnen von schweren Fahrzeugen, darüber anhaltendes, nicht mehr allzu fernes Gegrummel; seit Jahren verhasst, kündigte es nun in Gefangenschaft die Nähe eigener Verbände an. Die Hauptkampflinie, irgendwo im Westen war sie zu hören – einige Male waren sie darüber eingenickt und wieder aufgeschreckt. Später drangen leise die Glockenschläge einer Arader Kirche zu ihnen, es war sechs Uhr.

Ihre Zelle war nicht mehr bewacht, längst nicht mehr abgeschlossen. Niemand trieb sie zur Arbeit an. Sie zogen sich an und liefen hinüber zu ihrer Baustelle vor dem Küchengebäude.

Lärm empfing sie im Hof. Auf dem gesamten Gelände der Festung herrschte großer Betrieb, über Nacht hatte sich jede freie Fläche der Zitadelle gefüllt: Auf dem Exerzierplatz bewegten sich sowjetische Kompanien, Lautsprecher krächzten blecherne Marschmusik und politische Parolen über die Köpfe der Männer hinweg. Auf den umliegenden Wiesen standen unterschiedlichste Panzer, von ältlichen Tanketten bis hin zum mächtigen IS-1, außerdem Lastwagen, Halbkettenfahrzeuge, Zugmaschinen, Werfer, Haubitzen, Flak, Pak, Funkstellen. Dazwischen rangierende Mannschaften, gebellte Befehle, dampfende Feldküchen. „Das sieht ja aus wie eine halbe Panzer-Division!", rief Hörcher Franz im Laufschritt zu.

„Hier wird's bald ungemütlich", nickte Franz grimmig.

Von den Ungarn war noch niemand zur Stelle, auch die rumänischen Wachen und ihr Vorarbeiter Mihai fehlten. Vor der Küche ein Hackstock, um ihn herum unzählige Hühnerköpfe, Berge von Federn und ein Eimer mit Hühnerblut. Die Frauen waren schon fleißig gewesen. Franz und Hörcher griffen nach ihren Werkzeugen. Aber noch bevor sie mit ihrer Arbeit beginnen konnten, öffnete sich die Küchentür und Käthe winkte sie herein: „Schnell!"

Auf den Kochstellen dampften die Kessel, der riesige Tisch war beladen mit Gemüse und zwei Dutzend gerupften Hühnern. Barbara stand über einem offenen Feuer und sengte die letzten verbliebenen Federn und Kiele ab. Stinkende Schwaden zogen durch den Raum, sie waren allein in der Küche.

Käthe zeigte auf ein Bündel Kleidung, das zusammengeschnürt unter dem langen Tisch lag: „Schaut, von meinem Vater. Er ist Dreschmaschinist, die Sachen sehen nach Arbeit aus, müssten euch passen!"

Barbara gesellte sich hinzu und lächelte Hörcher etwas schüchtern an.

„Wie geht es deiner Familie, Käthe?", fragte Franz.

„Im Moment geht es niemandem gut. Meine Mutter ist mit meiner Schwester und meinen Nichten im Keller, seitdem die Russen da sind. Die Mädchen sind gerade mal acht und zehn Jahre alt, aber draußen sind sie nicht sicher. Alle Fenster sind zugenagelt. Nur noch mein Vater verlässt das Haus." Hörcher nahm sie am Arm: „Hast du jemanden finden können, der bereit ist, uns zu führen?"

„Es war zu wenig Zeit. Alle sind zuhause und fürchten sich, ich konnte kaum jemanden treffen. Manche Russen benehmen sich wie die Tiere. Ein Nachbar wurde gezwungen, Frauen zu beschaffen, und danach erschossen. Unser Arzt, Doktor Neff, hat sich vergiftet, als die Russen vor seiner Tür standen. Nachts marodieren Banden durch die Gegend, die alles klauen, Weinfässer, Eingelagertes, Werkzeug, Möbel. Auf den Feldern wird nicht mehr gearbeitet, alles bleibt liegen. Der Wein verfault am Stock, Pflöcke werden rausgerissen, Weinpressen verbrannt, Weingartenhäuser geplündert."

Hörcher und Franz sahen sich an – halb entsetzt, halb resigniert. Das war der Krieg. „Eine Schande …"

„Aber ich habe einen Tipp bekommen, heute früh, als ich die Hühner geschlachtet habe. Hört zu: Der Mann, der seit gestern Ludwig vertritt, Banater wie wir, wusste etwas. Ihr seid nicht allein mit euren Plänen, jemand anderes will auch raus! Schon heute Abend! Kennt ihr die Stellmacherei?"

Hörcher nickte, er hatte die kleine Werkstatt hinter dem Sanitätstrakt und neben der Kirche schon gesehen.

„Einer von den Radbauern dort hat einen Bruder, der in Neu-Arad eine Schmiede führt. Der nimmt heute Abend einen Gefangenen in Empfang und will ihn nach Westen zu den Ungarn schleusen."

„Wie weit sind die Ungarn noch weg?"

„Angeblich nicht mehr als 20 Kilometer, nördlich der Marosch."

„Und wir können mit?", fragte Franz. „Der Schmied lässt sich auch auf eine größere Gruppe ein?"

„Es scheint so." Käthe zog ihre Augenbrauen aufgeregt in die Höhe: „Statt zu zweit wärt ihr dann zu viert."

„Wann und wo soll es losgehen?"

„Eine halbe Stunde nach Sonnenuntergang. Treffpunkt hinter den leeren Ställen südlich von hier. Dort müsst ihr über die erste Mauer klettern, dahinter wartet euer Führer und sammelt euch ein."

„Die Stelle kennen wir!", nickte Hörcher eifrig. „Was ist das für einer, der auch raus will?"

„Ein deutscher Truppführer der Organisation Todt. Mit ihm und dem Schmied klettert ihr über die weiteren Mauern, dann durch einen wilden Weingarten bis zum ersten Hof, von dort weiter an der Marosch entlang."

„Käthe", hakte Franz ein letztes Mal nach, „warum hilft der Mann uns?"

Die Gesichter beider Köchinnen versteinerten. „Auch seine Frau ist nicht verschont geblieben …"

Franz und Hörcher schauten sich fest in die Augen und nickten dann: „In Ordnung, wir versuchen es! Halbe Stunde nach Sonnenuntergang an der Mauer!"

„Wir informieren den Boten. Und jetzt müsst ihr raus!"

Hörcher spähte hinaus, dann verließen die beiden Männer die Küche und gesellten sich zu den mittlerweile zur Arbeit angetretenen Ungarn. Wenige Minuten später kam Mihai an und trieb sie, gegen den Lärm der Festung anbrüllend, zur Eile. Keine zehn Minuten später verschwand er wieder.

Gemeinsam schleppten sie Rohre an, mauerten Schächte, Franz befasste sich mit der Mechanik der zerstörten Pumpe. Mihai blieb verschwunden, nur einige Wachen warfen gelegentlich einen Blick herüber, sonst beschränkten sie sich auf das Rauchen und ihr Kartenspiel. Einer von ihnen ging zu jeder vollen Stunde Tee in der Küche holen. Um die Mittagszeit brachte er auch den Gefangenen Gläser und schenkte ihnen ein. Sie wechselten einige Worte mit ihm, einem Sathmarer Schwaben aus Wiesenhaid, der den Lauf der Geschichte verfluchte. Erst war sein Land ungarisch gewesen, dann rumänisch, dann wieder ungarisch, jetzt plötzlich russisch – und morgen? Nur weil die Mächtigen da oben alle den Verstand verloren hatten, Hitler, Stalin, Antonescu, Horthy, alle gleich, ihnen ein warmes Plätzchen in der Hölle! Wichtig waren doch nur die Saat, die Ernte, die Familie, der Glaube und der Friede. Darauf konnten sie alle trinken.

Am frühen Nachmittag brach ein Großteil der russischen Fahrzeuge auf, ein nicht enden wollender Konvoi, schwarze Rußwolken nebelten das Gelände ein, darin Pulks singender Infanteristen. Als es nach dem Ausrücken wieder stiller wurde, schien es den Zurückbleibenden, als sei der Lärm der Front nähergekommen, doch vermutlich war es nur der Wind, der gedreht hatte. Die Gedanken von Hörcher und Franz rasten, drehten sich unaufhörlich um die bevorstehende Flucht. Nur noch wenige Stunden, dann über die Mauern, hin zu den Ungarn irgendwo im Westen, 20 Kilometer, das war doch zu schaffen …

Als der letzte Sonnenstrahl verschwunden war, schlüpften sie in die Küche, keine der Wachen sah oder suchte nach ihnen. Sie legten ihre Uniformen ab und wechselten in die Kleidung von Käthes Vater, dem einfachen Landarbeiter. „Versteckt unsere Sachen gut!"

Barbara hob den grauen Stapel vom Boden und zeigte auf eine Reihe Körbe an der Wand: „Machen wir."

Eilig verabschiedeten sie sich von den beiden Frauen.

Wenig später hasteten sie an der Grube und den leeren Ställen vorbei. Sie erreichten die Mauer. Hörcher voraus, Franz, sich immer wieder umsehend, folgte, gemeinsam halfen sie sich nach oben. Die Mauerkrone war mächtige drei Meter breit – die beiden rollten darüber hinweg. Halb kletterten, halb rutschten sie an der anderen Seite herunter, direkt ins Unterholz, dort kauerten sie sich hinter einen dichten Busch. „Hier warten wir!“, flüsterte Franz.

Ein halber Mond, nur von leichten Wolken verhangen, ermöglichte gute Sicht.

„Nach der Skizze von Ludwig müssen andere Gefangenentrupps hier schon weitere Schanzsysteme angelegt haben. Sicherlich deutlich besser bewacht als der innere Festungsring“, murmelte Hörcher und Franz nickte. Sie durften sich keinen Fehler erlauben. Rotarmisten würden im Gegensatz zu den rumänischen Wachen keine Sekunde zögern und schießen.

Sie warteten. Niemand kam.

Je länger sie warteten, umso unruhiger wurden sie. Zweimal gingen Wachen in kurzem Abstand an ihnen vorbei, Franz konnte hören, wie einer von ihnen vor sich hinsummte.

Irgendwann begann Hörcher leise zu schimpfen: „Verdammt! Hier kommt keiner mehr! Lass uns den nächsten Wachtrupp abwarten und dann zurückgehen.“

„Noch fünf Minuten ...“

Weder der Gefangene von der Organisation Todt noch der ortskundige Bruder des Stellmachers erschien.

Hörcher und Franz krochen zurück, zogen und schoben sich auf der Festungsmauer mühsam wieder empor, ließen sich im Innern der Zitadelle zu Boden gleiten und hasteten geduckt, innehaltend, lauschend zur Küche hinüber. Die Tür war nicht verschlossen, der große Raum lag dunkel vor ihnen, nur ein paar Feuerreste glosten rötlich. Die Körbe – Franz nahm sich die ersten beiden vor, Hörcher wühlte schon tief im dritten.

Ein Geräusch ließ sie erstarren.

Wenige Meter neben ihnen bewegte sich ein Schatten, jemand räusperte sich, richtete sich auf: ein Mann, abgerissen und vom Alter gebeugt, wohl einer der Einheimischen, den man zur Arbeit in die Zitadelle gezwungen hatte und der sich ein warmes Plätzchen für die Nacht gesucht hatte. Erschrocken starrte er die beiden Deutschen an. Dann hob er beruhigend beide Hände, legte sich wieder zu Boden und drehte ihnen demonstrativ den Rücken zu. Franz hatte den Atem angehalten. Er sah zu Hörcher. Der zog gerade ihre Uniformen hervor.

Ohne ein Wort wechselten sie die Kleidung und steckten die zivilen Hemden und Hosen zurück in den Korb.

Sie beeilten sich, zurück zum Zellentrakt zu gelangen, ohne den Blick eines Russen auf sich zu ziehen, hielten die Köpfe tief gesenkt. Die Wache war einheimisch, ein alter Mann. Er lächelte müde, öffnete die Tür zur Zelle und zog es vor, keine verspätete Rückkehr zu melden.

Lange lagen sie noch auf ihren Pritschen und rätselten darüber, was schief gegangen war.

Samstag, 09. September 1944

Mitten in der Nacht wurden sie aus dem Schlaf gerissen. Zwei russische Wachsoldaten stürmten brüllend in die Zelle, geführt von dem Leutnant, den sie von der Registrierung ihrer Gefangenschaft auf dem Hof der Zitadelle schon kannten. Die Rotarmisten rissen Franz und Hörcher von ihren Schlafstätten und befahlen ihnen mit vorgehaltenen Maschinenpistolen, sich auszuziehen. Alle Kleidungsstücke wurden gefilzt, dann die Wände abgetastet, am vergitterten Fenster gerüttelt. Die Strohsäcke, auf denen sie schliefen, wurden aufgeschlitzt, ihr Inhalt ausgeschüttet, der Tisch umgeworfen.

Wieder kam Franz' Taschenkalender zum Vorschein – und wieder hielt ihn der Leutnant prüfend in seinen Händen. Er blätterte das Büchlein Seite für Seite durch, stockte kurz, als er auf die bekannten getrockneten Blumen stieß, und warf es dann zurück auf den Boden: „Du kannst es behalten. Ich stehe zu meinem Wort." Er gab den Wachen ein Zeichen und sie rückten ab.

Hörcher rieb sich die Schläfen: „Ich dachte schon, das war's mit uns … Was haben die gesucht?"

„Wahrscheinlich alles, was Gefangenen wie uns zum Ausbruch verhelfen kann."

„Bloß gut, dass ich Ludwigs Skizze nicht mehr habe. Alles hier oben notiert." Grinsend tippte er sich an den Schädel. Das Papier mit der Zeichnung hatte er längst im Brunnenschacht entsorgt.

Rumänische Wachen mit ernsten Gesichtern nahmen sie wenige Stunden später in die Mitte und eskortierten sie gemeinsam mit den inhaftierten Ungarn zu ihrer Baustelle. Vor dem Küchengebäude, das ihnen mittlerweile mehr als vertraut war, erwarteten sie wieder die Überreste vieler geschlachteter Hühner.

Sie nahmen ihre Arbeit auf. Mihai war abwesend und die Männer fragten sich, ob er überhaupt noch einmal wiederkäme. Die Ungarn versetzte aber etwas anderes in Aufregung. Den ganzen Morgen wurde darüber getuschelt, dass die Russen letzte Nacht zwei Männer auf der Flucht gestellt hatten. Deshalb jetzt wieder die verstärkten Wachen und Kontrollen. – Wer denn fliehen wollte? – Ein Deutscher mit der Hilfe eines Einheimischen, beide wären wohl noch am Leben, hätten aber nichts Gutes zu erwarten.

Zur Mittagszeit wurden Hörcher und Franz abgestellt, um Kascha für ihren Arbeitstrupp zu holen. Barbara erwartete sie: „Ihr habt großes Glück gehabt!"

„Was ist letzte Nacht passiert?"

„Der Mann von der Organisation Todt ist an der falschen Stelle über die Mauer, ich weiß nicht warum, und den Wachen direkt in die Arme. Die haben dann auch den Schmied erwischt. Furchtbar!"

In diesem Moment ging im hinteren Teil der Küche eine hölzerne Bodenluke auf und Käthe kam mit blassem Gesicht die Stiege empor. Als sie Franz und Hörcher sah, rief sie leise: „Kommt her, schnell! Das müsst ihr sehen. Das glaubt ihr nicht."

„Aber wir haben nur ein paar Minuten –"

„Dann beeilt euch, los!"

Die Männer folgten Käthe, die mit ihrer Petroleumlampe voranging, hinunter in den Keller. Das schwache Licht fiel auf unzählige Kisten, einen Berg aus Kartoffeln und Zwiebeln, ausrangierte Töpfe und Geschirr. In langen Regalen verstaubten viele leere und wenige volle Flaschen. Käthe führte die beiden in die hinterste Ecke. „Ich habe eigentlich nach Rattenfallen gesucht. Und dann das … hab's gleich wieder eingepackt", flüsterte sie.

Sie schob einige Weinballone, die in geflochtenen Körben steckten, beiseite. Eine zerschlissene Decke kam zum Vorschein, die sie fortzog. Käthe zeigte auf das darunter liegende Bündel, einen Armeerucksack.

Franz hob ihn an: „Oha!"

Bereits das Gewicht und ein leises Klackern verrieten ihm den Inhalt. Die deutschen Offiziere entnahmen dem Sack drei Stoffpakete, die sie auswickelten. Aus den öligen Tüchern kam zuerst eine Luger Modell 08, mit vollem Magazin 9 mm Parabellum, zum Vorschein. Dann eine belgische Pistole FN Browning Grande Puissance gleichen Kalibers. Eine MP 40, säuberlich zerlegt in Gehäuse, Schlagbolzen, Verschluss, Magazin, Riemen. Zuletzt eine Stielhandgranate.

„Ach du Scheiße …" Hörcher pfiff nervös durch die Zähne.

„Was machen wir damit?", fragte Käthe ängstlich.

Plötzlich rumpelte jemand die Stiege hinunter. Erschrocken drehten sie sich um. Vor ihnen stand Mihai, den Kopf unter der niedrigen Decke leicht geneigt. Eine Taschenlampe blitzte auf, der Lichtkegel wanderte über ihre Gesichter, blendete sie und fiel dann auf die Waffen. Mihai schaltete die Lampe aus. Schweigen im Keller.

Lange und grimmig musterte der baumlange Rumäne die beiden Deutschen. Dann schüttelte er ungehalten den Kopf und zischte: „Wenn ihr fliehen wollt, klettert nicht über Mauer. Ihr müsst durch Kanalisation, bei Rückseite Offiziersheim! Versteckt Waffen wieder. Und jetzt hoch mit euch!" Er drehte sich um und kletterte die Stiege empor als sei nichts geschehen.

Franz, Hörcher und Käthe brauchten einige Sekunden, um sich aus ihrer Starre zu lösen.

Hastig verstauten sie den Fund wieder unter den Decken und Gärballonen und stiegen ebenfalls nach oben in die Küche. Dort starrte die leichenblasse Barbara sie aus weit aufgerissenen Augen an. Mihai stand wortlos neben ihr, ruckte nur mit dem Kopf in Richtung Tür.

Franz und Hörcher folgten ihm nach draußen, wo Mihai beinahe über einen Eimer mit Hühnerblut stolperte. „Bring's zu Wachhunden!", schrie er den Wachmann an, der ihnen am nächsten stand. Dann stapfte er davon.

Bedrückt und verwirrt stürzten sich Franz und Hörcher wieder in ihre Arbeit an Brunnen und Rohren. Der Vorarbeiter blieb den restlichen Tag verschwunden. Würde er sie doch ausliefern – hatte er sie vielleicht längst schon verpfiffen? Warum sollte Mihai sie schonen und selbst ein Risiko eingehen?

Am frühen Abend hallten in kurzer Folge zwei Gewehrgarben über das Gelände. Ihr Stakkato verwarf sich an den Mauern, kehrte zurück und tönte zwischen den Gebäuden wider. Später fuhr ein Mann mit seinem Handwagen für das Essen der Offiziere vor und bestätigte den traurigen Verdacht. Man hatte einen Gefangenen und seinen Fluchthelfer exekutiert.

Als Franz und Hörcher wieder in ihrer Zelle lagen, unterhielten sie sich noch lange. „Mihais Tipp mit der Kanalisation unter dem Offiziersheim könnte eine Falle sein."

„Natürlich. Flucht ist riskant. Hierbleiben aber auch, Günther. Du hast von Anfang an nach einem Weg gesucht, hier rauszukommen, und du hattest Recht. Wir sollten es versuchen. Unsere Verbündeten sind nur 20 Kilometer entfernt. Wenn die Russen uns verschicken und wir erstmal irgendwo hinter dem Ural sind, kommen wir doch nie wieder zurück. Wenn es uns dann nur halb so schlecht ergeht wie den sowjetischen Gefangenen auf unserer Seite …"

Hörcher nickte düster: „Du sagst es."

„Wir sprechen morgen mit Barbara und Käthe. Vielleicht sind sie bereit, uns zu führen."

Hörcher fuhr erstaunt hoch: „Die Frauen?"

„Ich habe heute länger darüber nachgedacht. Überleg mal: Wir können ihnen trauen. Sie sind ortskundig. Und sie sind hier auch nicht sicher."

„Wir dürfen sie aber nicht noch mehr gefährden. Sie haben Familie."

„Natürlich. Sie sollen aus freien Stücken entscheiden."

„Wenn wir das schaffen … zusammen mit ihnen hier rauszukommen … Franz, wir werden unverschämt viel Glück brauchen." Hörcher blieb einige Sekunden stumm, dann lachte er: „Aber was haben wir schon zu verlieren?"

„Richtig. Was haben wir schon zu verlieren außer unserem Leben?"

Sonntag, 10. September 1944

Der zehnte Tag der Gefangenschaft. Neue Einheiten der Roten Armee waren in der Festung zusammengezogen worden. Franz zählte mehr als 20 Katjuschawerfer, als ihr Gefangenentrupp unweit der aufgefahrenen Fahrzeuge entlanggeführt wurde. Die Lafetten waren zumeist dreiachsige sowjetische Lastwagen, aber auch einige moderne US-amerikanische Studebaker waren darunter, gut zu erkennen an ihren großen Grills und den horizontalen Kotflügeln. Einmal mehr war Franz von der waffenbrüderlichen Verbundenheit der weltanschaulich so unterschiedlichen Alliierten beeindruckt. Deutschland gegen die beiden stärksten Länder der Welt – was hatte man nur erwartet? Als hätte ein tollwütiger Pinscher zwei Bären attackiert.

Rund um die Fahrzeuge waren die Besatzungen mit Wartungsarbeiten und Aufmunitionierung beschäftigt. Lauter junge, kräftige Männer mit Zuversicht und guter Laune, sicherlich eine Gardetruppe und offensichtlich bestens vertraut mit ihren Waffensystemen, die so großen Schrecken in die Reihen ihrer Feinde trugen. Das Heulen der Stalinorgeln, dann die Einschläge der Granaten, nahezu gleichzeitig, eng nebeneinander, rausspringen aus dem Loch im Boden und sterben im Gesurr oder noch tiefer rein in den Trichter, das Leben oder den Verstand verlieren, stundenlang gelähmt im Granatwerferschlag, kein Entrinnen und kein Verkriechen, zerreißende Körper im kochenden Eisen, Getroffene, in aufgewühlter Erde verblutend …

Nagelneu blitzten die Lafetten, während auf ihnen der Tod in Reihe montiert wurde. Beklommen liefen sie an den Werfern vorbei.

Vor dem Eingang zur Küche wartete Mihai. Er betrachtete seinen Trupp finster und wies Franz und Hörcher an, auszutreten: „Mitkommen! – Für euch andere Arbeit!"

Die beiden folgten dem hünenhaften Rumänen. Er führte sie bis zu einem der kleineren Gebäude, etwas abgelegen, und schob sie ruppig durch die Tür. Ein übler Geruch stach ihnen sofort in die Nase, Fliegen ohne Zahl summten auf und stürzten sich auf die Männer. Franz erkannte einen ehemaligen Schweinestall, er musste bis vor Kurzem noch in Benutzung gewesen sein, jetzt war der Raum vollgestellt mit ausgemusterten Fuhrwerken, Dreschmaschinen, rostigen Eggen und Bergen von Granathülsen. Franz spähte in einen der Koben, darin lag ein halb verwestes Ferkel.

„Hier bleibt ihr! Kein Russe kommt her. Heute Sonntag, Ungarn arbeiten nur bis Mittag. Danach kommt ihr zurück zu Küche und versteckt euch in Keller. Wenn es dunkel ist, geht ihr hinter Offiziersheim. Verstanden?"

Die Deutschen nickten.

„Bei einer von Eisentüren Schloss ist kaputt. Dort nach unten. Durch den Tunnel bis Marosch. Verstanden?"

Erneutes Nicken. „Danke, Mihai", wagte Hörcher es, den Vorarbeiter anzusprechen, „*mulțumesc.*"

Der verzog keine Miene. „Wenn man euch entdeckt, ich kann nichts tun für euch. Ich habe Frau und Tochter." Mihai drehte sich um und ließ die Tür ins Schloss fallen.

Franz und Hörcher verkrochen sich hinter einem der Fuhrwerke und warteten. „Wir konnten noch nicht mit Barbara und Käthe sprechen", flüsterte Hörcher nach einer Weile.

„Wir haben keine Wahl mehr. Heute oder nie."

„Meinst du, sie werden uns führen? Ohne Vorbereitung?"

Franz schwieg und atmete flach durch den Mund.

Der Gestank wurde immer unerträglicher und die Zeit wollte nicht vergehen.

Als sie endlich die Mittagsglockenschläge von der Festungskirche zählen konnten, stand ihnen die Erleichterung ins Gesicht geschrieben. Vorsichtig verließen sie den Stall und gingen auf direktem Weg zum Küchengebäude. Tatsächlich sahen sie schon von Weitem, dass ihre Baustelle geräumt war, weder Gefangene noch Wachen waren mehr dort.

Sie betraten die Küche, in der Barbara und Käthe allein waren. „Wir brechen aus“, fing Hörcher unumwunden an, „heute Abend. Durch die Kanalisation. Hinter dem Offiziersheim ist der Zugang.“

Franz nickte und erklärte den Frauen den genauen Plan. „Aber wir haben immer noch niemanden, der uns führt, sobald wir aus der Zitadelle raus sind. Die Front kommt immer näher. Es ist hier bald nicht mehr sicher. Auch deshalb dachten wir –“ Weiter kam er nicht.

„Dann fliehen wir mit euch“, sagte Käthe bestimmt. „Wir führen euch zu den Ungarn, wir kennen uns hier aus!“

„Wir haben selbst schon darüber nachgedacht“, bestätigte Barbara.

„Aber ihr wisst, dass es lebensgefährlich ist?“

„Wir riskieren es.“

„Und eure Familien?“, fragte Franz.

„Die wollen es auch so. – An der Marosch ist eine Mühle von Freunden meiner Großmutter. Wenn sie noch steht, können wir uns dort fürs Erste verstecken.“

Franz und Hörcher waren sprachlos, der Mut der beiden Frauen war beeindruckend. Über die drakonischen Strafen, die auf Fluchthilfe standen, mussten sich die jungen Banater Schwäbinnen im Klaren sein.

„Ihr müsst jetzt in den Keller“, scheuchte Käthe die Männer in Richtung der Bodenluke. „Kein Mucks da unten! Sonntags kommen nach dem Wachwechsel russische Unteroffiziere zum Feiern in die Küche.“

„Auch deshalb haben wir so viel geschlachtet“, meinte Barbara. Sie zeigte auf einen Berg ausgenommener Hühnchen.

„Sie saufen dann und werden irgendwann müde“, nickte Käthe. „Bis dahin müsst ihr euch verstecken. Zieht euch am besten gleich um, das Paket mit den Anziehsachen liegt hinter den Gärballonen. Wir holen euch, sobald die Luft rein ist."

Sie öffnete die Holzluke. Franz und Hörcher stiegen schnell hinab. Käthe sah ihnen hinterher und wartete, bis die Männer in die zivile Kleidung geschlüpft waren. Ihre Uniformbündel stopften sie eng zusammengewickelt unter ihre Hemden. Aus dem Rucksack holten sie die Pistolen. Als sie hinter den Flaschenregalen ein gutes Versteck gefunden hatten, schloss Käthe die Luke. Es wurde dunkel.

Franz ließ in der stickigen, dumpfen Stille sein Zeitgefühl im Stich. Er hätte kaum sagen können, wie viele Minuten oder Stunden vergangen waren, bis er schwere Schritte über sich hörte. Wüstes Stimmengewirr drang nach unten. Durch den Küchenboden konnten er und Hörcher die Unterhaltung der russischen Soldaten verfolgen. Nur drei oder vier Mann, schätzten sie, das war gut. Franz legte wie in Zeitlupe einen Finger an seine Lippen. Es war nicht nötig. Hörcher war wohl bewusst, dass sie nur zwei Meter Luft und ein paar Dielen von den Russen trennten.

Nach einiger Zeit wurden die Männer über ihnen lauter, zunehmend betrunkener. Sie begannen zu streiten, Stühle kippten um, etwas ging mit lautem Scheppern zu Bruch. Dann wurde es wieder versöhnlich, russische Lieder wurden angestimmt und die beiden deutschen Offiziere atmeten im Keller etwas freier.

Irgendwann kehrte Ruhe in der Küche ein. Der gerade noch hitzige Lärm wich schläfrigen Geräuschen: Gähnen, Aufstoßen, seliges Lallen, der erste Russe schnarchte.

Als sich die Luke plötzlich öffnete, griffen Franz und Hörcher nach ihren Pistolen.

Käthe kam auf Zehenspitzen die Stiege herunter. Aufgeregt flüsterte sie, dass Barbara den Soldaten den Wodka schließlich in Biergläsern serviert hatte. Nun schliefen die Russen völlig berauscht.

Zu dritt stiegen sie so geräuschlos wie möglich auf der Leiter nach oben. Vor einer Anrichte befüllte Barbara mit langsamen, vorsichtigen Bewegungen einen Rucksack mit Wasserflaschen und einigen Nahrungsmitteln; außerdem verstaute sie eine Karbidlampe,

Streichhölzer und ein Fernglas. Hinter ihr war die Küche verwüstet. Hühnerknochen türmten sich auf dem Tisch. Wodkaflaschen und zerbrochene Gläser lagen auf dem Boden. Auf den Bänken schliefen zwei Rotarmisten, zwei weitere lagen auf den Dielen.

Sie schlichen zwischen den Alkoholleichen hindurch.

Über den langen Stunden des angespannten Wartens im Keller war Franz' Knie steif geworden. Als Käthe, Barbara und Hörcher schon fast die Küchentür erreicht hatten, stolperte er über eine gewölbte Diele. Nur einen halben Meter vor einem der Rotarmisten stürzte er der Länge nach hin. Der Mann wurde wach, starrte Franz an und stieß einen wüsten Schwall von Beschimpfungen aus. Wütend trat er nach dem Störenfried.

„*Mulţumesc*", stammelte Franz und lächelte den Betrunkenen um Verzeihung bittend an, „*mulţumesc, mulţumesc.*"

Der Russe musterte ihn irritiert. Schließlich schwand der neugierige Schimmer in seinem Blick. Alkohol und Müdigkeit gewannen die Oberhand. Langsam fielen seine Augen wieder zu.

Es war längst dunkel, als zwei Dreschmaschinisten in grober Arbeitskluft und zwei junge Frauen mit Kopftüchern die Küche verließen und über das Gelände schlenderten, die Frauen plauderten rumänisch. Einer der Männer hatte ausgesprochen gute Laune. Er musste immer wieder lachen und steckte auch die beiden Frauen mit seiner Fröhlichkeit an. Die vier wirkten so natürlich und unbeschwert, dass zwar einige der Wachen, die sie passierten, misstrauisch schauten, aber nicht auf die Idee kamen, die Gruppe zu kontrollieren oder gar aufzuhalten.

Hörcher konnte gar nicht mehr aufhören, das von Franz gestotterte „*Mulţumesc*" nachzuahmen. Angst, Übermüdung, die große Anspannung des Moments – all das entlud sich in geradezu groteskem Gekicher, der schwäbische Leutnant kam nicht dagegen an.

Die Rückseite des Offiziersheims lag völlig im Dunkeln.

„Jetzt zeigt sich, ob wir Mihai trauen können", murmelte Franz, als er um die Ecke spähte.

Niemand zu sehen, kein Geräusch außer dem eigenen Atem.

Er nickte den anderen zu und schob sich Meter um Meter an der Gebäudewand entlang.

Eine endlose Minute verging, bis sie die eiserne Tür mit dem kaputten Schloss gefunden hatten. Sie huschten in den finsteren Gang dahinter, der nach wenigen geraden Metern über eine Handvoll steinerne Stufen in die Tiefe führte, Franz schloss die Tür.

Fäulnisgeruch und der Gestank von Exkrementen empfingen sie. Barbara zog die Karbidlampe aus ihrem Rucksack hervor und entzündete mit einem Streichholz eine Flamme. Das Licht tanzte auf den Ziegelsteinen und warf lange Schatten an die Wände. Langsam machten sie die ersten Schritte. Hörcher stieß sich trotzdem den Kopf und fluchte.

„Zieht eure Schuhe und Strümpfe aus", flüsterte Barbara, die mit der Lampe vorausging. „Bindet sie mit den Schnürsenkeln zusammen und hängt sie um euren Hals. Und krempelt die Hosen so hoch wie möglich." Sie wickelte ihren Rock hoch und bückte sich nach ihren Schuhen.

Hörcher spähte voraus zu einer mit Exkrementen gefüllten Rinne. Dutzende von Ratten huschten vorüber. Angewidert verzog er das Gesicht. „Denk an die Freiheit, Günther", flüsterte Franz.

„Du meinst, die riecht immer süß?", entgegnete Hörcher mit einem schiefen Grinsen.

„Wir sind jetzt unter dem Offiziersheim", erklärte Käthe, „das Rohr führt uns weiter unter allen drei Mauern durch bis runter zur Marosch."

„Wie lang ist der Tunnel?"

„Bestimmt einige 100 Meter. Hoffentlich reicht uns die Luft zum Atmen. – Tja, noch einmal tief einatmen, die Hinterlassenschaften von Offizieren riechen auch nicht besser als die von Gefreiten", meinte Käthe, nahm Barbara die Lampe ab, hielt sich mit einer Hand die Nase zu und war die Erste, die mit hochgerafftem Rock bis zu den Knöcheln im stinkenden Brei versank.

„Solange ich nicht ausrutsche, will ich mich gar nicht beschweren", murmelte Hörcher und folgte ihr.

Gebückt wateten sie durch den kaum schulterhohen Kanal, Franz als Letzter in der Reihe, Schritt um Schritt, Meter um Meter.

Die Atemnot nahm schnell und beklemmend zu. Damit hatten sie nicht gerechnet. Franz' Sichtfeld verengte sich und wurde am Rand schwarz. Das Licht der Karbidlampe war nur noch ein winziger Punkt, als würde die Flamme den letzten Sauerstoff im Gang verbrennen. Franz begann zu hecheln, auch die anderen keuchten schwer. Panik griff mit kalten Fingern nach seinen Schultern. Was für ein würdeloser Tod, erstickt in einem Fäkalienrohr … Er hatte das Gefühl, schreien zu müssen, als könne solch ein Schrei für Luft in seinen Lungen sorgen, und stolperte Barbara fast in den Rücken.

Franz schloss die Augen, legte zu beiden Seiten die Hände an die rauen Mauerwände und zwang sich zu immer noch einem Schritt.

Gerade als er dachte, er könne nicht mehr weiterlaufen, spürte er einen Hauch an den Wangen, einen feinen Luftzug von vorn. Tatsächlich – die Luft wurde etwas besser.

„Hört ihr das?", flüsterte Hörcher halberstickt.

Ein Summen, das bald zum Rauschen wurde.

Das Strömen der Marosch.

Sie beschleunigten ihre Schritte mit neu gefundener Kraft. Am Ende der Röhre versperrte ihnen ein Gitter den Weg, so verrostet, dass es sich problemlos heraustreten ließ. Hastig nach Luft schnappend zwängten sie sich durch den Ausgang, fielen schier übereinander und sanken neben dem stinkenden Morast nieder. Nur wenige Meter vor ihnen glitzerte der Fluss, in dem sich die Lichter Arads, weiter entfernt einige Lagerfeuer spiegelten, hinter ihnen die aufragende Mauer der Festung.

Der Mond war hinter Wolken verschwunden, sie sahen es mit Erleichterung. Den Schutz von Büschen und Bäumen nutzend schlichen sie zum Ufer. Einer nach dem anderen kroch ins Wasser, um sich dort gründlich Beine und Füße zu säubern. Sie zogen ihre Schuhe wieder an und warfen einen letzten Blick auf die Zitadelle von Arad. Käthe hatte noch im Rohr das Licht der Karbidlampe gelöscht. Jetzt fasste sie Barbara und die beiden Männer sachte an den

Armen und zeigte den Weg an, auf dem sie sich nun entfernen würden. Alle nickten sich zu.

Kriechend nahmen sie die ersten Meter. Dann stapften sie geduckt und langsam weiter durch das sumpfige Ufer, der Richtung der Strömung nach Süden folgend, in gut 100 Metern Entfernung neben einer Straße, die sie nicht sehen, aber hören konnten. Im Abstand weniger Minuten brausten zweimal Fahrzeuge darüber hinweg und die vier Flüchtigen warfen sich beide Male panisch zu Boden.

Zweige zerkratzten ihre Hände und Gesichter, ihre Schuhe und Strümpfe waren längst durchnässt und scheuerten, manchmal fanden Barbara und Käthe Trampelpfade, denen sie folgen konnten, dann kamen sie schneller voran, oft konnten sie sich nur auf allen Vieren durchs Unterholz zwängen.

Sie gönnten sich keine Pause.

Irgendwann erreichten sie eine Siedlung zu ihrer Linken. Sie kletterten die Böschung empor und blieben schwer atmend im hohen Gras liegen. Aus einem Haus unweit des Wassers drangen Stimmengewirr und deutsche Lieder herüber. Auf dem Hof erkannten sie Dutzende von Silhouetten, im Licht von Lagerfeuern wurde getanzt. Zwischen Fluss und Grundstück verlief ihr weiterer Weg. Dicht an den Menschen vorbei.

„Das ist Sigmundhausen, ein vorgelagerter Ortsteil von Neu-Arad. Hier gibt es eine sehr bekannte Gärtnerei", wisperte Käthe. „Sie machen die schönsten Blumensträuße im gesamten Banat."

„Eine Hochzeit", sagte Barbara leise, die der Musik gelauscht hatte. „Bestimmt würden sie uns helfen … aber wir wollen ihr Leben nicht riskieren."

„Und wenn nur du und ich hingehen, Barbara?", meinte Käthe.

„Besser nicht." Hörcher schüttelte den Kopf. „Wir sind noch zu nah an der Festung. – Franz, was macht dein Knie? Wollen wir hier verschnaufen? Wir könnten warten, bis die Feier vorbei ist, lange kann es doch nicht mehr dauern. Und dann weiter am Fluss entlang."

„Einverstanden." Franz war erschöpft.

Barbara nahm ihren Rucksack ab und reichte daraus die Wasserflaschen, einige in Tücher eingewickelte Hühnchenreste und Brot. So blieben sie liegen und aßen mit schlammverkrusteten Fingern.

Auf der Feier wurde es irgendwann stiller und die Lichter erloschen. Wie spät war es nun, Mitternacht?

Die Flüchtenden brachen auf. Sie schlichen durch hochstehendes Gras und Unterholz weiter, immer Richtung Westen.

Montag, 11. September 1944

Breit und träge floss der Strom aus den Ostkarpaten an ihnen vorbei, das gegenüberliegende Ufer war in der Dunkelheit kaum mehr auszumachen. Barbara erklärte, dass sie nach drei Inseln im Fluss suchen sollten: „Dahinter kommt die Mühle, die den Freunden meiner Großmutter gehört, drüben am anderen Ufer. Dort können wir uns verstecken und sie haben vielleicht ein Boot für uns. Damit kommen wir viel schneller voran!"

Nach einer weiteren Stunde, vielleicht auch zwei, des Stapfens durch die versumpfte Flussaue wurde schemenhaft eine Insel sichtbar, von Bäumen bestanden und düster. Ein zweites Inselchen dahinter. „Inselspitz! Gleich haben wir's geschafft, wir sind bei den Reserwatz-Auen." Zuversichtlich schritt Barbara voraus.

„Wartet!", wisperte Käthe. Sie zeigte auf etwas unter ihnen, am Fuß der abfallenden Uferböschung: „Schaut! Damit kommen wir trocken auf die andere Seite."

Zusammen mit Hörcher zog sie ihr Fundstück, einen uralten Kahn, aus dem Schilf. Hörcher führte ihn hinaus ins flache Uferwasser der Marosch. Während sie noch überlegten, wie sie sich zu viert am besten in dem schmalen Gefährt verteilen sollten, senkte sich der Nachen ab. Wasser drang gurgelnd ein und keine Minute später ging der Kahn unter. Frustriert und bis zum Gürtel durchnässt kletterte Hörcher wieder an Land.

Weiter quälten sie sich am Ufer entlang. Dann eine dritte Insel. „Dahinter muss es sein!“, flüsterte Barbara aufgeregt. „Nur noch ein Stück schwimmen, das schaffen wir alle, oder? Die Strömung ist hier nicht sehr stark. Dein Knie können wir danach wieder trocknen und versorgen, Franz.“

Alle nickten. Mit neuem Tempo huschte Barbara einige Meter vor den anderen voran, bis sie sich plötzlich ins Gras warf und „Achtung!“ zischte.

Käthe und die Männer ließen sich ebenfalls sofort fallen.

Innehalten, Lauschen, nichts zu hören außer dem Trommeln ihrer Herzen – oder waren da Stimmen?

Franz, Hörcher und Käthe robbten zu Barbara. „Was ist los?“

Sie zeigte stumm über den Fluss hinweg. Käthe hob langsam den Kopf: „Ich sehe nichts – warte, doch, da brennt was!“

Jetzt rochen sie den Dieselqualm, den ein leichter Wind herüberwehte. „Barbara, das Fernglas!“, flüsterte Franz.

Sie kramte es hektisch aus ihrem Rucksack hervor. Franz richtete es aufs andere Ufer und stellte scharf. Ein größeres Gebäude, vom flackernden Licht aus brennenden Tonnen beschienen, mit einem Mühlrad, das sich in der Strömung gemächlich drehte. Am Ufer Grüppchen von Männern, nur als Silhouetten erkennbar.

„Was siehst du, Franz? Ungarn, Rumänen?“

„Schwer zu sagen.“ Angespannt wanderte sein Blick über das Mühlengelände. Drei Feuer. Ungefähr 20 Mann. Und dort, waren das Zelte? Unter einigen Bäumen blinkte plötzlich Metall. Franz erkannte mehrere leichte Lastkraftwagen, auf ihren Pritschen montierte überschwere Maschinengewehre und auf den Fahrzeugtüren Sterne. „Russen!“, flüsterte er alarmiert.

Er reichte das Fernglas den anderen, die ebenfalls einen hastigen Blick hindurch warfen.

„Was jetzt?“, wisperte Käthe und ihre Stimme zitterte.

„Ein Stück zurück und im Bogen umgehen. Tiefste Gangart!“, flüsterte Hörcher. „Wenn die uns entdecken, rattern sie uns ein Ständchen rüber und wir sind schneller tot als wir Piep sagen können.“

„Könnten sie uns denn sehen?“, fragte Käthe tonlos. „Hier drüben, komplett im Dunkeln?“

„Natürlich, eine geübte Wache mit Feldstecher, dann eine Bewegung im Gras, da halten die einfach drauf …“

Vorsichtig zurück, wie in Zeitlupe, angespannt ins Gras gepresst, erst gute 100 Meter vom Fluss entfernt vorsichtiges Aufrichten, Kauern, Umschauen, das Blut in den Ohren sausend, noch immer in Reichweite der russischen Maschinengewehre, aber alles ruhig.

Im Kriechgang schlugen sie sich mühsam, immer wieder nervös innehaltend, eine weitere Stunde durch das Unterholz, bis die Frauen völlig erschöpft um eine Pause baten. Die Männer willigten gern ein.

„Wo sind wir jetzt?“, fragte Hörcher.

„Keine drei Kilometer vor Saderlach“, antwortete Käthe, „die Russen müssten wir ein gutes Stück hinter uns gelassen haben. Mein Herz! Ich dachte, ich falle tot um.“

„Das war knapp“, stimmte ihr Franz zu. „Saderlach – ein größerer Ort?“

Barbara nickte: „Dort wohnen fast 2.000 Menschen, zumeist Schwaben.“ Sie nahm ihren Rucksack zur Hand. „Unser Proviant aus der Zitadelle ist alle. Wir sollten versuchen, dort Essen zu bekommen. Ohne euch, das ist sicherer für alle.“

„Sollen wir noch näher an Saderlach heran?“, fragte Käthe. „Oder wollen wir uns hier verstecken und ein paar Stunden schlafen?“

Ihre Müdigkeit gab den Ausschlag.

Im Schutz des dichten Ufergebüschs suchten sie einen trockenen, uneinsehbaren Platz. Sie wickelten sich in alle verfügbaren Kleidungsstücke und legten sich eng aneinander. Sogar der Gefechtslärm, der kurze Zeit später nördlich der Marosch in einigen Kilometern Entfernung aufbrandete, konnte sie nicht vom Schlafen abhalten.

Am frühen Vormittag erwachten sie frierend. Morgensonne fiel durch das Schilf des Uferstreifens, noch zu schwach, um sie zu wärmen, doch das würde sich schnell ändern. Noch immer war das dumpfe Grollen der Artillerie zu hören. Sie beratschlagten sich und waren darin einig, dass sie im Licht des Tages nicht als Gruppe weitergehen würden. „Zu gefährlich", nickte Hörcher. Die Frauen würden den Weg nach Saderlach nehmen, die Männer würden versteckt warten und ihre Kräfte sammeln.

Als die Schritte von Käthe und Barbara nicht mehr zu hören waren, warf Hörcher ein paar Kiesel in die hier gemächliche Marosch und schaute den wegtreibenden Ringen auf der Wasseroberfläche nach: „Wie geht es weiter, Franz, wenn wir die Ungarn erreicht haben? Zum nächsten Bahnhof und dann zurück zu unseren Einheiten?"

„In jedem Fall zurück zur Einheit. Und dann wohl gleich zurück an die Front. Wir brauchen dringend neue Papiere. Nicht, dass uns die Kettenhunde noch an die Wand stellen. Wenn der Durchbruch bis Arad gelingt, könnten wir sogar in die Festung zurück. Dort liegen vielleicht noch Leute von uns."

Hörcher schüttelte traurig den Kopf: „Kaum vorstellbar, die anderen sind ja auch schon fort. Vielleicht unsere Ärzte – oder die Schwestern?"

Gegen Nachmittag wurden Franz und Hörcher unruhig. Schon länger drang ein dumpfes, vibrierendes Brummen bis in ihr Versteck und von den Frauen noch kein Zeichen. Sie beschlossen, das Risiko einzugehen und nach dem Ursprung des Dröhnens Ausschau zu halten. Südwärts schlichen sie geduckt durch ein hoch stehendes Feld bis zu einem Wäldchen vor einer Landstraße, wo sie sich schnell ins Gebüsch wühlten.

Starke Truppenbewegungen – mehrere schwer bewaffnete russische Kompanien mit Panzern, Halbkettenfahrzeugen und Lastwagen zogen an ihnen vorbei. Sie krochen schweigend wieder zu ihrem Lager zurück, warteten auf Käthe und Barbara und wurden immer nervöser.

Am späteren Abend kamen die Frauen endlich wieder. Sie hatten Milch, kostbare Butter und Weißbrot auftreiben können, aus einem Beutel zog Barbara eine halbe Melone hervor. Franz und Hörcher waren beeindruckt von der Findigkeit ihrer beiden Führerinnen, dankbar griffen sie nach den Köstlichkeiten.

„Es gibt immer noch Menschen, die helfen", sagte Käthe.

Es hatte die Frauen deutlich mehr Zeit gekostet, Informationen zum Geschehen an der Front zu erhalten. Angeblich seien deutsche und ungarische Verbände gemeinsam in Richtung Temeschburg vorgedrungen. Doch rechts der Marosch, vor Arad, hätten sich rumänische Kräfte mit den Russen vereint. „Die Volksgruppenführer haben die vorübergehende Evakuierung aller im rumänischen Teil des Banats lebenden Schwaben angeordnet!" Südwestwärts in die serbische Batschka sollte es gehen, doch nur wenige seien dem Aufruf gefolgt, zu groß sei das Chaos, und wer wolle schon den Hof seiner Vorfahren zurücklassen? Die Lage sei unklar und ändere sich stündlich.

„Lasst uns weiter, sobald es dunkel wird", drängte Franz, „Westen ist in jedem Fall die richtige Richtung."

„Barbara, Käthe: Weiter am Fluss entlang?", fragte Hörcher, während er mit Heißhunger sein Brot verschlang.

Die Frauen überlegten. „Die Marosch macht jetzt nordwärts einen großen Bogen und kommt erst danach wieder nah an Saderlach heran." – „Wenn wir dem Fluss folgen, brauchen wir länger. Und wir müssten bald an einem kleinen Ort direkt am Ufer vorbei. Oder wir kürzen quer über die Maisfelder ab, dann ist die Strecke nur halb so lang. So haben wir es heute schon einmal gemacht."

„Sind die Felder abgeerntet?"

„Nein, alles steht hoch, das Kukuruzbrechen fängt bald an."

„Gut, dann nehmen wir den kürzeren Weg."

Sie mussten nicht lange auf die Dämmerung warten. Dann brachen sie auf und tauchten in das dichte Grün des ersten Maisfelds ein. Ein mühsames Vorankommen – zwar konnten sie sich zwischen den mannshohen Pflanzen recht gut und unsichtbar bewegen, doch je tiefer sie in die Felder eindrangen, desto mehr liefen sie Gefahr, sich zu verlaufen oder im Kreis zu gehen. Einmal mussten sie frierend innehalten, in den bedeckten Nachthimmel schauen und darauf warten, dass die Wolken gnädig beiseite rückten, sodass einige Sterne ihnen wieder Orientierung gaben.

Nach knapp einer Stunde kamen erste Lichter einer Siedlung in Sicht. Saderlach. Sie bogen leicht nach Nordwesten ab, um den Ort zu umgehen, schlichen weiter durch die Felder, bis sie sich wieder der Marosch näherten. Schwarz tauchte der Schatten eines Wäldchens vor ihnen auf. Sie überquerten einen versumpften Flussarm. Als sie den Schutz der Bäume erreicht hatten, beschlossen sie, dort ihr Lager aufzuschlagen; viel Strecke hatten sie in dieser Nacht nicht geschafft. Aus den Bäumen brachen sie Zweige ab, die sie als Unterlage, Decken und zur Tarnung ihres Verstecks nutzten.

Dienstag, 12. September 1944

Sie schliefen unruhig, nicht nur wegen ihres Nachtlagers inmitten eines Gewimmels an Käfern, Spinnen und Wanzen. Die beständige Angst, entdeckt zu werden, geschürt vom aufflammenden Lärm der Gefechte in unbestimmter Nähe, zehrte an ihren Nerven. Einmal meinten sie, das Donnern würde von allen Seiten gleichzeitig kommen. Als es hell wurde, schälten sie sich aus ihren Ästen und steckten sie zu einem provisorischen Unterstand zusammen. Wieder würden sie den Tag im Versteck verstreichen lassen.

Gelegentlich kletterte Hörcher in einen Baum, um sich vorsichtig einen Überblick zu verschaffen. Das Fernglas lieferte ihnen wertvolle Dienste: Saderlach hatten sie hinter sich gelassen, doch ein Stück der durch den Ort verlaufenden Hauptstraße war von Hörchers Spähposten noch einzusehen. Rumänische und russische Einheiten waren mit Lastwagen unterwegs. Schwere Sturmgeschütze wurden transportiert und Haubitzen verlegt. Leichte Jagdpanzer mit rotem Stern, Flakpanzer und Raketenwerfer rollten Richtung Westen. Dazwischen immer wieder und stetig mehr Flüchtlinge mit Koffern, Taschen und Handwagen, auf denen sich Besitztümer stapelten. Familien, die ihre Ochsenkarren mangels Zugtieren selbst zogen. Wie eine verirrte Springflut schwappte die Front entlang der Marosch über das Land, immer wieder die Richtung wechselnd und Verzweifelte hierhin und dorthin spülend.

Ein anschwellendes Grollen trieb Hörcher aus seinem Baum. Am helllichten Tag flogen Bomber einen Angriff, wahrscheinlich gegen Arad. Die Flugzeuge kamen direkt aus der Sonne und waren nicht zu identifizieren. Franz lieh sich das Fernglas und stierte in den Himmel, musste aber schnell aufgeben. In diesen Tagen militärischen Irrlichterns blieb es Spekulation, ob deutsche Flugzeuge eine russische Festung angriffen, ob englische Flugzeuge eine deutsche Festung angriffen, ob ungarische Flugzeuge eine rumänische Festung angriffen.

Gegen Abend ertönte lautes Rascheln im Maisfeld, nur wenige Meter von ihrem Lager entfernt. Wildschweine oder Rehe? Doch dann näherte sich ein Schatten ihrem Waldlager, Schritte kamen langsam tastend näher.

Die Männer schoben die Frauen hinter sich, tiefer in ihren Unterstand. Hörcher griff nach seiner Parabellum und entsicherte die Waffe.

Das Klicken tönte viel zu laut in ihren Ohren, das Geräusch der Schritte verstummte. Dafür ein leiser Pfiff: „Gut Freund. Nicht schießen." Mit erhobenen Händen trat ein älterer Mann zwischen den Bäumen hervor und erklärte in feinstem Hochalemannisch: „Ich bringe euch etwas zu essen!"

„Ja, bin ich denn im Hotzenwald gelandet?", rief Hörcher verblüfft und ließ die Pistole sinken. „Du sprichst genauso wie mein Onkel in Laufenburg und dort kann man über den Rhein in die Schweiz spucken."

Der Mann – seiner Kleidung nach ein Bauer aus der Umgebung – grinste und trat an die vier heran. In melodiösem Singsang fuhr er fort: „Kein Wunder, ich bin ein Saderlacher. Unsere Altvorderen kommen aus dem Südschwarzwald." Er setzte einen Beutel ab, den er auf dem Rücken getragen hatte, und schnürte ihn auf.

„Woher weißt du, dass wir hier sind?", fragte Franz.

„Ich weiß es von unserem Dechantpfarrer und der hat es von den Leuten, die eure Frauen gestern versorgt haben. Hier ringsum liegen unsere Weiden, da sind unsere Kinder und hüten unsere letzten

Schafe, denen entgeht nichts. Aber es ist gut, dass ihr das Dorf jetzt meidet. Zu viele Soldaten."

„Wir sind sehr dankbar für die Hilfe. Das ist mutig."

Der Bauer winkte ab: „Wir helfen, wenn es drauf ankommt. Und wenn wir uns was in den Kopf setzen – dann sind wir genauso stur wie die Hotzenwälder." Vor den hungrigen Augen der Flüchtenden holte er Paprika, Brot, eine Flasche mit Traubensaft und ein beachtliches Stück Speck aus seinem Beutel, das Hörcher einen unterdrückten Freudenschrei entlockte.

„Kannst du uns sagen, ob die Ungarn vorrücken?", fragte Franz.

„Ja, es heißt, dass die Ungarn versuchen, nach Petschka und Arad zu kommen. Wir geraten immer mehr in die Schusslinie. Deshalb bin ich auch hier. Ihr müsst dringend weiter: Kommt in einer Stunde an die große Hutweide hinter dem Wäldchen. Am Ortsrand, Richtung Neu-Bodrog. Vier von unseren Männern werden euch weiterführen, an der Schnapsbrennerei vorbei, und euch Schutz geben."

„Schutz? Vor den russischen Soldaten?"

„An der Schnapsbrennerei haben sich viele Menschen versammelt, keine Einheimischen, es wird getrunken. Sie haben Waffen, es sind Rumänen darunter, auch Banater Bulgaren aus Winga und viele Versprengte. Sie sind aufgebracht und haben Angst. Wenn Sie euch entdecken, habt ihr nichts Gutes zu erwarten. Sobald sie erkennen, dass ihr Deutsche seid, liefern sie euch an die Russen aus. Oder sie erledigen euch gleich selbst und schmeißen euch in den Fluss."

„Wir werden an der Weide sein. In einer Stunde", versicherte Franz.

Der Bauer nickte zufrieden, hob die Hand zum Abschiedsgruß und verschwand ebenso schnell im Dickicht der Maisstauden wie er gekommen war.

Sie ließen die Spuren ihrer Anwesenheit so gut wie möglich verschwinden, bauten ihren Unterstand ab, vergruben die leere Flasche und brachen dann auf. Rechtzeitig erreichten sie die große Wiese zwischen Fluss und Dorf, auf der die Bauern ihre übrig gebliebenen Schafe, Rinder und Ziegen grasen ließen. Vom Ufer der Marosch bis zum Ortsrand von Saderlach lag hier wohl ein guter Kilometer.

Sie kauerten sich in das von Büschen gesäumte hohe Gras. Kurze Zeit später näherten sich aus der Siedlung einige Personen. Es waren vier ältere Männer mit langen Stöcken und in Begleitung einiger Hunde. Viehhirten aus Saderlach. Franz erhob sich halb und winkte ihnen, mit kurzem Gruß traten sie heran und bedeuteten den vier Flüchtenden, ihnen zu folgen. Zwei der Hirten trugen uralte Winchester Schrotflinten aus dem vergangenen Jahrhundert. Als Franz und Hörcher die Waffen sahen, griffen auch sie nach ihren Pistolen und entsicherten sie. Einer der Viehhirten nickte zustimmend. Sie gingen los.

Bald war von Weitem Lärm zu vernehmen, die Hirten gaben sich Zeichen und verlangsamten ihre Schritte, auch die Hunde wurden unruhig. Dann machten sie mehrere Lagerfeuer vor einem Industriekomplex aus, ungefähr 150 Meter entfernt. Hunderte Menschen schienen sich dort versammelt zu haben. Sie hörten Gröhlen, Rufen, Gelächter und Gesang.

Tief beugten sie sich hinunter ins Gras und schlichen mit größter Vorsicht weiter, Richtung Marosch. Dann, aus dem Dunkel, eine laute Männerstimme, die sie anrief.

Die Hirten sprangen auf und liefen los, ihre Hunde hinterher, Franz, Hörcher, Barbara und Käthe folgten, ohne zu zögern.

Schüsse fielen. Zur Linken erkannte Franz aufblitzendes Mündungsfeuer. Ein Hirte ließ sich zurückfallen, drehte sich im Laufen zur Seite und feuerte mit seiner Winchester zurück. Das gewaltige Donnern der alten Flinte schien Eindruck zu machen. Die Schüsse verstummten. Aber ihre kleine Gruppe rannte weiter, die Flüchtenden folgten den Hirten, hastiges Springen in den Sumpfstreifen am Fluss, über Steine, durch gurgelndes Wasser, mit glühenden Lungen immer vorwärts. Als Franz wagte, sich umzuschauen, konnte er keine Verfolger erkennen. Sein Knie begehrte auf, doch er zwang sich weiter voran.

Sie rannten, bis sie an den Damm einer Bahnlinie gelangten. Franz ließ sich in den Schotter des Gleises fallen, die höllisch pochenden Schmerzen im Knie raubten ihm fast die Besinnung. Auch die anderen hechelten und schnauften, die Hände auf die Knie gestützt. Einer der Saderlacher Hirten flüsterte zwischen pfeifenden Atemzügen: „Ihr seid in der Nähe von Neu-Bodrog! Wenn keine Russen zu sehen sind, könnt ihr ein Stück auf der Straße weiter. Es ist nicht mehr weit und auf der Straße seid ihr viel schneller."

Der Mann neben ihm nickte, während er sich unruhig umschaute: „Dahinter kommt bald Fellnack. Doppelt so groß wie Saderlach, dort leben viele Rumänen. Umgeht den Ort rechterhand zur Marosch hin durch die Flussauen. Bis nach Deutschsanktpeter sind es ungefähr acht Kilometer. Wahrscheinlich hilft man euch dort weiter, aber bleibt vorsichtig. Petschka liegt nördlich davon, jenseits der Marosch, das ist die größte Strecke, die ihr noch schaffen müsst. Wenn Gott will, sind da schon die Ungarn."

Franz realisierte erst jetzt so recht, dass sie an einem Eisenbahngleis verharrten: „Was ist das für eine Bahnlinie?"

„Die Saderlacher Eisenbahn, elektrisch. Verbindet Arad mit Saderlach. Dahinter Perjamosch, Sekeschut und Großsanktnikolaus im Westen. Passt auf euch auf – wir müssen jetzt zurück. Viel Glück!"

„Vielen Dank für eure Hilfe, vergelt's Gott!"

Die vier schauten den Männern aus Saderlach nach, als diese mit ihren Hunden ins Dunkel der Nacht davonschlichen.

Hörcher kauerte sich neben Franz: „Geht es wieder?"

„Es muss."

„Wenn wir jetzt ein Stück an der Straße gehen, sollten wir uns besser tarnen." Hörcher griff in den staubigen Schotter zwischen den Schienen und rieb sich mit dem schwarzen Schmutz Wangen, Stirn und Hände ein. Die anderen taten es ihm nach.

„Was wisst ihr über Neu-Bodrog?", fragte Franz die Frauen, während sie ihre Gesichter bearbeiteten.

„Der Ort ist klein. Nördlich davon gibt es ein bekanntes Kloster, sehr alt, aus dem zwölften Jahrhundert. Rumänische Mönche leben dort. Wegen ihnen hat man sogar die Marosch umgeleitet, um das Kloster vor Hochwasser zu schützen. Das muss aber auch schon 100 Jahre her sein."

„Es gibt eine Sage", ergänzte Barbara, „dass in Neu-Bodrog ein Ochse eine Ikone der Muttergottes gefunden hat und dass diese Ikone Wunder bewirken kann."

„Na, dann sind wir hier doch genau richtig", nickte Hörcher zufrieden, stand auf und schritt aus. Die anderen folgten ihm.

Auf der Straße und bei mäßigem Tempo erholte sich Franz' Knie wieder etwas. Doch um das Dorf zu umgehen, mussten sie sich viel zu früh wieder in Felder und wilde Weiden schlagen. Bis Fellnack brauchten sie etwas mehr als eine Stunde, die umständliche Strecke am Ort vorbei und nordwestwärts der Marosch entgegen kostete sie noch einmal so viel Zeit. Das Gelände wurde schwieriger, wieder sumpfig, nass. Sie durchwateten Bäche und zwängten sich durch Gebüsch, das nach ihnen schlug.

Mittwoch, 13. September 1944

Deutschsanktpeter war noch nicht in Sicht, als sie wie tot in ein Maisfeld fielen. Es war wohl ungefähr vier Uhr am Morgen. Sie hatten keine Kraft mehr, ein Behelfslager für die Nacht zu bauen, und schliefen sofort ein, die Ackerkrume war ihr Bett. Über ihnen wogten die Maisstauden im Wind, der aus Westen kam.

Der erste Morgenschimmer weckte sie nach zu wenigen Stunden unruhigen Halbschlafs. Wieder donnerte Artillerie, zermürbend und unberechenbar, Rauchbäume stiegen jenseits der Marosch in den Himmel und verwehten in schmutzigen Fahnen. Im Osten über Arad Rauchwolken, hinter denen die Sonne aufging. Mühsam drückte sie ihr Licht durch den braunen Schleier.

Das gebückte Schleichen und Krabbeln durch Wiesen, Felder und Unterholz hatte ihre Reserven aufgezehrt. Kniegelenke, Beine und Füße von allen waren wundgescheuert, offen und mit prallen Blasen bedeckt. Hörcher litt an Übelkeit und hatte Gleichgewichtsstörungen.

Käthe befühlte besorgt die Stirn des jungen Schwaben: „Günther, du hast Fieber!“

Während Hörcher nur lethargisch mit den Achseln zuckte, schüttelte Franz grimmig den Kopf: „Kein Wunder. Kaum Schlaf, arschkalte Nächte, heiße Tage, wenig Essen und dann noch die Strapazen – das alles mit sechs fehlenden Zehen! Und so lange ist deine Diphterie auch noch nicht her …“

Barbara schaute besorgt auf ihre fast leere Wasserflasche: „Wir haben uns einige Kilometer von der Marosch entfernt. Hoffentlich reichen unsere Vorräte, bis wir in Deutschsanktpeter sind.“

„Also sind wir uns einig, dass wir dort Hilfe suchen?“, fragte Franz.

„Wir machen es wie in Saderlach“, schlug Käthe vor, „ihr bleibt in Deckung, wir zwei versuchen unser Glück. Aber jetzt müssen wir überlegen, ob wir den Tag hier im Mais verbringen?“

Franz schaute auf Hörcher, der mit verschleiertem Blick in den Himmel stierte. „Ich denke, wir sollten es riskieren und weitergehen. Schaffst du das, Günther?“

Hörcher nickte und ließ sich von Franz aufhelfen.

Die aneinandergereihten Maisfelder, durch die sie liefen, standen so hoch, dass sie einige Male die Orientierung verloren. So richtig hell wollte es an diesem Tag nicht werden, im diesigen Licht ließ sich der Sonnenstand kaum bestimmen. Sie gingen, krochen, schlichen weiter, auch wenn sie ihre Wegrichtung mehr erahnen mussten. Einmal scheuchten sie eine Rotte von Wildschweinen auf, die quiekend vor ihnen davonstob. Die Tiere hatten an einem Toten gefressen, der mitten im Feld lag. Vielleicht ein Soldat, vielleicht ein Bauer. Es war nicht mehr zu erkennen. Sie flohen vor dem Gestank.

Der Vormittag schritt voran. Im Feld wurde es stickig und schwül. Der Staub kroch in ihre Kleider, in die Nasen, juckte, sie hatten kein Wasser mehr. Der Wind, der den Mais über ihnen wogen ließ, drang nicht zu ihnen nach unten durch. Pferdebremsen umschwärmten und malträtierten sie, Mücken stachen. Hörcher, kurz vor dem Delirium, wurde von Barbara und Käthe gestützt.

Plötzlich zischte Franz: „Deckung!"

Alle vier ließen sich zu Boden fallen und blieben reglos liegen. Franz verfluchte sich. Der Wind über ihnen hatte den leisen Klang des Motors verweht, den Triebwagen hatte er viel zu spät gesehen, auf den Trittbrettern Rotarmisten mit Gewehren im Anschlag.

Franz presste sein Gesicht in die Erde und biss sich auf die Knöchel seiner Finger, bis er Blut schmeckte. Verdammt, verlaufen! Sie hatten sich dem Bahndamm genähert, ohne es zu merken.

In gemächlicher Fahrt tuckerte der Schienenwagen an ihnen vorbei Richtung Arad. Einige der Soldaten unterhielten sich, Franz konnte sie klar hören, andere spähten über die Felder bis zum Waldrand, hinter dem die Marosch floss. Sie zeigten auf die Rauchpilze im Osten, und so konzentriert waren sie darauf, nach dem Geschehen in der Ferne Ausschau zu halten, dass sie die vier Menschen keine fünf Meter neben ihnen im Maisfeld nicht bemerkten.

Als der Triebwagen verschwunden war, blieben die Flüchtenden stöhnend liegen. Das Adrenalin, das in ihren Adern implodierte, machte sie bewegungsunfähig, hielt sie am Boden fest. Barbara und Käthe weinten.

Hörcher war ganz still. Er starrte in den Himmel, der sich eintrübte, im Osten schon schwarz wurde und seine Wolken immer weiter zu einem Gewitter auftürmte. Käthe beugte sich über Hörcher und rüttelte ihn. Nur langsam kam er wieder zu sich. Sie mussten so schnell wie möglich weiter. Nur weg vom Bahndamm. Die Luft fühlte sich an wie ein feuchter Schwamm.

Auf allen vieren krochen sie fort. Hörcher zogen und schleppten sie zu dritt mit. „Und jetzt?", keuchte Käthe nach etwa zehn Minuten.

„Jetzt warten wir …" Franz schätzte, dass sie kaum mehr als 100 Meter zwischen sich und den Bahndamm gebracht hatten. Es musste reichen. „… auf den Sonnenuntergang."

Nach einer Stunde kam der Triebwagen zurück. Diesmal konnten sie ihn gut hören, da sich der Wind gelegt hatte. Die Ruhe vor dem Sturm. Der Triebwagen fuhr deutlich schneller als auf dem Hinweg, nun nach Westen, Richtung Perjamosch.

Erneut verkrallten sich die Fliehenden in der Banater Erde, die ihnen eine treue Beschützerin gewesen war. Wieder blieben sie unentdeckt.

Hörcher lag reglos im Feld. Er streckte seine Gliedmaßen aus, als sei er auf dem Boden gekreuzigt. Apathisch starrte er in den Himmel, aus dem erste Blitze fuhren. Franz und die Frauen beobachteten ihn besorgt. Der Schwabe summte einige fiebrige Töne, Barbara fuhr ihm mit ihrer Hand über die Stirn. Aus den gesummten Tönen wurde ein Lied.

Nach einer Melodie, die der Marseillaise ähnelte, begann Hörcher zu singen. Er sang leise über seine Heimat, die Hymne der Württemberger:

„Preisend mit viel schönen Reden
Ihrer Länder Wert und Zahl,
Saßen viele deutsche Fürsten
Einst zu Worms im Kaisersaal.

Herrlich, sprach der Fürst von Sachsen,
Ist mein Land und seine Macht;
Silber hegen seine Berge
Wohl in manchem tiefen Schacht.

Seht mein Land in üpp'ger Fülle,
Sprach der Kurfürst von dem Rhein,
Gold'ne Saaten in den Tälern,
Auf den Bergen edlen Wein!

Große Städte, reiche Klöster,
Ludwig, Herr zu Bayern, sprach,
Schaffen, dass mein Land den euren
wohl nicht steht an Schätzen nach.

Eberhard, der mit dem Barte,
Württembergs geliebter Herr,
Sprach: Mein Land hat kleine Städte,
Trägt nicht Berge silberschwer;

Doch ein Kleinod hält's verborgen:
Dass in Wäldern, noch so groß,
Ich mein Haupt kann kühnlich legen
Jedem Untertan in' Schoß.

Und es rief der Herr von Sachsen,
Der von Bayern, der vom Rhein:
Graf im Bart! Ihr seid der Reichste,
Euer Land trägt Edelstein!"

Nach Hörchers letzten gebrochenen Tönen öffnete der Himmel seine Schleusen. Wolken brachen, als hätte die Marosch ihr Bett verlassen und würde laut prasselnd auf die im Mais liegenden Geflohenen herabfallen. Das Wasser wusch ihnen den Staub aus den Gesichtern.

Es kühlte schnell ab und die Tropfen verschwanden, um Hagel zu weichen. Harte Geschosse prügelten nun auf sie ein, groß wie Murmeln. Rauschen erfüllte die Luft wie ein Konzert von tausend Trommeln. Hörcher regte sich nicht mehr, er schien bewusstlos. Die ersten Eiskörner hatten sein Gesicht blutig geschlagen, bevor Franz, Barbara und Käthe sich über ihn kauern und ihn beschützen konnten. Sie hielten ihre Arme über seinen Kopf, um die Kraft des Sturms zu mildern. Keine Minute später war das Feld von einer Eisschicht überzogen, als befänden sie sich auf einer Winterwiese.

Der Hagel endete und mit ihm nahezu alle Hoffnung.

So weit waren sie gekommen. In Reichweite der Freiheit, die vielleicht bereits hinter Deutschsanktpeter auf sie wartete. Doch sie hatten keine Kräfte mehr. Die Ackerkrume unter ihnen nur noch Wasser und Matsch.

Die Grillen begannen wieder zu zirpen, Grashüpfer kletterten über sie hinweg. Franz barg seinen Kopf in lehmverschmierten Händen.

Es raschelte im Feld, nur wenige Meter von ihnen entfernt. Ein Tier? Ein Soldat? Franz griff nach seiner FN Browning. Wenn sie jetzt sterben sollten, würde er ihr Leben teuer verkaufen. Käthe und Barbara schauten mit weit aufgerissenen Augen hinter sich, wo sich die hohen Maisstauden bewegten. Jemand bahnte sich dort einen Weg durchs Feld. Franz entsicherte die Pistole mit leisem Klicken und sofort stoppte die Bewegung.

Einige Sekunden verstrichen.

Dann wieder Rascheln, vorsichtige Bewegung. Doch wer oder was auch immer durchs Maisfeld schlich, entfernte sich von ihnen.

Eine lange Zeit wagten sie kaum zu atmen. Franz hielt seine Pistole starr auf die längst unbewegten Maisstauden gerichtet, bis seine Hand krampfte. Käthe berührte ihn an der Schulter: „Franz, was war das?“

„Ich weiß es nicht. Aber wenn es ein Mensch war, sind wir entdeckt.“ Er sah Hörcher an, dessen regloses Gesicht schweißüberzogen war. „Wir müssen versuchen, Günther weiter zu stützen … Der Bahndamm führt nach Westen, das ist unsere Richtung.“

„Aber die Ungarn sollen nördlich vom Fluss sein“, protestierte Barbara.

„Willst du hier warten, bis sie uns finden?“, fragte Käthe. „Ich sage, wir gehen weiter.“

„Wir halten Abstand zu den Schienen“, sagte Franz, „gehen parallel dazu. Wenn wir es an den Rand der Felder schaffen, orientieren wir uns neu.“

„Wenn …“, echote Käthe, nickte aber.

Franz und die beiden Frauen standen unsicher auf. Dann hievten sie gemeinsam Hörcher empor. Der Schwabe schaute sich mit glasigen Augen um, dann sackte sein Kopf zurück auf die Brust.

Jeder Meter ein Kampf.

Sie wechselten sich ab, Hörcher aufrecht zu halten, zogen ihn mit sich, humpelten und stolperten seitwärts durch die Reihen der Maisstauden. Ihre Muskeln waren längst über den Schmerz hinaus, sie spürten ihre Körper nicht mehr. Dann ging Franz vor dem Rand des letzten Felds zu Boden, zog die anderen mit sich. Minutenlang lagen sie wortlos in der immer noch nassen Erde.

„Wartet", flüsterte Franz, zog das Fernglas unter seinem Hemd hervor und schob sich die letzten Meter voran. Er spähte hinaus: „Eine Wiese, weiter hinten ein paar Bäume. Da ist ein einsames Gebäude, halbverfallen. Kein Mensch zu sehen."

Käthe tauchte an seiner linken Schulter auf: „Es sieht aus wie ein Bauernhof. Zumindest muss es mal einer gewesen sein. Nur 50 Meter. Vielleicht ein gutes Versteck, bis es Nacht wird."

„Ja, vielleicht."

„Oder wir sitzen erst recht in der Falle."

„Hauptsache, wir sind mit Günther raus aus dem nassen Feld. Das Gras steht hoch."

Im Kriechgang zerrten und zogen sie Hörcher bis zu den Mauern des Bauernhofs. Es dauerte unendlich lange. Das Gehöft war eine Ruine, hatte wohl einen Artillerievolltreffer erhalten. Das Dach fehlte gänzlich, zwei Wände waren eingestürzt. Im Schutz eines Schutthaufens kauerten sie sich auf den Boden. Hörcher schoben sie sein Uniformbündel unter den Kopf, Franz zog auch das seine hervor und breitete die Kleidung als wärmende Decke über dem zitternden Kranken aus. Dann nahm er seine Pistole und postierte sich so an einer der noch stehenden Wände, dass er einen großen Teil der umliegenden Wiesen überblicken konnte. Stöhnend lehnte er sich zurück, seine Lider wurden schwer.

Eine Hand auf seinem Arm weckte ihn. Käthe. Dann hörte auch er die Schritte. Er entsicherte die Browning.

„Nicht schießen!"

Franz konnte niemanden sehen, nahm die Waffe nicht herunter.

„Nicht schießen!", wiederholte die Stimme in klarem Deutsch.

Eine ältere Frau trat aus der Deckung einer der eingestürzten Mauern. Sie trug bäuerliche Kleidung. Unter ihrem Kopftuch blitzten wache Augen. Sie zeigte auf den bewusstlosen Hörcher, auf die

Uniformteile, unter denen sich sein Brustkorb unstet hob und senkte: „Seid ihr Deutsche?“

Sie gaben keine Antwort.

Die Frau sah, dass sie völlig erschöpft waren. Langsam, sodass Franz ihre Bewegungen als ungefährlich erkennen konnte, zog sie aus ihrer Tasche eine Feldflasche und hielt sie ihnen mit weit ausgestrecktem Arm entgegen.

Noch bevor Franz seine Pistole sinken ließ, hatte Käthe danach gegriffen, kniete sich zu Boden und begann, Hörcher etwas Wasser einzuflößen.

„Ich habe euch heute schon in meinem Feld gesehen“, sagte die Bäuerin und holte als nächstes einen alten Brotkanten hervor. „Da wusste ich aber noch nicht, was ich von euch halten soll.“

Zwischen zwei Bissen brachte Franz ein „Danke“ heraus, dann kaute er hungrig weiter.

Die Bäuerin schüttelte mitleidig den Kopf: „Seid ihr denn verrückt, so dicht an der Eisenbahnlinie zu kampieren, wo dauernd patrouilliert wird? Hier fahren entweder die Russen oder die Rumänen. Und die Kämpfe so nah! Wenn sie euch vorhin entdeckt hätten, wärt ihr an Ort und Stelle erschossen worden.“

Die Frauen hatten es geschafft, Hörcher zu wecken. Perplex nahm er ein Stück Brot entgegen und führte es langsam zum Mund.

„Ihr seid nicht die Ersten, die sich hier verstecken. Ich kann euch helfen. Meine Schwester wohnt am Ortsrand von Deutschsanktpeter. Sie hat Kontakt zu den Ungarn. Aber ich kann euch erst dorthin bringen, wenn es dunkel ist. – Kommt mit!“ Die Frau drehte sich um und winkte ihnen zu folgen.

Am anderen Ende des Gehöfts, über Holztrümmer hinweg und hinter einem weiteren Schuttberg, verbarg sich der Eingang zum halb eingefallenen Keller des Bauernhauses. „Versteckt euch dort unten, das ist sicherer. Ich komme zurück, mit Essen und Trinken, wenn es dunkel ist.“ Mit diesen Worten huschte die Bäuerin davon.

Hörcher, links und rechts gestützt von den Frauen, lächelte Franz erschöpft zu.

Wieder lag ihr Leben in der Hand von Fremden. Ohne die Hilfe all dieser Menschen …

Sie stiegen hinab und suchten für Hörcher den besten Platz, um zu schlafen. Bald kündigte das Gezwitscher von Blaumeisen den Flüchtenden den nahen Sonnenuntergang an, schon fiel Dämmerung in den Keller. „So ein fröhlicher Klang", murmelte Barbara.

Es dauerte noch einige Stunden, bis sie tastende Geräusche in der Hausruine über ihnen hörten. Die Bäuerin stieg mit einer kleinen Laterne in der Hand die Stufen zum Keller hinunter. Sie stellte einen Korb ab, aus dem sie einen Krug mit Wasser, Trauben, gekochte Eier und belegte Brote hervorholte. Erst verteilte sie die großzügigen Gaben, dann verkündete sie: „Der ungarische Durchbruch ist geglückt, die Rumänen und Russen wurden zurückgedrängt. Ihr seid sicher! Arad ist wieder eingenommen!"

Barbara schrie auf. Käthe hielt sich erstarrt die Hände vor den Mund und konnte es nicht glauben. Hörcher lachte wie von Sinnen, bis ihm Tränen über sein Gesicht liefen.

Franz sackte in sich zusammen. Es dauerte eine Weile, bis sich seine Benommenheit löste.

Ihre Retterin teilte ihre unbeschreibliche Freude: „In Petschka, auf der anderen Seite der Marosch, sind jetzt jede Menge ungarische Soldaten. Meine Schwester konnte mit einem der Offiziere sprechen, der eine Brücke zum Südufer errichten lässt, der Mann heißt Meiler. Wir können euch zu ihm bringen – wenn alles klappt, sogar schon morgen!"

Die vier Flüchtenden konnten ihr Glück immer noch nicht fassen.

„Jetzt esst erst einmal. Wenn ihr fertig seid, kommt mit, ich bringe euch zu meiner Schwester."

Hastig schlangen sie die Brote hinunter. Dann winkte die Bäuerin Franz' als Hilfe herbei und gemeinsam schoben sie ihre Arme um Hörchers Rücken. Mit einem kraftvollen Ruck brachten sie ihn auf die Beine und hielten ihn aufrecht.

Es wurde ein Marsch von einer halben Stunde, sie waren langsam, stolperten auf wunden Füßen hinter ihrer Retterin her und erreichten endlich den Hof der Schwester, die sie freundlich in Empfang nahm. Käthe und Barbara umarmten die Banaterin, die ihr Leben für sie riskiert hatte, Franz und Hörcher bedankten sich zum Abschied aus tiefstem Herzen.

Ihre Gastgeberin zeigte ihnen einen von Schilf umstandenen kleinen Weiher direkt hinter dem Hof: „Möchtet ihr baden? Das Wasser ist sauber. Ich bringe euch Handtücher."

Sie warfen ihre Kleidung ab und glitten hinein ins kühle Wasser, wuschen sich Angst, Verzweiflung und Schmerz zusammen mit dem Schmutz vom Leib. Sogar Hörcher ließ sich helfen und hockte bis zur Hüfte im ufernahen Schilf, selig lächelnd. Danach hüllten sie sich in saubere Tücher und Laken.

Hörcher wurde von Barbara zu Bett gebracht. Die Bäuerin hatte ihr eine Paste mitgegeben, die, auf Brust und Schläfen gestrichen, sein Fieber lindern sollte. Dann zeigte sie Franz und Käthe eine Kammer unter dem Dach. Dort wartete wahrhaftig ein Daunenfederbett auf sie. Auf dem Nachttisch stand ein Trockenstrauß in einer von Kinderhand getöpferten Vase auf einem Spitzendeckchen. Die Frau zeigte auf die Vase: „Von meinem Georg … Man hat ihn eingezogen und seitdem –" Sie brach ab. „Schlaft gut!" Sie schloss die Tür sanft hinter sich.

Käthe sagte: „Hör doch nur."

Franz lauschte.

Stille – der Artilleriedonner der Front war verstummt.

Sie schauten sich an, während sie ihre Handtücher ablegten. Ein Bett, Insel des Friedens.

Sie krochen unter die Decke, gaben sich Halt, gaben sich hin und hatten zum ersten Mal seit langer Zeit wieder das Gefühl, Menschen zu sein.

Donnerstag, 14. September 1944

Am nächsten Morgen trafen sich Franz und Hörcher im Flur. Dem Schwaben schien es deutlich besser zu gehen, wenn er auch noch etwas wackelig auf den Beinen war. Wortlos besahen sie ihren Aufzug – um die Körper gewickelte Laken, einer römischen Toga nicht unähnlich – und grinsten sich an.

Käthe und Barbara waren vor ihnen aufgestanden. Gemeinsam mit ihrer Gastgeberin hatten sie unten in der Küche den Tisch gedeckt und Tee gekocht. Sie frühstückten zu fünft. Hörcher, blass um die Nase, aber wieder voller Tatendrang, unterhielt die ganze Tischgemeinschaft. Seinen überschwänglichen Dank nahm die Hausherrin lächelnd an. Nach dem Frühstück versorgte sie Franz' gereiztes Knie. Dazu rührte sie eine Paste an, trug sie auf die heißen, geröteten Stellen auf und verband das Knie zuletzt mit einer sauberen Mullbinde. Ihre vor Dreck starrenden Kleider warteten in einem sorgsam gefalteten Haufen neben der Tür. Die Männer und Frauen wuschen ihre Hemden, Hosen und Röcke im Weiher und hängten sie zum Trocknen auf, was die Sonne schnell erledigte. Franz und Hörcher holten auch ihre Uniformen hervor und reinigten sie. Dann zeigte ihnen die Frau aus Deutschsanktpeter eine Laube, weit hinten auf ihrem Hof, mit zwei Bänken und einem Tisch, brachte eine Schüssel voll Weintrauben zusammen mit einem Kartenspiel und ließ sie allein.

Es war fast absurd. Hier saßen sie und konnten ihr kolossales Glück kaum begreifen. Gelegentlich drang das Wummern einzelner Haubitzen zu ihnen, weiter nordwärts und fern genug, um sie nicht zu ängstigen. Es machte die vergängliche Friedfertigkeit des Augenblicks umso kostbarer.

Franz war lange still, er fühlte sich leer.

Als seine Gedanken langsam wieder zu kreisen begannen, stieg seine Irritation, auf einmal hielt er die Idylle kaum mehr aus, es fühlte sich nicht richtig an, wie ein Zerrbild.

Den anderen schien es ähnlich zu gehen – als Franz wortlos aufstand, folgten sie ihm.

Sie suchten nach der Bäuerin, fanden sie in der Scheune, wo sie ihre Schweine fütterte, und fragten, ob sie ihr helfen konnten; ein kleiner Dienst für die rettende Gastfreundschaft. Sie stimmte zu, da drüben stünden Mistgabeln.

Eine Weile arbeiteten sie stumm nebeneinander. Dann fragte Käthe, ob sie einen Mann hätte, mit dem sie den Hof sonst bewirtschafte? So groß wie er sei? Und da wäre doch auch der Sohn Georg, wie sie erzählt hatte …

Die Bäuerin schaute ihre Gäste lange an und sagte dann: „Kommt mit." Sie führte sie ins Haus, über einen Flur und von dort direkt in ihr Wohnzimmer. Einige Sessel, ein Buffet mit altem Porzellanservice, schwere Vorhänge, eine Standuhr, deren Pendel gemächlich schwang und Sekunden einsammelte. Auf einem Tisch in der Mitte des Raums stand ein gerahmtes Porträt auf einer Spitzendecke, umfasst von einer schwarzen Schleife aus Seide. Das zivile Foto zeigte einen freundlichen Mann mit offenem Gesicht im besten Alter.

„Hier sitze ich jeden Abend", sagte ihre Gastgeberin und zeigte auf einen einzelnen Stuhl vor dem Tisch. „Mein Joachim. Bauer in fünfter Generation", stellte sie den Mann auf dem Foto mit brüchiger Stimme vor. „Der Erste aus der Familie, der sogar mal bis nach Russland gekommen ist – gefallen in Stalingrad."

Sie schluckte. „Ein guter Mann. Ein guter Vater. Ein guter Bauer. Kein guter Soldat – wollte er auch nie sein. Sein Werk war das Leben, die Natur. Soldaten kennen nur den Tod. *In diesem Jahr war keine Ernte – die Armee zertrampelte das Korn.*"

„Unser aufrichtiges Beileid", sagte Franz leise.

„In jedem der Häuser unseres Dorfs wird getrauert – und es wird noch schlimmer kommen. Denn fliehen, wohin? Am Ende sind die Russen doch stärker. Das weiß hier jeder, da könnt ihr fragen, wen ihr wollt. Und dann Gnade uns Gott … Viele unserer Jungen sind in der Waffen-SS, die wenigsten freiwillig! Was sollten sie auch machen, die jungen Kerle? Sofort krepieren in der *Armata Română*, von ruhmsüchtigen Idioten verheizt, so wie mein Joachim? Oder mit besseren Überlebenschancen in die deutschen Armeen, auch wenn es dann die Waffen-SS ist? Wer will sich da anmaßen zu wissen, was richtig ist?“

Barbara und Käthe zuckten ratlos mit den Schultern, auch die beiden Offiziere hatten keine Antwort.

Unvermittelt lachte die Bäuerin auf: „Aber die Lehrer und die Pfarrer, die waren neben den Politikern ganz vorn mit dabei, haben in den Schulklassen und Kirchhöfen die großen Reden geschwungen und von Siegen schwadroniert! Am lautesten rasseln immer die Säbel derer, die selbst nicht kämpfen müssen. Anderer Väter Söhne vortreten! Fromme Wünsche und Gottes Segen haben sie ihnen hinterhersalbadert und dann ging's direkt ins Feld – dabei kommt aus Russland seit Jahren keiner mehr wieder. Und meinen Georg haben sie eingezogen, in diesem Frühjahr, da war er gerade 18! Und ihn haben sie schon gar nicht mehr gefragt, sondern gleich in eine Division der SS gesteckt, eine Bande von Mordbrennern. Eine sogenannte Freiwilligen-Division – was für ein Hohn. Ich spüre es, der kommt auch nicht zurück!“ Sie fing an zu weinen, schluchzte laut, es zerriss und durchschüttelte sie in einem nicht enden wollenden Krampf, und Käthe und Barbara umarmten sie und weinten mit ihr.

Es dauerte, bis sich die Bäuerin beruhigen konnte. Aus ihrer Schürze holte sie ein Taschentuch hervor und trocknete damit ihr nasses Gesicht. Sie schüttelte den Kopf und stammelte leise: „Wir schweigen und beten in Demut – so sieht's aus.“

Sie gingen wieder an die Arbeit, holten Wasser aus dem Brunnen, spalteten Holz, ernteten Obstbäume ab. Alle waren schweigsam, jeder hing seinen Gedanken nach – wie würde es in der eigenen Familie zuhause werden?

Nach einer kurzen Vesper mit Schmalzbroten und Sauerkraut wurden sie unter herzlichen Umarmungen auf den Weg zur Marosch geschickt, die ungefähr vier Kilometer nördlich von hier floss. Ungarische Truppen wären am Ufer beschäftigt und könnten sie übersetzen, auch Meiler hätte sich für den Nachmittag angekündigt.

An einigen stillen Gehöften ging es vorbei, schnell nahm sie der Wald hinter Deutschsanktpeter auf. Im Schutz der Bäume wechselten die Männer ihre Kleidung. Aus Zivilisten wurden wieder Soldaten und trotz der fehlenden Rangabzeichen waren sie als Angehörige der deutschen Armee gut erkennbar.

Als sie ans Ufer kamen, sahen sie eine Pontonfähre, die in kurzer Entfernung angelegt hatte. Ein ungarischer Pionier grüßte und zeigte ihnen mit einigen Gesten an, sie mit seinem Wasserfahrzeug übersetzen zu wollen.

Die Marosch war an dieser Stelle wohl mehr als 100 Meter breit. Zwei Leichen trieben in der Strömung, aus Arad kommend. Einer der Körper stieß mit dumpfem Schlag an die Fähre.

Am frühen Nachmittag betraten sie das Nordufer des Flusses. Aus einem in der Nähe geparkten Kübelwagen stieg ein gedrungener ungarischer Offizier, winkte und kam ihnen entgegen. Höflich und in bestem Deutsch erklärte er, dass er schon auf sie gewartet habe: „Oberleutnant Meiler, aus dem Stab der 1. Panzerdivision der 3. Königlich Ungarischen Armee." Er zeigte auf sein Fahrzeug: „Bitte!"

Während der Oberleutnant losfuhr, rief er ihnen zu: „Unsere erste Kampfgruppe hat gestern Abend um Viertel vor acht Arad eingenommen. Hier in Petschka errichten wir einen Brückenkopf. Unser Kommandeur ist Oberst Koszorús. Von unseren Kontakten in Deutschsanktpeter hat er von Ihrem Ausbruch erfahren und er bittet um kurzen Rapport!"

„Selbstverständlich, gern."

Als sie Petschka erreichten, schaute Franz sich beeindruckt um: Das Städtchen platzte aus allen Nähten. Zu den Einwohnern hatten sich die Massen mehrerer Regimenter gesellt, es wimmelte in den Straßen von Trosswagen, gepanzerten Kampfwagen, Versorgungslastwagen mit Anhängern, Fernmeldeeinheiten, Feldküchen, Mannschaftsbussen, Krafträdern, Zugmaschinen, Flak-Lafetten, alles war erfüllt von den lauten Rufen der Soldaten, dem Brummen rangierender Fahrzeuge, dem Stimmengewirr eiliger Marketender, diskutierender Proviantmeister, Feldgendarme und dem Gleichschritt marschierender Männer; an Türen wurden Wegweiser zu Feldmagazinen und Nachschublagern, Feldpost und Werkstätten, Munitionsausgaben und Tanks, Lazaretten und Stäben gepinselt. Oberleutnant Meiler hupte unablässig, um sich auf den engen Straßen Durchfahrt zu verschaffen.

„Können Sie uns sagen, wie die Gesamtlage ist?", rief Franz gegen den Lärm an.

„Seit dem 5. September rückt unsere 2. Armee unter Generalleutnant Veress zwischen Klausenburg und Neumarkt vor – sie ist der Armeegruppe Fretter-Pico unterstellt. Am 7. September hat Rumänien Ungarn den Krieg erklärt. Bei Thorenburg drückt die sowjetische 6. Garde-Panzerarmee mächtig! Wir werden sehen, wie lange wir dagegenhalten können, das wird ein heißer Tanz."

Der hinten sitzende Hörcher beugte sich nach vorn und schrie durch den Fahrtlärm: „Vielleicht haben Sie schon erfahren, dass wir mit einem ganzen Lazarettzug von den Russen aufgebracht worden sind? Über 1.000 Verwundete und viele Krankenschwestern. Nach unserer Gefangennahme wurden alle in die Festung gebracht. Sind sie noch dort, wissen Sie etwas darüber?"

„Ja und nein! Ich war zwar nicht persönlich vor Ort, habe aber gehört, dass dort noch Hunderte liegen sollen! Von den Krankenschwestern weiß ich allerdings nichts."

„Was ist mit den Eisenbahnbrücken und Schienen? Haben die Russen viel zerstört?", wollte Franz wissen.

„Nein, ein großes Glück, fast alles intakt, nur einige Schienen über die Marosch müssen instand gesetzt werden – meine Leute arbeiten daran!"

Oberleutnant Meiler hielt im Zentrum des Orts. Gegenüber einer Kirche war eine Schule zum Quartier für den Divisionsstab umfunktioniert worden, Dutzende von ungarischen Soldaten liefen umher und luden bergeweise Kisten von vorgefahrenen Lastern ab. „Bitte sehr, meine Damen, meine Herren." Mit angedeuteter Verbeugung in der Galanterie alter k.-u.-k.-Schule öffnete Meiler die Türen des Kübelwagens für Käthe und Barbara.

Schnellen Schrittes führte er sie ins Gebäude und über eine Treppe nach oben in einen Saal. Ein weitläufiger vertäfelter Raum mit großer Fensterfront, hoher Decke und mächtigen Lüstern, früher wohl für Veranstaltungen genutzt, jetzt vollgestanden mit blaugrauem Rauch. Mitten im Saal viele Tische, zu einer großen Fläche zusammengeschoben, auf der unterschiedlichste Karten ausgebreitet waren. Darüber beugte sich ein Grüppchen von Offizieren, jeder mit einer Zigarette im Mundwinkel, sie diskutierten, verschoben Fahnen, verwarfen alles wieder mit einer Handbewegung. Ordonnanzen verteilten Getränke, Telefone klingelten ohne Unterlass.

Einer der Männer wandte sich den gerade Eingetretenen zu. Ein kleinerer, schlanker Mann in der Felduniform eines ungarischen Obristen mit akkurat zurückgekämmtem Haar, Oberlippenbart und klugen Augen. Er trat auf sie zu, gefolgt von einem Hauptmann, mit dem der Oberst gerade noch gesprochen hatte. Oberleutnant Meiler machte Meldung und stellte die Anwesenden vor.

Franz und Hörcher nahmen vor Oberst Koszorús und seinem Adjutanten Haltung an.

Koszorús begrüßte sie knapp, aber herzlich und Franz bedankte sich für ihre Rettung: „Wir sind sehr glücklich, hier zu sein, Herr Oberst."

In kurzen Sätzen schilderten er und Hörcher die Flucht aus der Zitadelle, ihren Weg entlang der Marosch und der dortigen Dörfer. „Ohne die Hilfe dieser beiden Frauen und der Menschen hier hätten wir es nicht geschafft."

„Sie haben wohl einiges Glück gehabt. Nun, wir selbst hatten davon auch reichlich – der rumänische Widerstand war überschaubar, so konnten die verbliebenen Panzer unserer Division weit kommen."

Koszorús lächelte müde: „Vom einstigen Stolz der königlich-ungarischen Honved ist wenig übrig. Wir haben noch unsere Toldi Panzer zur Aufklärung, einige leichte tschechische Panzer, zehn Panzer IV, eine Handvoll III und einige Nimrod Flugabwehrpanzer. Dem T-34 können wir damit nicht viel entgegensetzen. Erzählen Sie mir zur Lage in Arad und östlich davon."

Die deutschen Offiziere berichteten über alle Truppenbewegungen, die sie auf ihrem Weg gen Westen hatten beobachten können, und über die von den Russen eingesetzten Waffensysteme, außerdem skizzierten sie die rund um Arad beobachteten Schanzarbeiten.

Als der Oberst von den neuen Katjuscha-Raketenwerfern erfuhr, die vor wenigen Tagen in der Zitadelle gesammelt und dann unbekannt weiterverlegt worden waren, verdüsterte sich sein Blick: „Wir brauchen dringend Auffrischung, außerdem mehr Panzer, gerne fünf Divisionen oder mehr. Doch woher nehmen? Wenn die Rumänen sich neu ordnen und mit den Russen marschieren, sind wir schon in einer Woche wieder raus aus Arad. Seit zwei Jahren bittet unser Generalstabschef um unsere Infanteriedivision, die bei Warschau steht, was ihr Deutschen rundweg verweigert. Zwei Jahre! Unsere einzige Kavalleriedivision hat man uns auch abgeknöpft. Seit März sind wir faktisch deutsch besetzt. Sie können sich vorstellen, wie wenig mir das schmeckt, meine Herren! Angeblich hat man Reichsverweser Admiral Horthy mit schmutzigsten Tricks erpresst. Groß kann das deutsche Vertrauen in uns Ungarn offensichtlich nicht sein. Dabei war Ungarn stets loyal!“

Auch die Verärgerung des Hauptmanns war deutlich zu spüren: „Ihr Reichsbevollmächtigter macht seine Politik lieber mit dem neuen Ministerpräsidenten Döme Sztójay. Es ist ein offenes Geheimnis, dass Veesenmayer unser Umgang mit der jüdischen Bevölkerung Ungarns nicht gepasst hat. Dabei ist dies allein unsere Angelegenheit. Als ob die ungarischen Juden eine Bedrohung der Balkanfront darstellen – wir haben ganz andere Sorgen.“

„Allerdings!“, ergänzte Oberleutnant Meiler, ebenfalls ungehalten. „Nicht wir, sondern die Rumänen wurden von den Deutschen mit modernsten Waffen ausgerüstet. Das rächt sich, heute schießen die Rumänen mit Panthern auf uns. Und jeder im Land hat gewusst, dass die Rumänen abspringen, sobald Jassy fällt.“

„Da Sie aus Galatz kommen – wie sieht es entlang der Donau aus?“, brachte der Oberst das Gespräch zurück auf nüchternes Terrain.

„Zusammenbruch allerorten, Herr Oberst. Wir haben gehört, dass die 6. Armee nach Stalingrad zum zweiten Mal vernichtet wurde. Auch die 8. Armee existiert wohl nicht mehr. Überall in Siebenbürgen und im Szeklerland Flüchtlinge, Ploieşti brennt. Dafür, dass der Führer Bukarest bombardieren ließ, waren uns viele Rumänen immer noch erstaunlich freundlich gesinnt."

Koszorús nickte und verschränkte die Arme: „So langsam begreift man wohl auch in Deutschland, was es hier geschlagen hat. In Berlin wird man nervös. Immerhin versorgt der ungarische Überschuss Deutschland noch mit Lebensmitteln – und unser Öl ist das Einzige, das eure Panzer noch am Laufen hält. Man sollte meinen, dass diese Fakten den deutschen Oberen ein wenig mehr Demut abringen müssten. Stattdessen wird berichtet, dass Ribbentrop Horthy deutlich gemacht habe, wie Deutschland einen inneren Umsturz in Ungarn wie in Rumänien zu verhindern wisse – ein solcher müsse in einer Katastrophe enden. Keine feinen Methoden!"

Auf Franz' und Hörchers diplomatisches Schweigen hin stellte der Kommandeur freimütig fest: „Unter uns – es gibt wohl durchaus Stimmen, die meinen, dass nicht nur die Amerikaner und Engländer davon profitieren würden, wenn Ungarn die Rote Armee so lange zurückhielte, bis alliierte Truppen von Österreich aus unser Land besetzen könnten." Der Oberst straffte sich. „Generalfeldmarschall Keitel will unsere Armeen übernehmen und unter deutsche Befehlshaber stellen. Den Wunsch werden wir ihm nicht erfüllen. Zwei Drittel unseres Landes und fünf Millionen Landsleute haben wir nach dem letzten Krieg durch das Diktat von Trianon verloren. Mehr geben wir nicht her. Alles, was wir ab jetzt unternehmen, tun wir, um die Interessen unseres Vaterlands zu schützen. Allein dafür kämpfen wir noch. Der Krieg mag verloren sein – Ungarn nicht."

Der Oberst wandte sich von ihnen ab und zeigte zum Tisch, an dem die Stabsoffiziere geduldig auf seine Rückkehr warteten: „Meine Damen, meine Herren, die Pflicht ruft, wie Sie sehen. Was haben Sie jetzt vor?"

„Wir möchten unsere Verwundeten aus der Festung holen und zurück in die Heimat bringen, Herr Oberst."

„Nur zu verständlich." Koszorús musterte die beiden deutschen Offiziere eindringlich. „Ich denke, dass wir Ihnen einen Zug bereitstellen können. Oberleutnant Meiler, veranlassen Sie alles Notwendige."

„Jawohl, Herr Oberst."

Franz hatte ein weiteres Anliegen: „Wir brauchen Papiere, Herr Oberst. Man hat uns unsere Soldbücher bei der Gefangennahme abgenommen."

„Natürlich. Mein Adjutant wird sich darum kümmern."

Der Hauptmann nickte: „Ich lasse Ihnen entsprechende Dokumente zukommen."

Mit einem Blick auf die zerrupften Uniformen der Deutschen fügte der Oberst hinzu: „Sicherlich wird sich auch Ihr Auftritt wieder vervollständigen lassen. – Wenn Sie mich entschuldigen möchten."

Sie verabschiedeten sich, Meiler besprach sich auf dem Flur noch einige Minuten mit dem Adjutanten. Dann wandte er sich an Franz und Hörcher: „Sie sitzen bald wieder im Zug! Ihr ursprünglicher Lazarettzug ist nicht mehr auffindbar, niemand weiß, wohin er verbracht wurde, aber Ihr Behelfsverwundetenzug steht wohl noch immer im Bahnhof."

„Vor ein paar Stunden war ich noch in Arad", ergänzte der Hauptmann, „und habe ihn selbst gesehen."

„Haben Sie auch etwas von unseren Krankenschwestern gehört?", fragte ihn Franz.

Überraschung glitt über das Gesicht des Ungarn, kurz zögerte er. „Ihre Krankenschwestern? Zwei Dutzend Mädchen, angeführt von einer sehr resoluten, zierlichen, dunkelhaarigen Person?"

„Ja, die meine ich!"

Der Hauptmann seufzte: „Als ich ihr sagte, dass wir sie und ihre Mädchen irgendwann bei Gelegenheit evakuieren werden, nachdem die Gleise repariert sind, meinte sie, ich solle mir meine Gelegenheit sonst wohin … Na, Sie wissen schon!"

„Stell dich nie in den Weg einer deutschen Krankenschwester", grinste Hörcher. „Schwester Elsa, kein Zweifel."

„Sie ließ nicht locker. Ich musste ihr auf meine Eltern schwören, einen Bus zu organisieren, der sie und ihre Kolleginnen aus Arad fortbringt, und zwar deutlich schneller als *bei Gelegenheit*. Hat uns alle mächtig auf Trab gehalten, die Dame!" Der Hauptmann schaute auf seine Uhr: „Ungefähr um diese Zeit fährt der Bus von der Zitadelle ab."

Franz und Hörcher waren begeistert: „Alle Krankenschwestern im Bus gen Westen, das ist die beste Nachricht überhaupt!"

Der Hauptmann lächelte schief: „In der Tat! Auch wir sind alle sehr erleichtert, das können Sie mir glauben."

„Wir wollen hoffen, dass sie gut ankommen", meinte Barbara, die dem Gespräch interessiert gefolgt war. „Sind so viele Partisanen unterwegs …"

Doch diesen Gedanken ließ Käthe nicht zu: „Glück gehört heute immer dazu! Hoffen wir das Beste und freuen uns mit ihnen."

„Und mit uns", besann Franz die Runde auf ihre eigene Situation, „wie geht es mit uns und den Verwundeten weiter, Herr Hauptmann?"

„Morgen, im Lauf des Tages, müssten die Schienen über den Fluss wieder instand gesetzt sein. Dann können Sie sofort mit der Verladung Ihrer Verwundeten und Kranken beginnen. Ich organisiere Ihnen einen Fahrer, der Sie nach Arad bringen wird. Und morgen bekommen Sie auch die nötigen Papiere."

Oberleutnant Meiler und der Hauptmann verabschiedeten sich von ihnen, ohne Begleitung verließen sie das improvisierte Stabsgebäude und warteten.

Es war schon dunkel geworden, als eine Krupp-Protze vor ihnen hielt. Der leichte, dreiachsige Gelände-Lastkraftwagen brach mit Franz, Hörcher, Barbara und Käthe auf. In gebrochenem Deutsch sagte der Fahrer ihr Ziel Arad an, doch die Frauen baten darum, in Kleinsanktnikolaus und Engelsbrunn abgesetzt zu werden, zwei Dörfern knapp östlich von Neu-Arad, wo sie nach ihren Familien sehen wollten.

Der Abschied kam abrupt, bei offenen Wagentüren und laufendem Motor. Die Frauen winkten, bis das Fahrzeug hinter der nächsten Kurve verschwunden war.

Als der Wagen mit nur mehr den beiden deutschen Offizieren an Bord zu später Stunde in den Festungshof einfuhr, berührte Hörcher Franz an der Schulter und wies in Richtung des Gebäuderiegels, in dem sie inhaftiert gewesen waren, dorthin, wo sich eines der Fenster zu ihrer Zelle befunden hatte. Der Teil des Festungstrakts war nur noch ein Berg aus Schutt und Staub.

„Muss ja ein gewaltiger Koffer gewesen sein!", kommentierte Hörcher trocken.

Franz nickte und fröstelte: „Wohl vom Luftangriff, den wir gesehen haben. Den hätten wir nicht überlebt."

Man wies ihnen für die Nacht einen Schlafraum im Offiziersgebäude zu und ließ sie allein.

Freitag, 15. September 1944

Am nächsten Morgen ließen sich Franz und Hörcher in aller Frühe den Zugang zu den Katakomben zeigen. Lange unterirdische Flure mit unzähligen Kammern, in denen sich die Verwundeten und Kranken stapelten, fast alle davon Männer aus ihrem Zug. Jede Pritsche, jeder Strohsack war belegt. Ungarische Krankenschwestern huschten umher und verteilten Brot und Wasser, Äpfel und Trauben. Die Schwestern wussten, dass man einige der schwerer Verwundeten ins Offiziersheim getragen hatte, wo man sie besser versorgen konnte. Franz und Hörcher mussten direkt neben ihnen geschlafen haben.

Die aberhundert Liegenden bekamen glänzende Augen, als sie erfuhren, dass so bald wie möglich ein neuer Zug zusammengestellt werden sollte, der in die Heimat führe. Doch so groß die Wiedersehensfreude war, so groß war auch die Traurigkeit darüber, dass viele Helfer ihrer Flucht verschwunden waren. Kein Reimer, Andler, Ahrens, Mechold, Lege oder Kallweit. Keiner der Ärzte oder Jäger.

Ein Trost war die Erleichterung, als sie in einem der Lazarettbetten des Offiziersheims den Donauschwaben Ludwig wiedertrafen, der ihnen so selbstlos geholfen hatte. Er hatte die Prügelattacke mit schwersten Blessuren überlebt, sein Gesicht war übel verschorft, ein Auge verbunden, ein Arm im Gips, der komplette Oberkörper bandagiert. Ächzend versuchte er sich aufzurichten, doch er sank unter Schmerzen wieder zurück auf sein Lager und verzog das Gesicht: „Armbruch, Schulterbruch, Rippenbrüche, innere Blutungen, fast ein Auge verloren – man könnte meinen, den Russen hätte mein Lied nicht gefallen …"

Hörcher lachte und nahm behutsam die Hand des Banaters: „Ludwig, du lebst! Wir dachten, es ist um dich geschehen."

„Ja, das war dumm von mir." Ludwig brachte ein verzerrtes Grinsen zustande. „Immerhin – jetzt kann ich die Hymne wieder laut singen! Aber sagt, wie seid ihr überhaupt hierher zurückgekommen? Man hat vom Ausbruch zweier deutscher Offiziere erzählt, hab mir schon gedacht, dass ihr das gewesen seid."

„Wir haben es bis Petschka und zu den Ungarn geschafft. Sie helfen uns, gerade stellen sie einen Zug zusammen. Morgen geht es vielleicht schon zurück nach Deutschland. Komm doch mit!", rief Hörcher.

„Nein, nein. Ich habe meine Tochter hier und ich warte auf meinen Sohn. Solange ich nicht weiß, ob er zurückkommt … Außerdem, hier bin ich geboren. Das ist das Land meiner Familie, seit mehr als 200 Jahren. Wir sind auf den Zillen donauabwärts gereist, haben aus Morast Ackerland gemacht, Heide und Hecke fruchtbar gemacht, sind am Sumpffieber verreckt. So viele haben hier ausgehalten und aufgebaut, da kann ich nicht aufgeben."

„*Dem Ersten der Tod, dem Zweiten die Not, erst dem Dritten das Brot*", zitierte Hörcher.

„Ja, so heißt das bei uns." Ludwig nickte und versuchte erneut sich aufzurichten. Hörcher und Franz halfen ihm. Er griff nach einer Teetasse, die neben seinem Lager auf einem Tisch stand, und trank daraus. „Ich bin die siebte Generation meiner Familie. Wir haben hier Jahrhunderte mit unseren rumänischen, ungarischen, jüdischen, serbischen Nachbarn gelebt. Das kann doch nicht alles vorbei sein!"

„Hier zu bleiben wird nicht leicht werden", wandte Franz ein.

„Leicht war es nie. Aber schön war es immer."

„Pass gut auf dich auf!" Hörcher drückte Ludwig ein letztes Mal die Hand. Sie verabschiedeten sich.

Nachdem sie schon einige Stunden auf den Beinen waren, führte sie ihr nächster Weg zu einer dampfenden Feldküche am Rand des Exerzierplatzes, wo sie sich mit Suppe und Brot auf eine Bank setzten.

Ein Adler Trumpf fuhr geradewegs auf den Platz, heraus sprang Oberleutnant Meiler, der eine Aktentasche bei sich trug. Zwischen der Vielzahl von Fahrzeugen und Grüppchen von Soldaten schaute er sich suchend um. Hörcher bemerkte ihn und stieß Franz an. Sie unterbrachen ihr Essen und beeilten sich, zu ihm zu kommen.

Der Ungar grüßte erfreut: „Meine Herren, der Tagesbefehl – umgehende Bereitstellung des BVZ mit den Zugnummern 33, 46 und 53 nach abgeschlossener Instandsetzung der Marosch-Brücke und Schienen durch ungarische Pioniere, voraussichtlich 18 Uhr." Er reichte ihnen die Hand: „Unsere Soldaten werden Ihnen bei der Verladung aller Bettlägerigen helfen. Wir können Ihnen dafür eine Kompanie und ausreichend Lastwagen abstellen. Südlich der Festung schließt sich der Stadtteil Subcetate an. Dort finden Sie den Zug, das ist der kürzeste Weg für die Verwundeten. Morgen früh sollten sie dann auf dem Heimweg sein. Erster Halt Békéscsaba, 50 Kilometer nördlich von hier, dort wird sie ein deutscher Lazarettzug übernehmen. Bis dorthin werden Sie auch einige unserer Krankenschwestern begleiten."

Hörcher strahlte: „Das sind ja wunderbare Nachrichten. Wir danken Ihnen!"

Meiler winkte ab: „Ihr abfahrender Zug bedeutet Hunderte von Männern, die nicht mehr in unserer Verantwortung sind und von uns versorgt werden müssen. Wir haben zweifellos Glück gehabt, die Rote Armee hatte bereits begonnen, die Schienen zu zerstören. Erfreulicherweise sind sie mit ihrem Schienenwolf nicht weit gekommen."

„Ein Dank der schnellen Gegenoffensive", sagte Franz. „Auf unseren Rückzügen wurden so viele Gleise weggerissen – es ist schon bitter, sich gegenseitig immer und immer wieder die Schienen zu zerstören, um sie dann im Wechsel wieder mühsam aufzubauen."

„Als ob sich zwei dumme Jungen gegenseitig ihre Schaukelpferde anzünden." Meiler lächelte spöttisch: „Wissen Sie, was Boris Petrowitsch Scheremetew, Generalfeldmarschall unter Zar Peter dem Großen, vor über 250 Jahren während des Nordischen Kriegs bei der Schlacht von Poltawa sagte?"

„Aber, aber. Sie zitieren einen russischen Militär?" Hörcher drohte scherzhaft mit dem Zeigefinger.

Meiler grinste: „Weisheit ist nicht allein dem deutschen Oberkommando der Wehrmacht unter Führung des unerschrockenen Keitel vorbehalten."

Franz lachte. Wilhelm Keitels dem Führer gegenüber zur Schau gestellte Unterwürfigkeit war legendär, von vielen Mitgliedern des Offizierskorps wurde Keitel hinter vorgehaltener Hand nur noch als „Lakaitel" bezeichnet. „Was sagte Scheremetew?"

„Es ist nun nichts mehr zu zerstören. Aber es kann noch viel kaputt gemacht werden." Der Oberleutnant griff in seine Aktentasche und holte daraus zwei einfache Dokumente hervor, die er Franz und Hörcher überreichte: „Ihre vorläufigen Bescheinigungen über den Verlust der Soldbücher bei Gefangennahme, unterzeichnet von unserem Kommandeur. Alle Dienststellen und Behörden sind aufgefordert, Sie ungehindert passieren zu lassen und Ihnen Schutz und Hilfe zu gewähren." Aus einem anderen Fach seiner Tasche zog er zwei weitere Papiere: „Und hier Ihre Marschbefehle mit der Anweisung, BVZ 33, 46, 53 mit Verwundeten nach Deutschland zu führen und sich dort bei Ihren Stammeinheiten zu melden, ebenfalls mit Unterschrift von Oberst Koszorús."

„Vielen Dank."

„Ach, bevor ich es vergesse." Aus seiner Feldjackentasche kramte Meiler zwei Schulterklappen-Paare: „Ihre Rangabzeichen, unsere Fouriere sind erstaunlich gut sortiert. Das ist nun wirklich alles – gute Heimreise!"

Noch einmal reichten sie sich die Hände.

Der Oberleutnant winkte seinen Fahrer heran, stieg in den Adler Trumpf und brauste davon.

Am frühen Nachmittag stand für Franz ein neuerlicher Verbandswechsel an. Eine ungarische Krankenschwester nahm sich seiner an, der Einfachheit halber und aufgrund des schönen Wetters im Sonnenschein auf einer Bank vor dem Offiziersheim. Hörcher hockte daneben und rauchte mit Genuss eine Zigarette. Franz betrachtete zufrieden und skeptisch zugleich seine ewig quälende Knieverwundung, die nun wieder etwas besser aussah. Dennoch: In Gefangenschaft noch auf bestem Heilungsweg hatten die Strapazen der Flucht Haut und Fleisch ein weiteres Mal aufreißen lassen. Gewissenhaft reinigte die Schwester die Wunde.

„Du glaubst es nicht!", rief Hörcher plötzlich erfreut aus und winkte. „Da kommen Barbara und Käthe!"

Franz blickte auf und sah die beiden Frauen samt geschulterten Rucksäcken auf sie zulaufen.

Mit entschlossenen Mienen traten sie an die Bank der Männer heran: „Wir haben von der bevorstehenden Abfahrt des Verwundetenzugs gehört", erklärten sie. „Ganz Arad und Umgebung weiß schon Bescheid. Wir haben das Nötigste gepackt. Wir kommen mit euch nach Deutschland."

Hörcher nahm Barbara in den Arm. „Habt ihr euch das gut überlegt? Für den Moment ist es hier wieder sicher."

„Ja, für den Moment, aber wie lange noch? Alle sagen, dass die Rote Armee zurückkommt, und dann wird es noch schlimmer."

„Und eure Familien? Was ist mit deinen kleinen Nichten, Käthe?", fragte Franz.

Beide Frauen schüttelten die Köpfe: „Wir haben lange mit allen gesprochen. Wer von unseren Angehörigen noch lebt, will bleiben. Aber sie sind einverstanden, dass wir das Banat verlassen. Uns ein für alle Mal in Sicherheit bringen. Vielleicht können wir zurückkehren. Falls es irgendwann wieder Frieden gibt."

Hörcher nickte: „Ihr seid mehr als willkommen."

„Natürlich! Kommt mit", bekräftigte Franz. „Bald startet die Verladung unserer Verwundeten in Subcetate, wir bekommen Hilfe von den Ungarn. Abfahrt morgen früh."

„Das ist nicht weit weg, kaum mehr als zwei Kilometer entfernt, unten zwischen Marosch und Pompei-Straße", meinte Barbara. „Morgen früh also. Wir können die Nacht sicher in unserer alten Unterkunft in der Küche verbringen."

Während die Krankenschwester ihre Verrichtungen an Franz' Knie beendete, marschierte eine Kompanie ungarischer Pioniere durch das Tor der Festung auf die Gebäude am Exerzierplatz zu, geführt von einem Hauptmann. Vier ältliche Austro-Fiat Laster mit hölzernen Ladepritschen knatterten dazu auf den Hof und kamen vor dem Zugang zu den Katakomben zum Stehen.

Franz und Hörcher begrüßten den Hauptmann, der ihnen ein intaktes Gleis und die baldige Bereitstellung des Zugs verkündete. Man werde jetzt umgehend die Kranken auf die Lastwagen verladen. „Wo ist unsere Hilfe am nötigsten, Herr Hauptmann?"

„Am Zug. In den engen Gängen da unten stehen wir uns eh schon gegenseitig auf den Füßen."

„Dann gehen wir voraus und helfen beim Einladen."

Während der Hauptmann seinen Leuten Anweisungen gab und diese mit Tragen in die Niedergänge stiegen, begaben sich Franz, Hörcher, Barbara und Käthe hinunter zur Marosch. Sie überquerten das große Festungsareal und traten durch das Tor nach draußen.

Der Weg führte sie an den imposanten Mauern der Zitadelle vorbei. „Niemals wären wir hier durchgekommen", meinte Hörcher nachdenklich.

Auch Franz musterte die gewaltigen Ravelins, Lunetten und Kurtinen, die sie umrundeten, und nickte: „Ja, Mihai hat recht gehabt."

Vor ihnen das leicht abschüssige, bunt blühende Ufer der Marosch. Südlich führte eine Gitterbrücke in einigen 100 Metern Entfernung über den Fluss.

Als sie darauf zugingen, hörten sie ein kaum merkliches Summen und plötzlich rief Käthe: „Schaut, da kommt unser Zug!" Sie zeigte nach Osten.

Noch weit entfernt, dort, wo die Schienen am Horizont verschwanden, schoben sich die rückwärts rollenden Waggons näher, bald konnten sie den Zug besser erkennen, bis auch die grauweißen Dampffahnen am Ende klar in den Himmel stiegen. Zwei Lokomotiven machten den Anfang, ihr Zischen und Stampfen erschien den Männern wie Musik, die führende Lok gab Signal.

Franz zählte die Waggons: „Es sind immer noch 55, unsere Waggons aus Galatz. Kaum zu glauben!"

Im Laufschritt erreichten sie das Gleis, gerade als der Zug neben ihnen und parallel zur Straße zum Halt kam. Gleichzeitig tauchten zwischen den Häusern von Subcetate die ersten Lastwagen auf – aus der Festung kommend rumpelten sie langsam über das schlechte Pflaster. Das Stadtviertel am Ortsrand war geprägt von kleinen Gehöften, Wein- und Obstgärten; einige Bauern traten neugierig an ihre Zäune und spähten nach den Umtrieben der Soldaten. Die Lastwagen stoppten am Bahndamm, die Ungarn sprangen aus den offenen Türen und sofort begann das Entladen der ersten Verwundeten. Die Waggontüren wurden aufgerissen, Trage für Trage emporgereicht.

Franz, Hörcher und die Frauen halfen mit, wo sie konnten, wuchteten die Tragen von den Ladeflächen und schoben sie in die Waggons, spendeten gelegentlichen Trost und gute Worte, berichteten alles ihnen Bekannte über die Lage der Front. Über dem nun unablässigen Konvoi von Lastwagen, deren Fracht Mann für Mann, Stunde um Stunde den Zug füllte, wurde es Mitternacht.

XIII

Walodja wurde durch ein Pochen geweckt, als würde jemand unablässig mit einem Hammer auf seinen Bizeps schlagen. Als er den Kopf nach links drehte, sah er, dass der Arm einbandagiert war. Unter dem Gips klopfte es. Auch sein Kopf schmerzte. Jede Drehung seines Halses versetzte ihm einen Stich in die Schläfen und ins Genick, es nahm ihm fast den Atem.

Er betastete seinen mit Mullbinden umwickelten Schädel mit der rechten Hand, drehte zur Probe noch einmal den Kopf, sah die lange Reihe von Betten neben sich, in denen ebenfalls Bandagierte lagen. Jetzt erst fiel ihm auf, dass er beobachtet wurde: Vor ihm saß auf einem Schemel ein Mann, stämmig und kräftig, doch mit feinem Gesicht. Er trug eine Uniform in rotbrauner Farbe. Darüber einen Gürtel, an dem das Halfter einer Pistole hing. Auf dem nahezu kahlen Kopf des Mannes saß, tief in die Stirn gezogen, eine Pilotka mit rotem Stern. Auf den Unterärmeln seiner Jacke prangten ebenfalls rote Sterne, die mit Hammer und Sichel bestickt waren.

Der Politoffizier musterte Walodja: „Geht es dir besser?"

„Wo bin ich?"

„In einem Lazarett der Roten Armee. Wie heißt du?"

„Wie komme ich hierher?"

„Wie heißt du?"

Walodja nannte seinen Namen. Es kostete ihn Kraft, sich zu erinnern. Was war nur passiert … „Wie komme ich hierher?"

„Die Fragen stelle ich. Man hat in einem frischen Grab beim Kinderheim Makarenko und an einer Straße vor Krymskaya tote Deutsche gefunden, zwei von ihnen sind mit Pfeilen getötet worden. Du hattest Pfeil und Bogen bei dir. Warst du das?"

Natürlich. Die Nebel lösten sich auf: Der Deutsche in seiner Notdurft. Die toten Kinder. Das Gespann, die Schüsse, Nadja. „Wo ist Nadja?"

„Hast du die beiden Deutschen getötet?"

Walodja nickte und schluckte: „Was ist mit dem Mädchen passiert, das bei mir war? Sagen Sie es mir."

„Beantworte zuerst meine Fragen. Wo sind deine Eltern?"

„Sie sind tot."

„Wie sind sie gestorben?"

„Man hat sie umgebracht. Zusammen mit den anderen."

„Mit welchen anderen?"

„Mit allen anderen aus meinem Dorf."

„Wie viele?"

„Mehr als 20. Fast 30 – ich kann es nicht genau sagen."

„Kannst du uns die Stelle zeigen, wo sie ermordet worden sind?"

Walodja nickte.

„In Ordnung. Du wirst es uns später auf unseren Karten zeigen."

Walodja nickte wieder und versuchte es noch einmal: „Wie geht es Nadja?"

„Sie ist schwer verwundet worden."

„Ist sie tot?"

Der Politoffizier schüttelte den Kopf: „Nein. Sie hat einen Streifschuss im Gesicht und eine zerschmetterte Schulter, außerdem einen Milzschuss. Dadurch hat sie viel Blut verloren. Sie wurde sofort operiert, sonst wäre sie verblutet. Die Milz wurde entfernt."

„Wo ist sie?"

„Wir haben sie vor drei Wochen nach Krasnodar gebracht. Dort kann sie besser versorgt werden."

„Vor drei Wochen", wiederholte Walodja langsam. „Seit wann bin ich hier?"

„Seit vier Wochen. Du hattest einen Schädelbruch. Ein Wunder, dass du überlebt hast. Du hast eine robuste Natur."

„Ich möchte Nadja sehen."

Der Politoffizier nickte: „Natürlich. Nach dem Krieg. Es wird dich motivieren, unerschütterlich dein Bestes zum großen Sieg des Kommunismus und der Partei über den Faschismus beizutragen."

Walodja sah den Mann verstört an: „So lange kann ich nicht warten."

„Du bist jung und musst aufpassen, was du sagst. Wie kommst du

darauf, dass es lange dauern wird? Zweifelst du am Siegeswillen der Roten Armee?"

„Nein."

„Wir alle müssen Opfer bringen. Meine drei Kinder und meine Frau sind bei einem Bombenangriff auf Murmansk gestorben."

Walodja schwieg.

Der Politoffizier erhob sich und schüttelte den Kopf: „Wie konntet ihr nur auf einem deutschen Gespann durch russische Wälder fahren. So etwas Leichtsinniges."

„Wir hatten eine weiße Fahne, sie ging verloren ..."

„Wir hätten euch auch unter weißer Fahne erschießen können. Ein deutsches Krad! Ihr seid doch keine Kinder mehr!"

„Ich bin 17 Jahre alt. Nadja ist 16."

„Ihr müsst schneller erwachsen werden, um unser Land wieder aufzubauen. Zu viele sind umgebracht worden. Wir brauchen gefestigte sozialistische Persönlichkeiten, die bereit sind, im Kampf gegen den imperialistischen Terror zu bestehen."

Walodja nickte.

Über das Gesicht des Offiziers glitt zum ersten Mal der Anflug eines Lächelns: „Wie es scheint, bist du mit dem Bogen ein guter Schütze."

„Ein gutes Auge und eine ruhige Hand, mehr braucht man nicht", sagte Walodja langsam.

„Ich bin mir sicher, dass wir in den Bataillonen unserer ruhmreichen Roten Armee Verwendung für dein Talent haben werden."

Der Mann beugte sich hinunter zu einer Tasche. Daraus entnahm er ein Paket, das er zu Walodja aufs Bett warf: „Hier habe ich noch etwas für dich. Es scheint dir eine Menge zu bedeuten, du hast im Fieber davon gesprochen. Ich habe es einem Verwandten gezeigt, der sich damit auskennt. Er hat es behandelt, jetzt wird es halten. Gute Besserung!"

Der Politkommissar verabschiedete sich.

Eine Schwester trat an Walodjas Bett und brachte ihm Tee. Sie stützte seinen Kopf ab, damit er vom Getränk nippen konnte.

Später riss er das Packpapier auf.

Rot leuchtend kam sein Fuchspelz zum Vorschein.

Samstag, 16. September 1944

Die Zitadelle von Arad war hell erleuchtet. Bis weit nach Mitternacht schleppten Hunderte helfender Hände Zerschossene und Kranke, Blinde und Amputierte, Ohnhänder und Traumatisierte, Gesichtslose und Zerrissene zum Zug. Eigenständig Humpelnde an Krücken, die müde auf die Waggonflächen krochen, staunten über das Treiben, an dem sie so unerwartet teilnahmen. Noch immer fiel es vielen schwer zu glauben, dass sie die Heimat tatsächlich wiedersehen sollten.

In den frühen Morgenstunden füllten sich langsam die letzten Waggons. Es wurde gerade hell, als einer der Soldaten unter Gejohle und Gelächter mit Kreide auf einen der Waggons schrieb: *Frauchen, sperr' das Bettchen auf, dein Schatzi kommt im Dauerlauf.* Der Soldat hatte nur ein Bein. Franz sah, dass auch der Arm im linken Hemdsärmel fehlte. Es war Gerhard Bauerkämper, jener Fähnrich aus Lippstadt, der im Lazarett von Galatz neben Hörcher gelegen hatte. Franz fragte sich, welches Leben wohl vor diesem Soldaten liegen würde. Bauerkämper wäre nicht der erste versehrte Heimkehrer, dessen Frau ihr Bettchen längst für einen anderen Mann aufgesperrt hatte.

Wie viele Menschen hatten sie mit ihrer Flucht aus Galatz wirklich retten können? Hunderte? Mehr als Tausend? Einige derer, die sie verluden – wie den jungen Landwirtssohn aus Kempten –, erkannte er wieder. Viele nicht. Er hatte sich, wie die meisten Soldaten, abgewöhnt, Menschen, die in der nächsten Stunde tot sein konnten, zu viel Aufmerksamkeit zu schenken. Dann die Vertriebenen – was wäre aus den Siebenbürgern und Szeklern geworden, wären sie nicht zu ihnen auf den Zug geklettert? Wie viele hatten durch die Gefangennahme der Roten Armee ein besseres Los gezogen? Und wie viele hätten lieber nicht fliehen sollen? Es gab keine Zahlen, keine Antworten.

Barbara und Käthe waren in einem der Waggons untergekommen und halfen, die Verwundeten und Kranken zu versorgen. Franz und Hörcher sahen sie mit Wassereimern, als sie ganz nach vorn zur ersten Lok liefen. „Alles in Ordnung?", rief Hörcher. Barbara winkte und nickte, dann waren sie schon vorbei.

Die Männer stiegen in den Führerstand der Lokomotive und begrüßten dort Lokführer und Heizer, zwei schweigsame Eisenbahner aus Niederösterreich. Der Zug sollte von zwei Loks der Baureihe 50 gezogen werden – als Vorgängermodell der Baureihe 52 waren sie nahezu baugleich, sodass sich Franz und Hörcher im Führerstand sofort heimisch fühlten.

Um halb zehn gaben die Lokomotiven Signal, schnaufend setzte sich der Zug unter dem Jubel seiner Insassen in Bewegung, überquerte zunächst im Schritttempo eine Eisenbahnbrücke, fuhr dann in einer weiten Linkskurve an der Marosch entlang und pendelte sich nordwärts ein. Nach wenigen Minuten kamen sie durch den Hauptbahnhof von Arad. Die Bahnsteige waren bevölkert mit ungarischen Regimentern. Panzer und Fahrzeuge aller Art wurden abgeladen, Männer führten Dutzende von Pferden aus Waggons, Berge von Kisten stapelten sich längs der Schienen, darüber ein Schreien, Kommandieren, Pfeifen. Ihr Zug dampfte gemächlich hindurch, als ginge ihn all das nichts mehr an.

Franz und Hörcher schauten sich an. Tatsächlich. Der Zug rollte. Es ging Richtung Norden, Richtung Ungarn, Békéscsaba.

Nachdem sie einige Kilometer gefahren waren, wurden sie auf eigenartige Weise unruhig. Als würde etwas fehlen. „Es ist das Mahlen der Front“, meinte Franz schließlich. „Wir sind wieder unterwegs – aber keine Geschütze treiben uns vor sich her.“

„Haben wir das so lange gehört, dass wir es schon vermissen?“

„Ich möchte es nie wieder hören.“

„Ich auch nicht“, nickte Hörcher.

Sie hatten in der Nacht kein Auge zugetan. Jetzt, in diesem seltenen Moment glücklichen Nichtstuns und angesichts der Monotonie der eisenbahnerischen Verrichtungen von Lokführer und Heizer, überkam sie die Erschöpfung. Sie kauerten sich in die vertrauten Ecken, schnell fielen sie in einen traumlosen Schlaf. Nicht einmal der gelegentliche Lärm über sie hinweg ziehender Flugzeuge konnte sie wecken. Es ging nur langsam voran. Immer wieder mussten sie auf offener Strecke oder Ausweichgleisen aufgrund verstellter Signale oder priorisierter anderer Züge stehen bleiben. Zäh verstrich die Zeit. Es dämmerte bereits, als sie die Kleinstadt Békéscsaba im Dél-Alföld, der südlichen Großen Tiefebene Ungarns, erreichten. Für die kaum mehr als 50 Kilometer hatten sie über zehn Stunden benötigt.

Im Bahnhof von Békéscsaba stand, wie von Oberleutnant Meiler avisiert, der Lazarettzug 643 bereit. Er bestand allerdings nur noch zur Hälfte aus Lazarettzugwagen. Eisenbahner waren damit beschäftigt, den Zug mit zahlreichen anderen Personen- und Güterwaggons aller Art zu verlängern, die meist schon deutlich bessere Tage gesehen hatten. Das Rangieren beäugten die beiden deutschen Offiziere etwas skeptisch. Unter der Ägide von Wagenmeister Lege, Reimer und Andler hatte das weniger chaotisch ausgesehen. Auch ein Verpflegungswagen wurde angehängt, Essen und Wasser verteilt. Weitere Verwundete seien von ihnen aufzunehmen, hieß es, man sammle sie gerade aus den umliegenden Lazaretten der Stadt ein.

„Wie viele?", erkundigte sich Hörcher und erntete ein Achselzucken: „Hunderte!"

Die Krankenschwestern aus Arad verließen den Zug, neue Schwestern und Sanitäter stiegen zu und verteilten sich auf die Waggons. Sankas und Lastwagen fuhren bis an den Bahnsteig und entluden ihre Flut von Tragen und Rollstühlen. Dutzende, Aberdutzende, schließlich die angekündigten Hunderte von Männern, die zur Weiterversorgung mitgenommen werden sollten. Franz und Hörcher beteiligten sich an den Arbeiten, auch Käthe und Barbara schufteten mit. Das Anhängen des BVZ-Zugs mitsamt der Lokomotiven bekamen sie kaum mit.

Nach langen Stunden ging es endlich weiter. Franz und Hörcher sahen keinen Grund mehr, ihre Position in der ersten Lok zu halten, und suchten sich in einem der neu hinzugekommenen gedeckten Güterwaggons Platz.

Sonntag, 17. September 1944

Gegen drei Uhr in der Nacht schreckte Franz hoch. Er stützte sich auf, lauschte dem Rattern der Räder und dem Schnarchen der Männer. Auch Hörcher schlief. Feuchter Nachtwind fuhr durch die lose Verbretterung der Wagenwände. Er brachte den Duft von Gras. Franz lugte durch einen Spalt direkt vor ihm und sah Schafherden auf endlosen Weidelandschaften, die sie in öder Monotonie durchfuhren. Sie querten die mondbeschienene Puszta. Ziehbrunnen streckten ihre Ausleger vor einsamen Gehöften himmelwärts. Das Land in magisches Grau getaucht, weiße Tupfer waren die Herden.

Babamm. Babamm. Dort ein paar Pferde auf einer Koppel. *Babamm. Babamm.* Nebel stand über den Halmspitzen auf einem Feld. *Babamm. Babamm.* Monoton klangen die Schienenstöße wie durch Kissen gedämpfte Schüsse.

Der Zug glitt durch die Sandsteppe. Franz blieb noch lange wach, die Stirn an die sanft ruckelnde Wand des Waggons gelehnt, und spähte nach draußen. Seine Augen folgten dem Sonnenaufgang und sahen doch etwas anderes, seine eigenen Bilder, die er seit der Fuchsjagd mit sich trug wie eine bleierne Last. Irgendwann schlief er ein.

Kurz bevor der Zug das Städtchen Szentes an der Kurka erreichte, wurde er von Hörcher geweckt. „Was habe ich verpasst?"

„Friedliche Landschaften", grinste Hörcher, „schwitzende Männer."

Die Luft in ihrem Waggon war trotz der vielen Ritzen in der Bretterverkleidung zum Schneiden. Als der Zug zum Halt gekommen war, traten Franz und Hörcher auf den Bahnsteig und streckten sich. Der kleine Luxus des Luftschnappens war nicht vielen ihrer Mitreisenden vergönnt. Ein Soldat auf Krücken mühte sich hinter ihnen die wenigen Stufen aus dem Waggon herunter und wäre fast gefallen. Die beiden halfen ihm.

Barbara und Käthe lösten sich aus einem Grüppchen Frauen – lauter ungarische Krankenschwestern – und begrüßten sie erschöpft, aber freudig. Den beiden Donauschwäbinnen war es auf den ersten Etappen hinter Arad gut ergangen, in ihren Waggons hatten sie nach besten Kräften ausgeholfen. Zu viert schritten sie nun am Gleis entlang, um sich die Beine zu vertreten – vorbei am Bahnhofsgebäude, Richtung Wasserturm und Kohlebunker, zur Spitze des Zugs.

Vorn an der ersten Lok standen der Lokführer, sein Heizer, einige Männer in verrußten Arbeitskitteln und der Bahnhofsvorsteher im Kreis. Sie rauchten und diskutierten aufgebracht. Als der Lokführer die beiden deutschen Offiziere erblickte, hob er die Schultern: „Unsere Abfahrt wird sich verzögern." Er zog an seiner Zigarette und spuckte Tabakstückchen ins Gleis. „Die erste Lok hat Probleme, wird länger dauern. Bei der Zuglänge brauchen wir sie schon …"

„Können wir nicht eine andere Lokomotive vorspannen?", fragte Hörcher.

„Haben Sie eine, Herr Leutnant?" Der Österreicher schüttelte verärgert den Kopf. „Bedaure, wir sind ja schon froh, wenn wir die hier reparieren können!"

„Was ist denn passiert?", wollte Franz wissen.

„Kessel. Wahrscheinlich ein gebrochener Stehbolzen."

„Und wann können wir voraussichtlich weiterfahren?"

Der Lokführer zuckte die Achseln: „Vielleicht Mitternacht. Oder am frühen Morgen."

„Dann verlieren wir einen halben Tag!"

Der Stationsvorsteher nickte betrübt: „Was sollen wir machen? Die Männer sagen, die Lok muss in die Werkstatt, dann Feuer und Wasser raus und auskühlen lassen, damit einer in die Feuerbüchse klettern kann."

„So ist es", ergänzte der Lokführer. „Und nach der Reparatur wieder Aufrüsten mit allen Kontrollen, allein dafür brauchen wir drei Stunden."

„Gut", nickte Franz. „Brauchen Sie unsere Hilfe?"

„Nein, versorgen Sie Ihre Verwundeten, wir kümmern uns um die Lok."

Die nächsten Stunden vergingen mit intensiver Fürsorge. Notdurfteimer wurden geleert, Frischwasser gebracht, Essen gereicht. Franz erhielt einen neuen Verband.

Eine ältere Ungarin tauchte am Gleis auf und sprach Hörcher an: „Habt Ihr große Kannen? Meinem Mann und mir gehört die Csárda gleich hinter dem Bahnhof. Wir haben frischen Kaffee für eure Kranken gekocht."

Hörcher organisierte bei einem der Sanitätsgefreiten einige Kannen und verschwand mit der Ungarin. Nach kurzer Zeit kehrte er von der Schenke zurück. Er zog einen Handwagen hinter sich her und jubelte. In den Kannen auf dem Wagen schwappte heißer – echter – Bohnenkaffee! Bald verteilte sich der aromatische Duft auf der ganzen Länge des Lazarettzugs.

Am frühen Abend hielt auf dem gegenüberliegenden Gleis ein Zug in entgegengesetzter Richtung. Hinter der Lok in großer Zahl Personenwaggons, darin im Halbdunkel junge und alte Landsergesichter, blass und müde. Während ihre Lok bekohlt wurde und Wasser nahm, stieg der Wagenmeister des Zugs aus, um Kupplungen und Radreifen zu prüfen. Dabei wanderte sein Blick über den gestückelten Lazarettzug auf dem Nebengleis, den BVZ und einige der bandagierten, aber gehfähigen Zuginsassen, die beim Rauchen auf dem Bahnsteig hockten. „Servus, euch hat man ja schön rundgerührt! Wo kommt ihr her?", rief er ihnen in breitem Bairisch zu.

„Schwarzmeer, Siebenbürgen, Banat", antwortete Franz, und Hörcher ergänzte: „Alles Zerschossene und Kranke. Und Ihr? Wo geht's hin?"

Der Wagenmeister lachte grimmig: „Wir sind die 1. Krüppelgarde-Division. Lauter alte Männer und Auffrischungsmaterial aus frisch Genesenen, die jetzt wieder ihre Haxen fürs Vaterland in die russische Artillerie halten dürfen. Na, von den Euren sitzen bestimmt auch bald wieder einige bei mir im Zug. Arme Schweine! Kommt mal rüber, ich hab was für euch!"

Franz und Hörcher schauten sich kurz an. Warum nicht – Zeit hatten sie mehr als ihnen lieb war.

Sie traten über die Gleise hinweg, der Wagenmeister winkte sie zu einem Waggon, entriegelte ihn und kletterte hinein. „Kommt hoch und helft mir tragen!"

Hörcher schwang sich hinterher und zog dann Franz hoch. Der Wagen war bis zum Dach mit Kisten und Kartons vollgestellt, der Wagenmeister schob bereits zwei davon zur Tür: „Hier, nehmt mit, zwei Kisten DeHaWe – feinstes Durchhaltewasser!"

„Wie viel Schnaps habt ihr denn geladen?", staunte Hörcher.

„Davon haben wir jede Menge! Keine Granaten mehr und keine Panzer, aber Saufen bis zum Untergang!" Der Mann griff zu einem benachbarten Stapel: „Und hier, Eiserne Kuh, viel Fett und Zucker, nehmt mit!" Er knallte dem überraschten Hörcher zwei Paletten Büchsenmilch in die Arme, dann wanderte sein Blick weiter durch den Verpflegungswaggon: „Ach, und hier, was ganz Besonderes!" Der Wagenmeister zeigte mit theatralischer Geste auf graue Pappschachteln, so groß wie Schuhkartons, eine ganze Wand davon im Waggon, mindestens 50 Stück: „Eine Wunderwaffe! Die allerhochheiligste Heeresleitung verspricht sich davon den Endsieg. Damit noch brav weitergekämpft wird."

Er öffnete eines der Pakete und wühlte mit den Händen darin, metallisches Klickern war zu hören. „Was ist das denn?", fragte Franz und kam im Halbdunkel des Waggons näher.

Der Wagenmeister griff nach einer Taschenlampe und leuchtete. Schwarz-silbernes Glitzern, der Karton war bis oben gefüllt mit Eisernen Kreuzen, darunter ein Stapel mit Verleihungsurkunden. „Ist das nicht schön? Da weiß man doch, wofür man krepiert. Für knapp 20 Gramm Blech an der Brust, da freut sich die Witwe! Nehmt euch ein paar raus. Verdient hat's jeder von uns."

Hörcher schüttelte ungläubig den Kopf: „Wir haben keine Verwendung dafür."

Der Wagenmeister lachte verbittert: „Ich auch nicht. Am liebsten würde ich den ganzen Scheiß hier ins Gleis kippen." Er verschloss die Pappschachtel und warf sie zurück auf den Stapel. „Ist doch schön, dass die Politiker und Generäle so fürsorglich an uns denken! Schaut euch Paulus in Stalingrad an! Zu feige, um gegen Führers Befehl seine Divisionen zu retten, zu feige, um sich nach der Beförderung zum Generalfeldmarschall die Schläfe zu lochen, aber eitel genug, sich selbst in Gefangenschaft seine neuen Marschalls-Epauletten zu schnitzen. Diese Hundskrüppel, diese drecksverreckten!" Die Lokomotive seines Zugs gab Signal. „Auf geht's, raus mit euch. Und vergesst mir das DeHaWe nicht!"

Die drei Männer hoben die Gaben aus dem Waggon, Franz und Hörcher bedankten und verabschiedeten sich: „Gute Fahrt!"

„Euch auch! – Pfiat euch!"

Pfiat euch – wie lange hatte Franz das nicht mehr gehört? Die Kisten und Paletten wanderten umgehend in den Versorgungswaggon des Lazarettzugs zur weiteren Verteilung.

Gegen Mitternacht fuhr die erste Lok wieder in ihr Gleis, die Reparatur war erfolgreich gewesen. Schnell wurde sie vor den Lazarettzug 643 gekuppelt. Kurzes Signal, sie brachen auf Richtung Nordwesten.

Montag, 18. September 1944

Um acht Uhr am Morgen fuhren sie in Kecskemét ein, einer Stadt etwa 80 Kilometer südöstlich von Budapest. Erneutes Bunkern von Wasser und Kohlen – langsam rollte der Zug durch die Gleisanlage des hübschen Bahnhofs zu ihrer Linken zum Kran. Franz öffnete die Schiebetür ihres Waggons, um frische Luft und das warme Licht der Morgensonne hereinzulassen. Der Bahnhofsvorsteher sah es, hob seine Mütze und grüßte. In der Sonne leuchtete sein blondes Haar. Franz und Hörcher winkten zurück.

Nach dem kurzen Versorgungshalt brach der Lazarettzug 643 mit angehängtem BVZ wieder auf, nächster Halt Budapest, es hieß, dass sie dort viele ihrer Verwundeten und Kranken zur besseren Versorgung in den örtlichen Lazaretten unterbringen könnten.

Doch eine Stunde später wurden sie in einem der Vorortbahnhöfe der ungarischen Hauptstadt abrupt gestoppt. Franz und Hörcher schoben die Tür des Waggons auf. Ein aufgeregter Stationsvorsteher rannte am Gleis entlang. „Was ist los?", rief Franz ihm zu.

Der Mann dachte nicht daran, zu stoppen, er gestikulierte wild und schrie: *„Menjetek innen! Tűnés! Tűnés!“*

Ratlos schaute Franz ihm hinterher: „Was hat er gesagt, Günther?“

„Keine Ahnung!“ Hörcher setzte aus dem Waggon und lief dem Mann nach, kurz vor der Spitze des Zugs, neben einem Wartehäuschen, hatte er ihn eingeholt. Bis auf den sich halb wie von Sinnen gebärdenden Ungarn wirkte der gesamte Bahnhof seltsam leer und lag in völliger Stille.

Im humpelnden Laufschritt kam Franz hinterher: „Sprechen Sie Deutsch? Was ist los? Warum halten wir?“

Wieder schrie der Mann etwas Unverständliches, im schnellen ungarischen Sprachfluss konnten sie nur einen immer gleichen deutschen Brocken ausmachen: *„Tűnjetek el* – weg, weg! *Légitámadás! – Bombázók – már Szeged fölött járnak!* Weg! *Mindjárt ideérnek! Bombázók! Ezer bombázó!“*

Franz erschrak und packte den Mann an den Armen: „Bombaso – meinst du Bomber?“

Unverständig schaute der Stationsvorsteher Franz an. Hörcher breitete mit fragenden Augen seine Arme aus, als wären sie Tragflächen, und machte tiefe Brummgeräusche.

„Igen, igen!“, schrie der Mann und nickte heftig. Er wollte sich von Franz befreien, doch der ließ ihn nicht los.

Die Eisenbahner in der ersten Lok hatten Hörchers Darstellung beobachtet, jetzt kam Bewegung ins Führerhaus. Der Lokführer lehnte sich aus dem Fenster und schrie nervös herüber: „Was ist los, Herr Leutnant?“

Hörcher schrie zurück: „Luftangriff!“

„Was sollen wir tun?“, gellte es über den Bahnsteig.

Anstatt zu antworten, ließ Franz einen Arm des Ungarn los, hob die Hand und bewegte die Finger wie beim Zählen. „Wie viele?“, wiederholte er langsam einige Male.

„Ezer!“, schrie der Mann. *„Ezer bombázó!“* Mit dem Zeigefinger seiner freien Hand fuhr er hektisch über die Wand des Wartehäuschens, um dort Zahlen anzuzeigen.

Eine Eins. Eine Null. Noch eine Null. Und noch eine.

Hörcher wurde aschfahl: „Tausend Bomber …"

Der Stationsvorsteher zeigte mit panischem Blick in den Himmel gen Süden: „*Mindjárt Budapestre érnek!* Gleich! Weg!"

Sirenen schrillten auf den Budapester Dächern los, ein unisones Konzert, als kündeten Posaunen den nahen Untergang an. Der Stationsvorsteher bäumte sich auf und zeigte in alle Richtungen links und rechts der Gleise. Franz schüttelte den Mann und zwang ihn, seinen Blick zu erwidern: „Bitte! Der Zug! Was sollen wir tun?"

„*Fedezékbe, fedezékbe!*"

Der Mann riss sich mit Macht los, ließ die Deutschen stehen und rannte in einen Niedergang des Bahnhofs. Wieder brüllte der Lokführer herüber, kaum noch durch den Krach der Sirenen zu hören: „Was tun wir jetzt?"

„Wir können nichts tun!", schrie Franz zurück. „Wir bleiben, wo wir sind, und suchen Deckung, so gut wir können!"

Nur Sekunden später war es zu vernehmen – wie das Ansummen eines bösen Lieds. Es wurde zum Surren, Brummen, Dröhnen, immer bedrohlicher und ungeheuerlicher, ein Crescendo von entfesselten Sternmotoren und einer Million Pferdestärken. Es mischte sich mit dem wütenden Anrattern wild spuckender Budapester Flaks. Und alle im Zug wussten, dass ihnen nur das Beten darum blieb, dass wichtigere Ziele als die Vorstadtbahnhöfe der ungarischen Hauptstadt in den Operationsbefehlen der Bomberpiloten gelistet waren.

Hunderte von Maschinen zogen über sie hinweg, silberne Vögel im Bomberstrom, den Himmel verdunkelnd, sie schienen weder die Flaks noch gegnerische Tagjäger zu fürchten. Franz erkannte über sich Liberator Bomber mit ihren markanten Doppelseitenleitwerken, Schwadronen von wuchtigen Superfestungen, eine fliegende Streitmacht mit offenen Bombenschächten, aus denen heraus Brocken um Brocken zu Boden taumelte.

Vor ihnen Explosionen, vielleicht fünf Kilometer entfernt, während noch immer weitere Flieger über den kleinen Vorortbahnhof hinwegrauschten.

Innerhalb von Sekunden brach das Inferno los: Ein Teppich von Detonationen legte sich über Budapest. Ein Wald aus Rauchbäumen, Stamm an Stamm, verkrümmt, mit schwarzen Kronen, hässlich auskragend. Der Angriff galt dem Zentrum der Stadt an der Donau, den Brücken, die sich dort in den Grund des Flusses krallten.

Plötzlich krachte es wenige 100 Meter voraus auf den Nebengleisen, mehrmals, kurz hintereinander, Feuer explodierte in gleißenden Lichtbögen. Thermitbomben, die die Luft verbrannten – die Druckwelle versengte Franz' Wimpern und Augenbrauen und ließ ihn zu Boden gehen. Hörcher lag neben ihm, er hatte sich nach der ersten Detonation hinter die nächste Mauer geworfen.

Erst als die Explosionen wieder abwanderten, wagten sie einen vorsichtigen Blick. Vor ihrem Zug stand eine Feuerwand, die Hitze brannte den Männern trotz des Abstands auf den Wangen. Schauer roter Funken verwirbelten sich über ihnen, schmauchten auf ihren Uniformen; weißglühend bogen sich die Schienen empor, ringelten sich unter der Hitze wie tanzende Schlangen.

Budapests Innenstadt brannte. Tausendfacher Tod in Sekunden, Häuser zu Staub. Der Weg, den ihr Zug durch die Stadt nehmen wollte, war nicht mehr vorhanden, das Gleis zerstört.

Jetzt erst setzte die Sirene ihres kleinen Bahnhofs ein, monoton schraubte sich der Gesang des Horns in die Höhe. „Ein echter Hühneralarm", kommentierte Hörcher, als er sich auf wackeligen Knien erhob und fahrig seine Uniform abklopfte. Er war leichenblass. „Erst das Ei und dann das Gackern …"

Auch der Bahnhofsvorsteher kam wieder aus seinem Keller. Er zitterte am ganzen Körper und weinte: *„Vissza Kecskemétre! Vissza Kecskemétre* – weg, zurück, *Kecskemét!*", war alles, was er hervorbrachte.

Franz und Hörcher stimmten sich mit ihren Eisenbahnern ab. Hastige Kontrolle entlang des Zugs, aus einem der Waggons des BVZ streckten Käthe und Barbara ihre blassen Köpfe, zu Tode geängstigt. Erleichtert nahmen sie die Nachricht vom unversehrten Zug auf und dass es schnell weitergehen würde, wenn auch in die Richtung, aus der sie gekommen waren – aber das spielte keine Rolle, nur raus aus den Vorstädten von Budapest, und ein anderes Gleis würde sich doch finden lassen? Niemand wusste es.

Langsam fuhr der Lazarettzug zurück nach Kecskemét.

Windlose Hitze lag über dem Bahnhof. Franz und Hörcher suchten nach dem Stationsvorsteher mit dem Blondschopf und fanden ihn im Bahnhofsbüro. Der Mann, der ihnen bei ihrer morgendlichen Durchfahrt zugewunken hatte, war gerade damit beschäftigt, am Telefon Schadensmeldungen zusammenzutragen. Er setzte den Hörer ab, drehte sich um und rief ihnen in einwandfreiem Deutsch zu: „Haben Sie Geduld! Fünf Minuten! Ich finde einen anderen Weg für Ihren Zug. Verschaffe mir gerade einen Überblick, welche Gleise heil geblieben sind."

Sie nickten und verließen das Büro. Draußen setzten sie sich schweigend und ausgezehrt von Adrenalin und Furcht auf eine Bank. Nach einigen Minuten näherte sich ein Zug dem Bahnhof aus südlicher Richtung, vorneweg eine Lokomotive mit 52er Kennung auf der Rauchkammertür, nahezu geräuschlos stampfte sie an ihnen vorbei. Hinter ihr gedeckte Güterwaggons, ähnlich den Waggons ihres BVZ, aus denen ein seltsames Wispern drang. Ein Raunen, ein atonaler Chor aus gebrochenen Stimmen und Interferenzen. Hörcher starrte und griff nach Franz' Arm: „Siehst du das?"

„Was?"

„Die Luken!"

Franz schaute auf die halb verbretterten Öffnungen der Waggonwände. Da sah er es auch und spürte, wie sich die feinen Härchen in seinem Nacken aufstellten.

Die vernagelten Öffnungen waren zusätzlich mit Stacheldraht versehen. Franz erkannte Fingerspitzen, die sich zwischen den Holzleisten hindurchpressten. Kleine Hände, die sich nach draußen reckten. Menschen, wo keine Menschen sein sollten. Das Blut vieler aufgerissener Finger lief an den Bretterwänden hinunter, vom Fahrtwind in feinen horizontalen Streifen nach hinten gerissen. Und jetzt hörte er es auch: Aus dem Raunen lösten sich einzelne Stimmen, auch von Kindern, Weinen, Schluchzen, ein Schrei, schrill und verzweifelt. Schon war der Zug vorbei.

Der Stationsvorsteher trat zu ihnen auf den Bahnsteig hinaus: „Ich habe gute Nachrichten für Sie! Zwar ist die Strecke Budapest – Wien gesperrt, doch die Westumgehung südlich von Budapest ist intakt geblieben. Sie können weiterfahren, ein kleiner Umweg, am schönen Balaton entlang."

Franz und Hörcher antworteten nicht. Sie starrten noch immer dem Zug nach. Franz kniff die Augen zusammen, zögerlich fragte er den Eisenbahner: „Das war doch ein Güterzug, oder?"

„Ja", bestätigte der, „natürlich. – Soll ich Ihnen die neue Streckenführung anzeigen?"

„Woher kam der Zug?"

„Aus Szeged."

„Darin waren Menschen eingesperrt! Kinder!"

Der Mann blieb einige Sekunden stumm. „Wenn Sie mich als Offiziere der Wehrmacht fragen, muss ich Ihnen antworten, dass darin keine Personen waren."

„Wir fragen Sie als Menschen."

„Wissen Sie es wirklich nicht?"

„Sagen Sie es uns", insistierte Hörcher.

„Aus Szeged kommt nicht nur das weltberühmte Gulasch", antwortete der Stationsvorsteher und nahm seine Mütze ab, „dort steht auch eine der schönsten Synagogen Europas, eine der größten der Welt. Eine riesige Kuppel, auf 24 Säulen ruhend, darin die ganze Welt, gemalt von Miksa Roth. Mit wunderbaren Fenstern, weißen Rosen und blauen Sternen geschmückt, von einem Davidstern gekrönt."

„Woher wissen Sie das?"

Der Stationsvorsteher schaute die beiden Männer lange an: „Man befasst sich gern mit der eigenen Herkunft, wenn die Zukunft davon abhängt. Es gibt ein jüdisches Sprichwort – *Gott konnte nicht überall sein, deshalb erschuf er die Mütter*. Meine Mutter war Jüdin. Was mich ebenfalls zum Juden macht."

Die beiden Deutschen schwiegen betroffen.

Halb amüsiert und halb sarkastisch beantwortete der Stationsvorsteher die unausgesprochene Frage: „Was mich betrifft – schauen Sie mich an. Ich bin blond, groß, habe blaue Augen, wie Jung-Siegfried. Nicht sehr jüdisch, nicht wahr? Im Äußerlichen komme ich ganz nach meinem Vater. Eine Laune der Natur. Ein arisches Ideal. Das Beste, was sich ein Jude in unseren Zeiten wünschen kann! Blond wie Hitler, scharfsichtig wie Himmler, hochgewachsen wie Goebbels und athletisch wie Göring. Ich muss ein wahrer Glückspilz sein!"

Hörcher murmelte leise einen Reim, der im Reich wohlbekannt war: *„Lieber Gott, mach mich blind, dass ich Hitler arisch find."*

Der Stationsvorsteher lachte grimmig und Franz bewunderte ihn für seinen Mut, sich vor zwei deutschen Offizieren in solcher Weise zu äußern. War es wirklich Mut? Oder Wut? Er fragte betroffen: „Wohin fährt der Zug?"

„Der Güterzug? Umgehung von Budapest ostwärts. Er fährt in den polnischen Südosten, wohl in ein kleines Städtchen westlich von Krakau …"

Franz fuhr sich übers Gesicht: „Warum? Was sollen die Menschen dort?"

„Das weiß niemand außer Gott. Die ersten dieser Züge fuhren bereits im Mai, täglich, bis in den Juli. Dann wurden es weniger, aber sie kommen immer noch. Es wird nicht der Letzte gewesen sein. Und alle kehren sie leer zurück." Der Stationsvorsteher schaute den beiden Männern fest in die Augen und sagte: „Deutschland hat für ein Orchester aus Verrückten die Instrumente gebaut. Ihre schlichten Kompositionen gefeiert. Ihre bösen Lieder gesungen. Und nun muss die gesamte Welt bis zum letzten Takt ihrer Musik tanzen."

„Muss sie das?", echote Hörcher dumpf.

Aber die Aufmerksamkeit des blonden Ungars nahm schon etwas anderes gefangen: „Ihr Lokführer winkt! Will sicher wissen, wie es weitergeht, ich muss mich mit ihm besprechen. Am besten steigen Sie jetzt wieder in Ihren Zug. Bald geht es für Sie voran. Kopf hoch: Eine wunderschöne Strecke liegt vor Ihnen. Denn Sie fahren nicht in den polnischen Südosten. Sie fahren rund um den Plattensee. Von dort nach Wien. Das wird wie eine Hochzeitsreise sein.“ Er verabschiedete sich mit traurigem Lächeln von den Deutschen.

„Wissen Sie, wovon ich träume?“, rief er ihnen nach einigen Metern hinterher. „Dass Lokomotiven bald wieder für die Liebe und nicht mehr für den Krieg fahren. Wir hatten hier vor dem Krieg so viele glückliche Ehepaare auf Hochzeitsreise.“ Der Fahrdienstleiter zwinkerte: „Shalom, meine Herren!“

Hörcher hielt an der Tür zu ihrem Waggon noch einmal inne: „Friede sei auch mit Ihnen.“

Um halb neun verließ der Lazarettzug den Bahnhof von Kecskemét und fuhr in die aufziehende Nacht.

Etwa zwei Stunden später erreichten sie eine Brücke, die sie über die Donau führen sollte. So weit südlich vom Zentrum Budapests entfernt hatte sie den Luftangriff unbeschadet überstanden. Trotzdem mussten sie halten. Unterhalb der eisernen Fachwerkbogenbrücke stand der Nebel so hoch und dicht, dass die ansteigenden Schienen nass und rutschig waren. Unpassierbar, die Zugkraft ihrer Lokomotiven reichte nicht. Eine Vorspann-Lok war angefordert worden, doch es würde einige Zeit dauern, bis sie eintraf.

Franz und Hörcher beteiligten sich an der Versorgung der Kranken und Verwundeten. Während der Wartezeit starben drei Männer. Ein junger Gefreiter aus Leverkusen, der Franz noch zwei Briefe überreichte. Ein Unteroffizier aus Itzehoe, der an einem Fieber litt, gegen das es kein Mittel gab. Ein nur leicht an der Hand verletzter Pionier, der einfach einschlief und nicht mehr aufwachte.

Die Vorspanneinheit traf kurz nach Mitternacht ein. Sie wurde vor die erste Lokomotive gekuppelt und es gelang, den Zug über die schlüpfrige Brücke auf das Westufer der Donau zu ziehen.

Dienstag, 19. September 1944

Sie erreichten Stuhlweißenburg, ungarisch Székesfehérvár, ein Städtchen auf der Strecke zwischen Budapest und dem Plattensee. In das Dunkel der Nacht mischte sich im Osten schon ein rosafarbener Schimmer.

„Jetzt geht's wieder an die Kaffeemühle“, nickte Hörcher belustigt. „So hat doch Andler den Kohlekran immer genannt!“ Doch man meldete ihnen, dass es keine Vorräte mehr gäbe, man erwarte sehnsüchtig einen Kohlenzug, er müsse jeden Moment kommen.

Gleichzeitig wurden aus einem Lazarett weitere Schwerverwundete herangekarrt; Franz und Hörcher räumten ihren Liegeplatz im BVZ für die Männer. Nach kurzer Suche quetschten sie sich in einen Personenwaggon des Lazarettzugs, in dem größtenteils Sitzende untergebracht waren.

Dann meldete sich eine Leitstelle und der Bahnhofsvorsteher verkündete, der Kohlenzug werde sich um mindestens eine Stunde verspäten. „Gut. Auf eine Stunde weniger in dieser Enge bin ich nicht böse“, meinte Hörcher und schlug Franz vor, sich die Wartezeit mit etwas mehr Bewegung als nur dem Hin und Her auf dem Bahnsteig zu verkürzen. Vielleicht ergäbe sich die Möglichkeit, im Ort mit ein paar Einheimischen ins Gespräch zu kommen und neue Informationen zur Lage zu sammeln.

Sie traten aus dem Bahnhof. Stuhlweißenburg lag noch größtenteils im Dunkeln und wirkte friedlich. Gleich zur Rechten schloss sich ein hübsches Wohnviertel an. In ersten Häusern ging Licht an, in Gärten krähten Hähne, Ziegen streckten sich schläfrig in ihrer Streu. Apfelbäume trugen schwer an ihrer Last, in den Beeten lagen Kürbisse und Melonen. Die Hauptstraße schien ausgestorben. Türen von kleinen Betrieben und Geschäften waren noch geschlossen, ebenso die Fensterläden, kein Bewohner ließ sich blicken.

Die beiden Männer näherten sich einer unscheinbaren Kirche, an die sich ein Friedhof anschloss, und Franz kam, wie so oft in den letzten Jahren, wenn er als Soldat vor einem Gotteshaus stand, ein

Spruch in den Sinn, den er in seiner Jugend gehört hatte. Unvermittelt fragte er Hörcher: „Wie lautet der Tagesbefehl eines Kompaniepfarrers?"

„Keine Ahnung", antwortete Hörcher überrascht.

„Die Soldaten haben sich vor der Kirche hinter der Kirche und nach der Kirche vor der Kirche zu versammeln."

Hörcher verzog das Gesicht zu einem müden Lächeln und wollte etwas erwidern – als er die Frau entdeckte, die einige Meter vor ihnen lag. Sein Gesicht versteinerte.

Die Tote lehnte am niedrigen schmiedeeisernen Zaun des Friedhofs. Sie war nackt, ihre Haare waren mit einer groben Klinge geschoren worden, blutige Striemen liefen über ihren ganzen Kopf. Ihre gebrochenen Augen standen offen und es schien, als schaute sie die Männer direkt an. Der Schock des Todes hatte sich tief in ihr Gesicht gegraben. Und sie war nicht allein gestorben.

Ihr Bauch war aufgeschlitzt, vielleicht mit einem Stilett. Franz sah zahllose Abdrücke von harten Griffen und blutigen Fingern, dunkel unterlaufene Male an den Armen, Schultern, Beinen, bis hinunter zu den Knöcheln. Aus ihrer klaffenden Bauchhöhle hing blaurot eine Nabelschnur. Schlängelte sich aufwärts über ihre Hüfte und unter dem Metallzaun hindurch.

Franz machte einen zögernden Schritt nach vorn, sah über den Zaun ins Innere des Friedhofs. Am Ende der Nabelschnur hing ein Säugling, ein Mädchen, groß genug, dass es vom eigenständigen Leben vermutlich nur wenige Wochen, wenn nicht gar Tage getrennt gewesen war. Zusammengekrümmt und mit weißer Haut, unter der sich fein die Adern abzeichneten, einige Strähnen blonden Flaums auf dem winzigen Kopf, lag sie auf einem Mooskissen. Irgendjemand musste das Kind unter dem Zaun hindurchgeschoben haben.

Eine tote Mutter, bestraft für eine Empfängnis, die vielleicht einer Affäre, vielleicht einer Vergewaltigung, vielleicht sogar Liebe entsprungen war. Hatte man dem ungeborenen Kind die christliche Segnung der geweihten Erde im Gegensatz zur verstoßenen Mutter nicht verweigern wollen?

„Wer tut so was?“, fragte Hörcher, dem die Beine versagten. Er kauerte am Zaun und hielt sich mit einer Hand an einer Metallstrebe fest.

Franz wusste keine Antwort. Das Blut der Mutter war überall, hatte Gras und Unkraut um sie getränkt. Stellenweise glänzte es noch feucht. Er schaute sich um. Sie standen unter ein paar Birken, umrahmt von Haselsträuchern und Fliederbüschen, dahinter eine Handvoll Zypressen. Wespen und Fliegen umschwirrten die Tote, angelockt vom Duft des Bluts. Irgendwo, entfernt in einem der Gärten des Städtchens, weinte ein Kind, ein Hund bellte, dann wieder Stille. Ein Windstoß fuhr durch die Wipfel der Friedhofsbäume.

Franz entdeckte einen Schuppen, der sich an die Rückwand der Kirche schmiegte. Er trat ein, ohne zu wissen, was er suchte, und dennoch wurde er fündig. Im Dämmerlicht erkannte er ein Dutzend rostiger Grabkreuze, Schmiedekunst aus einem vergangenen Jahrhundert, übereinander gestapelt im alten Laub, das der Wind noch im letzten Herbst unter der Tür hindurch in den Schuppen geblasen hatte. Er suchte zwei schöne Kreuze aus, ein kleines und ein großes. Eine Schaufel fand er ebenfalls.

Draußen kniete Hörcher vor den Toten und flüsterte ein Vaterunser. Als er die Kreuze sah, erhellte sich seine Miene: „Eine gute Idee, Franz.“

Sie besahen sich ihre Aufgabe. „Wenn wir sie begraben wollen, müssen wir die Nabelschnur durchtrennen. Wir können unmöglich den Säugling nochmal unter dem Zaun durchquetschen.“

Franz versuchte, sich vorzustellen, wie es sich anfühlen mochte, das Gewebe der Nabelschnur zu zerschneiden. Es kam ihm wie ein Sakrileg vor und er zögerte.

„Ich tu's“, meinte Hörcher schließlich und griff nach seinem Taschenmesser. „Mutter und Kind sollen zusammenliegen. Das Einzige, was wir für sie tun können.“

Er näherte sich mit seinem Messer der Nabelschnur. Aus dem Mund der toten Mutter drang ein Seufzer. Es war nur ein letztes Entweichen von Luft, doch beide Männer fuhren entsetzt zusammen.

Fast schien es Hörcher, als beobachtete ihn die Frau, als er die Schnur durchschnitt.

Aus der Ferne hörten sie das Signal eines Zugs. „Wahrscheinlich unser Kohlenzug", sagte Franz. „Wir haben keine Zeit mehr für ein ordentliches Grab. Schnell!"

Hörcher nahm die Fußknöchel der Toten in die Hand, Franz griff unter die Achseln. Die Frau war nicht nur sehr jung, sondern auch sehr zierlich und leicht, mit einem schönen Busen, sinnlich gewölbt, von der Natur gut vorbereitet auf ihren Säugling, anbetungswürdige Weiblichkeit. Sie trugen sie auf den Friedhof und legten ihr totes Kind in ihren Arm. Hastig hoben sie spatentief zwei Löcher zu Köpfen der Getöteten aus und steckten die Kreuze hinein. Sie brachen noch einige Zweige und Blumen ab, mit denen sie die Blöße von Mutter und Kind bedeckten.

Wieder ein Signal, nun deutlich lauter, sicher ihre erste Lok. Hörcher und Franz rannten zurück zum Bahnhof, in den mit Kopfstein gepflasterten Straßen hallte das Trommeln ihrer genagelten Sohlen wider.

Der Zug setzte seine Fahrt fort. Szabadbattyán. Polgárdi. Füle. Winzige Ortschaften, an denen sie Stunde um Stunde entlangkrochen.

Hinter Balatonfőkajár kam Csajág, über eine Weiche ratternd fuhr der Zug in den nächsten Ort, den das Bahnhofsschild als Akarattya auswies. Dann: Das Ostufer des Balaton, kaum mehr als 100 Meter entfernt – friedlich streckte sich das Türkis des Sees unter der Mittagssonne aus, hinter baumgesäumten Uferpromenaden blinkten Schindeln vornehmer Häuser und Villen.

„Wie eine Südseelagune", meinte Hörcher. Er hatte sein Gesicht an einen Spalt in der Wand des Waggons gepresst, in dem sie noch Platz gefunden hatten, und spähte sehnsüchtig nach draußen.

Es war windstill, lediglich einige Boote und die Köpfe von einzelnen Schwimmern durchbrachen in kleinen Sprenkeln den ruhenden See, während der Lazarettzug 643 – jetzt nur auf Steinwurfweite vom Wasser entfernt – seinen weiteren Zielen entgegendampfte. Balatonkenese, Balatonfűzfő, Balatonalmádi, Paloznak, Balatonfüred – sie durchfuhren bunte, hübsche Bahnhöfe rund um den See, in denen der Geist der Donaudoppelmonarchie noch lebendig war. Manchmal hielten sie, um Essen zu verteilen und ihre Kranken zu versorgen.

Einmal, als es schon dunkel war, trafen die Männer Barbara und Käthe kurz am Gleis, doch sie blieben alle schweigsam – das Idyll entlang des Plattensees mit lauschigen Promenaden, flanierenden Grüppchen und sogar Platzkonzerten, deren Musik bis zu ihnen drang, überforderte sie.

Mittwoch, 20. September 1944

Am Vormittag hielt der Zug in Zánka, einem mittig am Nordufer liegenden Städtchen. Dort gelangte Hörcher zu sechs Flaschen Rotwein. Er wusste selbst kaum, wie ihm geschehen war: Eine ältere Frau hatte ihn im Bahnhof erblickt, als er sich gerade die Füße vertrat. Sie war auf ihn zugestürzt, in Tränen ausgebrochen und hatte auf ihn eingeredet. Dann hatte sie eine Fotografie aus ihrem Mieder hervorgekramt, die einen jungen Ungarn in Uniform zeigte, dem Günther Hörcher wie ein Ei dem anderen glich. Sie hatte ihn zu einem Markttisch gezogen, der Obst, Gemüse und Getränke feilbot. Unter einer Plane hatte sie sechs Flaschen hervorgeholt, die sie Hörcher in die Hand drückte. Er hatte ihr etwas dafür geben wollen, letzte Zigaretten, doch sie hatte entrüstet abgelehnt. Geküsst hatte sie ihn zum Abschied, auf den Mund, so, als küsste sie ihren Sohn.

Noch immer etwas irritiert, aber stolz kehrte Hörcher mit seiner Beute in den übervollen Personenwaggon zurück, in dem er und Franz mittlerweile Platz gefunden hatten. Fünf Flaschen hatte er gleich unter den Verletzten im ganzen Zug verteilt, zumeist Mannschaftsdienstgrade, einige Unteroffiziere und Feldwebel. Die sechste blieb ihm, Franz und den Männern vorbehalten, mit denen sie in der Enge ihres Wagens ausharrten. Hörcher warf einen Blick auf das Etikett: „Donnerwetter, ein Friedenswein: 1938! Aus Villány."

„Ehrlich? Dass es so etwas Kostbares überhaupt noch gibt", meinte Franz versonnen.

„Ist es ein besonderer Wein? Mein Vater war Weinliebhaber, ich selbst bin ein Banause. Kennst du dich mit Jahrgängen aus?"

Franz schüttelte den Kopf: „Nein, von Wein habe ich keine Ahnung. Aber vom Frieden."

Hörcher entkorkte die Flasche und erhob sie: „Darauf, dass wir wieder Zeiten erleben dürfen wie die, als man diesen Wein abfüllte." Er nahm einen ordentlichen Schluck und reichte die Flasche Franz. Dieser hielt sie in der Hand und meinte dann: „Trinken wir auf das Glück. Auf das unfassbare, unverschämte, unbegreifliche, unbeschreibliche, unermessliche Glück, hier zu sitzen."

Er setzte die Flasche an und ließ den Rotwein seine Kehle hinunterrinnen. Der Wein war fruchtig und schwer von der Wärme, der Sonne und dem Leben, das er vor sechs Jahren eingesammelt hatte. Franz reichte die Flasche dem Mann zu seiner Linken. Ein Unteroffizier, jung, schmal und blass, trotz der Hitze trug er einen dicken Feldmantel. Der Mantel war zerschlissen, die neuen Schulterklappen darauf gaben einen auffälligen Kontrast ab. „Trinken wir auf Ihre Beförderung", schlug Franz vor.

Der Mann schaute erst verständnislos. Doch mit einem Blick auf seine Schulterklappen, ein silbernes, auf dem Kopf stehendes U, verstand er und grinste müde: „Sie meinen meine Schweinerennbahn, Herr Oberleutnant. Bin vor zwei Wochen befördert worden. Eine Woche Urlaub gab's obendrauf. Dazu noch gerade genesen von einer beschissenen Diphterie. Das nennt man dann wohl Glück."

„Dann passt der Trinkspruch."

„Allerdings. Doch wenn Sie gestatten, möchte ich nicht auf mein Glück trinken, sondern auf den Mann, dem ich das Sitzen hier verdanke. Auf meinen Freund Johannes Weymann! Ritterkreuzträger immerhin, nebenbei bemerkt."

„Gerne. Zum Wohl, auf Johannes Weymann!"

Der Unteroffizier nahm einen ordentlichen Schluck. „Er hat mir viermal das Leben gerettet. Können Sie sich das vorstellen? Viermal!

– Wir haben zusammen in der 370. Infanterie-Division gekämpft. Beim ersten Mal, das war vor zwei Jahren bei Rostow am Don, wurden wir von russischer Infanterie angegriffen, kurz nachdem wir in einer Kolchose unser Lager aufgeschlagen hatten. Ich war noch nicht lange dabei, ziemlich unerfahren. Wollte eine Stielhandgranate aus dem Fenster werfen. Irgendwie verfing sie sich an meinem Rucksack und fiel hinter mich. Weymann sah es, nahm die Granate, warf sie an mir vorbei nach draußen und riss mich zur Seite. Keine Sekunde zu früh."

„Und beim zweiten Mal?"

„Ein Jahr später, bei Cherson. Ich lag mit einem Oberschenkeldurchschuss ohne Deckung auf der Straße, mitten im Gefecht, selbst für den schlechtesten Schützen ein hervorragendes Ziel. Er zog mich aus der Schusslinie."

Der Unteroffizier reichte die Flasche weiter. Mittlerweile hörten auch die neben ihnen Sitzenden zu. „Beim dritten Mal hat er nicht nur mich, sondern unsere halbe Kompanie gerettet. Das war im Frühjahr bei Nikolajew. Wir sollten neue Stellungen beziehen und ein Dorf in der Nähe von Peresadivka auskundschaften. Jede Menge Neuschnee, der hatte alle Spuren auf der Straße verweht. In einer Scheune warteten drei russische Panzer auf uns. Durch die Scheunenwand durchgebrochen, als wir ankamen – und Feuer frei. Anderthalb Züge waren gleich tot, wir anderen sind gelaufen wie die Hasen. Damals hatten wir gerade die neuen Raketenpanzerbüchsen bekommen. Weymann schnappt sich also den Panzerschreck, zielt und trifft den ersten Panzer. Er lädt nach und trifft auch den zweiten Panzer. Den dritten erledigt er mit einer Brandflasche, die er auf die Motorjalousie wirft. Die Ansaugluft des Motors – *rumms*, steht der Panzer in Flammen. Dafür hat er das Ritterkreuz bekommen."

„Was ist aus Weymann geworden?", fragte einer der Landser, der gerade die Flasche weiterreichte. „Wir hatten ja auch einen Weymann bei uns in der Kompanie. Ich glaube, den gibt's in jeder Einheit. Bei uns hieß er Melzer. Einmal hat er ..."

Der Gefreite neben ihm unterbrach ihn: „Halt den Rand, lass den Unteroffizier erzählen! Also, was ist aus Weymann geworden?"

„Er ist tot.“

„Wie ist er gestorben?“

„Er kam vor zwei Monaten in eine Bewährungskompanie. Zwei Wochen später war er tot. Unsere Schreibstube hat's erfahren.“

Ungläubige Blicke richteten sich auf den Unteroffizier. Einer der Männer schüttelte den Kopf: „Niemand steckt einen Ritterkreuzträger in eine Bewährungskompanie.“

„Das Ritterkreuz hatten sie ihm da schon wieder aberkannt.“

„Warum?“

„Paragraf 175. Man hat ihn nach einem Kompaniefest zusammen mit einem Hauptmann im Heu erwischt. Der Hauptmann wurde wegen Wehrkraftzersetzung und Unzucht mit Untergebenen im besonders schweren Fall standrechtlich erschossen.“

„Warum in besonders schwerem Fall?“

„Verführung eines Ritterkreuzträgers, hieß es. Man behauptete, dass der Hauptmann Weymann erst betrunken gemacht und dann unter Anwendung von Gewalt gefügig gemacht hätte.“ Der Unteroffizier lachte verbittert auf: „Ein Held und homosexuell? Geht natürlich nicht! Wir alle wussten, dass Weymann sich nicht viel aus Frauen machte, und haben uns so unseren Teil gedacht. Niemanden hat's gestört. Weymann war zuverlässig, tapfer, für andere da. Ich hab mehrere gekannt, die nicht am 17. Mai Geburtstag hatten – wie man so sagt – und trotzdem was mit anderen aus der Kompanie hatten. Ein bisschen Wärme … Wo soll man's denn sonst lassen, immer nur ausschwitzen? Kommt doch überall vor. Gibt ja wohl auch ein hohes Tier in Berlin, dem der Hitlerjunge Quex ganz gut gefallen haben soll.“

Die kaum verhohlene Anspielung auf Reichsjugendführer Baldur von Schirach verstanden alle im Waggon. Längst hatte sich hinter vorgehaltener Hand der Begriff des „Quexens“ für das Verführen von Knaben durchgesetzt. Die Bevölkerung hatte ein feines Gespür für die Veranlagungen ihrer Herrschenden, die deren lauthals postulierter Tugendhaftigkeit oft zuwiderliefen. Franz kam ein Witz in den Sinn, der schon kursiert hatte, bevor Hitler 1934 den Stabschef der SA Ernst Röhm hatte verhaften lassen – mitsamt seinen Kumpanen, darunter Edmund Heines –, damals, am Tegernsee in der Pension Hanselbauer. Alle waren hingerichtet worden. Der Führer hatte sich als das Opfer eines kolossalen Vertrauensbruchs seiner Gefolgsleute geriert, schwerstens belastet durch die „bekannte unglückliche Veranlagung“ Röhms. In der Tat war Röhms Homosexualität schon vorher legendär gewesen: *Warum reist Röhm so gerne nach Italien? Um sich ein paar warme Tage am Po zu machen.* Nachfolger Röhms wurde Viktor Lutze, ein ganz und gar unglamouröser preußischer Staatsrat, was den Volksmund zu folgendem Reim inspiriert hatte: *Dem Arsch zum Schutze – Viktor Lutze.* Und dennoch, man musste sehr vorsichtig mit solchen Sprüchen sein, Hinweise auf die unpassende sexuelle Orientierung eines Mächtigen des Reichs waren lebensgefährlich. Dem jungen Unteroffizier schien es egal zu sein.

Die Flasche Rotwein war geleert und die anderen im Abteil waren schweigsam geworden.

Es stimmte: Jeder von ihnen kannte einen Weymann, einen dieser Männer, die im Krieg über sich hinauswuchsen. Der Krieg förderte das Wesen eines Menschen zutage, im Schlechten wie im Guten. *Der Krieg als Vater aller Dinge* – war das nicht von Ovid? Oder Heraklit? Franz konnte sich nicht mehr erinnern.

Einer der Männer, ein Unteroffizier mit dem gelben Kragenspiegel der Nachrichtentruppe, zog wie ein Zauberer eine Flasche Schnaps aus seinem Tornister hervor, begleitet von erfreuten Ausrufen und begehrlichen Blicken. Er reichte sie dem Kameraden, dessen Schulterklappen noch so neu glänzten: „Und das vierte Mal? Wie hat Weymann dich zum vierten Mal gerettet?“

Der junge Unteroffizier nahm einen großen Schluck und zeigte auf seine Schultern: „Er hat mir gesagt, wenn ich einmal großen Mut bewiesen hätte und man mich für das Ritterkreuz vorschlagen würde, sollte ich ablehnen und stattdessen um eine Beförderung bitten.“

„Warum?“, fragte Hörcher.

„Weil ein Ritterkreuz für jeden einfachen Soldaten ein Todesurteil ist. Jeder Tag wird zum Himmelfahrtskommando. Zu viele neidische Vorgesetzte, die bei jedem abenteuerlichen Plan erklären, na, das ist doch ein Fall für unseren Ritterkreuzträger! Man muss schon Stabsoffizier sein, um ein Ritterkreuz länger als ein Jahr zu überleben!"

Der Unteroffizier hatte sich in Rage geredet. Das Haar war ihm wirr in die Stirn gefallen, fiebriger Schweiß stand auf seinem Gesicht. Offensichtlich war er noch nicht wieder ganz bei Kräften nach seiner Erkrankung. Vielleicht hatte ihm auch der Alkohol zugesetzt. Ausgezehrt wie er war, hatte er ihm nicht viel entgegenzusetzen. Unvermittelt fing er an, die Trompetentöne von „Lili Marleen" zu imitieren. Dann begann er, mit Inbrunst zur Melodie zu singen, dass es durch den Waggon schallte:

„Unter der Laterne, vor der Reichskanzlei –
hängen alle Bonzen, der Führer ist dabei.
Und alle Leute bleiben stehn,
sie wollen ihren Führer sehn,
und jeder kann's verste–"

Franz packte den Singenden am Arm: „Hören Sie auf damit, Unteroffizier! Sie könnten sonst Schwierigkeiten bekommen. Kann keiner wollen."

Im Waggon war es still geworden. Der Unteroffizier winkte ab: „Ist doch sowieso alles scheißegal!"

Franz fiel ein Soldat auf, der halb mit dem Rücken zu ihnen einige Bänke weiter saß und den Erzählungen aufmerksam gefolgt war. Er hielt seinen rechten Arm in einer Schlinge, der linke fehlte ganz. Der Winkel oben auf dem leeren linken Ärmel und ein Kragenspiegel mit zwei horizontalen Litzen wiesen ihn als Sturmmann aus. Ein Soldat der Waffen-SS, auch das noch.

Auch dem Nachrichtenmann war der lauschende Einarmige aufgefallen. Er legte dem jungen Unteroffizier die Hand auf den Arm: „Halt lieber die Klappe. Solche Lieder sind gefährlich. Wär bescheuert, jetzt noch was zu riskieren."

„Junge, du willst doch nach Hause", beschwor ihn Hörcher. Zu den anderen sagte er laut: „Der hat genug, keinen Schnaps mehr für ihn!"

Die Flasche kreiste weiter und das Thema wechselte, jeder hatte etwas über die Helden der Etappe zu erzählen. Als sie den Bahnhof Révfülöp erreichten, war der Vorfall schon wieder vergessen.

Dort war ein Aufenthalt von mehreren Stunden angekündigt, man wartete auf einige hohe Tiere der Partei. Das Murren im Zug war groß. Parteibonzen, in höheren Dienstgraden gern als „Goldfasane" bezeichnet, wurden von der kämpfenden Truppe für ihre Druckposten fernab aller Gefahren von Herzen verabscheut. Wer noch Beine oder zumindest Krücken zum Gehen hatte, verließ die Waggons, um der Hitze im Zug zu entgehen und auf dem Bahnsteig etwas Luft zu schnappen oder zu rauchen. Der Zigarettenvorrat der Männer war bereits ordentlich geschrumpft, als endlich ein offener Horch 930 V vorfuhr, auf dem vorderen Kotflügel prangte der Stander der NSDAP.

Franz hatte allein eine Wanderung zum äußersten Ende des Bahnsteigs unternommen und das Fahrzeug als Erster bemerkt. Ein Auto von solcher Eleganz hatte er lange nicht mehr gesehen. Fast ebenso elegant wie die zwei Frauen, die eilig von der Rückbank gehuscht waren, sehr jung, sehr hübsch, sehr kurze Röcke. Kichernd waren sie im Bahnhofsinneren verschwunden.

Gerade sprang der Fahrer des Horch von seinem Sitz und hastete um den Motorraum herum, um die Türen des Fonds für seine Fahrgäste aufzureißen. Zwei Köfferchen, kaum größer als Reise-Necessaires, holte er aus dem Kofferraum und stellte sie auf dem Trottoir ab. Ein Kreisleiter und ein Ortsgruppenleiter stiegen aus, beide wohlgenährt, im lehmigen Hellbraun der Partei, auf den Kragenspiegeln Eichenlaub oder goldene Sterne mit Reichsadlern auf rotem Grund.

Der Ortsgruppenleiter winkte den Fahrer zu sich: „Bringen Sie das Auto zum Hotel Balaton! Der Herr Gauleiter wird heute Abend damit zurückfahren, davor Reinigung, aber dalli! Abflug!"

Der Fahrer nickte und beeilte sich, fortzukommen. Die Parteigenossen griffen nach ihren Taschen, musterten die abgerissenen Männer vor ihnen auf dem Bahnsteig und gönnten ihnen ein joviales Grinsen. Nur widerwillig bildeten die Verwundeten eine Gasse für die hohen Funktionäre.

Der etwas Schlankere von beiden, der Kreisleiter, winkte den Lazarettzuginsassen lächelnd zu und hielt dann inne: „Kleinen Moment noch, Scholz", hielt er auch den Ortsgruppenleiter zurück, „kurze Rede, muss sein."

Er stellte sein Köfferchen ab und nahm Haltung an, räusperte sich und ergriff mit lauter Stimme das Wort: „Männer! Wir sind stolz auf euren großartigen Kampf! Wir wissen um eure Entbehrungen in den Gräben Russlands, in den Weiten der Ukraine, in den Wäldern des Balkans! Lasst euch gesagt sein, dass auch wir, hier an der Heimatfront, unermüdlich, unter Gefahren und selbstlosem Einsatz unseren Mann stehen! Wisset, dass eure Frauen und Kinder durch uns beschützt sind! Und wenn der Russe es wagen sollte –"

Eine Stimme aus dem Rund der Dutzenden von Verwundeten unterbrach ihn, eher gelangweilt als wütend: „Halt deine Fresse, du fettes Arschloch."

Stille.

Dem Kreisleiter hatte es die Sprache verschlagen. Er verzog ungläubig das Gesicht und wurde blass: „Wer hat das gesagt?"

Niemand antwortete. Alle Umstehenden wussten, wer gesprochen hatte, nur dem Kreisleiter und seinem Begleiter Scholz war die Lippenbewegung des Gefreiten entgangen, der im Zug neben dem Unteroffizier der Nachrichtentruppe gesessen hatte.

Der Kreisleiter musterte die Männer vor ihm. Seine großmännische Attitüde war verflogen: „Wer hat das gesagt?" Und plötzlich schrie er gellend los: „Ich will wissen, wer das gesagt hat!" Die Spucke flog ihm von den Lippen.

Wieder blieben die Männer stumm. Doch die Feindseligkeit und Verachtung in ihren Blicken wurden so greifbar, dass dem feisten Ortsgruppenleiter der Schweiß ausbrach. Franz, der mit Hörcher mitten in der Ansammlung stand, konnte sehen, wie ein Tropfen über seine Nase lief; von deren Spitze fiel er direkt auf den vorgestreckten Bauch, wo er über dem Koppel ins helle Braun des Stoffes sickerte. Ein Fleck wurde sichtbar. Und immer größer. Nervös wischte Scholz sich mit dem Handrücken über Stirn und Nase und begann, an seiner golddurchwirkten Hakenkreuz-Armbinde zu nesteln. Alle sahen, wie er vor Angst schwitzte. Und er wusste um ihre Blicke, um ihr Wissen um seine Furcht.

Der Kreisleiter war blind für den Zustand seines Begleiters. Außer sich vor Wut, die Hände in die Hüften gestützt, schaute er sich um und entdeckte Franz und Hörcher mit ihren frisch von den Ungarn erneuerten Rangabzeichen. Er stürmte auf die Männer zu: „Ha – hier sind ja Offiziere! Immerhin! Gut, dass Sie da sind, meine Herren! Haben Sie gesehen, wer mich eben beleidigt hat, Oberleutnant?"

Franz setzte ein begriffsstutziges Gesicht auf: „Beleidigt, Herr Kreisleiter? Ich habe nichts gesehen, bedaure. Was war denn das für eine Beleidigung?"

Irritiert hob der Kreisleiter die Augenbrauen: „Ich will wissen, wer das war, Herr Oberleutnant!"

Franz fragte noch einmal nach: „Entschuldigung, was wurde denn gesagt?"

„Ich solle die Fresse halten! Es fielen die Worte *fettes Arschloch*! Das haben Sie nicht gehört, Oberleutnant? Sind Sie etwa taub, Mann?"

Franz schüttelte unverständig den Kopf. Er zeigte auf sein Ohr: „Knalltrauma, Herr Kreisleiter, durch Artilleriebeschuss."

Der Mann verstummte und trat einen Schritt zurück.

Franz schaute sich in der malerischen Kulisse des Bahnhofs von Révfülöp um. Keine 100 Meter entfernt, entlang der Promenade, glitzerte zwischen halb besetzten Cafés und schattigen Bäumen der Plattensee. Kühl fixierte er den Kreisleiter: „Wir freuen uns aufrichtig mit Ihnen, Herr Kreisleiter, dass zumindest in Ihrem Hauptkampffeld die Gefahr durch Granatenbeschuss noch überschaubar ist."

Hörcher zupfte den Kreisleiter sanft am Ärmel und fragte teilnahmsvoll: „Um Klarheit zu gewinnen: Könnten denn wirklich Sie mit dem *fetten Arschloch* gemeint gewesen sein?"

Jetzt dämmerte dem Kreisleiter der Affront. Er schnappte nach Luft. Seine Blässe schwand einem cholerischen Krebsrot, seine Augen verengten sich: „Verstehe! Ich werde Sie melden. Beide! Wegen Insubordination!"

Franz hielt dem wütenden Blick des Mannes stand: „Lassen Sie sich nicht aufhalten. Ihnen sind wir nicht verpflichtet. Im Gegenzug werden wir gegenüber der gnädigen Frau des Herrn Kreisleiters die optischen Vorzüge Ihrer professionellen Urlaubsbegleitungen zu rühmen wissen."

Sprachlos vor Empörung funkelte der Kreisleiter die Offiziere an. Einen Moment lang sah es aus, als wolle er wieder losbrüllen. Doch dann stapfte er wortlos davon, sein Begleiter Scholz beeilte sich, beide Köfferchen aufzunehmen und ihm nachzukommen. Sie verschwanden irgendwo vorne im Zug. Nach dem Vorfall auf dem Bahnsteig war die Stimmung im Waggon prächtig. Die Männer johlten, als der Zug anfuhr, die Schnapsflasche machte ihre letzte Runde.

Hinter Révfülöp schloss sich Balatonrendes an, dahinter Ábrahámhegy, dann Badacsonyörs. Namen, die klangen, als seien sie einer Operette von Franz Lehár entsprungen.

In Badacsony – dahinter würden sie die Gestade des Sees Richtung Nordwesten verlassen, Kurs Österreich – hatten sie einen längeren Halt. Man wartete auf die Ankunft weiterer Schwerverwundeter, die zur Behandlung nach Wien mitgenommen werden sollten. Die Waggons standen in der noch immer kräftigen Nachmittagssonne und die Männer darin schnell in ihrem eigenen Schweiß. Wieder bildeten sich Grüppchen der wenigen Gehfähigen auf dem Bahnsteig, die jedes laue Lüftchen zur Kühlung nutzten.

Auch Hörcher und Franz vertraten sich die Beine, hatten aber bald ein schlechtes Gewissen. „Wir sollten Käthe und Barbara suchen. Fragen, ob wir ihnen zur Hand gehen oder sie ablösen können", meinte Franz und Hörcher nickte.

Sie schleppten Wasser heran und entleerten die Notdurfteimer, während die Frauen erschöpft und dankbar eine Pause im Schatten genossen. Auch wenn Franz zwischen den Verrichtungen innehalten und sein geschwollenes Knie massieren musste, um das Blut aus dem Gelenk zu drücken, tat die Bewegung gut. Vielleicht würde er eine der Schwestern später bitten, einen Blick auf den Verband zu werfen. Das Knie fühlte sich heiß an.

Als ein grauer Sanitätslastwagen ans Gleis rollte, Männer absprangen und begannen, ein halbes Dutzend liegende Schwerstverwundete abzuladen, halfen Franz und Hörcher auch da.

Weiteres Motorengeräusch ließ Franz bald von seiner Arbeit aufsehen. „Achtung, Günther, Operation Heldenklau", wisperte er.

Hinter dem Lastwagen der Sanitäter tauchte der Kübelwagen einer Feldgendarmerie-Streife auf und stoppte mit quietschenden Reifen auf dem Bahnsteig. „Auch das noch", fluchte Hörcher, „darauf habe ich gerade gewartet. Diese Schweinepriester, so nützlich wie ein Einbeiniger beim Arschtrittwettbewerb!"

Sofort wurde es unruhig. Die Kettenhunde der Feldjägerkommandos waren gefürchtet. Seit Beginn des allgemeinen Rückzugs im Sommer 1943 griffen sie besonders hart durch, schon bei geringsten Anzeichen von Disziplinlosigkeit, vermeintlicher Zersetzung, Desertationsverdacht oder lückenhaften Papieren. Versprengte und Fahnenflüchtige wurden aufgestöbert, Soldaten, die ihren Urlaub unerlaubt verlängert hatten, eingefangen – und gültige Urlaubsscheine wurden auch einfach mal zerrissen, postwendend ging es auf dem Gegengleis zurück an die Front. Wer der Prüfung durch die Feldgendarmen nicht standhielt, wurde verhaftet. Fliegendes Standgericht, nicht selten Erschießung oder Aufhängen.

„Die zerren uns alle aus dem Zug, Günther, jede Wette", murmelte Franz bitter, als vier Feldpolizisten aus dem Fahrzeug stiegen, ein Hauptmann, ein Feldwebel, zwei Unteroffiziere. Sie trugen die obligatorischen Kettenschilde um den Hals und ihre Maschinenpistolen mit ausgeklappten Schulterstützen im Anschlag.

Doch Franz' Befürchtungen schienen sich nicht zu bewahrheiten. Die Feldjäger gingen zielstrebig an ihnen vorbei. Einige Meter weiter stand auf dem Bahnsteig auch der frischgebackene Unteroffizier. Über seinen Schultern hing der zerschlissene Wintermantel, die neuen Schulterklappen leuchteten. Er rauchte zusammen mit anderen Soldaten. Als er die Streife auf sich zukommen sah, wurde er blass und ließ die Zigarette fallen.

Der Hauptmann rief ihn an: „Unteroffizier!"

Noch ehe die Umstehenden reagieren konnten, ließ der junge Mann seinen schweren Mantel zu Boden fallen und rannte los.

Der Hauptmann fluchte obszön. Er entsicherte seine MP 40 und schrie: „Machen Sie keinen Quatsch, Mann! Stehenbleiben oder ich schieße!"

Der Unteroffizier rannte weiter, setzte über eine Bank und geriet ins Stolpern. Die Maschinenpistole belferte los. Salven trafen den Unteroffizier in Hinterkopf und Rücken. Er taumelte, stieß gegen die Wand des Bahnhofs und fiel nach vorn. Ächzend zog er sich noch einige Meter vorwärts, bis er zusammensackte und liegen blieb, kaum mehr als 30 Meter von Franz und Hörcher entfernt.

„Verdammte Riesenscheiße! Holt ihn her!", fauchte der Hauptmann seine Untergebenen an.

Sie liefen zum Toten, drehten ihn auf den Rücken und blieben einige Sekunden unschlüssig stehen. Der erschossene Unteroffizier lag in einer immer größer werdenden Pfütze aus Blut. Schließlich packten die Feldpolizisten ihn an den Armen und zogen ihn in einer roten Spur über den gesamten Bahnsteig bis zum Kübelwagen, durch ein Spalier von nahezu 100 Verwundeten, die betroffen ihre Kopfbedeckungen abnahmen. Auch an den Fenstern des Zugs standen die Soldaten. Es war so still, dass man die Schleifgeräusche des Leichnams, der wie ein Bündel Lumpen an den Männern vorbeigezerrt wurde, auf dem Boden hören konnte.

„Wenn wir uns jetzt alle gegenseitig erschießen, bleibt für die Russen gar nichts mehr übrig", meinte der Unteroffizier der Nachrichtentruppe lakonisch und schaute dem Hauptmann der Feldjäger trotzig in die Augen.

„Sind Sie wahnsinnig, Mann? Passen Sie bloß auf!" Der Hauptmann ging auf den Unteroffizier zu, packte ihn am Kragen und schüttelte ihn durch.

Abrupt ließ er wieder los und stieß ihn weg. Sein Blick glitt ins Leere, sein Gesicht zerfiel in Müdigkeit und graue Resignation: „Verdammte Scheiße. Für heute reicht's mir." Er drehte sich zu seinen Leuten: „Aufladen. Abmarsch!"

Die erste Lokomotive gab Signal zur Weiterfahrt. Langsam stiegen die Männer wieder in die Waggons, halfen sich gegenseitig mit ihren Krücken und zwängten sich in ihre Abteile. Stille herrschte, als der Zug anruckte und losfuhr. Der Nachrichtenmann saß neben Hörcher und starrte auf seine Hände, die zitterten, obwohl er sie auf seine Knie presste.

Kurz nachdem der Lazarettzug in langsamer Fahrt den Bahnhof von Badacsony verlassen hatte, standen mehrere Männer auf und schoben sich zum Sturmmann der Waffen-SS durch, der während des Aufenthalts die gesamte Zeit im Zug geblieben war. Ein Kanonier sprach ihn an: „Du hast ihn verpfiffen. Ich hab dich gesehen. Und ich hab dich gehört, als du in Révfülöp mit dem Stationsvorsteher gesprochen hast. Konnte nicht alles verstehen, aber kurz darauf hat er telefoniert. Konnte mir nicht vorstellen, dass der wirklich die Kettenhunde verständigt. Aber er hat's getan. Du hast ihn auf dem Gewissen. Dachtest, keiner merkt's."

Nervös schaute der Sturmmann zu den Männern empor, die sich vor ihm aufgebaut hatten: „Was redest du denn da? Ich weiß gar nicht, was ihr wollt, Kameraden!"

„Hast du Meldung in Révfülöp gemacht?"

„Weswegen sollte ich? Wegen dem bisschen Gesinge ..."

Unvermittelt griff der Kanonier nach dem SS-Mann. Tumult brach aus.

Mit dem einen Arm, der ihm noch verblieben war, schlug der SS-Mann aufgebracht die Hände weg, doch es waren zu viele. Mit panischer Stimme schrie er: „Hört auf! Ich geb's ja zu! Ihr werdet euch doch nicht an einem Armlosen vergreifen!"

„Armlos ja, aber nicht harmlos!" Großes Gejohle setzte ein, alles brüllte durcheinander, der Sturmmann schrie gellend um Hilfe.

„Aufhören!", rief Franz und stand auf, es war höchste Zeit, dazwischen zu gehen.

Doch ehe er sich Gehör verschaffen konnte, war bereits ein Fenster aufgerissen worden. „Dort kommt ein Fluss!", schrie jemand.

„Ich kann nicht schwimmen!", kreischte der Armlose.

Als der Zug über die Brücke ratterte, wurde der Sturmmann emporgehoben. Franz stürzte vor, schob sich durch die Männer und sah noch, wie der Sturmmann aus gut fünf Metern Höhe ins Wasser fiel. Dann entschwand der Fluss seinem Sichtfeld.

Franz schrie sich seine Wut und Verzweiflung aus dem Leib: „Seid ihr denn alle wahnsinnig geworden? Hilft es uns, wenn wir uns wie Tiere gegenseitig bekämpfen? Ist euch nicht klar, dass ich das melden muss?"

So laut es gerade noch im Waggon gewesen war, so still war es nun. „Vielleicht taucht er wieder auf, Herr Oberleutnant", meinte der Kanonier schließlich, „und der Fluss ist nicht besonders breit. Zehn Meter vielleicht, das kann er schaffen."

„In Montur? Mit nur einem Arm!"

Der Kanonier verschränkte trotzig die Arme vor der Brust: „Und wenn schon, Herr Oberleutnant. Nennen Sie uns Tiere, aber dann sag ich Ihnen, es ist nicht schade um das Schwein." Franz sah sich im Waggon um und erkannte an den Gesichtern der Männer, dass sie alle der gleichen Meinung waren. Den Nebenmann zu denunzieren war eine Todsünde, und nur so konnte sie in dieser Runde gesühnt werden: mit dem Tod.

Stöhnend fiel Franz neben Hörcher auf seinen Sitz zurück: „Wir sind keinen Deut besser." Er beugte sich nach vorn, barg sein Gesicht in den Händen und fragte sich, ob und wann dieser Albtraum ein Ende finden würde.

Am Abend bunkerten sie neue Kohlen und Frischwasser in der Kleinstadt Tapolca.

Donnerstag, 21. September 1944

Am frühen Morgen Halt in Szombathely. Dort wieder Bekohlung, Wasseraufnahme und Entschlacken der Loks über einer Grube. Jetzt waren sie nur noch gut zehn Kilometer von den Alpen- und Donau-

Reichsgauen entfernt, vormals Ostmark genannt, doch für sie alle war es Österreich. Untätiges Warten im Bahnhof, so nahe der Heimat – dieses Wissen machte die Männer nervös und die Zeit dehnte sich wie Blei. Entlang der Grenze fuhr der Zug weiter Richtung Norden.

Am Nachmittag erreichten sie Ödenburg, eine größere Stadt südwestlich des Neusiedler Sees, deren Gebiet wie ein Dorn in das Nachbarland Österreich hineinragte. Dann, endlich, fünf Kilometer hinter Ödenburg, überfuhren sie jubelnd die ungarisch-österreichische Grenze.

„Jetzt was zum Anstoßen!", meinte Hörcher. „Wir hätten die Flasche Roten aufheben sollen."

Bei Mattersburg rollten sie über mehrere eindrucksvolle Viadukte. Begeistert hingen die Männer an jedem Fenster, an jeder Ritze in den Bretterwänden.

Wenige Kilometer später verstummte ihre Fröhlichkeit jedoch. Sie erreichten Wiener Neustadt und durchfuhren eine Stadt, die keine mehr war. Häuser, Straßen, die bedeutenden Industrieanlagen, in denen viele der Messerschmidt 109 Jäger produziert worden waren und deren Raxwerke Lokomotivtender, Panzergeschütze und Raketen gefertigt hatten, waren dem Erdboden gleichgemacht worden. Schutthaufen reihte sich an Schutthaufen. Eine Wüstenei, Hausfassaden nur noch hohle Gevierte, ohne Decken, ohne Böden. Aus Kellern qualmte es, Gebirge von Abraum, überall wurde gegraben. Unter dem halbverfallenen Dach einer gleisnahen Halle hatte man in endlosen Reihen Leichen aufgebahrt. Frauen wankten durch die Ausstellung der Toten und warfen Blicke unter schmutzige Tücher.

Freitag, 22. September 1944

Nächtliche Fahrt durch die abgedunkelten Vorstädte von Wien. In Mödling und Liesing führte das Gleis immer wieder an Bombenkratern, eingestürzten Häusern und zerschmetterten Fahrzeugen vorbei. Um 1:05 Uhr erreichte der Zug den Westbahnhof von Wien. In diesem Kopfbahnhof endete die Fahrt des Lazarettzugs 643 mitsamt BVZ. Mehr als 1.000 Verwundete wurden abgeladen und mit Sankas auf umliegende Hospitäler und Lazarette verteilt.

Als der Morgen graute und der Zug längst wieder Richtung Südosten aufgebrochen war, um eine neue Ladung Halbtote und Versehrte von den Fronten des Kriegs einzusammeln, standen Franz und Hörcher mit müden Augen am leeren Gleis. Neben ihnen Käthe und Barbara. Sie hatten alle vier nach besten Kräften beim Entladen der Waggons geholfen, sich von den vielen Männern verabschiedet, mit denen sie den Weg geteilt hatten.

Sie froren. Noch einige Stunden Zeit.

Weiterfahrt nach München gemäß Fahrplan erst um 13:55 Uhr.

Sie legten sich auf Bänke am Bahnsteig und wickelten sich in Decken, die Barbara in einem verwaisten Bahnarbeiterschuppen gefunden hatte. Franz schaute nach oben in die Hallenkonstruktion aus Stahl und Glas, über ihm der rosa gefärbte Morgenhimmel, der über der Millionenstadt lag. Seit langer Zeit gestattete er sich wieder, mit echter Hoffnung an seinen Sohn zu denken, den er nun vielleicht bald zum ersten Mal in die Arme schließen könnte. Käthe kroch zu ihm unter die Decke.

Stunden später weckte ihn das Spiel einer Geige. Franz erkannte die Melodie. Vorsichtig, um Käthe nicht zu wecken, erhob er sich und folgte dem zarten Klang. Eine Treppe hinunter, dort, am Gleiszugang in der Kassenhalle hatte sich ein Junge postiert, um von den ersten Reisenden des Morgens Geld oder Essbares zu erhaschen. Er intonierte auf seiner Fidel eine Melodie, die Franz so oft zuhause gehört und schon immer gemocht hatte. *Solveigs Lied* aus der „Peer Gynt Suite". Das Klavierspiel seiner Mutter … Jetzt, so nah vor dem Ende ihrer Flucht, den Kopf voller Hoffen, auch voll banger Fragen und dann wieder tiefer innerer Stille, berührte Franz jede Note des Stücks.

Der Junge setzte die Geige ab und erhob seine Stimme, im reinen Sopran, weit vom Stimmbruch entfernt. Franz, der nicht gewusst hatte, dass es zu dieser Melodie einen Text gab, lauschte überrascht dem Gesang:

„Der Winter mag scheiden, der Frühling vergehn,
der Sommer mag verwelken, das Jahr verwehn,
du kehrst mir zurück, gewiss, du wirst mein,
ich hab es versprochen, ich harre treulich dein.“

Franz gab dem Jungen den Rest seiner Zigaretten, seine letzte Tauschware: „Hier, ich habe nichts anderes. – Du hast eine schöne Stimme“, sagte er zu ihm.

„Ich bin ein Sängerknabe“, meinte der Junge.

„Von den Wiener Sängerknaben?“

„Klar. Gibt es denn noch andere?“

„Natürlich, die Welt ist groß, mein Junge, sehr groß.“

„Na dann“, meinte der Junge gleichmütig. „Danke für die Zigaretten.“

„Darfst du denn rauchen, als Sängerknabe?“

„Nein. Ich werde sie tauschen.“

„Probt ihr noch?“

„Klar. Wir proben seit mehr als 400 Jahren.“

„Das ist gut. Sag, die Bombenangriffe – gab es viele auf Wien?“

„Ende August hat es hier und in Schwechat und Favoriten gekracht. Vor zehn Tagen war's noch ärger. Überall hat es gebrannt, fast 1.000 Tote!“

Franz nickte dem Jungen traurig zu und ging wieder zu seiner Schlafstatt zurück. Der Sängerknabe spielte noch einige Stücke auf seiner Geige und darüber schlief Franz ein.

Pünktlich fuhr ihr Zug am frühen Nachmittag auf einem der wenigen noch nutzbaren Gleise ab. Ein ziviler Zug mit Schaffner, seltsam unwirklich, gleichwohl vollgepackt mit Soldaten, Arbeitern der Organisation Todt und Blitzmädchen. Franz hatte einen Fensterplatz. Auf einem umgestürzten Wasserturm kurz nach Wien las er: *Räder müssen rollen für den Sieg, unnötige Reisen verlängern den Krieg.*

Irgendwann kam der Schaffner und rief, dass es in Freilassing hinter Salzburg einen Zusammenstoß gegeben habe. Ihr Zug werde über Passau umgeleitet.

Dann eine längere Standzeit bei Deggendorf. Alarm, alle warfen sich zu Boden und unter die Sitzbänke. Sie wurden von einem englischen Tiefflieger beschossen; es gab einige Tote und Verletzte im Nachbarwaggon.

Sie erreichten Regensburg und waren gegen Mitternacht nicht mehr weit von Ingolstadt entfernt.

Samstag, 23. September 1944

Franz wachte auf, als der Zug seine Fahrt verlangsamte, er schaute aus dem Fenster. Ein Uhr am Morgen, las er auf einer vorbeigleitenden Bahnhofsuhr. Soeben hatten sie Ingolstadt erreicht. Hörcher und Barbara schliefen umschlungen nebeneinander in ihrem Sitz. Käthe hatte ihren Kopf an Franz' Schulter gebettet. Ihm fielen die Augen wieder zu.

Im Morgengrauen kamen sie in München an.

Im Bahnhof herrschte Chaos. Zivile Reisende sprangen mit Koffern über Gleise. Schwarzhändler bargen ihre Waren in großen Taschen. Soldaten brachen zu ihren Einsätzen auf, begleitet von weinenden Müttern und Ehefrauen. Feldjäger kontrollierten Urlaubsscheine, Polizisten musterten misstrauisch alle Umherstehenden. Dazwischen klapperten Helferinnen der Nationalsozialistischen Volkswohlfahrt mit ihren Spendenbüchsen, bettelnde Kinder hielten ihre Hände unter gleichgültige Nasen. Suchende schrieben Nachrichten zu Verschollenen und Vermissten auf Bahnhofswände.

Die Zeit des Abschieds war gekommen.

Franz, Hörcher, Käthe und Barbara standen in einem unterirdischen Gang des Bahnhofs beieinander – traurig, aufgeregt, unsicher. Hörcher hatte sich nach seinen Anschlussverbindungen erkundigt:

„Alsdann, ich werde jetzt gleich nach Stuttgart … zu meinen Eltern. Von hier aus geht's mit dem Bus weiter, scheint sicherer zu sein. Wenn ich Glück habe, bekomme ich noch ein paar Tage Urlaub. Und falls nicht, geht's wohl gleich wieder los, nun ja … Was habt ihr vor?"

„Ab nach Hause zu Frau und Kind", sagte Franz. „Pöcking liegt gleich hinter Starnberg, das ist nicht weit. – Käthe und Barbara, am besten kommt ihr mit, wir haben jede Menge Platz bei uns."

Barbara versuchte ein Lachen, es wollte ihr nicht recht gelingen. „Das ist gut, Franz", nickte Hörcher und meinte etwas verlegen grinsend zu den beiden Frauen: „Schließlich muss doch jemand auf euch aufpassen!"

Da brach es aus Barbara heraus, Tränen liefen über ihr Gesicht und schluchzend fiel sie dem jungen Schwaben um den Hals. Auch Käthe drückte Hörcher als wolle sie ihn nie mehr loslassen.

Dann fielen sich Franz und Hörcher in die Arme.

Beide schluckten schwer. „Pass auf dich auf, Franz! Und schone dein Knie nicht zu sehr. Damit deine Verletzung noch so lange ausreicht, bis der Krieg vorbei ist."

Franz grinste – und nun überkamen ihn doch die Tränen: „Mein lieber Günther, ich bete, dass du nicht mehr kämpfen musst."

Hörcher lächelte: „Unkraut verdirbt nicht. Wart's ab, bald ist der Krieg vorbei und dann treffen wir uns hier im Hofbräuhaus und trinken, bis wir nicht mehr stehen können!" Mit beiden Händen fuhr er noch einmal tief in seine Taschen und zog daraus überrascht ein zerfleddertes Heftchen hervor: „Da schau her, unser Reiseführer durch die Walachei! Den haben die Russen wohl nicht gewollt."

Franz lachte. „Er hat uns gute Dienste geleistet!"

„Ja, in der Tat … Willst du ihn haben?"

Franz schüttelte den Kopf: „Nein. Alles, was wir erlebt haben, werde ich sowieso niemals vergessen."

Hörcher nickte, machte einige Schritte auf einen Mülleimer in der Nähe zu und entsorgte das rissige Druckstück.

Noch einmal umarmten sich die Männer lange.

„Leb wohl, Günther!" – „Leb wohl, Franz. Wir sehen uns wieder!"

Sie brachten Hörcher zum Vorplatz des Bahnhofs. Dort stand ein Wehrmachtsbus bereit, den der Leutnant bestieg, Fahrt über Ulm nach Stuttgart.

Die vier winkten sich ein letztes Mal zu und lachten wehmütig.

Als Hörchers Bus abgefahren war, suchten Franz, Käthe und Barbara nach einer Busverbindung Richtung Starnberg. Ein Notfahrplan zeigte an, dass hinter der Hackerbrücke Busse Richtung Süden fuhren, das war nicht weit vom Hauptbahnhof entfernt – sie gingen los.

Auf einen Bus warteten sie an der Brücke allerdings vergebens. Ein ersatzweise verkehrender offener Lastkraftwagen hielt nach einiger Zeit und zusammen mit vielen anderen kletterten sie auf die Ladefläche. Rumpelnd fuhren sie durch das zerbombte München. Dass es schlimm aussehen würde, hatten sie erwartet. Doch das …

In den Jahren zuvor war die Stadt schon einige Male schwer bombardiert worden. Zuletzt hatten US-Bomber im Juli 1944 vier Angriffe gegen München geflogen. Die Hauptstadt der Bewegung war zu einer Hauptstadt der Zerstörung geworden. In der Altstadt stand nur noch jedes zehnte Haus, umgeben von gewaltigen Schuttbergen, ein Wunder, dass der Bahnhof trotz vieler Treffer noch nutzbar war. Auch umliegende Wohngebiete waren zum Großteil zerstört. Zehntausende irrlichterten obdachlos durch die Ruinen. Räumkommandos und Zwangsarbeiter schichteten endlose Reihen von Ziegelsteinen aufeinander. Auf zentralen Plätzen hatte man die Leichen von Verschütteten und in den Bränden Umgekommenen zusammengetragen. Es stank penetrant nach Rauch und Verwesung. Franz erkannte sein München nicht wieder. Käthe und Barbara schwiegen erschüttert.

Neben ihnen zur Linken kauerte auf der Ladefläche des Lasters ein alter Hauptmann der Luftwaffe mit Kopfverband. Eines seiner Augen fehlte. Über der leeren Höhle drückte sich ein schmutziger Fleck durch den Verband. Der Hauptmann berührte Franz am Arm, zeigte auf die Trümmerberge und schrie gegen den Lärm des Lasters an: „Das haben wir alles dem Meier zu verdanken!“

„Meier? Welcher Meier?“

„Schon vergessen? Göring hat gesagt, wenn auch nur ein feindliches Flugzeug in den deutschen Luftraum eindringt, will er Meier heißen!“ Der Hauptmann spuckte aus.

Eine alte Frau vor ihnen drehte sich um und schaute dem Hauptmann verächtlich in das verbliebene heile Auge: „Sie haben doch weniger Hirn im Schädel als ein Spatz Fleisch auf der Kniescheibe!“

Der Hauptmann beugte sich verblüfft nach vorn: „Wie bitte?“

„Sie machen es sich zu leicht!“

„Erklären Sie das, gnädige Frau!“

„Lieber nicht. Leute wie Sie halten die Wahrheit gar nicht aus.“

„Nun red endlich, Weib!“

Die Frau fuhr ihn wütend an: „Sie wagen es, mich zu duzen? Mich Weib zu nennen? Seit März bin ich obdachlos und Witwe. Vor zwei Wochen habe ich meinen Sohn verloren. Ich bin Lehrerin, aber beibringen durfte ich meinen Schülern seit Jahren kein einziges Gramm Vernunft mehr. Und Sie wollen mir erzählen, dass Göring allein an allem schuld ist? Schuld daran, dass in jedem unserer Häuser getrauert wird? Dass unsere Städte geschliffen sind, unser Deutschland ein Trümmerhaufen? Nein, nein, Schuld haben wir alle. Alle, die den Krieg wollten – und alle, die ihn nicht verhindert haben!“

Sie schaute auf die verschmutzten Schulterklappen des Einäugigen: „Was sind Sie denn? Ein Hauptmann?“

„Das sieht man ja wohl!“

„Kennen Sie Erich Kästner?“

Der Alte winkte ab, halb belustigt, halb empört, während der Laster über das rumpelte, was von der Garmischer Straße übrig geblieben war: „Behalten Sie Ihren pazifistischen Unsinn für sich. Und reden Sie sich nicht um Kopf und Kragen. Kästner ist verboten.“

Die Frau vor ihm fixierte bohrend sein gesundes Auge und begann so laut zu rezitieren, dass es jeder auf der Ladefläche vernahm:

„Und als der nächste Krieg begann
da sagten die Frauen: Nein

und schlossen Bruder, Sohn und Mann
fest in der Wohnung ein.

Dann zogen sie in jedem Land
wohl vor des Hauptmanns Haus
und hielten Stöcke in der Hand
und holten die Kerls heraus.

Sie legten jeden übers Knie
der diesen Krieg befahl:
die Herren der Bank und Industrie,
den Minister und General.

Da brach so mancher Stock entzwei
und manches Großmaul schwieg.
In allen Ländern gab's Geschrei,
doch nirgends gab es Krieg.

Die Frauen gingen dann wieder nach Haus
zu Bruder und Sohn und Mann
und sagten ihnen: Der Krieg sei aus.
Die Männer starrten zum Fenster hinaus
und sahen die Frauen nicht an …"

Der Hauptmann sagte nichts mehr, den Blick seines gesunden Auges hielt er gesenkt, auch als sie in Sendling an den schwer getroffenen Großmarkthallen vorbeikamen und viele erschrocken aufstöhnten. In Großhadern stieg er wortlos ab.

Nur langsam waren sie dem Zentrum der Stadt entkommen und nur langsam wurden die Spuren der Verwüstung erträglicher. Der Weg führte sie über zig Umleitungen, viele Straßen waren gesperrt. Bei einigen planmäßigen und vielen erzwungenen Stopps waren immer mehr Fahrgäste auf die Ladefläche geklettert, dicht gedrängt ging es weiter. Neuried. Planegg. In Gauting hielt der Lastwagen in der Unterbrunner Straße vor einem Lazarett für Luftwaffensoldaten. Dort stiegen einige Frauen mit ihren Kindern ab, die Ladefläche leerte sich fast um ein Viertel.

Hinter Gauting ein Schild: *Starnberg 10 Kilometer.* Eine Hand schien nach Franz' Herz zu greifen und es zu umklammern.

Endlich der Bahnhof von Starnberg – Barbara und Käthe sprangen vom Lastwagen und halfen Franz herunter.

Wider Erwarten existierte Starnberg noch. Das Pastell des elisabethanischen Bahnhofs, die zierliche Bahnsteigbedachung auf korinthischen Säulen. Das geschäftige Treiben auf den Straßen. Dahinter das Grün der Uferpromenade und der See.

Franz holte tief Luft.

Er stand mitten im Frieden, sah sich mit großen Augen um und überlegte, ob er zu seinem Freund, dem Kufer, gehen sollte, der hier ganz in der Nähe seine Werkstatt hatte. Er würde sie sicherlich mit einem Fuhrwerk nach Pöcking bringen … Nein, lieber nicht, Franz verwarf den Gedanken. Er wollte jetzt nichts reden, nichts erklären. Er wollte nur noch nach Hause. Also marschierten sie los.

Der Weg führte sie am See entlang. Einige Damen mit feinen Kostümen und kleinen Hunden saßen in den Cafés und unterhielten sich angeregt mit ihresgleichen als stünde nicht die Welt am Abgrund. Schnell gingen sie an ihnen vorbei. Franz blickte über den Starnberger See. Es war windig und sonnig. Ein perfekter Tag zum Segeln. Doch wo sonst viele weiße Dreiecke über den Wellen tanzten, waren keine Boote zu sehen.

Sie liefen weiter und kamen zur Straße, die nach Possenhofen führte. Franz wies ihnen wie im Traum den Weg, er musste nicht überlegen, seine Füße taten ihren Dienst von allein. Einige 100 Meter vor Possenhofen verließen sie die Straße, um nach rechts durch den Wald abzukürzen. Noch immer kannte Franz hier jeden Strauch, jeden versteckten Pfad.

Einige spielende Kinder tollten an ihnen vorbei. Sie verstummten, als sie die abgerissenen Wanderer mit den tiefen Schatten unter den Augen passierten.

Ein wenig später verschnauften sie kurz auf einer Lichtung. Hinter der nächsten Anhöhe lag Pöcking.

Franz massierte sein Knie. Es war mehr ein Reflex, die Schmerzen nahm er kaum noch wahr. Als er aufschaute, sah er, keine zehn Meter entfernt, am Rand der Lichtung einen Fuchs.

Der Fuchs starrte Franz an, streckte seine Schnauze in die Luft und witterte.

Als die Frauen ihre Rucksäcke schulterten und weiterwollten, drehte sich Käthe zu Franz. Erschrocken fuhr sie zusammen: „Franz, was ist mit dir? Du siehst aus, als hättest du den Teufel gesehen …"

Er hörte sie nicht.

XIV

Franz sah blaue Falter über wildem Knoblauch tanzen. Er und Anton traten mit ihren Stiefeln darauf.

Hinter dem Gebüsch begann eine Senke. In ihrer Mitte eine kürzlich ausgehobene Grube, knapp zwei Meter tief. Um den Grubenrand herum standen mindestens zwei Dutzend Männer in Uniform. Zwei Kübelwagen, ein offener Lastwagen und zwei Kradgespanne waren unweit abgestellt. In einem der Kübelwagen saß auf dem Beifahrersitz ein SS-Obersturmbannführer, der interessiert die Vorgänge beobachtete und rauchte. Auf der Rückbank seines Wagens stand ein Grammophon, der Plattenteller drehte sich. Die Männer des Kommandos trugen Grau, teils mit schwarzen Kragenspiegeln, die auf der rechten Seite ohne Zeichen waren, teils mit SD-Ärmelrauten, andere mit dem Kragenspiegel der Ordnungspolizei oder der Sicherheitspolizei.

In der Grube lagen Menschen – ein Dutzend, mehr – alle mit dem Gesicht nach unten. Zwei von ihnen lebten noch, ein alter Mann und eine alte Frau. Der Mann kauerte am Rand der Grube und presste sein Gesicht in den Rücken einer bereits Erschossenen. Die alte Frau lag halb auf ihm.

Ein Polizist machte einen Schritt hinunter in die Grube und trat auf ihren Rücken, er war kräftig, fast schon dick, mit fahlblonden Haaren und einem breiten Mund. Die beiden Alten konnten sein Gewicht nicht tragen, er verlor seinen Halt.

„Wollt ihr wohl stillhalten!“ Er schien betrunken zu sein.

Er bückte sich umständlich, setzte der alten Frau seine Pistole ins Genick und drückte ab. Das Geschoss durchschlug ihre Wirbelsäule und tötete auch den alten Mann unter ihr.

„Na, wer sagt's denn“, rief der Polizist befriedigt und richtete sich wieder auf.

Ein SS-Mann trat hinzu und reichte dem Polizisten seine Hand, um ihn aus der Grube zu ziehen. Neben dem SS-Mann stand ein zweiter Mann der Ordnungspolizei. Er hob ein weinendes Mädchen, das kaum sechs Jahre alt sein mochte, an ihren langen roten Locken in die Luft, bis es mit den nackten Füßen über der Grube baumelte. Mit aufgesetzter Waffe schoss er dem Mädchen ins Gesicht und ließ es fallen. Es rutschte in grotesken Verrenkungen über die anderen Leichen hinweg und blieb am Boden der Grube liegen.

„Hans, du Arschloch", fluchte der SS-Mann, der den Polizisten aus der Grube gezogen hatte, „schau dir die Schweinerei an!" Er zeigte auf seinen Ärmel, der grau, weiß und rot gesprenkelt war. Hirn und Knochensplitter.

Der Mann der Ordnungspolizei, der schwarze Handschuhe und den Dienstgrad eines Oberwachtmeisters trug, wischte die feuchte Masse mit einer nachlässigen Handbewegung vom Unterarm seines Nebenmannes und lachte: „Meine Güte, stell dich nicht so an, Werner, bist doch sonst nicht so empfindlich. – Ist das der Rest?" Er zeigte auf einen Mann und eine Frau mittleren Alters und einen schlaksigen Jungen. Die drei waren im Moment des letzten Schusses zusammengesackt.

Die Frau fasste sich zuerst. Sie küsste den Jungen, ihren Sohn, zum Abschied auf die Stirn, die Nase und den Mund. Seine Tränen wischte sie fort. Dann stand sie auf und trat an den Rand der Grube, warf einen suchenden Blick auf das tote Mädchen, ihre Tochter, auf das Gesicht, das nicht mehr da war. Beherrscht legte sie sich bäuchlings auf die alte Frau.

„Es ist doch jedes Mal dasselbe", sagte der Oberwachtmeister, „kaum sind die Kinder tot, kann es den Eltern nicht schnell genug gehen."

Auch der Mann war nun aufgestanden. Behutsam löste er sich von seinem Sohn. Zärtlich kniff er ihn in die Wange, trat an die Grube und folgte seiner Frau. Er legte sich auf sie und küsste sie.

Der SS-ler, Werner genannt, schnalzte ungeduldig mit der Zunge, setzte dem Mann die Pistole auf Herzhöhe in den Rücken und drückte ab. Der Mann zuckte und starb auf seiner Frau. Die Frau stöhnte. Das durchgeschlagene Projektil hatte sie nur verletzt, nicht getötet. Genervt stieg der Polizist wieder in die Grube, schob mit seinem Fuß den Oberkörper des Mannes beiseite. Er setzte seine Pistole auf dem Hinterkopf der Frau an und grunzte nach dem Schuss zufrieden.

Der Obersturmbannführer stieg aus dem Kübelwagen. Ein Mann, an dem alles schmal war, Schultern, Arme, Mund und Nase. Er griff nach hinten auf die Rückbank des Fahrzeugs, holte mit gezierten Bewegungen eine Schallplatte aus ihrer Hülle und platzierte sie auf dem Plattenteller des Grammophons. Er drehte an der Kurbel und verhalf dem Teller zu neuem Schwung, die Nadel hüpfte kurz und fand dann ihre Rille. Bedächtig lauschte er den ersten Takten – ein Schlager: „Wenn ein junger Mann kommt" von Willy Fritsch. Dann griff er erneut auf die Rückbank und zog einen Kuhfuß hervor.

Lächelnd winkte der Obersturmbannführer einen gebeugten Mann zu sich heran, einen Einheimischen, der eine zerfranste Bisamrattenfellmütze trug und sich vergeblich zwischen den grau Uniformierten zu verstecken versucht hatte: „Du da, komm her!"

Zitternd und langsam trat der Alte näher. Der Obersturmbannführer munterte ihn auf: „Nun mach schon, Väterchen, wir haben nicht ewig Zeit."

Endlich stand der Mann vor ihm. „Dreh dich um und nimm deinen Lumpen vom Kopf, sonst kann ich nicht zielen."

Der Greis blickte auf das Brecheisen mit dem Schlitz zum Nagelziehen. Er gehorchte, nahm seine Mütze ab und erwartete seinen Tod.

„Preise den Herrn, Jude. Jetzt beginnt deine Reise zu Jehova." Der Obersturmbannführer holte mit Schwung aus und schlug mit dem gebogenen Ende des Kuhfußes zu. Stöhnend ging der alte Mann zu Boden, Blut schoss aus einem Loch in seinem Hinterkopf.

Der Obersturmbannführer runzelte die Stirn. Der Winkel seines Eisens hatte sich im Schädel des Alten verfangen. Leise fluchend bemühte er sich, das verkantete Werkzeug aus dem Knochen zu drehen. Er stellte sich ungeschickt an, wie ein Mann, der den Umgang mit Arbeitsgerätschaften nicht gewohnt war. Schließlich stützte er seinen Fuß auf den Kopf des Alten, bis es ihm gelang, das Metallende freizubekommen.

Angewidert betrachtete er das verschmierte Eisen. Dann ging er zu dem Jungen, dem letzten Russen, der noch auf seine Ermordung wartete, und sagte: „Wisch das ab!"

Das Grammophon verstummte.

Die Senke lag für wenige Sekunden in vollkommener Stille – und Franz erwachte aus seiner Starre.

Nur wenige Minuten waren vergangen, seitdem er und Anton an die Senke getreten waren. Was sie in dieser Zeit gesehen hatten, war schlimmer als alles, was sie an der Front erlebt hatten. Und wenn sie es auch gesehen hatten, so konnten sie es doch nicht begreifen.

In stummem Einverständnis traten sie aus der Böschung heraus und gingen auf den Obersturmbannführer zu.

Der drehte sich um und musterte die zwei Offiziere der Wehrmacht neugierig: „Nanu, wen haben wir denn da? Haben Sie sich verirrt? Falls Sie die Front suchen, sind Sie hier falsch."

Seine Männer lachten.

Anton musterte sie mit Abscheu: „Seien Sie unbesorgt. Dass man Leute wie Sie nicht an der Front findet, ist allgemein bekannt. Und wenn wir als Wehrmachtsoffiziere in Nähe der Hauptkampflinie einen SS-Mann antreffen, hat dieser keine Unverschämtheiten zu äußern, sondern Meldung zu machen."

Das Lächeln des Obersturmbannführers erstarb: „Sie vergreifen sich entschieden im Ton, Leutnant. Sie haben mir hier nichts zu befehlen. Im Gegenteil. Mein Dienstgrad entspricht dem eines Oberstleutnants, wenn ich Sie daran erinnern darf."

„Wenn Sie ein Oberstleutnant der Wehrmacht wären, würden wir nicht darüber diskutieren, ob es statthaft ist, alte Menschen und kleine Mädchen zu ermorden", antwortete Franz.

Der SS-Offizier warf ihm einen abschätzigen Blick zu: „Vielleicht sind Sie nicht ganz auf dem neuesten Stand, Oberleutnant. Eigentlich sollten Sie uns bei unserer verantwortungsvollen Tätigkeit sogar unter die Arme greifen." Seine gerade noch vor Spott triefende Stimme wurde schneidend: „Ein entjudeter Osten fällt dem deutschen Volk nicht in den Schoß. Nicht umsonst gibt es seit Jahren Richtlinien für die Behandlung politischer Kommissare, die dürften Ihnen bekannt sein. Und seit dem Halder-Befehl vom 11. Juni 1941 haben uns die Ic-Dienste aller Verbände bis auf Divisionsebene bei der Erfüllung unserer Aufgaben mit Hilfspersonal und Ausrüstung zu unterstützen. Offiziere der Wehrmacht haben unsere Arbeitseinsätze schon oft genug absichern lassen und uns brav Kommissare und Juden zugeführt, glauben Sie mir. Ohne Übertreibung kann ich sagen, dass die Generalfeldmarschälle von Manstein und von Kleist große Anhänger unserer Arbeitsergebnisse sind."

Lächelnd fügte er hinzu: „Aber wie Sie selbst sehen können, kommen wir hier ganz gut ohne Sie aus. Auch wir leisten unseren Beitrag zum Endsieg, und zwar ganz unter eigener Verantwortlichkeit, wenn Sie gestatten. Als Einsatzgruppenkommando sind wir lediglich dem Chef der Sicherheitspolizei und dem Sicherheitsdienst unterstellt."

Der Obersturmbannführer griff in die Brusttasche seines Hemds und zog eine Schnupftabaksdose hervor. Während er fortfuhr, genehmigte er sich eine Prise: „Bedaure aufrichtig, dass ich auf Ihre Sentimentalitäten keine Rücksicht nehmen kann. Ich bin berechtigt, Exekutivmaßnahmen gegenüber der Zivilbevölkerung jederzeit nach eigenem Ermessen durchzuführen."

„Sie sind berechtigt, Kinder zu töten?", fuhr Franz auf.

„Ich töte keine Kinder. Ich sorge für Ordnung. Wir haben Vorgaben zu erfüllen, Oberleutnant. Wie Sie. Wir haben Ziele zu erreichen."

„Es ist Mord", widersprach Anton.

„Mitnichten. Es ist eine Korrektur der Natur. Was unwert ist, wird aussortiert. In mühevoller Handarbeit. Das ist mit Menschen nicht anders als mit faulen Äpfeln. Im Übrigen ist es juristisch völlig einwandfrei, wie ich Ihnen versichern darf. Ich habe in Rechtswissenschaften promoviert. Allerdings möchte ich Sie nicht mit den einschlägigen Paragrafen langweilen oder überfordern. Dafür ist das Wetter doch viel zu schön."

„Nennen Sie uns Ihren Namen und den Namen Ihrer Einheit", forderte Franz.

„Möchten Sie sich etwa beschweren?" Der Obersturmbannführer rollte amüsiert mit den Augen: „Nur zu, machen Sie sich lächerlich. – Dr. Kurt Christmann, angenehm. Ich bin Führer des Sonderkommandos 10 a, ehemals unterstellt der Einsatzgruppe D. Seit einigen

Tagen sind wir umbenannt. Meinen allerherzlichsten Glückwunsch, Sie gehören zu den Ersten, die uns als Kampfgruppe Bierkamp bezeichnen dürfen."

„Warum sind Sie hier?"

Christmann trat in falscher Vertraulichkeit auf Franz zu und wisperte ihm spöttisch über seinen Handrücken hinweg zu: „Ich verrate Ihnen ein kleines Geheimnis. Eigentlich sollten wir schon längst in Mjasnikowa sein. Von dort aus wird gerade der Großteil unserer Mannschaften per Bahn nach Mosyr gebracht. Auch im zauberhaften Weißruthenien setzt man auf unsere Expertise. Wir haben uns aber kurzentschlossen in Kertsch mit einem Prahm noch einmal übersetzen lassen. Ein Umweg, wenn Sie gestatten, der Berufsehre wegen. Auf der Taman-Halbinsel ist so viel Arbeit liegengeblieben, wir sind noch eine Woche dienstlich hier. Denn wenn wir es nicht erledigen, macht es keiner. Und nur keine Sorge, wir machen das ganz unbürokratisch und freiwillig, völlig ohne Papierkram. Einige der Männer verzichten dafür sogar auf ihren Urlaub." Christmann zwinkerte und die Polizisten an seiner Seite lachten.

Plötzlich trat der Obersturmbannführer einen weiteren Schritt auf die Wehrmachtsoffiziere zu, kam ihnen unangenehm nahe. Franz roch das blumige Parfum auf den frisch rasierten Wangen des SS-Offiziers, der seinen Plauderton wieder abgelegt hatte: „Sie haben ja wirklich keine Ahnung, Mann! Oder tun Sie nur so? Darf ich Ihnen den Erlass von Generalfeldmarschall von Reichenau in Erinnerung rufen? Meines Wissens nach wurde er bis in die kleinste Kompanie getragen. Danach ist das wesentliche Ziel dieses Feldzugs gegen das jüdisch-bolschewistische System die Ausrottung des asiatischen Einflusses im europäischen Kulturkreis. Als Soldat im Ostraum haben Sie nicht nur ein Kämpfer nach den Regeln der Kriegskunst zu sein, sondern auch ein Träger unserer völkischen Idee. Und Sie sollen Verständnis haben für die Notwendigkeit der harten, aber gerechten Sühne am jüdischen Untermenschentum."

Christmann zeigte auf seine Leute: „Das sind lauter ehrenwerte Arbeiter im Dienst des deutschen Volkes. Ganz normale Männer. Sie verteidigen hier in vorderster Front und entbehrungsreichem Schaffen die Reinheit deutschen Blutes. Auch für Ihre Familie, Oberleutnant. Es ist Krieg.“

Antons Stimme bebte vor Wut: „Sie verlangen Verständnis? Dann haben Sie Verständnis dafür, dass wir als Frontsoldaten eine andere Definition vom Krieg und von der Front haben als Sie, der Sie hier Kinder, Eltern und Greise feige exekutieren. Wir werden diesen Vorfall melden und Sie werden sich dafür zu verantworten haben.“

„Bitte, bitte“, winkte Christmann ab, „tun Sie das. Jeder blamiert sich so gut, wie er kann.“

Der Obersturmbannführer wandte sich gelangweilt ab und wies auf den jungen Russen, der den Kuhfuß im Gras zu seinen Füßen gereinigt hatte. Mit einer ungeduldigen Geste forderte er das Werkzeug: „Und nun lassen Sie uns unsere Arbeit beenden.“

Franz trat zwischen Christmann und den am Boden kauernden Jungen: „Ausgeschlossen. Wir nehmen ihn mit – es besteht der Verdacht, dass er ein Partisan ist. Da wir hier in unmittelbarer Nähe der Hauptkampflinie stehen, unterliegt er der Gerichtsbarkeit der Wehrmacht. Wir sind zuständig für ihn.“

Der Obersturmbannführer war überrascht, im ersten Moment sprachlos. Verärgert zog er die Brauen zusammen. Doch dann glitt ein Lächeln über sein Gesicht: „Bitte, bitte, meine Herren, nehmen Sie den Jungen ruhig mit. Einer mehr oder weniger, ich bitte Sie, kein Problem. Wenn ich recht drüber nachdenke, kommt es mir sogar durchaus gelegen. Jetzt, wo mein Werkzeug wieder so gut geputzt ist. Wir sind ohnehin spät dran.“

Christmann überreichte den Kuhfuß einem seiner Untergebenen. Seinen Leuten rief er zu: „Sammeln und Abmarsch. Wir sind fertig hier!“

Nach einem letzten langen Blick auf den jungen Russen nahm der Obersturmbannführer in seinem Wagen Platz. Die Polizisten und SD-Angehörigen kletterten ebenfalls in ihre Fahrzeuge und starteten die Motoren. In blauen Benzinwolken fuhr das Sonderkommando 10 a davon. Christmann grüßte süffisant.

Der Fahrzeuglärm entfernte sich, verklang schließlich ganz.

Franz trat auf den Jungen zu, der immer noch reglos auf dem Boden kniete. Er berührte ihn sanft an der Schulter: „Frei. Swoboda. *Frei. Verstehst du? –* Swoboda. *Du bist frei.“*

Der junge Russe starrte Franz an. Dann Anton, dann wieder Franz. Beide nickten ihm zu.

Er begriff.

Plötzlich sprang er auf, rannte zur Grube und kletterte hastig hinein. Er warf sich auf das Paar, das zuletzt ermordet worden war, küsste den toten Mann und die darunter liegende Frau. Dann krabbelte er über die Leichen hinweg, weiter nach unten in die Senke, wo er das Mädchen mit den roten Locken barg. Er drückte es an sich und presste sein Gesicht in ihr Haar.

Franz und Anton zogen sich zurück.

Schweigend schlugen sie sich durch das Unterholz. Sie schwangen sich auf ihre Pferde und ritten zurück, immer noch wortlos. Zu ungeheuerlich die Eindrücke, als dass sie darüber hätten sprechen können.

Also schrieben sie das Erlebte auf, jeder für sich.

Inmitten des fröhlichen Trubels der gerade beendeten Fuchsjagd, zwischen verschwitzten Reitern, Pferden und ausgelassenen Soldaten nahm niemand Notiz von den beiden, die ihre Tiere einer Ordonnanz übergeben und sich in ihre Unterstände zurückzogen. Sie steckten ihre Meldungen in ein gemeinsames Kuvert und reichten es im Stabsgebäude zu Händen des Divisionskommandeurs ein.

Am nächsten Morgen wurden sie zum Chef zitiert.

Um 10 Uhr am Vormittag betraten sie den Gefechtsstand des Divisionskommandeurs. General Rupp bat die Offiziere, Platz zu nehmen. Ihre Meldungen hielt er in der Hand: „Bitte, meine Herren. Berichten Sie noch einmal in Ihren Worten.“

Franz und Anton beschrieben die Ermordung der Zivilisten in der Waldsenke durch die Angehörigen des Einsatzkommandos so nüchtern sie konnten. Der General nickte, blickte immer wieder auf die Meldungen, stellte Zwischenfragen und griff nach seinem Zigarrenkästchen. Er bot den Offizieren davon an, doch beide lehnten ab. Während Franz beim Schuss in das Gesicht des Mädchens kurz ins Stocken kam, köpfte der General behutsam seine Zigarre. Er spielte eine Weile mit seinem Feuerzeug und ließ sich – als Franz zum Schluss seines Berichts fand – mit der Antwort Zeit: „Ich verstehe Ihre moralischen Bedenken und ich teile sie. Voll und ganz. Aber seien Sie nicht zu voreilig in Ihrem Urteil."

Anton und Franz waren sich nicht sicher, ob sie Rupp richtig verstanden hatten.

Der General fuhr fort: „So schlimm es ist – manchmal ist das große Ganze wichtiger als ein kleines Mädchen. Gerade Sie als junge Offiziere müssen lernen, über Ihren Tellerrand hinaus zu denken. Und das im wahrsten Sinne des Wortes. Haben Sie schon einmal darüber nachgedacht, dass jeder Tote ein Esser weniger ist?"

Angesichts der verständnislosen Blicke seiner Offiziere wurde Rupp eindringlicher: „Bitte, meine Herren, gebrauchen Sie Ihren Verstand! Die Erwartungen, die wir mit der Eroberung der Krim durch die 11. Armee verknüpft haben, waren groß. Zu groß! Die Ernährungssituation ist katastrophal. Die Rote Armee hat das Vieh abtransportiert. Alle Speicher, Mühlen und Lebensmittelfabriken gesprengt. Wovon sollen sich unsere Armeen ernähren? Die Felder werden nicht mehr bestellt. Die Ernteausfälle im letzten Jahr waren gewaltig. Die Städte im Südosten der Krim hungern. Sie können gewiss sein, dass die Einsatzgruppen an der Ostfront unter anderem mit dem stillschweigenden Einverständnis der Quartiermeister der Wehrmacht operieren. Und es liegt nicht im Verantwortungsbereich unserer Division, das Vorgehen dieser Einsatzgruppen hinter der Front zu bewerten, solange logistische und sicherheitsrelevante Belange der Wehrmacht davon unberührt bleiben. Habe ich mich deutlich ausgedrückt?"

Der General ließ die Flamme seines Feuerzeugs emporspringen und hielt sie an das Kuvert mit den beiden Meldungen. Die lodernden Zettel warf Rupp in seinen metallenen Papierkorb und führte die Flamme weiter an seine Zigarre. In vollkommener Stille paffte er an und sog nachdenklich die ersten würzigen Wolken aus dem Tabak. Er stellte das Feuerzeug auf seinen Schreibtisch: „Meine Herren, so leid es mir tut, im Sinne der strategischen Interessen unserer Division muss ich Ihre Meldungen als nicht geschrieben betrachten."

Die jungen Offiziere schwiegen eine Weile, dann antwortete Franz mit kühler Stimme: „Ich bin überrascht zu erfahren, dass der Tod kleiner Mädchen im strategischen Interesse unserer Division liegt, Herr General."

„Wie bitte?" Der Divisionskommandeur blickte ihn erstaunt und lange an.

Abrupt stand er auf, ging um seinen Schreibtisch herum und öffnete die Tür: „Eine weitere Bemerkung dieser Art müsste mich dazu veranlassen, über Ihrer beider Verwendung in einer Bewährungskompanie nachzudenken. Lassen wir es also lieber dabei bewenden. Es tut mir leid. Ich danke Ihnen für Ihre Mühen, meine Herren."

Franz und Anton erhoben sich, grüßten und traten nach draußen.

„Ich will nur noch nach Hause", sagte Anton vor dem Gefechtsstand. Er war blass und fingerte in seiner Brusttasche nach einer Zigarette. „Spielt es denn überhaupt eine Rolle, ob wir Menschen töten, indem wir sie erschießen oder indem wir sie verhungern lassen?"

Samstag, 23. September 1944

Längst war der Fuchs im Saum der Waldlichtung verschwunden. Franz stand auf, machte wenige fahrige Schritte und übergab sich. Auf die besorgten Fragen der Frauen antwortete er nicht. Er setzte sich auf einen Stein und wischte seine schweißnasse Stirn ab: „Ich will nur noch nach Hause."

Unvermittelt stand er auf und lief los. Die Frauen hatten Mühe, ihm zu folgen.

Immer schneller wurde sein Schritt. Er stolperte über Wurzeln. Zweimal fiel er hin. Hinter den Bäumen lag Pöcking.

Er humpelte die letzte Wiese hinunter, Käthe und Barbara hatte er hinter sich gelassen. Schon von Weitem erkannte Franz den schindelgedeckten Rundturm des elterlichen Hofs.

Eine Frau stand im Garten. Sie hängte Wäsche auf, ihr Rock blähte sich im Wind. Auf dem sonnenbeschienenen Rasen lag ein kleiner blonder Junge auf einer Decke.

Franz rief, seine Stimme brach und nur ein lautes Krächzen drang aus seiner Kehle.

Die Frau drehte sich um.

Sie erkannte ihn und schrie.

—

Franz meldete sich bei seiner Einheit zurück – aufgrund seiner Verletzung erhielt er kein weiteres Kommando. Er wurde in die Ersatzarmee seiner Division zurückgestellt und war froh darüber.

Einige Genesungsaufenthalte in Lazaretten schlossen sich an. Der Splitter blieb in seinem Knie und rumorte weiter. Es dauerte viele Monate, bis Franz sich wieder ohne größere Einschränkungen bewegen konnte. Halb versteckte er sich auf dem elterlichen Hof, halb hoffte er, dass die Armee ihn vergessen würde.

Für Franz war der Krieg beendet, während die deutschen Truppen weiter zurückgedrängt wurden, während Deutschland das preußischfriderizianische Schlachtenglück des Siebenjährigen Kriegs beschwor, während die Wucht der Wunderwaffen ausblieb, während der Volkssturm – zynisch als V3 oder Spätlese der Hitlerjugend bezeichnet – als Kanonenfutter diente, während die Verbrechen und Gräuel der Konzentrations- und Vernichtungslager für die Welt sichtbar wurden und weitere Millionen Menschen starben. Der Krieg ging in seine letzten entsetzlichen Monate.

Im ganzen Land, in ganz Europa, in der ganzen Welt standen Eltern an Fenstern und starrten auf den Briefträger. Öffnete er mit ernstem Blick das Tor, ahnten sie, dass sie ein Kind verloren hatten. Allein im letzten Jahr des Kriegs starben so viele Menschen wie in den fünf Jahren zuvor.

Die Familie bangte und betete um den jüngsten Sohn, um den kleinen Bruder Björn.

Im Januar 1945 kam er mit einer Beinverletzung in ein Lazarett in St. Johann in Tirol, Franz erfuhr nur zufällig und über einige Umwege davon. Als Björn nach seiner Operation aus der Betäubung erwachte, sah er einen Stabsarzt an seinem Krankenbett sitzen, den er sehr gut kannte. Es war Karl-Theodor Arnold, einer seiner Cousins, mit dem er seit frühesten Kindheitstagen eng verbunden war und auf dem Gelände der großväterlichen Apotheke in Bad Camberg so oft gerauft und gespielt hatte. Karl-Theodor sprach eindringlich auf ihn ein: „Björn, der Krieg ist verloren, das weißt du auch. Es kann nicht mehr lange dauern, ist nur noch eine Frage von Wochen. Die Amerikaner sind schon am Rhein, die Russen in Pommern. Bleib hier, ich schreib dich krank! Wir können eine Sepsis erfinden, eine Thrombose, weiß der Herrgott! Ich kann dich hier behalten. Wir haben unterschiedliche Nachnamen, niemand weiß, dass wir verwandt sind. Bleib, Björn!“

Doch Björn schüttelte den Kopf und sagte: „Danke, Karl-Theodor, aber es geht nicht. Ich muss zurück zu meinen Leuten.“

Am 20. Februar 1945 las Franz den letzten Feldpostbrief seines jüngeren Bruders:

Halbau, 6.2.45.

Liebe Eltern!
Seit einigen Tagen sind wir wieder draußen. Jetzt liegen wir in einem kleinen schlesischen Ort und sollen hier einiges von dem wiederbekommen, was wir in den letzten Tagen stehen lassen mussten! Ich habe viel zu Fuß laufen müssen in der letzten Zeit. Trotzdem geht's mir prima! Die Hauptsache, dass der Iwan mich nicht erwischt hat.
Herzlichst Euer Björn. Das nächste Mal etwas mehr!

Im März 1945, wenige Wochen vor Kriegsende, ging der Briefträger nicht mehr am Enzianhof in Pöcking vorbei. Mit ernstem Blick trat er vor die Haustür. Die Eltern erhielten ein Schreiben von Hauptmann Rabe, Kommandeur der I./s. Artillerie-Abteilung (mot.) 106, datiert vom 20. Februar 1945:

Hochverehrte gnädige Frau!
Es wird schwer für Sie sein, diesen Brief mit der schweren Nachricht, dass Ihr Sohn Björn in vorderster Linie kämpfend, den Heldentod fürs Vaterland fand, zu erhalten. Für mich selber war der Tod Ihres Jungen so schmerzlich, dass es mir noch jetzt nicht in den Kopf rein will, dass er nun plötzlich nicht mehr da ist. Er war so sehr ein Leutnant und Offizier wie er sein soll, immer zu jedem Auftrag bereit, immer ruhig und bestimmt, und seine Leute liebten ihn. Es ist für mich, als hätte ich einen guten Freund verloren und nicht nur meinen besten Offizier. Ich will Ihnen erzählen, wie sich alles zugetragen hat. Die Abteilung wurde am Truppenübungsplatz Neuhammer infantristisch eingesetzt, da wir im Rückzug alle Geschütze hatten sprengen müssen. Die Abteilung hatte den Auftrag, einen Bach, die Queis, die durch Neuhammer fließt, zu verteidigen. Ihr Sohn war mit seinem Zug bei Loos, nordwestlich Neuhammer, eingesetzt. Am 13.2.45 gegen 15 Uhr 30 griff der Russe an. Ihr Junge feuerte seine Männer in vorbildlicher Weise zum Widerstand an, indem er von

Schützenloch zu Schützenloch sprang. Als das Maschinengewehr ausfiel, sprang er selber ans Maschinengewehr und fügte so dem Russen schwere Verluste zu. Als das Maschinengewehr Hemmung hatte, schoss er unermüdlich mit dem Sturmgewehr weiter. Dabei traf ihn die Kugel eines Scharfschützen tödlich in den Kopf. Er hat es gar nicht gemerkt, sondern war sofort tot. Wachtmeister Bäsel hat den ganzen Vorgang aus der Ferne miterlebt und mir dann geschildert. Liebe gnädige Frau, ich muss jetzt so viele solcher Briefe schreiben, weil meine Abteilung in diesen Tagen viele Offiziere und Mannschaften verlor. Möge es Ihnen in Ihrem schweren Leid ein kleiner Trost sein, dass für mich die Nachricht vom Tode Ihres Jungen die allerschwerste war, weil ich ihn, wie wir alle hier, am meisten mochte. Ich habe heute Ihren Jungen zur Verleihung des Deutschen Kreuzes in Gold eingegeben, es soll der letzte Dank sein, den ich meinem besten Offizier über sein Sterben hinaus sagen kann. Möge der liebe Gott Ihnen, meine hochverehrte gnädige Frau, ein wenig helfen, den großen Schmerz zu tragen.
In tiefer Anteilnahme küsse ich Ihre Hand und bin Ihr Peter Rabe.

Franz hatte selbst genug solcher Briefe geschrieben, um zu wissen, dass Kompanieführer oft versuchten, dem Tod ein erträglicheres Antlitz zu geben. Vielleicht, um der Familie des Getöteten einen winzigen Trost bescheren zu können. Vielleicht, um ihre eigene Verantwortung der Fürsorge für den Gestorbenen zu mindern.

Welche Wahrheit können Eltern vertragen?

Konnte man berichten: *Sehr geehrte Frau Brahne, es tut mir leid, Ihnen mitteilen zu müssen, dass Ihr Sohn Helmut auf eine Mine trat, dabei ein Bein und beide Hoden verlor und vor Schmerz winselnd nach endlos langen Stunden starb, in denen er litt wie ein angefahrener Hund?*

Sollte man schreiben: *Verehrte Frau Pfleiderer, ich muss Ihnen leider mitteilen, dass Ihr Ehemann, Gefreiter Friedrich Pfleiderer, einen Unterleibsschuss erlitt, wobei allerdings nicht die Bauchschlagader getroffen wurde, sodass er nicht schnell verbluten durfte, sondern von seiner eigenen Scheiße vergiftet wurde?*

Durfte man formulieren: *Liebe Frau Schwarz, es ist meine traurige Pflicht, Sie darüber zu informieren, dass Ihr Sohn Peter während eines Patrouillengangs durch einen Halsschuss eigener Wachsoldaten den Tod fand und dabei nicht heldenhaft letzte Grüße ausrichten konnte, sondern einfach nur gellend schrie, was aufgrund der zerfetzten Luftröhre wie das Quieken eines abgestochenen Schweins klang?*

Nein, das konnte man wohl nicht gut schreiben.

Im Brief bedeutete ein Kopfschuss Gnade. Im Brief war der Volltreffer einer Granate ein Segen. Für den Verfasser des Briefs wie für den Empfänger.

Björns Mutter sagte nur einen einzigen Satz, nachdem sie den Brief gelesen hatte und ihr dieser in Schwüngen zu Boden fiel: „Jetzt habe ich ihn ganz für mich allein."

Franz' Vater schwieg. Nie äußerte er sich zum Verlust seines Sohnes, dessen Einsatz im Krieg er gefordert und dessen Tod auch er zu verantworten hatte.

Franz dachte an das kleine Segelboot, das auf Björn wartete. Björn, dessen Eltern ihn zu einem Nationalsozialisten erzogen hatten, der im Jahr 1933 in die Hitlerjugend eingetreten war. Und der sich im Herbst 1939 als 18-Jähriger freiwillig zur Front gemeldet hatte, wie so viele, der aber eigentlich viel lieber an Motorrädern schraubte, Mädchen hinterher pfiff und segeln ging.

Björn wurde 23 Jahre alt. Er starb, um im bedeutungslosen Örtchen Loos, das aus nicht mehr als einer kleinen Bahnstation und einigen Häusern bestand, einen Bach zu verteidigen.

Viele Menschen starben dort, um einen Bach zu verteidigen. Und viele Menschen starben dort, um einen Bach zu erobern.

In Björns Unterlagen fand Hildur, die Schwester, ein Kuvert. Sie öffnete es und zeigte Franz die Dokumente: „Was machen wir damit?"

Franz blätterte durch die Papiere. Besitzurkunden seines kleinen Bruders: Der Krimschild, im Namen des Führers im Oktober 1942. Das Eiserne Kreuz 2. Klasse, im Namen des Führers im Dezember 1942. Das Sturmabzeichen, im Namen des Führers im April 1943. Das Eiserne Kreuz 1. Klasse, im Namen des Führers im Mai 1943.

Das Verwundetenabzeichen in Schwarz, im Namen des Führers im Juli 1943.

Verbittert gab er seiner Schwester den Stapel zurück: „Da fehlt noch das Verrecken in der Scheiße, im Namen des Führers im Februar 1945." Hildur nickte und weinte und verstaute die Urkunden wieder im Umschlag.

Nach dem Krieg war es unmöglich, an den hinter dem Eisernen Vorhang liegenden Gräbern zu trauern. Und da Björns Leichnam, genau wie sein Grab, nie gefunden wurde und auch seine Erkennungsmarke nie auftauchte, begann die Mutter, wieder Hoffnung zu schöpfen. Vielleicht war ihr Sohn doch nicht gefallen, sondern verletzt in russische Kriegsgefangenschaft geraten?

Sie startete eigene Nachforschungen und erhielt am 26. Mai 1953 einen Bescheid des Volksbundes Deutsche Kriegsgräberfürsorge:

Auf Ihre Anfrage vom 8. Februar 1953 teilen wir Ihnen mit, dass Ihr Sohn Björn weder unter seinem Namen noch unter der Beschriftung seiner Erkennungsmarke -667- 3. Kraftf.Ers.Abt.7 in unserer Zentralgräberkartei verzeichnet ist. Von der Deutschen Dienststelle wurde lediglich die Verlustmeldung, dass er in Loos an der Queiss/ Schlesien gefallen ist, bestätigt. Wir haben jedoch örtliche Ermittlungen eingeleitet, deren Ergebnis aber noch aussteht. Sobald wir neue Nachrichten erhalten, hören Sie wieder von uns. Wir bitten um Geduld.

Es gab keine neuen Nachrichten.

Am 17. August 1962 starb die Mutter von Björn, Franz und Hildur. Ihre letzten Worte lauteten: „Tragt mich jetzt zu meiner Mutter und zu meinem Björnlein."

Ein Jahr darauf beantwortete der Suchdienst München des Deutschen Roten Kreuzes eine Anfrage der Mutter, die diese noch kurz vor ihrem Tod gestellt hatte. Darin wurde ihr die Aussage zweier Spätheimkehrer mitgeteilt: Die Soldaten erklärten, dass ein junger

Leutnant, auf den die Beschreibung Björns zutraf, in Loos an der Queis bei Rückzugsgefechten in der Nähe einer Gleisanlage einer Schussverletzung erlegen war. Eine Erkennungsmarke sei nicht gefunden worden.

Mehr als ein Jahrzehnt später, 1974, wurde das schindelgedeckte Dach des Enzianhofs gerichtet. Über einige Zufälle und Bekanntschaften kam dazu ein ehemaliger Soldat auf den Hof, ein Leutnant, der längst wieder in seinem Beruf als Dachdecker in Tutzing arbeitete. Er berichtete Hildur von seinen Erlebnissen während der letzten Kriegsmonate, erzählte, dass es ihn Mitte Februar 1945 im Verlauf eines chaotischen Rückzugs nach Loos an der Queis verschlagen hatte, wo er nach einer erfolgreichen Gegenoffensive der Beerdigung aller Gefallenen der Abwehrkämpfe beigewohnt hatte.

Er sprach von einer niedrigen Friedhofsmauer aus rötlichen Steinen in der Nähe eines Eisenbahngleises. Dort habe man auch einen jungen Leutnant mit einem tödlichen Brustschuss, wie üblich, in seiner Zeltbahn beerdigt. Der Leutnant habe keine Erkennungsmarke getragen.

XV

Der sowjetische Infanterist lag ruhig da, presste sich in den Schnee und die gefrorene Erde. Unter sich sein Mosin-Nagant Karabiner, der ihm auf dem Vormarsch so treffliche Dienste erwiesen hatte. Er formte mit ruhigen, vorsichtigen Bewegungen eine Schneekugel und steckte sie in den Mund. Die Kälte fuhr in die Nerven seiner Zähne und schmerzte. Doch sie sorgte auch dafür, dass er sich im Gelände bewegen konnte, ohne sich mit der warmen Fahne kondensierenden Atems zu verraten. Er rieb etwas Wärme und Gefühl in seine klammen Hände zurück.

Das deutsche Maschinengewehr jenseits des Flüsschens feuerte nahezu ohne Unterbrechung. Das charakteristische Rattern der überschnellen Feuerstöße verriet dem sowjetischen Infanteristen, dass es ein MG 42 war. Sicherlich auf eine Lafette montiert. Der Lauf würde bald heiß sein, dann musste er gewechselt werden.

Von den Deutschen konnten nicht mehr allzu viele am Leben sein. Der letzte Handgranatenwurf seines Kameraden war ein Volltreffer gewesen, gerade die Munitionsschützen des Maschinengewehrs sollten eigentlich tot sein. Über 60 Meter. Der Kamerad hatte dazu aufstehen müssen. Ein Geschoss hatte seinen Helm durchschlagen. Er war tot, bevor sein Körper aufschlug. Rote Schlieren im Schnee.

Die Division des sowjetischen Infanteristen war weit vorgedrungen in den letzten Monaten. Der Widerstand des Feindes war immer spärlicher, immer panischer, immer unberechenbarer geworden.

Der sowjetische Infanterist zog sich ein Stück zurück, hinter eine Böschung. Er robbte über seine zerschossenen Kameraden. Alle Soldaten der Vorhut, die er befehligte, waren tot. Noch ungefähr 20 Meter gaben ihm Deckung. Rechts hinter dem verkrüppelten Bäumchen mit dem dicken Stamm wäre eine gute Stellung für einen verdeckten Schuss.

Das Maschinengewehr schickte weitere Feuerstöße hinaus.

Andächtig lauschte der sowjetische Infanterist der Kadenz. Das MG zielte weiter nach rechts, in die Richtung, aus der die Handgranate gekommen war.

Als der sowjetische Infanterist den schützenden Stamm erreicht hatte, schwieg das MG.

Er spähte vorsichtig an der aufgerissenen Rinde vorbei. Von hier aus konnte er über den niedrigen Schanzrand hinwegsehen: Das Maschinengewehr auf seinem Dreibein; der Schütze ging zielstrebig und mit routinierten Handgriffen daran, den erhitzten Lauf auszutauschen. Der sowjetische Infanterist hörte das Plätschern des halbvereisten Gewässers, das für einen Bach zu breit und für einen Fluss zu schmal war. Der Wind trug den schweren Atem des Deutschen herüber. Das metallische Kratzen beim Einschieben des neuen Laufs und das harte Schlagen von Arretierungen. Er hörte, wie der Deutsche den Spannschieber nach hinten zog, um den Verschluss zu entriegeln, und fluchte. Noch einmal wurde der Schieber gezogen. Das Maschinengewehr schien Ladehemmung zu haben.

Der sowjetische Infanterist hob sein Gewehr.

Statt eines Zielfernrohrs arbeitete er lieber mit dem offenen Visier von Kimme und Korn. So vermied er Reflexe des Sonnenlichts auf der Fernrohrlinse, außerdem konnte er mit seinem Kopf tiefer in der Deckung bleiben. Er zielte, als der Deutsche zu seinem Sturmgewehr griff.

Der sowjetische Infanterist schoss und traf den Deutschen ins Brustbein. Der MG-Schütze wurde von der Wucht des Schusses nach hinten geschleudert. Ein wunder Schrei, schnell erstickt. Stille.

Lange lag der sowjetische Infanterist noch hinter dem kleinen Baum. Erst, als Soldaten anderer Einheiten hinter ihm auftauchten, erhob er sich, klopfte den Schnee von seiner Uniform und schob den Haltegurt seines Gewehrs über die Schulter. Sein Zugführer trat an ihn heran und schlug dem schlaksigen Scharfschützen anerkennend auf die Schulter: „Ein guter Schuss."

Der sowjetische Infanterist nickte: „Ein gutes Auge und eine ruhige Hand, mehr braucht man nicht."

Etwas später zog es ihn zum Maschinengewehrnest, er wusste nicht, warum. Die Holzbrücke über den kleinen Fluss wurde von nachrückenden Pionieren bereits weiter befestigt, damit schweres Gerät übergesetzt werden konnte.

Er ging darüber. Dort.

Er schaute über den Schanzrand und sah das Elend zerrissener Körper. Graue Darmschlingen, im Schnee ausgebreitet. Leere Munitionskisten lagen verstreut umher.

Der sowjetische Infanterist trat an den toten Schützen des Maschinengewehrs heran. Ein Leutnant. Er kniete nieder und betrachtete ihn genauer. Ein junger Mann. Mitte 20 vielleicht. Es war schwer, das Alter der Männer zu schätzen, wenn der jahrelange Dienst an der Front sie verbraucht hatte. Eine Tabakspfeife war aus seiner Brusttasche gerutscht, als er nach hinten gestürzt war. Der sowjetische Infanterist roch den Tabak, mit dem der deutsche Leutnant sie gestopft hatte, vielleicht hatte er sie nach dem Gefecht rauchen wollen. Der Pfeifenkopf war mit Schnitzereien verziert. Er schob die Pfeife wieder in die Tasche zurück und verschloss sie.

Die Augen des jungen Mannes waren hellbraun. Fast schien es, als lächelte er.

Plötzlich stutzte der sowjetische Infanterist.

Der tote Leutnant kam ihm bekannt vor – erinnerte er ihn nicht an einen der deutschen Soldaten, die ihm vor fast zwei Jahren das Leben gerettet hatten? Als seiner Familie jenes widerfahren war, für das er noch keine Worte gefunden hatte, vielleicht nie finden würde?

Der sowjetische Infanterist sah die Erkennungsmarke, die unter dem Hemd des Toten hervorgerutscht war. Neben seinem Kinn lag sie halb versunken im Schneematsch, der Schuss hatte die Kette durchschlagen, mit der die Marke um den Hals gebunden gewesen war. Er zog sie aus dem Dreck und betrachtete sie lange.

Als ihn seine Leute riefen, wickelte er das blutige Eisenband um die Metallplakette. Zum ersten und einzigen Mal nahm er einem getöteten deutschen Soldaten die Erkennungsmarke ab. Er würde sie verwahren. Vielleicht einmal in einem späteren, einem anderen Leben … Der sowjetische Infanterist schob die Marke unter sein Hemd.

Dort verschwand sie in einem Fuchsfell, das seit dem großen Vormarsch seine Brust wärmte. Den Pelz hatte er einmal gemeinsam mit seinem Vater bearbeitet. Damals.

Er strich über das Fell, tief in Gedanken. Er erinnerte sich an den Duft der roten Haare seiner Schwester.

Das Ende des Kriegs und der Beginn des Friedens waren nicht mehr weit, heute, am 13. Februar 1945. Walodja trat über den Toten hinweg, vorwärts, immer vorwärts, vor ihm lag Berlin.

ENDE

EPILOG

WALODJA NACH DEM KRIEG

Im April 1945 stand die Rote Armee mit weit mehr als zwei Millionen Soldaten vor Berlin. Einer von ihnen war Walodja. Ihnen trat das letzte deutsche Aufgebot ausgebluteter und zusammengewürfelter Verbände gegenüber. Am 16. April begann die Offensive unter dem stärksten Artilleriefeuer des gesamten Kriegs, fünf Tage später überquerten sowjetische Einheiten im Nordosten zwischen Mahlsdorf und Ahrensfelde die Stadtgrenze. Walodja war unter den ersten Soldaten, die ein Ortsschild von Berlin erreichten. Ein Foto, das ein Frontberichterstatter von ihnen schoss, ging um die Welt.

Je näher die sowjetischen Einheiten dem Stadtzentrum kamen, umso verbissener wurde gekämpft. Häuserkampf. Mann gegen Mann, jeder Hof ein möglicher Hinterhalt, hinter jedem Fenster ein möglicher Scharfschütze. In den ersten Tagen der Offensive starben fast 100.000 Soldaten der Roten Armee.

Am letzten Apriltag hissten erstmals zwei Rotarmisten die sowjetische Flagge am Reichstag. Zwei Tage später, am Morgen des 2. Mai, kapitulierte der Befehlshaber des Verteidigungsbereichs Berlin, General Helmuth Weidling, im Divisionsgefechtsstand von General Tschuikow am Schulenburgring 2 in Berlin-Tempelhof und erteilte seinen letzten Befehl: „Am 30. April 1945 hat der Führer Selbstmord begangen und damit alle, die ihm Treue geschworen hatten, im Stich gelassen. Getreu dem Befehl des Führers wart ihr, deutsche Soldaten, bereit, den Kampf um Berlin fortzusetzen, obwohl eure Munition zur Neige ging und die Gesamtlage den weiteren Widerstand sinnlos machte. Ich ordne die sofortige Einstellung jeglichen Widerstandes an. Jede Stunde, die ihr weiterkämpft, verlängert die entsetzlichen Leiden der Zivilbevölkerung Berlins und unserer Verwundeten. Im Einvernehmen mit dem Oberkommando der sowjetischen Truppen fordere ich euch auf, sofort den Kampf einzustellen.“

In der Nacht vom 8. auf den 9. Mai 1945 unterschrieb Generalfeldmarschall Keitel in Berlin-Karlshorst die Kapitulationsurkunde. Damit endete der Zweite Weltkrieg in Europa.

Walodja und seine Kameraden feierten. Der Alkohol floss in Strömen, während die deutsche Bevölkerung in den Exzessen die bitteren Früchte ihres Angriffskriegs erntete. Um Racheakte zu verhindern und die öffentliche Ordnung wiederherzustellen, erteilte Marschall Rokossowski den Befehl, dass Plünderer und Vergewaltiger zu erschießen seien. Dennoch entluden sich nach der Einnahme der Hauptstadt Wut und Schmerz vieler sowjetischer Soldaten in Plünderungen, willkürlichen Verhaftungen, Erschießungen und Vergewaltigungen. Walodja beteiligte sich nicht an den Gewaltorgien. Auf seltsame Weise befürchtete er, Nadja nie wiederzusehen, wenn er sich nun, nachdem der Krieg beendet war und er sich einen letzten Rest an Menschlichkeit so gut als möglich bewahrt hatte, versündigen würde wie es einst die Deutschen in der Sowjetunion getan hatten.

Seine Division wurde in einer Brandenburger Garnison im Nordwesten der Stadt stationiert, wo sie die Kasernen eines ehemaligen Fallschirmjäger-Regiments bezog. Walodja schrieb nahezu täglich einen Brief an Nadja. Er musste sie alle an die Adresse ihres alten ausgelöschten Dorfs schicken, eine andere hatte er nicht. Er erhielt niemals Antwort. Irgendwann hörte er auf zu schreiben.

Im Juni 1945 fasste Walodja den Entschluss, die Erkennungsmarke des deutschen Soldaten den offiziellen Stellen zu übergeben. Immer schwerer war sie ihm in der Tasche geworden. Er wollte, dass die Familie des Toten Gewissheit über den Verbleib des Sohns oder Ehemanns erhielt. Also zog er seinen Vorgesetzten, einen Major, ins Vertrauen. Dieser nahm das Stück Metall in die Hand, lachte, spuckte darauf und warf es in eine Toilette.

Im Winter 1950 erkrankte Walodja schwer. Alkohol, Nikotin, Zorn und Einsamkeit hatten an seinen Kräften gezehrt, das schlechte Essen und die permanente Erschöpfung durch den Dienst taten ihr Übriges. Kurz nach seinem 24. Geburtstag wäre er fast an einem Magengeschwür gestorben, mehrere Wochen schwebte er in Lebensgefahr. Als er wieder zu Kräften gekommen war, entschieden die Ärzte im März, ihn zu entlassen. Walodja ging auf seine Stube und packte die wenigen Habseligkeiten, die ihm geblieben waren.

Eine Fotografie, die ihn mit seinen Eltern und seiner Schwester Allotschka zeigte, aufgenommen in einem Fotoatelier in Krasnodar, im Sommer acht Jahre zuvor. Zwei Bücher. Einige Anziehsachen.

Ein Fuchspelz.

Walodja fuhr mit dem Zug und reiste durch ein zerstörtes und verstörtes Osteuropa. Brücken lagen in Flüssen, Städte in Schutt, Dörfer in Asche. Die überstandenen Schrecken waren noch greifbar und hingen wie Mehltau über der erstickten Landschaft. So viel Herrlichkeit, so viel Kultur, so viel Zivilisation war vernichtet worden in wenigen Jahren. Doch: Überall wurde wiederaufgebaut; je weiter Walodja in den Osten kam, umso länger wurden die Kolonnen der Kriegsgefangenen, die hier das errichteten, was sie Jahre zuvor dem Erdboden gleichgemacht hatten. Mit grauen Gesichtern, eingehüllt in Lumpen, setzten sie Ziegel aufeinander, teerten Straßen und reparierten Schienen. Stalin hatte gewonnen. *Hitler tot, Wojna kaput.* Die immerfort gleichen Plakate, roten Fahnen und siegestrunkenen Parolen säumten den Schienenweg.

Warschau lag noch immer am Boden. Auch das einst stolze Kiew weinte, verbrannt im fünftägigen Feuer von 1941. Walodja fuhr in den Süden der Ukraine, nach Odessa, dem Schwarzen Meer entgegen. Die Menschen waren schmal hier, wie hungernde Schatten. Zu essen gab es immer noch nicht viel. Dafür gab es viele Gräber. Sein Weg führte ihn über die Krim bis nach Kertsch im äußersten Osten der Halbinsel, wo er sich von einem Fischerboot übersetzen ließ. Dann bat er einen LKW-Fahrer, der eine Fuhre von Ersatzteilen für Zerspanungsmaschinen nach Anapa lieferte, ihn mitzunehmen.

Nach einigen Stunden Fahrt setzte ihn der Mann an einer Kreuzung ab und Walodja marschierte mit seinem Köfferchen in der Hand los. Alles kam ihm vertraut vor, obwohl er sieben Jahre nicht mehr hier gewesen war – hier, auf der Taman-Halbinsel zwischen Asowschem und Schwarzem Meer, wo die Nordhänge des Kaukasus schon längst in dicht bewaldete Hügel übergegangen waren, die sich zu den Dörfern in den endlosen Feldern der fruchtbaren Ebene verloren. Es war warm. Der Frühling schenkte der Natur seit Wochen heitere Tage. Die Sonne war kräftig und ließ die Knospen aus den schwarzen Äckern schießen. Überall blühte es in der Pracht, die diese Region schon seit Jahrtausenden verwöhnte.

Es dauerte nicht lange, bis Walodja den Hof seiner Eltern erreichte. Das Wohnhaus und der Schuppen waren bis auf die Sockel aus Feldsteinen abgebrannt. Nur der gemauerte Ofen ragte inmitten der Bohlenreste empor. Er entdeckte einige geschmolzene Deckel, zerbrochene Gläser und Krüge. Die Hundehütte war nicht abgebrannt, die Kette noch immer daran befestigt. Im Halsband fand Walodja letzte Knochen vom Skelett seines Hundes Towarisch.

Er beeilte sich, zum Haus von Nadjas Eltern zu kommen. Er würde ihr den Fuchspelz schenken, sie würde sich darüber freuen. Doch auch der Hof von Nadjas Eltern war ein Raub der Flammen geworden, vermutlich hatten Plünderer den Brand gelegt. Er fand keine Spuren von Nadja. Selbst wenn sie ihm eine Nachricht hinterlassen hätte, wäre diese verbrannt, die Asche längst in alle Winde verstreut. Er war müde nach der Reise und fühlte sich leer. Im Wald baute er sich ein Lager für die Nacht.

Am nächsten Tag brach Walodja auf, um sich bei den Behörden in Krymskaya zu melden. Er ging den Weg entlang, den er damals mit Nadja zurückgelegt hatte, und suchte die Stelle im Wald, an der man ihr Gespann beschossen hatte, konnte sie aber nicht finden.

Als er in die Stadt kam, fragte er sich zur örtlichen Verwaltung durch und erkundigte sich, ob man etwas über das Schicksal von Nadja wisse. Der junge Sekretär der Kreisleitung der KPdSU war auskunftsbereit: Vielleicht hätte die gesuchte Freundin auch noch einige Jahre als Krankenschwester oder Soldatin ihren Beitrag zum glorreichen Sieg der Roten Armee geleistet? Die meisten Drecksjuden der Taman-Halbinsel seien allerdings von den Deutschen umgebracht worden, so seine Auskunft. „Und die wenigen dieser Drecksjuden, die überlebt haben, sind direkt nach dem Krieg emigriert."

Beim ersten Mal tat Walodja so, als hätte er die Beleidigung nicht gehört. Beim zweiten Mal bat er den Sekretär, nicht „Drecksjuden" zu sagen. Aber ohne die Drecksjuden hätte Hitler die Sowjetunion nicht angegriffen, antwortete der Mann. Walodja gab ihm daraufhin eine Ohrfeige, die so kräftig war, dass er mitsamt seinem Sessel nach hinten fiel und einige Zähne verlor.

Walodja wurde noch im Büro verhaftet und zu drei Jahren Arbeitslager verurteilt, die er viele 100 Kilometer weiter im Nordosten verbüßte. So leistete er gemeinsam mit deutschen Kriegsgefangenen und unzähligen vermeintlichen oder tatsächlichen Gegnern Stalins seinen Beitrag, Stalingrad wiederaufzubauen.

1954 wurde er aus dem Lager entlassen. Er brach sofort auf, um das zu tun, was ihm drei Jahre zuvor nicht geglückt war.

Er fuhr zurück auf die Taman-Halbinsel und suchte die Stelle im Wald, an der die Bewohner seines Dorfs vor mehr als zehn Jahren ihr Vieh versteckt hatten. Er hatte Mühe, sie zu finden, längst hatte die Natur alles überwuchert. Schließlich fand er in der Erde verwachsene Hölzer, die einmal die Gatter für die Tiere gebildet hatten, die er als Junge bewacht hatte. Dort drüben der verfallene Unterstand, unter dichtem Buschwerk verschwunden. Walodja zog die halb vermoderten Bretter hervor, suchte nach einem Hinweis, einer Nachricht, einer Spur.

Ein zerbrochenes Brett in den Händen fiel er auf die Knie.

Ins Holz geritzte Buchstaben und Zahlen – Nadja hatte ihm eine Adresse hinterlassen. Eine Adresse in Tel Aviv.

Nadja war dorthin gegangen, wo sie Hoffnung für sich sah, vielleicht irgendwann im Zug der großen Alija um 1950, als eine von den Hunderttausenden Neubürgern Israels, die aus Ägypten, dem Jemen, Polen oder Rumänien in das Land strömten, über das ihr Gott nun herrschen möge.

Walodja beschloss, Nadja zu folgen.

Die Situation der Juden in der Sowjetunion war in den letzten Jahren ohnehin immer schwieriger geworden, man stellte sie unter den Generalverdacht eines bourgeoisen Lebens. Bereits 1948 war Solomon Michoels, der Vorsitzende des Jüdischen Antifaschistischen Komitees, auf Befehl Stalins in Minsk ermordet worden. Man hatte ihn in einer Datscha erschossen, die dem Volkskommissariat für Staatssicherheit gehörte; der stellvertretende Minister für Staatssicherheit, Sergei Ogolzow, hatte die direkte Anweisung gegeben, anschließend ließ man einen Lastwagen über den Körper rollen, um die Spuren zu vertuschen. Noch im gleichen Jahr wurde die Zeitschrift des Jüdischen Antifaschistischen Komitees verboten, sämtliche jüdischen Kultureinrichtungen wurden geschlossen. Ein Jahr später verhaftete man die restlichen Mitglieder des Komitees. Man warf ihnen Kooperation mit amerikanischen Imperialisten vor und brachte die meisten um. Auch sowjetische Zeitungen begannen, Stimmung gegen „wurzellose Kosmopoliten" zu machen, womit zumeist Juden gemeint waren.

1952 wurden auf Befehl Stalins viele jiddischstämmige sowjetische Schriftsteller, darunter die weltbekannten Dichter Perez Markisch, ltzik Feffer und David Bergelson, hingerichtet. Später im gleichen Jahr kam es zur angeblichen Ärzteverschwörung, bei der man bedeutende jüdische Ärzte verdächtigte, die oberste sowjetische Führung von Politik und Militär vergiften zu wollen. So schrieb die *Prawda* im Januar 1953 unter der Überschrift „Bösartige Spione und Mörder unter der Maske akademischer Ärzte":

> *Die Mehrheit der Mitglieder dieser Terroristengruppe waren von amerikanischen Geheimdiensten gekauft. Sie wurden von einer Zweigstelle der amerikanischen Geheimdienste, einer internationalen jüdischen bourgeois-nationalistischen Organisation angeworben. Das schmutzige Gesicht dieser zionistischen Spionageorganisation, die ihre bösartigen Handlungen hinter der Maske der Wohltätigkeit verbarg, ist nun vollständig zum Vorschein gekommen. Die Demaskierung einer Bande von Gift verabreichenden Ärzten stellt einen schweren Schlag gegen die internationale jüdisch-zionistische Organisation dar.*

Nach zunächst vereinzelten Verhaftungen wurden immer mehr sowjetische Juden eingesperrt, schließlich Hunderte von ihnen verhaftet, deportiert oder nach Schauprozessen hingerichtet.

Da es Juden mittlerweile verboten war, die Sowjetunion zu verlassen, bat Walodja einige Kameraden aus seiner Militärzeit um Hilfe. Sie ermöglichten ihm die Ausreise mit dem Boot. Von Feodossija aus, dem Städtchen im Südosten der Krim, reiste er als Fischer getarnt eine Woche gen Süden. Auf hoher See wurde er von einem türkischen Frachter übernommen und kam so nach Trabzon. Er durchquerte unter abenteuerlichen Umständen Syrien und das Königreich Jordanien und erreichte am 14. Mai 1954, dem sechsten Jahrestag der Gründung Israels, sein gelobtes Land.

In Tel Aviv-Jaffa fragte sich Walodja nach der von Nadja so sorgfältig ins Holz geritzten Adresse durch und gelangte in eines der nördlichen Viertel der Stadt, die in den letzten Jahren mit der Einwanderung vieler ashkenazimischer Juden stark gewachsen war. Viele polnische und russische Juden lebten hier, Walodja erkannte es an den Namen auf den Schildern der Geschäfte. Schließlich stand er vor einem Kaufmannsladen in der Dizengoff Street, vor dem in Kisten Obst und Gemüse gestapelt war. Das war die von Nadja angegebene Adresse. Ob sie hier arbeitete? Würde sie ihn nach zehn Jahren überhaupt noch erkennen? Oder war es gar das Geschäft ihres Mannes? Fast schien es, als erwarte ihn der Besitzer: Er erklärte Walodja freundlich, dass sein Geschäft für viele der hier Ankommenden zur ersten Anlaufstelle geworden war, und wies ihm den Weg zu Nadjas Wohnung.

Es war nicht weit. Mit jedem Schritt wuchs Walodjas Nervosität und als er vor der Tür des Hauses in der Druyanov Street stand, fühlte er sich wieder wie der Junge von 17 Jahren. Er klopfte und sein Herz pochte mit.

Ein junges Mädchen öffnete ihm die Haustür. Es hatte prachtvolle rote Locken. Walodja ließ den Koffer fallen.

Eine Frau rief aus der Wohnung: „Wer ist da, Maria?“

„Ein Mann.“

„Was für ein Mann?“

Schritte kamen zur Tür – und hinter dem Mädchen mit dem fragenden Blick stand Nadja.

Als sie ihn erkannte, begann sie zu weinen. Sie umarmte ihn. Sie war noch schöner geworden. Sie nahm auch das Mädchen in den Arm und sagte: „Das ist dein Vater, Maria. Und das ist deine Tochter, Walodja. Ist sie nicht genauso hübsch wie deine Schwester?"

Walodja schloss das Mädchen in die Arme, so ungestüm und fest, dass sie keine Luft bekam und ihn bat, loszulassen. Er griff nach seinem Koffer und öffnete ihn. Er nahm einige Anziehsachen heraus. Ganz unten lag ein Fuchspelz, den er dem Mädchen um den Hals legte. Maria schaute ihre Mutter verwundert an und Nadja nickte und weinte wieder oder immer noch und ging in die Küche, um Tee zu kochen.

Walodja bewarb sich bei den israelischen Verteidigungsstreitkräften und wurde eingestellt. Aufgrund seiner Erfahrungen im Zweiten Weltkrieg erhielt er den Dienstgrad des Seren, was einem Hauptmann entsprach. Nadja bekam im nächsten Jahr ein weiteres Kind, einen Sohn.

Nur zwei Jahre nach Walodjas Ankunft in Israel begann die Suezkrise. Ägyptens Staatspräsident Gamal Abdel Nasser ließ den Golf von Akaba für israelische Schiffe blockieren und sperrte so den einzigen Zugang Israels zum Roten Meer. Außerdem wurden israelische Schiffe daran gehindert, den Suezkanal zu passieren. Fedajin – Selbstmordattentäter – begannen, vom ägyptisch besetzten Gazastreifen aus Terroranschläge auf Israel zu verüben.

Walodja erinnerte sich an den Himmel über dem Kuban, als er nach Hause marschiert war, um dort eine Schaufel zu holen. Die Schaufel, mit der er seinen Vater, seine Mutter, seine Schwester und sein Dorf beerdigt hatte. Und er war bereit, sich zu wehren.

Als am 29. Oktober 1956 die Operation „Kadesh" begann, mit der Israel sich zur Wehr setzte, gehörte Walodja zur ersten Infanteriebrigade der israelischen Streitkräfte, die den Gazastreifen eroberte und so lange sicherte, bis die Grenze von UNO-Friedenstruppen bewacht wurde.

Im Mai 1960, Walodja und Nadja hatten mittlerweile vier Kinder, wurde Adolf Eichmann in Buenos Aires von Agenten des Mossad gefasst und nach Israel entführt. Ein Jahr später begann der Prozess gegen den SS-Obersturmbannführer, den Walodja und Nadja im Fernsehen verfolgten. Zunächst gebannt, da die juristische Untersuchung ihnen neue Hoffnung verliehen hatte, es könnte Antworten geben auf die Frage und das Ringen mit der persönlichen Schuld; Eichmann war seinem Rang nach keiner von den ganz großen Tieren und keiner von den kleinen Fischen, er war in allem, was er getan und entschieden hatte, eine pulsierende Zelle im Rückgrat des organisierten Tötens gewesen, ganz so wie sein dienstgradgleicher Bruder im Geiste, SS-Obersturmbannführer Christmann. Doch nach der ersten Übertragung waren Walodja und Nadja ernüchtert, mit jeder weiteren Sitzung des Gerichts schwand ihr Interesse. Immer klarer wurde ihnen, dass sie keine Antworten bekommen würden.

Am 7. Juli 1961 antwortete Eichmann auf die Frage nach seiner Schuld: Wo keine Verantwortung ist, da ist auch keine Schuld. Walodja stand auf und schaltete den Fernseher aus. Nadja war längst gegangen, um den Abwasch zu erledigen, der wichtiger war.

Am 15. Dezember 1961, dem 121. Sitzungstag der Verhandlung, wurde Eichmann zum Tode durch Erhängen verurteilt. Dass er weiter um sein Leben kämpfen durfte, hatte er, der Täter, seinen Opfern voraus. Er legte Berufung ein, doch das Urteil wurde in zweiter Instanz bestätigt. Eichmann lernte nun selbst, wie stark der Überlebenswille des Individuums sein kann, und so bat er den Präsidenten des Volkes, das er hatte ausrotten wollen, um Gnade. Jizhak Ben Zwi lehnte ab. In der Nacht zum 1. Juni 1962 wurde das Urteil im Gefängnis von Ramla vollstreckt. Eichmanns Leiche wurde verbrannt und die Asche ins Meer gekippt. Nun gab es doch eine Antwort und sie genügte Walodja und Nadja.

Fünf Jahre später, im Mai 1967, forderte der ägyptische Staatspräsident Gamal Abdel Nasser die UN-Friedenstruppen auf, das Grenzgebiet zu Israel zu räumen. Und Radio Kairo meldete am 18. Mai: „Ab heute gibt es keine internationalen Friedenstruppen mehr, die Israel beschützen. Ab jetzt herrscht der totale Krieg gegen Israel und er wird zur Auslöschung des Zionismus führen."

Zwei Tage später ließ der syrische Verteidigungsminister Hafiz al-Assad verkünden: „Unsere Streitkräfte sind gerüstet, um einen Befreiungsschlag zu starten und die zionistische Präsenz aus unserer arabischen Heimat hinauszusprengen."

Am 4. Juni erklärte der irakische Präsident Abdul Rahman Arif: „Die Existenz Israels ist ein Fehler, der korrigiert werden muss. Unser Ziel ist klar: Israel ist von der Landkarte zu fegen."

Wieder erinnerte sich Walodja. An die Senke. Den Körper des Lehrers Sapoznikov. Lew mit dem Gesicht in der Schüssel mit Grütze und dem schwarzen Loch in den hellen Locken. Und wieder war er bereit, sich zu wehren.

Am 5. Juni 1967 ließ Gamal Abdel Nasser verlautbaren, man werde nun die Juden ins Meer treiben. Noch am gleichen Tag wurde die ägyptische Luftwaffe durch einen israelischen Überraschungsangriff auf alle ägyptischen Flugfelder schon am Boden zerstört. Es folgte *milchémet schéscheth haJamim*, der sechstägige Krieg. Israelische Truppen besetzten die Sinai-Halbinsel, den Gazastreifen, das Westjordanland, Ost-Jerusalem und die syrischen Golanhöhen.

Als am Samstag darauf der Krieg endete, hatte es auf israelischer Seite knapp 800 Tote und noch mehr Verwundete gegeben. Einer der Verwundeten war Walodja, dessen Konvoi in der Nähe von Hebron im Westjordanland beschossen worden war, ganz in der Nähe der Höhle von Machpela, von der es hieß, dass hier die drei Väter Israels – Abraham, Isaak und Jakob – vor Jahrtausenden ihre letzte Ruhe gefunden hatten.

Walodja, mittlerweile zum Sgen Aluf, einem Oberstleutnant, befördert, wurde in das Tel HaShomer Hospital in der Nähe von Tel Aviv gebracht. Eine Notoperation konnte ihn nicht mehr retten, er starb am 12. Juni 1967 im Alter von 40 Jahren an den schweren Kopfverletzungen, die er erlitten hatte. Einen Tag später wurde er auf dem Kiryat Shaul Friedhof von Tel Aviv beigesetzt.

Nadja blieb allein und zog die Kinder groß, die ihrerseits Kinder bekamen. Anfang der 1980er Jahre diagnostizierten die Ärzte Brustkrebs. Eine Aussicht auf Heilung gab es nicht. Sie starb 1983 im

Sourasky Medical Center von Tel Aviv und wurde ebenfalls auf dem Kiryat Shaul Friedhof bestattet.

Walodjas und Nadjas Tochter Maria hatte 1963, nachdem sie die Schule beendet hatte, die USA bereist. In Seattle besuchte sie Freunde ihrer Eltern, die von Israel aus dorthin emigriert waren. Bei einem Wochenendausflug über die Grenze nach Vancouver verliebte sie sich in einen Kanadier. Maria blieb bei ihm. Sein erstes Enkelkind hatte Walodja noch auf dem Arm gehalten, als Maria und ihr Mann 1966 nach Tel Aviv gereist waren.

In Lions Bay, eine Autostunde nördlich von Vancouver, wurde das Haus Marias über die Jahre zum Zentrum ihrer wachsenden Familie. Hier in der Oceanview Road hängt über dem Kamin ein Fuchsfell. Manchmal fragen Marias Enkelkinder, woher der Fuchspelz kommt und warum sie dieses zerfledderte Stück nicht wegwirft. Sie fragen es, obwohl sie die Geschichte bereits kennen, doch sie hören sie gern. Trotz des vielen Schmerzes darin.

Dann erzählt Maria, was ihr die Eltern erzählt haben. Dass ihr Großvater aus dem Fuchsfell eine Mütze für Tante Allotschka machen wollte, weil sie immer so schnell fror. Und sie zeigt auf den Bilderrahmen neben dem Pelz, in dem eine altmodische Fotografie zu sehen ist. Eine Familie sitzt vor einer bemalten Wand, die ein Gebirge zeigt. Der Vater verschmitzt, die Mutter ernst, der halbwüchsige Junge ungelenk, das Mädchen fröhlich auf dem Schoß des Vaters. Maria sagt, dass die Aufnahme in einem Fotoatelier in Krasnodar gemacht worden ist, und dass Krasnodar in Russland liegt, das Gebirge im Hintergrund soll der Kaukasus sein.

Manchmal muss sie anfangen zu weinen und ihre Enkelkinder sind etwas verlegen. Um ihre Großmutter zu trösten, sagen sie: „*Grandma*, es ist schon so lange her.“

Und Maria sagt dann: „Ach, ihr Lieben, es war doch erst gestern.“

Franz brach mit seinem Vater. Je deutlicher die gewaltige Dimension der Morde der Einsatzgruppen und die unfassbaren Verbrechen in den Vernichtungslagern Osteuropas nach Kriegsende zutage getreten waren, umso heftiger und schärfer hatten Vater und Sohn gestritten. Das Zusammenleben unter einem Dach mit dem nationalsozialistischen Vater war Franz bald unmöglich.

Die Vorwürfe des Sohns an den Vater kreisten vor allem um die Verbrechen hinter der Front, denn zum Freundeskreis des Vaters gehörte auch Otto Ohlendorf, der ehemalige Befehlshaber der Einsatzgruppe D; über dessen Person kam es zu fast handgreiflichen Auseinandersetzungen.

Der Vater und Ohlendorf waren einander in enger Freundschaft zugewandt. Dies ging so weit, dass die Tochter Hildur als junge Frau gelegentlich bei den Ohlendorfs, die damals, kurz nach Kriegsbeginn, mit drei Kindern in Friedenau lebten, einhütete. Einmal war der SS-Gruppenführer, üblicherweise viel unterwegs, an einem solchen Tag zuhause. Er las die Zeitung, sah dann unvermittelt auf und starrte Hildur an, die mit den Kindern spielte. Als sie seinen Blick bemerkte, fragte Ohlendorf mit vorwurfsvoller Stimme: „Hildur, wann schenken Sie endlich dem Führer ein Kind?“ Es war ihr unangenehm, danach beendete sie die Betreuung, obwohl ihr die Kinder ans Herz gewachsen waren.

In Ohlendorf hatte der Vater stets ausschließlich einen intellektuell und rhetorisch brillanten Gesprächspartner zur energie- und volkswirtschaftlichen Zukunft Deutschlands gesehen. Nie aber das, was der Mann tatsächlich war: einer der vielen furchtbaren Juristen des Dritten Reichs, ein überzeugter Statthalter rassisch motivierten Mordens, einer der letzten treuen Weggefährten Heinrich Himmlers, der im Mai 1945 während der deutschen Kapitulation zu den wenigen noch verbliebenen Begleitern des Reichsführers SS gehört hatte.

Als Ohlendorf, längst inhaftiert, am Vormittag des 15. November 1946 von US-Major Wartenberg verhört wurde, hoffte er selbst noch auf die Gnade, die er dem jüdischen Volk stets verweigert hatte. So bestätigte er freimütig die Höhe der Opferzahlen und dass die Armeen über die Aktionen der Einsatzkommandos im unmittelbaren Operationsgebiet der Wehrmacht immer in vollem Umfang informiert gewesen waren; auch bei den Exekutionsvorbereitungen gab es keine Unklarheiten: Der Ältestenrat der jeweiligen jüdischen Gemeinde hatte für die Erfassung und Registrierung der jüdischen Bevölkerung vor Ort zu sorgen. Jüdische Besitztümer und Wertsachen wurden eingesammelt und verteilt. Gelder gingen an die Reichsbankstelle. Kleidung erhielt die Nationalsozialistische Volkswohlfahrt. Die Wehrmacht forderte Armbanduhren an, die nach den Exekutionen nach neuen Besitzern suchten. Die Uhren wurden geliefert.

Vermutlich wusste Otto Ohlendorf, wie einflussreich der Beitrag seines Handelns und wie groß seine persönliche Verantwortung waren, auch wenn er sie im Einsatzgruppenprozess des jungen Nachkriegsdeutschlands zu relativieren versuchte, um seinen Hals zu retten. So schrieb er am 24. Juli 1948, bereits in mehrjähriger Haft, an einen Schulfreund: „Liebe, Wahrheit und Gerechtigkeit sind keine Abstrakte, sondern sehr reale Ur-Schöpfungskräfte, die sich nicht ungestraft übertreten lassen."

So sah es auch das Gericht. Der ehemalige Ministerialdirektor im Reichswirtschaftsministerium, SS-Gruppenführer, Einsatzgruppenleiter und Amtschef III im Reichssicherheitshauptamt Otto Ohlendorf wurde am 10. April 1948 zum Tode verurteilt. Der Vorsitzende Richter verglich ihn mit der literarischen Figur des Dr. Jekyll: Mensch und Monster in einer Person.

Als Ohlendorf am 7. Juni 1951 in Landsberg am Lech hingerichtet wurde, weil er als Chef der Einsatzgruppe D – er war der Vorgänger Walter Bierkamps, dem in seiner gleichnamigen Kampfgruppe das von Kurt Christmann geführte Sonderkommando unterstellt gewesen war – der Ermordung von 90.000 Menschen für schuldig befunden worden war, schickte Franz' Vater eine Beileidskarte und einen Blumenstrauß an die Witwe.

Auf dem Enzianhof wohnte auch Franz' Tante, die Schwester seines Vaters, mit ihrem Mann Eduard. *Händchen halten, Köpfchen senken und immer an den Führer denken*: Schwager Eduard war mit seiner Familie gegen Ende des Kriegs von Niederselters im Hessischen nach Pöcking gezogen, wo ihm das Leben sicherer erschien, da man dort nichts von seiner Parteikarriere wusste. Als Ortsgruppenleiter war Eduard an der Heimatfront für schneidige Worte immer zu haben gewesen.

Als sein Schwiegervater am 20. November 1944 den 95. Geburtstag gefeiert hatte – in der Familienapotheke zu Bad Camberg –, war auch Onkel Heinz erschienen, eben jener Oberstarzt des Generalstabs aus dem Oberkommando des Heeres. Er hatte die weite Reise vom Führerhauptquartier der Wolfsschanze auf sich genommen, um seinem Vater persönlich zu gratulieren. Auf der Feier war der hohe Sanitätsoffizier von Eduard und Franz' Vater mit Fragen bedrängt worden: Welche Wunderwaffen würden jetzt die Entscheidung bringen? Wie würde der Führer den Russen werfen? War der Endsieg in Sicht, lange könne es doch unmöglich noch dauern? Heinz hatte sie erstaunt angesehen und geantwortet: „Gott erhalte euch euren kindlichen Glauben!" Woraufhin Eduard empört verkündet hatte, dass er Heinz wegen Defaitismus anzeigen werde. Es war bei der Ankündigung geblieben.

Als die Amerikaner im April 1945 kurz vor Pöcking standen, wollte Eduard ein letztes Aufgebot aus Kindern und Alten dazu antreiben, am Hang des Stockerbichl eine Panzersperre zu errichten. Der Wirt vom Gasthof, der Vater des gefallenen Clemens Poelt, konnte ihn nur mit Mühe abhalten, den Amerikanern mit einer Handvoll kaum Bewaffneter entgegenzutreten. Schließlich fuhren drei amerikanische Sherman Panzer, von Feldafing kommend, durch den Ort. Darauf saßen schwarze Soldaten, die den verschreckten Kindern des Dorfes freundlich zuwinkten. Niemand leistete Widerstand. In den Fenstern der Häuser hingen weiße Fahnen.

Eduard blieb wie Franz' Vater unbelehrbar. Der ehemalige Redner des Gaus Hessen-Nassau verschlang die Memoiren der Kriegsverbrecher und ihrer Witwen. Er begeisterte sich für chinesische Massenveranstaltungen, in denen er den Bombast der Nürnberger Parteitage wiedererkannte. Bis zuletzt hing über seinem Bett ein Bild des Führers, noch kurz vor seinem Tod Ende der 1960er Jahre schwor er: „Wir kommen wieder."

Auf dem Enzianhof gab es für Franz und seine Familie keine Zukunft.

Im Frühsommer 1946 packte er zusammen mit seiner Frau Ingrid und den mittlerweile zwei Kindern einige Dinge zusammen, um in Schweden einen neuen Anfang zu wagen. Ingrid wollte keinen Tag länger als nötig in Deutschland bleiben und drängte darauf, das Land zu verlassen; das Schloss in Oberpfaffenhofen, das ihrer Familie gehörte, war von den Amerikanern als Stabsgebäude belegt worden – sie ließen es zurück. Für die Beendigung von Franz' Maschinenbau-Studium, das vom Krieg unterbrochen worden war, blieb keine Zeit mehr. Auch die Schwester Hildur wollte mit nach Schweden ausreisen.

Mit zwei Holzvergaser-Fahrzeugen, die Franz aus Werkstattbeständen der Wehrmacht aufgetrieben hatte, brachen sie auf. Auf der Ladefläche des blauen Opel Blitz Lastwagens stapelten sich Buchenklötze, die zur Befeuerung der beiden Motoren benötigt wurden. Der graue Citroën Transporter vom Typ 32 war zu einem Wohnmobil mit Betten umgebaut worden. Außerdem befanden sich darin die Reste eines überschaubaren Hausstands und drei Säcke Kartoffeln, die sie entlang ihres Wegs gegen andere Lebensmittel tauschten.

Einen Monat dauerte ihre Reise durch ein in Agonie liegendes Land von Pöcking bei Starnberg bis an die dänische Grenze. Ingrid durfte aufgrund ihres schwedischen Passes ungehindert einreisen. Franz wurde als ehemaligem Offizier der Wehrmacht zwar die Ausreise aus Deutschland und die Einreise nach Schweden, nicht aber die Durchreise durch Dänemark gewährt. Hildur wurde von den Briten – ihnen unterstand als Besatzungsmacht die Grenzkontrolle – sogar inhaftiert, weil es Unklarheiten zu ihren persönlichen Angaben gegeben hatte.

Franz war verzweifelt, aber sie hatten keine Wahl: Ingrid fuhr allein mit den beiden Söhnen und einem der Lastkraftwagen weiter, während Franz einige Wochen brauchte, um Vorbereitungen für seine illegale Einreise nach Schweden zu treffen. Seine Schwester befand sich immer noch in Haft und es gab keinerlei Aussicht auf baldiges Freikommen.

Schließlich ließ Franz sich bei Nacht von einem Fischkutter bis vor die schwedischen Hoheitsgewässer bei Trelleborg bringen. Dort sprang er in ein Schlauchboot. Ein zweites nahm er zur Sicherheit mit, um die drei Meilen bis zur Küste sicher zu überstehen. Nach kräftezehrender Ruderei bei hohem Seegang erreichte er das rettende Ufer. Schwedische Grenzer zogen ihn an Land. Ungläubig beglückwünschten sie ihn. Er war mitten durch einen Minengürtel gerudert.

Wenig später konnte Franz wieder zu seiner Familie stoßen. Sie bezogen ein Quartier auf dem Wasa-Hof westlich von Södertälje.

Die Familie versuchte, Fuß zu fassen, und Franz begann, nach Arbeit zu suchen. Er erhielt die Möglichkeit, als Fahrer bei einem Molkereibetrieb etwas Geld zu verdienen. Als er zum ersten Mal auf den Milchhof fuhr, um dort die bei den Bauern der Region eingesammelten und auf der Ladefläche verstauten Milchkannen abzuliefern, nahmen die Molkereiarbeiter die ersten Kannen vom Hänger herunter und schütteten Franz die Milch wortlos über die Füße.

Die junge Familie musste oft umziehen. Ein Jahr lang wohnten sie in Mölnbo, zwei weitere Jahre verbrachten sie in Ullaberg.

Dem fehlenden Studienabschluss zum Trotz zeigte sich Franz als äußerst talentierter Ingenieur, entwickelte in diesen Jahren einen Campinganhänger und eine hydraulische Hubbühne für Lastkraftwagen zum Transport von Vieh, wofür er beim internationalen Erfinderwettbewerb der Messe Paris im Jahr 1951 zwei Ehrendiplome erhielt. Seine Erfindung des *Elevateur escamorable pour camion destiné à l'embarquement des bestiaux* – heute als hydraulische Heckklappe in vielen Lastkraftwagen weltweit verbaut – konnte er jedoch aus finanziellen und juristischen Gründen nicht patentrechtlich schützen, der wirtschaftliche Erfolg blieb ihm versagt.

1953 zogen sie nach Arboga, wo Franz als Konstrukteur für Pumpen eine Stelle bei Elektroskandia antrat. Mittlerweile hatten sich zu den zwei Söhnen drei weitere Geschwister gesellt, sodass die Familie dringend auf ein regelmäßiges Einkommen angewiesen war.

1962 verlor Franz seine Anstellung und wurde Vertreter für die Pumpenfabrik Klein, Schanzlin und Becker, für die er die Region Nordschweden bis hoch zu den Erzgruben von Kiruna betreute. 1966 wurde er erneut entlassen, woraufhin er mit mäßigem Erfolg versuchte, seine selbst entwickelten Pumpen bei Elektroskandia und anderen Industriebetrieben zu vertreiben.

1969 starb auf dem Enzianhof in Pöcking Franz' Vater, der seine naturwissenschaftliche Brillanz auf Gedeih und Verderben mit dem Wahn der braunen Machthaber verknüpft hatte. Im Gegensatz zu Schwager Eduard, der im Verfahren vor der Spruchkammer Limburg 1947 als Hauptschuldiger zu fünf Jahren Haft in Moosburg verurteilt worden war, war Franz' Vater trotz seiner Verbindungen bis in ehemals höchste Kreise nicht in Arrest gekommen. Dennoch blieb er besorgt, verhaftet zu werden, und sein Sohn erklärte sich unter großen Bedenken bereit, ihm von Schweden aus zur Ausreise in das Land zu verhelfen, das ihm und seiner Familie ein Jahr zuvor zur neuen Heimat geworden war.

1947 reiste der Vater in den Norden Deutschlands, wo man sich zu einem riskanten Manöver verabredet hatte: Der Bruder von Franz' Frau, ein Pilot der Schwedischen Luftwaffe, landete in einer Nacht- und Nebelaktion während eines Überführungsflugs mit einer Maschine des Roten Kreuzes bei Lübeck auf einer Wiese neben der Autobahn, um den dort Wartenden einzusammeln und nach Schweden zu bringen.

Dort angekommen führte die neue Nähe zwischen Vater und Sohn schnell wieder zu gewaltigen Spannungen, unüberbrückbar blieben die Positionen. Das ewige Dozieren des Älteren, sein stundenlanges Ausführen von Standpunkten ohne Zulassen von Widerspruch – zur Erleichterung von Franz erreichte den Vater bald ein Angebot der irischen Regierung: Ab 1948 erforschte er die Kräfte des

Flusses Severn vor Ort in Irland, an dem man zu dieser Zeit das größte Gezeitenkraftwerk der Welt plante.

Später gelangte der Vater über die Schweiz zurück auf den Pöckinger Enzianhof. Trotz zunehmend eingeschränkter Gesundheit führte er diverse Korrespondenzen, unter anderem mit dem Büro des bayerischen Ministerpräsidenten und mit dem der Frau des Bundespräsidenten Elly Heuss-Knapp – er kannte ihren Vater, den Professor für Nationalökonomie Georg Friedrich Knapp –, um seine Visionen von sozialer und umweltfreundlicher Wasserstoffenergie, die ihn schon seit seiner Jugend begeisterten, auf neuen Wegen zu realisieren. Doch seine Expertise auf diesem Feld war nicht mehr gefragt. Die Zukunft gehörte einer Kraft, die er bis zuletzt als unbeherrschbar ablehnte – der Kraft der Atome.

Franz führte mit seinem Vater in der Neujahrsnacht des gerade angebrochenen Jahres 1969 ein letztes Telefongespräch. Wieder monologisierte der Vater, Thema war die bevorstehende Mondlandung. Er erzählte von seinen Gesprächen mit Hugo Junckers über den senkrechten Flugzeugstart mit Rückstoßdüsen in den Flügeln, von seinen Unterhaltungen mit Hermann Oberth, dem Vater der dreistufigen Mondrakete, von seinen Diskussionen mit Wernher von Braun. Er referierte über die Kontrollmöglichkeiten der Vorausberechnungen von Raketenflugbahnen im Weltall. Dann sagte er plötzlich, dass er schließen wolle, und wünschte ein fröhliches neues Jahr. Am frühen Morgen des 20. Januar 1969 starb er.

Nach dem Tod seines Vaters wäre Franz wohl gern nach Deutschland zurückgekehrt und hätte es mit einem Neuanfang auf dem elterlichen Hof in Pöcking versucht. Doch seine Frau Ingrid wollte nichts davon wissen.

Wenig später im gleichen Jahr entdeckten sie eine Zeitungsannonce: Paradies zu verkaufen. Der versprochene Garten Eden war eine Insel von mehr als 40 Hektar Größe, einige Bootsstunden westlich von Stockholm im Mälarsee gelegen. Sie schauten sich die Insel an und verliebten sich in das Eiland.

Erster Weltkrieg. Zweiter Weltkrieg. Indochina-Krieg. Indisch-

Pakistanischer Krieg. Koreakrieg. Algerienkrieg. Vietnamkrieg. Sechstagekrieg. Kalter Krieg.

Franz war so kriegsmüde. War eine eigene Insel nicht eine wunderbare Möglichkeit, dem galoppierenden Irrsinn der Menschheit einen friedlichen Kosmos entgegenzusetzen? Sie überlegten ein Jahr. Dann kauften sie mit all ihren Reserven, mit Hypotheken und Krediten die Insel mit Namen Flatgarn.

1972 freuten sie sich über ihre erste Ernte. Anthroposophisch geprägt, bauten sie ihren Weizen ohne den Einsatz von Kunstdünger an. Sie buken ihr eigenes Brot, hielten Schweine, Ziegen und Hühner. Obst, Gemüse und Futterklee lieferten die Felder der Insel, Fische die eigens angelegten Teiche am Mälarsee. Es war gefühlte Autarkie und gelebte Utopie, und der Tatendrang des mittlerweile über 60-Jährigen war groß. Franz bastelte an Motoren und konstruierte neue Maschinen – denen der Durchbruch leider versagt blieb.

Die landwirtschaftliche Arbeit auf der Insel war beschwerlich. Das Idyll wurde getrübt von den Anstrengungen, die der aufwändige Transport von Ernte und Gütern aller Art über das Wasser bedeutete. Irgendwann überstieg der rationale Aufwand selbst den emotionalen Ertrag. Gerätschaften, Werkzeuge und Gebäude veralteten. Ersatz und Sanierung waren zu teuer. Handwerkliche Arbeiten übernahmen immer öfter die längst erwachsenen Söhne, sofern der eigene Beruf ihnen die Zeit dafür ließ.

So oft Franz sein Weg nach Süddeutschland führte, einmal im Jahr oder auch häufiger, nutzte er die Gelegenheit, um sich mit den Freunden seiner 97. Spielhahnjäger-Division zu treffen.

1981 gab es ein Treffen der Familie in Bad Camberg, von Hunderten Angehörigen aus aller Welt besucht. Anlass war ein besonderes Jubiläum: Die Amtsapotheke im Herzen des Städtchens – ein Fachwerkbau mit Grundmauern aus dem Jahr 1330, seit 1663 als Apotheke genutzt – befand sich nun seit 100 Jahren im Besitz der Familie. Auch Franz reiste in das hübsche Städtchen im Hintertaunus und irgendwann kam das Thema auf seine Flucht aus Galatz, von der Franz schon gelegentlich erzählt hatte. Einer seiner Cousins, der älteste

Sohn von Heinz, Ingenieur des Maschinenbaus wie Franz und dessen Vater, war wie immer fasziniert und bat Franz nicht zum ersten Male, diese Geschichte doch aufzuschreiben.

Irgendwann, zurück in Schweden, nahm Franz tatsächlich das erste der Skizzenbücher zur Hand, in denen er seine Erinnerungen an die Flucht festhalten sollte. Dazu kramte er seinen Taschenkalender aus dem Jahr 1944 hervor, in den er alle Details der damaligen Fahrt präzise notiert hatte, von Ortschaften über Namen, Begegnungen, Dialoge und Uhrzeiten bis hin zu den Loknummern. Er fertigte Skizzen an und füllte Seite um Seite.

Immer mal wieder arbeitete er daran, bis er irgendwann zufrieden war. Er heftete 40 Seiten zu einem Büchlein zusammen und gab ihm die Überschrift „Der letzte Zug". Das Manuskript widmete er der Erinnerung an Günther Hörcher. Dann fertigte er einige Kopien an und verteilte sie in der Familie.

In den folgenden Jahren überließ Franz, den die erforderlichen Kräfte für die Landwirtschaft verließen, die Arbeit auf seiner Insel immer mehr seinem jüngsten Sohn. Wehmut und Traurigkeit schlichen sich gelegentlich in sein Leben, was seiner angeschlagenen Gesundheit geschuldet sein mochte oder den unauslöschlichen Erlebnissen, die ihn geprägt hatten. Vielleicht war es aber auch die Erkenntnis, dass selbst die Spanne eines langen Lebens zu kurz sein kann, um sich und anderen im gewünschten Maße zu erfüllen, was man in jüngeren Jahren an Glück erträumt hatte.

Franz, der als humorvoller Erzähler und empathischer Zuhörer gesellige Runden liebte, vereinsamte. Die Abgeschiedenheit der Insel, die ihm stets weniger gut bekommen war als seiner Frau Ingrid, wurde immer mehr zur Last. Zwar war Flatgarn im Sommer ein beliebtes Urlaubsziel für Familie und Freunde, doch der Herbst und der Winter waren lang und schneereich, kalt und dunkel. Das fehlende Sonnenlicht schlug ihm von Jahr zu Jahr mehr aufs Gemüt. Und doch hing er sehr an seiner Insel. Die Nähe zur Natur erfüllte ihn mit Zufriedenheit, er genoss die kleinen und großen Freuden, die ihm das Eiland im Frühjahr und in den Sommermonaten bescherte. So schrieb er im August 1988 in einem Brief an seinen Cousin, den Sohn von Heinz:

Ein schöner Sommer geht zur Neige, unsere Felder stehen schön, die Obstbäume, welche voriges Jahr noch ohne jeden Apfel waren, hängen mit schweren Ästen, und unsere Tiere sind gesund, legen wunderschöne Eier und geben phantastische Milch. Unser Fischadlerpaar – eines der wenigen hier in Schweden – zeigt täglich stolz seine zwei Jungen, ebenso wie die Grasenten, Haubentaucher und Schwäne, während die Kiebitze schon heimgereist sind. Eine neue Fuchsfamilie ist im letzten Winter über das Eis gekommen und hat ihre Jungen aufgezogen. Ich verbringe viel Zeit damit, sie zu beobachten.

1992 erfüllte sich Franz einen sehnlichen Wunsch. Bereits 80 Jahre alt und von schweren gesundheitlichen Problemen geplagt, ließ er sich anlässlich eines Deutschlandbesuchs von seiner Schwester Hildur zum Verkehrsmuseum nach Nürnberg fahren. Dort wollte er noch einmal seine Lokomotive sehen, ein Exemplar der Baureihe 52.

In Nürnberg angekommen teilte man ihnen mit, dass eine 52er Lok nicht Teil der Sammlung sei, dass es aber im Ringlokschuppen des Bahnbetriebswerks Nürnberg West im Stadtteil Gostenhof eine Lokomotive der Baureihe 50 gäbe: mit der Loknummer 50 622, als Vorgängerin der Kriegslokomotive in vielen Details baugleich, vom Laien kaum zu unterscheiden – und sogar noch betriebsfähig, sie werde für gelegentliche Nostalgiefahrten eingesetzt. Das Lokdepot sei eigentlich nicht für Besucher zugänglich, aber dort sei Bahnpersonal, einfach mal fragen, vielleicht habe jemand Zeit für eine kurze Führung.

Franz und Hildur fuhren hin. Am Tor erkundigten sie sich bei einem Eisenbahner, ob es möglich sei, die 50 622 zu sehen. Der Mann stimmte zu und führte sie selbst dorthin.

Franz ging um die Lok herum, inhalierte den Duft des Kolosses, ließ seine Hand über die mächtige Treibstange wandern, berührte sie andächtig – so, wie er und die Männer des Lazaretts von Galatz eine der vier Lokomotiven berührt haben mochten, die vor fast 50 Jahren unter leisem Schnaufen in die rumänische Hafenstadt eingefahren waren und die Rettung gebracht hatten.

Als Franz sich anschickte, die ersten Stufen zum Führerstand emporzusteigen, um einen Blick hineinzuwerfen, bat ihn der Eisenbahner, die Lok nicht zu betreten. Franz stieg wieder herunter und erzählte dem Mann von der 52 6733, der 52 2302, von der 52 6761 und der 52 2401. Der Eisenbahner half dem 80-Jährigen anschließend persönlich auf den Führerstand, wo Franz die Manometer betrachtete, die Feuerklappe, das Eck hinter dem Lokführer, in das sich Günther Hörcher und er gekauert hatten, während sie Walter Reimer und Bernhard Andler bei der Ausübung ihrer Fahrkünste bewunderten.

Im August 1994 fuhr Franz gemeinsam mit seiner Schwester nach Loos an der Queis, nicht weit von Berlin entfernt und ungefähr 40 Kilometer hinter Görlitz, südlich vom polnischen Sagan, das nun seit vielen Jahrzehnten Żagań hieß. Dort befand sich im Krieg ein Gefangenenlager, das filmische Berühmtheit erlangen sollte. Aus dem dritten Stammlager der Luftwaffe brachen am 24. März 1944 76 alliierte Kriegsgefangene durch einen 110 Meter langen Tunnel aus. *Gesprengte Ketten*. Nur drei Männern gelang die Flucht. Die anderen wurden eingefangen und auf direkten Befehl Hitlers von der Gestapo erschossen. 13 der an diesem Mord beteiligten Polizei- und Gestapobeamten waren dafür nach dem Krieg von einem britischen Militärgericht in Hameln zum Tode verurteilt und hingerichtet worden.

Der Weg nach Loos führte Franz durch Neuhammer, das seit vielen Jahrzehnten Świętoszów hieß. Nahe der verschlafenen Ortschaft, wenige Kilometer südöstlich von Loos, war im späten 19. Jahrhundert für die Armee Preußens ein Truppenübungsplatz angelegt worden. Hier ganz in der Nähe war bereits im Ersten Weltkrieg ein Kriegsgefangenenlager gewesen; in den Jahren des Zweiten Weltkriegs hatte man dort polnische, französische und russische Soldaten im Stammlager VIII-E inhaftiert. Ungefähr 50.000 Menschen starben damals an Hunger und Seuchen, wenn sie nicht erschossen wurden. Das Areal gehörte jetzt der polnischen Armee.

Loos an der Queis trug seit vielen Jahrzehnten den Namen Łozy. Ein Ort, der auch im Jahr 1944 aus kaum mehr als 20 Häusern bestanden hatte. Die letzten Meter führten Franz und seine Schwester über staubige Schotterstraßen. Sie fragten sich zum deutschen Friedhof von Łozy durch, der einige 100 Meter nördlich des kleinen Dorfs lag. Links vom Weg fanden sie überwucherte Gleise auf verrotteten Schwellen, rechts breitete sich ein Friedhof aus, der kaum noch als solcher zu erkennen war. Steinerne Pfosten, die einmal einen Zaun gehalten hatten, säumten ein Areal von der Größe eines Handballfelds. Nur noch ein Grabstein stand. Alle anderen lagen im Laub zwischen Pilzen und Kiefernzapfen. Ein überwachsener Berg von Schlackeresten. Ein Brunnenschacht mit rostig ins Leere aufragendem Rohr. Viele Mücken. Vermooste, offene Steinsärge, versunken im Boden unter Birken, in deren Zweigen Spinnen dichte Netze woben. Franz entdeckte die Mauer, so, wie sie ihm beschrieben worden war. Kniehoch und rötlich. Grabsteine hatten einmal neben und auf ihr gestanden.

Die wenigen Inschriften auf den Steinen des Friedhofs waren nur schwer zu entziffern. *Frieda Lehrfeld, gestorben 1909. Emma Heider, gestorben 1936. Andreas Mayer, gestorben 1941.* Lag hier sein Bruder? Franz wurde nervös, drängte darauf, den Friedhof zu verlassen, er vermutete, das ganze Areal sei vermint. Er fuhr zurück nach Schweden.

Im April 1997 waren nach einem der üblich langen Winter gerade die ersten Vorboten des Frühlings auf der kleinen schwedischen Insel eingekehrt. Die Tage wurden länger und eine kräftigere Sonne ließ das Eis schmelzen, das Flatgarn am Ufer noch umschlossen hielt. Die ersten Triebe bohrten sich durch die auftauende Erde rund um das Gehöft, als Franz im Alter von 86 Jahren am Morgen des 3. April einen Schlaganfall erlitt. Wortlos, nur leise stöhnend lag er in seinem Bett. Seine Schwester, die zu Besuch war, entdeckte ihn. Sie informierte den Rettungsdienst und Franz' Kinder.

Es war nicht sein erster Schlaganfall gewesen. Doch dieser war besonders schwer. Wenig später landete der Rettungshubschrauber auf der Insel, um ihn so schnell wie möglich in das Kreiskrankenhaus nach Enköping zu bringen. Franz verlor in der Luft das Bewusstsein und erlangte es wohl nicht mehr wieder. Es mag ihm, den Technik seit Kindertagen so sehr faszinierte, dass er die Tagebücher seiner Jugend mit Autogemälden, Schiffskizzen und Flugzeugzeichnungen geschmückt hatte, vielleicht in seinen letzten Gedanken ein Trost gewesen sein, wie er umgeben von der modernsten Technik eines Helikopters davongetragen wurde.

Zwei Tage später starb Franz im Kreiskrankenhaus von Enköping. In der Dorfkirche von Vallby auf dem Festland wurde eine Andacht gehalten.

Einige Tage später traf auf der Insel ein Paket ein. Darin befand sich Franz' Asche. Im Beisein der Mutter und der Geschwister füllte das jüngste Kind die Asche in eine chinesische Schüssel, an der Franz immer besonders gehangen hatte; ein Mitbringsel von seiner Reise als junger Mann in den fernen Osten, vor dem Krieg. Der Granatsplitter, der die gesamten letzten 54 Jahre hinter Franz' Kniescheibe gesteckt hatte, war nicht mehr in der Asche, Magnete im Krematorium hatten ihn aussortiert.

Die Kinder und die Mutter gingen an den Steg, wo Franz' Boot, die *Nordellen*, lag. Sie fuhren hinaus und Ingrid wies ihnen eine Stelle, wo auch ihre Asche eines Tages verstreut werden sollte. Sie umrundeten ihre Insel und gelangten schließlich zur westlichen Spitze des Eilands, das Franz vielleicht nicht die Heimat, aber doch das Zuhause gewesen war. Ungefähr 600 Meter vom Ufer entfernt schütteten sie seine Asche ins Meer, dort, wo man einen weiten Blick auf die vorbeifahrenden großen Schiffe hatte.

Heute pendeln Touristenschiffe entlang der malerischen Strecke zwischen Västerås im Westen und Stockholm im Osten. Im Sommer, bei gutem Wetter auch bis in den September hinein, starten von Enköping aus an jedem Montag Tagestouren von kleineren Restaurantbooten, die Garnelenmenüs anbieten. Die Insel wird von Franz' jüngstem Sohn bewohnt. Die Häuser auf Flatgarn haben bereits bessere Zeiten gesehen. Mit harten Wintern und feuchten Sommern hat die Zeit Spuren in die Gebäude gegraben, die Dächer sind undicht.

Auf dem Dachboden des Haupthauses fand der zweite Sohn vor einiger Zeit im hintersten Regal unter einigen Rilke-Gedichtbänden einen Ordner mit Hunderten von Ausgaben des *Spielhahnjäger-Mitteilungsblatts* aus vier Jahrzehnten. Der Krieg hatte Franz nie ganz losgelassen. Bis zu seinem Tod hatte er sich die schmale Zeitung auf seine Insel schicken lassen, darin nach Freunden aus seinem Regiment gesucht, Veranstaltungstermine angekreuzt und ehemalige Weggefährten unterstrichen, deren Namen sich immer seltener in den Berichten über gemeinsame Treffen und immer öfter in der Rubrik der Verstorbenen fanden.

Der Sohn hatte keine Verwendung für die alten Zeitungen und entsorgte sie. Das Kriegstagebuch seines Vaters von 1944, das er ebenso beim Entrümpeln des Dachbodens in einem Karton gefunden hatte, behielt er allerdings. Darin liegen noch immer die getrockneten Blumen, die Franz anlässlich der Geburt seines ersten Sohns gepflückt und beim 16. Mai 1944 zwischen die Seiten gelegt hatte.

—

Günther Hörcher kam nach seiner Flucht zurück nach Stuttgart. Im Jahr 1921 geboren hatte er sich, wie viele seines Jahrgangs, freiwillig zur Front gemeldet. Während des Kriegs war er unverheiratet geblieben. Keine Frau und keine Kinder warteten auf ihn, als er aus Galatz zurückkehrte.

Nach kurzer Genesungszeit wurde er im Oktober 1944 wieder an die Ostfront geschickt. Die letzten Kriegsmonate verbrachte er im Stab der Aufklärungsabteilung 5 der 5. Infanterie-Division in vorderster Front. Er überlebte nach dem Russlandfeldzug, nach den Balkanschlachten und nach dem Zusammenbruch in Rumänien nun auch die Schlacht um die Seelower Höhen. In der letzten Hauptverteidigungsstellung vor Berlin starben Zehntausende in wenigen Tagen, als die Rote Armee erstmals die Oder überschritt. Am 2. Mai

1945 wurden die Reste der Division in der Nähe von Wittenberge zersprengt. Hörcher setzte sich im letzten Augenblick mit seiner Abteilung über die Elbe ab und gelangte als einer von wenigen seiner Einheit in US-amerikanische Gefangenschaft.

Einige Monate nach Kriegsende kehrte er nach Stuttgart zurück. Er begann, in Tübingen Jura zu studieren, und wurde dort der erste AStA-Vorsitzende nach dem Krieg. Später wechselte er an die Ludwig-Maximilians-Universität München.

Eine Cousine von Franz wusste – viele Jahrzehnte nach diesem Ereignis – von einem jungen Mann zu berichten, der sich im Sommer 1946 auf dem Enzianhof in Pöcking nach Franz erkundigt hatte und sehr enttäuscht gewesen war, als er erfuhr, dass dieser nach Schweden emigriert war. Hatte sie Franz irgendwann einmal davon erzählt? Daran konnte sie sich nicht mehr erinnern – auch nicht an den genauen Namen des Besuchers. Aber daran, dass er sich als enger Freund von Franz vorgestellt hatte. Die Cousine meinte, dass er traurig und in sich gekehrt gewirkt habe. Auch wusste sie noch, dass Franz ihr vor seiner Abreise nach Schweden den Namen eines Mannes genannt hatte, der auf Lebenszeit auf dem Enzianhof willkommen sein solle. Sie sagte, der Name könne durchaus Hörcher gewesen sein. Das Angebot, auf dem Enzianhof zu übernachten, habe der Mann damals auch gerne angenommen, da er erschöpft gewesen sei. Er übernachtete im Nebengebäude des Haupthauses, dem Wagenhäusl, und war am nächsten Tag in aller Frühe verschwunden. Vielleicht war es Günther Hörcher gewesen?

Hörcher trug schwer an den Dämonen seiner Kriegserlebnisse. Seine Familie begann sich zu sorgen.

Im Lauf des Jahres 1948 vernachlässigte er immer stärker sein Studium. Er zog zurück nach Stuttgart in sein Elternhaus, am Stadtrand baute er sich hinter einer leer stehenden Fabrikhalle eine Laube im Wald. Ganze Tage verbrachte er mit Spaziergängen, grüblerisch, verzweifelt. Seine Schwester versuchte, mit ihm über seinen Kummer zu sprechen, doch er wollte oder konnte seine Gedanken nicht teilen.

Günther Hörcher wurde zum letzten Mal lebend am Samstagvormittag des 23. Oktober 1948 gesehen. Was genau in den drei folgenden Tagen geschah, ist nicht bekannt. Doch irgendwann in diesen 72 Stunden muss er in den Keller der elterlichen Wohnung in der Arndtstraße 36 gegangen sein, um dort die Pistole zu holen, die er hinter einigen losen Mauersteinen unterhalb der Decke versteckt hatte. Es war eine Parabellum, vielleicht sogar die Waffe, die ihm zum Ende seiner Gefangenschaft in der Zitadelle von Neu-Arad in die Hände gefallen war. Man entdeckte seinen leblosen Körper am 26. Oktober um 10 Uhr am Vormittag auf der Aussichtsplatte bei der Bismarckeiche im Westen Stuttgarts.

Am 28. Oktober 1948 erschien in der *Stuttgarter Zeitung* auf Seite 5, „Stuttgart – zwischen gestern und morgen“, unter der Rubrik „Kurze Stadtnachrichten“ eine dürre Meldung:

Am Dienstagmorgen hat sich ein 27 Jahre alter Student erschossen. Nach den polizeilichen Ermittlungen hat er die Tat begangen, da er seine Zukunft als aussichtslos betrachtete.

Im Abschiedsbrief, den man bei ihm fand, erklärte Günther Hörcher, dass die Ursache für sein Handeln für andere nicht ausreichend sein möge, doch er könne nicht anders.

Um den Zeitpunkt seines Freitods musste die Aussichtsplatte an der Bismarckeiche aufgrund der gewaltigen Kriegsschäden rundum ein verstörendes Bild abgegeben haben. Wie Günther Hörchers Schwester vermutete, wählte ihr Bruder diesen Ort aber nicht aufgrund des Panoramas, sondern aus der Überlegung heraus, seiner Familie den traumatischen Anblick des toten Sohns und Bruders in der eigenen Wohnung ersparen zu wollen. Ein Auszug wäre der Familie damals kaum möglich gewesen, Wohnraum war knapp und kostbar.

In unseren Tagen ist die vor wenigen Jahren neu angelegte Aussichtsplatte nur noch selten besucht. Autokolonnen fliegen hektisch an ihr vorbei. Parkplätze gibt es nicht, ebenso wenig einen Radweg.

Der hinführende Fußgängerweg ist schmal und halb zugewuchert. Die Bismarckeiche, ein großer Gedenkstein, eine Fläche mit feinem Kies, einige gepflegte Beete – mehr ist dort nicht zu sehen.

—

Walter Reimer kam, nachdem der Zug bei Arad aufgebracht worden war, aus der Zitadelle weiter in russische Gefangenschaft. Das Lager in der Nähe von Tiflis mussten sich die Gefangenen selbst errichten, die ersten Wochen und Monate verbrachten sie in Erdlöchern. Viele seiner Mitgefangenen sah er an Krankheiten und Entkräftung sterben. Es gab nur wenig zu essen. Eine wässrige Suppe, ein Kanten Brot, ein Salzhering, eine Knolle Knoblauch gegen Skorbut – das war immerhin mehr, als die meisten aus der Bevölkerung an Lebensmitteln hatten. Oft kamen einheimische Männer und Frauen an die Lagerzäune, um bei den Gefangenen ihre aus Zeitungspapier gedrehten Zigaretten gegen Essbares einzutauschen. Die Raucher, die ihr Essen wegtauschten, starben noch schneller.

Reimer, der als erfahrener Bau- und Lokschlosser alle Fertigkeiten der Metallverarbeitung bis hin zur Feinmechanik beherrschte, galt schnell als unverzichtbarer Spezialist. Er konnte sich im Lager frei bewegen und wurde von seinen Bewachern anständig behandelt. Irgendwann sagte er zu seinem Natschalnik, dem ihm Vorgesetzten: „Lasst mich nach Hause gehen. Ich habe eine Frau und drei Kinder.“ Der Lagerleiter setzte sich tatsächlich für ihn ein und organisierte für Reimer einen Platz auf einem Transport in den Westen.

Am Heiligabend des Jahres 1948 betrat er das Haus seiner Familie in Naumburg an der Saale. Es war eine neue Adresse, denn das Wohnhaus in der Neugasse 8, aus dem er in den Krieg ziehen musste, existierte nicht mehr. Am 9. April 1945 hatten 134 mittelschwere Bomber der 98. und 99. Bomberdivision Naumburg angegriffen, Hauptziele waren das Heereszeugamt und das Heeresverpflegungsamt gewesen. Auch das Haus der Reimers war eingestürzt. Die Tiefe der Lagerkeller der historischen Messestadt rettete viele der Verschütteten, die sich aus eigener Kraft aus den Trümmern befreien konnten.

Bei seiner Rückkehr aus der Sowjetunion trug der ausgemergelte Walter Reimer Holzschuhe, eine russische Pelzmütze und einen Armeemantel, der bis zu seinen Füßen reichte. Es dauerte, bis seine überraschten Angehörigen in ihm den Mann und Vater wiedererkannten. Fünf Jahre Krieg von Frankreich bis in den Norden Russlands, dann Rumänien sowie drei Jahre Gefangenschaft hatte er unversehrt überstanden. Ein seltenes Glück, das ihn mit Dankbarkeit erfüllte. Vom Schlimmen, das er erlebt hatte, erzählte er wenig.

Reimer wäre gerne Lokführer in der DDR geworden, doch es wurde ihm verweigert. Also begann er wieder bei der Firma Röstel – wo er schon vor dem Krieg eine Stelle gehabt hatte – als Schlosser zu arbeiten, bis sein Meister sich nach Westdeutschland absetzte. Er wechselte zum Zementwerk Karsdorf und rangierte dort als Werkseisenbahner die Loren auf den weitläufigen Gleisanlagen des Werks. Ab 1956 arbeitete er im Naumburger Schlachthof als Maschinenmeister. Dort beeinträchtigte eine Gasexplosion sein Gehör schwer, er ertaubte zunehmend. Später baute ihm sein Enkel aus Transistoren und weiteren Komponenten eines Elektronik-Bausatzes ein Hörgerät.

1976 ging Reimer in den Ruhestand. Etliche Urlaube verbrachte er in FDGB-Heimen an der Ostsee und im Thüringer Wald. Die Liebe zur Familie, die Freude am Fußball des FC Carl Zeiss Jena, gelegentlich eine Zigarre und ein Wodka – Walter Reimer lebte ein langes und erfülltes Leben. Am Ende des Jahres 2009 sagte er zu seinem Enkel: „Es reicht jetzt, im nächsten Jahr sterbe ich."

So geschah es. Walter Reimer starb mit 99 Jahren am 21. Januar des Jahres 2010 in seiner geliebten Heimatstadt Naumburg an der Saale.

Bernhard Andler, der während des gesamten Kriegs in diversen Feld-Eisenbahnabteilungen gedient hatte, wurde nach seiner Gefangennahme nicht nach Russland verbracht, sondern aufgrund einer Erkrankung in ein Lazarett unweit von Arad verlegt.

Nach seiner dort erfolgten Befreiung fuhr er wieder als Heizer auf den Strecken der grauen Eisenbahn. Wenige Wochen vor Kriegsende geriet seine Lokomotive unter Beschuss. Er sprang aus der Lok, um darunter Deckung zu suchen, als eine Granate in seiner Nähe detonierte. Ein Splitter zerfetzte seinen rechten Unterschenkel, der amputiert werden musste. Auch sein linkes Bein war schwer verletzt. Am 11. Januar 1946 wurde er in einer britischen Kriegsgefangenenentlassungsstelle mit dem Hinweis „Zur Arbeit nach Trier entlassen" registriert.

Bereits während des Kriegs war Andlers erste Ehefrau, mit der er drei Kinder hatte, an einer Blutvergiftung gestorben. Er heiratete erneut und bekam sechs weitere Kinder. Aufgrund seiner Verletzung war an seinen Wunsch, Lokführer zu werden, nicht mehr zu denken. Auch das Bäckerhandwerk, seinen ersten erlernten Beruf, konnte er nicht mehr ausüben. Nach dem Krieg arbeitete er im Homburger Städtischen Hallenbad, einige Monate war er in der Wurstfabrik Höll in Saarbrücken beschäftigt. In den frühen 1950er Jahren hatte er eine Stelle in einer Korbflechterei, später wurde er Vertreter für Bürsten.

Andler weigerte sich, wie so viele Heimgekehrte seiner Zeit, gegenüber seiner Familie von den Geschehnissen und Schrecken des Kriegs zu berichten. Die Folgen des Ersten Weltkriegs habe er als Kind erleiden müssen, den Verlauf des Zweiten Weltkriegs habe er als Soldat ertragen. Das reichte ihm.

Er, der immer hart gearbeitet hatte, haderte mit seinem Schicksal und fühlte sich manchmal nutzlos, auch wenn er es nie war. Trotz seiner schwer eingeschränkten körperlichen Gesundheit baute er ein Haus in Eigenleistung, er bewirtschaftete Felder, baute Gemüse und Kartoffeln an und betrieb eine Weinkelterei gemeinsam mit dem Ortskommunisten, der sich einen Spaß daraus machte, dem der CDU nahestehenden Andler die KPD-Zeitung vor die Haustür zu legen. Sein Lebensantrieb blieb ungebrochen. Auf seiner Agriette Typ 1000, einem Minigefährt mit modifiziertem NSU Quickly Motor, knatterte Bernhard Andler durch den Ort, stoppte hier und da und hielt ein Schwätzchen. Wenn aufgrund der hakeligen Schaltung in Kurven manchmal der Freilauf heraussprang und das Lenkrad verschlug, fegte es ihn, der mit nur einem Bein schlechten Halt hatte, gelegentlich vom glatten Bock seines Gefährts. Sein Fluchen war dann durch den ganzen Ort zu hören. Gerne steuerte er die Tankstelle des Dorfs an, wo er mit Freunden bei Bier und Wein beisammensaß, sang und Karten kloppte.

Die Folgen der Verletzung machten Bernhard Andler von Jahr zu Jahr mehr zu schaffen. Er litt an Phantomschmerzen seines nicht mehr vorhandenen Unterschenkels, die nur der Alkohol verdrängen konnte. Die Wunden an seinem linken Bein verknöcherten aufgrund der eingedrungenen Pulverreste, Textilfasern und Mikrosplitter. Dadurch heilten sie kaum, platzten immer wieder auf. Die schlechte Durchblutung bescherte Andler drei Herzinfarkte und einen Schlaganfall.

Am 29. Juni 1976, dem Geburtstag seines jüngsten Sohns und dem Tag des Schulabschlusses seines dritten Sohns, verstarb Bernhard Andler im Alter von 61 Jahren im Krankenhaus von Illingen an den Spätfolgen seiner Kriegsverletzung.

—

Hermann Lege sah seine Heimatstadt Hannover vermutlich nicht wieder. Der im Jahr 1893 Geborene war zum Zeitpunkt seiner Gefangennahme bei Arad bereits über 50 Jahre alt. Anzunehmen ist, dass er die Strapazen der Gefangenschaft nicht lange überlebt hat. Die letzte offizielle Meldung über ihn stammt vom 22. Dezember 1945, als seine Personalien in einem der Kriegsgefangenenlager im Raum Kursk erfasst wurden.

—

Theodor F. Ross, der vor dem Krieg in einer Praxisgemeinschaft in Berlin-Charlottenburg am Kaiserdamm 3 tätig gewesen war, starb im

März 1947 jenseits des Urals in einem der zahlreichen Kriegsgefangenenlager rund um Tscheljabinsk an Flecktyphus. Damit war er einer von vielen Tausend deutschen Soldaten, die hier umkamen – sei es aufgrund von Hunger, Kälte, mangelnder medizinischer Versorgung oder der harten Arbeit in den Wäldern und Bergen der Region sowie in den Fabriken der Stadt, auch Tankograd genannt, wo die Kriegsgefangenen in der Produktion neuer T-34 Panzer und Stalinorgeln eingesetzt wurden.

Das Nebenlager, in dem Ross gefangen gehalten wurde, gehörte zum Lager 68. Seine Überreste liegen heute am Ende einer kaum befahrenen Hauptstraße am Ende eines wenig befahrenen Waldwegs am Ende eines selten befahrenen Pfades am Ende der Welt, gut 100 Kilometer südlich der Millionenstadt Jekaterinburg. Das einstige Lager ist kaum noch als solches zu erkennen. Längst verfallen sind die Holzbaracken. Nur noch die steinernen Fundamente eines Sägewerks sind übriggeblieben und Schienen, die in einen Steinbruch führen. Nachdem die letzten deutschen Kriegsgefangenen verstorben waren oder wieder ihre Heimat erreicht hatten, wurde das Lager noch einige Zeit als Besserungsarbeitslager genutzt, um Kritiker des sowjetischen Regimes verschwinden zu lassen. Vor wenigen Jahren wurden vor dem Gelände zwei Gedenksteine angebracht, die an die hier verstorbenen deutschen Kriegsgefangenen und an die hier verstorbenen russischen Zwangsarbeiter erinnern. Ein großes Sammelgrab, längst vergessen im angrenzenden Birkenwald hinter Mauerresten, die einmal ein Teil der Kantine und der Krankenstation waren: Hier unter der Erde liegen keine Deutschen und keine Russen, sondern einfach nur Menschen, die für die wirren Ideale anderer Menschen hatten sterben müssen.

—

Elsa Rudolph war unmittelbar nach Aufbringen des Zugs in Arad in das Lazarett der Zitadelle gebracht worden, wo sie die Verwundeten der Roten Armee mit der gleichen Hingabe pflegte wie zuvor die

Verwundeten auf deutscher Seite. Als die ungarische Gegenoffensive bevorstand und die Rote Armee sich aus der Zitadelle zurückzog, wurde auch das Lazarett in aller Hast geräumt. Um der Krankenschwester den ungewissen Weg gen Osten zu ersparen, führte einer der russischen Ärzte Elsa in einem günstigen Moment in sein Büro, wo er sie in einem Aktenschrank versteckte.

Bei der Rückeroberung der Festung wurde sie – wie auch die Krankenschwestern des Schnelltriebwagens – von ungarischen Soldaten befreit. Der von Elsa Rudolph vehement eingeforderte Bus brachte die Frauen zurück nach Deutschland.

Von dort aus schickte man die erfahrene Schwester nach Prag, wo sie erneut in einem Lazarett Dienst tat. Als die Stadt am frühen Morgen des 9. Mai 1945 von der 3. und 4. Garde-Panzerarmee sowie tschechischen Aufständischen eingenommen wurde, versteckte sie sich zwei Tage und Nächte lang unter Leichentüchern in der Leichenhalle des Lazaretts, einem Ort, wo sie sich vor Vergewaltigung sicher wähnte. Doch die Pestilenz der Totenkammer wurde immer unerträglicher und sie bekam großen Durst. Als zwei russische Soldaten den Raum betraten, gab sie sich unter ihren Tüchern zu erkennen. Die Männer erschraken fast zu Tode und brachten Elsa Rudolph umgehend zu ihrem Vorgesetzten, einem jungen Leutnant. Dieser befragte sie in gutem Deutsch. Name, Alter, Einheit – er schrieb alles auf ein Papier. Als er sie fragte, wo sie geboren sei, antwortete Elsa: „Friedrichsdorf bei Frankfurt.“ Das Gesicht des Offiziers veränderte sich sofort. Mit Freude rief er auf Russisch: *„Togda vy ne nemets, a gugenotka!“* Als Elsa Rudolph ihn unverständig anblickte, wiederholte er es auf Deutsch: „Dann sind Sie keine Deutsche, sondern Hugenottin!“

Elsa Rudolph war über alle Maßen verblüfft, dass dem Leutnant die Historie ihrer Heimat bekannt war, einmal mehr erlebte sie, dass das große Russland fernab aller deutschen Untermenschen-Propaganda eine europäische Kulturnation war. Der Leutnant wusste, dass Friedrichsdorf im 17. Jahrhundert von Hugenotten gegründet worden war, denen Landgraf Friedrich zuvor die Aufnahme angeboten hatte, damit sie der religiösen Verfolgung in Frankreich entkommen konnten. Nach diesem Landgrafen hatten die Hugenotten aus Dankbarkeit ihre neue Heimat benannt.

Der russische Leutnant war wie ausgewechselt und erzählte von seinem Schulunterricht, wo er gelernt hatte, wie man in Deutschland vor mehr als zwei Jahrhunderten mit Verfolgten umgegangen war. Er kümmerte sich persönlich darum, dass Elsa Rudolph mithilfe des Roten Kreuzes unbeschadet nach Friedrichsdorf zurückkam. Dort heiratete sie den Betreiber einer Bahnhofswirtschaft, später führte sie gemeinsam mit ihm bis in die 1990er Jahre ein Hotel in Ulrichstein. Jahrzehntelang pflegte sie eine Brieffreundschaft mit den Eltern der im Zug vor Breaza zu Tode gekommenen Marie. Elsa Rudolph starb im Jahr 2008 in einem Sanatorium im hessischen Lauterbach.

—

Krafft Spanuth versuchte, nachdem er aus einem Gefangenensammellager in der Nähe von Debrecen ausbrechen konnte, im Frühjahr 1945 im Chaos der zusammenbrechenden Front, seine Heimat Österreich zu erreichen. In Leoben in der Steiermark lebten Spanuths Frau Antonia und seine Eltern und beteten für seine Rückkehr. Das Versprechen an seine Mutter, den Krieg zu überleben, ging in Erfüllung – doch nur um einen Tag.

Als am 8. Mai, dem Tag der bedingungslosen Kapitulation Deutschlands, die Waffen in Europa schwiegen, schlug er sich gemeinsam mit einem verletzten Feldapotheker auf abgelegenen Trampelpfaden durch die Tschechoslowakei. Mehr als 300 Kilometer hatten sie bereits zurückgelegt, immer auf der Hut, immer Gefahr laufend, von Partisanen erschossen oder von Russen verhaftet zu werden. Am 9. Mai 1945, einem herrlichen Frühlingsmorgen, erreichten die beiden erschöpften Männer das Ufer der Thaya, einen Grenzfluss zwischen der Tschechoslowakei und Österreich. Spanuth setzte seinen Arztkoffer ab, um seinen verwundeten Freund zu schultern und durch den Fluss zu tragen. Nachdem er den Apotheker auf österreichischem Boden abgesetzt hatte, watete er zurück, um den

Koffer zu holen. Als Spanuth nach der Tasche griff, fiel ein einzelner Schuss. Der Feldapotheker hatte nicht sehen können, woher der Schuss gekommen war.

Krafft Spanuth brach tödlich getroffen zusammen und starb am Ufer der Thaya. Er wurde 28 Jahre alt und war der dritte von vier Söhnen, der nicht heimkehrte.

—

Josef Lorenz musste geahnt haben, was ihm als Geistlichem in sowjetischer Gefangenschaft bevorstand. Es gelang ihm noch, einige Abschiedszeilen an seine Familie zu schreiben, die er unter seiner Schlafstatt verbarg.

Fünf Jahre nach Kriegsende erhielt seine Mutter – sein Vater war bereits verstorben – einen winzigen Zettel, mit krakeligen, verblichenen, kaum mehr entzifferbaren Buchstaben eng beschrieben, ganz so, als hätte der Schreibende nur einen kurzen Bleistiftstummel zur Verfügung gehabt. Den Zettel gab ein Heimkehrer ab, der sich Ahrens nannte und der von einer gemeinsamen Eisenbahnflucht durch Rumänien berichtete, die in Arad geendet hatte. Ahrens hatte den Zettel in der Zitadelle unter dem Stroh gefunden und an sich genommen, als Lorenz von einem Verhör nicht zurückgekehrt war. Da die Zeilen auf dem winzigen Papierstück längst zu verblassen begonnen hatten, hatte Ahrens sie schon vor vielen Jahren auswendig gelernt.

Der Feldkaplan war im Lager von Arad wenige Tage nach der Festsetzung des Zugs abgeholt worden. Einige Gefangene, die damit beauftragt waren, die Toten der Zitadelle zu begraben, berichteten später von einem Geistlichen, den sie bestattet hatten. Eine Verwechslung war kaum möglich, die Augenbinde war charakteristisch. Der Geistliche war mit einem Schuss in den Hinterkopf hingerichtet worden. Sein letzter Gruß lautete:

Meine liebe Mutter, mein lieber Vater, sorgt euch nicht um mich, ich bin bereit zu gehen, in Liebe, Euer Sohn Josef.

Darunter hatte er einen Bibelvers geschrieben, Jesaja, 41. Kapitel, Vers 10. Seine Mutter schlug in der Bibel nach und las: *Fürchte dich nicht, ich bin mit dir; weiche nicht, denn ich bin dein Gott; ich stärke dich, ich helfe dir auch, ich erhalte dich durch die rechte Hand meiner Gerechtigkeit.*

—

Ahrens – mit vollem Namen Herwig Ahrens – war es nicht nur gelungen, die letzte Notiz des Feldkaplans zu retten, er fand auch dessen Büchlein mit der Liste der Gefallenen und bewahrte es.

Seine Gefangenschaft führte Ahrens in das Kriegsgefangenenlager 437 bei Tscherepowieze, einer Kleinstadt mit Eisenhütten, Werften und Sägewerken, ungefähr 500 Kilometer nördlich von Moskau an der Scheksna gelegen. Als Waldarbeiter stellte er sich geschickt an und machte sich beim Holzschlagen bald unentbehrlich. Es gab ein Ritual im Lager, nach dem sich die Chefärztin des Lagers, eine aus dem Baltikum stammende Frau Dr. von Seitz, zu Tausenden die Pobacken der Gefangenen auf dem Lagerhof präsentieren ließ und hineinkniff, um je nach Fett- und Muskelanteil Arbeitseinsatz und Nahrungszulage des jeweiligen Gefangenen zu bestimmen. Ahrens konnte sich seine körperliche Robustheit erhalten, er empfand es als ein Geschenk der Natur an ihn. Während Tausende am Hunger, den sie mit ihren russischen Bewachern und der Bevölkerung teilten, und an den harten klimatischen Bedingungen starben, während andere Gefangene sich Ruhr-Stuhlproben Erkrankter besorgten, um sich selbst zu infizieren und ins Krankenlager zu kommen, verrichtete er stoisch seinen Dienst.

Einige Male fiel Lorenz' Büchlein russischen Bewachern in die Hände, denen die Bedeutung der Liste sofort bewusst war. Ahrens' guter Ruf im Lager rettete die Niederschrift, das Buch wurde ihm jedes Mal wieder ausgehändigt.

Fünf Jahre verbrachte Ahrens in Tscherepowieze, die sein Leben veränderten. Er lernte die Tiefe, auch Wärme der russischen Seele kennen und schätzen, die Aufrichtigkeit, mit der aufrechtes Verhalten vergolten wurde. Er sprach oft mit einem der Bewacher seines Lagers über den Krieg. Der Mann war in Berlin als Sohn eines Russen geboren worden – seine Familie war erst in den 1930er Jahren zurück nach Russland emigriert – und überzeugter Kommunist. Er sagte Ahrens, dass die Deutschen die Russen nie verstehen würden. Dabei zeigte er ihm einen Traktor, der auf dem Hof des Lagers stand. Er erklärte, dass dieser Traktor nicht irgendein Werkzeug, sondern ein Abbild der russischen Seele sei. Die Maschine, mit der das Land begänne, seine Menschen zu ernähren. Ein Heiligtum, eine Ikone der Landwirtschaft. Die Verehrung des Traktors gehe so weit, dass man verstorbene Mitarbeiter einer Kolchose auf Traktoren aufbahren und sie so zum Friedhof bringen würde.

Oft sprachen Ahrens und sein Bewacher während versteckt gerauchtem Machorka, dem typischen russischen Bauerntabak, auf dem Hof der Holzverwertung über Stalingrad, wo der Russe zwei seiner Brüder verloren hatte. Ja, natürlich, die Wende des Großen Vaterländischen Kriegs sei der Angriff auf Stalingrad gewesen. Und der Bewacher sagte, diese Wende hätte für ihn am 14. Oktober 1942 begonnen, dem Tag des Angriffs auf das Traktorenwerk Dserschinski. Das Werk habe eine besondere Bedeutung gehabt, abgesehen davon, dass dort auch T-34 und die typischen Stalnoy Shlem, die russischen Stahlhelme, gefertigt worden waren. Für die Russen sei das Stalingrader Traktorenwerk nicht irgendeine Fabrik gewesen. Als die Deutschen es angriffen, musste es im Laufe der dreitägigen Gefechte auf dem gesamten Gelände und in besonderem Maße in der Werkskantine zu furchtbaren Geschehnissen gekommen sein, zu Massakern unvorstellbaren Ausmaßes. Innerhalb von zwei Tagen fielen 5.000 von 8.000 Elitesoldaten der 37. Gardeschützen-Division und Tausende Deutsche der 389. Infanterie-Division, die meisten im Nahkampf getötet, durch Feldspaten in gespaltenen Schädeln, durch geballte Ladungen zusammengeschnürter Handgranaten, Infanteriemesser und Seitengewehre, erwürgt mit heißen Händen, erschlagen mit stumpfen Steinen. Eine atavistische Blutorgie vor Wänden, die bis zur zerborstenen Decke von sieben Metern Höhe rot bespritzt waren. Nach Meinung von Ahrens' Bewacher war den Russen klar, dass in diesen Tagen alle Kämpfe um die Industriekomplexe von Stalingrad bereits entschieden waren.

Ahrens lernte vieles über diesen Krieg, indem er ihn mit russischen Augen betrachtete. Von den inhaftierten politischen Stimmungsmachern, die so schnell ihre braune Gesinnung gegen rote Halstücher getauscht hatten, hielt er sich fern. Die Männer vom NKWD, dem Volkskommissariat für innere Angelegenheiten, erlebte er hier im Lager zu seiner Überraschung dagegen von anderer Seite. Sie fielen nicht auf die neuen Antifaschisten und Salonkommunisten herein, die bis vor wenigen Jahren noch begeisterte Standartenführer, Polizeioffiziere oder sonstige Weltanschauungskrieger gewesen waren. Als es an die ersten Entlassungen in Tscherepowieze ging, entschieden sie: „Mögen die anderen entlassen werden, die armen Teufel, die gekämpft haben und verwundet worden sind! Die Verräter aber, die hier das große Wort führen, die Gesunden, bleiben." Wenn auch die Hintergründe solcher Urteile nicht immer durchschaubar waren, lag doch Trost in der stark empfundenen Gerechtigkeit – und darin wiederum die Ursache dafür, dass die Männer vom NKWD mit ihren schmucklosen Uniformen und den blässlich grünen Mützen bei vielen der einfachen Landser im Lager nicht unbeliebt waren.

Ahrens wurde 1950 als einer der Ersten des Lagers Tscherepowieze entlassen und konnte nach Deutschland ausreisen. Schon 1948 hatte er erfahren, dass seine Frau und sein Sohn bei einem Luftangriff auf Kiel ums Leben gekommen waren, zur gleichen Zeit, als im August 1944 in Galatz der Zug aufbrach, der ihn zu seiner Familie zurückbringen sollte. Während seiner jetzigen Zugfahrt durch Russland blätterte er einige Male in dem Büchlein des Feldkaplans und in ihm reifte ein Gedanke.

Nachdem er in Deutschland angekommen war und seine Eltern in Husum besucht hatte, begab er sich auf eine lange Reise. Sein erster Weg führte ihn nach Stadthagen, wo die Mutter von Kaplan Lorenz lebte. Von dort aus begann er, durch die drei Besatzungszonen des westlichen Deutschlands zu fahren, um Angehörigen Gewissheit über das Schicksal ihres Sohnes, Mannes, Vaters oder Bruders zu geben.

Als er an einem Herbstnachmittag im November 1952 in Erkrath bei Düsseldorf über die Morper Allee hastete, wurde er von einem betrunkenen LKW-Fahrer erfasst. Herwig Ahrens starb drei Tage später, am 11. November, an den Folgen des Unfalls. Ein Polizist, der das Büchlein von Feldkaplan Lorenz auf der Straße gefunden hatte, leitete es an die WASt weiter, die Deutsche Dienststelle für die Benachrichtigung der nächsten Angehörigen von Gefallenen der ehemaligen deutschen Wehrmacht mit Sitz in Berlin.

—

Der gebürtige Oppelner Achim Mechold, von Beruf technischer Zeichner, hatte keine Heimat mehr, als er nach drei Jahren in sowjetischer Gefangenschaft, die er in einem der mehr als 700 Lager rund um Moskau verbracht hatte, entlassen wurde und nach Deutschland zurückkehrte. Der Hunger im Lager hatte ihm vor allem im ersten Jahr stark zugesetzt. Nasses Brot, faulige Ziegenköpfe, Kutteln, Kohlsuppe mit kleinen Salzfischen – die Mangelernährung führte dazu, dass die Kriegsgefangenen Gras und Lindenlaub kauten, dass sie Krähen fingen und roh aßen. Als bei Waldarbeiten ein Pferd verendete, wurde es sofort zerteilt und noch warm verschlungen, selbst die schwammigen Lungen wurden nicht verschmäht. Tödliche Brechdurchfälle nach solchen „Mahlzeiten“ waren oft die Folge.

Mechold hatte durch Briefe vom Schicksal seiner Familie erfahren. Die Zivilbevölkerung Oppelns hatte man zu Beginn des Jahres 1945, als die Rote Armee vor den Toren der Stadt aufzog, per Zug in die vermeintlich sichere und von Hitler zur Festung erklärten Stadt Breslau verbracht. Darunter Mecholds Frau und die drei gemeinsamen Kinder.

Am 20. Januar, kurz bevor sowjetische Truppen der 3. Garde-Panzerarmee und der 6. Armee auf Breslau vorstießen, gab der schlesische Gauleiter und Breslauer Kampfkommandant Hanke bekannt, dass alle „waffenuntauglichen Zivilisten“ – Alte, Frauen, Kinder, darunter die aus Oppeln Geflohenen – Breslau zu verlassen hätten. Dies führte an den Bahnhöfen der Stadt zu Massenpaniken mit vielen Toten. Hanke ordnete daraufhin den Fußmarsch von Frauen und Kindern nach dem westlich gelegenen Umland an, Richtung Opperau und Kanth. Bei hohem Schnee, eisigem Wind und Temperaturen weit unter Null Grad wurden die Fliehenden hinaus gezwungen, mit Kinderwagen, Schlitten oder kleinen Ziehwagen, immer in Gefahr, den nächsten Angriff sowjetischer Tiefflieger nicht zu überstehen. Augenzeugen berichteten von ungezählten toten Müttern, die mit ihren Kindern und im Arm erfrorenen Säuglingen unter Bäumen und in Gräben lagen.

Gauleiter Hanke ließ im Verlauf der Schlacht um Breslau öffentlich bekanntmachen: „Wer den Tod in Ehren fürchtet, stirbt ihn in Schande.“ Seine Parole – Sieg oder Tod – galt freilich nicht für ihn selbst. Er, der zahllose Verweigerer seines bis zur letzten Patrone geforderten Kampfes hatte hinrichten lassen und bis zuletzt Exzesse und Orgien gefeiert hatte, türmte kurz vor der Kapitulation der nahezu vollständig zerstörten Stadt am 6. Mai über ein in die Altstadt gesprengtes Rollfeld mit einem Leichtflugzeug. Ob der ehemalige Gewerbelehrer, wie ein Augenzeuge berichtete, wirklich nach Argentinien entkommen oder doch bald nach seiner Flucht wie ein toller Hund erschlagen worden war, ließ sich nie eindeutig klären.

Der winterliche Evakuierungs-Treck ging in die Geschichte ein als „Todesmarsch der Breslauer Mütter“. Wohl weit mehr als 15.000 Menschen fielen ihm zum Opfer, darunter Mecholds Frau und seine jüngere Tochter. Sein einziger Sohn, Jahrgang 1929, wurde als 16-Jähriger zur Verteidigung Breslaus eingezogen. Im Chaos des Untergangs der Stadt blieb er verschollen. Einzig Mecholds ältere Tochter hatte überlebt und war nach Kriegsende in Bayreuth bei Verwandten untergekommen.

Er zog ihr nach. Dort fasste er Fuß, arbeitete in seinem alten Beruf, heiratete neu, bekam zwei weitere Kinder. Seine Schlafprobleme wurden so belastend, dass er sich seiner Frau auf ihr eindringliches Bitten hin offenbarte. Als vorgeschobener Beobachter – das lenkende Auge der Artillerie – war er viele Jahre in vorderster Frontlinie eingesetzt gewesen, um den eigenen Beschuss einzuweisen. Hohe Positionen wie Kirchtürme oder Scheunengiebel hätten dafür zwar einen guten Überblick gegeben, galten als prominente Landmarken im Gelände aber als gefährlich. Mechold hatte verinnerlicht, sich gemeinsam mit seinem Funker im Schutz der Nacht an die Front zu schleichen und so gut als möglich unsichtbar zu machen. Mehrfach hatten sie sich unter toten Kühen eingegraben oder – ihr bevorzugtes Versteck – in Misthaufen gewühlt. Aus einer Laune heraus hatte er sich angewöhnt, bei Verlegungsfahrten seiner Einheit oben auf den Fahrzeugen zu übernachten. 1943 hatte er bei einer solchen Fahrt auf einem Halbkettenfahrzeug Platz gefunden. Als sie in einem hochstehenden Maisfeld übernachteten, wurden sie von Partisanen überfallen. Mechold wurde Zeuge, wie alle sieben Männer seines Fahrzeugs erschossen oder erstochen wurden, während er oben auf dem Dach des Zugkraftwagens kauerte und sich in die Dachplane presste, um nicht entdeckt zu werden. Als Einziger überlebt zu haben, blieb ihm zeitlebens eine Last.

Mechold besuchte regelmäßig schlesische Heimatabende und Ehemaligentreffen. Dort wurde gelacht, getrunken, geweint. Als jemand auf einem dieser Abende in den 1970er Jahren erzählte, dass sein Enkel gerade mit einem umgebauten Campingbus und seiner französischen Verlobten die Côte d'Azur umfuhr, hob Mechold das Glas und sagte: „Auf unsere Enkel – sie können heute durch Europa fahren, um hübsche Mädchen an den Stränden von Frankreich bis Griechenland zu vögeln. Und wir Arschlöcher mussten damals das Gewehr mitnehmen."

Achim Mechold starb am 18. August des Jahres 1986 im Alter von 81 Jahren in Bayreuth.

Manfred Kallweit, der Führer des Schnelltriebwagens, geriet zur gleichen Zeit in sowjetische Kriegsgefangenschaft, als in seiner Heimat im Spätsommer 1944 seine Frau und seine beiden Töchter evakuiert wurden. Tilsit, die seit vielen Jahrhunderten deutsche Stadt an der Grenze zu Litauen, stand nur noch wenige Monate vor der Eroberung durch die Rote Armee. Hier in Ostpreußen, wo Hitler im März 1933 die meisten Wählerstimmen erhalten hatte, war nun auch der höchste Preis zu zahlen.

Kallweits Familie gelang die Flucht nach Westdeutschland und Kallweit wurde bald aus der Kriegsgefangenschaft entlassen. In Hamburg trafen sie zusammen.

Ab 1948 war Kallweit wieder als Lokführer eingesetzt, gelegentlich steuerte er einen der Dieseltriebwagen, die nun, nach dem Krieg, unter anderer Kennung liefen. 1951 in der Waggon- und Maschinenbau AG Donauwörth mit einer dieselhydraulischen Antriebsanlage ausgerüstet, verstärkte der Triebwagen VT 04 501 gelegentlich den Helvetia-Express, der im eleganten TEE-Netz unter anderem Hamburg mit Zürich verband. Am 2. Dezember 1957 wurde auch dieser Schnelltriebwagen ausgemustert und an die Deutsche Reichsbahn der DDR verkauft, die ihn als Ersatzteilspender benötigte. Man gedachte Kallweit die Ehre der letzten Fahrt zu, der den Schnelltriebwagen im Jahr 1958 zum Bahnbetriebswerk nach Karlshorst überführte.

Manfred Kallweit ging 1970 in den Ruhestand und starb am 19. März 1984 in Hamburg.

Leutnant Ansorge überlebte den schweren Luftangriff auf Galatz. Als die sowjetischen Truppen die Stadt zwei Tage später einnahmen, hatten sich Ansorge und eine Handvoll weiterer Überlebender in einem Keller verschanzt. Sie beschlossen, sich zu ergeben. Ansorge verließ den Keller als Erster und sah vor sich einen Russen mit einem länglichen Objekt in der Hand, das er für den Lauf eines Gewehrs hielt. Kurz bevor der russische Soldat abdrückte, erkannte Ansorge, dass der Mann einen Flammenwerfer auf die Männer im Kelleraufgang richtete. Das Strahlrohr des Werfers war dem Lauf eines üblichen Karabiners nachempfunden, der auf dem Rücken des Soldaten ruhende Tank mit dem tödlichen Gemisch aus Gas- und Teeröl sah aus wie ein normaler Infanterierucksack – wohl, um im Einsatz möglichst unauffällig zu sein; die mit Flammenwerfern ausgerüsteten Männer waren auf beiden Seiten der Front ein begehrtes Ziel von Scharfschützen.

Ansorge konnte dem tödlichen Strahl ausweichen, doch durch Spritzer der kaum zu löschenden Substanz erlitt er schwerste Verbrennungen im Gesicht und auf dem Rücken. Die Soldaten hinter ihm starben als lodernde Fackeln unter Schreien, die das Entsetzlichste waren, das Ansorge während des gesamten Krieges erlebt hatte. Dass er die folgenden Jahre überstand, verdankte er einerseits seiner ausgesprochen robusten Konstitution, andererseits erbarmte sich das Schicksal auf ungewöhnliche Weise.

Fast vier Jahre verbrachte Ansorge in Iwanowo im gleichnamigen Oblast, einem größeren Verwaltungsbezirk, 250 Kilometer nordöstlich von Moskau, wo er in einer Textilfabrik arbeiten musste, sofern es seine Verbrennungen erlaubten. Immer wieder kam er zur Behandlung und Wundversorgung in das Kriegsgefangenenhospital 3840 in Schuja. Dort lernte er eine russische Ärztin kennen, die sich um ihn kümmerte und ihn bei seinen häufigen schweren Infektionen pflegte. Sie verliebten sich. Als die Lagerleitung davon erfuhr, wurde die Ärztin versetzt. Ansorge, der aufgrund seiner Verwundungen nur von geringem Nutzen war, wurde 1948 mit einem Heimkehrerzug Richtung Westen geschickt. Am 24. September betrat er erstmals wieder deutschen Boden, als man ihn in Frankfurt an der Oder vom Verladebahnhof in der Schubertstraße in das Kriegsgefangenenlager 69 in der Hornkaserne brachte. Nach einigen Wochen des Wartens, einer ärztlichen Untersuchung und einer Entlausung konnte er, mit gültigen Entlassungspapieren ausgestattet, weiterreisen. Ein Transport brachte ihn über Heiligenstadt nach Dortmund in die britisch besetzte Zone.

In seiner Heimatstadt fasste Ansorge nie wieder richtig Fuß. Die Schmerzen seiner Verletzungen ließen ihn immer öfter zum Alkohol greifen, die Kriegserinnerungen machten ihm zu schaffen. Vergebens versuchte er, etwas über seine russische Ärztin in Erfahrung zu bringen, er schrieb viele Briefe, die keine Antwort fanden. Die Grenze zwischen West und Ost blieb für ihn unüberwindbar. Ansorge verdingte sich als Pförtner und Nachtwächter bei wechselnden Arbeitgebern, die ihn oft nur deshalb einstellten, weil sie selbst im Krieg gewesen waren und viele Männer kannten, die den Frieden nicht verkrafteten. So sahen sie darüber hinweg, dass er zunehmend kauziger wurde, verwirrte Selbstgespräche führte oder unvermittelt zu weinen anfing.

In einer Herbstnacht im Jahr 1954 brach in einer Tischlerei in Waltrop, in der Ansorge angestellt war, ein Feuer aus. Man fand seinen Leichnam in der abgebrannten Ruine, identifiziert werden konnte er anhand seiner geschmolzenen Nickelbrille, nicht zuletzt auch aufgrund seiner hünenhaften Statur. Ein Mann wie ein Fels, eine Feder im Wind. Die Feuerwehr ging von einem selbst gelegten Feuer aus.

—

Fritz Höhne, der im frühen Mai 1943 die Fuchsjagd hinter der Front auf dem Kuban organisiert hatte, wurde im Jahr 1944 nach der Anlandung der Alliierten in den Stab von Generalfeldmarschall Rommel versetzt. Ende August 1944 kehrte er als Oberstleutnant an die Ostfront zurück, um in Ungarn das Regiment 204 der 97. Spielhahnjäger-Division zu übernehmen.

Nach dem Krieg geriet Höhne in US-amerikanische Kriegsgefangenschaft, aus der er nach kurzer Zeit entlassen wurde. Er begann, seiner Naturverbundenheit und Tierliebe folgend, Veterinärmedizin zu studieren, und erlangte seine Approbation zum Tierarzt im Jahr 1955. Doch das Geld für eine eigene Praxis fehlte. Als im gleichen Jahr, nur zehn Jahre nach dem Ende des Krieges, mit Gründung der Bundeswehr die Wiederbewaffnung der jungen Republik begann, nahm er, um seine Familie ernähren zu können, das Angebot an, erster Kommandeur des Gebirgsjägerbataillons 38 in Strub-Bischofswiesen zu werden. Später war er an der Gebirgs- und Winterkampfschule tätig, zuletzt als stellvertretender Brigadekommandeur in Reichenhall. Auch bei den Soldaten der neu gegründeten Bundeswehr genoss Fritz Höhne schnell das gleiche hohe Ansehen wie bei den Männern der Spielhahnjäger, die ihn für seine Fröhlichkeit, Entschlossenheit und Aufrichtigkeit verehrt hatten.

In seiner Freizeit legte Höhne Fischteiche an, züchtete Kakteen und begeisterte sich für seine Meerwasseraquarien. Er liebte es, mit seinen Söhnen Zeit in der Natur zu verbringen. Anfang März 1962 fuhr er mit den beiden damals schon jugendlichen Söhnen in der Nähe von Kitzbühel Ski. Auf einer leichten Piste verschlug es dem begnadeten Skifahrer an einem vereisten Buckel die Bretter. Er stürzte und brach sich den rechten Unterschenkel. Mit einem Drehbruch wurde er in das Krankenhaus von Bad Reichenhall eingeliefert.

Als der Gips aufgrund einer einsetzenden Schwellung erneut geöffnet werden musste, erlitt Fritz Höhne eine Embolie, an der er am 14. März im Alter von 46 Jahren verstarb.

—

Käthe blieb nicht länger als unbedingt nötig auf dem Enzianhof in Pöcking am Starnberger See. Was nicht an Franz lag, mit dem sie das starke Band der gemeinsamen Flucht verband. Doch Ingrid, Franz' Frau, spürte nur zu gut, dass sich ihr Mann und Käthe auf der Flucht näher gekommen waren als es sich mit dem ehelichen Treueschwur vereinbaren ließ. Es gab oft Streit.

Schon kurz nach Kriegsende ging Käthe zurück in ihre rumänische Heimat. Dort verliert sich ihre Spur hinter dem Eisernen Vorhang.

—

Barbara hatte es auf dem Enzianhof leichter, sie blieb – vorerst. In den letzten Kriegsmonaten klingelte es mitten in einer Nacht Sturm. Als man öffnete, stand dort SS-Sturmbannführer Otto Skorzeny. Der baumlange Österreicher, der sich – obwohl weder verantwortlich noch organisatorisch tätig gewesen – für die Befreiung Mussolinis aus dem Hotel Campo Imperatore im Gran Sasso hatte feiern lassen und der nach dem Krieg als unbelehrbarer Nationalsozialist durch seine Waffengeschäfte mit Franco und der Bundesrepublik Deutschland ein schwerreicher Mann werden sollte, war auf der Durchreise von Österreich ins norddeutsche Hamburg. Dort wollte er Otto Ohlendorf aufsuchen, eben jenen, der als Leiter der Einsatzgruppe D für die Massaker in der Ukraine eine Hauptverantwortung trug. Dass auf dem Enzianhof mit dem Vater von Franz und dessen Schwager Eduard zwei überzeugte und einflussreiche Nationalsozialisten wohnten, war allgemein bekannt, und so war die Wahl des Nachtquartiers auf eben diesen Hof bei Starnberg gefallen; nicht zuletzt hatte hier auch schon Hans-Ulrich Rudel, der als Kriegsheld gefeierte, höchstdekorierte Soldat des Dritten Reichs, gern Zwischenstation gemacht.

Skorzeny kam mit zwei Kradgespannen. Er und seine drei Begleiter nächtigten im Wagenhäusl. Barbara brachte den Männern Kaffee und Brote. Und einer der Motorradfahrer Skorzenys verliebte sich in die hübsche Rumäniendeutsche.

Wenige Monate nach Kriegsende kam der Mann, mittlerweile Handlungsreisender für das Waschmittel „IMI" von Henkel, in Pöcking vorbei, um Barbara zu fragen, ob sie mit ihm kommen wolle. Sie willigte ein und ging mit dem Mann nach Norddeutschland, wo sie später einen Bauernhof übernahmen. Dort verschwindet ihre Spur.

—

Ludwig blieb in Neu-Arad, der größten deutschen Gemeinde im Banat. Nur Wochen nach der erfolgten Rückeroberung von Arad und Neu-Arad durch die Ungarn kehrte die Rote Armee wieder zurück. Als Vergeltung für den von Deutschland in die Welt getragenen Krieg wurden nach einem Beschluss des sowjetischen Verteidigungskomitees ab Weihnachten 1944 alle im Banat verbliebenen arbeitsfähigen deutschen Männer zwischen 17 und 45 Jahren sowie Mädchen und Frauen zwischen 18 und 30 Jahren zusammengetrieben und zur Zwangsarbeit unter dem Roten Stern in die Sowjetunion deportiert; entgegen den offiziellen Altersgrenzen waren auch Kinder und Jugendliche in dem Elendstreck. Ludwig blieb, da bereits 46 Jahre alt, der Transport in den Osten erspart, nicht jedoch seiner 16-jährigen Tochter. Er bot sich für seine Tochter an, doch man ließ es nicht zu.

Eingeteilt als „Zugpferd" schaffte das Mädchen mit drei weiteren Frauen Kohle aus den Schächten eines der Bergwerke des Donbass, in endlosen Schichten, im Winter mit Eis an den Wimpern. Unzählige verhungerten und starben an Krankheiten. Als sie im Sommer 1949 schwach und ausgezehrt zu ihrem Vater zurückkehrte, berichtete sie von anderen Mädchen, die so verzweifelt gewesen waren, dass sie sich in den Lagerlatrinen ertränkt hatten. Sie erzählte davon, wie sie mit den anderen auf dem Weg zwischen den Schächten und ihren Unterkünften Spinnen eingesammelt hatte, die in den Baracken sorgsam gehegt wurden, weil sie die Läuseplage reduzierten.

Von den Zehntausenden aus dem Banat deportierten Mädchen und Frauen überlebten viele Tausende diese Tortur nicht. Hart traf es auch die Kinder, deren Mütter verschleppt worden waren. Manche wurden von Nachbarn oder Großeltern erzogen, doch viele erhielten neue serbische, kroatische oder slowenische Namen und Papiere, wurden auf entlegene Bauernhöfe und Kinderheime verteilt, ihre Mütter und Väter sahen sie nicht wieder.

Ludwigs Tochter verstarb noch im Jahr ihrer Rückkehr an der Tuberkulose, an der sie in der Sowjetunion erkrankt war. Neben dem Grab seiner Tochter errichtete Ludwig ein zweites Kreuz für seinen Sohn, der nicht aus dem Krieg zurückgekommen war.

Ab dem Sommer 1950 verbesserten sich die Bedingungen für die Banater Schwaben kurzzeitig, doch schon ein Jahr später kam es zu einer neuerlichen Deportation. Diesmal wurde auch Ludwig verschleppt. Mehr als 40.000 oft willkürlich ausgewählte Menschen entlang der jugoslawischen Grenze – Deutsche, Rumänen, Serben, Ungarn, Bulgaren – wurden als „politisch unzuverlässige Elemente" in die Bărăgan-Steppe verbracht, wohl auch, um den bäuerlichen Widerstand gegen die sozialistischen Zwangskollektivierungen der Landwirtschaft zu brechen. Dort, im Südosten des Landes, wurde ihnen ödes Land zur Urbarmachung zugewiesen, nahezu ohne Bebauung. Dörfer mussten in mühsamster Arbeit errichtet werden, ein Viertel der Deportierten starb in den ersten heißen Sommern und im *Crivat*, dem eisigen Winterwind.

Erst 1956, als Rumänien der UNO beitreten wollte und die Lager der Bărăgan-Steppe dieses Vorhaben zu beflecken drohten, konnte Ludwig nach Neu-Arad zurückkehren.

In den 1960er Jahren erlangten die Banater Schwaben für kurze Zeit einige Freiheiten wieder, doch im folgenden Jahrzehnt nahmen die Repressionen wieder zu. Ab 1978 wurde die Aussiedlung gegen Geld durch ein Abkommen zwischen Rumänien und der Bundesrepublik geregelt. Tausende Banater Schwaben, die unter den schikanösen Lebensbedingungen litten, kehrten ihrer Heimat schweren Herzens den Rücken. Als Ludwigs Neffe mit seiner Familie Neu-Arad im Herbst 1979 verlassen wollte, suchten er und seine Frau den alten Mann auf, um ihn ebenfalls zur Ausreise zu bewegen: „Komm mit uns mit. In der Bundesrepublik können wir ein neues Leben in Freiheit beginnen!"

Ludwig schüttelte den Kopf: „Ich verstehe euch, ihr seid jung. Doch was soll ich dort?" Er wies in die Richtung des Friedhofs und sagte: „Meine Kinder sind hier. Wie könnte ich da fortgehen?"

„Aber was wirst du anstellen, wenn du noch älter wirst, Onkelchen? Wer kümmert sich dann um dich?"

„Meine Nachbarn werden es tun. So, wie wir uns immer gegenseitig geholfen haben. Wir müssen wieder Wege zueinander finden. Erinnern und verstehen. Verzeihen – nur das heilt die Wunden im Banat …"

Ludwig starb am 12. Februar 1991 in Neu-Arad, nur etwas älter als das 20. Jahrhundert, mit der Erkenntnis, dass die Kriege der Männer die Leiden der Frauen und die Tränen der Kinder waren. Er starb mit Trauer, doch ohne Verbitterung und Groll. Bis zum heutigen Tag wird sein Grab von rumänischen Nachbarn gepflegt und in Ehren gehalten.

Insgesamt leisteten nach dem Krieg fast eine Million deutsche Frauen – Mütter, Mädchen und Kinder – Zwangsarbeit hinter dem Eisernen Vorhang, mehr als 300.000 von ihnen starben. Ein Unrecht, das sich nicht verrechnen lässt; ein Saldo, so bequem und verlockend er sein mag, wird dem Leid jener Menschen nicht gerecht.

—

Heinz, der Onkel von Franz, verließ die Wolfsschanze im späten Herbst 1944, nachdem diese angesichts der näher rückenden Front aufgegeben und durch das Führerhauptquartier Adlerhorst in der Wetterau ersetzt worden war. Er hatte allerdings schon deutlich früher gewusst, dass der Krieg nicht zu gewinnen war: Als er über Kontakte im Oberkommando des Heeres in Zossen Anfang 1943 erfahren hatte, was die Alliierten im Januar auf der Konferenz in Casablanca als Kriegsziele verkündet hatten – bedingungslose Kapitulation Deutschlands, dazu verstärkte Luftangriffe auf deutsche Städte –, hatte er mit seiner Frau Hanne den sofortigen Umzug vom gefährdeten Zentrum Hannovers aufs Land besprochen. Sie solle irgendein Dorf finden, nicht zu weit im Osten, nicht zu tief im Westen. Seine Frau kümmerte sich darum und ihre Wahl fiel auf das südniedersächsische Nest Lutterhausen mit kaum mehr als 150 Einwohnern. Um den Vorwurf des Defaitismus gar nicht erst erstarken zu lassen, begründete Heinz den Umzug der Familie mit Lungenerkrankungen seiner Kinder aufgrund schlechter Stadtluft. Freunde aus dem Oberkommando des Heeres halfen bei der diskreten Vorbereitung. Diverse Bierfässer als Arbeitslohn und Dank stellte Dr. Alexander Möllering, Besitzer der Lüneburger Kronen-Brauerei, zur Verfügung; in seiner

Villa sollte später der britische Feldmarschall Bernard Montgomery mit einer Delegation der Wehrmacht über die Kapitulation Hamburgs verhandeln. Im März '43 zog Hanne mit ihren vier Kindern um. Keine drei Monate später war ihre alte Hannoveraner Adresse Auf dem Emmerberge 5 nur noch ein Schutthaufen.

Auf einer seiner Verlegungsfahrten von der Wolfsschanze zum FHQ Adlerhorst Ende 1944 wurde Heinz von seinem Fahrer darauf aufmerksam gemacht, dass in den Straßengräben Dutzende von Leichen lägen; sie befanden sich unweit von Niedersachswerfen im Gau Südhannover-Braunschweig. Heinz ließ anhalten und untersuchte die Toten, die Sträflingskleidung trugen und sich in einem fürchterlichen Zustand befanden. Er erkannte, dass viele der Toten an Fleckfieber gestorben waren. In Kassel, der nächsten größeren Stadt entlang seiner Strecke, machte Heinz Meldung bei einer Kommandantur: Fleckfiebertote mitten im Reich, zum Schutz der Bevölkerung seien unverzüglich seuchenhygienische Maßnahmen einzuleiten. Ein junger SS-Offizier beschied ihm, dass er gefälligst nichts gesehen habe, und untersagte Heinz, andere Dienststellen über seine Beobachtungen zu informieren. Erstaunt fragte der nach: „Sie wollen einem Oberstarzt im Generalstab Anweisungen erteilen?“ Worauf ihm kühl geantwortet wurde, wenn der Herr Oberstarzt Familie habe und diese wiederzusehen gedächte, sei nun der geeignete Moment gekommen, keine weiteren Fragen zu stellen.

Wer hätte hier ein Held sein wollen, kurz vor Kriegsende, mit vier kleinen Kindern? Das war die Frage, die Heinz sich selbst und seinen Kindern später stellte, wann immer sie über Verantwortung und Mut in Zeiten des Krieges sprachen. „Eine Revolution wird immer Dreck mit nach oben spülen. Will man die Revolution auf reale Grundfesten stellen, muss man sich des Drecks entledigen. Das ist nicht geschehen.“ – Er konstatierte, dass die Deutschen der Welt nie wieder in die Augen würden schauen können.

Kurz vor Kriegsende rückte eine Kompanie der Waffen-SS in Lutterhausen ein, ein Höllenlärm in dem verschlafenen Örtchen. Mitten auf dem Dorfplatz stoppten sie, Fahrzeuge mit schweren

Maschinengewehren, Krads, Lastwagen, Zugmaschinen mit Feldhaubitzen, um die 100 Mann, geführt von einem SS-Obersturmführer. Der verkündete der verängstigten Bevölkerung: „Alle Kinder und Frauen in die Weper Wälder! Das Dorf wird verteidigt!" Heinz' Frau Hanne, mit drei Kindern am Rockzipfel und dem Jüngsten auf dem Arm, stellte sich als Ehefrau eines Wehrmachtsoffiziers vor: „Was soll der Unsinn? Die Amerikaner sind bald da, dann schießen sie alles zusammen und es kommen noch mehr Unschuldige zu Tode!" Der Obersturmführer funkelte sie und die anderen Frauen des Dorfs wütend an und sagte dann zu Hanne: „Man müsste Sie vors Kriegsgericht bringen! Wenn ich nicht wüsste, dass Ihr Mann im Felde ist …" Die Kompanie zog ab. Wenige Tage später erreichten die Amerikaner ohne Kriegshandlungen Lutterhausen.

Heinz begab sich im Mai 1945 in Garmisch-Partenkirchen in amerikanische Gefangenschaft. Als Generalstabsoffizier kam er in eine Zwei-Mann-Zelle, immer wieder wechselten die Belegungen. Einer seiner zeitweisen Zellenmitbewohner war ein älterer Ungar, Zivilist, wortkarg, nervös, geradezu panisch. Nachts schrie er im Schlaf. Wenn Wachen am Schloss der Zellentür hantierten, rief er: „Jetzt kommen sie, um mich zu holen!"

Er sollte recht behalten. Man holte ihn bald ab, weil er von März bis August 1944 als Ministerpräsident des Königreichs Ungarn einer der Hauptverantwortlichen für den Holocaust an den ungarischen Juden gewesen war, bei dem mehr als eine halbe Million Menschen ermordet worden waren: Döme Sztójay wurde im letzten großen ungarischen Hauptkriegsverbrecherprozess zum Tode verurteilt und am Morgen des 22. August 1946 im Gefängnishof in der Budapester Markó-Gasse erschossen.

Heinz wurde nach kurzer Zeit als „unbelastet" aus der Gefangenschaft entlassen. Als Angehöriger der Sanitätstruppe im Nichtkombattanten-Status wurde er im Sommer 1945 von amerikanischen Soldaten in einem Jeep bis nach Lutterhausen gefahren.

Einige Dörfer weiter, in Hillerse, eröffnete Franz' Onkel als Internist seine eigene Praxis. Bald danach trat er in die SPD ein. Die Nachkriegs-SPD umschmeichelte ihn, ob er nicht für den Landtag kandidieren wolle, und stellte einen Dienstwagen mit Büro in Aussicht, doch Heinz lehnte jeden politischen Posten ab. In den 1950er Jahren meldete er noch ein Patent zur Messung des venösen Rückstroms an, bevor ein beginnender Morbus Parkinson in den folgenden Jahren seine Energien aufzehrte; seine Erkrankung – für ihn als Arzt eindeutig eine postenzephalitische Folge der Spanischen Grippe, an der er nach dem Ersten Weltkrieg gelitten hatte. „Wenigstens hat's auch den Gröfaz damit erwischt, nur leider zu spät", stellte er einmal lakonisch fest.

Bis zu seinem Lebensende trug er den Schnurrbart so, wie er ihn schon immer, bereits vor dem Ersten Weltkrieg, getragen hatte – so, wie ihn auch Adolf Hitler getragen hatte. Gelegentlich darauf angesprochen, pflegte er zu antworten, er werde seinen Bart nicht wegen eines verrückten Gefreiten abnehmen.

Heinz starb im Herbst 1963, seine Frau Hanne überlebte ihn um 30 Jahre.

Klaus von Fritz, Björns Schulfreund aus Pöcking, kam im Rang eines Technical Sergeant für das Counter Intelligence Corps der USA im Frühjahr 1945 in die Tschechoslowakei. Vier Jahre war er bereits Soldat gewesen, als Fallschirmjäger war er nach Europa gekommen. In der Tschechoslowakei wurde er eingesetzt, um nach untergetauchten Kriegsverbrechern zu suchen.

Während einiger Urlaubstage im Frühsommer, die keinen Rückflug in die USA, wohl aber einen Abstecher in die alte Heimat ermöglichten, fuhr er nach Pöcking. Über das damals geltende Fraternisierungsverbot setzte er sich hinweg – er wollte seine bayerische Verwandtschaft wiedersehen. Mit dem Zug reiste er über München und Starnberg an, bis zum Bahnhof von Possenhofen. Es war ein warmer Tag. Erinnerungen nachsinnend ging er zunächst an den Starnberger See, zur Uferstelle unterhalb des Schlosses, an die bevorzugte Badestelle der Dorfjugend. Einfach hinausschwimmen – die Roseninsel zur Rechten. Dann auf dem Rücken treiben, Stille, bis auf den eigenen Atem, die weichen Wellen des Sees spüren, das Kitzeln des Wassers in den Ohren, wie damals ... den verdammten Krieg und seine Folgen für einige Minuten hinter sich lassen. Doch an Schwimmen war nicht zu denken. Auf der ehemaligen Badewiese standen dicht gedrängt Lazarettbaracken, ebenso im Hof des Schlosses. Dort wurden vor allem Gesichtsverletzungen behandelt und Klaus von Fritz sah entsetzt junge Männer, denen man die Oberarme an die Wunden in ihren Gesichtern genäht hatte, damit mit dem so wuchernden wilden Fleisch Krater und Risse in Wangen und Stirnen geschlossen werden konnten.

Blass kehrte er im Gasthof zur Post ein, wo man ihn unter Tränen der Wiedersehensfreude umarmte und mit Enzianschnäpsen stärkte. Dort erfuhr Klaus von Fritz, dass alle seine Jugendfreunde tot waren. Clemens. Jacky. Josef. Seppi. Jacob. Björn. Klaus war der Einzige, der den Krieg überlebt hatte. Er weinte, betrank sich und fuhr am nächsten Tag zurück in die Tschechoslowakei.

Seinen Verwandten in Pöcking hatte er versprochen, sie beizeiten wieder zu besuchen. Doch war ihm wohl in jenen Wochen, vermutlich auch schon früher im kriegserfüllten Europa, die Hoffnung auf eine bessere Zukunft verloren gegangen. Er fühlte sich abgestoßen von den Versuchen vieler Deutscher, sich nach der Niederlage aus der Verantwortung zu stehlen. Gleichzeitig war er bestürzt über den unverminderten Hass, den er nach Kriegsende – nur unter umgekehrten Vorzeichen – in seinem Einsatzgebiet beobachten musste, als es gegenüber den dort verbliebenen Deutschen zu grausamen Übergriffen kam. In einem Brief schrieb er, sehr niedergeschlagen und traurig im Herzen zu sein aufgrund all jener Dinge, die er in Europa gesehen hatte. Zu seinem 23. Geburtstag am 15. Juli 1945 stellte er fest:

Fragt mich nicht, warum ich so fühle, da Ihr selbst wisst, welche Verwüstungen diese Zeit so vielen Leben, einschließlich dem meinen, zugefügt hat. Bitte denkt nicht, dass ich mich aufgrund meiner Situation zu irgendeinem Zeitpunkt bemitleide, ich bin weit davon entfernt. Aber ich habe das Gefühl, dass dieses Leben nicht meines ist und selbst wenn ich es ändern könnte, hätte ich doch keinen Anteil daran. Ich fühle mich nicht furchtbar unglücklich; Seit den letzten vier Jahren habe ich soweit an emotionaler Stabilität gewonnen, dass meine Haltung gegenüber allen Angelegenheiten, die mein Leben und meine Umwelt betreffen, durchaus nüchtern ist. Ich habe jedoch nicht mehr die Fähigkeit in mir, wirklich glücklich oder auch nur ein bisschen glücklich zu sein.

Unweit des Hauptquartiers der US-Streitkräfte in Pilsen erschoss sich Klaus von Fritz am Morgen des 7. August 1945 mit seiner Dienstpistole, nachdem er von der Detonation der ersten Atombombe erfahren hatte, die am Tag zuvor über Hiroshima abgeworfen worden war.

Im Kondolenzschreiben seines Vorgesetzten, Lieutenant Wildermann, wurde deutlich, wie sehr alle, die Klaus von Fritz kannten, ihn geschätzt und gemocht hatten. Sein zu Tode betrübter Ziehvater Kurt von Fritz stellte in einem Brief an die am Verlust nahezu zerbrechende Mutter Louise fest, dass ihr Sohn gestorben sei, weil er ein guter Mensch gewesen sei, der liebe Gott werde ihn freundlich aufnehmen, auch wenn Klaus in seiner Verzweiflung zu schnell gehandelt habe.

In Franken wurde Klaus von Fritz mit militärischen Ehren beigesetzt, später wurde sein Leichnam in das Familiengrab der Familie Poelt umgebettet. Als im Jahr 1972 Louise von Fritz starb und auf dem alten Friedhof in Pöcking bestattet wurde, bettete man den Leichnam des Sohnes erneut um, er sollte bei seiner Mutter ruhen. Im Juli 1985 verstarb in Feldafing der Vater, der bis zu seiner Emeritierung an der Universität München gelehrt hatte. Auch er wurde im Familiengrab beigesetzt. Abteilung 4, Reihe 12, Grabnummer 12 – das Grab wurde im Dezember des Jahres 2000 aufgelöst und nicht mehr neu vergeben. Wilde Blumen blühen dort.

Franz' und Björns Schwester Hildur, die im Sommer 1946 an der Grenze zu Dänemark in Haft gekommen war, wurde erst Wochen später entlassen, nachdem sich ihre Angaben als richtig bestätigt hatten. 1947 versuchte sie erneut, nach Schweden zu gelangen. Ein Fischer brachte sie von Flensburg aus bis vor die dänische Küste von Ærø, über Kopenhagen gelangte sie nach Helsingør. Von dort bis zum schwedischen Helsingborg – das waren nur fünf Kilometer Luftlinie, einfach zu verlockend: Sie versuchte es mit einem Schlauchboot. Doch dieses trieb schnell ab und sie wäre beinahe im Kattegatt verschollen. Dazu erschien im *Svenska Dagbladet* vom 19. Juli 1947 eine Meldung:

> *Trieb zur See im Gummiboot – bei Julebæk auf dänischer Seite des Öresund wurde gestern Nachmittag eine Dame beobachtet, die in einem Gummiboot mit dem Strom gen Norden trieb. Die Polizei wurde alarmiert und begann nachzuforschen; doch nördlich von Hornbaek wurde die Frau im Gummiboot von einem Segler entdeckt, der sie an Bord nahm. Es zeigte sich, dass es eine junge Schwedin war, ein Fräulein Hildur aus Stockholm, die von Viken aus ins Meer trieb.*

Da die schwedischen Behörden Hildurs Erzählung der verirrten Sommerfrischlerin glaubten, schaffte sie es ins Land und blieb. Bis 1959 arbeitete sie als Kranken- und Sprechstundenschwester in Stockholm und Vällingby; sie wurde schwedische Staatsbürgerin.

Im Herbst 1959 kehrte Hildur auf den Enzianhof zurück, um sich um ihre pflegebedürftigen Eltern zu kümmern, da war sie bereits 44 Jahre alt. Nach der Mutter betreute sie auch ihren Vater bis zu seinem Tod. Ein Lebenspartner – oder eine Lebenspartnerin – hatte sich nie ergeben, als Tochter und jüngere Schwester hatte sie immer zurückgesteckt, so war die Zeit. Ihre politische Naivität, mit der sie den weltanschaulichen Idealen des von ihr vergötterten Vaters gefolgt war, wich erst in späteren Jahren der Erkenntnis und Scham: Der Übervater, er hatte sich furchtbar geirrt, und sie sich mit ihm.

Wenige Jahre vor ihrem Tod erzählte sie von ihrer Schulzeit. Zwei Jahre Privatunterricht, bis 1925 an der Klosterschule Tutzing. Dann ihre beiden glücklichsten Jahre, am Realgymnasium Schondorf am Ammersee. Einmal hatte sich dort, da war sie elf Jahre alt, der vielbeschäftigte Vater zu Besuch angekündigt. Vor Freude war sie ihm entgegengestürmt, auf dem Weg über eine Baumwurzel gestolpert und schwer gestürzt. Der Vater ruderte mit ihr über den Ammersee und sie versuchte tapfer, nicht zu weinen, während er über seinen Schwärmereien für neue Erfindungen ihr blutendes Knie nicht einmal bemerkte. Nach zwei Jahren hatte das Schulgeld für Schondorf nicht mehr gereicht. Auf dem Luisenlyzeum in München kam sie nicht gut zurecht und so beschlossen ihre Eltern, dass sie auf eine Schule in Norwegen gehen sollte. Mit 15 Jahren kam Hildur nach Oslo, wo sie eine einsame und traurige Zeit in einer Gastfamilie verbrachte. Nach dem Examen kehrte sie 1932 zurück nach Deutschland. Dort fand sie in den sich gerade etablierenden Ortsgruppen des Bunds Deutscher Mädel plötzlich Anschluss, Gemeinschaft, Freundinnen – sie selbst wollte damit nichts entschuldigen, lediglich erklären.

Nach dem Tod der Eltern blieb Hildur auf dem Enzianhof. Später vermietete sie mehrere Wohnungen im Hof an Künstler und Studenten, um die Kosten des großen Hauses zu decken. An jedem 18. Juni entzündete sie eine Geburtstagskerze für ihren Bruder Björn.

In einem ihrer schwedischen Arbeitszeugnisse aus dem Jahr 1959 steht: „Die Einstellung gegenüber allen war stets warmherzig und liebenswürdig.“ Und ja, ein gewaltig großes Herz hatte sie. Hildur starb am 23. Mai 2014 im Alter von 98 Jahren.

Im Frühjahr 2020 wurde der Pöckinger Enzianhof abgerissen, um Neubauten zu weichen.

Kurt Christmann hatte im August des Jahres 1942 das Einsatzkommando 10 a der Einsatzgruppe D mit Standort in Krasnodar unweit der Taman-Halbinsel übernommen und leitete es während des Rückzugs nach Westen bis zum Juli 1943. Er war ein Kollege von Sturmbannführer Alois Persterer, der in der Einsatzgruppe D Anführer des Sonderkommandos 10 b war. Dieses Sonderkommando 10 b ermordete in den ersten Dezembertagen des Jahres 1941 in Feodossija die gesamte jüdische Bevölkerung, zusammen mit Krimtschaken, Roma und angeblichen Kommunisten.

Dabei wurde das Sonderkommando 10 b von den Rückwärtigen Diensten der 11. Armee unter Führung von Generaloberst Erich von Manstein logistisch unterstützt, der in den 1950er Jahren bis zum Jahr 1960 als einziger ehemaliger Generalfeldmarschall des Dritten Reichs als Berater der Bundeswehr fungieren sollte.

Nach einer Meldung an das Reichssicherheitshauptamt wurden zwischen dem 16. November 1941 und dem 15. Dezember 1941 im Einsatzgebiet der Einsatzgruppe D auf der Krim insgesamt 21.884 Menschen umgebracht. Während der Kertsch-Feodossijaer Operation, als die Rote Armee zum Jahreswechsel von 1941 auf '42 für eine Woche die Halbinsel Kertsch auf der Krim zurückerobern konnte, wurden die Massengräber mit Tausenden von toten Müttern, Vätern, Alten und Kindern entdeckt. Dies führte dazu, dass sich der Zorn der Russen an allen Deutschen entlud, derer sie habhaft wurden. Es traf die 160 Lazarettinsassen, von denen Björn an seinen Bruder Franz berichtet hatte, und auch die zurückgebliebenen Ärzte und Pflegekräfte: Viele von ihnen wurden grausam verstümmelt. Ein Großteil wurde, nachdem man sie durch die Fenster des Lazaretts geworfen hatte, in die Brandung des eiskalten Schwarzen Meeres gelegt, wo die Verletzten zu Eis gefroren.

Alois Persterer wurde am 30. Mai 1945 unter ungeklärten Umständen in Salzburg getötet. Am 25. Mai 1943 war die Kampfgruppe Bierkamp, die zu dieser Zeit im nassen Dreieck der Pripjet-Sümpfe Partisanen verfolgte, aufgelöst worden. Kurt Christmann, der schon 1923 am Hitlerputsch teilgenommen hatte, in den späten 1930er Jahren als Skilehrer und Sportreferent des SS-Abschnittes I gearbeitet hatte und in den ersten Kriegsjahren Gestapo-Chef von Salzburg gewesen war, wurde anderen Kommandos unterstellt und mordete weiter. Stellvertretend für unzählige belegte Brandschatzungen und Mordexzesse sei das Massaker in Kostjukowitschi im heutigen Weißrussland am 27. Juli 1943 erwähnt: Dort starben alle 269 Einwohner des Dorfes. Erschossene warf man zusammen mit Schwerverletzten und noch lebenden Kleinkindern und Säuglingen in die Brunnen des Dorfes. Mileschkowitschi. Machnowitschi. Terebunka. Shuki. Michalka Kamenka. Sloboda. Shachowitschi. Es gab viele Dörfer, an die der promovierte Jurist seine Fackel hielt.

Nach dem Krieg gelangte Christmann kurz in Gefangenschaft. Er wurde 1946 in Dachau interniert, wo ihm noch im selben Jahr die Flucht gelang. Unter dem falschen Namen Dr. Ronda arbeitete er bis 1948 als Angestellter der britischen Besatzungsmacht, bevor er schließlich über Rattenlinien der Kirche mithilfe eines vom Vatikan ausgestellten Ausweises des Roten Kreuzes nach Argentinien floh. Im August 1955 nahm der im Deutschland-Vertrag beschlossene Gnadenausschuss seine Arbeit auf, der die Dutzenden zu Todesstrafen oder langen Haftstrafen Verurteilten des Einsatzgruppen-Prozesses trotz tausendfachen Mordes in den Folgejahren auf Bewährung – oder nach Verbüßen geringfügiger Freiheitsstrafen – in die Freiheit entließ. Viele der Mörder waren ohnehin von der Nachkriegsjustiz juristisch unbehelligt geblieben.

Christmann nutzte die Amnestie, um 1956 nach Deutschland zurückzukehren. Er gründete ein erfolgreiches Immobilienunternehmen in München und führte jahrzehntelang ein Leben in Freiheit – bis sowjetische Journalisten begannen, über ihn zu berichten. Die Staatsanwaltschaft München eröffnete unter öffentlichem Druck ein Ermittlungsverfahren und Kurt Christmann wurde am 19. Dezember 1980 vom Landgericht München I für seine Beteiligung an Kriegsverbrechen in Krasnodar im Kaukasus verurteilt. Christmann hatte das Verfahren zuvor immer wieder verschleppt, ein erstes Verfahren war bereits im Jahr 1971 eingestellt worden, da der Angeklagte angeblich dauerhaft verhandlungsunfähig gewesen sei. Dabei war allerdings herausgekommen, dass der ansonsten so sehr auf Rassereinheit erpichte Jurist eine junge Jüdin, deren Eltern zuvor durch sein Sonderkommando ermordet worden waren, in eine sexuelle Beziehung gezwungen hatte. Die Staatsanwaltschaft München hatte gefolgert, dass Christmann oder seine Leute sie später erschossen haben mussten, weil sie eine Zeugin für seinen Verstoß gegen die nationalsozialistischen Rassegesetze war. Christmann wurde im Prozess von 1980 die Tötung von inhaftierten Partisanen und ihrer Angehörigen, darunter viele Kinder, im Raum von Krasnodar mithilfe eines Gaswagens nachgewiesen. Außerdem erkannte ihn die Anklage der Erschießung von Partisanenverdächtigen und Kommunisten für schuldig. Das Strafmaß für die Anordnung und Verantwortung an diesen tausendfachen Morden und Quälereien betrug zehn Jahre Haft. Das Urteil wurde am 11. November 1982 vom Bundesgerichtshof bestätigt.

Mit Beschluss des Landgerichts München I vom 4. November 1985 wurde die Freiheitsstrafe ab dem 11. Dezember 1985 zur Bewährung ausgesetzt. Kurt Christmann starb am 4. April 1987, fast 80-jährig, als freier Mann in der bayerischen Hauptstadt – und man darf sich wünschen, dass der fehlenden irdischen Gerechtigkeit im Jenseits eine andere folgen möge.

Die etwa 3.000 Angehörigen der insgesamt vier Einsatzgruppen ermordeten innerhalb weniger Jahre in den rückwärtigen Armeegebieten der Heeresgruppen in unmittelbarer Nähe zur Ostfront mehr als eine Million Menschen.

Die kurz vor dem Hauptbahnhof von Ploiești entgleiste 52 6733 wurde geborgen und instandgesetzt. Sie fuhr, wie auch zwei weitere Lokomotiven, die den Zug aus Galatz gezogen hatten, nach dem Krieg im Rahmen der Reparationsleistungen in die Sowjetunion. Dort wurden die Lokomotiven von 1.435 mm auf 1.524 mm umgespurt, um die weiter auseinanderstehenden sowjetischen Gleise befahren zu können.

Die 52 2302 war um 1953 im sowjetischen Lwow beheimatet, dem heute ukrainischen Lwiw in der Nähe der polnischen Grenze. Im Jahr 1963 wurde sie nach Ungarn verkauft und umbenannt. Unter der Nummer MAV 520,039 zog sie Güterwaggons durch das Land der Magyaren, im März 1971 wurde die 52 2302 ausgemustert.

Die 52 6733 wurde nur etwas weiter nördlich im heutigen ukrainischen Kowel eingesetzt, wo sie noch im Jahr 1946 gesichtet wurde. 1957 wurde sie nach Lettland überführt. Am 1. August 1973 wurde sie dort außer Dienst gestellt.

Die 52 6761 erhielt die Nummer 1042.484 und fuhr noch viele Jahrzehnte durch den Nordosten Europas, erst 1992 wurde sie in Riga von den Gleisen genommen.

Die 52 2401 war eine der vielen Lokomotiven der Baureihe 52, die im Chaos der letzten Kriegsmonate spurlos verschwanden, vermutlich vernichtet durch einen Artillerie-Volltreffer oder eine Fliegerbombe.

Es ist möglich, dass sich jene Lastesel, die den Krieg überdauert hatten, gelegentlich auf den Gleisen des Ostens begegnet sind. Vielleicht haben sie sich Dampfbilder der Flucht aus Galatz in der Vorbeifahrt zugetuschelt. Vielleicht haben sie auch einfach nur geschwiegen. Denn viele Lokomotiven der Baureihe 52 verband die Scham, unter dem Zeichen des Flügelrades zum größten Verbrechen der Menschheitsgeschichte beigetragen zu haben.

Die Züge, die die Vernichtungslager ansteuerten, hatten oft Vorfahrt. Ob ein Lazarettzug mit Schwerstverwundeten Richtung Heimat oder der dringend benötigte Nachschub für die Front – viele dieser Züge mussten warten und wurden auf Nebengleisen abgestellt, bis die Güterwaggons vorbeigerauscht waren. Darin traten jeweils knapp 1.000, gegen Ende des Krieges auch 2.000 Menschen ihre letzte Reise an. Für jeden dieser Menschen gab es eine Fahrkarte, die zwischen den Dienststellen der Deutschen Reichsbahn und dem Reichssicherheitshauptamt penibel abgerechnet wurde. Vier Pfennig pro Fahrgast und Kilometer. Einfache Fahrt. Niemand fuhr schwarz in den Tod. Ab 1943 erfolgte die Abrechnung pauschal. So konnte man die Buchhalter, die bisher die Rechnungsbücher geführt hatten, auch noch an die Front schicken.

Als sich einige verantwortliche Generäle der Wehrmacht bei den Organisatoren der Massenvernichtung im Reichssicherheitshauptamt darüber beschwerten, dass ihre Züge nachgeordnet von der Reichsbahn abgefertigt wurden, beschied ihnen SS-Obersturmbannführer Eichmann kurz vor dem endgültigen Zusammenbruch des „Tausendjährigen Reichs“: „Eure Wehrmacht hat ihren Krieg schon verloren. Ich will meinen noch gewinnen.“ Die Regelmäßigkeit der Deportationszüge war Eichmann dabei wichtiger als ihr Tempo. Die richtige Auslastung als Maß aller Dinge. Denn die reinen Vernichtungslager wie Sobibor, Treblinka oder Majdanek hatten keine Unterbringung der Tausenden und Abertausenden von Menschen vorgesehen. Wer morgens ankam, hatte abends tot zu sein.

Für seine Bestrebungen, das jüdische Volk zu vernichten, führte Eichmann in den Kriegsjahren Rentenbeiträge ab. Seine Witwe erhielt dadurch eine Hinterbliebenenrente, die höher ausfiel als die Zahlungen an die überlebenden Insassen der Konzentrations- und Vernichtungslager nach dem Bundesentschädigungsgesetz.

So viele Millionen verzweifelte Menschen. In Güterwaggons zusammengepfercht, von den Lokomotiven der Baureihe 52 und anderen zu den Vernichtungslagern im Osten gezogen. Vor den Rampen von Auschwitz-Birkenau und Chelmno, von Treblinka und Belzec, von Sobibor und Majdanek kamen sie zischend zum Stehen. So viele Tränen der Angst und der Verzweiflung, der Demütigung und des Zorns wurden in den Waggons hinter den Lokomotiven geweint, dass sie alleine mühelos sämtliche der gewaltigen Kessel der fast 7.000 gebauten 52er Einheiten gefüllt hätten.

Nach dem Krieg hatten die modernen Diesel- und Elektrolokomotiven den dampfbetriebenen Eisenbahnen in Westdeutschland bald den Rang abgelaufen: 1962 wurde in Duisburg-Wedau die letzte Kriegslokomotive der Baureihe 52 vom Gleis genommen, im Oktober 1977 fand – mit einer Lok der Baureihe 43 – die letzte reguläre Dampflokfahrt statt.

In der DDR wurden ungefähr 200 Exemplare umfassend rekonstruiert und repariert, um als Reko-Lokomotiven weiterhin ihre Dienste zu leisten. Die letzten Exemplare dieser Baureihe wurden noch bis zum Ende des Jahres 1993 als betriebsfähige Heizloks im Werk Berlin-Schöneweide unterhalten.

In Polen kommen noch immer zwei Lokomotiven der Baureihe 52 im Rahmen von Veranstaltungen zu ihren regelmäßigen Einsätzen – gelebte Eisenbahnhistorie. In Tschechien existiert ebenfalls noch eine betriebsfähige Museumslokomotive. Von ihren Betreibern wird sie einfach nur Němka, „die Deutsche", genannt. In Russland waren die letzten 52er Lokomotiven im Raum Kaliningrad bis Mitte der 1990er Jahre eingesetzt. Die wahrscheinlich letzte kommerziell verwendete 52 fuhr bis 1997 in Jugoslawien.

Einige der überlebenden Loks kamen bis weit in den pazifischen Raum. So wurde 1994 die letzte vietnamesische 52er Lokomotive verschrottet und die 52 2436 aus ehemals österreichischen Beständen fand ihren Weg in ein japanisches Museum.

Was nach der Ausmusterung mit den Lokomotiven aus Galatz geschah, ist nicht mehr zu rekonstruieren. Die Wahrscheinlichkeit ist groß, dass sie verschrottet und ihr Metall eingeschmolzen und wiederverwendet wurde. Vielleicht verstauben irgendwo in vergessenen Ecken osteuropäischer Küchenschränke noch alte Töpfe oder Pfannen, die einmal als Teil einer Lokomotive durch die Front des Zweiten Weltkriegs fuhren. Vielleicht wurde Besteck daraus gestanzt oder man verarbeitete das Metall zu Blechen für die Industrie. Vielleicht wurden die Lokomotiven als Teileträger ausgeschlachtet, um mit ihren letzten nutzbaren Bauteilen das Leben anderer Lokomotiven zu verlängern.

Im Sommer 1996 ergab eine Zählung, dass weltweit über 200 Lokomotiven der Baureihe 52 als Museumsbahnen gepflegt werden, einige weitere haben in den privaten Sammlungen wohlhabender Liebhaber einen Platz gefunden. So stehen bis in unsere heutige Zeit noch einige Exemplare dieser robusten Baureihe unter Dampf. Zwar geht von ihnen im Wissen um die ihnen einst zugedachten Aufgaben noch immer der kühle Schrecken aus, den sie als Werkzeuge nationalsozialistischen Größenwahns verbreitet haben, doch: Die Verbrechen wurden von Menschen, nicht von rollenden Dampfmaschinen begangen.

Sind die historischen Lokomotiven – dieser und anderer Baureihen – erhaltenswert? Das Schnaufen, Zischen, Prusten, das Gewirbel fliegender Kolben und Treibstangen, das Singen der Dampfpfeife, der feurige Rauch aus Kohlen, Haufenwolken über Baumwipfeln wachsend ... Wer jemals an einem Bahndamm stehend die Vorbeifahrt einer solchen Lokomotive, das Staunen der Kinder und die Faszination der Erwachsenen erlebt hat, wird schnell die richtige Antwort finden.

Und so gibt es sie noch, die Museumsfahrten und nostalgischen Zugreisen, mit großem Engagement und selbstlos durchgeführt von Dampflokbegeisterten, jede dieser Veranstaltungen eine Vorbeifahrt an der eigenen Geschichte. Die Deutsche Bahn als Nachfolgerin der Reichsbahnen bleibt mehr denn je aufgefordert, das einmalige industrielle Erbe – jede noch betriebsbereite Lok ein stahlgewordenes Symbol für anderthalb Jahrhunderte Fortschritt sowie für die düsteren wie auch die hellen Strecken des Lebens – zu pflegen und zu fördern.

Der Schnelltriebwagen, der in Urziceni an den Zug gekuppelt wurde, war eines von insgesamt 13 gebauten zweigliedrigen Exemplaren der Baureihe „Hamburg". Nur noch ein Vertreter dieser „fliegenden Züge", wie man sie damals nannte, existiert heute noch vollständig. Vielleicht war es derjenige, der half, im Jahr 1944 den langen Lindwurm des Lazarettzugs über die Karpaten zu bringen? Es lässt sich nicht bejahen und nicht ausschließen. Zu groß war das Chaos des Zusammenbruchs.

Dieser letzte verbliebene Zug mit der Ordnungszahl 137 225 AB stand bei Kriegsende im Gleisbereich der späteren Deutschen Bundesbahn. 1950 wurde er gegen elektrische Lokomotiven der ostdeutschen Reichsbahn eingetauscht und bediente zehn Jahre lang die Schnellverkehrsstrecke zwischen Berlin und Wien. 1960 wurde der

Schnelltriebwagen in Wittenberge umgebaut und versah bis zum Jahr 1980 seinen Dienst als Salontriebwagen für den Verkehrsminister der DDR. Danach wurde er in Velten nördlich von Berlin in einer Triebwagenhalle abgestellt, einige Jahre später erfolgte aus Platzgründen seine Überführung nach Leipzig.

Die nächsten Jahre überstand der mittlerweile schwer restaurierungsbedürftige Zug dank des großen Engagements einiger Enthusiasten, die den betagten Triebwagen in den Wirren der Wende an sich nahmen und in der Werkstatt Leipzig-Süd instand setzten. Heute kann dieses faszinierende Denkmal deutscher Eisenbahngeschichte im Hauptbahnhof von Leipzig auf dem Museumsgleis 24 besichtigt werden. Wie es der Zufall will, hinter einer dort ebenfalls präsentierten Lokomotive der Baureihe 52.

—

Die Spielhahnjäger der 97. Jäger-Division waren nahezu durchgängig an schwersten Gefechten und Operationen beteiligt und wurden nach ihrer Ablösung in Rumänien im weiteren Verlauf des Kriegs östlich der polnischen Stadt Kielce eingesetzt, um die Verteidigung der Weichsel-San-Linie zu verstärken. Hier erfuhr die Division, im Raum Prosnitz am Nordrand des Jablunka-Gebirges kämpfend, von der Kapitulation des Deutschen Reichs. Keine andere Einheit der Wehrmacht stand zu diesem Zeitpunkt weiter im Osten.

Die Soldaten versuchten, in kleinen Gruppen oder geschlossenen Verbänden westwärts zu fliehen. Nur wenigen gelang es, auf abenteuerlichen Schleichwegen die Heimat zu erreichen. Der überwiegende Teil der Division lief in der Linie von Iglau nach Deutsch-Brod auf einen Sperrriegel der Russen und geriet in Gefangenschaft. Erst 1955 kehrten die letzten Kriegsgefangenen der Spielhahnjäger aus den Lagern jenseits des Urals zurück.

1952 gründeten Veteranen dieser Jäger-Division die bundesweite Spielhahnjäger-Kameradschaft. Ein soziales Hilfswerk kümmerte sich in Form einer Stiftung um in Not geratene ehemalige Angehörige und deren Familien, ein Sachdienst klärte Vermisstenschicksale. In den damaligen Ostblockstaaten suchten die Spielhahnjäger den Kontakt zu örtlichen Stellen, um Friedhöfe besuchen und pflegen zu können, wobei es zu vielen versöhnlichen Begegnungen mit tschechischen, ukrainischen und russischen Veteranen kam.

Ebenfalls in den 1950er Jahren gründeten Ehemalige der 97. Jäger-Division das monatlich erscheinende Mitteilungsblatt mit einem Umfang von vier bis acht Seiten, das mehr als 50 Jahre lang erscheinen sollte und weltweit ausgeliefert wurde, überall dorthin, wohin es die Ehemaligen dieser Division verschlagen hatte – auch auf die Insel im Mälarsee westlich von Stockholm.

Im Jahr 2007 löste sich die bundesweite Kameradschaft der Spielhahnjäger auf. Die meisten der ehemaligen Soldaten waren verstorben. Kameradschaft auf Zeit – das Satzungsziel hatte sich erfüllt. Im 54. Jahrgang stellte auch das Mitteilungsblatt der Kameradschaft sein Erscheinen ein.

Fährt man heute nach Bad Tölz und nimmt westlich der Isar die ansteigende Wackersberger Straße, so gelangt man bald zu einem Parkplatz, von dem ein wenig begangener Wanderweg abgeht. Totes Holz auf vermoosten Steigen. Bucheckern und frische Quellen über steinigem Geläuf. Feuchte Luft unter alten Bäumen. Auf der Hälfte des Weges zweigt ein Pfad ab und führt zu einem Vorsprung, auf dem ein Denkmal errichtet ist. Zum ehrenden und mahnenden Gedenken an die mehr als 10.000 zu Tode gekommenen und vermissten Soldaten der Division. Ein grünes Schild, geschmückt mit der Feder der Spielhahnjäger, bittet um Ruhe: „Besucher, werde still und gedenke in Ehrfurcht des Opfertodes der im Zweiten Weltkrieg gefallenen Spielhahnjäger." Auch das Monument ist mit einer Schrift versehen: „Ihrer aller Namen kann der Stein nicht tragen. Besser als er bewahrt sie unsere Treue im Herzen."

Es gibt viele solcher Mahnmale, überall und in jedem Land der Welt. Wir sollten sie ehren, dafür, dass sie uns von den Katastrophen der Geschichte erzählen wollen, und wir sollten ihnen gut zuhören.

Die Route der Flucht

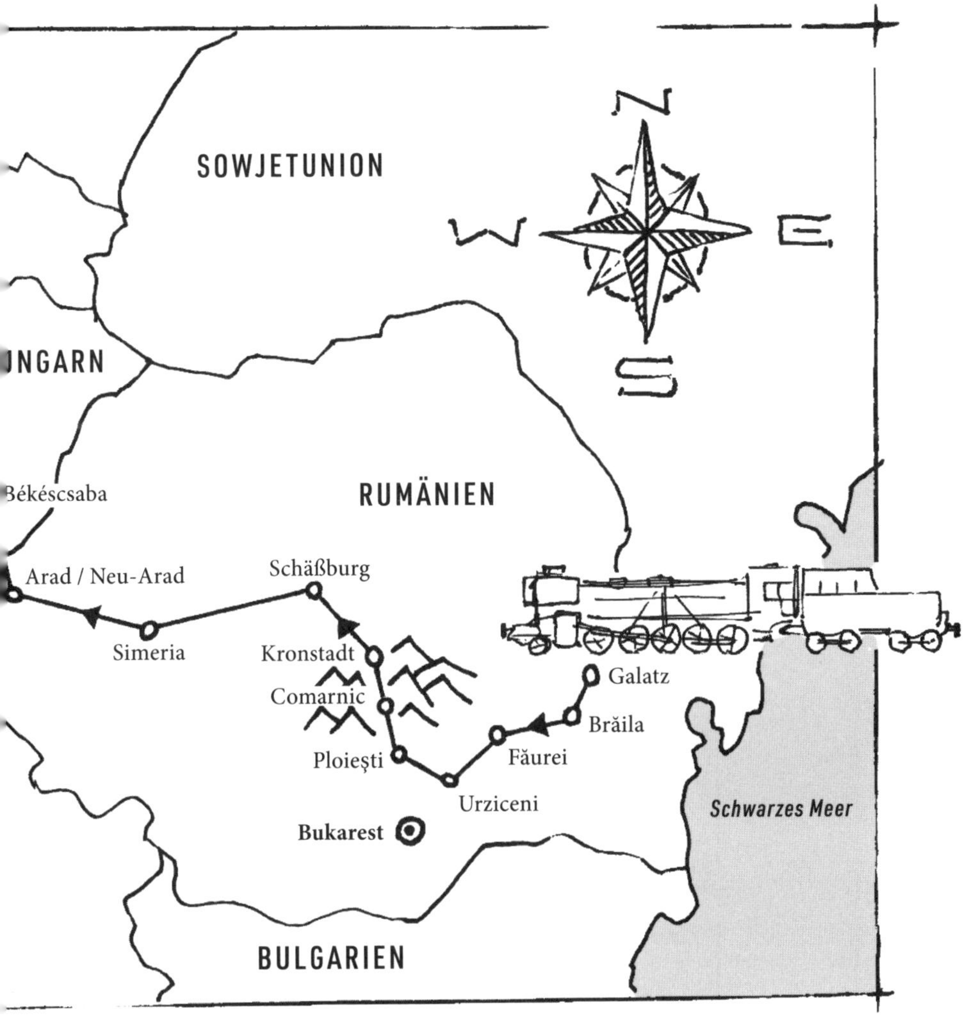
SOWJETUNION
N
W
E
S
NGARN
Békéscsaba
RUMÄNIEN
Arad / Neu-Arad
Schäßburg
Simeria
Kronstadt
Comarnic
Galatz
Brăila
Făurei
Ploieşti
Urziceni
Schwarzes Meer
Bukarest
BULGARIEN

Zitadelle Arad: Gefangenschaft und Flucht

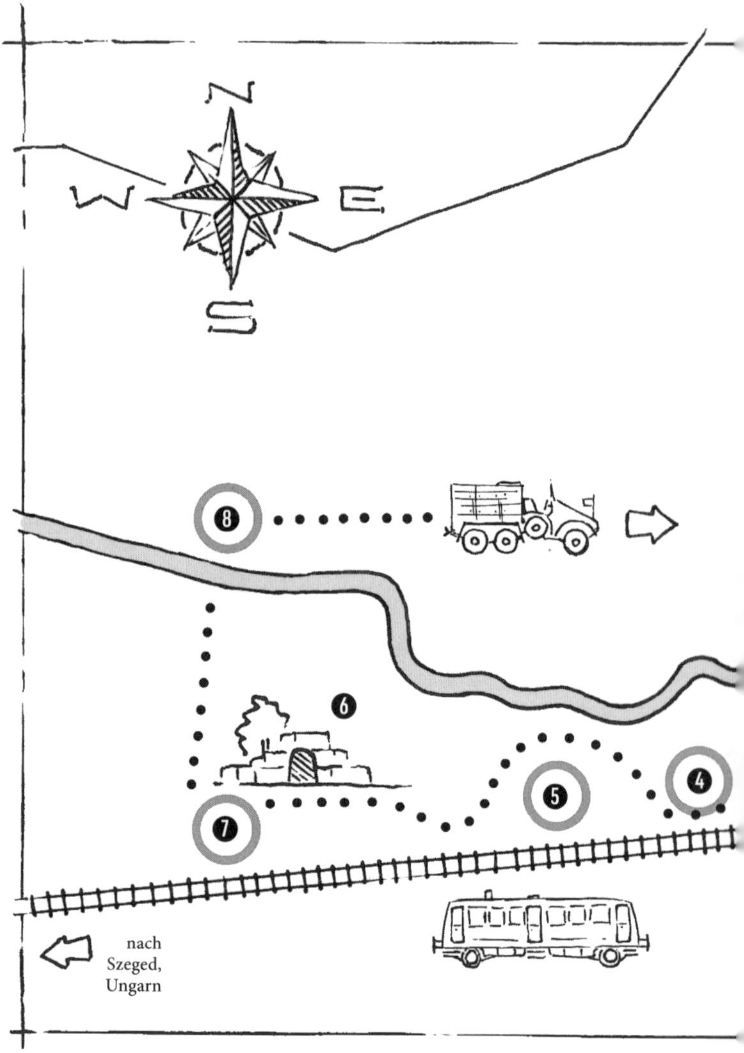

1 Zitadelle
2 Friedhof von Neu-Arad
3 Saderlach
4 Neu-Bodrog

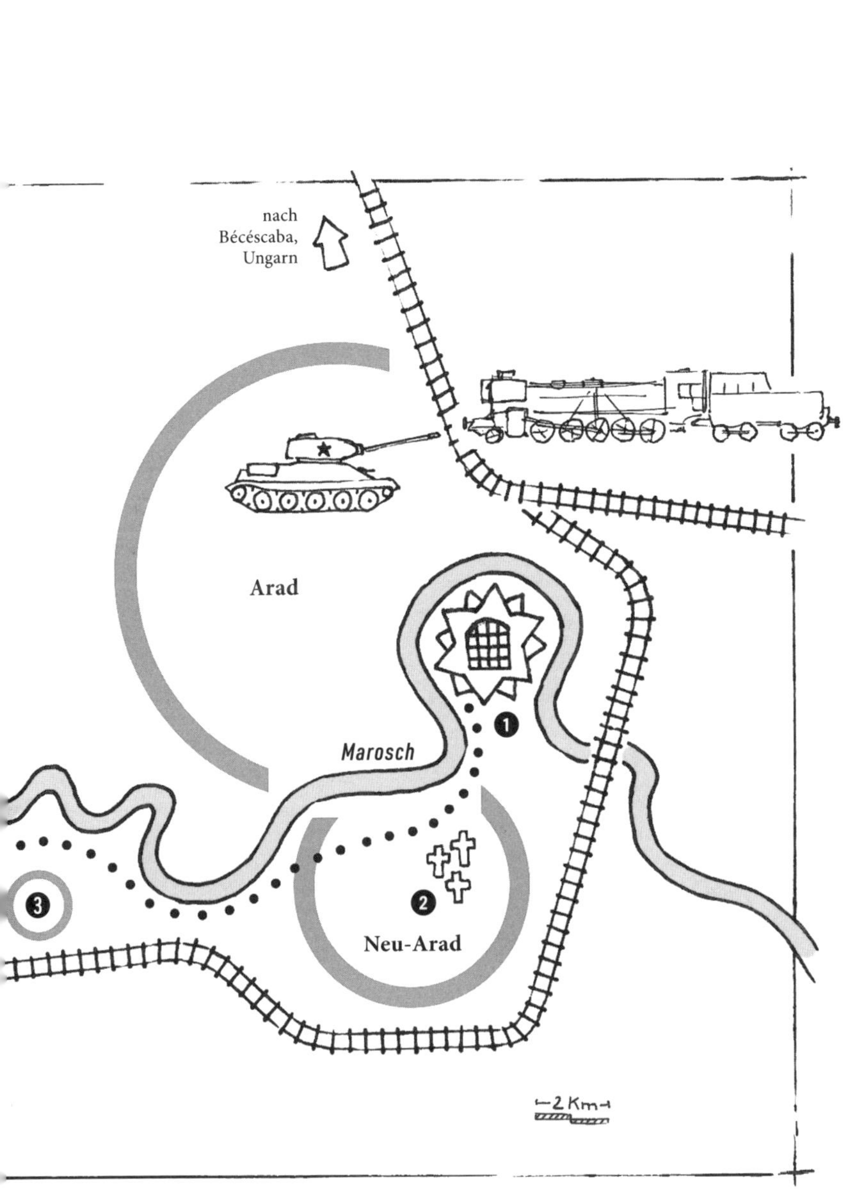

5 Fellnack
6 Ruine des Bauernhofs
7 Deutschsanktpeter
8 Petschka

Orientierungskarte Galatz

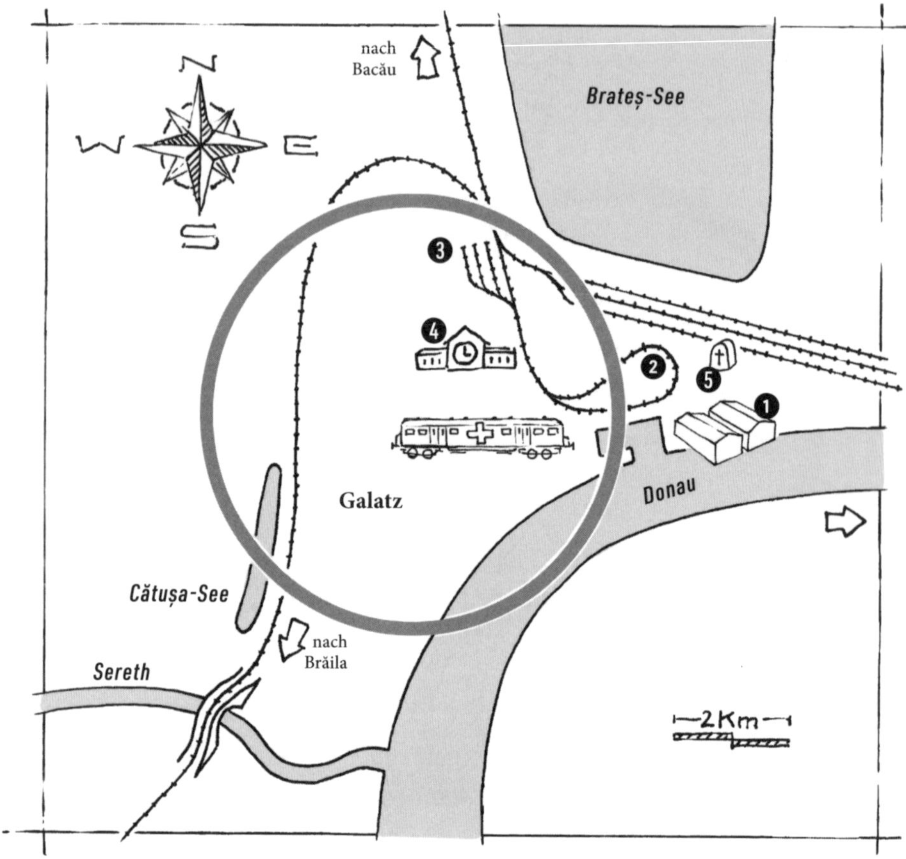

1 Lazarett
2 Gleisschleife
3 Rangieranlage
4 Hauptbahnhof
5 Improvisierter Friedhof

DANKSAGUNG

Mein großer Dank gilt so vielen, die mit Vertrauen, Wissen und Wohlwollen zum Gelingen dieses Buches beigetragen haben.

Zuallererst sind dies die fünf Kinder von Franz, die mich über ihren Vater schreiben ließen und ihre Erinnerungen mit mir teilten – *tack så mycket!*

Franz und Björns Schwester Hildur konnte dank ihres phänomenalen Gedächtnisses kleinste Details rekapitulieren. Ihre Erinnerungen an die Eltern und Björn sowie auch die von ihr aufbewahrten Dokumente zu seinem Tode waren unendlich kostbar. Liebe Hildur, das war – um eines deiner Lieblingswörter zu nutzen – pfundig! Auch Franz' Frau Ingrid sowie Sunhild und Gudrun, Cousinen von Franz, haben mir Erlebnisse rund um den Enzianhof der damaligen und späteren Zeit geschildert – ebenso wie Hartmut und Ekkehard, die Söhne von Sunhild. Immo zeigte mir im Sommer 2011 zum ersten Mal die Kopie einer im Jahr 1990 von Franz verfassten Niederschrift über seine Flucht durch Rumänien und Ungarn bis nach München, ohne die ich von dieser Geschichte wohl nie etwas erfahren hätte – der Beginn meiner Arbeit an diesem Buch. Immo und sein Bruder Rüdiger haben mir mit großer Offenheit und in zahlreichen Schilderungen ihren Vater Heinz nähergebracht. Darüber hinaus waren Immos Können und Wissen als Landarzt für viele medizinische Schilderungen unverzichtbar. Danke!

Mein großer Dank geht auch an Herrn Leonhard Poelt, den langjährigen Chronisten Pöckings, der mir mit Detailreichtum Geschehnisse aus dieser Zeit und zu diesem Ort schilderte, bis hin zu Clemens „Pengas" Poelt und der längst im Dunst der Zeit entschwundenen Person von Klaus von Fritz. In diesem Zusammenhang möchte ich ebenfalls Herrn Dr. Hans Peter Obermayer von der Ludwig-Maximilians-Universität München danken. Er schrieb in seinem Werk „Deutsche Altertumswissenschaftler im amerikanischen Exil" aus dem Jahr 2012 ausführlich über Kurt von Fritz und seine Familie und half damit, das Andenken zu bewahren.

Ingeborg Hörcher erzählte mir in einem bewegenden Gespräch von ihrem Bruder Günther und seinen schweren Jahren nach dem Krieg. Bei den Familien Reimer und Andler durfte ich zu Gast sein und vieles über Walter und Bernhard erfahren. Christa Pitzl erzählte mir vom Schicksal ihres Onkels Krafft Spanuth, Max Höhne erzählte mir vom Leben seines Vaters Fritz Höhne. Hildegard Meier und Gitta Bezjak ließen mich die Briefe ihres Vaters bzw. Großvaters Ludwig „Lui“ Ahlborn lesen, die mir Wolfgang Siegmann zukommen ließ. Ein großer Dank ihnen allen für das große Vertrauen.

Ich hatte die Ehre, dass mir Dr. Alfred B. Gottwaldt, mehr als drei Jahrzehnte lang Oberkustos des Deutschen Technikmuseums Berlin und eine der weltweit führenden Koryphäen rund um die Eisenbahn des Dritten Reichs, anhand der im Technikmuseum Berlin stehenden 52 4966-9 Funktionen und Besonderheiten einer solchen Lokomotive erklärte. Unter seiner Ägide wurde erstmalig in einem deutschen technischen Museum die Rolle der Deutschen Reichsbahn im Holocaust in einer Ausstellung thematisiert und aufbereitet, als Referent und Berater war er zudem für die Gedenkstätte Yad Vashem in Jerusalem tätig. Dr. Gottwaldt war es auch, der sich vor vielen Jahren zu einer Sichtung der Niederschriften und Skizzen von Franz bereiterklärte und diese für realistisch und authentisch befand.

Dr. Andrej Angrick, Historiker zur Ausstellung „Verbrechen der Wehrmacht“ und Verfasser des Standardwerks über die Einsatzgruppe D, half mir in einer Sachfrage der Recherche zur Person Kurt Christmann. Weitere wichtige Hilfe erhielt ich von Dr. Stephan Kühmayer von der Deutschen Dienststelle (WASt), von Dieter Wallussek, Gruppenleiter der FZG „Historische Fahrzeuge im Betriebshof Leipzig – Süd“, von Franz-Anton Bellinger von der Heimat-Orts-Gemeinschaft Neu-Arad, von Dr. Heike Weishaupt vom MTU-Archiv, von Dr. Ellen Harnisch von der Kassenärztlichen Vereinigung Berlin, von Alfred Binder von der Kameradschaft der Spielhahnjäger e. V., von Sebastian Lindmeyr vom Stadtarchiv Bad Tölz, von Dr. Peter Schmidt aus Bad Camberg und von Georg Demjén vom Collegium Hungaricum Berlin sowie vom Evangelischen Kirchenkreis Stuttgart, vom Stadtarchiv Stuttgart, vom Staatsarchiv München und vom Bundesarchiv Berlin. Zur Schilderung des Gefangenenlagers 437 bei Tscherepowieze in der Nähe von Wologda stützte ich mich auf einen Text von Josef Müller-Marein, dem ehemaligen Chefredakteur der ZEIT und Vorgänger von Marion Gräfin Dönhoff, der das Lager in seinem Buch „Deutschland im Jahre 1, Panorama 1946 – 1948“ beschrieben hat. Inspirationen zur Schilderung von Operationen im Felde und medizinischen Aspekten verdanke ich Dr. Peter Bamms Buch „Die unsichtbare Flagge“, erschienen 1952 im Kösel Verlag, München, ebenso dem Buch „Arzt in Stalingrad“ von Dr. Hans Dibold, erschienen 1949 im Otto Müller Verlag, Salzburg. Schilderungen zu Übergriffen sowjetischer Soldaten gegen die Zivilbevölkerung im Herbst 1944 in Neu-Arad sind im „Bericht der Bäuerin T. N. aus Neuarad (Aradul-Nou), Judeţ Arad im Banat“ vom 18. Januar 1956 überliefert.

Weiterer Dank gebührt dem Lexikon der Wehrmacht und dem Forum der Wehrmacht (www.forum-der-wehrmacht.de) – die dort Aktiven helfen mit Expertise und hohem Anspruch, Kriegsgeschehnisse aller Art faktisch zu erhellen. Wer immer sich fragt, was sein oder ihr Vater, Großvater oder Urgroßvater in jenen dunklen Zeiten getan hat und wo er eingesetzt war, wird – idealerweise bereits mit Informationen zu entsprechenden militärischen Stammdaten von der Deutschen Dienststelle WASt (seit 2019 im Bundesarchiv aufgegangen) ausgestattet – hier sicherlich weitere Informationen finden, die zu einer möglichst objektiven Einordnung damaliger Geschehnisse beitragen können. Für das erste Probelesen des Manuskripts an dieser Stelle noch einmal mein besonderer Dank an Christa, Micha, Justus, Dr. Rudolf und Carsten für ihre Zeit, für Kritik und Anregungen.

Ein Herzensdank geht an Prof. Dr. Marita Krauss von der Universität Augsburg, die für mich den Kontakt zum Verleger Michael Volk und seiner Lektorin Martina Dolhaniuk herstellte. Michael Volk gilt mein Dank für seine Unerschrockenheit gegenüber dem schweren Stoff und sein Vertrauen. Martina Dolhaniuk danke ich von Herzen für das Ringen um die beste Lösung und ihre kostbaren Anregungen.

Ihr hoher Anspruch und ihr Gespür für Inhalt und Stil haben das Buch erst zur Vollendung gebracht.

Am Ende meiner Danksagung steht der große Dank an meine Mutter, an meine Kinder Kalle und Lise, an meine Frau Annett und an meinen Bruder Martin. Für ihr duldsames Zuhören, für ihren Zuspruch, für ihre Ermunterung, die mich immer wieder angespornt hat, dieses Buch auch nach ungezählten Verlagsabsagen noch verwirklichen zu wollen.

Gewidmet ist dieses Buch schließlich in Liebe und Verehrung dem Mann, der seinen liebsten Cousin Franz wiederholt bat, dieser solle doch seine Erlebnisse im Krieg unbedingt einmal aufschreiben, damit diese Geschichte nicht verloren geht – meinem Vater.

Die literarischen Zitate stammen aus folgenden Werken:

Wilhelm Hauff: Des Reiters Morgenlied. Nach einem schwäbischen Volkslied, 1824.
Reinhold Schneider: Allein den Betern kann es noch gelingen, 1936.
Rainer Maria Rilke: In meinem wilden Herzen. Aus dem Nachlass des Grafen C. W., 1920/1921.
Justinus Kerner: Preisend mit viel schönen Reden. Das Lied der Württemberger, 1818.
Solveigs Lied, aus der Peer-Gynt-Suite von Edvard Grieg, 1891, Text von Christian Morgenstern.
Erich Kästner: Fantasie von übermorgen, 1929.